Heinrich Gerlach

Die verratene Armee

Der Stalingrad-Roman

Lizenzausgabe 1989 für
Wissen Verlagsgesellschaft mbH, Herrsching

Gesamtherstellung: Mohndruck, Gütersloh
Printed in Germany
ISBN 3-8075-0000-6

Der 2. Weltkrieg
Autoren als Augenzeugen

Vor 50 Jahren brach der Zweite Weltkrieg aus – Anlaß genug, sich diese Zeit mit allen individuellen und politischen Katastrophen neu zu vergegenwärtigen. Aus der Vielfalt der Bewältigungsliteratur haben wir jene Zeugnisse ausgesucht, die in der damaligen Kritik literarische Weltgeltung erlangten und in Millionenauflagen gedruckt wurden. Einzelne Schicksale in existenztiellen Nöten und lebensgefährlichen Situationen vor, während und nach dem Krieg zeigen exemplarisch die Möglichkeiten auf, wie Menschen in Ausnahmesituationen reagieren können. Als Chronisten ihrer Zeit führen Autoren unterschiedlichste Welten vor Augen und schildern mögliche Auswege. Heroisch-kämpferische Naturen versuchen, sich mit ihren Idealen gegen sinnlose und selbstmörderische Einsätze zu behaupten. Die politisch propagierten Parolen und der Ruhm, fürs Vaterland zu sterben, sind dem nackten Kampf ums Überleben gewichen; soldatische Tugenden, Kameradschaftsgeist und christliche Nächstenliebe in einer wahnsinnig gewordenen Welt der Materialschlachten garantieren die letzten Formen von individueller Moral und Integrität und bieten die einzigen Chancen, diese Zeit nicht nur physisch zu überleben.
Jenseits jeder Verherrlichung des Krieges sind diese Bücher »Anti-Kriegsbücher«, die gerade in Zeiten politischer Planspiele des Auf-, Ab- und Wettrüstens zugunsten des Wirtschaftsfaktors Waffenindustrie verdienen, wieder gelesen zu werden, weil sie das tatsächlich erlebte Grauen aufzeigen.

Der Autor

Heinrich Gerlach, geboren 1908 in Königsberg, studierte Germanistik und Latein, um Lehrer zu werden. Im Zweiten Weltkrieg kämpfte er in Stalingrad und geriet 1943 in sowjetische Gefangenschaft, in der das vorliegende Buch entstand, ihm jedoch abgenommen wurde. Nach der Entlassung 1950 schrieb er das Buch neu und siedelte von Berlin nach Brake/Norddeutschland über, wo er seine Tätigkeit als Lateinlehrer wieder aufnahm. Den 2. Teil der Gefangenschaft beschreibt »Odyssee in Rot«, erschienen Anfang der 50er Jahre. »Nur der Name blieb« (Econ Verlag) ist sein drittes und letztes Buch, das sich mit der Geschichte der Ureinwohner Preußens und dem Deutschen Ritterorden beschäftigt. Seine Erinnerungen an Stalingrad wurden mit mehreren Literaturpreisen ausgezeichnet, in 13 Sprachen übersetzt und erreichten Millionenauflagen.

»Gerlach hat das Zeug zu schildern, was er gesehen hat, das Formlose des widersinnigen Geschehens in einer Form zu bannen, ohne auf die gehobene Kolportage zurückzugreifen. Dokumentation und Erlebnis verschmelzen zu einem organischen, lapidaren Epos von historischer und menschlicher Authentizität.« (Süddeutsche Zeitung)

1944/45, unter dem noch frischen Eindruck des Erlebten, entstand dieses Buch in sowjetischer Gefangenschaft. Mitgefangene aller Dienstgrade und Lebenskreise halfen mit Bericht, Rat und Kritik.

Im Dezember 1949 verfiel das so lange sorgsam gehütete Manuskript der Beschlagnahme durch das MWD. Der mutige Versuch eines Freundes, eine Miniaturabschrift auf 20 Heftseiten illegal nach Deutschland zu schaffen, schlug fehl . . .

In den Jahren 1951 bis 1955 wurde das Buch in Deutschland ein zweites Mal geschrieben. Ich empfand dies als eine Verpflichtung gegenüber den Toten und Lebenden.

Was hier erzählt wird, ist in dem Schreckenswinter 1942/43 irgendwann und irgendwo vor und in Stalingrad gedacht, getan und gelitten worden. Hinsichtlich der räumlichen und zeitlichen Einordnung und der Verknüpfung mit den Einzelschicksalen wurde jedoch gemäß den Erfordernissen eines Romans verfahren. Es ist deshalb müßig, hinter Namen und Gestalten – soweit sie nicht bereits der Geschichte angehören – Menschen der Wirklichkeit zu suchen. Sie sind freie Erfindung.

Allen, die mithalfen, drüben und in der Heimat, sei hier gedankt!

1. Teil

WETTERLEUCHTEN

Erstes Kapitel

HEIM INS REICH?

«Teufel, ist das eine Kälte!»

Oberleutnant Breuer zog sich die Decke fest um die Knie und rutschte tiefer in den Sitz hinein. Draußen flog die Landschaft vorbei, schmutzigbraune Ebene, glatt wie eine Töpferscheibe, im Endlosen sich verlierend. Flink glitt der kleine Wagen auf der einsamen Rollbahn dahin, die der schneelose Frost dieser Novembertage über Nacht in Asphalt verwandelt hatte. Er kam aus der großen Schlucht zwischen Wolga und Don, in der Stäbe und Nachschubdienst der 6. Armee wie die Wühlmäuse hausten, und strebte der Nordriegelstellung zu.

«Sowas von Kälte! Und ausgerechnet jetzt . . .»

Der Offizier zog heftig an seiner Zigarre, seine Füße trommelten gegen den blechernen Boden. Vor wenigen Tagen noch war es spätsommerlich warm gewesen, mit bloßem Oberkörper hatte man sich im Freien gewaschen.

Der Fahrer neben ihm, von dem nur eine gerötete Stupsnase und zwei pfiffige Augen aus der winterlichen Vermummung hervorsahen, nahm die Hände vom Lenker und ließ den Wagen allein laufen. Er war von Beruf Fernlastfahrer und konnte sich das mit diesem Küken, das er von 12 000 Rußlandkilometern her kannte, schon erlauben. Er streifte die Fäustlinge ab und rieb sich die Finger.

«Das macht der Heckmotor, daß das Biest so kalt ist», meinte er. «Die Zivilausführung des Volkswagens ist besser. Die wird mit den Abgasen geheizt.»

«Nun, dann lassen Sie sich mal diese Sorte von Abgasen um die Nase wehen!» lachte Breuer. Er fingerte aus den Tiefen seines Uebermantels eine Zigarre hervor, biß die Spitze ab, entzündete sie und schob sie dem Fahrer zwischen die Zähne. «Daß wir auch im Winter noch hier herumkutschieren würden, darauf wären selbst Sie nicht gekommen!»

Der Fahrer blies große Rauchwolken vor sich hin. Sie standen einen Augenblick schwer und dick im Raum und verkrochen sich dann zitternd in Ritzen und Fugen.

«Und das ist nun schon der zweite Winter», sagte er leise. «Och, dieses verdammte Stalingrad! Manchmal glaubt man, der Krieg geht überhaupt nicht zu Ende.»

«Quatschen Sie nicht Makulatur, Lakosch!» brummte Breuer. «Wir können froh sein, daß wir endlich hier stehen! Hier an der Wolga wird der Krieg entschieden. Da darf man nach Opfern nicht fragen.»

Lakosch warf nur einen kurzen Blick zur Seite. Breuer sah angestrengt geradeaus. Er fühlte einen schlechten Geschmack im Munde. Man war im zweiten Jahr des Unternehmens, das man einmal Rußlandfeldzug genannt hatte ... Die großen Worte klangen schon schal, und auch die großen Dinge, um derentwillen man diesen Krieg ja wohl führte, hatten an Glanz und Gewicht eingebüßt. Zu dicht war einem die blanke Not auf den Leib gerückt, als daß man noch an mehr zu denken bereit war als an das eigene bißchen Leben und was daranhing. Im übrigen ergab man sich der Unausweichlichkeit, an die man sich gewöhnt hatte und die man Pflicht nannte. Regungen des inneren Schweinehundes, dachte Breuer. Doch auch dieser Gedanke konnte die dumme Freude nicht unterdrücken, die ihn schon den ganzen Morgen über erfüllte. Sein Herz hüpfte beim Singen des Motors, bei jeder Umdrehung der Räder, bei jedem Meter, den ihn der kleine Wagen wegtrug von dem Teufelsloch da hinten, von Stalins eigener Stadt. Breuer schämte sich dieser primitiven Freude und versuchte, an die Geschehnisse der letzten Monate zu denken, an das Vegetieren in Erdlöchern und Trümmern auf der Grenze zwischen Leben und Tod und an die Kameraden, die dort zurückbleiben mußten. Aber es gelang ihm nicht.

Der Wagen bremste scharf, und Lakosch steckte die Nase zur Tür hinaus.

«Eine Kreuzung!» stellte er fest. «Wo müssen wir lang?»

«Mal nachsehen! – Sie könnten inzwischen die Scheibe abwischen.»

Breuer kletterte aus dem Wagen, schlug sich ein paarmal die

Arme um die Brust und watschelte steifbeinig wie ein Pinguin zu dem Pfahl hinüber, der über einem bunten Schilderwald mit obskuren Truppensymbolen seine verwitterten Arme in die vier Himmelsrichtungen streckte. Mit Mühe entzifferte er auf dem linken Brett die russische Inschrift: WERTJATSCHI. Man hatte die Ost-West-Rollbahn erreicht.

«Links ab!» rief er. «Noch 30 km!»

Jetzt ging es nach Westen, dem Don entgegen. Hinten irgendwo blieb die Wolga zurück und die umkämpfte Stadt.

Lakosch schnüffelte mit seiner kleinen Nase in der Luft herum. Auch ihm war plötzlich froh und leicht geworden. Das Ziel der Fahrt war ihm nicht bekannt, er hatte eine der täglichen, nicht angenehmen Frontfahrten vermutet. Jetzt witterte er die andere Richtung. Und das gab ihm Mut zu der Frage, die ihn schon seit einigen Tagen bewegte.

«Stimmt das eigentlich, Herr Oberleutnant, daß wir jetzt in ... in die Winterquartiere kommen?»

Eigentlich erwartete er eine Abfuhr. Dienstgeheimnis! Er kannte das. Hauptmann Siebel, der frühere Ic, ein Aktiver, hätte ihn schön ablaufen lassen. Aber Breuer war Reservist, Lehrer oder ähnliches, also weniger kommissig, menschlicher. Und richtig, er biß an.

«Sieh mal an, schon was läuten gehört! Ja, Mensch, es stimmt! Wenn wir die Sache da oben im Donbogen erledigt haben, geht es ab nach Millerowo. Die Vorkommandos sind schon unterwegs. Aber dichthalten vorläufig, verstanden?»

«Ach Gott, ja —» Das war ein Stoßseufzer aus dankbarem Herzen. Und dann kam es zaghaft und leise hinterher wie etwas, das man eigentlich gar nicht aussprechen durfte: «Dann wird es wohl auch mal wieder Urlaub geben?»

Urlaub — —

Lakosch dachte an seine Mutter und an die Erna in Gleiwitz, die lange nicht mehr geschrieben hatte. Es wäre gut, dort wieder einmal nach dem Rechten zu sehen. Breuer war tiefer in seinen Wintermantel hineingekrochen, auch er hing seinen Gedanken nach. Bald zwei Jahre war es her, daß er Irmgard und die beiden Buben zum letztenmal gesehen hatte, kurz bevor es nach Jugoslawien ging. Jochen, der Aelteste, hatte gerade seine ersten Schultage hinter sich gehabt, der kleine Hannes aber war noch der Mutter am Rockzipfel gehangen. Der fremde Mann in

Uniform hatte ihm Angst eingeflößt. «Ein Doldat!» hatte er gesagt und den Vater damit aus dem Kreis der Familie in das ferne graue Heer der Namenlosen verwiesen. Er würde sich die Liebe seiner Kinder erst wieder erringen müssen, wenn einmal alles vorbei war. Aber wann kam das Ende, wo war es? Hier bei Stalingrad? — Aus Rußland auf Urlaub zu fahren, das brachten nur wenige fertig. Einmal hatte er zu hoffen gewagt. Das war vor ... ja, erst vor 14 Tagen war das gewesen. Da war er, von einer Ruhr kaum genesen, aus dem Feldlazarett in Karposkaja zu seinem Stabe zurückgefahren, das Empfehlungsschreiben des Chefarztes für drei Wochen Erholungsurlaub in der Tasche. Aber General Heinz hatte den Kopf geschüttelt. «Urlaub, jetzt? Nee, mein Lieber! Der Ic-Betrieb ist völlig verschludert, seit sechs Wochen habe ich keine Feindlage mehr zu Gesicht bekommen. Legen Sie sich meinetwegen in Ihren Bunker und ruhen Sie sich aus! Zu Weihnachten vielleicht ...» Das Ausruhen hatte so ausgesehen: Tagsüber unterwegs zu Verbandplätzen und Gefangenensammelstellen, zu Regiments- und Bataillonsstäben, die irgendwo unter Trümmern in finsteren Kellerlöchern hausten, manchmal den Sonderführer Fröhlich als Dolmetscher zur Seite, immer aber den braven Lakosch, der den kleinen Wagen sicher um die unvermuteten Einschläge der Fernartillerie und die Salven der Stalinorgeln herumlenkte. Nachts unruhiger Schlaf in dem nassen Erdloch auf dem Hügel bei Gorodischtsche, den die russischen «U 2», die «Nähmaschinen», allnächtlich mit Bomben bepflasterten ... Gewiß, andern ging es schlechter, viel schlechter, aber war das ein Trost? Nun, vielleicht, daß jetzt endlich ...

«Da ist er!»

«Wer, was?» Breuer fuhr auf aus seinen Gedanken.

«Dort vorn — der Don!»

Der Wagen hielt einen Augenblick. Deutlich hörte man von rechts Schüsse, Gefechtslärm. Nicht weit von hier verlief die Nordriegelstellung, die stets bedrohte und hart umkämpfte linke Flanke der Stalingradfront. Und dort hinten, ja wirklich, das war er! Durch lehmbraune Ebene zog sich in Windungen ein stahlgraues Band. Der Don! Der Wagen huschte an den schmutzigen Häuschen einer Ortschaft vorbei, rollte in eine Senke hinab, holperte über die Schleife eines Knüppeldamms und rumpelte schließlich über die losen Planken der langen Pontonbrücke. Schwer und düster dehnte sich der Strom, an der Brücke noch Leben atmend, weiter hinten schon tot unter stumpfgrauer Eisschicht. Kahles Buschwerk an den Ufern schien auf das Schneekleid zu warten. Von drüben grüßten, lang entbehrter Anblick, Hügel und kleine Waldstücke.

Der Don — —

Breuer mußte an den Tag denken, an dem er ihn zum erstenmal überquerte. Heißer Sommer war es gewesen, weit drunten im Süden. In hektischer Eile und zwischendurch wieder zu unruhevollen Pausen gezwungen durch häufigen Brennstoffmangel, hatte die motorisierte Division, aus dem Raum von Woronesch kommend, den Großen Donbogen durchstoßen. Ueber glühende Steppe war es gegangen, vorbei an den von Unkraut überwucherten Ruinen früherer Ansiedlungen, stummen Zeugen der blutigen Revolutionskämpfe, und dann wieder durch schmucke, farbenfrohe Dörfer mit freundlichen Bewohnern. Beim Anblick der ersten Dromedare hatten sie Lust und Jammer der fremden Ferne in neuer Stärke verspürt. Eine große Kesselschlacht hatte es werden sollen. Aber sie hatten kaum Feindberührung gehabt. Der Gegner war schneller gewesen, war nach Osten entwichen. Damals hatte er noch eine Infanterie-Kompanie geführt . . .

Eines Tages sahen sie ihn dann vor sich — den Don. Harter Kampf um den Uebergang bei dem Weindorf Zymljanskaja, das sich so malerisch und kriegsfremd in den Steilhang schmiegte. Und dann endlich wohlverdiente Ruhe, einen ganzen lieben Tag lang! Sie rissen sich die von Schweiß und Staub verkrusteten Kleider vom Leibe und platschten ins Wasser, weiße Nacktfrösche mit lederbraunen Gesichtern und Händen. Träge ruhte der Fluß und bot sich dem sattblauen Himmel und den weißen Wolkengebirgen willig als Spiegel. Heimelige Häuschen lugten hervor aus dem dichten Grün verschwiegener Waldufer. Den *stillen* Don nannten ihn die Kosaken. Und auch der tote russische Flieger auf der schimmernden Sandbank, der neben seiner zertrümmerten Maschine, halb verwest schon, eine wächserne Hand zum Himmel streckte, störte nicht mehr die Stille. Aber die starke Strömung, gegen die der vorwitzige Schwimmer vergebens ankämpfte, ließ die Kraft ahnen, die in dem Riesen schlummerte. Wehe, wenn er einmal erwachte!

Wenige Tage darauf waren dann alle Hoffnungen, die man sich auf die Berge des Kaukasus und die Palmenhaine der

Schwarzmeerküste gemacht hatte, zerschlagen. Die Division war nach Nordosten abgedreht, und damals war zum erstenmal jener Name klar ins Bewußtsein gedrungen, der von Anfang an einen unheimlichen Klang gehabt hatte: Stalingrad!

Eilmärsche durch die Kalmückensteppe. Staubfeiner Sand drang in alle Poren und zermahlte die Motoren der Fahrzeuge. Stuka-Geschwader wiesen den Weg. Bis dann jener gigantische Rauchpilz am Himmel stand, am Tage silbergrau und unbeweglich wie ein Betonmonument, nachts eine blutrote Feuersäule. Man war in die brennende und bebende Stadt eingedrungen, wider Erwarten leicht, den Sieg schon vor Augen, der diesen Krieg entscheiden mußte. Und dann — die Zeitungen in der Heimat jubelten schon und spendeten Vorschußlorbeeren — hatte der Kampf erst wirklich begonnen. Jener Kampf, der eine Stadt in den Boden stampfte und Menschen fraß wie die Aprilsonne den Schnee. Jener mörderische Kampf Mann gegen Mann, um jedes Haus, jedes Kellerloch, jeden Mauerrest, der die Gesichter hart und grau machte und im Bewußtsein der Menschen nichts mehr duldete als ihr eigenes kaltes Selbst. «Ich kämpfe in Stalingrad nur mit Spähtrupps!» hatte Hitler einmal trostvoll verkündet. Es war grausige Wahrheit geworden.

Breuer schüttelte sich und atmete tief. Wo war er eben gewesen? Das alles lag hinter ihm, weit hinten jenseits des großen Stromes! Jetzt schämte er sich nicht mehr, er freute sich schlicht und bedenkenlos wie ein Kind. Irgendwo in seinem Inneren hockte noch ein bohrender Gedanke. Da war dieser neue, noch undurchsichtige Auftrag... Aber er ließ ihn nicht groß werden, Beglückt genoß er den Anblick der waldigen Hügel, den Duft von Tannennadeln und Moos. Der Don lag hinter ihm, er würde ihn nicht ein drittes Mal überqueren. Wenn die Division, ausgeruht und aufgefüllt, im Frühjahr wieder zum Einsatz kam, würde die große Schlacht um Stalingrad längst entschieden sein.

*

Oberstleutnant Unold, der erste Generalstabsoffizier der Division, stand über die Lagekarte gebeugt. Sein kleiner, mit schütterem Haar bedeckter Kopf war straff umspannt von einer pergamentenen Haut, die scheinbar die weißen Schädelknochen hindurchschimmern ließ. Aus einem Stoß Funkmeldungen ergänzte er mit dem Kohlestift die Einzeichnungen. Seine Hand arbeitete schnell und sicher, manchmal griff sie zum Lineal, um die Trennungslinien zwischen den Aufmarschräumen zu ziehen. Unold hatte die Lippen eingezogen und kaute darauf herum. Die Sache hier gefiel ihm nicht.

Die Karte im Maßstab 1 : 300 000 zeigte nur einen kleinen Abschnitt des nördlichen Donbogens, das Stück zwischen Kletskaja und Sserafimowitsch. Rumänische Divisionen standen hier, und sie waren unruhig geworden, befürchteten russische Angriffe. Das deutsche Panzerkorps, in Eile aus Teilen und Resten und neu aufgestellten Einheiten zusammengewürfelt, sollte ihnen über die kritischen Novembertage hinweg eine mehr moralische als tatsächliche Stütze sein. Wirklicher Anlaß zur Besorgnis bestand wohl nicht. Ein paar neue Divisionen in der russischen Front, zwei oder drei neue Brücken über den Don, das war harmlos. Was darüber hinausging, war unkontrollierbares und törichtes Gerede. Aber daß hier auf der langen Nordflanke der Stalingradfront, die wie eine Nase zur Wolga vorsprang, überhaupt Rumänen standen, Besatzungstruppen eigentlich ohne schwere Waffen ... Und südlich Stalingrad war es genauso ... Eine gewagte Kräfteverteilung! Schließlich kannte Unold seinen Clausewitz. «Macht die Flügel stark!» Seit Cannae war das eherner Grundsatz aller Strategie. Im vorigen Jahr hatte es bei Kiew in einer beinahe gleichen Situation mit umgekehrten Vorzeichen eine Umfassungsschlacht gegeben, die für den Gegner fast tödlich gewesen war. Ein Glück, daß heute drüben nicht deutsche Truppen standen, sondern der ausgeblutete und erschöpfte Russe –

Hauptmann Engelhard, der erste Ordonnanzoffizier, der am Nebentisch arbeitete, stand auf und legte Unold schweigend einen Funkspruch auf den Tisch; ein Melder hatte ihn eben gebracht. Er liebte unbeteiligte Korrektheit. Unold warf einen flüchtigen Blick auf den Zettel, nahm ihn aber sofort zur Hand, um ihn genauer zu lesen.

«Funkaufklärung von der Heeresgruppe?» sagte er. «Das ist ja toll!»

Er las noch einmal mit Bedacht, und die Schatten in seinem Gesicht vertieften sich. «Also doch!» murmelte er. «Na dann prost!» Er griff zum Rotstift, malte ganz langsam einen sauberen Kreis in das große Waldgebiet nördlich Kletskaja und zeichnete in dessen Mitte eine dicke Fünf und darunter das Rhombuszeichen eines Panzers. Engelhard sah ihm von seinem Tisch aus mit schlecht verhehltem Interesse zu.

«Glauben Herr Oberstleutnant wirklich an diese Panzerarmee?»

Unold antwortete nicht. Er warf den Kreidestift hin und trat ans Fenster. Aber er sah nicht die schmutzigen, mit Papierstreifen verklebten Scheiben, auch nicht die armseligen Strohhütten dahinter. Der Blick seiner grauen, etwas verschleierten Augen sah weit zurück — —

Winter 1941, Poltawa. Der Ic der Heeresgruppe Süd war erkrankt, und man hatte den ehrgeizigen und tüchtigen Generalstabsmajor von der Abteilung «Fremde Heere Ost» im OKH zu seiner Vertretung nach Poltawa kommandiert. Doch der Erkrankte war vorzeitig zurückgekommen, und Unold, froh der unverhofften Freizeit, hatte sich ganz in sein Lieblingsstudium der russischen Geschichte vergraben. Der Zufall hatte ihm eine alte Schwarte, ein Werk des kaiserlich-russischen Generalstabs aus dem Jahre 1910 über die historische Schlacht bei Poltawa in die Hände gespielt. Mit diesem Buch war Unold oft zu dem alten Schlachtfeld hinausgefahren, hatte an Ort und Stelle den Verlauf der Kämpfe rekonstruiert und sich über einen verrosteten Helm und manches alte Waffenstück gefreut, das dort die Jahrhunderte überdauert hatte. Nach einem Vortrag über seine Forschungen genoß er beim Stabe den Ruf eines Kenners.

An einem trüben Dezembermorgen hielt eine Wagenkolonne vor dem Säulenhalbrund des ehemaligen Sowjetpalastes. Der Oberbefehlshaber des Heeres stattete der Heeresgruppe einen überraschenden Besuch ab. Im Kasino sprach man auch über den großen Sieg, mit dem Zar Peter der Erste hier Rußlands Weltgeltung begründet hatte, und von Brauchitsch äußerte den Wunsch, die Stätte dieses Sieges zu besichtigen. So kam es, daß Unold eines Morgens allein mit Brauchitsch und Rundstedt, dem Oberbefehlshaber der Heeresgruppe, in einem Kübelwagen hinausfuhr vor die Stadt. Man schritt zu Fuß die weite Ebene ab, und Unold berichtete. Brauchitsch unterbrach anfangs häufig durch Zwischenfragen, hörte dann aber bald nur noch zu. Unold sprach so gut wie nie zuvor. Er zauberte über die weiße Winterlandschaft den sengenden Hauch der Sommerhitze, belebte sie mit Heerhaufen in bunten Uniformen und ließ in Lärm und Pulverdampf das wechselvolle Kampfgeschehen abrollen bis zu der

Flucht des verwundeten Schwedenkönigs, die zugleich das Ende seiner Herrschaftsträume bedeutete. Als Unold geendet hatte, schwiegen die beiden Heerführer lange. Schließlich sagte Feldmarschall von Brauchitsch:

«Auch hier ist ein Eroberer gescheitert. Auf eigenem Boden ist der Russe nicht zu besiegen.»

Man ging zum Wagen zurück. Und auf der Rückfahrt wurde Unold wider Willen Zeuge jenes Gespräches, das ihm bis auf den heutigen Tag Wort für Wort im Ohr geblieben war.

«127 Divisionen gegen 400», hatte Brauchitsch gesagt, «das ist ein Wahnsinn! Und der Russe ist noch lange nicht am Ende. Ein Wunder ist es, daß wir überhaupt so weit gekommen sind. Wir müssen zurück, einen Ostwall bauen, an dem sie sich die Köpfe einrennen.»

Rundstedt, anscheinend froh darüber, daß er geheimste Gedanken einmal laut werden lassen konnte, hatte eifrig zugestimmt. Man hatte von einer Linie Peipussee, Beresina, Dnjepr gesprochen, ja sogar von Njemen und Bug — —

Unold nagte angestrengt an seiner Unterlippe und fixierte ein Huhn, das gackernd vor einem Landser über den Hof flüchtete. Er wäre kein rechter Generalstabsoffizier gewesen, wenn ihn die Meinung der alten Militärs damals nicht erschüttert hätte. Erst als Brauchitsch und Rundstedt bald nach diesem Ereignis abgelöst wurden, hatte er seine Haltung wiedergewonnen. «Der Führer ist der Garant des Endsieges», hatte Goebbels gesagt. Das war es! Das Fachwissen in Ehren, es mußte sein, lieferte die notwendigen Bausteine. Aber jenseits aller Wissenschaft stand das Genie, unmeßbar, unwägbar, einmalig, getragen vom Glauben und erfaßbar allein im Glauben. In seiner Hand lag das Wunder, jenseits allen Wissens und aller Berechnung. Mit dieser Weisheit hatte Unold sein fachmännisches Urteil immer wieder beschwichtigt, aber er hatte nicht verhindern können, daß in Stunden der Depression die Erinnerungen an jenes Gespräch in ihm aufstieg und ihn bis in seine schlaflosen Nächte hinein verfolgte. Auch jetzt wieder war es soweit. Er sah den grauhaarigen, klugen Kopf des Oberbefehlshabers vor sich, und die Züge verschmolzen mit denen des Lehrmeisters Clausewitz, dessen Bild daheim über seinem Schreibtisch hing. «Ein Wahnsinn . . . 5. Panzerarmee . . . Der Russe noch nicht am Ende . . . Macht die Flügel stark . . .»

Das Huhn draußen kreischte in Todesnot. Der Soldat hatte es endlich erwischt und drehte ihm mit sicherem Griff den Hals um.

Unold gab sich einen Ruck.

«Wir müssen daran glauben!» sagte er wider Willen laut, so daß Engelhard erstaunt von seinem Platz aufsah. «Wir müssen alle daran glauben!»

Erst als er dem fassungslosen Blick Engelhards begegnete, kam ihm der Doppelsinn seiner Worte zum Bewußtsein. Er lachte kurz auf und ging zu dem Kartentisch zurück. Mit energischen Zügen radierte er die ominöse 5 mit dem Panzer weg, bis sie sich nur noch blaß von dem grünen Grund des Waldgebietes abhob.

«Es ist Unsinn, Engelhard», sagte er. «Der Russe kommt nicht. Er kann nicht mehr.»

*

Einen Kilometer etwa zog sich die Ortschaft Werchnaja Businowka entlang der gepflasterten Hauptstraße in dem Tal eines Flüßchens nach Norden. Neben zahlreichen Bauernkaten besaß sie mehrere ein- und zweistöckige Steinhäuser, ein modernes Krankenhaus mit rotem Ziegeldach und eine recht armselige Holzkirche, die, wie die Russen sagten, nicht mehr «arbeitete». Zur Zeit war der Ort mit Nachschubeinheiten des XI. Korps überbelegt, und der dicke Ortskommandant, Führer einer Bäkkereikompanie, war über den unerwarteten Zuwachs alles andere als erfreut gewesen. Erst als Unold mit Selbsthilfe drohte, hatte er sich bequemt, einige Häuser am Westausgang für den Stab räumen zu lassen. Eines dieser Häuser war der Abteilung Ic zugewiesen worden.

Sonderführer Fröhlich inspizierte die Räumlichkeiten.

«So ein blödes Stück!» dachte er. «So ein saublödes Stück von Russenweib! Glaubt immer noch an Väterchen Stalin.»

Er dachte es laut, und während sein riesiges Gebiß die Worte hervorquetschte, flackerten seine Lider nervös über den tiefliegenden Augen. Er meinte die Frau, die verlegen die Hände an ihrem Rock reibend hinter ihm durch die beiden Stuben ging. Ob die Bolschewiken wiederkämen, hatte sie wissen wollen. Die helle Angst hatte aus ihr geschrien, denn ihr Mann arbeitete für die deutsche Ortskommandantur. Aber sie hatte «die Unsrigen» gesagt. Die Unsrigen! Selbst wenn die Roten sie vierteilten, würde sie noch «die Unsrigen» sagen. Dieses Volk lernte einfach nichts dazu!

«Wo deutsche Soldaten stehen», belehrte Fröhlich sie auf russisch und rollte genußvoll sein baltisches R, «da kommt kein Bolschewik mehr hin, ponimaisch?»

Die Frau schwieg und strich dem kleinen Jungen, der sich in ihren Rockfalten versteckte, über den Flachskopf. Sie waren in den Stall gezogen, schliefen zwischen den Beinen des einzigen Pferdes, das ihnen der Krieg gelassen hatte.

«Ein Tisch mit Stühlen muß her, und morgen kommen hier anständige Scheiben rein, ponimaisch? Ein verdammter Saustall ist das!»

Fröhlich meinte, daß man bei den Russen mit Schimpfen am weitesten käme. In Wirklichkeit war er mit dem Holzhäuschen sehr zufrieden. Es lag an der Straße nach Manojlin, 30 km hinter der Front. Vor Fliegern war man hier ziemlich sicher. Außerdem war hinter dem Haus Leutnant Derk mit den beiden Vierlingsflak in Stellung gegangen, vor denen die Russen immer noch gehörigen Respekt hatten. Das alles verhieß geruhsame Tage. Fröhlich sah zu, wie Unteroffizier Herbert und der lange Geibel die Geschäftszimmerkisten in den Raum schleppten, und kaute dabei an den Nägeln seiner knochigen Finger. Er konnte sich nicht denken, was man hier oben im großen Donbogen eigentlich sollte, und war geneigt, Businowka als eine Vorstufe für die ersehnten Winterquartiere hinten in Millerowo zu betrachten.

Der Gefreite Geibel schleppte Stroh herein. Sein rundes Kindergesicht strahlte vor Zufriedenheit. Er verteilte das Stroh an der Rückwand und breitete Decken darüber. Sauberkeit, Ruhe, Wärme, seit Monaten wieder ein festes Dach über dem Kopf und trockene Bretter unter den Füßen – er fragte nicht viel und war glücklich.

Im Nebenraum schnitt Herbert im Schein des Herdfeuers Kartoffeln in eine Pfanne. Als eines jener zarten Kommißgewächse, wie sie nur in der Luft einer Schreibstube gedeihen, liebte er hausfrauliche Betätigung über alles. Etwas später fand sich Lakosch dazu, der eben seinen Wagen auf dem Hof abgestellt hatte.

«Perrunje, Kam'rad, Bratkartoffel!» Er machte Stielaugen. «Zwei Monate ist es her, daß ich die letzten gegessen habe — oder sogar drei?» Er fischte sich mit spitzen Fingern eine besonders knusprige Scheibe heraus. Mit seinen Sommersprossen und dem im Feuerschein flackernden Rothaar sah er aus wie ein kleiner Teufel.

«Nimm ja die Griffel von der Pfanne, du Dreckschwein», grollte Herbert, «und wasch sie dir erst einmal!»

«Ach sieh mal einer an!» griente Lakosch schmatzend. «Kaum ist er raus aus dem Bunkerdreck, da markiert er schon den feinen Wilhelm! — Uebrigens Pfanne, kennst du den mit Pfanne? Sagt der Antek zum Franzek . . .»

«Hör auf, Mensch!» rief Herbert verzweifelt, Lakoschs Witze waren allgemein bekannt und gefürchtet, was seine Erzählerfreude jedoch nicht hemmen konnte. Die Ablehnung kränkte ihn keineswegs.

«Aetsch, ich weiß was, Herbertchen», sagte er und pirschte sich hinter Herberts Rücken wieder an die Pfanne heran. «Etwas, was du nicht weißt!»

«Falls du Millerowo meinen solltest, das hat schon 'nen Bart!»

«Viel was Schöneres! Was ganz Feines!»

«Wird schon was Rechtes sein!» brummte Herbert, nun doch etwas neugierig.

«Wenn du versprichst, daß du einen Kuchen backst, sage ich dir's. Einen Pulverkuchen, du, so einen schönen gelben! Backpulver habe ich noch, und Mehl muß der Panje herausrücken.»

«Quatsch nicht dämlich und trag lieber die Kartoffeln rein! Oder nein, nimm die Milch, die Kartoffeln trage ich selber.» — Breuer war noch bei Oberstleutnant Unold zur Berichterstattung. Als er endlich kam, war es schon dunkel. Bei Kerzenlicht saß man um die Waschschüssel voll Kartoffeln herum, aß dazu Schmalzfleisch aus Konserven und trank warme Milch. In der Ecke glitzerten die Ikonen im Schein des Oellämpchens. Ewiges Licht! Schon unter den Zaren hatte es gebrannt, Stalin hatte es nicht auslöschen können, es schien auch den Soldaten Hitlers und würde leuchten, solange noch ein russischer Mensch über russischen Boden schritt.

Als die Schüssel leer war, erzählte Breuer.

«Einen schönen Gruß zunächst von Ihrem Kollegen beim XI. Korps, Herr Fröhlich. Die leben da vielleicht, sage ich Ihnen!

Dieses ganze Ossinowskoje ist ein einziges Sanatorium. Kino natürlich, Konzerte und ein Kasino, na ... wie im tiefsten Frieden.»

«Weswegen sind wir denn eigentlich hergekommen?» fragte Herbert.

«Auf Wunsch der Rumänen. Es ist ihnen hier zu langweilig, und wir sollen ihnen Gesellschaft leisten.»

«Ach du lieber Himmel, doch hoffentlich nicht den ganzen Winter!»

«Der Oberstleutnant rechnet mit acht bis vierzehn Tagen. Er wünscht jetzt vor allem ‚Geistige Betreuung'. Bücherkisten sollen ran, Grammophone, Spiele. Und dann will er durchaus hier den Rembrandtfilm sehen. Weiß der liebe Himmel, wie er gerade darauf kommt. Jedenfalls hat er mir unsern O3 als Belohnung versprochen, wenn ich den Film heranschaffe.»

Der O3 war der Ordonnanzoffizier, der der Abteilung Ic planmäßig zustand. Die Stelle war seit langem unbesetzt.

«Den O3», meinte Fröhlich, «ausgerechnet jetzt, wo wir ihn nicht mehr brauchen. Wo wir in vierzehn Tagen in Millerowo sind!»

«Hm —», Breuer lächelte hintergründig, «vielleicht noch ganz wo anders!»

«Wo anders?» Herbert sah Lakosch an, der ganz unverschämt grinste.

«Ja», schmunzelte Breuer, «es scheint so. Wissen Sie, was der Kommandierende mir im Kasino gesagt hat? ‚Sie werden hier nur eine kurze Gastrolle geben', hat er gesagt. ‚Ihre Division soll ja heim ins Reich!'»

Heim ins Reich? Einen Augenblick war es ganz still, dann aber schrien alle durcheinander.

«Heim ins Reich? — Nach Deutschland — nach Hause zu Muttern! — Kinder, ich werd' verrückt!»

Fröhlich schlug sich auf die Knie und bleckte seine Pferdezähne.

«Sehen Sie, Herr Oberleutnant, was hab' ich gesagt! Die ersten Divisionen werden abgezogen. In einem halben Jahr ist der Krieg aus!»

«Ich weiß, Herr Fröhlich, ich weiß!» lachte Breuer. «Dann machen Sie an der Wolga 'ne Filiale auf und beliefern Ihren Fischladen am Ku-Damm mit eigenem Lachs und Kaviar.»

«Nun, wie ist, Herbertchen?» fragte Lakosch. «Backst du nun den Kuchen?»

Herbert nickte, ihm standen Tränen in den Augen.

«Mensch, gibt das ein Fest», flüsterte er, «gibt das ein Fest!»

*

In den nächsten Tagen schlug das Wetter um. Ein feiner Sprühregen zauberte glitzernde Perlen an Bäume und Sträucher und überzog Häuser und Wege mit spiegelnder Eisglasur. Breuer fuhr zu dem rumänischen Stab in Kalmykow. Lakosch hatte Mühe, den schliddernden Wagen auf der Straßenmitte zu halten, und man brauchte Stunden für die wenigen Kilometer.

Ein Hauptmann, schwarzhaarig und schlank, in elegantes Khaki gekleidet, zeigte bereitwillig die Planpausen der Feindlagekarte.

«Sehen Sie hier, Herr Kamerad, diese Brücken sind neu! Sie wurden zerstört, doch in der Nacht wurden sie wieder gebaut. Und auch diese Divisionen sind neu, diese ist vor zwei Tagen gekommen. Und sehen Sie diesen großen Wald! Was er birgt, wir wissen es nicht. Man sagt, daß dort steht ein Korps russische Kavallerie. Das kann stimmen, kann auch nicht stimmen. Wenn es stimmt, ist das sehr schlimm. Wozu braucht man Kavallerie, bitteschön, wenn man nicht will angreifen?»

«Nun, jetzt sind wir ja da!» meinte Breuer ziemlich töricht, und etwas verlegen fuhr er fort: «Das heißt, wir werden bald da sein. Von unserer Division kommt zwar nur das Panzerregiment mit etwa zwanzig Panzern und die Artillerie. Die Grenadierregimenter mußten in Stalingrad zurückbleiben. Aber die andere Panzerdivision, die 23., ist ganz neu aufgestellt, und auch Ihre erste rumänische Panzerdivision ist ja dabei. Es ist wohl ihr erster Einsatz!»

«Das wird sehr gut sein», erwiderte der Rumäne. «Wir haben hier, sehen Sie, keine Panzer und keine große Artillerie, und unsere Leute sind müde. Man hatte uns nicht bestimmt für die Front.»

Sein Blick streifte die beiden Photos an der Wand, auf denen Marschall Antonescu und der junge König Michael ordengeschmückt und sehr selbstbewußt in die Welt blickten.

«Kennen Sie Bukarest, Herr Kamerad?»

«Ich war vor dem Kriege dort einige Tage.»

«Bukarest ist sehr schön. Schöne Frauen, schöne Cafés, schöne warme Sonne ... Es ist sehr weit weg von hier.» Er griff nach einer bauchigen Flasche und goß in zwei langgestielte Likörgläser ein. «Sie werden auch frieren, Herr Kamerad. Trinken Sie, es ist echter Chuica! Und wenn Sie vielleicht rauchen, hier sind Zigaretten, türkische!»

«Auf gute Zusammenarbeit!» sagte Breuer und kippte sein Glas hinunter. Der scharfe Pflaumenschnaps tat ihm gut, er trieb die Kälte aus den Gliedern.

«Trinken wir darauf, daß Sie bald da sein werden mit Panzern und viel Artillerie. Es bleibt nicht mehr viel Zeit. Wir haben den Angriff der Russen erwartet auf den 6. und 7. ‚Große Revolution', Sie wissen! Aber er ist nicht gekommen.»

«Ich denke, er wird überhaupt nicht kommen.»

«Wir wollen das hoffen, Herr Kamerad!»

Auf der Rückfahrt machten sie einen Umweg zur Front. Breuer versuchte zu verarbeiten, was er eben gesehen und gehört hatte. Die paar neuen Divisionen in der Front des russischen Brückenkopfes bei Kletskaja boten keinen Anlaß zur Beunruhigung. Sie bestanden aus alten Leuten über 50 oder halbwüchsigen Jungen und waren schlecht ausgerüstet, zum Teil mit dem Gewehr Modell 42, das nicht einmal einen gezogenen Lauf hatte. Also das seit Anfang des Jahres übliche Bild, das deutlich zeigte, wie sehr der Russe auf dem letzten Loch pfiff. Und dieses Kavalleriekorps, manchmal sollte es ja sogar eine Panzerarmee sein – das waren doch nur Hirngespinste, Ausgeburten einer überreizten Phantasie! Allerdings, wenn man ohne schwere Waffen auf einer endlosen Frontlinie saß, kein Wunder, wenn man da Gespenster sah.

Lakosch hielt. Mitten in der Einsamkeit stand eine Gestalt, das Gewehr unter dem Arm. Sie war in einen weiten Pelz gehüllt, der fast bis auf den Boden reichte, darüber hing eine Zeltbahn. Auf dem Kopf der Figur saß die hohe Lammfellmütze und oben drauf, als Regendach offenbar, ein rumänischer Stahlhelm. Von seinen Rändern troff das Wasser auf die Zeltbahn und rieselte durch die steifen Falten zu Boden. Die Vogelscheuche gab Haltezeichen. Die vorderste Linie war erreicht.

Breuer stieg aus und ging einige Schritte voran. Vor ihm fiel die Hügelkette allmählich nach Norden ab. Etwa 50 Meter voraus durchzog ein heller Streifen das Braun. Das waren die rumänischen Stellungen. Auf dem Grund der Mulde waren einige Häuser sichtbar, Kletskaja! Dahinter aber das blaßgraue Band, das war er wieder, der Don. Er war immer noch da, gab noch nicht frei. Ganz hinten aber jenes Dunkel, zu ahnen mehr als wirklich zu erkennen in dem einförmigen Grau, das mußte das große Waldgebiet sein. Barg es wirklich Geheimnisse?

*

Um diese Zeit traf der neue Divisionskommandeur in Werchnaja Businowka ein. Er äußerte alsbald den Wunsch, die Offiziere des Stabes und die Einheitsführer, soweit sie schon eingetroffen waren, zwanglos kennenzulernen. So kam es, daß sich eines Abends in dem Seitenraum der Kirche, der dem Stab als Kasino diente, eine größere Gesellschaft zusammenfand. Hauptmann Fackelmann, der «Kommandant Stabsquartier», hatte einen Festsaal hervorgezaubert. Die feuchten Holzwände waren mit Landkarten verkleidet und mit Tannengrün geschmückt, und vielfaches Kerzenlicht erhellte die blitzweiße Tafel. Der Raum war voller Offiziere. Sie hatten ihre Extra-Uniformen hervorgeholt, denen man noch ansehen konnte, daß sie monatelang in Kisten und Koffern geruht hatten. Man bestürmte Hauptmann Engelhard mit Fragen nach dem neuen Kommandeur. Doch des Hauptmanns Filmstargesicht zeigte nur kühle Ablehnung; er schwieg von Amts wegen. Auch der Adjutant Hauptmann Gedig, ein kleiner Berliner mit lachenden Augen, beschränkte seine Redseligkeit diesmal auf ein vielsagendes «Abwarten, meine Herren!» Zwischen den Gästen hüpfte der rundliche Fackelmann, der Manager des Abends, wie ein Gummiball umher, letzte Anordnungen treffend und sich von Zeit zu Zeit den Schweiß von der Glatze wischend.

Punkt acht Uhr rissen die Ordonnanzen die Türen auf. Es erschien der General, eine massige Erscheinung mit rotem, vollem Gesicht, in dem zwei wasserblaue Tupfen schwammen. In seinem Gefolge befanden sich Unold, heute in der schwarzen Panzeruniform, der weißhaarige Divisionsarzt Dr. Müller und, säbelbeinig und mit einem fast mongolischen Gesichtsschnitt, der Panzerkommandeur Major Kalweit. Sehr blaß und sehr reserviert — er hatte sich selbst Hoffnung auf die Führung der Division gemacht — stellte Unold dem General die einzelnen Offiziere vor: «Hauptmann Mühlmann, Führer der Nachrichtenabteilung . . . Hauptmann Eichert, Führer der Panzerjägerabteilung . . .» Hackenklappen, Verbeugungen. Der General bedachte jeden mit einem Händedruck und einem kurzen Blick, in den er vergeblich Feuer zu legen versuchte. «Hauptmann Siebel, unser Ib . . .» Der Hauptmann warf seinen strohblonden Schopf nach hinten und zuckte krampfhaft mit der rechten Schulter, aber die Prothese funktionierte schon wieder einmal nicht. Er streckte dem General die Linke hin.

«Wo verloren Sie Ihren Arm?»

«Am Wolchow, Herr General!»

«Wie alt?»

«Fünfundzwanzig, Herr General!»

«So, ähem — bißchen jung für den verantwortungsvollen Versorgungskram, wie?»

«Wenn's zum Sterben langt, wird's fürs Kartoffelholen allemal reichen, Herr General!»

Unter Gelächter setzte man sich zu Tisch, der General oben inmitten der höheren Offiziere, die übrigen unten in bunter Folge. Fackelmann hatte eine seiner berühmten Ueberraschungen gestartet: Es gab Leberknödel in goldgelber Brühe, dazu Salzkartoffeln. Und als dann noch zwei Dutzend Flaschen Mosel auf der Tafel erschienen, war des Staunens kein Ende.

«Prost, Fackelmann!» rief Major Kalweit vom anderen Tischende herüber. «Sie alter Hexenmeister!»

Der Hauptmann sprang strahlend von seinem Sitz hoch, ohne dadurch wesentlich an Größe zu gewinnen. Um dem verehrten Panzerkommandeur Bescheid zu tun, zog er sein Glas zur Brust.

«Wirklich delikat, lieber Fackelmann», näselte Oberleutnant von Horn, der Adjutant Kalweits, und blitzte durch sein Einglas. «Exquisiter Fraß! Wohl Purrpurr, was?»

«Aber ich bitte Sie, meine Herren!» Fackelmanns Taschentuch kam wieder in Bewegung. «Wie könnte ich es wagen! — Uebrigens wissen Sie, daß Pferdeleber eine Delikatesse ist? Die berühmte Braunschweiger Leberwurst verdankt ihren Ruf der Beigabe von Fohlenleber!»

Man wagte zu zweifeln. Fackelmanns Wahrheitsliebe war in solchen Fällen nicht immer erhärtet. Hauptmann Endrigkeit, der

Führer des Feldgendarmeriezuges, ein schnauzbärtiger Ostpreuße, langte schon zum drittenmal nach der Kartoffelschüssel.

«Na, schmeckt das vielleicht nicht, Zimmermannchen?» meinte er zu dem Oberzahlmeister neben ihm. «Wenn Se nächstes Mal wieder zum Tschir fahren, denn bringen Se man gleich so e paar Panjepferdchens mit. Denn machen wir hier mal richtiges Wurstessen!»

«Nun hören Sie aber auf!» entrüstete sich Hauptmann Siebel und strich sich das Flachshaar aus der Stirn. «Nichts gegen Pferde, aber wenn wir beim Fressen erst beim Pferd angelangt sind, kommen wir auch bald auf den Hund. Ich denke, Zimmermann, Sie sorgen lieber für 'ne anständige fette Weihnachtsgans!»

Oben klopfte jemand ans Glas, und es wurde still. Der General erhob sich.

«Meine Herren!» Die energische Stimme paßte irgendwie nicht zu dem fülligen Gesicht. «Der Befehl des Führers hat mich auf diesen ehrenvollen Posten gerufen. Ich bin mir der Auszeichnung bewußt, eine Division führen zu dürfen, die Ruhm und Ehre an ihre Fahnen geheftet hat. Schweres liegt hinter uns, Schwereres steht noch bevor auf dem Wege zum Endsieg, den uns der Führer verheißen hat. Das verpflichtet zur Härte. Hart sein gegen uns selbst, gegen unsere Leute und gegen den barbarischen Feind, der kein Erbarmen kennt – das Letzte verlangen von uns selbst und von anderen, das ist es, das erwartet die Heimat von uns, das ist unsere Aufgabe als Kämpfer für eine neue Weltordnung. In diesem Sinne übernehme ich die Führung der Division. Unser Führer und Oberster Befehlshaber – hurra!»

Ein peinliches Schweigen folgte. Breuer warf Leutnant Wiese, dem Nachrichtenoffizier, der ihm gegenübersaß, einen langen Blick zu. Der wiegte den Kopf hin und her.

«Donnerwetter!» bemerkte Siebel ziemlich laut. «Ich glaube, wir gehen herrlichen Zeiten entgegen.»

«Vom Innern eines Panzers aus betrachtet, sieht die Welt eigentlich anders aus», meinte Oberleutnant von Horn und ließ sein Monokel funkeln. «Riecht mir stark nach SS oder Polizei!»

Fackelmann, der schon wieder unterwegs war und die Verteilung der Zigarren regelte, beugte sich zu Endrigkeit und Fröhlich hinunter.

«Also ehrlich gesagt», kicherte er hinter der vorgehaltenen

Hand, «schön auf 'ner Schüssel serviert und mit 'ner Zitrone im Maul wäre mir dieser Kopf lieber.»

Fröhlich hätte vor Schreck beinahe das Streichholz verschluckt, mit dem er in seinen Zähnen stocherte. Endrigkeit aber lachte so dröhnend, daß man vom anderen Tafelende höchst indigniert herübersah. Auch Hauptmann Engelhard war peinlich berührt. Er liebte diesen laxen Ton nicht, für den er die Reservisten verantwortlich machte, und schon gar nicht, wenn es um einen Vorgesetzten ging.

«Ich muß doch sehr bitten, meine Herren! Der Herr General ist seit einem Jahr in Rußland und hat fünf Monate eine Panzerdivision geführt.»

«Regen Sie sich nicht auf, Engelhard», begütigte Hauptmann Fackelmann, etwas rot geworden. «Ist doch nur Spaß! Und dann.... Für Frankreich wird's allemal reichen!»

Für Frankreich? Man horchte auf.

«Ja, wissen Sie denn noch nichts?» Der kleine Hauptmann strahlte im Vollgefühl seiner Wichtigkeit. «Unsere Division kommt doch nach Frankreich!»

«Möchte mal wissen», sagte der Panzeradjutant, «auf welcher Latrine Sie das wieder aufgelesen haben!»

«Aus erster Quelle, aus allererster! Aber bitte vertraulich, meine Herren! Die Division kommt als Besatzungstruppe in den Raum um Le Havre, einen Katzensprung von Paris!»

Jetzt gab es doch einige Aufregung.

«Dazu müßte doch der O1 etwas zu sagen haben?» meinte von Horn, aber Engelhard geruhte die Frage zu überhören. Fröhlich schlug seinem linken Nachbar aufs Knie, so daß der zusammenfuhr.

«Sehen Sie, Herr Pfarrer, was ich immer gesagt habe! Der Krieg hier im Osten ist zu Ende. Der Führer zieht die Truppen nach dem Westen. Jetzt kommt der große Schlag gegen England!»

«Auch umgekehrt wird ein Schuh draus, lieber Fröhlich!» lächelte Pfarrer Peters. Er trug als evangelischer Divisionspfarrer das EK 1 dieses Krieges, für einen Geistlichen eine ungewöhnliche Auszeichnung. «Vielleicht muß man Truppen nach dem Westen werfen, weil die gefürchtete zweite Front droht?»

Fröhlich schwieg beleidigt wie stets, wenn sein Optimismus nicht auf Gegenliebe stieß. Endrigkeit zog seine nickelbeschlagene Deckelpfeife hervor, an deren Mundstück zwei Troddeln hingen, stopfte sie sorgsam und zündete sie an.

«Na, Gedig», meinte er bedächtig zu dem kleinen Hauptmann, der in den nächsten Tagen zu einem Lehrgang nach Berlin fahren sollte, «denn lassense sich von Unold man gleich die Adresse vom größten Pariser Bums mitgeben. Sonst findense uns womöglich gar nich in Frankreich, was?»

«Er schickt Ihnen vorher 'ne Ansichtskarte, Gedig!» lachte Siebel. «Papa Endrigkeit, vor sich 'ne Flasche Schampus, Nikotinkolben im Mund und auf jedem Knie so 'nen richtigen Pariser Käfer. Das kommt dann ins Familienalbum für die Enkel!»

Am oberen Tafelende führte zwischen dem Divisionsarzt und Oberst Lunitz, dem Kommandeur des Artillerieregiments, der General das große Wort.

«Natürlich braucht die Division Ruhe, Erholung. Habe vor vierzehn Tagen erst mit Zeitzler persönlich darüber gesprochen. Er hat volles Verständnis, hat mir gründliche Auffrischung zugesichert. Könnten schon in den Winterquartieren sein, wenn nicht dieses dämliche Angstgeschrei unserer Herren Verbündeten ... Kein Mensch nimmt das ernst oben, aber man muß natürlich eine Geste machen. Schließlich brauchen wir die Leute ja, obwohl es einen ankotzt. Kein Heroismus, keine Opferbereitschaft, keine Spur von Verständnis für unsere weltweiten Aufgaben und Ziele – aber mitverdienen wollen sie alle! Na, wenn der Krieg zu Ende ist, wird der Führer hoffentlich auch unter den Hilfsvölkern mal anständig aufräumen!» –

Man ging bald auseinander. Der General wünschte mit den höheren Offizieren noch allein zu bleiben.

«Ich kann jetzt nicht schlafen», sagte Engelhard zu Breuer, als sie sich draußen die Mäntel umhängten. «Kommen Sie noch ein paar Schritte mit ins Freie, den Kopf auslüften!» Seit dem Lungensteckschuß, der ihn zum Divisionsstab gebracht hatte, vertrug er längeren Aufenthalt in rauchigen Räumen nicht recht.

Die beiden gingen an der niedrigen Friedhofsmauer entlang zum Ort hinaus. Ein frischer Ostwind war aufgekommen und hatte die Wege getrocknet. Ab und zu blitzte ein Stern durch die flüchtige Wolkendecke. In der Ferne sang irgend jemand, langgezogen und rauh, voll sentimentaler Sehnsucht:

«Wenn sich die stillen Nebel dre-e-ehn,
Will ich bei de-e-r Laterne stehn

Wie einst, Lili Marle-e-e-n . . .»

«Also wenn das wirklich nach Frankreich geht . . .», unterbrach Breuer das Schweigen. Doch der Hauptmann biß auf den Köder nicht an.

«Wenn wir nur erst alles hier hätten!» sagte er leise. «Dauert alles viel zu lange. Die Rumänenpanzer sind noch wer weiß wo, und die Dreiundzwanzigste kleckert auch nur so heran, von uns ganz zu schweigen.»

«Rechnen Sie denn wirklich mit diesem russischen Angriff?» — Breuer war ehrlich erstaunt. Er hatte an Frankreich gedacht und an den Weihnachtsurlaub.

«Die Nachrichtenaufklärung der Heeresgruppe hat einen detaillierten Aufmarschplan der Russen herausgeknobelt. Der sieht toll aus: Eine Panzerarmee, ein Kavalleriekorps, mehrere motorisierte Infanteriedivisionen mit allem, was dazu gehört. Alles uns gegenüber hinter der russischen Front in Bereitstellung. Eine Angriffsmassierung für einen ganz großen Schlag.»

Breuer fühlte seine Hände zittern. Auf dem Ic-Wege war nichts dergleichen gemeldet worden.

«Aber das ist doch nicht möglich!» stammelte er. «Das bringt der Russe nicht mehr zusammen!»

«Genau dasselbe meint auch das OKH. Wir seien einer genialen Funktäuschung aufgesessen, meint es. Deshalb ist die Sache auch nur inoffiziell weitergegeben worden.»

«Und Sie selbst? Was meinen Sie?»

Engelhard schwieg lange. Er liebte solche Gespräche nicht. Aber die Nacht war schwarz und tief und ließ den Begleiter vergessen. So war es mehr ein Selbstgespräch, als er schließlich sagte:

«Da sitzen sie oben und rechnen. Zählen die vernichteten Divisionen zusammen und rechnen aus, daß der Russe tot ist. Rechnen so lange am grünen Tisch, bis sie es selbst glauben. Einer hat ausgerechnet, daß der Russe schon vierzig Divisionen mehr aufgestellt hat, als er laut Statistik überhaupt aufstellen kann. Also ist er nicht nur tot, er ist übertot. Seit einem Jahr schon kämpfen wir gegen einen Feind, der auf dem Papier mausetot ist. Und dabei wird dieser Tote mit jedem Tag stärker.»

Am Westhimmel flammte ein rötliches Licht auf und schaukelte langsam zur Erde. Ein Leuchtband bunter Punkte perlte ihm vom Boden her entgegen. Nach einer Weile folgte ein fernes Brummeln.

«Da, sehen Sie», sagte der Hauptmann. «Nachtfliegen, das konnte er vor einem Jahr auch noch nicht. Das und die Stalinorgeln und die Maschinenpistolen und die Granatwerfer in jeder Infanteriekompanie, das sind seine Errungenschaften dieses Jahres. *Wir* siegen und siegen, und *er* wird immer stärker. Unheimlich ist das.»

«Aber wir stehen an der Wolga! Wir haben ihn an der Gurgel. Jetzt muß ihm die Luft ausgehen!»

Breuer spürte, wie das eigene Argument ihm Kraft gab. Aber der Hauptmann war nicht geneigt, die Brücke der Zuversicht zu beschreiten, die ihm der Partner gebaut hatte.

«Machen wir uns doch nichts vor, Breuer! Das Jahr 1942 hat uns nicht die erhofften Erfolge gebracht, nicht den entscheidenden Sieg. Das elastische Ausweichen Timoschenkos war ein genialer strategischer Plan, und er ist geglückt. Gewiß, wir stehen an der Wolga, aber zum Zudrücken haben wir keine Kraft mehr.»

Was hat er bloß? dachte Breuer und versuchte in dem Dunkel das Gesicht seines Begleiters zu erkennen. Was er hier zu hören bekam, paßte so gar nicht zu dem Bild des schweigsam beflissenen, überkorrekten Engelhard, den er kannte. Er schlug einen leichteren Ton an:

«Wenn hier wirklich eine Schweinerei passiert, wird uns General Heinz die Sache schon hinbiegen!»

General Heinz, der bisherige Kommandant der Division! Er war vor kurzem mit der Führung des Korps betraut worden. Man hatte ihn geliebt und verehrt.

«Unser Heinz, ja! Ein Jammer, daß er nicht mehr bei uns ist. Er würde mit unsern paar Panzern in einen russischen Angriff hineinfahren wie die wilde Jagd. Aber ein Korps? Dazu gehört anderes. Er ist noch sehr jung . . .»

«Mit Oberst Fieberg hat er einen alten Routinier zur Seite!»

«Fieberg, ein Fuchs und ein kalter Rechner. Aber ob das hier genügt? Es gibt auch Minusresultate beim Rechnen . . .»

Hinterher lag Breuer noch lange auf seiner Strohschütte wach. Wie Mühlräder gingen die Ueberlegungen in seinem Kopf herum. Schließlich schlief er ein über dem Gedanken, daß der Hauptmann heute wohl einen besonders schlechten Tag gehabt hatte. Seine Braut wohnte in Essen. Und wie in der Frühe der Rundfunk gemeldet hatte, war die Stadt neulich schwer bombardiert worden.

Am nächsten Morgen wurde Breuer zum General zitiert. Die Kartenrolle unter dem Arm und einen Stoß Meldungen in der Hand, machte er sich etwas beklommen auf den Weg zu dem Holzhaus auf der anderen Straßenseite. Zwei Ordonnanzen, die auf Zehenspitzen herumschlichen, wiesen ihm eine Tür. Dahinter saß der General, vor sich auf dem Tisch eine angebrochene Flasche Rotwein und die neu eingetroffene Nummer des «Völkischen Beobachters». Als Breuer eintrat und Haltung annahm, blickte er auf:

«Sie sind, äh . . . ?»

«Der Ic, Herr General!»

«Der Ic, der Ic . . . Natürlich der Ic! Wie Sie heißen, will ich wissen!»

«Franz Breuer, Herr General! Gebürtig aus . . .»

«Interessiert mich nicht. Gewöhnen Sie sich diese zivilen Allüren ab! – Ihr Zivilberuf?»

«Lehrer, Herr General!»

«Also Steißtrommler! Habe nie viel übrig gehabt für sowas! Wie haben Sie das bisher mit dem Vortrag gehandhabt?»

«Ich habe täglich dem Ia berichtet, Herr General!»

«Dem Ia berichtet!» äffte der General nach. «In Zukunft halten Sie *mir* täglich um 10 Uhr 30 Vortrag, verstanden? – Zeigen Sie mal die Karte von Nordafrika!»

Breuer glaubte sich verhört zu haben.

«Eine Karte von Nordafrika? So etwas haben wir hier nicht, Herr General!»

Das Gesicht des Generals wurde dunkelrot, die Adern auf seiner Stirn schwollen an. Er schlug mit der Faust auf den Tisch, daß die Weinflasche torkelte.

«Das ist ja . . . Sie haben keine Karte von Nordafrika? Sie leben wohl auf dem Mond, wie? Sehen Sie sich das mal an, hier! Das ist ein strategisches Meisterstück, Herr! Da können wir uns alle 'ne Scheibe von abschneiden!» Er schwenkte die Zeitung wie eine Fahne vor Breuers Gesicht herum. Darauf stand in riesigen Lettern: Erfolgreicher Rückzug Rommels durch Libyen. «Ab morgen erscheinen Sie hier täglich mit einer Karte von ganz Nordafrika, verstanden?»

«Herr General, woher soll ich . . .»

«Ist mir scheißegal!» brüllte der General, und die dicken Adern auf seiner Stirn färbten sich blaurot. «Wozu habe ich Sie denn?

Eine Karte von Nordafrika will ich! Morgen früh um 10 Uhr 30, verstanden?»

«Jawohl, Herr General!» Breuer war zur Salzsäule erstarrt.

«Mit den neuesten Einzeichnungen!»

«Jawohl, Herr General!»

«Feindlage rot, eigene Lage schwarz! Schwarz, Herr, nicht blau!»

«Jawohl, Herr General!»

«So, ja ...» die dicken Adern schwollen langsam ab. «Was stehen Sie denn hier noch herum! Oder haben Sie vielleicht noch was zu sagen?»

«Nein, Herr General!»

Breuer machte eine Kehrtwendung, daß die Fenster klirrten, und ging mit dröhnenden Schritten hinaus. Die Ordonnanzen feixten hinter ihm her.

*

Ein bißchen Glück gehört zum Leben. Was Breuer betrifft, so fiel ihm diesmal jene seltene Spielart davon zu, die der Landser als «Mordsschwein» bezeichnet. Nicht allein, daß er aus einem Winkel des Kartenstellenomnibus tatsächlich eine alte Karte von Nordafrika ausgraben konnte, die Gnade vor den Augen des Divisionskommandeurs fand — der Zufall wollte es, daß ausgerechnet der Rembrandtfilm für acht Tage bei dem benachbarten IX. Korps lief und daß man so entgegenkommend war, Film und Filmwagen für zwei aufeinanderfolgende Tage der fremden Division zur Verfügung zu stellen.

Als Breuer mit dieser Meldung zu Unold kam, klopfte ihm der lachend auf die Schulter.

«Das haben Sie ja glänzend hingekriegt! Also — was ich versprochen habe, halte ich: Ihren O3 sollen Sie haben! Schon jemand ausgesucht?»

«Ich dachte an Leutnant Wiese, Herr Oberstleutnant!»

«Der kleine Leutnant von der Nachrichtenabteilung? Hm — ganz netter Junge, aber ein bißchen still, nicht? Nun, wird sich hier schon einfügen, denke ich. Wenn Mühlmann ihn freigibt, meinetwegen!»

Jetzt begann im Stabe eine ungeheure Geschäftigkeit. Wer sich auf Farbe und Pinsel verstand, malte unter Anleitung der Kartenstellenzeichner Plakate und Transparente, wer mit Hammer und Nagel umgehen konnte, war mit dabei, die Kirche in einen Kinopalast zu verwandeln, und auf den Schreibstuben tippten sie Eintrittskarten. Bald bekundeten bunte Anschläge an allen Ecken des Ortes, daß die «Filmbühne Businowka» zum Besuch der Erstaufführung des großen deutschen Films «Rembrandt» am 19. November 1942, um 17 Uhr, herzlichst einlade. Im Kasino, in den Schreibstuben und Unterkünften aber sprach man nur noch von dem bevorstehenden Ereignis. Die ganze Division fieberte dem 19. November entgegen.

«Der Rembrandt», sagte Lakosch gelegentlich einer gemeinsamen Wagenwäsche zu Geibel, «das war einer, der schon im Mittelalter Unterseeboote gebaut hat und Flugzeuge und so. Ja, und darum haben sie ihm dann später den Kopf abgeschlagen, weil er zuviel wußte... Glotz nicht so blöde, du Mond! Dir wird man deswegen den Kürbis nicht abhacken!»

2. Kapitel

DER DON ERWACHT

Grau dämmerte der 19. November herauf.

Der Gefreite Geibel wälzte sich stöhnend auf seinem Strohlager. Ihn quälte ein scheußlicher Traum. Er befand sich wieder in seinem Laden in Chemnitz, der übrigens in erstaunlicher Weise dem letzten Bunkerloch vor Stalingrad glich. Vor ihm stand ein Mann und starrte ihn aus schwarzen Augen an. Eine dunkle Haarsträhne fiel ihm ins Gesicht, auf seinem Kopf aber saß ein goldglänzender Helm. Und Geibel wußte, daß dies Rembrandt war. «Haben Sie Heringe?» fragte der Fremde mit kalter Stimme. — «Jawohl, mein Herr», antwortete Geibel beflissen, «echte Matjes, das Pfund zu 1.35!» Er wies auf das große Faß in der Ecke, aus dem die Heringe munter ihre Köpfe reckten. — «Die nehme ich!» schnarrte der Fremde. Er griff sogleich in das Faß und schob sich die vollen Hände in den weit aufgerissenen Mund. Die Heringe zappelten und jammerten, und Geibel erschrak sehr. «Es macht 14 Mark 80», sagte er wehmütig. Die Blicke des Fremden durchbohrten ihn. «Sind das alle Heringe?» grollte er. — «Leider, mein Herr», beeilte sich Geibel zu versichern, «die Erzeugungsschlacht ist noch nicht gewonnen!» — «Ich brauche aber mehr Heringe!» donnerte Rembrandt. «Viel mehr, alle ... alle!» Sein Gesicht näherte sich Geibel und wurde dabei riesengroß und furchtbar. «Ich will Ihren Kürbis haben!» — Geibel wurde von Entsetzen geschüttelt. «Der ist unverkäuflich», stotterte er, «ein Ausstellungsstück! Ich habe andere sehr schöne, das Pfund zu 12 Pfennig!» — «Ihren Kürbis muß ich haben!» flüsterte der Fremde ganz nah. «Sie wissen zuviel!» — «Nein!» schrie Geibel auf. «Nichts weiß ich, ich bin nur ein kleiner Mann!» Er griff zum Telefon, um das Ueberfallkommando anzurufen. Es klingelte. «Hilfe!» schrie Geibel. «Hilfe!» Er verspürte einen scharfen Schmerz in der Seite und erwachte.

«Ich werde dir helfen, du Roß!» schimpfte Lakosch und stieß dem Nachbar nochmals den Ellbogen in die Seite. «Frißt sich im Traum in seinem Kramladen voll, und währenddem klingeln die sich tot!»

Wieder schrillte der Fernsprecher neben dem Lager, und Geibel wunderte sich, daß er den Hörer schon in der Hand hielt.

«Hier Abteilung Ic, Gefreiter Rembrandt!» meldete er sich.

«Gute Nacht, Sie Tüte!» tönte es von drüben. «Hier Ia, Unteroffizier Schmalfuß. Oberleutnant Breuer möchte sofort zum Ia kommen, marschfertig, aber ohne Wagen!»

«Oberleutnant Breuer marschfertig zum Ia ohne Wagen», wiederholte Geibel mechanisch. Und dann wunderte er sich: «Jetzt mitten in der Nacht?»

«Machen Sie schon und fragen Sie nicht so dämlich!» kam die Antwort. «Erstens ist es halb acht, und zweitens greifen die Russen an!»

Geibel sprang auf und stürzte ins Nebenzimmer. Mit einem Schlage war er hellwach. «Herr Oberleutnant!» rief er. «Herr Oberleutnant, sofort zum Ia! Die Russen greifen an!» —

«Russe greift seit den frühen Morgenstunden auf ganzer rumänischer Frontbreite an, Lage noch ungeklärt!» Das etwa war der Inhalt eines Funkspruchs, mit dem der Korpsstab soeben die Abteilung Ia in helle Aufregung versetzt hatte. Oberstleutnant Unold lief wie ein angeschossener Tiger umher und schnaubte Befehle.

«Einsatzbefehle an Lunitz und Kalweit heraus?»

«Jawohl», antwortete Hauptmann Engelhard, ohne sein eifriges Schreiben zu unterbrechen. «Das Artillerieregiment ist bereits mit Teilen unterwegs zu Punkt 218.»

«Sofort ein Führungsgespräch zu Fieberg!»

«Die Leitung ist noch gestört!» — Der Korpsstab lag etwa 40 km weiter westlich. Seit etwa einer Stunde war die Fernsprechverbindung unterbrochen.

«Es ist zum Kotzen!» schimpfte Unold. Zum dritten Male griff er nach dem Funkspruch. «Lage noch ungeklärt!» höhnte er. «Wie für den Wehrmachtsbericht! Was wir damit anfangen sollen, möchte ich wissen. — Rufen Sie mal die Rumänen an!»

«Die Rumänen?» staunte Engelhard. «Wir haben doch keine Sprechverbindung zu den Rumänen!»

«Wahnsinnig kann man werden!» Unold warf den Zettel hin und rannte zur Tür. «Schmalfuß, meinen Wagen!»

«Herr Oberstleutnant wollen selbst ...?» Jetzt war Engelhard wirklich verblüfft. Es war das erste Mal, daß Unold seinen Arbeitstisch verließ, um an die Front zu fahren.

«Ich will wissen, was los ist!» schrie Unold. «Oder meinen Sie vielleicht, daß der General uns hinreichend unterrichten wird?»

Engelhard meinte das nicht, und so schwieg er.

Vor der Tür stieß Unold auf Breuer, der eben in voller Kriegsbemalung, mit Feldstecher, Kartenbrett und Maschinenpistole eintraf.

«Sie fahren mit dem General! Halten Sie die Augen offen, damit nichts passiert! Mittags sind wir wieder zurück.»

Und schon jagte Unold in seinem Kübelwagen davon.

Breuer ging zum Generalshaus hinüber, vor dem die graue Horch-Limousine mit laufendem Motor stand. Er ärgerte sich. Nach Hauptmann Gedigs Weggang hatte er jetzt auch noch den Posten eines Ordonnanzoffiziers beim General am Halse! Und was wurde aus der Filmvorführung? Es war schon eine rechte Schweinerei, daß das alles ausgerechnet heute passieren mußte!

Es erschien der General in einem Innenpelz mit Biberkragen, die Schirmmütze mit der goldenen Kordel auf dem Kopf und eine riesige «Brasil» zwischen den Zähnen. Auf Breuers Meldung brummte er etwas Unverständliches und kletterte, ohne seinen Begleiter eines Blickes zu würdigen, ächzend neben den Fahrer. Breuer machte es sich auf dem Rücksitz bequem. Die Maschine heulte auf und rollte davon, durch den Ort hinaus auf die Ausfallstraße nach Norden, vorbei an Kraftfahrzeugen, Flakgeschützen und Panzern.

Alles strebte dem Punkt 218 zu.

*

Langsam fraß sich das erste Licht des Morgens durch den dikken Nebel, der über der Donniederung lagerte. Auf den Höhen, wo die Stellungen der Rumänen verliefen, war es etwas lichter, doch ging auch hier die Sicht kaum über 100 Meter hinaus. Aus Bunkern, Gräben und Schützenlöchern kamen die ersten Fellmützen gekrochen, erledigten ihre Bedürfnisse und trippelten unter ulkigen Verrenkungen umher, um die erstarrten Glieder in Bewegung zu bringen. Bei klarer Sicht durfte hier niemand den Kopf heben; doch heute befand man sich sicher auf einem braunen Teller, umgeben von grauem Nichts, in das die böse Umwelt sich aufgelöst hatte. Wer führte auch Krieg bei so einem Wetter!

Hier und da fanden sich kleine Gruppen zusammen, die erregt schwatzten und gestikulierten. Die Stimmung war nicht die beste. Das halbe Jahr des erzwungenen Rußlandeinsatzes war um, am 15. schon sollte die Division abgelöst werden. Seit Wochen hatten sie nur auf diesen Tag gewartet, und ihre Gedanken waren vorausgeeilt in die Heimat, zu den wilden Karpatenwäldern, den satten Weiden der Dobrudscha, den sonnenbeschienenen Cafétischchen auf den Straßen von Bukarest. Aber die Ablösung, die es wohl nicht allzu eilig hatte, war nicht rechtzeitig eingetroffen. Die Verpflegung jedoch hatte man in übergroßer Gewissenhaftigkeit bereits auf den neuen Standort umdirigiert. Schon den vierten Tag hungerte die Division. Kein Wunder, daß weidlich geschimpft wurde: auf das Wetter, das einen Winter ankündigte, den man hier nicht mehr zu erleben gehofft hatte, auf die miserable Organisation und überhaupt auf diesen Krieg, den man nicht gewollt hatte und der einen im Grunde nichts anging ...

Mit einmal war da etwas in der Luft, etwas, das gar nicht zu der grauen Einsamkeit paßte, ein seltsam bösartiges Summen und Zischen wie von tausend giftigen Insekten. Und ehe noch der Verstand die Ursachen dieses unheimlichen Geräusches erfaßt hatte, brach schon die Hölle los. Krachend und brüllend barst der Boden, spie Fontänen von Erde und Feuer aus schwarzen Kratern und schleuderte glühendes Eisen umher. So plötzlich kam dieser Ueberfall, so gänzlich unerwartet in der Stille dieses Nebelmorgens, daß selbst der immer wache Instinkt des Frontsoldaten hier versagte. Nur wenige fanden Zeit zu dem rettenden Sprung in die Schlupfwinkel, die übrigen lagen verstümmelt und zerfetzt am Boden, ehe sie noch begriffen hatten, was ihnen geschah.

Minutenlang trommelte der Feuerhagel auf den kleinen Streifen Erde, sprang dann einige hundert Meter weiter zu den Stellungen der Feldartillerie und kam noch einmal zurück. Und plötzlich war Stille wie zuvor; denn das Stöhnen und Röcheln ringsum war kaum zu vernehmen nach dem Lärm der Detonationen. Als der gelbe Qualm sich verzog, lag da ein schwärzliches Trichterfeld, das die Toten schon halb verschluckt hatte.

Hier und da tauchte ein Kopf aus der durchwühlten Erde auf, Entsetzen im Blick und fassungsloses Staunen darüber, daß er noch sehen und atmen durfte. Immer mehr Köpfe wurden es, und in ihnen allen lebte nur *ein* Gedanke. Wie denn, was denn? Man war ja eigentlich gar nicht mehr hier, war ja schon fast daheim! Und jetzt das hier als Abschluß, dieses Ende? Das durfte nicht sein, das war hohnvoller Spuk! Und aus diesem Gedanken entsprang ein Entschluß. Schon kamen die ersten hoch, aus MG-Nestern und Schützenlöchern sprangen sie auf, alle die noch springen konnten. Sie hoppelten über die Trichter davon und verschwanden im Nebel.

Ein paar Offiziere schwenkten ihre Arme, schrien sich heiser und schossen die Magazine ihrer Pistolen in die Luft. Vergeblich. Bald waren sie allein. Und da taten sie, was zwar nicht das Ehrenvollste, wohl aber das Klügste in dieser Lage war: sie folgten ihren Leuten, so schnell sie konnten — —

Die russischen Panzer, die wenig später, mit Infanterie besetzt, die Höhen hinaufratterten, stießen tief in das feindliche Hinterland hinein, ohne auf Widerstand zu treffen.

*

Um 17 Uhr sollte die Filmvorführung beginnen. Vor der Kirche drängten sich bereits die Landser, und Endrigkeits Feldgendarmen hatten Mühe, dort Ordnung zu halten. Der Hauptmann selbst saß derweilen im Ic-Haus mit Sonderführer Fröhlich, der ohne Unold und Breuer nicht anfangen wollte. Und die waren immer noch nicht zurück. Ein dicker Hecht hing im Zimmer, und der Kaffeekessel auf dem Herd war zur Hälfte geleert. Man wartete immerhin schon über eine Stunde und war darüber ins Erzählen gekommen. Von der guten alten Zeit herkommend, hatte man sich der Gegenwart genähert, und jetzt war man also beim Krieg.

«Kriege», sagte Endrigkeit, «die hat es immer gegeben und die wird es immer geben, da bricht keiner was von ab!»

Er spuckte verärgert aus, nahm seine Pfeife auseinander und begann sie umständlich zu reinigen. Dunkel wurde er sich dessen bewußt, daß er vor Jahren einmal anders philosophiert hatte. Das war 1918 gewesen, als der Kriegsfreiwillige Endrigkeit nach vier Jahren Frankreich nach Hause marschiert war, das Trommelfeuer von St. Mihiel noch in den Ohren. «Nie wieder Krieg!» hatten sie sich damals geschworen, und es war ihnen verdammt ernst damit gewesen. An eine neue Weltordnung hatten sie geglaubt. Aber dann war die Weimarer Republik gekommen mit Spartakus, Inflation, Charleston und Barmat. Die neue Weltordnung hatte sich als fragwürdig erwiesen, und zu guter Letzt war man noch froh gewesen, wenn der «Stahlhelm» zackig den Krückstock schwang. Und dann kam der Adolf, und ein frischer Wind wehte durch Deutschland. Es ging aufwärts, nicht nur auf den Plakaten. Beseitigung des Versailler Irrsinns, Rheinland, Saar, Oesterreich — das war nur recht und billig. Und alles auf friedlichem Wege! Kein Wunder, daß die andern neidisch wurden. So war es wohl nötig gewesen, den Polen eins auf die Schnauze zu geben. Sie waren, wenn man Goebbels glauben konnte, wirklich zu frech geworden. «Eine Polizeiaktion!» hatte Göring gesagt, und mehr war es ja auch nicht. Allerdings hatten die anderen den Krieg erklärt, aber ein sehr papierener Krieg war das mit Winke-winke am Westwall. Dann kam Frankreich. Doch ehe man sich noch darüber beunruhigen konnte, war schon alles vorbei. Und fast ohne Opfer! Der Tag, an dem auch England die Lust verlieren würde, war schon abzusehen. Nein, ein Krieg war das wirklich nicht ... Bis dann die Sache mit Rußland losging ... Endrigkeit spürte noch den eiskalten Schreck von damals in den Knochen, als er den Aufruf Hitlers am Lautsprecher hörte. «Sechs Wochen höchstens!» hatten sie geschrien. «Bis Weihnachten sind wir wieder daheim!» Und nun saß man immer noch hier, Verlustziffern wurden schon lange nicht mehr bekanntgegeben, und irgendein Ende war nicht abzusehen. So war man, hol's der Teufel, wieder in einen Weltkrieg hineingeschliddert und wußte nicht wie — —

«Krieg wie Krieg», sagte Endrigkeit und zündete sich erneut die Pfeife an. «Aber das mit Rußland, das war ein Blödsinn war das! Da kann einer sagen, was er will.»

«Meinen Herr Hauptmann wirklich? Da bin ich allerdings anderer Ansicht!» erwiderte Fröhlich ziemlich pikiert. «Schließlich konnten wir ja nicht warten, bis die rote Flut über uns hereinbrach. Vier Wochen später hätten die Russen *uns* angegriffen.»

«Hm —», machte Endrigkeit, «dazu müßt' man sich ja eigentlich ein bißchen vorbereiten. Haben Sie was davon gemerkt? Die waren ahnungs- und schimmerlos, als wir hier reinkamen, die dachten gar nicht an Krieg!»

Fröhlich lachte. Er lachte selten, und es klang immer unecht. «Das weiß nun jedes Kind, daß der Bolschewismus die Welt erobern will! Der Führer erfüllt eine historische Aufgabe, wenn er diese Pestbeule ausrottet, und eines Tages wird ihm das die ganze Welt danken. Am deutschen Wesen soll die Welt genesen!»

«Und wenn einer nun vielleicht gar nicht geheilt werden will, Verehrtester? Auch der Arzt geht nur dahin, wohin er gerufen wird.»

Fröhlich schob seine Nase in die Luft. «Wir Balten sind immer Kulturpioniere gewesen», sagte er sehr betont. «Wir haben dieses Sauvolk überhaupt erst hochgebracht!»

Endrigkeit brach ein Stück von dem Pulverkuchen ab, der aufgeschnitten auf einem Teller lag, und schob es sich mit der flachen Hand in den Mund.

«Und zum Dank für eure sicherlich ganz uneigennützige Tätigkeit haben sie euch zum Schluß denn ja auch rausgeschmissen», meinte er kauend. «Nee, nee, mein Verehrtester, so einfach ist das alles nun nicht! Und der Adolf hat ja auch ganz genau gewußt, daß da was faul ist. Sonst hätt' er uns nicht alle bis zum letzten Moment hinters Licht geführt. Wissen Sie noch, als wir hierher fuhren, wie die Eisenbahner uns da erzählten, es geht nach Kleinasien und Indien? Und daß schon seit Wochen deutsche Militärtransporte mit freier Durchfahrt durch die Ukraine rollen? Das war doch nicht auf ihrem eigenen Mist gewachsen, das hat man ihnen doch von oben vorgelogen! Ich hab' da, wissen Sie, 'ne Nichte in Berlin, die arbeitet in 'nem Papiergeschäft engros. Die haben noch im Juni 40 'nen Auftrag bekommen auf zehntausend rote Fähnchen mit Sowjetstern. Für den Freundschaftsbesuch Stalins in Berlin! Und der Auftrag kam schriftlich von der Gaupropagandaleitung Berlin, mit 'nem dikken Stempel drunter. Sogar bezahlt haben sie im voraus!»

«So?» meinte Fröhlich. «Nun, das waren wohl notwendige Geheimhaltungsmaßnahmen.»

«Quatsch Geheimhaltung! Angst haben sie gehabt, daß das deutsche Volk vielleicht nicht mitmacht, wenn sie ihm Zeit lassen zum Ueberlegen. Ich sage Ihnen, die Russen haben den Krieg nicht gewollt, und wir haben ihn auch nicht gewollt. Und man hat nicht mal die Courage gehabt, uns zu fragen.»

Fröhlich drückte seine Finger, daß die Gelenke knackten. «Der Führer hat ihn gewollt, weil er ihn für notwendig hielt!» sagte er. «Das ist das einzig Entscheidende. Wir haben zu schweigen und ihm zu folgen bis zum Endsieg!»

«Na sehen Sie, Herr Sonderführer», lachte Endrigkeit befriedigt, «da sind wir ja nun wieder ganz einer Meinung. Wir haben uns die Suppe eingebrockt, und wir müssen sie auslöffeln. Hoffentlich bekommt sie uns!»

Er griff erneut zum Teller hinüber, und Unteroffizier Herbert sah mit Schrecken, wie das letzte Stück Kuchen hinter dem Schnauzbart verschwand. Er war froh, vorsorglich wenigstens ein Stück für Breuer beiseite gelegt zu haben. Aber Lakosch, der würde schön fluchen, wenn er zurückkam!

In dieser Annahme sah Herbert sich freilich getäuscht. Denn als die beiden wenig später eintrafen, verkroch sich der kleine Rotkopf brummig auf seinem Schlafplatz, ohne nach Kuchen und Kino zu fragen. Man achtete auch nicht weiter auf ihn, denn das Interesse galt Breuer. Aber auch der war übelgelaunt.

«Film, Film!» knurrte er auf Fröhlichs Fragen. «Ihr quatscht hier von Film, und draußen ist der Deubel los. Hat sich ausgefilmt, mein Lieber!»

Er blieb auch weiterhin wortkarg. Immerhin erfuhr man soviel, daß die Russen seit den frühen Morgenstunden nach heftiger Artillerievorbereitung mehrfach angegriffen hatten, allerdings ohne Panzer. Die Rumänen, es war die 1. Kavallerie-Division, hatte sich denn auch ganz brav gehalten. Wie es aber im linken Nachbarabschnitt stand, wo der Schwerpunkt des russischen Angriffs zu liegen schien, das wußte man nicht. Die technischen Verbindungen dorthin — und übrigens auch zum Panzerkorps und zu den höheren rumänischen Kommandostellen — waren unterbrochen. Bei einer Rekognoszierungsfahrt nach Westen war man im Nebel auf eine stark ausgefahrene Panzerspur gestoßen. Breuer glaubte die breiten Raupenbänder der russischen «T34» erkannt zu haben.

«Was hat denn der General dazu gesagt?»

«Was hat er gesagt? ‚Quatsch!' hat er gesagt. ‚Quatsch' ist überhaupt sein einziges Wort. Schneid hat er ja, das muß man ihm lassen. Aber er glaubt einfach nicht, was er sieht. Machen wir da einen Pulk Panzer aus, so Stücker zwanzig, Schnauze nach Süden. Er ran bis auf 700 Meter und läßt den ‚Horch' schön auf 'ner Höhe auffahren. ‚Vorsicht, Herr General', sage ich, ‚das sind Russen!' — ‚Quatsch!' sagt er. Bis sie ihm eine dicht über seine Mützenkordel setzen, daß der Wind nur so pfeift. Aber er steht noch 'ne ganze Weile da und glotzt durch den Feldstecher, bis er endlich umkehren läßt. Es war höchste Zeit. Ein paar Splitter haben sie uns noch durch die Rückwand praktiziert.»

Hauptmann Endrigkeit empfahl sich, um die Unentwegten vor dem Kino nach Hause zu schicken. Schweigend legte man sich zum Schlaf nieder, und auch die Nachricht, daß das Artillerie-Regiment vorsorglich bei Punkt 218 eine Igelstellung bezogen hatte, konnte die Unruhe nicht beseitigen, die jeden befallen hatte.

*

Es ist dicke Nacht. Von Westen her rattert ein Motorrad in den Ort. Unsicher springt der Lichtkegel über die Straße, hascht angstvoll nach Häusern und Zäunen, fällt grell über den Posten her, der dick bepelzt vor dem Ia-Haus steht, und verlischt polternd.

«Halt, wer da!» ruft der Posten, geblendet noch von dem plötzlichen Lichtwechsel.

«Der Stab!» keucht ihm jemand ins Gesicht. «Zum Stab muß ich!»

«Wer ist denn da!» schreit der Posten. «Parole!»

Doch ehe er noch sein Gewehr schußbereit hat, ist er beiseite geschoben und stolpert die Stufen hinunter.

Hauptmann Engelhard sitzt über den letzten Meldungen. Oberst Lunitz meldet Ruhe von Punkt 218. Gottlob! Es scheint noch einmal gut gegangen zu sein. Er überhört das Trampeln im Flur und blickt erst auf, als die Zimmertür sich knarrend öffnet.

«Was ist . . .?» Und jetzt springt er auf. «Ja, was ist denn los?»

In der Tür steht jemand. Ohne Kopfbedeckung, ohne Koppel und Waffen, in der Feldbluse, so als ob er aus dem Zimmer nebenan käme. Doch die Kleidung ist zerrissen und verschmiert mit Lehm und Blut, am Kopf klebt ein verkrusteter Stoffetzen. Und er steht nicht, er klammert sich an dem Türrahmen fest, um nicht zusammenzusinken.

«Himmel, wo kommen Sie denn her?»

Der Mann starrt Engelhard mit glasigem Blick an.

«Da . . . da hinten . . .», stöhnt er, «die Russen . . .»

«Was sagen Sie da?» Unold, der schon schlief, ist im Bademantel hereingekommen. «Die Russen? Wo denn? Machen Sie doch das Maul auf!»

Er will auf den Mann zu, aber Engelhard vertritt ihm den Weg. Er sieht, der Mann ist fertig, kann jeden Augenblick zusammensacken. Er faßt ihn vorsichtig unter den Armen, läßt ihn auf einen Stuhl gleiten und hält ihm die Kognakflasche an den Mund. Der Alkohol tut augenblicklich seine Wirkung. Der Mann wird ruhiger, sein Blick belebt sich.

«Also wer sind Sie nun eigentlich? Woher kommen Sie?»

«Wachtmeister Schlüter, Herr Oberleutnant, vom Pferdelazarett in Manojlin!»

«Und Sie kommen direkt von dort?»

«Jawohl, Herr Hauptmann. Mit dem Motorrad.»

«Und in Manojlin, sagen Sie, sind die Russen?»

«Jawohl, Herr Hauptmann!»

«Unmöglich!» schreit Unold. Der Mann fährt zusammen und bekommt wieder den gehetzten Ausdruck von vorhin. Der Hauptmann wirft Unold einen beschwörenden Blick zu.

«Erzählen Sie mal ganz ruhig der Reihe nach, was eigentlich los war!»

Der Wachtmeister holt ein paarmal tief Luft.

«Wir schliefen schon. Hatten ein wenig gefeiert und . . . Na ja, jedenfalls schliefen wir wohl ziemlich fest. Plötzlich schien das Haus einzustürzen. Sie hatten uns einen mitten ins Zimmer gesetzt. Ich kam hoch, die andern nicht mehr, sprang zum Fenster hinaus. Draußen war der Teufel los . . . Alles taghell, das halbe Dorf brannte wohl schon . . . Pferde, Landser, alles rannte wie verrückt durcheinander . . . Und dazwischen ratterten und knallten sie mit ihren Panzern herum . . . Auch unser Pferdepark brannte . . . Alle Pferde noch drin . . . Sie schrien, schrien . . . och . . .»

Wieder will er zusammensacken. Engelhard reicht ihm noch einmal die Flasche.

«Wann hat sich das alles abgespielt?»

«Vor einer Stunde höchstens. Ich bin gleich hierher.»

«Panzer, sagten Sie. Wieviel etwa?»

Der Mann zuckte die Schultern. «Fünf, sechs, vielleicht auch zwanzig ... Das ist schwer auszumachen.»

«Auch Infanterie?»

«Auf den Panzern saßen wohl welche ...»

Engelhard richtet sich auf und sieht den Oberstleutnant an. Der nagt an seiner Unterlippe.

«So», sagt Engelhard, «nun legen Sie sich mal auf mein Bett und ruhen Sie sich aus! Inzwischen holen wir den Arzt. Sie scheinen ja einiges abbekommen zu haben.»

Als er den Mann gebettet und versorgt hat, findet er Unold vor der Karte.

«In Manojlin», murmelt er, «das ist toll. Das ist ja eine Katastrophe!»

«In der Nacht sieht so etwas immer schlimmer aus», meint der Hauptmann. «Drei, vier durchgebrochene Panzer hinter der Front, das ist noch kein Unglück.»

«30 km hinter der Front? Das sind nicht drei oder vier. Da ist eine ganz große Schweinerei passiert», sagt Unold. Und jetzt erst scheint ihm der ganze Ernst der Lage aufzugehen. Er greift nach dem Lineal. «Manojlin, Mensch ... das ist ja nur 15 km von hier weg! 15 km glatte Straße und nichts dazwischen ...» Er läßt das Lineal fallen und sieht Engelhard an, kreidebleich. «Wenn die nach Osten eindrehen, Engelhard», sagt er ganz leise, «dann können sie in 30 Minuten hier sein — — — Alarm!» schreit er. «Geben Sie sofort Alarm!»

*

Auch Breuer hatte der Alarm geweckt. Er hatte keine Ahnung, was los war; aber beim Ia wollte er sich nicht erkundigen. Man lief Unold in solchen Augenblicken besser nicht über den Weg. So ging er zur Nachrichten-Vermittlung hinüber, wo man immer das Neueste erfahren konnte. Als er die Tür mit dem Schild «Leiter des Nachrichtenbetriebes» öffnete, stand er vor Leutnant Wiese.

«Nanu, Wiese? — Sie hier?»

Der Leutnant erhob sich und reichte dem Kameraden die Hand.

«Wundert Sie das, Herr Breuer? Ich bin doch schon seit zwei Tagen hier als LdN.»

«Sie machen jetzt bei uns den Nachrichtenladen, ausgerechnet Sie?» sagte Breuer betroffen. «Oh, das tut mir aber leid!» Und als er das befremdete Gesicht Wieses sah: «Ich meine, für Sie freut es mich natürlich. Aber jetzt hatte ich Unold endlich so weit, daß er Sie mir als O3 geben wollte. Daraus wird ja nun wohl nichts!»

«Was sind Hoffnungen, was sind Entwürfe!» Der Leutnant lächelte. «Wir werden uns auch so sehen.»

Breuer hatte Platz genommen und sich eine Zigarette angezündet. «Trotzdem geht mir das sehr gegen den Strich. Wir hatten uns schon alle darauf gefreut. Wissen Sie noch, damals in der Balka bei Aksaj? Es regnete Strippen, und Sie rezitierten Rilke und Hofmannsthal, den ganzen langen Abend. Das war schön, so etwas bleibt! ‚Was nützt das alles uns . . .' Ich krieg's nicht mehr zusammen.»

«‚Was frommt das alles uns und diese Spiele, / Die wir doch groß und ewig einsam sind / Und wandernd nimmer suchen irgend Ziele!' — Das meinen Sie doch? — Ja, das ist das Lebenselixier in unserem Gepäck . . .»

Breuer schwieg und sah den Gefährten nachdenklich an, der soviel jünger war und doch um soviel reifer und ausgeglichener erschien.

«Sagen Sie mal, Wiese», fragte er aus seinen Ueberlegungen heraus, «Sie sind doch kein Soldat! Was sind Sie eigentlich richtig? Ich meine, Sie müßten Lehrer sein oder Theologe oder Bibliothekar.»

Wiese lachte. «Da sind Sie aber sehr auf dem Holzwege! Ich bin nur ein kleines Licht, ich bin Reichsbahnassistent.»

«Reichsbahn . . . Also hören Sie . . . Nein wirklich, alles hätte ich vermutet, aber . . . Wie kommen Sie denn darauf?»

Wiese lächelte wieder. Es war ein trauriges Lächeln, an dem die Augen keinen Anteil hatten.

«Denken Sie mal darüber nach, es ist nicht so schwer zu beantworten. — Uebrigens . . .», er griff nach einem Buch auf dem Tisch, «hier habe ich etwas für Sie. Rilke ‚Geschichten vom Lieben Gott', meine Braut hat sie mir geschickt. Sie spielen in Rußland. Als Kind schon habe ich davon geträumt. Wenn ich von Rußland hörte, war alles um mich grün und violett.»

«Nun sind wir da», sagte Breuer. «Und jetzt wären wir froh, wenn wir weit fort wären.»

«Ja», sagte der Leutnant, «ja, ja ... unsere Träume – und ihre Erfüllung!»

Wie kommt er nur zur Eisenbahn? grübelte Breuer, als er zu seiner Unterkunft zurückging. Vergeblich versuchte er sich Wiese mit einer Lochzange oder hinter einem Fahrkartenschalter vorzustellen.

Und dann erst merkte er, daß er ganz vergessen hatte, nach dem Grund des Alarms zu fragen.

*

Vor einigen Monaten noch verfügte der Divisionsstab zu seinem Schutze über eine eigene Stabskompanie. Die Stalingradkämpfe hatten diesem Luxus ein Ende gemacht. Sie war ersetzt worden durch eine Alarmeinheit, die im Ernstfalle zu den Waffen gerufen wurde. Zu ihr gehörten die Schreiber, Köche und Kraftfahrer des Stabes bis auf drei oder vier, die unabkömmlich waren. Führer dieser Einheit war eigentlich der «Kommandant Stabsquartier». Aber Hauptmann z. W. Fackelmann, Möbelhändler seines Zeichens und wohl mit den Erfordernissen einer guten Küche, keineswegs aber mit den Geheimnissen des «Infanterismus» vertraut, hatte diesen ehrenvollen Posten mit Freuden an seinen «Hauptfeldwebel-Diensttuer» abgetreten. Feldwebel Harras aber, der Träger dieser pompösen Dienstbezeichnung, hätte diesen Auftrag um nichts in der Welt wieder abgegeben. Harras war ein schneidiger junger Mann, blond und blitzäugig, mit einem Gesicht, wie man es auf den Titelseiten der Soldatenzeitschriften zu sehen bekam. Von der Obersekunda einer Oberschule war er zur Wehrmacht gegangen, besessen von der Idee, Offizier zu werden. Er brachte, so schien es, die besten Voraussetzungen dazu mit, und niemand, am wenigsten er selbst, verstand so recht, warum er zweimal durch die Offiziersanwärterprüfung durchgefallen war. In seine Enttäuschung hinein kam der Krieg und mit ihm die Hoffnung, durch Bewährung an der Front die Scharte auszuwetzen. Und da mußte er ausgerechnet zu einem Divisionsstab kommen! Was Wunder, daß Harras die Führung der Alarmeinheit mit Begeisterung übernommen hatte. Hier, wenn überhaupt, mußte sich eines Tages die Gelegenheit bieten zu einem unwahrscheinlich kühnen Husarenstück, das ihm allen Widerständen zum Trotz die ersehnten Schulterstücke einbringen würde. In der festen Erwartung dieses Ereignisses trug er bereits jetzt Juchtenstiefel, Reithosen nach Maß mit Wildlederbesatz und ein Offizierskrätzchen, aus dem er die Silberpaspel herausgetrennt hatte. Auch befleißigte er sich eines zackigen Tones, den er für offiziersmäßig hielt, und sein schmetternder Ruf «Alles mal herhör'n!» hatte ihm bei den Landsern den Spitznamen «Hehö» eingetragen.

Heute nun fühlte Harras seine große Stunde gekommen. Vor dem Westausgang des Ortes, an der Straße nach Manojlin, versammelte er noch einmal seine Streitmacht von rund 40 Köpfen um sich und gab letzte Anweisungen.

«Alles mal herhör'n! Leute, das ist unser erster Einsatz! Ein großer Augenblick, der ganze Stab sieht auf uns, also ...! Und dann noch eins: Vor allem ruhig rankommen lassen und Ziel aufsitzen lassen, wie ihr das gelernt habt! Und daß mir nicht etwa so'n Dussel da vormuckt! Ich kann euch flüstern, was dann passiert! Den Feuerbefehl gebe ich. Und dann aber nichts wie hinein! Reißt euch zusammen, Leute, es sind Orden fällig!»

Die Landser in ihren Uebermänteln, Kopfschützer um die Ohren, drehten verlegen ihre Karabiner in der Hand und sahen etwas zweifelnd auf ihren Führer, der groß und schlank, zwei Handgranaten im Koppel, die Maschinenpistole vor der Brust und einen blankgefetteten Stahlhelm auf dem Kopf, vor ihnen stand. Die Aufmachung war eindrucksvoll und beunruhigend zugleich.

Beiderseits der Straße ging die Einheit in Stellung. Es war kalt und der Boden feucht, und seit kurzem fielen dicke nasse Schneeflocken. Lakosch war «Schütze 1» an einem der beiden MGs, er war einer der wenigen, die etwas davon verstanden. Geibel hingegen, als «Schütze 2», eingeteilt, hatte so ein Ding noch nie von nah gesehen. Kurzfristig ausgebildet, war er vor acht Wochen geradewegs zum Stab gekommen und hatte seitdem die Schreibstube nicht verlassen.

«Sag mal, aber wenn die nun mit Panzern kommen», fragte er besorgt, «kann man denn da überhaupt was machen?»

«Klar!» sagte Lakosch. «Dann springst du einfach oben rauf, machst die Klappe auf und wirfst eine Handgranate hinein.»

«Ach so!» Geibel schien das einzuleuchten. Aber dann kamen ihm neue Bedenken. «Du, sag mal, wir haben aber doch gar keine Handgranaten!»

«Dann nimmst du eben was anderes, einen Ziegelstein oder so! Oder du kannst auch dein Seitengewehr in die Raupen stoßen. Dann fährt der Panzer immer im Kreis herum, bis ihm das Benzin ausgeht.»

Feldwebel Harras schritt, mit einer Taschenlampe bewaffnet, noch einmal die Linie ab. Bei Lakosch blieb er stehen und überprüfte Stellung und Schußbereitschaft des MG. Mit einmal wurde sein Blick starr.

«Was ist denn das, he? Wo haben Sie denn Ihr Seitengewehr?»

Mühsam arbeitete Lakosch sich hoch. In dem viel zu weiten Uebermantel, dessen Aermel er hatte umschlagen müssen, die Mütze fast auf der Nase, sah er aus wie ein Gartenzwerg.

«Das Seitengewehr, Herr Feldwebel . . . Das Seitengewehr steckt griffbereit im Wagen!»

«Im Wagen, Sie trauriger Sack? Ich werd' euch diese Kraftfahrerallüren schon abgewöhnen! Sie sind hier Infanterist, verstehen Sie? Die Infanterie ist die Krone aller Waffen! Ein Infanterist ohne Seitengewehr, das ist ein Ochse ohne Hörner, Mensch!» Er griff nach dem kalbsledernen Notizbuch, das wie stets zwischen den Knöpfen seines Mantels steckte, und vermerkte den Fall. «Drei Tage sind Ihnen sicher!» schnaubte er noch und stapfte davon.

«Jawohl, Herr Feldwebel, drei Tage sicher!» wiederholte Lakosch mit zackiger Ehrenbezeigung und ließ sich mit einem Plumps neben das MG fallen.

«Siehst du», jammerte Geibel, «nicht mal ein Seitengewehr! Und wenn nun die Panzer kommen . . .»

«Halt die Fresse!» sagte Lakosch. Ihm begann kalt zu werden.

Stunden vergingen, ohne daß sich etwas ereignete. Immer dichter fiel der Schnee, und die Feuchtigkeit drang durch Mäntel und Schuhe. An der Straße stand Harras, spähte angestrengt durch den Feldstecher in die Dunkelheit und vertrat sich von Zeit zu Zeit die Füße. Diese Scheißstiefel! Hätte er doch nur die alten Filzlatschen angezogen!

Plötzlich horchte er auf. Was war das? Der Wind hatte ein Geräusch herangetragen, das nicht in die nächtliche Stille paßte. Harras lauschte angestrengt. Da war doch etwas, wie das ferne Murmeln von Stimmen oder das Trappen von Schritten. Oder war es nur das Blut, das in seinen Ohren pochte? Nein, nein, jetzt hörte er es schon deutlicher, Stimmen, das Klappen von

Schuhwerk und dazwischen ein Scheppern wie von Metall. Kein Zweifel, sie kamen. Ruhe, sagte sich Harras, nur Ruhe jetzt! Wieviel mochten es sein? Ein Bataillon, ein Regiment? Sie waren in Marschordnung, also offenbar ahnungslos. Nun, er würde ihnen einen heißen Empfang bereiten.

«Achtung!» flüsterte er heiser.

«Achtung —» raunte es die Reihen entlang.

«Standvisier!»

«Standvisier — Standvisier . . .»

Dick und schwer lag die Spannung über dem Häuflein.

«Fertig!»

«Fertig . . . fertig . . . fertig . . .»

Einundzwanzig, zweiundzwanzig . . . Harras zählte leise, um sich zu beruhigen, und spähte krampfhaft durch den Feldstecher. Er wollte den Gegner so nahe wie irgend möglich herankommen lassen. Um so furchtbarer mußte die Wirkung des Feuerüberfalls sein.

Jetzt . . .

Da ließ er den Feldstecher sinken.

«Haaaalt!» schrie er in die Nacht hinein. «Absetzen!!»

Er hatte die weißen Lammfellmützen der Rumänen erkannt.

Die Enttäuschung war furchtbar. Aber Harras ließ sich nichts anmerken. Es gelang ihm sogar, so zu tun, als ob er Aehnliches längst erwartet hatte. Er hielt den Trupp verwahrloster Gestalten, der da auf der Straße entlanggetrottet kam, an und unterzog ihn einem strengen Verhör. Sie kämen vom Nachbarabschnitt, dort sei alles in Auflösung. Seit Stunden schon seien sie unterwegs. Aber Russen, hier auf der Straße? Nein, davon hätten sie nichts bemerkt.

Der Rest der Nacht verlief ruhig. Durchfroren, naß und übernächtig wurden die Männer gegen Morgen durch Kommandos der Ortskommandantur abgelöst. Das Heldentum war ihnen noch fragwürdiger geworden. Auch Feldwebel Harras war um eine Erfahrung reicher. Um die Erfahrung, daß Juchtenstiefel für einen Fronteinsatz nicht die geeignete Bekleidung sind.

*

Seit den Morgenstunden fiel dichter, flockiger Schnee. Seit den Morgenstunden zogen die Rumänen durch den Ort. Sie kamen von Westen. Sie kamen einzeln, auf Stöcke gestützt oder an selbstgefertigten Krücken, barfuß zum Teil und das Schuhzeug in der Hand. Sie kamen in kleinen Trupps, dahintrottend wie Schafe, im Halbschlaf sich stützend und zu müde, die dicken Schneehauben auf Mütze und Schultern abzuschütteln. Auch beritten kamen sie, zu zweien oft auf dem Rücken eines Kleppers, der selbst kaum noch weiter konnte, oder auch auf Panjewagen, die sich bogen und kreischten unter der Ueberlast der Verwundeten und Kranken. Manche trugen noch Waffen, zogen altmodische MGs auf Rädern wie Spielzeug hinter sich her. Die meisten hatten sich dieser Last entledigt. Die Straße war gesäumt mit Gewehren, Munitionskisten, Patronengurten, Stahlhelmen, die der Schnee langsam einhüllte, als schäme sich ein mitleidiger Gott dieses Anblicks. Die geschlagene Grande Armée schien spukhaft wiedererstanden. Sie zogen nach Osten, aber es war ihnen gleich wohin. Nur Ruhe suchten sie und Schlaf, Schlaf irgendwo...

Die Männer der Abteilung Ic standen am Gartenzaun und sahen auf dieses Bild.

«Siehst du», erläuterte Lakosch Geibel die Lage, «die haben die Nase voll, die ziehen jetzt alle nach Hause.»

«Nach Hause?» zweifelte Geibel.

«Natürlich, Kam'rad, die sind fertig, das siehst du doch! Für die ist der Krieg aus.»

Ein seltsamer Reiter zog eben vorbei. Er saß auf einer Kuh, mit nackten Füßen zwar und zerlumpt, aber in einer vornehmen Lässigkeit, die der aufs Ohr gerutschte Stahlhelm noch unterstrich. Und wahrhaftig, der Mann pfiff sich eins, während er aus schalkhaften Augen den Deutschen am Zaun zuzwinkerte. Lakosch riß vom Boden ein festgefrorenes Stück Sackleinwand los und warf es dem Reiter zu. Der fing es geschickt auf und dankte mit einer souveränen Geste.

«Mein Gott, daß uns das passieren muß!» sagte Herbert erschüttert.

«Uns?» ereiferte sich Fröhlich. «Sie sehen doch, daß das Rumänen sind! Uns kann sowas überhaupt nicht passieren, merken Sie sich das!»

Wie ein Heuschreckenschwarm fielen die Rumänen in Businowka ein. Sie überfluteten Straßen und Höfe, Scheunen, Ställe und Schuppen und drangen in die Häuser wie Ungeziefer. Und wo sie auf ein wenig Wärme stießen, da fielen sie um und schliefen und waren durch nichts mehr hinauszubringen. Auch in dem Flur des Ic-Hauses lagen sie neben- und übereinander, schnarchten und rührten sich selbst dann nicht, wenn man notgedrungen auf ihren Körpern herumtrat. Schmutz und Wunden und die Ausdünstungen der durchnäßten Kleider verbreiteten einen bestialischen Gestank. Breuer hatte ihnen den Raum freigegeben in der Hoffnung, vielleicht diesen oder jenen über die letzten Ereignisse ausfragen zu können. Es war ein erfolgloses Unterfangen.

Unten an der Kreuzung gab es eine Panik. Von Norden her preschte eine Kavalkade in den Ort, je fünf Pferde aneinandergekoppelt und von einem Reitknecht kaum noch gebändigt. Eines der Tiere raste gegen einen Pfahl, stürzte und riß die anderen mit sich, die folgenden jagten in den Knäuel. Menschen- und Tierschreie, Autohupen ... Die Feldgendarmen, die sich dort in Verkehrsregelung versuchten, verloren die Nerven und schossen ...

Wildes Gedränge herrschte vor der Ortskommandantur. Zwar hing dort ein Schild: «Verpflegung wird nur an geschlossene Einheiten unter Führung eines Offiziers ausgegeben!» Auf deutsch, französisch und russisch. Aber welcher Hungrige verstand das schon! Auch gab es keine Einheit und keine Führer mehr. Drinnen stand der Ortskommandant hinter einem Tisch, der ihn gegen die Andrängenden abschirmen sollte, ruderte mit den Armen und schrie. «Nix kuschajt, nix manger!» schrie er in jenem Esperanto, das der Krieg geschaffen hatte und das von den Soldaten aller Nationen verstanden wurde. Aber nur noch ein übles Krächzen war hörbar. Durch die Menge der Rumänen prügelte sich von hinten mit der Reitgerte ein Offizier. Er trug eine Pelzjacke aus Lammfell, an seinen Säbelbeinen saßen gespornte Reitstiefel und Breeches, die wie Elefantenohren schwappten.

«Gestatten, Rittmeister Popescu!» wienerte er und hob die Reitgerte zum Gruß an das Käppi. «Ich brauchen bitteschön sofort für 500 Pferde von erste Kavalleriedivision Unterkunft und Verpflegung. Wir haben geritten zwei Tage lang immerzu, ohne zu essen ein einziges Haferkorn.»

Dem Hauptmann verschlug es einen Augenblick lang völlig die Sprache. Dann aber sammelte er seine Kräfte zu einer letzten Kraftanstrengung. «*Was* wollen Sie, Herr?» keuchte er. «Verpflegung und Unterkunft für Ihre dreckigen Gäule? Schlachten Sie lieber Ihr Viehzeug und geben Sie Ihren Leuten hier was zu fressen!»

Der Reitersmann verfärbte sich wie ein gesottener Krebs. Seine Pferde, Reitpferde edelster Zucht, sein ganzer Stolz – und dieser Kerl hier, dieser Barbar sprach vom Schlächter? Das war tödliche Beleidigung!

«Meine Pferde haben gekämpfen!» schrie er. «Für wen haben gekämpfen? Für Hitlärr, verstehen? Und jetzt sie sollen verhungern und verfrieren? Ich werde beschweren bei Stab! Ich werde requirieren alles Hafer, alles Verpflegung, alles Unterkunft, alles, alles!»

Wütend prügelte er sich den Rückweg frei.

«Viel Vergnügen!» krächzte der Hauptmann ihm nach. Und genau wie Fröhlich dachte er: Was gehen uns eigentlich diese Schweinstreiber an?

*

In seinem Zimmer läuft Unold auf und ab. Am Kartentisch sitzt im Pelzmantel der General, seine dicken Finger trommeln auf die Tischplatte. Vor zehn Minuten hat Oberst Lunitz zum drittenmal angerufen, daß die Lage bei Punkt 218 unhaltbar geworden sei.

Unold bleibt stehen.

«Nein, so geht das nicht. Lunitz hat sich verschossen und ist fast eingeschlossen, er kann sich keine halbe Stunde mehr halten. Herr General *müssen* den Befehl zum Rückzug geben!»

«Und ich sage Ihnen nochmal, daß ein Rückzug *nicht* in Frage kommt! Sie kennen doch den Führerbefehl!»

In Unolds Gesicht zuckte es. «Wenn Herr General den Befehl vom vorigen Winter meinen», entgegnete er beherrscht, «in dem der Führer sich die Zurücknahme jeder Einheit, sogar in Bataillonsstärke, selbst vorbehielt . . .»

«Genau den meine ich!»

«Dieser Befehl entsprang der besonderen Lage vor Moskau. Er ist überholt und für uns heute nicht mehr verbindlich.»

Der General lacht hämisch. «So, meinen Sie! Darüber könnte unter Umständen das Kriegsgericht entscheiden. Der Führer kennt keinen Spaß in solchen Sachen. Ich jedenfalls will meinen Kopf nicht riskieren.»

Unold bleibt immer noch ruhig. Nur sein Gesicht ist sehr weiß.

«Es geht hier nicht darum, irgend jemandes Kopf zu retten. Dafür sind wir schließlich im Krieg. Es geht um unsere beste Artillerieabteilung mit den wertvollen 8,8-Flak, die wir hier jetzt brauchen wie ein Stückchen Brot. Man kann eine Truppe opfern, wenn damit eine militärische Aufgabe erfüllt wird. Aber *dieses* Opfer hier bringt niemand Nutzen, es ist sinnlos!»

Der General versucht mit seinen hellblauen Augen zu blitzen. «Kein Opfer ist sinnlos», erwidert er, «der ruhmreiche, heldenhafte Untergang des Artillerieregiments wird für die Division ein leuchtender Ansporn sein!»

Unold ist Nationalsozialist, und er hält sich etwas darauf zugute. Aber er ist auch mit Stolz Generalstabsoffizier. Und jetzt verläßt ihn die Beherrschung.

«Ich mache das nicht mehr mit!» Er zittert am ganzen Körper. «Entweder es wird hier geführt, oder ... wir machen den Laden zu und halten Propagandareden!»

«Ich verbitte mir das!» Der General ist aufgesprungen. «Reißen Sie sich zusammen, Mensch! Sie wissen wohl nicht ...»

«Ich weiß, was ich sage!» Unolds Stimme überschlägt sich. «Ich habe die Division lange genug allein geführt, und ich weiß, daß ich sie führen kann. Aber nicht mit einem *Idioten* zusammen!»

Im gleichen Augenblick erschrickt Unold maßlos. Blitzartig ist er sich der Tragweite dessen bewußt, was eben geschehen ist. Entgeistert sieht er den General an. Der schnappt nach Luft wie ein Fisch auf dem Trockenen. Sein rotes Gesicht wird fast blau, dunkel treten die Adern an den Schläfen hervor. Langsam sinkt er in den Stuhl zurück und stützt die Stirn in die Hand. Mit einmal ist seine Gesichtshaut schlaff und gelb wie Lehm. «Meine Nerven ...», murmelt er. «Es ist zuviel. Muß mal gründlich ausspannen ...» Er erhebt sich, greift, ohne hinzusehen, nach seiner Mütze und geht tastenden Schrittes zur Tür. Den Griff schon in der Hand, sagt er leise, ohne sich umzusehen:

«Uebrigens, was Lunitz betrifft ... das machen Sie dann bitte so, wie Sie es für richtig halten ...»

Unold greift zum Hörer mit zitternden Händen, auf seiner Stirn steht Schweiß. Die Verbindung ist unterbrochen.

Aus Richtung Manojlin war der Gegner in Stärke von zwei Regimentern gemeldet. Zwar hatten eilends zusammengestellte Kampfgruppen die Straße nach Westen gesichert, und auch Leutnant Dierk mit den beiden Vierlingsflak war dort in Stellung gegangen, doch für den Ernstfall war das dürftig genug. Da die Panzerjägerabteilung unter Hauptmann Eichert immer noch nicht eingetroffen war, verfügte die Division nach dem Ausfall der Artillerie über keine anderen Kräfte als vier einsatzfähige Panzer, mit denen Major Kalweit persönlich in Richtung Manojlin unterwegs war.

Unter diesen Umständen war Oberstleutnant Unold eine Idee gekommen, die er auf einer Lagebesprechung den Offizieren des Stabes bekannt gab.

«Wir wissen nicht», sagte Unold, «wo wir Munition und Leute hernehmen sollen, und dabei steckt das ganze Nest hier voller Rumänen, die nutzlos herumlungern. Das ist kein Zustand. Den Haufen werden wir mal auf die Beine bringen!» Sein Blick ging in die Runde und blieb an dem rosigen, freundlich lächelnden Gesicht von Hauptmann Fackelmann haften. «Das wäre doch eine Aufgabe für Sie, Fackelmann!»

Der kleine Hauptmann war ganz in kulinarische Betrachtungen versunken. Beim Kasinoabend hatte der General behauptet, Maikäferköpfe hätten einen intensiven Nußgeschmack. Woher der Schweinekopf das wohl wissen mochte? Jedenfalls schienen sich da gewisse Möglichkeiten aufzutun ...

«Nun, Fackelmann? Das wäre doch was!»

«Jawohl, Herr Oberstleutnant», stotterte der Hauptmann und dachte an die Maikäfer.

«Also passen Sie auf! Sie greifen sich, was Sie hier im Ort an Rumänen nur finden können! Endrigkeit hilft Ihnen dabei. Und in zwei Stunden melden Sie mir zwei rumänische Bataillone unter Präsentiergriff!» –

«Kommen Sie man, Fackelmannchen», meinte Endrigkeit draußen und hakte den schwankenden Hauptmann unter. «Wir holen meine Jungchens, und dann werden wir dem Kind schon schaukeln!»

Sie «schaukelten dem Kind», indem sie an der Kreuzung unten mit Hilfe von Endrigkeits Feldgendarmen die Straße abriegelten und alles, was da herumstrich, festhielten. Das schien sich wie ein Lauffeuer herumzusprechen, denn kurze Zeit später war die

Gegend menschenleer. Immerhin hatte man etwa fünfzig Mann aufgreifen können. Endrigkeit gab bekannt, daß sie zunächst einmal Verpflegung empfangen würden. Das löste eine unerwartete Begeisterung aus. Die Rumänen begannen zu schnattern und zu gestikulieren und stießen sich herum, um möglichst die ersten im Zuge zu sein. Einige erboten sich sogar, noch andere Kameraden herbeizuholen. Bald war die Streitmacht auf mehr als 200 Köpfe angewachsen. Schweigend und voller Mißtrauen sah Hauptmann Fackelmann auf diese Erfolge.

Endrigkeit winkte sich einen seiner Leute heran. «Paß mal auf, Otto, du und der Franz, ihr faßt jetzt mit dem Haufen beim Magazin Verpflegung. Aber anständig, damit die Kerls was in den Bauch kriegen! Und in vierzig Minuten seid ihr wieder hier!»

Otto und Franz waren schon nach einer halben Stunde wieder zurück. Sie waren allein . . .

«Tja, Herr Hauptmann», Otto schob sich die Mütze in die Stirn und kratzte sich am Kopf, «bis zum Magazin ging alles noch ganz gut. Es gab für jeden Brot und Fett und 'nen dicken Schlag Erbsensuppe. Ja, und dann . . . dann war mit einmal kein Aas mehr da. Weiß der Teufel, wohin die so schnell verschwunden sind!»

Endrigkeit sah Fackelmann an. «So ist das nischt!» sagte er entschieden. «Wir müssen in die Häuser. Irgendwo müssen doch ihre Offiziere stecken!»

Und sie kämmten die Häuser durch. Schon im zweiten fanden sie eine Stube voller Offiziere. Sie lagen auf dem Boden herum oder saßen, den Kopf auf die Tischplatte gelegt, und schliefen. Einer nur war wach. Er heftete seinen schwarzen Blick feindselig auf die Eindringlinge. An ihn wandte sich Fackelmann und brachte sein Anliegen vor. Der Offizier rührte sich nicht, er sah Fackelmann nur lauernd an. Der Hauptmann wiederholte seine Bitte stotternd und schwitzend auf französisch. Der Rumäne gab kein Zeichen des Verständnisses. Nach einer endlosen Weile sagte er plötzlich auf deutsch:

«Nebenan schläft unser Herr Oberst. Er hat verboten zu wecken, Sie können versuchen, wenn Sie wollen!»

Fackelmann öffnete vorsichtig die bezeichnete Tür und blickte in einen Verschlag. Dort lag auf einem Feldbett ein Koloß. Das fleischige Gesicht, dessen bräunlicher Ton durch das weiße

Kopfhaar noch vertieft wurde, glich dem eines indischen Nabobs. Er lag auf dem Rücken und schnarchte. Fackelmann begann stärker zu schwitzen, er winkte Endrigkeit zu Hilfe. Endrigkeit kannte keine Furcht vor Exoten, er griff den Oberst herzhaft an der Schulter und rüttelte ihn energisch. An der Tür drängten sich die neugierigen Gesichter der Rumänen. Der Nabob runzelte die buschigen Augenbrauen und grunzte unwillig. Dann öffnete er die Augen und richtete sie langsam auf. In seinem Gesicht wetterleuchtete es, die Rumänen an der Tür verschwanden.

Fackelmann hatte die Mütze abgenommen und bearbeitete seine Glatze mit dem Taschentuch, als wollte er eine Billardkugel polieren. Er stellte sich vor und begann mit seinem Anliegen. Doch er kam nicht weit.

«Hören Sie!» unterbrach ihn der Oberst, und es war, als rolle der Donner über das Land. «Heute früh war ich bei Ihrem Stab. Ich wollte haben Verpflegung für meine Soldaten. Ihr Oberst hat mich davongejagt wie einen räudigen Hund! Und jetzt wagt es der Herr Oberst, Sie zu mir zu schicken?»

Fackelmann beeilte sich zu versichern, daß er aus eigenem Entschluß hierhergekommen sei. Er habe von jeher eine hohe Meinung von den Rumänen gehabt, kenne Bukarest und sei ein großer Verehrer der rumänischen Küche. Bei diesem Punkt erwärmte er sich. Auch in dem Oberst schien eine schwache Stelle angerührt zu sein, denn seine Stirn begann sich zu glätten. Und da kam Fackelmann der rettende Gedanke. Uebrigens sei er ja in erster Linie wegen der Verpflegung gekommen. Selbstverständlich würden alle neu aufgestellten Rumänenverbände ausreichend versorgt werden. Das gab den Ausschlag. Der Oberst erklärte, er werde die Sache selbst in die Hand nehmen und bis zum Abend 500 Rumänen für die Ortsverteidigung zur Verfügung stellen. Er stand auf, stülpte sich die Lammfellmütze aufs Haupt, griff nach seinem Knotenstock und stampfte hinaus. Im Nebenzimmer dröhnte ein paarmal seine Stimme und brachte die Offiziere dort in eine unwahrscheinliche Bewegung. In wenigen Augenblicken waren sie alle verschwunden. Auf den Straßen sahen Endrigkeit und Fackelmann sie dann ihrerseits schreiend agieren und mit ihren Reitgerten prügeln, und da wußten sie, daß ihr Auftrag in den besten Händen war.

Breuer jagte indessen mit seinem Wagen von Unterkunft zu Unterkunft. Unold hatte ihm befohlen, um jeden Preis Infanteriemunition heranzuschaffen. Doch überall begegnete man ihm mit bedauerndem Achselzucken. Es schien, als wäre in Businowka keine einzige Patrone mehr vorhanden. Schließlich stieß er in einer Werkstatt am Nordrand des Ortes auf drei Sturmgeschütze, die dort zur Reparatur standen. Die Führer der Fahrzeuge, drei junge Offiziere, saßen beim Skat. Sie luden Breuer höflich zum Sitzen ein, traktierten ihn mit Kognak und Zigaretten und ließen sich die letzten Geschehnisse berichten, die ihnen neu und überraschend waren. Munition? Soviel Sie wollen! 2000 Schuß, 3000 Schuß?» Einer der drei ging mit Breuer in die Werkstatt hinüber und rief die Mannschaft zusammen.

«Kramt mal die MG-Munition vor!»

Betretene Gesichter. Ein Wachtmeister murmelte etwas von «wenig da», und «selbst brauchen».

«Unsinn, wir haben doch die Reservekästen voll!»

Schweigen.

«Nanu, Freunde, was ist denn los? – Packt mal aus!»

Höchst lustlos öffnete der Wachtmeister die Munikästen des einen Geschützes. Sie waren bis zum Rand vollgestopft mit Zigaretten und Schokolade. Bei den andern beiden Geschützen bot sich das gleiche Bild.

«Ihr seid wohl besoffen!» schimpfte der Leutnant, aber in seinen Augenwinkeln zwinkerte es verdächtig. Mit einem Seitenblick auf Breuer erhöhte er seine Lautstärke. «Wenn mir das nochmal vorkommt, krieg' ich euch ganz gewaltig am Arsch, verstanden?»

Die Männer sahen das Zwinkern. «Jawohl, Herr Leutnant!» brüllten sie im Chorus und grienten breit über die ölverschmierten Gesichter.

Immerhin fand sich schließlich doch noch irgendwo gegurtete MG-Munition, und Breuer konnte Unold für die Verteidigung Businowkas ganze 400 Schuß überbringen.

Als er zurückkam, ratterten gerade Kalweits Panzer in den Ort, von einer Menge Landser mit Jubel begrüßt.

«Wie war's denn, Herr Major? – Kommt der Iwan? – Haben Sie ihnen Zunder gegeben?»

Der Major stand im Turm des ersten Panzers, er schwenkte seine Mütze und lachte. Der Kragen von Tarnjacke und Bluse war geöffnet, an einem Haken baumelte das Ritterkreuz.

«Das war mal richtig wieder ‚Wilde Sau'!» Federnd sprang

er von dem Panzer herab. «Zwei Bataillone schätzungsweise haben wir zusammengewichst, vor morgen früh zeigt sich hier kein Schwanz!»

Gegen Abend zogen zwei Kompanien Rumänen am Westrand der Ortschaft in Stellung. Der Oberst begleitete sie höchstpersönlich und inspizierte jedes einzelne Schützenloch. Mit Donnerstimme schwor er allen die ewige Verdammnis an den Hals, die diesen Platz jemals ohne Befehl verlassen würden, und unterstrich seine Mahnungen durch ein unmißverständliches Schwenken seines Krückstocks.

3. Kapitel

EINE TÜR SCHLÄGT ZU

Der Divisionsstab ist auf der Flucht.

Eine andere Bezeichnung hätte selbst Fröhlichs Optimismus für den überstürzten Aufbruch von Businowka kaum finden können. Aber der Sonderführer bemüht sich auch gar nicht darum. Den Mund offen, die Augen halb von den Lidern verdeckt, steht er auf der Straße und döst. Wie immer, wenn sich die Lage mit seiner notorischen Zuversicht nicht in Einklang bringen läßt, ist er in dämmernden Halbschlaf versunken. Es ist Winter geworden über Nacht. Märchenhaft verschneit liegen die Häuschen des Dorfes unter hohen Tannen, an ihren winzigen Fenstern sprießen die Eisblumen. Doch niemand hat einen Blick für diese Schönheit. Der Winter ist feindlich, mit ihm ist das Unheil gekommen. Einige Schritte von Fröhlich entfernt steht Hauptmann Endrigkeit und blickt die graue Reihe der Kraftfahrzeuge entlang. Er hat den Kragen seines Schafspelzes hochgeschlagen und fröstelt. Unter dem bereiften Schnauzbart hängt wie immer die Deckelpfeife. Aber heute ist sie kalt. Und der Hauptmann merkt es nicht einmal.

Breuer sitzt in seinem Wagen. Seine drei Männer haben die Pause benutzt, um sich in einer der Dorfkaten aufzuwärmen und dort vielleicht ein paar Spiegeleier zu braten. Ihm selbst ist nicht nach Essen zumute ... Als nach ruhiger Nacht plötzlich das Feuer von Feldgeschützen und «Stalinorgeln» auf Businowka hereinbrach, hatten sich die Ereignisse überstürzt, und jetzt bietet sie die Erinnerung noch einmal in zusammenhanglosen Bildern. Die Krieger des stockbewehrten Obersten, die nach den ersten Einschlägen wie aufgescheuchte Kaninchen davonjagten. Der Rumäne auf dem Hof, zerschmettert von der Granante, die den halben Stall fortgerissen hatte. Die Gesichter der Russenfamilie, die sich, das Bündel in der Hand und das weinende Kind auf dem Arm, anschickte zur Flucht vor den «Ihrigen». Sie sagten nichts, der Mann und die Frau, beim Verlassen ihres zerstörten Heims; aber in ihrem Blick lag etwas wie Genugtuung: Seht ihr? Sie sind doch gekommen – die Unsrigen! Und dann Unold, kalkbestäubt auf dem Bauch liegend, die Kehrseite eingefaßt von dem herausgeschleuderten Fensterrahmen. Sein unglaublich verblüfftes Gesicht, als er das jählings verwüstete Zimmer sah: «Pfui Deubel, mir scheint, jetzt müssen wir aber fort!» Breuer muß wider Willen lachen. Das Schicksal hat noch Sinn für Humor, und das ist gut.

Dann war der Befehl gekommen, der die Fahrzeuge des Divisionsstabes anwies, Werchnaja Businowka schnellstens zu verlassen, einzeln auf beliebigen Wegen, und zwei Kilometer ostwärts auf den jenseitigen Höhen in diesem Dorf hier zu sammeln. Ein Befehl, der verteufelt jener letzten Weisheit glich «Rette sich, wer kann!» Jagende Fahrt durch den verwandelten Ort, durch die Rauchschwaden der Brände, das Krachen der Einschläge, durch schreiende Knäuel kopfloser Menschen ... Breuer legt die Hand vor die Augen und zwingt sich, ruhig zu atmen. Als Infanterist hat er manche böse Lage miterlebt, niemals aber eine, die soviel Verlassenheit, soviel verstörte Hilflosigkeit offenbarte. Und vor drei Tagen hatte man von Filmen und vom Heimfahren gesprochen ...

Auf der Dorfstraße haben sich etwa zwanzig Kraftfahrzeuge gesammelt, und ständig kommen noch welche aus allen möglichen Richtungen hinzu. Unold hastet die graue Wagenkolonne entlang. Auch sein Gesicht ist grau, fast so grau wie sein zerschlissener Ledermantel.

«Der General! Hat keiner unseren General gesehen?»

Seit dem Zusammenstoß gestern hat sich der General nicht mehr blicken lassen, und Unold hat ihn bisher nicht vermißt. Neben Breuers Wagen bleibt er stehen. Seine Augen sind rot gerändert, um das Kinn sprießen die Bartstoppeln.

«Fackelmann nicht da, Harras nicht da, und der Divisionskommandeur wer weiß wo! Alles muß man allein ... Breuer, Sie müssen gleich nochmal in den Ort zurück, den General suchen! Sagen Sie ihm, daß der neue Gefechtsstand in Werchnaja Golubaja ist, und schaffen Sie ihn dorthin, tot oder lebendig!» –

Am Ortsausgang trifft Breuer auf Hauptmann Fackelmann. Er steht aufrecht in seinem Kübel und fuchtelt schon von weitem mit den Armen.

«Junge, Junge», schreit er im Vorbeifahren, «um ein Haar hätten sie uns erwischt! Sehen Sie hier ... hier ...» Er zeigt auf Einschußlöcher in der Kühlerhaube.

Der Weg wendet sich nach links auf die Höhe hinaus, über die der scharfe Wind Schneewirbel treibt. Rechts unten im Tal liegt das schmale Band der Ortschaft, rauchgeschwärzt jetzt und an mehreren Stellen brennend. Weiter vorn auf der Höhe, dort wo es am heftigsten weht, steht eine 8,8-Flak in Stellung, das lange Rohr nach Westen gerichtet, einige Landser dabei. Breuer läßt halten.

«Heda!» ruft er den einen der Landser an. «Habt ihr nicht einen Wagen mit Divisionsstander gesehen? 'nen großen ‚Horch'?»

Der Landser steht unbeweglich da, den Kragen hochgeschlagen und die Hände tief in den Manteltaschen vergraben. Er kehrt Breuer den Rücken zu und blickt nach Westen.

«Nee», antwortet er höchst unmilitärisch über die Schulter hinweg, «keine Zeit dazu! Haben Wichtigeres zu tun.»

«Sehen Sie mal da, Herr Oberleutnant!» Lakosch weist in die Richtung, in die der Landser blickt. Ueber den weißen Höhenrücken drüben auf der anderen Seite des Tales quillt es dick und braun wie Sirup. Breuer tritt zu dem Landser und hebt den Feldstecher vor die Augen. Es ist Kavallerie, russische Kavallerie. Sie reiten einen Angriff auf den Ort. Deutlich sieht er die Säbel blitzen.

«Los, Mensch!» Breuer packt den Landser am Arm. «Setzt ihnen doch ein paar Dinger hinein!»

«Noch nicht», entgegnet der Mann und schiebt den Zigarettenstummel mit der Zunge in den anderen Mundwinkel. «Sind noch nicht genug!» Er spuckt den Stummel aus. «Zweimal schon haben sie das versucht, und beide Male sind sie abgeschmiert. Aber die kommen wieder, die sind stur.»

Breuer fährt weiter, er muß den General herausholen. Vielleicht ist er verwundet, hilflos ... Lakosch läßt den Wagen im Leerlauf hinabrollen in den Ort. Der ist jetzt fast menschenleer. Einzelne Nachzügler hasten an den Hauswänden entlang. Ein paar waffenlose Russen, entwichene Gefangene, streichen herum wie Schakale.

«Da ist ja der ‚Horch'!» ruft Lakosch. Und richtig, vorn auf der Straße steht die große Limousine, von weitem schon erkennt man den schwarzweißroten Stander. Abseits, im Schutz eines Hauses, wird auch der begleitende Panzerspähwagen sichtbar. Mitten auf der Straße aber steht einsam der General, die Mütze mit der goldenen Kordel auf dem Kopf, eine Zigarre im Mund, unbeirrt durch die zwitschernden Gewehrkugeln und die Flakgranaten, die jetzt singend über die Köpfe dahinziehen und in den braunen Pulk drüben rauchende Löcher reißen. Er steht neben einer Holzkiste. Eben schleppen die Männer des Spähwagens eine zweite Kiste aus dem brennenden Verpflegungsmagazin.

«Das ist ja wieder Rotwein!» schreit der General. «Kognak, hab' ich gesagt! Los, nochmal rein! Und bringt Zigarren mit! Möglichst ‚Brasil', hört ihr? Die sind immer gut!»

Breuer steht schon eine ganze Weile unbemerkt hinter ihm. «Verzeihen Herr General», sagt er jetzt.

Der General fährt herum. «Sie? Was wollen *Sie* denn hier?»

«Herr Oberstleutnant Unold lassen Herrn General ausrichten, daß der Divisionsstab . . .»

Die Augen des Generals scheinen aus den Höhlen zu quellen. «Scheren Sie sich zum Teufel, Herr!» schreit er. «Mit Ihrem ganzen Divisionsstab!»

Breuer ist sich darüber im klaren, daß ein solcher Befehl wörtlich kaum auszuführen ist. Trotzdem schmettert er ein «Jawohl, Herr General!» und eilt zu seinem Fahrzeug zurück. Hier ist für ihn nichts mehr zu tun.

Aber wo steckt Lakosch?

«Lakosch!» ruft er. «Lakosch!»

Da kommt aus den Ruinen des Magazins jemand herausgekrochen, Gesicht und Hände geschwärzt und das Haar angesengt. Er watschelt heran, sein Uebermantel bauscht sich wie der Rock einer Marktfrau.

«Lakosch, Mensch . . .»

«Die Schokolade ist ja ein bißchen angeschmort», grinst Lakosch, «aber die Zigarren hier», er zieht eine Kiste aus den Tiefen seines Mantels hervor, «es sind ‚Brasil'. Und der Herr General meint ja, die sind immer gut!»

*

Im Tal der Golubaja, etwa fünfhundert Meter nördlich des gleichnamigen Ortes, lag inmitten einer Fichtenschonung eine Gruppe kleiner Hütten, die von weitem aussah wie ein Kafferndorf. Es waren «Finnenzelte», runde Behausungen aus einer wetterfesten Pappe, mannshoch und mit einem kegelförmigen Dach versehen. Man pflegte sie etwa einen Meter tief in den Boden einzulassen und mit Stroh auszupolstern, so daß sie einen ausreichenden Kälteschutz boten. Hier hatte man sich diese Mühe gespart. Und so pfiff denn der Wind lustig durch die Fugen und wirbelte den trockenen Schnee bis dicht an die kleinen Eisenöfen, die sich vergeblich in Rotglut blähten.

In einem dieser Zelte hatte die Abteilung Ic Unterschlupf gefunden. Und sie mußte froh darüber sein, denn der Ort war überbelegt mit Truppenteilen des XI. Korps, in dessen Bereich man sich jetzt befand und dem man seit heute mittag auch einsatzmäßig unterstand. Die Verbindung zum Panzerkorps war abrissen, und man war nach Osten ausgewichen. Nach Osten! Das war beunruhigend.

Fröhlich hatte sich gleich nach der Ankunft das bißchen Stroh zusammengekratzt und sich so, wie er war, in Mantel und Stiefeln dahinein verkrochen. Er war fest entschlossen, die Ereignisse, die ihm nicht paßten, so weit wie irgend möglich zu verschlafen. Und so hatte er schon einige Stunden hinter sich gebracht. Herbert und Geibel waren inzwischen um Brennholz für den Ofen bemüht, bauten aus den Geschäftszimmerkisten provisorische Sitzgelegenheiten, richteten die Einheitslaterne, eine Petroleumbeleuchtung nach Art der Grubenlampen, her und bemühten sich, die stinkenden Filzstiefel zu trocknen.

Es war schon lange dunkel, als Breuer endlich kam. Unold hatte ihn den ganzen Tag mit Aufträgen umhergehetzt. Brummig äußert er seine Genugtuung darüber, daß man einen halben Kilometer vom Stab entfernt lag und daß es keine Fernsprechverbindung gab, weswegen man ihn wohl jetzt endlich in Ruhe lassen würde. Dann warf er sich in irgendeine Ecke und schlief sofort ein. Lakosch deckte ihn mit allen verfügbaren Decken und Mänteln zu, holte dann die Sitze aus seinem Wagen herein, ließ sich in dem einen nieder und zündete sich großspurig eine «Brasil» an.

«Was gibt es zu fressen?» fragte er.

«Scheiße, ja!» Herbert hatte über der Flucht, dem Hunger und der Kälte hier seine ganze gute Kinderstube vergessen. «Der Zahlmeister ist mit der Verpflegung immer noch nicht zurück. Wer weiß, wann der uns überhaupt hier finden wird!»

Lakosch grinste. Er holte aus seinem Uebermantel eine Kilobüchse Schmalzfleisch hervor und warf sie Herbert zu.

«Na, Herbertchen, dann mache du uns mal von diesem hier einen Kalbsbraten!»

«Nu gucke mal!» staunt Geibel. «Du bist wohl bei 'nem Juden eingebrochen?»

«Dienstgeheimnis!» sagte Lakosch. «Wenn ihr die Klappe haltet, bekommt ihr noch mehr!»

Herbert öffnete die Büchse mit dem Seitengewehr und schüttete den Inhalt in ein Kochgeschirr, das er auf den Ofen setzte. Bald mischte sich in den Gestank des faulen Strohs und der Filzstiefel ein äußerst lieblicher Duft, der die Stimmung sichtlich hob. Geibel versuchte zu pfeifen — was ihm übrigens nie gelang — und holte aus der Rocktasche einen Stoß Briefe und Bilder hervor, in die er sich vertiefte. Lakosch sah ihm ohne sonderliches Interesse zu.

«Wer ist denn das da?» wollte er wissen.

Geibel sah glückstrahlend auf und reichte Lakosch das Photo hinüber. Es war das Brustbild einer jungen Frau mit einer lustigen Stupsnase.

«Meine Frau!» sagte Geibel stolz und verschämt zugleich.

«Deine Frau?» Lakosch begann Anteil zu nehmen. Er blickte auf das Bild und auf Geibel und wieder auf das Bild. «Tolle Frau! Viel zu schade für dich Kuhkopf!»

Geibel strahlte noch mehr, er nahm das als Anerkennung. Und um sich erkenntlich zu zeigen, fragte er seinerseits:

«Hast du denn gar keine Bilder von zu Hause?»

Lakosch brummelte irgend etwas, holte dann aber doch eine speckige Brieftasche aus der Hose und kramte daraus ein abgegriffenes Bild hervor. Ein Mädchen mit schwarzem Wuschelkopf, achtzehnjährig vielleicht, saß da auf dem Geländer einer Brücke und beugte sich zu einem Mann in Uniform hinab.

«Wer ist denn das?» fragte Geibel.

«Erna», lautete die barsche Antwort. Geibel wußte, daß da in Lakoschs Leben irgendwo eine Erna war, über die er sich jedoch nur wortkarg zu äußern pflegte.

«Und das andere? Mann, das bist du ja selbst!»

«Du merkst auch alles!»

Herbert war interessiert nähergetreten. «Und als SA-Mann?» wunderte er sich.

«NSKK!»

«Aha!»

«Wieso aha — —?»

«Ich bin ja auch in der Partei», meinte Geibel etwas weinerlich. «Ich wollte eigentlich gar nicht, aber meine Frau sagte, wo die Kunden doch alle . . .»

«Na, das brauche ich Gott sei Dank nicht», äußerte sich Herbert entschieden. «Bei 'nem Frisör, wer fragt da schon nach Partei und so!»

Lakosch riß Geibel das Bild aus der Hand und klappte die Brieftasche zu. «Ihr habt mir ja eine Auffassung!» sagte er empört. «Wo der Adolf sich Tag und Nacht abmüht, um dem kleinen Mann das Los zu erleichtern . . . Aber euch ist es eben noch nie dreckig gegangen!»

«Du kannst dich doch auch nicht beklagen! Ich habe noch nie gehört, daß Fernlastfahrer am Hungertuch nagen.»

«Ich nicht, nein, Kamel du! Aber mein Vater, Kam'rad, der war Bergmann. Da kannst du lernen, was Arbeit und was Hunger heißt!»

«Und jetzt geht es ihm also besser?» fragte Herbert scheinheilig.

«Nein», sagte Lakosch verwirrt, «das nicht. Er ist . . . tot.»

Lakosch hatte ganz feuchte Augen bekommen, und Herberts weiches Herz wurde davon angerührt. Es tat ihm leid, das Gespräch auf so heikle Dinge gebracht zu haben, denn er war von Natur aus verträglich. Er holte das Fleisch vom Feuer.

«So, nun iß man erst was, Rotköppchen! Iß, so viel du willst, wir beide teilen uns schon den Rest.»

Geibel holte das halbe Kommißbrot hervor, das man noch besaß, und bemühte sich, ein paar Scheiben davon herunterzusäbeln. Mitten im Schneiden hielt er inne:

«Himmel noch mal, beinah' hätt ich's doch vergessen! Ich soll dir vom Hehö bestellen, daß du heute von 10 bis 12 Wache hast!»

«Wer, ich?» Lakosch ließ den Löffel fallen. «Ausgerechnet ich? Der ist wohl besoffen! Da wird man erst den ganzen Tag herumgejagt, und dann noch nachts . . .»

«Wahrscheinlich ist das der Ersatz für die drei Tage! Weißt du noch von wegen Seitengewehr?»

«Der soll mich am ... Wie spät ist es denn?»

Doch eine Antwort erübrigte sich. Die Tür flog auf, und jemand brüllte in den Raum: «Ablösung, verdammt noch mal! Es ist schon 10 nach 10!»

Fluchend rappelte Lakosch sich hoch, fluchend kroch er in die noch feuchten Filzstiefel und in den Uebermantel, fluchend zog er sich den Kopfschützer über die Ohren und stülpte den Stahlhelm auf. Dann griff er zum Gewehr und stolperte hinaus.

Der Wind hatte sich gelegt, aber es war recht kalt. Ueber den lichtgesprenkelten Himmel zog der Mond, durchleuchtete den weißen Rauch, der von den Zelten aufstieg, und ließ ihre blauen Schatten langsam über den Hang und die kleinen Fichten wandern. Unten auf der Straße ratterte zuweilen ein Motorfahrzeug vorbei, vom Stab her drangen vereinzelte Rufe und Stimmengewirr herüber. Sonst war es still. Lakosch wanderte den Achterpfad entlang, den der vorige Posten zwischen den Zelten ausgetreten hatte, einmal links herum, einmal rechts herum, und überließ sich seinen Gedanken. Gedanken, die das Gespräch von vorhin ausgelöst hatte und die er nie ausgesprochen hätte.

Da war die Kellerwohnung in Gleiwitz, in der er aufgewachsen war, feucht und dunkel, mit Ausblick auf einen schmutzigen Hof zwischen grauen Mauern. Da war der Vater, ein kleiner Mann mit geschwärztem Gesicht und weißglänzenden Augen, von dem man nie wußte, wie alt er sein mochte. Selten nur bekam er ihn zu Gesicht und fürchtete sich stets ein wenig vor ihm, da er ihn nie lachen sah. Und der Vater fand nicht die Zeit, sich viel um den Jungen zu kümmern. Nur sonntags nahm er ihn zuweilen bei der Hand, in deren Furchen und Rillen noch der Kohlenstaub saß, und ging mit ihm hinaus zu der Zeche. Durch das eiserne Tor zeigte er ihm die Verwaltungsgebäude, die riesigen Schutthalden und den Förderturm, unter dem es hinabging in die finstere Welt unter Tage. Er erzählte ihm von der Kohle unten, die die Kumpels tagtäglich dem Berg abringen mußten in einem verbissenen Kampf auf Leben und Tod. Und dann sprach er wohl auch von der Zeit, wo dieses alles den Arbeitern gehören würde, von der glücklichen Zeit des Sozialismus und von Lenin, von dem ein Bild, aus einer Zeitung ausgeschnitten, daheim an der Wand hing. Der Kleine stolperte neben dem Vater über die

Gleise, sah ihn mit großen Augen an und träumte von Sonne und Luft und alle Tage Weißbrot. Später waren dann er und die andern Jungen aus der Straße, mit Knüppel und Kochtöpfen bewaffnet, vorwegmarschiert, wenn Rot Front mit Schalmeien durch die Stadt zog. Nachts hatten sie mit roter Farbe Hammer und Sichel und «Heil Moskau» an die Hauswände gepinselt und die Schupos aus dem Hinterhalt mit Steinen beworfen ...

Lakosch hielt an und lauschte. Alles war still. Aus den Zelten drang nur das eintönige Schnarchen der Männer, deren schweren Schlaf er bewachte.

Ja, und dann war eines Tages der «Umbruch» gekommen. Der Rote Frontkämpferbund marschierte nicht mehr, und auf die roten Fahnen hatten sie weiße Kreise und schwarze Kreuze genäht. Und eines Tages hatten sie ihn in die «Hitlerjugend» geholt. Dort waren auch die von der Oberschule, mit denen man sich vorher geprügelt hatte, und die waren jetzt stolz darauf, einen richtigen Arbeitersohn zum Kameraden zu haben. Es war alles ganz anders geworden. Begeistert hatte er anfangs zu Hause davon erzählt. Bis ihm eines Tages der Vater eine klebte und ihm ein für allemal den Mund verbot. Lakosch hatte eine mächtige Wut gekriegt auf den Alten, der da in seiner Sturheit irgendeinem toten Lenin nachtrauerte und nicht sah, wie indessen um ihn herum der neue, der wirkliche Sozialismus aufgebaut wurde. Und dann war der Tag gekommen, an dem sie den Vater abgeholt hatten. Ins KZ, wie es hieß. Wird ihm nichts schaden, wenn sie ihn mal ein paar Wochen umschulen! hatte Lakosch gedacht. Warum konnte er auch die Klappe nicht halten mit seinen dämlichen Sprüchen, «Hitler, das ist der Krieg!» und so! Und dann, nach Wochen, war eine Karte gekommen ... Lakosch war dieser Tag wie heute. Er sah das Gesicht der Mutter weiß werden, als sie die Karte las, sah es tränenlos erstarren. Er selbst hatte geheult vor Wut und vor Schmerz. «Auf der Flucht erschossen!» Wie konnte der Alte auch so ein dickschädliger Hornochse sein und einen Fluchtversuch machen ... Die Mutter war seitdem etwas wunderlich geworden. Sie war emsig und fleißig wie zuvor, ging jetzt als Waschfrau in fremde Häuser. Aber ihr Gesicht hatte etwas Maskenhaftes bekommen, sie sprach kaum noch, wackelte ständig in einer scheußlich ungewollten Art mit dem Kopf und brummelte vor sich hin. Nur einmal war sie überraschend aus ihrer schweigenden Starre erwacht.

Das war damals gewesen, als er dem NS-Kraftfahrkorps beitrat. Es hatte eine fürchterliche Szene gegeben. «Arbeitermörder!» hatte sie geschrien und, er hätte seinen toten Vater verraten. Im Zorn war er aus dem Hause gegangen. Und er hatte sie seit jenem Tage nicht wiedergesehen, auch nicht damals, als er in den Krieg mußte. Jetzt schrieb er ihr von Zeit zu Zeit kurze Briefe voll scheuer, unbeholfener Zärtlichkeit und schickte ihr regelmäßig einen Teil seines Wehrsoldes. Aber es kam nie eine Antwort ...

Lakosch seufzte. Ach, das war schon ein Leben! Gut, daß wenigstens die Erna noch war, der kleine schwarze Teufel ... Er stutzte. Hatte da nicht jemand gerufen? Unten beim Stab blitzten Lichter auf, ein Schuß fiel. Und jetzt hörte er es ganz deutlich: *Alarm!* rief da jemand ... Im Nu war Lakosch hellwach. Er jagte von Zelt zu Zelt und scheuchte die Schläfer auf.

Als nach einer knappen Viertelstunde die Belegschaft der Finnenzelte vor der Unterkunft des Ia anlangte, fand sie dort schon alles auf den Beinen und in völligem Durcheinander. «Was ist denn los?» — «Weiß nicht! Russische Panzer im Ort, angeblich!» Oberstleutnant Unold, mit wirrem Haar, den Ledermantel über die Schultern geworfen, lief herum wie ein Hund, der seinen Knochen nicht finden kann. Gerade kam Major Kalweit auf einem seiner Panzer von der Aufklärung zurück.

«Nun? Nun? ... Was ist los, Kalweit?»

«Nichts — Latrinenparole!»

«Herrgott noch mal», stöhnte Unold, «das ist doch zum ... Das noch ein paarmal, und ich werde wahnsinnig!»

*

Der Bahnhof Tschir ist der Endpunkt eines der dünnen Fühler, die die Heimat weit in das feindliche Land hineinstreckt. Bis hierher kommen die Fronturlauberzüge, wenn die Partisanen sie nicht vorher in die Luft jagen, von hier aus rollen sie heimwärts. Jeder deutsche Landser an Wolga und Don träumt von dem Bahnhof Tschir. Am 17. ist Hauptmann Gedig von hier abgefahren zu dem Lehrgang für höhere Adjutanten in Berlin. Der Verpflegungswagen des Stabes hat ihn bis zum Zuge mitgenommen.

Jetzt ist der schwere «Büssing» auf der Rückfahrt. Mit hellem Licht rattert er über die vereiste Straße nach Norden. Hier im Hinterland, rund 100 km hinter der Front, kann man das als Einzelgänger schon einmal wagen. Und man muß es auch, wenn man wenigstens die 20 km Stundengeschwindigkeit einhalten will. Der Fahrer hat ohnehin Mühe, den Wagen einigermaßen stoßfrei auf der zerfurchten Straße vorwärtszubringen.

Oberzahlmeister Zimmermann hat sich ganz in seinen Pelz vergraben. «Der Wievielte ist eigentlich heute?» fragt er gähnend.

«Der 20. Oder nein, eigentlich ja der 21.! Es ist schon 0 Uhr 20.»

«Verdammt, zwei Tage Verspätung! Die werden schön fluchen beim Stab!»

«Dafür bringen wir aber auch allerhand mit, Herr Oberzahlmeister!» lacht der Fahrer. «Da wird keiner meckern.»

Zimmermann schmunzelt. Er hat für 24 Tage Verpflegung auf dem Wagen, für zehn Tage mehr, als ihm eigentlich zusteht. Der Stellungswechsel hat diese kleine Korrektur zu seinen Gunsten ermöglicht, und er empfindet keine Gewissensbisse. Ein Dummkopf, wer sich so etwas entgehen ließe! Hinten auf dem Wagen rumpeln die Kisten und Fässer. Und dazwischen ist noch ein anderes Geräusch vernehmbar, ein aufgeregtes Scharren und Schnattern.

«Hören Sie?»

Der Fahrer nickt und lächelt. «Unser Weihnachtsbraten!» sagt er.

Zimmermann lehnt sich behaglich in seinen Sitz zurück. Daß er die Gänse noch erwischt hat auf der abgelegenen Kolchose, jetzt, wo weit und breit keine Hühnerfeder mehr aufzutreiben ist... Endrigkeit wird schön staunen über die langhalsigen «Panjepferdchens!» Jedenfalls haben sich die zwei Tage Verspätung bezahlt gemacht.

Er duselt ein und erwacht erst, als der Wagen hält. Rechts biegt die Straße zum Donübergang bei Kalatsch ab. Im Lichtkegel der Scheinwerfer steht ein Posten mit Stahlhelm, Pelzmantel und Filzstiefel, das Gewehr unter dem Arm. Er hat das Haltezeichen gegeben. Jetzt kommt er herangestapft und läßt sich die Papiere zeigen. Als er den Fahrbefehl sieht, sagt er:

«Nach Werch. Businowka? Das ist doch da oben bei Kletskaja!

Da fahrt ihr besser über Kalatsch und auf der Ostseite des Don bis Wertjatschij. Das ist sicherer. Da vorn sollen die Russen irgendwo durch sein. Wir haben hier schon Warnung bekommen.»

«Quatsch!» sagt Zimmermann. «Damit wir noch fünf Stunden verlieren, was? Los, ab, geradeaus!»

Und er denkt: Immer die alte Geschichte! Wenn mal irgendwo was passiert, dann ist beim Bataillon meistens noch alles ruhig, der Regimentsstab wird schon nervös, bei der Division packen sie die Koffer, und beim Korps brennen sie zur Sicherheit die Verpflegungslager ab. Er war lange Truppenzahlmeister und hat sich dort das EK 2 geholt, seine Meinung von Stäben ist nicht sehr hoch. Aber er läßt doch die Verdunkelungskappen auf die Scheinwerfer setzen.

Mondbeschienene Schnee-Einsamkeit zieht an den Wagenfenstern vorbei. Das eigene Licht fehlt, das Halt gab. Unwirklich und bedrückend ist die Leere und Ausgestorbenheit. Vielleicht hätte man doch den andern Weg wählen sollen?

Eine, zwei Stunden mögen sie so gefahren sein. Da tauchen vorn Lichter auf in größeren Abständen. Offenbar eine Kolonne von Raupenfahrzeugen auf dem Marsch. Na also! denkt Zimmermann erleichtert, die fahren sogar mit hellem Licht! Und dann denkt er: Warum fahren unsere Panzer nach Süden? Ob vielleicht doch etwas nicht in Ordnung ist? Nun, man kann ja mal fragen! Er dreht die Scheibe herunter und steckt den Kopf hinaus. Und da ist auch schon der erste Panzer heran. Er ist weiß gestrichen. Es scheint ein deutscher «Panzer 4» zu sein, so genau ist das nicht zu erkennen. Soldaten sitzen darauf in Tarnkleidung. Im Turm steht der Führer.

«Nach Kalatsch?» ruft er.

«Geradeaus und dann links!» schreit Zimmermann, und: «Alles in Ordnung dort vorn?»

Aber der Panzer ist bereits zu weit ab. Doch da poltert schon der zweite heran, auch auf ihm sitzen bewaffnete Landser.

«Wie steht's dort vorn?» ruft Zimmermann.

Einer der Landser antwortet etwas und zeigt lachend die weißen Zähne. Dämlicher Kerl! denkt Zimmermann. Einen hier zu veräppeln! Der Mann hat «gutt, gutt!» gerufen.

Der dritte Panzer rollt vorbei. Wieder ruft Zimmermann.

Keine Antwort.

Stures Volk! denkt er. Und da durchfährt es ihn siedendheiß und reißt ihn in den Wagen zurück.

«*Gas!*» schreit er und duckt sich tief in den Sitz hinein. «Gas, Mensch! Geben Sie *Gas!*»

Er hat in der Hand des einen die russische Maschinenpistole mit dem runden Magazin erkannt. Und blitzartig weiß er, daß hier etwas Ungeheuerliches, noch ganz Unfaßbares geschieht und daß unendlich viel, viel mehr als die Versorgung des Divisionsstabes davon abhängt, daß er jetzt hier lebend wegkommt.

Der Fahrer tritt vor Schreck den Gashebel durch, und der Wagen macht einen Satz nach vorn. Wie ein aufgescheuchtes Wild jagt er an dem nächsten Panzer, dem letzten, vorbei.

Herrgott, Herrgott! denkt Zimmermann, und: Gott sei Dank, das ist verdammt noch mal gut gegangen. Und er wischt sich über die Stirn.

Da prasselt es von hinten her durch das Führerhaus. Zimmermann sieht den Fahrer neben sich über dem Lenker zusammensacken. Er reißt die Tür auf und springt hinaus. Mitten im Sprung trifft ihn ein harter Schlag auf den Rücken. Von unten her wogt es schwarz vor seine Augen, und sein Bewußtsein ertrinkt darin. Den schweren Fall auf die Fahrbahn spürt er schon nicht mehr.

Der führerlose Wagen torkelt noch ein Stück weiter und stürzt krachend um. Kisten poltern und splittern, kreischend und flatternd stieben die Gänse über das Schneefeld ins Dunkle.

*

Der falsche Alarm hatte die Gemüter so erregt, daß an Schlaf zunächst nicht zu denken war. Und so fand sich anschließend in der Bretterbude, die eine Nachrichteneinheit des XI. Korps Unold abgetreten hatte, eine ganze Schar Offiziere zusammen. Man hoffte vor allem etwas Neues zur Lage zu erfahren. Die Prominenz hatte die wenigen Stühle um den Tisch besetzt, die übrigen standen herum oder saßen auf Kisten. Der niedrige Raum hing bald voller Tabaksqualm. Major Kalweit saß tief in eine Art Korbsessel vergraben, ließ die Arme über die Lehnen hängen und streckte die Beine so weit von sich, wie es das Gedränge im Raum nur eben zuließ.

«Was ist denn nun eigentlich los?» wollte er wissen. «Seit zwei Tagen hören wir überhaupt nichts mehr.»

«Ja, du lieber Himmel», erwiderte Unold gereizt, «die Russen sind zwischen Kletskaja und Sserafimowitsch durchgebrochen. Eine Schweinerei, mit der man immer mal rechnen muß bei einer so dünn besetzten Front. Wir kennen das ja zur Genüge vom vorigen Winter.»

«Wie tief sind sie denn etwa durch?» fragte jemand.

Unold zuckte nervös mit den Augenlidern. «Ich bin schließlich kein Hellseher. Aber seit dem vorigen Winter wissen wir ja auch, daß der Russe mit solchen Teilerfolgen nichts anfangen kann. Nach 30, höchstens 40 km bleibt er stehen, und inzwischen wird der Laden abgeriegelt. Sie schaffen es eben versorgungs- und führungsmäßig noch nicht. Haben ja noch nicht mal Funk in ihren Panzern!»

Es entspann sich eine Diskussion über verschiedene Erfahrungen mit russischen Durchbrüchen. Fröhlich, der neben Pfarrer Peters in einer Ecke an der Tür gedrückt stand, zog seine Augendeckel langsam höher. Er begann wieder Interesse zu nehmen. Währenddessen klingelte der Fernsprecher.

«Herr Oberstleutnant, das Korps!» meldete Engelhard und reichte Unold den Handapparat. Es wurde still. Engelhard hörte am Kopfhörer mit und stenographierte eifrig. Dann wiederholte Unold: «Das Golubajatal ab sofort HKL ... keinen Schritt weiter zurück, jawohl!» und nach einer Weile: «Das ist ja großartig, ausgezeichnet ... Hoffentlich bald ... jawohl, Ende!» Er legte auf, seine Augen glitzerten. «Eine erfreuliche Nachricht, meine Herren!» sagte er. «Die 24. und die 16. Panzerdivision werden das Loch stopfen. Sie sind schon im Anrollen!»

Im Augenblick schlug die Stimmung um, alles redete durcheinander. «Die 16., das ist doch ...» — Jawohl, die im August bei Rynok ganz allein zur Wolga durchstieß!» — «Und die im vorigen Jahr bei Nikolajew ...» — «Auch da hat sie ein paar Tage ganz allein mitten in den Russen gesessen.» — «Die fürchtet der Iwan wie die Pest!» Auch über die 24. Pz.Div., die aus der ostpreußischen 1. Kavalleriedivision hervorgegangen war, wußte man Rühmliches zu berichten.

«Nun, meine Herrschaften», faßte Unold zusammen, «in zwei bis drei Tagen ist der Spuk hier zu Ende. Mir scheint sogar, daß man zu einer Zangenbewegung ansetzt!»

Fröhlich bohrte Peters den Ellbogen in die Rippen. «Sie werden sehen, Herr Pfarrer, das gibt einen Kessel!» sagte er. «Hoffentlich sind recht viele durchgebrochen, damit sich's auch lohnt!»

«Darauf müßte man doch eigentlich einen genehmigen!» schlug Kalweit vor. Der allgemeine Beifall nötigte Unold, ein paar der herumstehenden Kisten öffnen zu lassen. Französischer Weißwein und Kognak kamen zum Vorschein. Man trank aus Tassen und Trinkbechern, hinten kreisten die Flaschen von Hand zu Hand. Schnell verbreitete sich eine fiebrige Fröhlichkeit, Kalweit hatte den Rockkragen geöffnet, sein Gesicht war rot und feucht. Er erzählte ostpreußische Witze, und die Lachsalven dröhnten so, daß der Posten draußen seinen Schritt verhielt und lauschend den Kopf schüttelte. Unold trank nur Kognak, die Flasche auf seinem Platz war schon zur Hälfte geleert.

«Ihr habt euch ja ganz schön eingedeckt, muß ich sagen!» meinte Kalweit. «Woher stammt denn dieser Segen?»

«Hat unser Herr Divisionskommandeur persönlich aus dem Magazin in Businowka organisiert!» antwortete Unold mit etwas schwerer Zunge. «Es ist das letzte, was er uns hinterlassen hat.»

«Hinterlassen, wieso? Wo ist der überhaupt?»

Unold war erstaunt. «Ich dachte, das hätte sich rumgesprochen? Er ist seit heute mittag fort.»

«Fort? Wieso fort! – Jetzt fort?»

«Ja, mit dem ‚Horch' auf und davon! Einen Lkw sollte ich ihm noch mitgeben für seine Klamotten. Na, ich habe ihn ablaufen lassen!»

«Aber er kann doch nicht so einfach ...» sagte ganz verstört Leutnant Dierk. «Das ist ja ... das wäre ja ...» Vor vier Wochen war beim Artillerieregiment ein Soldat wegen Fahnenflucht erschossen worden.

Engelhard hielt sich für verpflichtet, in das Gespräch einzugreifen. «Der Herr General ist heute mit besonderer Genehmigung des OKH nach Wien abgereist», sagte er sehr betont. «Ein altes Herzleiden, das sich verschlimmert hat, machte einen Kuraufenthalt notwendig.»

Schweigen. «Na, dann prost!» sagte Kalweit und goß ein halbes Glas Kognak hinunter.

Endrigkeit ließ sich vernehmen: «Wenn er man noch heil durchkommt!»

Hinten antwortete jemand: «Sowas kommt immer durch.»

«Wenn Sie vielleicht *mich* damit meinen, dann könnten Sie allerdings recht haben!»

Die Köpfe fuhren herum. Man hatte das Klappen der Tür überhört. Unold erhob sich, er starrte den Sprecher an wie einen Geist. «Lunitz», flüsterte er. Und dann kam Bewegung in ihn. «Lunitz!» schrie er. «Mensch, sind Sie's wirklich?»

«Allerdings, in höchsteigener Person!» sagte der Oberst trokken und kam durch die Gasse nach vorn, die sich vor ihm geöffnet hatte. «Ihr hattet mich wohl nicht mehr erwartet?»

«Ehrlich gesagt, nein!» Unold umarmte den Oberst, und jetzt erst sah er, daß er den Hals verbunden hatte und unter der Tarnjacke den linken Arm in einer Schlinge trug. «Kommen Sie, erzählen Sie! Was bringen Sie mit?»

«Sechs Mann. Die andern . . .» Oberst Lunitz machte eine Handbewegung. «Wir haben ihnen nichts geschenkt. Aber als der letzte Schuß raus war, haben sie uns zusammengeritten und zusammengehauen. Wir lagen zwei Stunden unter den Toten, ehe wir uns davonmachen konnten.»

Es war totenstill geworden.

«Kommen Sie», sagte Unold, «setzen Sie sich, trinken Sie etwas!»

Der Oberst kniff die Augen zusammen und bewegte den grauen Kopf einmal in die Runde, dann schob er sich die Kapuze wieder über den Schädel. «Danke!» sagte er. «Ich will Ihre Feier lieber nicht länger stören. Bin auch müde. Viel Spaß noch!» Und ehe ihn jemand halten konnte, war er hinaus. Man besprach noch eine Weile das Ereignis, aber es kam keine rechte Stimmung mehr auf.

*

In kleinen Gruppen zog die Belegschaft der Finnenzelte zu ihren Unterkünften zurück. Immer noch warf der Mond, umspielt jetzt von dünnen Wolkenfetzen, sein unstetes Licht in das Flußtal. Neben Breuer stapfte Leutnant Dierk durch den verharschten Schnee. Breuer erzählte von den Erlebnissen des Tages, doch der andere schien nicht recht zuzuhören. Jedenfalls gab er keine Antwort. Breuer schilderte gerade seine vergeblichen Bemühungen, eine Pioniereinheit ausfindig zu machen, die in diesem Raum liegen sollte, als Dierk mit einmal losbrach:

«So ein Lump, so ein erbärmlicher!» Es war fast ein Aufschluchzen.

Breuer sah den Leutnant betroffen an. Das scharf gezeichnete Gesicht mit dem etwas zu großen Kinn schien im wechselnden Licht des Mondes bewegt wie ein See unter dem Winde.

«Lassen Sie gut sein, Dierk», sagte er. «Es ist so die beste Lösung. Die Division hat an dieser Führung nichts verloren.»

«Das ist es ja gar nicht!» stieß der Leutnant hervor. «Ein Landser wird deswegen an die Wand gestellt! Und so ein Kerl wagt es noch, den Namen des Führers in den Mund zu nehmen . . . So etwas nennt sich Nationalsozialist!»

Jetzt erst begriff Breuer. Dierk war hauptamtlicher HJ-Führer. Als unabkömmlich reklamiert, war er wochenlang bei den zuständigen Stellen herumgelaufen, bis er es geschafft hatte, an die Front zu kommen.

«Es gibt überall Gute und Schlechte», begütigte Breuer etwas verlegen. Doch der andere fuhr auf:

«Nicht bei uns! Bei uns darf es das nicht geben! Der Krieg, das ist die Bewährung, endlich, nach all den vielen Worten. Nur wenn wir immer wieder und überall unter Beweis stellen, daß wir wirklich die Besten sind, ist er gerechtfertigt. Da darf keiner versagen. Aber ein einziger Kerl wie der reißt alles ein, was in Jahren mühsam aufgebaut wurde.»

Breuer fand kein Wort der Erwiderung, er war beschämt. Auch er war ja Parteigenosse, einer aus dem großen Strom des Frühjahrs 1933, eingefangen von der bezwingenden Dynamik der «Bewegung» und von all den Hoffnungen, die sie erweckte. Praktische Erwägungen, Berufs- und Versorgungsinteressen waren dazugekommen. Er war damals jung verheiratet, man erwartete das erste Kind, und die Schulbehörde hatte im Hinblick auf Beschäftigung und spätere Anstellung den Eintritt in die Partei «nahegelegt». Er war ihm nicht schwergefallen. Doch war er nie frei von Zweifeln gewesen und hatte sich innerhalb seiner vier Wände eine eigene Welt abseits der drängenden neuen Ideen zu erhalten versucht. Zu Dierks vorbehaltloser Hingabe und gläubiger Begeisterung hatte er es nie gebracht und sich wohl auch nie ernstlich darum bemüht.

Sie waren an den Zelten angekommen ohne ein weiteres

Wort. Breuer schüttelte dem Kameraden zum Abschied kräftig die Hand. Ein Glück, daß es noch solche Jungen gibt! dachte er froh. Da muß alles gut werden.

*

Leutnant Wiese ist nicht sehr erfreut, als er am nächsten Morgen zu Unold gerufen wird. Sicher ist wieder etwas mit den Nachrichtenverbindungen nicht in Ordnung! Leider kommt das in dem Durcheinander dieser Tage häufig genug vor, und der Oberstleutnant kann in solchen Fällen sehr ungemütlich werden. «Unfähiger Patron, hirnverbrannter Idiot . . .!» Wiese war nicht dickfellig genug, um von solchen Tönen unberührt zu bleiben. Um so überraschter war er, als Unold ihm mit Händedruck und bezwingender Liebenswürdigkeit entgegenkam.

«Es tut mir leid, Wiese, daß ich Sie in Anspruch nehmen muß. Aber der neue Divisionskommandeur wünscht einen Begleiter, und ich habe sonst niemand zur Hand. Schließlich kann ich da ja nicht irgendwen mitschicken, nicht wahr?»

Ach sieh mal an! denkt Wiese. Du weißt natürlich genau, alter Freund, daß du über mich als LdN in dieser Weise gar nicht verfügen darfst. Also feurige Kohlen auf dein Haupt! Und laut sagt er: «Es freut mich, Herrn Oberstleutnant gefällig sein zu können!» Wozu Unold etwas süßsauer lächelt.

In dem Raum, den man ihm weist, findet Wiese einen fremden Offizier. Wiese meldet sich. Der Offizier wendet sich ihm zu. Er ist sehr sauber, sehr gepflegt; und Wiese hat für einen Augenblick das Gefühl, daß dieser Mann auch nach vier Wochen Grabendreck genauso untadelig aussehen würde.

«Ich bin Ihr neuer Divisionskommandeur!» Eine schmale Hand mit einem großen goldenen Siegelring streckt sich ihm entgegen, und Wiese blickt in ein feines, glattrasiertes Gesicht, er sieht einen peinlich genau gezogenen Scheitel und freundliche helle Augen. Dieses Gesicht kennst du doch? denkt er. «Sie wollen mich begleiten? Das freut mich. Warten Sie noch einen Augenblick!»

Der Oberst fährt fort, seine Sachen einzuräumen. Wiese schaut sich derweil in dem Zimmer um, in dem kaum wahrnehmbar ein Hauch von Parfüm hängt. Auf dem Tisch stehen einige Fläschchen, liegen Bücher, ein Reisenecessaire und, wie mit dem Lineal ausgerichtet, ein Stoß blütenweißer Taschentücher. Dazwischen aber steht in einem Silberrahmen ein Bild. Es zeigt einen jungen Menschen in Fliegeruniform. Und wie er das Bild ansieht, weiß Wiese mit einmal, warum ihm das Gesicht des Obersten so bekannt vorkommt.

«Das ist ja der Ferdi!»

Der Oberst blickt überrascht auf.

«Sie kennen meinen Sohn Ferdinand?»

«Den Ferdi von Hermann? Aber natürlich!» Wiese vergißt in seiner Freude alle militärischen Formen. «Wir sind doch Schulkameraden! Das heißt, er war eine Klasse unter mir, aber wir waren im gleichen Jugendbund und sind viel gemeinsam gewandert. Wie geht's ihm denn?»

Der Oberst lächelt. «Nun, Sie sehen ja, er ist Flieger», sein Blick streichelt das Bild, «Bordfunker bei einer Transportflotte. Daß es mit der Jagdfliegerei nichts wurde, ist sein großer Kummer. Nun, es ist gut, wenn er frühzeitig lernt, daß es nicht immer nach unseren Wünschen geht und daß jeder Platz ganzen Einsatz erfordert.»

«Er war schon damals ein begeisterter Soldat», sagt Wiese in dem Bestreben, dem Oberst etwas Gutes zu tun.

«Nun, das sind Sie doch hoffentlich auch?»

Der Leutnant wird mit einmal ganz gerade, er zieht das Kinn so an, daß sich über seinem Kragen eine komische kleine Falte bildet. «Ich bemühe mich, es zu sein, Herr Oberst», sagt er steif.

Oberst von Hermann mustert ihn aus verstehenden Augen. «Grämen Sie sich nicht», sagt er. «Glücklicherweise brauchen wir auf der Welt nicht nur Soldaten.»

Er lispelt etwas! entdeckt Wiese beglückt. Genau wie der Ferdi. Seltsam eigentlich, ein Oberst, der lispelt! Er hilft seinem Kommandeur in den Fahrermantel, der keine Dienstgradabzeichen hat. Draußen warten schon die beiden Spähwagen und der gepanzerte Mannschaftstransportwagen, den sich der Oberst für seine Fahrten ausgesucht hat. Es soll nach Businowka gehen, nach jenem Businowka, das man gestern früh verließ und das immer noch gegen den russischen Ansturm gehalten wird.

Die Straße ist leer. Die beiden Spähwagen eilen voraus wie junge Hunde, tummeln sich seitwärts im Gelände, hasten auf die Anhöhen hinauf und verhalten dort sichernd. Man muß mit russischen Spähtrupps und Kavalleriestreifen rechnen.

Ein paar Einzelgänger, Leichtverwundete, kommen entgegen. Der Oberst läßt halten und fragt nach Truppenteil und Herkunft und nach der Lage in Businowka. Die Männer zögern. Erst als der Oberst sich als der neue Divisionskommandeur vorstellt, reden sie. «Da steht's prima, Herr Oberst! Den Ort kriegt der Russe nicht!» Der Oberst nickt und schweigt.

Rechts und links im Gelände tauchen Panzer auf, unbeweglich und versteckt unter dicken Schneehauben. Es sind Wracks. «Die hat mein Artillerieregiment abgeschossen bei den Kämpfen im Sommer, als wir in den Donbogen vorstießen. Es ging heiß her damals!» sagt der Oberst. «Wer hätte sich träumen lassen, daß wir hier noch einmal in umgekehrter Richtung kämpfen würden!» –

In seinem Arbeitszimmer läuft Unold indessen auf und ab und schwingt ein Lineal in der Hand. «Eine Unverschämtheit, mir einen so jungen Oberst vor die Nase zu setzen! Dazu hat man sich hier abgerackert ... Als ob ich nicht lange genug bewiesen hätte, daß ich die Division allein führen kann!» Sein Gesicht zeigt noch die Spuren der nächtlichen Sauferei, die obersten Knöpfe seines Waffenrocks stehen offen. «Aber ich weiß schon, das hat Zeitzler mir eingebrockt! Aus Rache, weil ich seinen Neffen damals durchfallen ließ. Aber das sage ich Ihnen, lange mache ich den Krempel hier nicht mehr mit!»

Hauptmann Engelhard ist stummer Zeuge dieses Selbstgespräches. Er kennt die Unbeherrschtheit seines Chefs und seinen brennenden Ehrgeiz. Aber er kennt auch den Lebensweg dieses Mannes, der, in Petersburg aufgewachsen, durch die Revolution seine Eltern verlor und sich als Siebzehnjähriger allein nach Deutschland durchschlug. Mittelos und ohne Protektion, wurde er Soldat und brachte es bis zum Generalstabsoffizier, allein durch seine Begabung und seinen zähen Fleiß. Und deshalb achtet und verehrt Engelhard ihn, trotz allem. –

Die drei Wagen haben ungefährdet Werchnaja Businowka erreicht. Der Ort macht einen ganz anderen Eindruck als am Vortage: alles atmet Ordnung und eine gespannte und sichere Ruhe. Die wenigen Menschen auf den Straßen haben, das sieht man, Auftrag und Ziel. Auch das spärliche Gewehrfeuer und die vereinzelten Granatwerfereinschläge ordnen sich heute ein, gehören irgendwie dazu. Auf den immer noch rauchenden Trümmern des Verpflegungsmagazins ist ein Bergungskommando an der Arbeit.

Die Spähwagenleute machen sich eingedenk der gestrigen Beute an die Männer heran und kommen mit ihnen ins Gespräch.

«Gründliche Arbeit!» sagt der Unteroffizier, der das Kommando führt, bitter. «Alles verbrannt oder weggeschleppt. Da sitzen wir hier und haben kaum was zu fressen, und irgend so ein Kriegsverlängerungsrat brennt uns das Lager ab, bloß weil er die Hosen voll hat! Aufhängen sollte man so einen. Aber der kriegt bestimmt noch 'nen Orden dafür!»

Mitten auf der Hauptstraße steht ein Feldwebel, einen Gummischlauch in der Hand. Der führt zu einem Faß am Straßenrand, und daneben lehnt ein Schild mit der Aufschrift: «Halt!! Auftanken!»

«Habt ihr noch Sprit?» schreit der Feldwebel.

«Ja, danke!»

«Na, pumpt euch mal tüchtig voll, auch die Reservekanister! Hier darf keiner durch, ohne aufzutanken.»

Während sich die drei Fahrzeuge mit Kraftstoff vollaufen lassen, unterhält sich der Oberst mit dem Feldwebel.

«Das ist ein Befehl von Oberst Steigmann, Herr Oberst! Wir haben hier noch Unmengen Sprit, und für den Iwan oder zum Abbrennen ist der doch zu schade!»

«Richtig so! – Wo finden wir denn Ihren Kommandeur?»

«Immer geradeaus, Herr Oberst, am Nordrand! Es sind überall Schilder dran!» –

Der Stab liegt in einem Blockhaus am Fuß einer Höhe, auf der die Stellung verläuft. Ringsherum pfeift und kracht es. Der Raum ist voll von Offizieren. Lagebesprechung. Als Hermann und Wiese eintreten, wenden sich die Köpfe. Von der Karte richtet sich eine Gestalt auf, breit und hoch wie ein Schrank. Es ist Oberst Steigmann, der Führer der Kampfgruppe, die seit gestern abend der Division unterstellt ist. Er trägt das Ritterkreuz und im Knopfloch ein weißblaues Ordensband. Oberst von Hermann stellt sich vor und fragt nach der Lage. Das breite Gesicht des andern leuchtet auf:

«Also was der Russe ist, Herr Oberst, der kommt hier nicht hinein. Dreimal ham sie's heut versucht mit Kavallerie und Infanterie, und dreimal ham mir sie heimgeschickt mit blutigen Nasen. Den Ort halten wir, da gibt's nix!»

Die anderen Offiziere bestätigen lärmend, die Stimmung scheint ausgezeichnet zu sein.

«Es tut mit leid», sagt Oberst von Hermann langsam, «daß mir meine neue Dienststellung gleich einen so unerfreulichen Auftrag aufnötigt. Sie müssen mit Ihrer Gruppe zurück nach Osten, auf das Golubajatal. Businowka wird aufgegeben.»

«Aufgegeben?»

«Jawohl! Bis morgen früh 7 Uhr müssen Sie Ihren neuen Abschnitt besetzt haben. Hier sind die Karten!»

Lähmendes Schweigen. Die Gesichter sind wie erstarrt.

«Himmel ja, Himmel ...» Der Oberst streicht sich über die Augen. Und dann strafft er sich: «Jawohl, Herr Oberst!» Und nach einer Weile kopfschüttelnd: «Wenn ich bloß wüßt', wie ich das meinen Leuten beibringen soll!» —

Während der Rückfahrt kommt man jenseits des Flüßchens auf der Höhe in feindliches Artilleriefeuer. Zwei Geschütze halten die Straße unter Beschuß, deutlich kann man mit bloßem Auge ihre Mündungsfeuer ausmachen. Verwundete hasten den Weg entlang. Der Oberst läßt halten und hilft ihnen in den Wagen. Er fragt und begütigt und holt dann seine Brotschnitten aus dem Mantel, die er verteilt.

Noch einer weiteren Einheit muß die Hiobsbotschaft des Rückzuges gebracht werden. Der Weg dorthin führt an einem Feldflugplatz vorbei. Jagdmaschinen stehen dort in langen Reihen, sauber ausgerichtet und wie bereit zum Start. 40 bis 50 mögen es sein. Doch bei genauem Hinsehen gewahrt man, daß bei jeder der Maschinen etwas nicht in Ordnung ist. Hier ist eine Tragfläche abgeknickt, dort fehlt die Luftschraube, bei anderen wieder ist das Fahrgestell beschädigt. Einige sehen ganz schwarz aus. Und keine Menschenseele weit und breit außer einem einsamen Posten, der an der Straße Wache hält.

«Sie konnten nicht hoch im Nebel», erklärt er. «Ein paar haben es versucht, sie liegen dort hinten. Die übrigen mußten wir vernichten.»

«Und die Besatzung?»

«Dort vorn, in den Stellungen!»

Fliegerschicksal! Leutnant Wiese sieht auf das düstere Bild der Zerstörung und dann auf den Oberst. Was mag er denken? Auch sein Sohn, der Ferdi, ist ja Flieger! Doch das Gesicht des Obersten ist unbewegt.

*

Es ist der Morgen des 23. November. Breuer geht zum Befehlsempfang beim Ia. Vor der Tür trifft er auf Hauptmann Engelhard. Der scheint über Nacht um zehn Jahre gealtert.

«Gut, daß Sie kommen», sagt er fast ohne Ton. «Wollte eben nach Ihnen schicken. Wir müssen zurück — hinter den Don!»

«Hinter den Don?» Breuer versteht nicht. Aber er fühlt etwas Ungeheuerliches auf sich zukommen, etwas, das alles verändern wird. «Ich denke, wir sind hinter dem Don!»

«Nach Osten, Mensch, begreifen Sie denn nicht? Zur Wolga zurück! — Wir sind eingeschlossen!»

«Eingeschlossen? Wer denn ... wieso ... was heißt das?»

«Ach so, Sie wissen ja noch nicht ... Also passen Sie mal auf: Unten im Süden, bei Beketowka, ist dieselbe Schweinerei passiert, auch bei den Rumänen. Die Durchbruchskeile haben sich gestern bei Kalatsch vereinigt. Wir sind eingeschlossen, die ganze 6. Armee, mehr als 20 Divisionen. Verstehen Sie jetzt?»

Eingeschlossen ... Breuer fühlt einen Kloß in seinem Hals hochsteigen, sich dort festsetzen. Eingeschlossen, eine ganze Armee ... das gibt es doch gar nicht, das ist doch ein Traum, ein Spuk ... Wir siegen doch, wollen doch einen Krieg gewinnen! Eingeschlossen ... In seinem Kopf hämmert es, dieses eine Wort. Eingeschlossen ... eingeschlossen ... «Heim ins Reich» ... eingeschlossen ... «Vielleicht zu Weihnachten» ... eingeschlossen ...

Hauptmann Fackelmann kommt vorbei, auch er völlig verstört «Wissen Sie schon?» Breuer nickt nur, er sieht den Hauptmann wie durch Schleier. «Und was sagen Sie dazu: Mit deutschen Beutepanzern ... ein tolles Stück, was?» —

Gegen Mittag ist Stellungswechsel zu einem Punkt etwa 3 km weiter ostwärts. «Milchwirtschaft» steht auf der Karte. Doch nur ein paar Bunker finden sich in einer Schlucht unter Büschen versteckt. Komfortable Bunker sind es, holzgetäfelt und ausgestattet mit stilvollen Bauernmöbeln, Eisenbetten und Herdöfen aus Rohziegeln. Der Kommandeursbunker hat sogar einen Baderaum mit Wanne und Dusche. Ein Infanteriestab hatte sich hier für einen geruhsamen Winter eingerichtet. Er ist schon fort. Hals über Kopf, wie man sieht, denn eben erst gebrauchtes Geschirr steht herum, und in den Herden ist hier und da noch Feuer.

Unold jagt Breuer noch einmal nach Werchnaja Golubaja zurück, russische Panzer sollen in den Ort eingedrungen sein. Auf dem Wege, der zum Ort hinunterführt, wälzt es sich heran: Troßkolonnen von Kraftfahrzeugen und Panjewagen, dazwischen und daneben kleinere Trupps Marschierender, Rumänen einzeln und in Gruppen, mitten drin Panzer, Sturmgeschütze — ein müder, träger Brei von Menschen und Fahrzeugen. Es ist nicht möglich, gegen diesen Strom anzukommen, Lakosch muß sich mit dem Wagen seitlich über die Felder vorarbeiten. Steil fällt die Straße in einer Kurve zum Ort ab. Rechts und links auf den Höhen sind Flakkommandos mit 2-cm-Geschützen in Stellung. Unverwandt halten die Männer in weißem Tarnzeug Ausschau, ruhige Punkte in der allgemeinen Bewegung. Der Ort selbst ist voller Fahrzeuge und Menschen und Lärm und Geschrei.

Ein MTW quält sich durch das Gewühl, aus der Besatzung ragt ein Offizier hervor, groß und breit, der sich mit Donnerstimme Platz verschafft. Breuer zwängt sich heran und schreit etwas hinüber von «Unold» und «Stab» und russischen Panzern.

«Verrückt, was?» schreit es von drüben zurück. «Ja, hier sind's durchgekommen! Eigene Selbstfahrlafetten, ihr Deppen!» Oberst Steigmann lacht dröhnend, es klingt nicht freudig.—

Als Breuer zurückkommt, ist es schon dunkel. Von dem Parkplatz her, den dünnes Strauchwerk etwas gegen Sicht schützt, leuchtet Feuerschein herüber. Beim Näherkommen bietet sich ein gespenstisches Bild: ein riesiger Scheiterhaufen, knisternd und sprühend, und um ihn herum eine Schar rauchgeschwärzter, johlender, tanzender Teufel. Kisten und Koffer, Tornister und Pakete werden herangeschleppt, zerzaust und durchwühlt, und unter Geschrei und Gelächter fliegt alles ins Feuer: Stiefel, Dekken, Uniformstücke, Aktenbündel ... Dazwischen geistert Unold herum, bleich, mit groß aufgerissenen Augen und fahrigen Händen. «Alles hinein! Alles fort!» krächzt er. «Nur Waffen kommen mit und Munition und Verpflegung! Es geht jetzt um das nackte Leben!» Feldwebel Harras ist unerbittlicher Vollstrecker dieses Befehls. Er kriecht auf und unter den Fahrzeugen herum und spürt an den unwahrscheinlichsten Plätzen Dinge auf, die mit einemmal überflüssig geworden sind.

Fassungslos starrt Breuer in diese Orgie der Selbstvernichtung. Und dann packt es auch ihn. Eingeschlossen! hämmert es in ihm. Eingeschlossen ...

Lakosch will mit einem Holzkoffer vorbei.

«He, Mensch, wohin damit?»

Lakosch kommt ganz dicht heran. «Wir können ihn doch in unserem Wagen ... Herr Oberleutnant!» flüstert er. «Hinter dem Rücksitz ist noch Platz!»

«Unsinn, Mann, her damit!»

Breuer schleppt seinen Koffer selbst zu dem Scheiterhaufen. Ein Waffenrock ist darin, etwas Wäsche, Stiefel und dann Bücher, Zeitungen, Briefe und Bilder ... Stück für Stück wirft er ins Feuer, und mit jedem verbrennt ein Stück Vergangenheit. Breuer stiert in die Flammen, er spürt nicht, wie sein Gesicht glüht und seine Sohlen heiß werden ... zu seinen Füßen verkohlen ein paar Photos. Eingeschlossen, aus! Der Lebensfaden nach drüben ist abgeschnitten. Und dann bückt er sich doch und hebt ein Bild auf und steckt es ein. Und auch das gebündelte Päckchen mit den Briefen seiner Frau schiebt er in eine Tasche — —

Wieder taucht Lakosch auf aus dem Dunkel. Diesmal schleppt er eine eisenbeschlagene Kiste hinter sich her zu der Brandstelle. Mit dem Seitengewehr bricht er sie auf und zerrt den Inhalt heraus: Grünseidene Oberhemden, einen Schlafanzug ... Feldwebel Harras stößt wie ein Habicht auf ihn zu.

«Was fällt Ihnen ein, he? Finger weg da!»

«Ach, Herr Feldwebel?» Lakosch tut überrascht. «Herr Feldwebel wollen doch nicht etwa ...»

«Gar nichts will ich! Aber das mache ich allein!»

«Herr Feldwebel werden sich doch die Finger nicht schmutzig machen!» meint Lakosch unverschämt freundlich. Ein Zivilanzug fliegt ins Feuer, die bewußten Juchtenstiefel, Halbschuhe. Und da unten ... tatsächlich, es ist ein Offiziersdolch! Er ist aus Leichtmetall und brennt in der Gluthitze schön mit weißer Magnesiumflamme. Harras steht dabei wie ein Dampfkessel unter Ueberdruck, seine Hände öffnen und ballen sich abwechselnd, plötzlich macht er kehrt und verschwindet. Hinten irgendwo hört man ihn brüllen. —

Mit seinen geschnitzten Holzmöbeln und den Vorhängen an den Fenstern ist der Bunker traulich und heimelig im Schein des elektrischen Lichtes, das aus irgendeinem Grunde noch brennt. Aber er ist überfüllt, die Abteilung Ic hat ihn teilen müssen mit der Kartenstelle. Nun, es ist ja nur für Stunden. Die Männer hocken herum, essen oder dösen, sie warten und wissen nicht worauf. Herbert röstet auf dem Herd Käseschnitten. Fröhlich kauert in einer Ecke und schläft, er hat wieder einmal abgeschaltet. Breuer holt eine Flasche hervor, die er aus der verbrannten Kiste rettete. Es ist «Cointreau» von der letzten Kasinozuteilung. Für den nächsten Urlaub sollte er sein. Urlaub! Wird es noch jemals Urlaub geben? Der Trinkbecher macht die Runde.

Da zwängt sich jemand durch die Tür. Es ist der Assistent von der Registratur. Sein flackernder Blick irrt im Kreise umher und bleibt an Breuer hängen.

«Herr Oberleutnant», stammelt er, «da ... da sind doch die Vorschriften. Könnten ... könnten Sie die nicht auf Ihren Wagen ...»

«Was, Mensch?» lacht Breuer auf. «Ich soll Ihre Vorschriften, wo wir eben unsere eigenen Sachen ...»

«Aber es sind doch alles Geheim- und NfD-Sachen!»

«Verbrennen Sie den Mist!» schreit Breuer. «Jetzt brauchen wir keine Vorschriften mehr!»

Und dann tut ihm der hilflose Mensch doch wieder leid. Er gießt den Becher noch einmal voll und reicht ihn dem Sonderführer hinüber. Der trinkt wie ein Schlafwandler und streicht sich über die Stirn wie nach einer großen Anstrengung. «Es sind doch NfD-Vorschriften!» murmelt er und schleicht hinaus ohne Gruß. –

Gleich darauf wird Breuer zum Ia gerufen. Unold steht mit Oberst von Hermann vor der Karte.

«Sehen Sie hier, Breuer», sagt Unold, «dieser Weg hier zum Don ... Wir wissen nicht, ob er befahrbar ist und vor allem, ob er noch frei ist. Sie müssen das erkunden, sofort! Hauptmann Endrigkeit kann Sie begleiten. Machen Sie es gut, es hängt viel, alles davon ab!» –

Kalt und klar ist die Nacht. Lakosch hat den Wagen schon anlaufen lassen, jetzt hilft er Breuer in den Uebermantel. Endrigkeit studiert im Mondlicht die Karte. Da stürzt Unteroffizier Herbert hinzu, keuchend und Entsetzen im Blick.

«Herr Oberleutnant! Herr Oberleutnant!»

«Ja, Himmel, was ist denn nun schon wieder!»

«Herr Oberleutnant ... im Kom ... da liegt er ...»

«Wer denn zum Teufel? So reden Sie doch!»

«Im Kom ... der Assistent! Er hat sich eben erschossen.»

Viertes Kapitel

RÜCKZUG – NACH OSTEN

Groß und rund schwimmt der Mond durch die Dunstschleier des Mitternachtshimmels. Sein weiches Licht fließt die Wände der sternlosen Kuppel herab und überzieht die verschneite Erde wie mit Grünspan. Es ist sehr kalt. Hauptmann Endrigkeit hinten im Wagen hat seine Pfeife verlegt und kaut ohne Genuß an einer Zigarre. Breuer sitzt vorn neben Lakosch, er blickt auf die Fahrbahn und die grünliche Schneefläche und sinnt vor sich hin. Die nächtliche Fahrt auf der fast leeren Straße hat ihm an diesem Tage die ersten Minuten der Entspannung und Besinnung gebracht.

Eingeschlossen ... Panjefuhrwerke, hoch mit Kisten und Fässern beladen oder mit Heu, struppige Pferdchen davor, knarren und kreischen am Wegrand dahin. Gelegentlich überholt man einen Lkw. Rechts und links im Gelände leuchtet es rot, auch dort brennen die Scheiterhaufen der Vernichtung, Fanale des Sieges für den Feind.

Eingeschlossen, eingeschlossen ...

Ein Haufe Menschen trottet, gedrängt wie eine Schafherde, den Weg entlang, russische Gefangene auf dem Marsch nach Osten. Zwei Posten, kenntlich nur an den Gewehren, ziehen müde hinterdrein, die gemeinsame Ungewißheit bringt sie ihren Schutzbefohlenen näher und stimmt sie friedlich.

«Ist heute nicht der Vierundzwanzigste?» fragt Breuer in das Schweigen hinein.

«Ja, Herr Oberleutnant», antwortet Lakosch. «Seit einer halben Stunde etwa.»

«Aha!»

Lakosch sieht erstaunt zur Seite, er weiß nicht, warum der Oberleutnant mit so grimmiger Befriedigung «aha» sagt. Und er würde sich noch mehr wundern, wenn er jetzt Breuers Gedanken lesen könnte.

Der Vierundzwanzigste, denkt Breuer, natürlich der Vierundzwanzigste! Wie könnte es auch anders sein? Heute also geht es über den Don. Eine Heersäule wird sich bei Tagesanbruch auf den Fluß zu wälzen, wird sich an den Uebergängen stauen zu riesigen Ansammlungen, eine willkommene Beute für die feindliche Luftwaffe, die wohl schon auf diesen Augenblick wartet. Es wird Panik geben und Untergang. Das ist das Ende, die Krönung der Katastrophe. Das Ende an einem Vierundzwanzigsten, also doch!

Mit dem Vierundzwanzigsten hat es eine besondere Bewandtnis. Die Anfänge dieser Geschichte liegen um Jahrzehnte zurück. Damals besuchte Breuer noch die Obertertia des Gymnasiums in der kleinen ostpreußischen Stadt. Deutsch und Turnen gab Studienrat Dr. Strackwitz. Das war ein Mann in den mittleren Jahren, mit einem schmalen Gesicht, das durch einen Mittelscheitel noch verlängert und durch einen randlosen Kneifer nicht sonderlich verschönt wurde. Er trug stets Breecheshosen mit Stutzen und einen grünen Lodenrock, an dem zuweilen das Stahlhelmabzeichen steckte. Strackwitz war bei den Jungen sehr beliebt, obwohl oder vielleicht gerade weil er strenge Disziplin hielt. Beim Turnen auf dem Hof ließ er oft mit Gesang marschieren. «Siegreich woll'n wir Frankreich schlagen» schmetterten die hellen Jungenstimmen, oder das für die besonderen Belange umgedichtete Schützenlied:

«Und kommt der Feind ins Land herein,
Und sollt's der Pole selber sein,
So ruhen unsere Stutzen nicht,
Bis daß das Auge bricht, ja bricht . . .»

Oben pflegten dann die anderen Lehrer, würdige alte Professoren, kopfschüttelnd und brummelnd die Fenster zu schließen. Die Jungen unten aber sangen doppelt so laut in jubelndem Protest gegen eine Welt, die sie für verstaubt und verkalkt hielten. Und Dr. Strackwitz lächelte siegesgewiß. Er war auch stets bei den Kaisergeburtstag- und Schlageterfeiern zugegen, die die

Jungen am Nachmittag heimlich in ihrem Klassenraum abhielten. Zwar saß er dann ganz hinten, weit entfernt von dem schwarzweißrot ausgeschlagenen Katheder und nur als stummer Gast; denn er kannte seine Pflichten als Beamter der Republik. Aber der Festredner des Tages konnte auf dem nächsten Zeugnis bestimmt mit einer Zwei im Deutschen rechnen.

Höhepunkte jedoch waren es, wenn Dr. Strackwitz, der gern im Kameradenkreise einen über den Durst trank, einmal angeheitert zur Schule kam. Dann war seine Strenge wie weggewischt. Er saß zeitunglesend hinter dem Katheder, ließ die Jungen nach Herzenslust Unfug treiben und murmelte nur zuweilen etwas wie «demnächst die Zügel wieder straffer anziehen». Oder aber er gab romantische Schilderungen von seinen Erlebnissen im letzten Krieg, die ihm selbst Tränen der Rührung in die Augen trieben und zumeist in dem Schluß gipfelten, er hoffe, alle eines Tages in seiner Maschinengewehrkompanie wiederzusehen.

Jahre vergingen, und Breuer war schon Student. Da hatte er einmal einen scheußlichen Traum. Inmitten seines Abiturientenjahrgangs sah er sich in einer düsteren Halle mit riesigen gotischen Fenstern angetreten. Vor ihnen aber stand Dr. Strackwitz mit Wickelgamaschen, Kneifer und Mittelscheitel. «Die Stunde der Bewährung ist da!» sagte er scharf und kalt. «Sie werden unter meiner Führung gegen den Feind ziehen. Und damit Sie sich über nichts im unklaren sind, werde ich jetzt jedem seinen Todestag bekanntgeben.» Er hob sein Notizbuch und rückte den Kneifer zurecht. «Axel ... Arras ...» Auf jeden Namen folgte ein Datum. Breuer fühlte es kalt an seinen Gliedern hochkriechen. «Halt!» wollte er schreien, doch er war wie von einem Starrkrampf befallen. «... von Batocki ... Behrend ... Breuer!» Ihn traf ein furchtbarer Blick. «Am Vierundzwanzigsten ...» Breuer stieß einen Schrei aus und erwachte, in Schweiß gebadet.

Seit dieser Zeit verfolgte ihn der Vierundzwanzigste als fixe Idee. Jeden Monat befiel ihn um das ominöse Datum herum erneut eine abergläubische Unruhe. Er zog sich an diesen Tagen zurück und ging am liebsten nicht aus dem Hause. Alle Versuche, mit Vernunftgründen dagegen anzukämpfen, waren vergeblich. Der Krieg hatte da insofern eine Aenderung gebracht, als ihn eine neue Einsicht in das Unausweichliche des Schicksals jetzt an den kritischen Tagen mit einer lähmenden Todesbereitschaft erfüllte. Merkwürdig war, daß er zu den anderen Zeiten seitdem überhaupt keine Furcht kannte und selbst die allernotwendigste Vorsicht außer acht ließ. Noch merkwürdiger war es, daß er auch als Infanterist aus den gewagtesten Situationen stets unversehrt und ohne die geringste Verwundung herausgekommen war. Das alles hatte gegen seinen Willen die Kraft der fixen Idee noch vertieft, und Breuer war fest davon überzeugt, daß ihm ein Vierundzwanzigster einmal sein Ende bringen würde.

Der Weg wird plötzlich eng und windet sich in eine Schlucht hinunter. An einem Flußübergang staut sich eine lange Reihe von Fahrzeugen. Breuer holt den schwarzweißroten Divisionswinker hervor. Er führt ihn unberechtigt, heimlich, und er hat ihm schon oft gute Dienste geleistet. Auch jetzt hilft er wieder, schnell kommt man an der Kolonne vorbei und über die abgesperrte Brücke. Es geht eine Anhöhe hinauf. Vorn liegt eine Ortschaft im Feuerschein. Ein Leuchtfallschirm schaukelt darüber, Bomben schlagen ein. Breuer läßt halten. Rechts vom Wege kokelt ein Fahrzeug, kleine blaue Flämmchen huschen daran herum. Daneben liegt auf dem Rücken der Fahrer, eine ausgedörrte, zusammengeschrumpfte Mumie. Die verkrümmten Hände sind zum Himmel gestreckt wie in Bitte und Abwehr zugleich, und in dem schwarzverkohlten Gesicht schimmern die Zähne. Um das Fahrzeug herum aber stehen russische Gefangene. Sie haben ihre Blechbüchsen auf das heiße Metall gestellt und lachen und schwatzen, froh über das bißchen Wärme, das sie hier gefunden haben. Einer hat dem Toten den Fuß auf den Leib gesetzt.

Im Schein der Taschenlampe studiert Breuer mit Hauptmann Endrigkeit die Karte. In der Ortschaft vorn gabelt sich der Weg. Die Fahrbahn, die nach rechts abführt, scheint gangbarer zu sein, aber sie macht einen bedenklich weiten Bogen nach Süden. Wer weiß, ob sie noch feindfrei ist! Man beschließt also, es zunächst mit dem anderen, erheblich kürzeren Weg zu versuchen.

Zunächst geht es recht gut vorwärts, doch schon nach wenigen hundert Metern verliert sich die Fahrspur im Schnee zwischen Bäumen und unübersichtlichem Buschwerk. Der Wagen schwankt und schaukelt und rutscht immer wieder in heimtückische Löcher.

«Zwecklos!» sagt Breuer. «Umkehren!»

Lakosch ist schon dabei, den Wagen zu wenden, da legt sich ihm des Hauptmanns Pranke auf die Schulter.

«Moment mal, Kerlchen! Sehen Sie mal da vorn, steht da nicht jemand?»

Hier in der Einsamkeit? Die drei spähen angestrengt nach vorn. Tatsächlich, es sieht so aus, als stünde etwa 50 Meter voraus ein Mensch. Er rührt sich nicht, und so ist es vielleicht doch der Mondschein, der trügt. «Komisch!» murmelt Breuer. Doch der Hauptmann ist schon aus dem Wagen geklettert. «Mal nachsehen!» brummt er. «Vielleicht kennt der den Weg!» Breuer hält das für überflüssig, er will umkehren, er ist mit einmal sehr müde. Gähnend sieht er die Bärengestalt des Hauptmanns kleiner werden und allmählich mit der Umwelt verschwimmen.

«Achtung!»

Aus den Büschen vorn sind Blitze herausgeschossen, hell zwitschert es um den Wagen herum.

«Raus!»

Breuer greift nach der MP, doch er greift vorbei. Er ist wie gelähmt. Der Vierundzwanzigste ...

Lakosch war schneller. Er hat die Handgranate aus dem Halfter gerissen, im Laufen zieht er sie ab und schleudert sie in Richtung der Schüsse. Ein Busch fliegt krachend auseinander, etwas Weißes huscht wie ein Spuk nach seitwärts davon.

Dort, wo der Weg sich abzeichnet, wälzt sich ein stöhnender Menschenknäuel am Boden. Mit einem Satz ist Lakosch heran. Er sieht einen kahlgeschorenen Hinterkopf und reißt sein Seitengewehr heraus. Einen Augenblick zögert er, dann stößt er zu. Der Stahl trifft auf Widerstand und gleitet daran entlang, tief ins Weiche hinein. Lakosch ist es, als führe die kalte Klinge an seiner eigenen Wirbelsäule entlang. Als er die Waffe herauszieht und ein schmieriges Dunkelrot erkennt, wird ihm schlecht. Breuer hat sein Magazin in die Büsche verfeuert und durchsucht die Umgebung. Im Gestrüpp findet er ein Paar Schneeschuhe, Skispuren führen nach Süden ab.

Inzwischen ist auch der Hauptmann hochgekommen. Er ist arg zerzaust. «Dunnerlittchen!» schnauft er und tastet seine Glieder ab. «So ein Luntrus verdammter!»

Sie untersuchen den Toten. Es ist ein kräftig gebauter Mann mit einem breiten, pockennarbigen Gesicht. Unter dem Tarnhemd trägt er eine russische Wattejacke. Papiere hat er nicht bei sich.

«Ein Spähtrupp», meint Breuer, «drei, vier Mann vielleicht.

Wollten wohl einen Gefangenen oder irgendwelchen Schriftkram erwischen. Wenn sie uns hier zwischen den Bäumen geschnappt hätten . . .»

Sie decken den Toten mit Schnee zu und wenden ohne weiteren Aufenthalt, um den zweiten Weg zu erkunden. Er erweist sich als feindfrei und gut befahrbar. Nach Osten ist der Weg frei . . .

Hauptmann Endrigkeit hat sich immer noch nicht ganz erholt. «Lakosch, Jung'», knurrt er während der Rückfahrt. «Mir ist jetzt nicht nach Quasseln zumute, aber — wenn du mal richtig in der Scheiße steckst, und du kommst dann nicht zum alten Eindrigkeit, dann soll dich der Deibel holen!»

Und Breuer meint: «Sie wissen, Lakosch, mit EKs sind sie sparsam beim Stab. Das muß ja immer übers OKH laufen. Aber diesmal schinde ich das EK2 für Sie heraus, das verspreche ich Ihnen!»

*

Zwischen Wolga und Don, nicht allzu weit von der Stadt Stalingrad entfernt, liegt bei der Ortschaft Gumrak ein riesiges Flugfeld. Seine Ränder sind gesäumt mit den Bunkern ehemals russischer Flakstellungen. Hier hat sich eben erst die Führungsabteilung des Armeeoberkommandos einquartiert, die, zunächst außerhalb der Umklammerung geblieben, am Nachmittag dieses Tages auf allerhöchsten Befehl in den Einschließungsring eingeflogen ist. In diesen Bunkern liegt, etwa 100 m entfernt, auch das Generalkommando des LI. Korps, dem die an der Wolgafront, in Stalingrad selbst eingesetzten Divisionen unterstehen.

Auch in dieser Nacht sitzt Oberst i. G. Clausius, der Chef des Korps-Stabes, im Schein der Lampe und arbeitet. Vor ihm liegen die noch durch Funk übermittelten Weisungen der Armee für das Aufbrechen der russischen Umklammerung. Alles ist vorbereitet. Nur die endgültige Genehmigung Hitlers steht noch aus. Und diese Genehmigung will und will nicht kommen. Warum eigentlich nicht? Der General ist deswegen zum Armeestab hinübergegangen. Ueber zwei Stunden ist er schon weg.

Der Oberst entwirft die letzten Befehle. Wenn es zur Herauslösung aus der Stadt und zu dem Durchstoß nach Westen kommt, wird es hier starke Bewegungen geben. Die Operation ist schon eingeleitet. Die 16. Pz.-Div. und die 3. I.D. (mot.) sind bereits aus der Nordostecke herausgelöst. Am Nachmittag haben sie das überflüssige Gerät vernichtet, auch Kleidung und persönliche Habe bis auf das, was jeder auf dem Leibe trägt. Ringsum brennen noch die Feuer.

Der Putzer kommt herein, er richtet die beiden Feldbetten für die Nacht und untersucht dann eine Mausefalle, die er aus einer Kartusche gebastelt hat.

«Nun, Müller, wieder was gefangen?» fragt der Oberst über die Schulter hinweg.

«Klar, Herr Oberst! Das ist jetzt die achtundzwanzigste in vier Tagen.»

«Wenn Sie Oberster Kriegsherr wären und die Russen Mäuse, dann wäre der Krieg schon aus, was?»

Der Putzer kratzt sich hinter dem Ohr. «Och, Herr Oberst, die Biester sind schon beinah ebenso schlimm wie die Russen. Gestern haben sie doch wirklich die Stiebeln von Herrn General angefressen!»

Aber der Oberst hört schon nicht mehr zu, er zeichnet und rechnet. So eine Herauslösung aus ausgebauten Stellungen ist eine verteufelte Sache. Die beiden Divisionen im Nordosten, die schon auf die kürzere Sehnenstellung zurück mußten, haben nicht schlecht geschimpft! Für die letzten wird es am schwersten sein ... Man hätte den Plänen stattgeben sollen, die schon für den Herbst die Zurücknahme der Stalingradfront bis zum Donez vorsahen ...

Schritte tappen die Stiege herunter, die Tür öffnet sich einer bepelzten, schneebestäubten Gestalt. Es ist General der Artillerie von Seydlitz, der Kommandierende General des LI. Korps.

«Hören Sie auf, Clausius! Hören Sie auf mit dem Kram!»

«Die Befehle sind zum Abzeichnen fertig, Herr General! – Ist es soweit?»

«Es ist soweit, ja ...» Der General lacht bitter auf, während er sich aus seinen Umhüllungen schält. Er ist ein Nachfahre des friderizianischen Reitergenerals, und auch er selbst ist ein passionierter Reiter. Das verrät die trotz des fast weißen Haares noch jugendlich straffe Gestalt, und auch das scharf geprägte Gesicht, jetzt zorngerötet, hat etwas von einem Rassepferd. «Der OB ist noch einmal beim Führer vorstellig geworden. Nachdem ich über eine Stunde mit den beiden konferiert habe!»

«Und die Antwort?» Der Oberst ist aufgestanden.

«Ein glattes Nein! Wir sollen die Befreiung von außen abwarten. – Hier ist der neue Armeebefehl: Zurücknahme aller noch westlich des Don befindlichen Divisionen auf das Ostufer und Einigelung beider Armeen unter Paulus' Oberbefehl!»

«Soll das heißen, daß kein Ausbruch ...? Das ist ja ... Das ist doch eine ...» Der Oberst starrt den General an und sucht nach Worten. Mit Mühe bekommt er sich wieder in die Gewalt. «Also, Herr General, da komme ich nicht mehr mit!»

«Ein Wahnsinn ist es, eine ausgemachte Idiotie! – Zwei ganze Armeen lassen sich freiwillig einkesseln, wo jetzt wahrscheinlich ein Stoß genügen würde, um hier herauszukommen. Sowas gab's in der ganzen Weltgeschichte noch nicht!»

«Und was sagt der OB?»

«Paulus? Nun, Sie kennen ihn ja! Er zuckt die Achseln. Schneid vor dem Feind, ja! Aber einmal tüchtig von oben boxen, das kann er nicht. Außerdem hat er einen gehörigen Rüffel einstecken müssen, weil wir die beiden Divisionen zurückgenommen haben. Von Paulus ist in dieser Sache nichts mehr zu erwarten.»

Schweigen. Der General geht mit schnellen Schritten auf und ab. Vor der Bretterwand bleibt er stehen und starrt blicklos auf eine Zeitung, die dort die Stelle einer Tapete vertritt. «VOR DEM ENDSIEG IM OSTEN!» steht da in protzigen Lettern.

«Das dürfen wir nicht so einfach schlucken», meint der Oberst. «Keinesfalls, Herr General!»

«Natürlich nicht!» fährt der General herum. «Aber was soll man noch tun? Ich habe mir den Mund fusselig geredet, das können Sie mir glauben!»

Wieder läuft er umher wie ein Löwe im Käfig.

Oberst Clausius klopft mit dem Bleistift im Takt auf den Tisch. «Wir müssen ihnen schriftlich kommen ... Eine schriftliche Eingabe!»

Der General bleibt stehen.

«Eine Eingabe? Das müßte dann schon ein Protest sein. Keine schlechte Idee ... Ein schriftlicher Protest müßte das sein auf Grund einer klaren Lagebeurteilung, die alle Konsequenzen zieht. Vielleicht stärkt ihm das den Rücken. Er kann's ja ohne Stellungnahme weiterschicken ... Los, schreiben Sie mal gleich!»

Oberst Clausius nimmt Block und Bleistift zur Hand. Er lächelt. Der General hat angebissen, und nun wird er nicht mehr loslassen. Wie sagt er doch immer? «Das Herz über die Hürde werfen, dann kommen Pferd und Reiter von selber nach!» Jetzt gilt es nur noch, den wilden Galopp zu zügeln, in ruhigere Bahnen zu lenken. Aber die Hauptsache: Es wird geritten! Vielleicht wird doch noch alles gut ...

Der General diktiert, und der Oberst schreibt:

«An den Herrn Oberbefehlshaber der 6. Armee. Im Bewußtsein des Ernstes der Stunde fühle ich mich angesichts des letzten Armeebefehls verpflichtet ...»

Die kurzen, fast hastig geformten Sätze zeichnen noch einmal das Bild der Lage. Wie ist die Lage der nunmehr eingeschlossenen Armee, wie wird sie in wenigen Tagen sein nach Ausführung des neuen Armeebefehls, der die Igelbildung befiehlt? Die 6. Armee und fast die ganze 4. Panzer-Armee, 22 Divisionen insgesamt — eng zusammengedrängt in einem dürftigen Steppenraum, der keine natürlichen Verteidigungsmöglichkeiten bietet ... Kein Material zum Stellungsbau, kein Holz zum Heizen, und der russische Winter vor der Tür ... Die Divisionen an der Wolga «ausgekämmt» und ausgeblutet ... Kein Ersatz ... Kein Flakschutz ... Und der russische Ring wird mit jedem Tag stärker ...

Der General diktiert. Einen schweren, bösen Tag lang hat er das alles überdacht. Und er versteht sich auf solche Lagen. Da war Demjansk. Im letzten Frühjahr hat er die dort eingeschlossene Gruppe, die sich dank der Versorgung aus der Luft vier lange russische Wintermonate hindurch hatte halten können, freigekämpft. Nach langen Vorbereitungen und unter erheblichen Opfern war das gerade noch geglückt. Aber damals waren es 6 Divisionen gewesen und nicht 22. Man kann doch nicht 22 Divisionen, deren Versorgungsbasen alle draußen liegen, aus der Luft versorgen! Sein Korps allein braucht ja schon an Munition, Kraftstoff und Verpflegung täglich rund 1000 t, wenn es Abwehrkämpfe führen muß. Und natürlich wird der Russe angreifen! Er wird seine Chance nutzen!

«Das vermutliche Handeln des Feindes», diktiert der General, «dem ein Sieg in einer Vernichtungsschlacht klassischen Ausmaßes winkt, ist klar vorauszusehen. Es ist nicht zu bezweifeln, daß er seine Angriffe gegen die eingekesselten Divisionen unvermindert heftig fortsetzen wird ...»

Der General geht auf und ab, er liest die Worte gleichsam von den Wänden des verräucherten Bunkers herunter. Demjansk ... Der Führer hat ihn zum Vortrag befohlen. «Einer meiner härtesten Offiziere!» hat er später gesagt. Es war kein Kinderspiel gewesen, dieses Freikämpfen von Demjansk. Monatelange Vorbereitungen, wochenlange Kämpfe hat es erfordert. Soll die 6. Armee auch Monate warten? Dann ist sie verhungert!

«Es ergibt sich daher unwiderleglich», diktiert der General, «die Armee kann bei Verharren in der Igelstellung nur dann der Vernichtung entgehen, wenn in wenigen Tagen Entsatz wirksam wird, so daß der Feind seine Angriffe einstellen muß. Hierfür liegen keinerlei Anzeichen vor ...»

Der General streicht sich über die Augen. Demjansk ist geglückt, ja ... Und nun haben sie oben alle Maßstäbe verloren. Wenn Demjansk nicht geglückt wäre, gäbe es heute wohl kaum dieses hier! Quälender Gedanke, vielleicht ohne Wollen und Wissen mitschuldig geworden zu sein an der Katastrophe, die sich hier abzeichnet ... Die Armee muß hier heraus, sofort, ohne Zögern! Es *darf* bei Stalingrad keine Katastrophe geben!

Eben erst hat er das alles dem OB und dessen rührigem Chef des Stabes dort drüben persönlich vorgetragen. Sie haben ihm zugehört, mit ihm um Worte gefeilscht. «Können wir das auch sagen? Ist das nicht zu scharf?» Und dann haben sie ihren lahmen Funkspruch abgeschickt. Es war umsonst gewesen, natürlich ... Nein, seine Stimme muß weiter dringen, über das Armeeoberkommando hinaus bis zum OKH, bis zum Führer selbst. Vielleicht hört der auf ihn, jetzt, dieses eine Mal. Wegen Demjansk. «Einer meiner härtesten Offiziere!» Vielleicht ...

Er diktiert weiter mit einer hellen, erregten Stimme, die sich manchmal überschlägt. Er diktiert so, wie er es dem Mann dort in seiner Wolfsschanze sagen würde, klar und ohne Umschweife. Oberst Clausius beteiligt sich in seiner ruhigen, wägenden Art an der Formulierung, er verbessert, präzisiert, rundet ab.

«Der Befehl, den Igel zu halten, bis Hilfe heran ist, hat keinerlei reale Grundlagen. Er ist unausführbar und muß zwangsläufig den Untergang der Armee zur Folge haben. Wenn das vermieden werden soll, so muß unweigerlich ein anderer Befehl herbeigeführt werden ...»

Ein anderer Befehl! Nur *ein* Befehl kommt hier in Frage: der Befehl zum sofortigen Durchbruch nach Westen, mit allen verfügbaren Kräften. Himmel, das müssen sie doch einsehen! Es gibt nur noch dieses eine!

«Die Armee», so diktiert der General, «muß unter Entblößung der Nord- und der Wolgafront Stoßkräfte freimachen, um mit ihnen unter Aufgabe von Stalingrad in Richtung des schwächsten Widerstandes durchzubrechen ... Jedes Zögern mindert die Erfolgsaussichten. Mit jedem Zögern nimmt die Zahl von Kämpfern und Munition ab. Mit jedem Zögern wird der Feind stärker ...»

Mit jedem Zögern! Jede Minute ist jetzt kostbar. Die Armee darf sich vom Don nicht lösen, sie muß Brückenköpfe halten. Oder der Stoß muß nach SW, in Richtung Kotelnikowo geführt werden ...

Der General diktiert und diktiert. Er wiederholt sich jetzt manchmal, das ist kaum zu vermeiden. Der Zeiger des Weckers geht schon auf 2 Uhr. Auch der Oberst fühlt seine Spannkraft nachlassen, er schreibt fast nur noch mechanisch.

«So, punktum, Schluß!»

Und der Oberst malt wirklich einen dicken Punkt auf das Blatt.

«Sie feilen das noch gründlich durch, nicht wahr? Dann muß es gleich geschrieben werden, es geht noch heute früh als GKdos heraus! ... Das können sie doch nicht in den Papierkorb werfen, wie?»

Oberst Clausius sammelt sich. Er blättert zurück und liest das Geschriebene noch einmal vor. Es sind viele Seiten geworden. Das ist keine Eingabe mehr, das ist eine Denkschrift. Der Oberst liest, und der General hört mit geschlossenen Augen zu. Manchmal nickt er, wenn Clausius aus dem Stegreif einen Satz neu formt oder eine inhaltliche Aenderung vorschlägt.

Noch einmal klingt die klare Alternative auf: Entweder Verteidigung in der Igelstellung, bis die Armee sich verschossen hat und wehrlos ist — oder Sprengung des Einschließungsringes durch einen sofortigen Ausbruch!

Wieder nickt der General. Vor 28 Jahren, fast auf den Tag genau, hat er als junger Offizier die Durchbruchsschlacht bei Brzeziny miterlebt, die nächtliche «Löwentour» des Generals Litzmann mitten durch den Schwerpunkt des russischen Einschließungsringes. Auch hier gibt es nur ein Brzeziny! Oder ein Cannae ...

Dann kommt der letzte Abschnitt.

Da steht etwas von dem eigenen Gewissen, von der gebieterischen Pflicht gegenüber Volk und Heimat.

Und da steht auch, klipp und klar und ohne alle Beschönigungen, daß man sich notfalls — d.h. wenn der irrsinnige Befehl zur Einigelung nicht sofort aufgehoben wird — die Handlungsfreiheit für den Ausbruch *selbst* nehmen muß...

Der Oberst stutzt. Er überliest noch einmal, was er da geschrieben hat. Hat er das wirklich geschrieben? Hat der General das diktiert? Dunkel ist ihm, als ob gerade er selbst das so vorgeschlagen hätte.

«Handlungsfreiheit selbst nehmen?» wiederholt er jetzt und schüttelt den Kopf. «Das geht nicht, Herr General! Das können wir so nicht lassen. Handlungsfreiheit — gegen den Befehl des Führers?»

Der General sieht ihn verständnislos an.

«Ich meine, wenn der Führer das in die Hand bekommt... In solchen Dingen versteht er keinen Spaß!»

«Der Führer?» fragte der General leise. «Ach so, ja...»

Und nun erst merkt er, daß die Erregung, daß die Dinge selbst ihn über die Hürden hinweggetragen haben, die er vor sich aufgebaut hatte. Das ist keine Denkschrift mehr, die einen Hitler überzeugen könnte. Das ist etwas ganz anderes geworden. Etwas ganz anderes, ja...

Doch nun will er nicht mehr zurück.

«Was sollen wir denn machen?» schreit er. «Es gibt doch keine andere Wahl!»

Der Oberst spürt die Verzweiflung, die hinter diesem Ausbruch steht, und auch das Unabänderliche. Er spürt das Ungeheuerliche, das hier auf ihn zukommt. Er will bremsen, mildern und fragt sich auch nach dem Sinn und Wert, den dieses Schreiben so noch haben könnte. Und doch weiß er, daß alles vergeblich ist. Er kennt seinen General. Die Seydlitzer haben es sich nie leichtgemacht. Nicht der querköpfige Reitergeneral des Alten Fritz und nicht der andere, der als Adjutant Yorcks zusammen mit Clausewitz die Konvention von Tauroggen abgefaßt hat. Auch dieser hier hat eben, scheinbar wider Sinn und Vernunft, sein Herz über die Hürde geworfen. Nun soll kommen, was mag...

In einem schwachen Bemühen um Aufschub meint der Oberst:

«Wir müßten eine breitere Basis schaffen. Wenn wir die anderen Kommandierenden . . .»

«Unsinn, Clausius!» Mit einer Handbewegung wischt der General den Einwand hinweg. «Damit alles noch mal von vorn losgeht, was? Und bringen Sie *die* mal unter einen Hut! . . . Nein, Clausius, das muß nun schon so bleiben. – Himmelherrgott, hier *muß* doch etwas geschehen!»

Der Oberst legt den Schreibblock aus der Hand und sieht seinen Kommandeur groß an. Er weiß, jedes weitere Wort ist jetzt vergeblich. Aber er will nicht unausgesprochen lassen, was so erdrückend im Raume hängt.

«Das ist . . . das ist Meuterei, Herr General! Das kostet unter Umständen den Kopf!»

General von Seydlitz zögert nun doch. Er beißt sich auf die Lippen und starrt angestrengt auf die Tischplatte. Dann sagt er ruhig:

«Sie mögen recht haben, Clausius. Aber darum geht es jetzt nicht. Es geht nicht um mich und um Sie und um Paulus oder sonst irgendeinen, der hier Verantwortung trägt . . . Es geht um dreihunderttausend deutsche Soldaten.»

*

Endlose Kolonnen marschieren durch die Nacht. Es sind Teile des XI. Korps, die nach Osten ziehen. Auf Befehl der Armee, auf Befehl Hitlers. Rückzug nach Osten, welch ein Widersinn! Gestern noch hatten sie an ihren Stellungen und Unterkünften geschanzt und nur manchmal verwundert auf den Gefechtslärm gehorcht, der von Westen herüberklang. Das habe nichts auf sich, hatte man ihnen gesagt. Und heute nun dieser Befehl, der sie hinaustrieb aus ihren winterfesten Bunkern, die sie in wochenlanger anstrengender Arbeit ausgebaut hatten in der Hoffnung, hier endlich Geborgenheit und Ruhe zu finden. Was der Soldat so Ruhe nennt im Angesicht des Feindes: eine Stelle wo man sich zum Schlaf hinstrecken, seinen Kaffee wärmen, die Briefe nach Hause schreiben kann; ein Plätzchen, das einem gehört, wo man daheim ist nach den langen Monaten des Marschierens und Kämpfens und Kämpfens und Marschierens. Auch ein Bunkerloch kann ja Heimat sein! Und bis zum letzten hätten sie, wenn es nach ihnen gegangen wäre, diese Erdlöcher verteidigt wie die Heimat selbst. Nun plötzlich hieß es hinaus, hinaus in die Nacht, in die Winterkälte, hinaus auf die steinharten Straßen zum Marsch ins Ungewisse. Die Vorgesetzten schweigen, auch sie wissen nichts. Es kam ein Befehl, und der kleine Infanterist darf nicht fragen, er muß gehorchen, muß marschieren. Befehlen ist leicht, Marschieren ist schwer.

Endlose Kolonnen marschieren durch die Nacht...

Die Kampfgruppe Steigmann marschiert als letzte. Kochgeschirre scheppern, Waffen klirren aneinander, schlurfend und kratzend rutschen die Stiefel über das Eis der Straße. «Wie bei Moskau vor einem Jahr!» – «Jawohl, genau die gleiche Schweinerei!» – «Ach Moskau! damals ging's nach Westen, da wußte man wenigstens wohin!» Ja, wohin? Wo ist das Ende, das Ziel? Und warum das alles? Schwer lastet die Ungewißheit auf den Männern als die drückendste aller Lasten dieses nächtlichen Gewaltmarsches. Wund sind die Füße, sie sind das Marschieren nicht mehr gewöhnt. Schwer atmen die Männer unter ihren Waffen, aber sie umklammern sie nur um so fester. Heute trägt die Waffe den Mann, ist ihm Halt und Hoffnung.

Im offenen Kübelwagen fährt Oberst Steigmann die Kolonnen entlang, redet aufmunternd zu und greift ein, wo es nottut. Abseits ist die Schneefläche erhellt vom Schein der Vernichtungsfeuer. Der Oberst hat nichts verbrennen lassen, er weiß um die auflösende Wirkung solcher Maßnahmen.

Seitwärts steckt ein Lkw fest. Die Männer stehen herum, stumpf und müde. «Los, ran!» schreit ein noch sehr junger Offizier. «Wollt ihr wohl anfassen, Saukerls, verfluchte?» Man scheint ihn nicht zu hören. Nein, denkt der Oberst, so geht das nicht, nicht heute, nicht in dieser Nacht! Er steigt aus.

«Nu, Leut', will er nicht mehr? Da wolln wir ihm einmal zusammen einheizen, nicht wahr?» Er stemmt sich mit seinen Bärenkräften gegen den Wagen. Zwei, drei springen hinzu, und da greifen auch die übrigen mit an. Die Räder wühlen und mahlen, der Wagen gewinnt wieder Halt.

Troßfahrzeuge mit dicken Gummirädern rollen vorbei, die Pferde schnaubend und dampfend mit nickenden Köpfen, weiße Bärte von Reifnadeln um die Mäuler. Ein Radfahrerzug schiebt seine Gefährte durch den Schnee, die Räder sind verkrustete weiße Scheiben. Und jetzt rumpeln die Infanteriegeschütze heran, kreischend zerschneidet der Stahl der schweren Räder die Fahrbahn. Zwölf Mann sind an langen Seilen vor je ein Geschütz gespannt. «Hau — ruck, hau — ruck!» Feldwebel Strack kommandiert und dirigiert. Er erkennt den Oberst und macht Meldung.

«Wie schaut's, Strack?»

«Och, soweit ganz gut, Herr Oberst! Wir haben alles mitbekommen. Nur die Geschütze ... Wenn die Zugmaschinen nicht bald kommen ...»

«Ich weiß, Strack, ich weiß!»

Und da sagt der Feldwebel noch, mehr schon zu sich selbst: «Wenn man nur wüßte, wozu das alles ist ...»

«Nicht fragen, Strack!» antwortet der Oberst fast gütig. «Auch ich darf nicht fragen.» Eine Zerreißprobe, denkt er, wir müssen sie durchstehen. In der Ferne steigen die Feuerschwänze einer Stalinorgel hoch und ziehen wie ein Kometenschwarm irgendwohin. Im Rücken hört man Gefechtslärm. Das ist die Nachhut. Sie ist am Feind.

Wieder fährt der Oberst nach vorn, vorbei an Pferdegespannen, an Lkws und den langen Reihen marschierender Kolonnen. Ein Dreitonner steht quer zur Fahrbahn. Achsenbruch. Ein Haufe Männer drängt sich dort, einige klettern auf dem Fahrzeug herum. Der Oberst sieht Flaschen durch die Hände wandern. «Weg mit dem Schnaps!» ruft er. «Seid ihr des Teufels? Sofort wegwerfen!» Alkohol, maßlos genossen in dieser Frostnacht, das kann der Tod sein. Und die Männer gehorchen, die Flaschen werden gesammelt und auf andere Fahrzeuge verladen.

Ein Stück weiter torkelt ihm einer geradeswegs vor den Kühler, ein blutjunges Kerlchen, das im Rausch Vergessen gesucht hat. Ohren und Nase sind schon ganz weiß. Der Oberst nimmt ihn in seinen Wagen und packt ihn in Decken. Er schläft sofort ein.

Eine Taschenlampe blitzt auf und gibt Zeichen.

«Halt! — Rechts ran! Könnt ihr nicht hören, ihr Kaffern?»

Jemand springt auf das Trittbrett. Es ist Oberleutnant Behrend. Statt der Pelzmütze bedeckt ein dicker Verband seinen Kopf. Vor zwei Tagen sollte er ins Heimatlazarett abtransportiert werden. Er hat sich geweigert. Jetzt ist der Weg abgeschnitten, die Truppe ist jetzt Heimat und Lazarett. Er erkennt den Oberst und entschuldigt sich:

«Das ist hier nämlich eine ganz verteufelte Stelle, Herr Oberst!»

Vorn fällt der Weg steil ab, er ist völlig vereist. Jedes Fahrzeug muß einzeln abgeseilt werden. Ein Geschütz reißt sich los, poltert dröhnend bergab und reißt zwei Männer um, die nicht mehr rechtzeitig zur Seite springen konnten. Das sind die ersten Toten dieser Nacht.

Unten schimmert die graue Eisfläche eines Flüßchens. Und da sind auch die ersehnten Zugmaschinen! Aber — die eine ist auf der leichten Holzbrücke eingebrochen, sie hängt hilflos eingeklemmt zwischen Balken und Planken. Die andere, die seitwärts über das Eis zu kommen versucht, ist fast bis zur halben Höhe im Flußlauf versunken. Feldwebel Strack kommt herbeigeeilt, er ist ganz verstört.

«Also jetzt, Herr Oberst, jetzt weiß ich wahrhaftig auch nicht mehr . . .»

«Sprengen!» sagt Oberst Steigmann.

Sprengen? Die Geschütze? Alle die unmenschlichen Anstrengungen vergeblich? Dem Feldwebel schießen die Tränen in die Augen. Aber als er das versteinerte Gesicht des Obersten sieht, wagt er kein Wort mehr.

Ein Dorf taucht auf, die rauchenden, schwelenden Trümmer eines Dorfes. Das Ziel? Nein, noch nicht, noch lange nicht. Aber kurze Rast. Am Ostrand, auf der Grenze zwischen Gluthitze und Winterkälte sinken sie zusammen, Menschen und Tiere. Und die Menschen bergen sich an den warmen Leibern der Pferde und fallen augenblicklich in Schlaf. Nach wenigen Minuten geht es weiter.

Im Osten dämmert es schon. Und mit dem neuen Tag kehrt neue Zuversicht ein. Straffer ist die Ordnung, ruhiger und sicherer der Schritt. Eine Meldung von der Nachhut trifft ein: «Nachdrückender Feind erfolgreich abgewehrt, zwei T 34 abgeschossen.» Wie ein Lauffeuer geht das durch die Reihen. «Schon gehört? Zwei Panzer abgeschossen!» — «Na also, seht ihr, sie haben uns noch nicht!» — «Noch lange nicht! Wär' ja auch gelacht, was?» Wieder fährt Oberst Steigmann die Reihen entlang. Sein Gesicht ist jetzt alt und müde. Die starke Anspannung, die ihn aufrecht hielt, ist gewichen. Die erste schwere Nacht des Rückzuges ist durchgestanden. Das Band, gewoben aus Pflichtbewußtsein und Vertrauen, es hat noch einmal gehalten. Die Zerreißprobe ist bestanden.

Und noch einmal begegnet ihm Feldwebel Strack. «Geschafft hätten wir's ja, Herr Oberst! Nur unsere schönen Geschütze . . .» Er streicht sich mit dem Handrücken über die Stirn. Und dann gibt er sich einen Ruck. «Ach, Unsinn! Die Führung wird schon wissen, warum das alles so sein muß. So etwas geschieht ja doch nicht umsonst!»

«Bestimmt nicht umsonst, Strack», sagt der Oberst sehr müde. Und er denkt: Nichts auf der Welt geschieht umsonst. Einmal werden wir wissen, warum — —

*

Von den waldigen Höhen jenseits des Don schlängelt sich ein braungraues, nicht abreißendes Band hinunter zum Fluß, läuft ohne Stocken über die breite Pontonbrücke bei Peskowatka, zieht sich geräuschvoll durch den ducknackigen Ort, bestaunt von abgerissenen Frauen und schmutzigen Kindern und müßigen Landsern, und verliert sich zuletzt in den zahlreichen Schluchten der baumlosen, hauslosen, menschenlosen Steppe zwischen Don und Wolga. Pausenlos grollt es im Norden wie schweres Gewitter. Der nördliche Uebergang bei Wertjatschij liegt seit Stunden schon unter schwerem Artilleriebeschuß. Um die Brücke bei Peskowatka kümmern sich die Russen erstaunlicherweise nicht. Gelegentlich brummt in großen Höhen, kaum sichtbar am blaßblauen Himmel, ein einzelnes Flugzeug herum und läßt ein paar kleine Bomben irgendwo ins Gelände fallen. Es ist nicht mehr als eine Geste. Reibungslos und in mustergültiger Ordnung vollzieht sich vor den Augen des Gegners der Uebergang eines ganzen Korps über den Don.

Oberst von Hermann ist mit Unold zum Stabe des VIII. Korps vorausgefahren, der hier in Peskowatka liegt. Dort hält man neue Instruktionen für die Division bereit. Soviel ist schon bekannt, daß sich die westlichen Verbände der 6. Armee auf eine Verteidigungslinie westlich Stalingrad zurückziehen sollen, die Hitler persönlich festgelegt hat.

Die Bunker des Stabsquartiers sind geschickt in den Fuß einer hohen Steilwand eingebaut und bieten einen vollkommenen

Schutz gegen Bomben. Eine Pioniereinheit hat wochenlang daran gearbeitet. Es ist eine Zehnzimmerwohnung mit allem Komfort der Neuzeit geworden.

Während der Oberst und Unold hinter der weißlackierten Tür mit dem Kommandierenden General Rücksprache nehmen, sitzt Breuer, der als Ordonnanzoffizier mitgenommen wurde, im Vorraum und blättert in Illustrierten, die auf einem Tischchen für wartende Besucher ausliegen. «Deutsches Mädel in Kiew!» steht groß über einer Seite. Der Bildbericht erzählt von dem aufregenden Leben einer jungen Schreibhilfe in der ukrainischen Stadt. Da schreitet sie im dunklen Kostüm sehr selbstbewußt durch die Hauptstraße, ein «Eingeborener» — so steht da zu lesen — schleppt ihr die Koffer nach. Und dort sonnt sie sich im Badeanzug am Dnjeprstrand, blondgelockt und lächelnd. Im Hintergrund spielen sie Ball. Breuer sieht und staunt. So also sieht es da hinten aus? Er klappt das Heft zu und schiebt es fort. Dafür also sitzen wir hier, damit irgendeine Ingrid Meier oder Jutta Schulze einmal die angenehme Rolle des Herrenmenschen spielen kann? Nein, nicht dafür natürlich. Aber wofür dann? Breuer stellt mit einiger Verwunderung fest, daß ihm der Krieg bisher wenig Zeit ließ, einmal gründlicher darüber nachzudenken. Offiziere, blitzblank und geschniegelt, eilen geschäftig mit Karten und Aktenstücken hin und her und sehen befremdet auf den seltsamen Gast, der da unrasiert und verdreckt in ihrem Korbsessel hockt, und ärgern sich über die Schmutzflecken auf dem Läufer. Sie wissen noch nicht, was inzwischen geschah . . .

Die Besprechung hinter der weißen Tür ist beendet. Der alte Korpskommandant mit dem quadratischen Tigerkopf erhebt sich aus dem Sofa und streckt den Besuchern die Hand hin.

«Den General Heinz müßten Sie doch kennen», fragt er in die Verabschiedung hinein. «Gehörten Sie nicht zu seinem Korps?»

«Jawohl», antwortete Unold, «unsere Division unterstand dem Panzerkorps noch vor kurzem.»

«Nun, dann wird es Sie interessieren, daß er sich mit den beiden anderen Divisionen nach Westen durchgeschlagen hat. Fast ohne Verluste!»

«General Heinz ist unser alter Divisionskommandeur!» sagt Unold, und er ist stolz, daß er das jetzt sagen kann. General Heinz ist der einzige Mensch, dessen Verdienste er neidlos anerkennt.

«Tja ...», der General nickt bedächtig, und seine grünen Augen werden ganz klein, «man hat ihn abgelöst, ihn und seinen Chef des Stabes. Die beiden sollen vor ein Kriegsgericht!» Und jetzt reißt er die Augen auf und sieht seine Besucher funkelnd an. Die verstehen zunächts gar nichts.

«Wie? Ja um Himmels willen, warum denn?»

«Warum? Eben wegen dieses geglückten Durchbruchs nach Westen! Weil sie die geniale Idee der freiwilligen Einkesselung einer ganzen Armee nicht vorausgeahnt und dementsprechend gehandelt haben. Deswegen!»

«Das ist doch nicht möglich!» stammelt Unold völlig konsterniert. Oberst von Hermann sagt nichts, er ist sehr bleich geworden. Der General betrachtet ihn, etwas spöttisch, wie es scheint. Seine Augen sind wieder unter lauter kleinen Falten verborgen.

«Nun, Hermann», sagt er schließlich, «Sie sind jetzt auch Divisionskommandeur, werden wohl bald General werden ... Herzlichen Glückwunsch schon im voraus!» –

Auf dem freien Gelände nördlich des Ortes, unweit des Don sind die Fahrzeuge des Divisionsstabes aufgefahren. Nichts brauchte zurückgelassen zu werden. Sogar alle seine Panzer hat Major Kalweit mitnehmen können. Sie sind noch auf der anderen Seite zusammen mit denen der 16. Panzerdivision im Einsatz zum Schutz des Brückenkopfes.

Breuer steht und blickt über den Fluß hinüber. Der Ostwind schlägt ihm den Mantel um die Beine, zu seinen Füßen knistert und raschelt das Steppengras. Drüben auf der anderen Seite war alles verschneit, hier liegt kaum Schnee. Ueber den Donhöhen leuchtet der letzte rote Widerschein der Sonne. Fern im Westen, über der Heimat, der unerreichbaren, scheint sie jetzt noch, hier ist sie untergegangen. Auf dem Kamm ist eine Stalinorgel in Stellung gegangen, wie die Finger einer Riesenhand strecken sich ihre Rohre in den roten Abendhimmel. Ueber die Höhenstraße aber ziehen, deutlich sichtbar auch mit bloßem Auge, immer noch Kolonnen. Doch es sind keine deutschen mehr, es sind Russen, russische Kavallerie. Sie schließt den Ring enger und fester. Unten, in Grau gehüllt, ruht unter einer Eisschicht starr und tot der Don ... Breuer merkt nicht, wie der Nordost seine Kleider durchpfeift und ihm den Staubschnee ins Gesicht treibt, unbeweglich sieht er auf das Panorama. Die Schatten des Vierundzwanzigsten sind gewichen, und eine große Ruhe ist über ihn gekommen. Er ist heimgekehrt zu jenen stillen Bezirken, in denen die Demut lebt und das Ja zu allem, was mit uns geschieht. «Stalingrad . . .», murmelt er und versucht den Klang dieses Wortes neu zu begreifen, «Stalingrad – du bist unser Schicksal.»

2. Teil

ZWISCHEN NACHT UND MORGEN

Fünftes Kapitel

«DER MANSTEIN KOMMT . . .»

Anfang Dezember –

Von Osten her kam ein scharfer Wind über die Wolga. Wütend brach er ein in die todwunde Stadt, verfing sich in den Mauerzacken der Ruinen, rüttelte böse an Blechen und Dachsparren, fuhr heulend durch die gähnenden Fensterhöhlen und um die Ecken der verödeten Straßen und stürmte, endlich wieder befreit, hinaus in die Weiten der Steppe. Weiße Wolken fegten vor ihm daher, zausten an dem knisternden Wermutkraut, füllten die spärlichen Schluchten mit dicken Schneewächten und stäubten voller Verachtung über die einsamen Menschen dahin, die weit im Westen unter ihren Zeltbahnen in flachen Schützenlöchern kauerten.

Der Protest des Generals von Seydlitz war in einem Wald von Schweigen verhallt. Zwar war das gefährlich heiße Schriftstück, von der Armee mit einer distanzierenden Randbemerkung versehen, zur Heeresgruppe weitergegangen. Doch dort hatte man es mit spitzen Fingern angefaßt und schleunigst in der Isolierung eines dicken Aktenstoßes verschwinden lassen. Bis zu Hitler war keine Kunde davon gedrungen, daß einer seiner Generale zur Meuterei aufgerufen hatte. Ja gerade diesem General war ein Zeichen allerhöchsten Vertrauens zuteil geworden: Ein Sonderbefehl hatte die Divisionen der Nordriegelstellung zusätzlich seinem Kommando unterstellt. Schweigend hatte der General sich gefügt.

Die 6. Armee aber war in drei Etappen auf die Linie zurückgegangen, die im Führerhauptquartier ein Kreidestift auf einer Karte quer durch das Steppengebiet zwischen Wolga und Don gezogen hatte. Der Stalingradkessel hatte seine «endgültige» Gestalt gewonnen.

In den Unterkünften der Stäbe drängten sich die Offiziere vor den Lagekarten.

«Ulkiges Ding, dieser Kessel! Sieht aus wie der Freistaat Danzig seligen Angedenkens.»

«Etwa 30 km breit und mehr als das Doppelte lang... Sie können recht haben, auch flächenmäßig kommt das ungefähr hin. Also 'n kleiner Freistaat, was?»

«Und wenn man es so vergleicht mit der riesigen Länge der Ostfront, dann ist es doch nur eine Nußschale, ein Pünktchen.»

«Aber, aber, meine Herren! Nur keine Panik! Ist doch 'n ganz amüsanter Spaß! Bis Weihnachten sind wir hier allemal wieder raus, und dann 'n Stalingradschild auf den Aermel und ab zu Muttern!»

Es wurde kein «amüsanter Spaß». Endlos dehnten sich die Tage, wenn blutrot und riesig der Sonnenball über der Schneewüste aufstieg und nach kurzer Wanderung an der aluminiumstumpfen Himmelskuppel wieder im Westen verschwand, oder wenn dickes Grau sich über dem weißen Teller wölbte wie eine bleierne Glocke, die keinen Ausblick bot; endlos die schwarzen, schweigenden Nächte, Nächte voll quälenden Schlafes, in deren Tiefe seltene Detonationen hineinfielen wie Tropfen in einen unergründlichen Brunnen.

Nach dem aufreibenden Tempo des Rückzuges sprach man von Tagen der Ruhe, weil man Hunger und Kälte stärker empfand als die spärliche Kampftätigkeit des Gegners. Nirgends aber ruhte wirklich der Kampf. Und unter dem Schnee der Einöde keimte die Hoffnung.

*

Westlich des Flugplatzes Pitomnik, fast genau in der Mitte des Kessels, fand sich auf russischen Beutekarten der Ortsname Dubininskij. Wer diesem Namen in der Wirklichkeit nachging, fand statt der erwarteten Ortschaft zwei oder drei halbzerfallene Häuschen, die spärlichen Reste einer Siedlung, die in der unfruchtbaren Steppe nicht hatte gedeihen können. Einige hundert Meter abseits aber, dort wo die Ebene leicht nach Norden anstieg, war in diesen Wintertagen eine ganze Stadt entstanden.

Hunderte von Fahrzeugen aller Gattungen waren dort abgestellt, durch Schneewälle oder auch nur durch weißen Tarnanstrich notdürftig gegen Sicht geschützt. Die Menschen, die zu diesen Fahrzeugen gehörten, hausten in Zelten oder in Erdlöchern, die zum Teil noch von den Russen angelegt worden waren. Seltsamerweise ließen die russischen «U dwa», die «Nähmaschinen», die allnächtlich den Kessel abflogen und ihre kleinkalibrigen Bomben ausstreuten, diese riesige Ansammlung fast unbehelligt. Vielleicht vermuteten sie dort eine Scheinanlage oder einen Autofriedhof, obwohl Rauch und nächtlicher Feuerschein die Bewohner hinreichend verrieten.

Die drei baufälligen Häuser unten am Straßenrand hingegen erfreuten sich leider nicht dieser Mißachtung. Ueber der Tür des einen stand, ungelenk mit weißer Farbe auf ein Holzbrett gemalt, «Ortskommandantur». Hier residierte seit kurzem Hauptmann Fackelmann. Eben kam dort jemand heraus und sah prüfend zum Himmel hoch. Es war Feldwebel Harras, der sich Anweisungen für den kommenden Tag geholt hatte. Er hatte es eilig, fortzukommen. Nach Einbruch der Dunkelheit pflegte es hier unten ungemütlich zu werden. Gestern nacht erst war eine Bombe dicht neben der Hauswand detoniert und hatte die letzten Fensterscheiben zertrümmert. Nun saßen die da drinnen Tag und Nacht bei Kerzenlicht.

Harras tänzelte auf weißen Filzstiefeln beschwingt seiner Unterkunft zu. Er trug einen eng taillierten Schafspelz, der in Kniehöhe abstand wie der Reifrock einer Ballerina. Die Pelzmütze mit Schirm hatte er sich dazu passend arbeiten lassen. Mit Genugtuung registrierte er, daß ihn in diesem Aufzug neulich ein fremder Landser mit «Herr Hauptmann» angesprochen hatte.

Links bog der Weg zur Bunkerstadt ab, der sich bald zu einem Gewirr von Trampelpfaden verlor. Harras stolperte über irgend etwas. Aergerlich stieß er mit dem Fuß danach und löste dadurch ein Stück bräunlichen Stoffes. Er sah sich die Sache näher an. Was da unter dem Schnee mitten auf dem Weg lag, war ein Mensch, ein Toter. Ein Russe vielleicht, nach dem braunen Tuch zu schließen, oder ein Rumäne. Als der Boden noch weich war, war er wohl hingefallen. Die Fahrzeuge hatten ihn plattgewalzt und in die Erde gedrückt, mit der ihn der Frost zu einer unlösbaren Einheit verkittet hatte. «So was hier liegen zu lassen!» Harras' Ordnungssinn empörte sich. Nicht allein, daß überall diese vergammelten Pferdekadaver herumlagen, jetzt auch das hier noch! Kopfschüttelnd ging er weiter.

Es begann schon zu dunkeln, obwohl es nach deutscher Zeit eben erst 15 Uhr war. Ueber dem Flugplatz Pitomnik flammten die ersten Leuchtfallschirme auf, das Wummern von Einschlägen klang herüber. Harras irrte zwischen den Fahrzeugen, Bunkerkuppen und Schneewällen umher und fluchte. Er fand sich nicht mehr zurecht. Daß man auch keine Wegweiser aufstellte in diesem Spinnennetz! Man hatte es versucht, doch sie hielten sich bestenfalls einige Stunden. Brennholz war knapp. Doch da war plötzlich ein Antennenmast, der ihm bekannt vorkam. Und daneben der «Kom», das war doch der Ia-Omnibus! Und rechts der Feldküchenwagen. Und dahinter, schon ganz am Rande der Bunkerstadt, der kleine Wagen neben der weißen Erhebung, das konnte nur der Volkswagen vom Ic sein. Gott sei Dank! ...

Plötzlich wurde sein Blick starr. Aus dem Dunkel unweit des Wagens leuchtete ihm deutlich eine entblößte menschliche Kehrseite entgegen. Wie ein Habicht schoß er darauf zu.

«Wohl wahnsinnig, was?»

Die Kehrseite bedeckte sich, eine Gestalt kam hoch und drehte sich um. Es war Lakosch.

«Wissen Sie nicht, daß es verboten ist, innerhalb 50 Meter im Umkreis um die Unterkünfte abzuprotzen?»

Lakosch hielt mit einer Hand die Hose fest, mit der anderen suchte er in der Gegend herum, in der sich bei einem Soldaten die Hosennaht befinden soll. «Jawohl, Herr Feldwebel! Aber dazu ist es zu kalt, da friert man sich ja was an!»

Harras atmete hörbar ein, und sein Brustkasten hob sich unter dem Pelz. Aber dann besann er sich. In wenigen Tagen würde er zu der Division im Süden abkommandiert werden. Zwar wußten die Männer noch nichts davon; aber es hatte wenig Sinn, sich jetzt noch auf Kraftproben einzulassen. So wurde er väterlich:

«Sehen Sie mal, Mann, wenn es nachher Frühjahr wird und dann Ihre Kaktusse hier überall herumstinken, das müssen Sie doch einsehen!»

Lakosch bekam den Tränenblick eines Neufundländers. Er nickte verständnisvoll. «Anderseits, Herr Feldwebel», meinte er behutsam, «wird dadurch der Boden gedüngt. Wenn wir hier vielleicht noch mal Kartoffeln pflanzen müssen. Schade eigentlich, Herr Feldwebel, daß Sie das hier nun nicht mehr werden erleben dürfen!»

Harras' Mund entrang sich ein Stöhnen, und sein Körper zuckte, als stecke er zwischen den Drähten einer Hochspannungsleitung. Ohne ein Wort drehte er sich um und eilte in Richtung des Stabsbunkers davon. Lakosch zog grienend seinen Hosenriemen fest. Dann entnahm er seinem Wagen einen der Leichtmetallsitze und verschwand damit durch ein Loch in der Erde.

*

Bunker – früher einmal hatte man dabei an 2 m dicken Beton gedacht, und es mußte schon ein rechter Spaßvogel gewesen sein, der zum erstenmal die Maulwurfslöcher so benannt hatte, die man in die Steilhänge der Schluchten oder in den flachen Steppenboden grub. Der Hang des Soldaten zur Selbstverspottung hatte den wichtigtuerischen Namen aufgegriffen, und seitdem war in Rußland ein schmutziges Erdloch eben ein «Bunker», so wie drei Schneelöcher eine «Stellung» waren und dreißig über einen ganzen Kilometer verteilte Gewehrschützen eine «Front».

Sechs Quadratmeter feuchten Bodens, vier nackte Lehmwände, in deren Rissen das Wasser herabrieselte, 15 cm Bohlen und Erde darüber und dicht unter dieser Decke ein Fenster, kaum breiter als ein Sehschlitz – das war der Bunker, der seit kurzem die Abteilung Ic beherbergte. In den ersten Tagen hatte man dieses Loch mit der Kartenstelle und den Männern von der Nachrichtenvermittlung teilen müssen. Nachts hatten die dreizehn Mann wie Oelsardinen zusammengepreßt auf dem Boden gelegen. Doch die anderen waren nach und nach ausgezogen. Geblieben war Leutnant Wiese, dem es hier besser gefiel als in dem lärmenden Nachrichtenbunker.

Als Lakosch mit seinem Sitz die glitschigen Lehmstufen heruntergestolpert kam, empfing ihn unten ein energisches «Pst!». Breuer saß an dem Brettertisch, der ihm und Wiese nachts als Schlafpritsche dienen mußte, und hatte den Handapparat am Ohr. «*Das VIII. Korps, ja – äh ...*» Graf Willms, der Korps-Ic, gab die tägliche Orientierung durch. Er tat das mit der Umständlichkeit eines dreijährigen Kindes. «*... das meldet da nun also Bewegungen russischer Panzer nach, äh – nach Süden ...*»

Breuers Hand malte gedankenlos kleine Kreise auf dem Meldeblock, während er das Bild betrachtete, das vor ihm an der Wand hing. Es war eine farbige Postkartenwiedergabe von Matthias Grünewalds «Madonna um 1520». Leutnant Wiese hatte sie dort befestigt. Wiese – da saß er in Reichweite neben ihm, das blasse Gesicht auf die Tischplatte gebeugt, und übertrug mit seiner sauberen Handschrift Gedichte in ein Heft. Er hatte eine eigene Welt, in der er lebte, die trübe Gegenwart schien ihn nicht zu erreichen. Es war gut, daß Wiese da war –

«.... und vor dem XI. Korps, äh, da sind also – äh – im ganzen nur noch vier russische Panzer, äh – festgestellt worden ...»

Lakosch hatte es sich in dem Autosessel bequem gemacht. Vor ihm saß Senta, die Bulldogge. In Peskowatka hatte er sie aus den Händen eines Flakoffiziers gerettet, der sie gerade in eine bessere Welt befördern wollte, zumal sie in dieser durchaus unpassenden Zeit Familienzuwachs zu erwarten schien. Seitdem wich ihm das Tier nicht mehr von der Seite. Lakosch streichelte den rehbraunen Kopf, der auf seinen Knien lag und dessen dunkle Augen fragend und ergeben zu ihm aufblickten. «Ja, ja, Kam'rad», murmelte er, «du hast Hunger, ich weiß –» Wer hatte hier nicht Hunger! Aber nicht jeder zeigte es so zartfühlend und bescheiden an. Er mußte es doch noch einmal bei der Küche versuchen ... Sein Blick streifte ernst und streng den dicken Geibel, der sich schwitzend mit seinen ungeschickten Fingern abmühte, mit Hilfe eines benzingetränkten Fadens aus einer Flasche einen Glaszylinder herauszusprengen. In der Frühe hatte er beim Putzen das Schutzglas des Petroleumlämpchens, das Lakosch aus der letzten Unterkunft in Golubaja hatte mitgehen lassen, zerbrochen. «Wenn bis heute abend kein neuer Zylinder da ist», hatte Lakosch gedroht, «dann ...» Geibel wußte aus Erfahrung, was dieses «dann» bedeutete. Als Senta eines Tages plötzlich da war, hatte er nur ganz leise etwas von «unnötigem Fresser» gemurmelt und dafür eine Maulschelle erhalten, die ihn heute noch schmerzte. Lakosch hatte sich dazu auf die Zehenspitzen erheben müssen, doch das hatte der Wirkung keinen Abbruch getan. Und der Kleine hatte ihm noch nicht verziehen.

Vor dem winzigen Kanonenofen kauerte Unteroffizier Herbert und warf frisches Holz auf das prasselnde Feuer.

«Heizen Sie doch nicht wieder wie verrückt!» fuhr Fröhlich

ihn an. «Diesen Hochofen sieht man ja kilometerweit! Hören Sie denn nicht, daß da draußen wieder die verdammten Biester herumkurven?»

«Und wenn es kalt ist, maulen Sie auch wieder», gab Herbert zurück. «Sie maulen überhaupt immer!»

«Schnauze!» fuhr Breuer dazwischen.

«Wie — äh — sagten Sie etwas?» klang es von der anderen Seite zurück.

«Nein, Herr Rittmeister, bitte fahren Sie fort!»

«So — äh — ja, nein — also wie sagte ich doch? Ja, also — vor dem IV. Korps, äh ja — da sind nun überhaupt keine Panzer mehr festgestellt worden . . .»

«Ja, Himmel», unterbrach Breuer, «warum zieht er jetzt nur alle seine Panzer ab?»

«Wie, äh — warum er abzieht? Ach so, ja äh — ja, das weiß ich auch nicht. Und äh, ja — auf Marinowka, äh — da lag also heute wieder das übliche Störungsfeuer . . .»

Seufzend legte Breuer den Handapparat auf und läutete ab. Das war nun alles, was ihm von seiner Tätigkeit noch geblieben war: diese läppischen Meldungen in eine verständliche Form bringen und an die unterstellten Einheiten weitergeben. Früher, da war in der Abteilung Ic Leben gewesen. Flivo- Meldungen, Luftaufnahmen waren auszuwerten, dazu kamen die Orientierungsfahrten zur Front, die Vernehmung der letzten Gefangenen, die Führung der Feindlagekarten und die Vorträge beim Ia und beim Divisionskommandeur, die Rundsprüche von den anderen Frontbereichen . . . Man hatte Anteil gehabt an dem großen Geschehen, Einblicke bekommen in die rätselhafte andere Seite. So hatte er die Versetzung zum Stab, die ihn anfangs geärgert hatte, nicht zu bedauern gehabt. Das war früher gewesen — Breuers Blick irrte wie gefangen in dem engen Raum umher und fand dann Halt an dem Foto an der Wand. Es war das letzte Bild von Irmgard und den beiden Buben, ein frohes Bild vom Strande der Ostsee. Früher. — Es war noch keine Post gekommen, seit . . . Verdammt, er hatte den Schock der Einkesselung immer noch nicht überwunden. Aergerlich starrte er auf den Spruch, der neben dem Bild in großen Lettern an der Wand klebte. Seit Fröhlich ihn dort voller Begeisterung angeheftet hatte, war er Breuer durch seinen scheinbaren Widerspruch ein ständiges Aergernis und zog ihn immer wieder auf rätselhafte Weise an. Es war ein Kunstdruckblatt aus einer Soldatenzeitschrift, und der Spruch war von Ulrich von Hutten.

«Ich träume nicht von alter Zeiten Glück,
ich breche durch und schaue nicht zurück.»

*

Oberst von Hermann war gerade beim Rasieren, als Unold mit einem Zettel hereinkam. «Einsatzbefehl!» sagte er. «Die ganze Division diesmal, und unter eigener Führung!»

Der Oberst setzte den Apparat ab und blickte sich um. «Wirklich, Unold? Na — endlich!»

Bisher hatte Oberst von Hermann wenig Anlaß gefunden, mit seiner Tätigkeit zufrieden zu sein. Die Division hatte nach der Stabilisierung des Kessels die Gruppe Steigmann abgeben müssen, die beiden Grenadierregimenter lagen weiterhin an der Wolgafront fest und waren endgültig abzuschreiben. Was geblieben war — die Panzerjägerabteilung, lange schon ohne Geschütze und nur noch infanteristisch verwendbar, das durch den Verlust der Flak-Abteilung bei Businowka stark dezimierte Artillerie-Regiment, das Panzer-Regiment, dessen Bestand an einsatzfähigen Kampfwagen je nach der Leistungsfähigkeit der Werkstätten zwischen fünf und acht schwankte, die Nachrichtenabteilung und einige Nachschubdienste, die nicht das Glück gehabt hatten, außerhalb der Umklammerung zu bleiben — das alles lag im Raum von Dubininskij, in der Mitte des Kessels, weit ab vom Schuß. Nicht einmal die russische Artillerie reichte bis hierher. Versorgungsmäßig dem XIV. Panzer-Korps unterstellt, erhielt die Division ihre Einsatzbefehle unmittelbar vom Armeestab. Armeereserve, so hieß das. Um dann zum Einsatz zu kommen, wenn es irgendwo «stank». «Panzerkommandeur? Feuerwehrhauptmann bin ich!» so beurteilte der Oberst grimmig die Lage. Aber selbst diese Beurteilung war noch zu optimistisch. Zwar «stank» es häufig genug auf der 150 km langen Kesselfront, wenn auch der Russe im großen sich abwartend verhielt. Aber dann mußten jeweils nur Teile der Division heraus, entweder die Panzerjäger unter Eichert, oder Kalweit mit seinen Panzern, gelegentlich auch einmal eine oder zwei Batterien Artillerie. Und diese Teile wurden von Fall zu Fall der bedrohten

Division unterstellt. Der Oberst saß derweilen mit seinem Stabe untätig in Dubininskij herum und ließ sich nach jedem dieser Einsätze berichten, daß die kümmerliche Restdivision wieder um einige Verlustziffern an Menschen und Fahrzeugen bereichert worden war. Nein, er war gar nicht zufrieden. Schlimm genug schon, daß die Armee durch den Führerbefehl an ihren Platz gebunden war und die Befreiung von außen abwarten mußte. Aber dann schon lieber in der Front stecken, Verantwortung tragen, den Burschen drüben die Zähne zeigen, als hier hocken zu bleiben wie ein altes Weib hinter dem Ofen, dem moralischen und physischen Verfall der Divisionsreste tatenlos zusehen zu müssen und Tag und Nacht seinen Gedanken ausgeliefert zu sein.

«Endlich, Unold!» sagte der Oberst und trocknete sich das Gesicht ab. «Zeigen Sie mal her, was ist denn da los?»

Er nahm den Zettel und ging damit zur Karte. Es war wieder einmal die Nordwestecke, die Wetterecke, wo die Wiener Division saß. Offenbar wußten die Russen das und hofften, dort eine weiche Stelle zu finden. Die Oesterreicher waren ja keine Deutschen für sie, und die Theorie verlangte, daß sie widerwillig und gezwungen an diesem Krieg teilnahmen.

«Bis zum Rossoschkatal sind sie diesmal durch? Das sieht ja böse aus! Nun, Unold, das ist endlich mal was für uns!»

Offensichtlich war er sehr erfreut, daß es da oben so «böse» aussah. Unold betrachtete den Oberst, wie es schien, etwas spöttisch. Seine eigenen Ueberlegungen gingen in ganz anderer Richtung; aber er zog es vor, darüber zu schweigen.

Oberst von Hermann studierte den Einsatzbefehl genauer. Die Panzerdivision sollte «unter Einsatz aller verfügbaren Kräfte in Zusammenarbeit mit der 44. Inf.-Div.» den Einbruch abriegeln und den Feind im Gegenstoß hinter die bisherige Hauptkampflinie zurückwerfen. Nach erfolgreicher Durchführung dieses Auftrages sollte die Armeereserve wieder herausgezogen und die Front mit Verbänden der 44. besetzt werden.

«Ja, was machen wir denn da? Ich denke, wir schicken heute noch Eichert los. Es scheint nötig zu sein. Und morgen, gleich nach Hellwerden, ziehen wir mit dem Rest nach zum Gegenangriff!»

Unold machte sich mit Hauptmann Engelhard sofort an die Ausarbeitung der Einsatzbefehle, und noch am selben Abend rollte die Panzerjäger-Abteilung auf Lkws der Nordwestecke des Kessels zu.

Die Nacht hatte starke Schneefälle gebracht, und als der Morgen graute, hing dicker Nebel über der Welt wie ein nasser Sack. Das Steppengras und die Fahrspuren und die Pferdekadaver, die hier und da die Wege säumten, das alles hatte der pappige Schnee unter sich begraben. Unberührt, leb- und richtungslos bot sich das Land, eine verlorene Scholle im großen grauen Nichts.

Breuer hätte geruhsam in seinem Bunker liegen können, anstatt hier ins Ungewisse hineinzufahren, und fast wäre er auch wieder umgekehrt. Unold hatte ihm die Teilnahme an der Expedition freigestellt. «Das bißchen Ic-Kram, darüber werden uns die Leute dort schon unterrichten!» Aber gerade diese Aeußerung hatte Breuer geärgert, vielleicht weil er wußte, daß der Oberstleutnant recht hatte. Auch er hatte «endlich» gesagt, als die Nachricht von dem bevorstehenden Einsatz ihn erreichte. Endlich war da eine Gelegenheit, einmal die Nase herauszustrecken aus dem Bunkerloch, vielleicht ein paar Gefangene zu vernehmen (Wäre interessant, zu wissen, was die drüben jetzt so dachten!), Karten zu zeichnen . . . Schließlich will jedes Dasein einen Zweck haben oder doch die Illusion eines Zwecks.

Aehnliches schien Pfarrer Peters zu empfinden, denn er hatte gebeten, mitgenommen zu werden. Nun saß er hinten im Wagen und hinderte durch seine Anwesenheit die übrigen, nach Herzenslust zu fluchen über diese mordsjämmerliche Fahrt. Da nicht Weg und Steg zu erkennen war – Major Kalweits Panzer waren noch nicht aufgebrochen –, hatte Breuer Lakosch nach dem Kompaß die Nordwestrichtung angegeben, und man war querfeldein gefahren. Doch der Boden erwies sich unter der weichen Schneedecke als tückisch. Mühselig stolperte der Wagen über versteckte Erhebungen und Löcher dahin, und unversehens stand man vor einer Schlucht und mußte abbiegen, und dann kam noch eine Schlucht, und immer noch war nicht die Hand vor den Augen zu sehen. Aber selbst der ungeduldige Fröhlich unterdrückte seine Unmutsäußerungen. Und dabei war Pfarrer Peters der letzte, der nicht für Allzumenschliches Verständnis gehabt hätte. Aber es war merkwürdig: Ihn umgab, nicht nur bedingt durch die Würde seines Amtes, eine eigenartige Atmosphäre. Die Weihe eines unsichtbaren, stillen und kühlen Tempels war um ihn, die jeden einhüllte, der mit ihm in Berührung kam. An seinem Aeußeren lag es jedenfalls nicht. Peters sah aus wie jeder andere hier auch: über seiner speckigen Feldbluse ein geblicher Schafspelz, eine graue Skimütze mit Ohrenklappen aus Fell, darunter ein festes bäurisches Gesicht ... Vielleicht lag es an den Augen, diesen bernsteinfarbenen, gütigen Augen, die von weither zu blicken schienen. Diese Ausgeglichenheit, dieses feste Ruhen in sich selbst, oft genug hatte Breuer sich darüber gewundert, und einmal hatte er sie anzutasten gewagt in Gedanken an das EK 1 auf Peters' Brust. «Geistliche, die die Waffen segnen auf beiden Seiten der Front zum höheren Ruhme Gottes, der doch immer nur ein Gott der Nationen ist ...», hatte er in einer ruhigen Stunde gesagt, «überhaupt ein Pfarrer im Soldatenkleid, das sind doch Widersprüche!» Lächelnd hatte der Pfarrer ihn betrachtet. «Wir sind keine Kommunisten, Herr Breuer», hatte er erwidert. «Wir können nicht das Paradies auf Erden schaffen. Sollen wir deshalb darauf verzichten, dem Menschen Hilfe zu bringen in seiner einsamen Not, wo auch immer sie ihn anfällt? Und gerade im Kriege? Wir haben Hüter zu sein des Menschenbildes, das uns Christus gegeben hat. Wir sind nicht Fürsprecher oder Gegner des Krieges, wir stehen jenseits.» Breuer war sehr betroffen gewesen von dieser Antwort. Peters stand irgendwie jenseits, auch jenseits des Kleides, das er trug. Ja, das war es wohl!

Es war etwas lichter geworden. Vorn zogen graue Ungetüme wie eine Kette Mammuts nach links, Kalweits Panzer. Dort mußte die Rollbahn sein. Jetzt ging es schneller voran, und mit den Panzern erreichte der Wagen den Ort Baburkin. Der Nebel war aufgestiegen, durch die fleckigen Schwaden wanderte blaß wie eine Papierscheibe die niedrige Sonne. Zwischen den Holzhäusern war der Schnee zu bräunlichen Lachen getaut. Eine geschäftige Unruhe lag über dem Ort. Struppige Landser mit scheuen Gesichtern huschten umher wie Ratten, die man aus ihren Schlupfwinkeln aufgescheucht hat. Möbel, Betten, Kisten und Fässer säumten die Straße, und hochbepackte Fahrzeuge aller Art versperrten die Durchfahrt. Dröhnend und klirrend ratterten die Panzer in das Durcheinander hinein. Ringsum krachte und knallte es, ohne daß man sagen konnte, warum und woher. Rechts zwischen den Häusern aber bot sich der Ausblick auf eine langgezogene, flache Schlucht, das Tal des Rossoschkaflüßchens.

Weit unten öffnete eine Bunkerreihe ihre Fenster und Zugänge nach Westen. Auch dort war Bewegung. Winzige Menschenpunkte hasteten, humpelten, krochen da herum, aufgestört und hilflos wie bei einem Brande, bevor die Feuerwehr da ist. Und tatsächlich brannte es an einigen Stellen. Kleine Fahrzeuge rasten die Hänge hinauf und hinab, Männer mit Tragbahren eilten hin und her. Offenbar war da ein Lazarett. Die weiße Fläche rundum aber war mit schwärzlichen Flecken gesprenkelt wie ein Leopardenfell. Fortlaufend stiegen von dieser Fläche giftgelbe Rauchbällchen auf, und wenn der Wind sie hinweggewischt hatte, war da ein neuer schwarzer Tupfen entstanden. Spielerisch, niedlich fast nahm sich das aus der Ferne aus.

«Halten Sie bitte, Herr Breuer», sagte Pfarrer Peters. «Ich glaube, hier ist mein Platz.» Er stieg aus, ging auf das Tal zu und wurde kleiner und kleiner. Die Tupfen und Bällchen nahmen ihn auf, und er war bald nur noch ein Punkt unter Punkten. Die drei standen immer noch bei ihrem Wagen und sahen ihm nach.

*

Feldwebel Harras hatte den ersten großen «Feuerwehr»-Einsatz seiner alten Division nicht mehr miterlebt. Seit kurzem befand er sich bei der mot. Division, die im Südabschnitt bei Karpowka lag.

Sein Dienstantritt dort war etwas peinlich gewesen.

«So, so, Sie sind also der Zuwachs vom Divisionsstab!» hatte der Regimentskommandeur mit einem scheelen Blick über seine Adlernase hinweg gesagt, als Harras sich unwahrscheinlich zakkig bei ihm meldete. «Na, dann ziehen Sie mal erst Ihren Reifrock da aus und lassen Sie sich 'nen Tarnanzug verpassen, damit Sie wenigstens wie ein Soldat aussehen!»

Harras hatte sehr schnell begriffen, daß hier andere Formen herrschten als die ihm bisher vertrauten. Er hatte seinen Extrarock, den taillierten Pelz und die Lammfellmütze in seiner Kiste verstaut und sich eine möglichst unauffällige Landserkluft geben lassen.

Im übrigen hatte Harras noch manchen Anlaß, sich über seine neue Umgebung zu wundern. Die Division war nach Abschluß der Angriffskämpfe im Herbst aus der Stalingradfront herausgezogen und aufgefrischt worden. Bestimmt für einen geplanten Stoß gegen das 10 km südlich Stalingrad gelegene Beketowka, hatte sie bis zur Einschließung der 6. Armee durch die Russen in Reserve gelegen. Als einzige Einheit der Armee verfügte sie noch über ihren vollen Mannschafts- und Waffenbestand. Die Stellungen der Division, zum Teil noch aus der Russenzeit stammend, lehnten sich an das natürliche Hindernis des Karpowkatales und einen halbfertigen Bahndamm an und waren vortrefflich ausgebaut. Ein russischer Angriff hatte hier kaum Aussicht auf Erfolg.

Als Harras zum erstenmal durch die Unterkünfte der Kompanie ging, der er zugeteilt war, kam er aus dem Staunen nicht heraus. In den geräumigen Bunkern gab es Holzpritschen und Eisenbetten, Tische, Stühle und Schränke und sogar richtige Fenster und Türen. Harras mußte an das Dreckloch in Dubininskij denken, in dem er bisher gehaust hatte.

«Toller Puff hier!» schnarrte er in einer Mischung von Uebelwollen und Anerkennung.

Der Obergefreite, der ihn begleitete, grinste breit. «Det holen wir allens per Eisenbahn aus Stalingrad, Herr Feldwebel! 'ne ganze Stadt können wir hier bauen. Und Brennholz, na, für drei Winter wird's langen! Tja, Köppchen, was, Herr Feldwebel?»

Harras war äußerst unangenehm berührt. Dieser laxe Ton hier — nächstens würde ihm einer von den Kerlen noch auf die Schulter klopfen! Er beschloß, nach bewährter Methode Ordnung in den «Sauhaufen» zu bringen. «Nehmen Sie die Hacken zusammen, Sie Tütenklohn! — Glauben Sie ja nicht, wen Sie vor sich haben!» Die Landser guckten zuerst dumm, und dann blamierten sie ihn ein paarmal vor Vorgesetzten so gründlich, daß ihm der kalte Schweiß auf der Stirn stand. Auch jetzt begriff Harras sehr schnell, und nun versuchte er es mit einer plumpen Vertraulichkeit, die erst recht auf Ablehnung stieß.

Besser verstand Harras sich mit dem Kompaniechef, einem Hauptmann in den Dreißigern. Er hatte etwa Harras' Größe, aber einen überlangen Oberkörper und im Vergleich damit auffallend kurze, gedrungene Beine, die in einer uralten Cordhose von unbestimmbarer Farbe steckten. Der lederbesetzte Boden dieser Reithose, den ein Affenjäckchen von Waffenrock auch nicht einmal teilweise bedeckte, spannte sich über dem Hinterteil eines Hunderttalergauls. Diesem bemerkenswerten Umstand verdankte der Hauptmann seinen Spitznamen. Er hieß allgemein der «Steiß». Der Steiß hatte seinerzeit, mehr aus Verlegenheit als aus Neigung, Jura studiert und es in einer Burschenschaft während dieser drei Semester bis zum ersten Chargierten gebracht. Von dieser Tätigkeit zeugten noch ein kurzgehaltener, messerscharfer Scheitel und zwei rötliche Durchzieher, deren einer auch die Nase in Mitleidenschaft gezogen hatte. Als 1935 der überstürzte Aufbau der Wehrmacht kam, hatte er die besonderen Vergünstigungen für Juristen wahrgenommen und war aktiver Soldat geworden. Der Steiß war als ein Draufgänger bekannt. Bei den schweren Herbstkämpfen um das Stalingrader Traktorenwerk hatte er sich das Ritterkreuz geholt. Um so verwunderlicher war es, daß er immer noch Hauptmann und Kompaniechef war. Schuld daran trug der Alkohol. Wenn einige Böswillige behaupteten, der Steiß sei seit Beginn des Krieges noch nicht einen einzigen Tag nüchtern gewesen, so war das zweifellos eine Verleumdung. Aber immerhin standen da in seinen Personalpapieren, noch von Frankreich her, einige kleine Notizen ... Jedenfalls hatte der Steiß die Hoffnung auf die Majorsraupen wohl endgültig aufgegeben und bezeichnete sich gern mit grimmigem Stolz als den ältesten Hauptmann der deutschen Wehrmacht. Was nun auch wieder übertrieben war. Von seinen Soldaten verlangte der Steiß sehr viel. Trotzdem war er bei allen beliebt, weil er bei keiner «Schweinerei» die Nerven verlor und stets selbst vornweg war, vor allem aber wegen seiner unbestechlichen Gerechtigkeit und seines burschikos-kameradschaftlichen Umgangtones, den Harras erfolglos zu kopieren versuchte.

Harras' erste Begegnung mit dem Steiß verlief kurz und klar.

«Spielen Sie Skat?»

«Jawohl, Herr Hauptmann!»

«Offenen Grand, Revolution? Alle Schikanen?»

«Jawohl, Herr Hauptmann!»

«Na, schön, werden sehen!»

Seitdem stieg fast jeden Abend im Chefbunker der Dauerskat. Den dritten Mann machten abwechselnd der Unterarzt und der Bataillons-Zahlmeister. Und wenn einmal beide zugleich Zeit hatten, war ein zünftiger Doppelkopf an der Reihe. Harras betrachtete diese Tätigkeit als einen wesentlichen Bestandteil seines Dienstes. Er spielte nicht gern Karten und auch nicht besonders gut, und der Steiß war kein leichter Partner. «Herrgott, Sie Idiot, wie können Sie die blanke Zehn ... Karo, Mensch, Karo hätten Sie ziehen müssen!» Für ihn war Skat eine Wissenschaft und jeder falsche Zug ein Sakrileg. Harras biß die Zähne zusammen und machte alles wieder wett durch sein eifriges Gelächter, wenn der Steiß zwischendrein von seinen französischen Abenteuern erzählte. Und außerdem hielt er sich an dem Hautes Sauternes und dem Kognak schadlos, der hier unerschöpflich zu fließen schien.

Ja, manches ließ sich besser an, als Harras je zu hoffen gewagt hatte. Vor allem die Verpflegung. Fast immer gab es Kartoffeln, weiß der Teufel woher, sehr oft auch Frischfleisch, und Brot backte die Kompanie selbst, ohne sich bei der Ausgabe an die von der Armee befohlenen verkürzten Normen zu halten. Seit langer Zeit wurde Harras wieder richtig satt.

«Merkwürdig», sagte er, als es eines Abends beim Steiß Gulasch mit Salzkartoffeln gegeben hatte, «merkwürdig, wie anders das Pferdefleisch hier schmeckt!»

«Pferdefleisch?» Die drei Spielpartner sahen sich an und brachen dann in tolles Gelächter aus. «Pferdefleisch! Sie sind ja ein ulkiger Witzbold, Mensch!»

«Nun ja, Pferdefleisch!» Harras begriff nicht, was es da zu lachen gab. Als er zu erklären versuchte, daß der Divisionsstab seit dem ersten Tag der Einschließung nur noch Pferdefleisch aß, fühlte der Steiß sich auf den Arm genommen. «Ach, gehn Sie weg, Mensch! Das können Sie Ihrer Omama erzählen!» Er verbat sich ein für allemal derart alberne Witze. «Spare in der Zeit, so hast du in der Not!» das war des Zahlmeisters einzige Erklärung für das Versorgungswunder. «Wer hungert, ist selbst dran schuld.» Er ließ sich nicht in die Karten sehen, nicht einmal beim Doppelkopf.

Harras konnte das alles noch nicht fassen. «Müssen Sie denn die Ueberschüsse nicht abliefern?» fragte er betreten. Er entsann sich eines entsprechenden Befehls, den die Armee zur Herbeiführung eines gerechten Verpflegungsausgleichs kürzlich erlassen hatte.

«Abliefern?» Der Zahlmeister lief rot an. «Damit andere sich rundfressen und wir Kohldampf schieben? Nee, mein Lieber, nicht in der Tüte! Jeder ist sich selbst der Nächste, das steht schon in der Bibel!»

Und der Steiß klopfte Harras väterlich auf die Schulter. «Sie ahnungsloser Engel!»

Dies wiederum war nicht nach Harras' Geschmack, und er beeilte sich, den schlechten Eindruck wettzumachen. «Unser alter Zahlmeister», erzählte er, «der war in Ordnung. Leider ist er irgendwo verschütt gegangen. Aber der neue ... Neulich empfing er doch versehentlich für vier Tage zuviel Verpflegung. Und was meinen Sie, was er gemacht hat? Zurückgegeben hat er sie! Bis aufs letzte Gramm!»

Der Steiß sah ungläubig drein, er traute Harras' Erzählungen seit der Pferdefleischgeschichte nicht mehr so recht. Der Zahlmeister aber nickte nachdenklich dazu, während er seine Karten durchsah. «Ja, ja, es gibt solche», murmelte er, «man sollte es kaum glauben. — Hat keiner was? Also dann — Kreuz-Solo!»

*

Der Stab der österreichischen Division hauste in Bunkern, die wie Schwalbennester am oberen Rande einer Seitenschlucht klebten und nur über ein kompliziertes System von Holzstegen zu erreichen waren. Auch diese Bunker hatte man für einen Kampf nach Osten gebaut, einem Angreifer aus westlicher Richtung boten sie schutzlos ihre verwundbare Seite. Die durchgebrochenen Panzer hatten bereits einige Wunden in die Bunkerreihe gerissen, ohne den Stab dadurch aus seinen Löchern vertreiben zu können. Als Hermann und Unold eintrafen, kam ihnen der Divisionskommandeur mit ausgestreckten Händen entgegen.

«Freut mich sehr, meine Herren, daß ich Sie mit einer erfreulichen Nachricht begrüßen kann. Ihre ausgezeichnete Panzerjäger-Abteilung ist gestern abend noch zum Gegenstoß angetreten ...» (Gestern abend? registrierte Oberst von Hermann mit Schrecken. Die Abteilung hatte Hals über Kopf und ohne Verpflegung aufbrechen müssen.) «.... und hat heute früh in ihrem Abschnitt die alte HKL bereits erreicht. Auch die Panzer, die leider in unseren Artilleriestellungen sehr gehaust haben, sind wieder zurück oder abgeschossen bis auf drei oder vier, die uns zur Zeit noch ein wenig ärgern. Also ...» Er machte eine bedauernde Handbewegung, die zugleich so etwas wie eine Verabschiedung war, und vom Kartentisch her lächelte dazu der

Ia mit jener gezwungenen Höflichkeit herüber, mit der man lästige Besucher abzuschrecken versucht.

«Das ist ja — sehr erfreulich», murmelte Oberst von Hermann, und es fiel ihm schwer, seine Enttäuschung zu verbergen. «Tja, Unold, dann ist für uns hier wohl nichts mehr zu tun —»

Breuer und Fröhlich saßen inzwischen dem Ic gegenüber. Dieser, ein grießgrämiger Hauptmann, der an seiner Feldbluse Auszeichnungen aus dem Ersten Weltkrieg trug, vertilgte gerade zwei Fleischklöße von einem Aluminiumteller und ließ sich in dieser angenehmen Beschäftigung auch durch die beiden Besucher nicht stören. «Auf Gäst' sein mir halt nicht eingericht'», meinte er kauend. «'s ist alles genau zugeteilt. Unsere Pferd' werden schon knapp.»

«Wie, Sie essen Ihre Pferde auf?» wunderte sich Breuer. «Wie wollen Sie dann später . . .»

«Zu Fuß, Herr Kamerad, zu Fuß! Besser zu Fuß und lebendig, als gefahren und tot, net wahr? Ihre Kraftwägen, wann die eßbar wär'n tätens die auch fress'n! Schauns, unsere Leut', wann die nix Gescheits mehr in den Magen kriegn, alsdann könn' mir hier Schluß machn.» Und er kam ins Erzählen. Als die Division auf die neue Linie eingeschwenkt war, sollte sie hier ausgebaute Stellungen vorfinden. Ganze Bataillone von Kriegsgefangenen hatten angeblich daran gearbeitet. Vorgefunden hatte man nichts als kahle, eisenhart gefrorene Schneefläche. Um selbst noch zu schanzen, dazu war der Boden zu hart und die Zeit zu knapp gewesen. Und nun lagen die Männer hier in Schneelöchern, wie sie die Kinder zum Spielen bauen, mit ihren Zeltbahnen und ein paar Lumpen bedeckt, tagaus, tagein, ohne Ablösung. — «Entschuldigens, i möcht mich a bissel aufs Ohr legen! Mir ham die ganze Nacht ka Ruh net gehabt.»

Der Hauptmann zog sich in die rückwärtige Schlafkabine zurück, und die weitere Unterrichtung übernahm der O3, ein Kerl wie ein Baum, in einem grauen Pullover, mit einem schwarz bewaldeten Kugelkopf und einer Kinnlade, die aus Holz geschnitzt zu sein schien. Er breitete die Feindlagekarte aus.

«Also dös san hier die Divisionen, die wo uns gegenüberstehen. Alles alte Leut' über fünfzig, oder ganz junge . . .»

«Stimmung und Verpflegung schlecht», unterbrach Breuer,

«nur jeder dritte Mann ein Gewehr mit ungezogenem Lauf, nicht wahr?»

«Ja, woher wissen's denn dös?» wunderte sich der O3.

Breuer lachte. «Sagen Sie mir nur eins: Wie hat bei einem solchen Gegner diese Schweinerei hier passieren können?»

Der O3 zupfte sich gedankenvoll an den Haaren, die aus seinen Nasenlöchern herauswuchsen. Er wußte es auch nicht. –

Oberst von Hermann hätte nun eigentlich zurückfahren können. Aber er konnte sich nicht trennen. Er schien noch auf irgend etwas zu warten. Ihm fiel ein, daß er die Abteilung Eichert gleich mit zurücknehmen könnte, und so bat er den General, die befohlene Ablösung durchzuführen. Doch dazu schien dieser keine Lust zu verspüren. Er murmelte etwas von «verfrüht» und «nicht so ganz einfach».

Der Oberst war etwas befremdet. «Falls Herr General noch Bedenken wegen des Panzereinbruchs haben sollten», sagte er sehr höflich, «so stehen unsere Panzer dafür selbstverständlich weiterhin zur Verfügung.»

In diesem Augenblick klingelte der Fernsprecher. Der General griff hastig zum Apparat. «Eichert?» fragte er kurz. «Was gibt's denn?»

Der Oberst hatte den Namen verstanden. Er griff zu dem Kopfhörer, der neben dem Apparat lag, ohne den aufgebrachten Blick des Generals zu beachten. «. . . seit einer Stunde unter schwerstem Beschuß aller Kaliber!» hörte er noch. «Bisher rund zwanzig Prozent Ausfälle! Ich bitte Herrn General nochmals um sofortige Ablösung. Wir haben unseren Auftrag erfüllt, das hier ist nicht mehr unsere Aufgabe!» – «Ja, ja, ja!» antwortete der General ziemlich unwirsch. «Nun werden Sie mal nicht nervös, Mann! So schnell geht das alles nicht!» Er legte auf. «Ich hab's ja immer gesagt», murmelte er, ohne den Oberst anzusehen, «dieser verdammte Buckel ist nicht zu halten. Ob der Russe oben sitzt oder wir, zehn Minuten Artilleriefeuer, und er ist kahl wie 'ne Glatze.»

Oberst von Hermann hatte ganz große Augen bekommen. Er sah auf einmal sehr klar. «Auf Zusammenarbeit angewiesen » – so sah das also aus! – «Sind Herr General wegen dieser Sache nicht bei der Armee vorstellig geworden?» fragte er so ruhig wie möglich.

Der General lachte kurz auf. «,Vorstellig geworden' ist gut! Jeden Tag liege ich dem Korps und der Armee deswegen in den Ohren. Aber die wollen die Höhe nicht aufgeben. Die vom Führer festgelegte HKL dürfe ohne seine höchstpersönliche Genehmigung nicht geändert werden. Na also, nun machen Sie was!»

In dem Oberst steigt eine stille Wut hoch, die sich ganz gegen den armseligen Buckel richtet, auf dem seine Männer jetzt sinnlos verbluten. Dieses gottverdammte Stück Dreckerde!

«Nun, das ist schließlich eine Angelegenheit der hiesigen Führung», sagt er kalt. «Uns geht das nichts an. Wir haben unseren Auftrag ausgeführt und die bisherige Frontlinie wiederhergestellt. Ich ersuche Herrn General nunmehr nochmals um sofortige Ablösung meiner Abteilung!»

Das Gesicht des Generals rötet sich, doch ehe er antworten kann, fliegt die Tür auf.

«Also das geht so nicht, Herr General!»

Es ist Hauptmann Eichert, die MP noch in der Hand. Er sieht aus, als ob er eben von einer wüsten Schlägerei käme. Unter seiner Fellmütze hängt ein blutiger Fetzen hervor. Der General ist hochgefahren, er ist von seinen Wienern solche Ausbrüche nicht gewöhnt. Aber Eichert sieht ihn schon nicht mehr, er hat Oberst von Hermann entdeckt. «Ach, Herr Oberst, das ist ja ganz unmöglich ...» Er ist außer Atem. «... da kann sich ja keiner halten! Eine Stunde lang lagen wir oben wie auf einem Präsentierteller, und er hat uns aus allen Rohren bepflastert ... und dann kam der Angriff ... Jetzt sitzt *er* oben!»

«Verluste?»

«Kann's noch nicht übersehen, Herr Oberst. Aber ich befürchte ...»

Oberst von Hermann hat schon den Fernsprecher in der Hand. «Armeestab, Führungsabteilung! Den Chef persönlich! – Ja, Ausnahme! Nun machen Sie schon!»

Nach wenigen Augenblicken ist die Verbindung da. Der Oberst preßt den Handapparat ans Ohr. Und da ist der Chef des Armeestabes, Paulus' rechte Hand. Die rechte Hand? Nein, der Kopf, der wahre Führer der Armee, das ist offenes Geheimnis. Da ist diese helle, schwingende Stimme, und der Oberst meint den bezwingenden, immer etwas spöttischen Blick der großen, stahlblauen Augen auf sich zu spüren. Und mit einmal hat er alles vergessen, was er eben noch sagen wollte, er fühlt sich klein und befangen.

Währenddessen hat Major Kalweit den Raum betreten. Flüsternd meldet er Unold das Ergebnis seines Einsatzes: Die letzten russischen Panzer über die HKL zurück, einer abgeschossen, ein eigener Ausfall durch Kettenschaden. Er reibt sich die Hände und strahlt. Der Oberst spricht noch, oder besser, er hört und wirft gelegentlich ein gepreßtes «Jawohl» ein, das er ganz unbewußt mit einem kurzen Klappen der Hacken begleitet. Diesmal hört der General durch den Kopfhörer mit, und ab und zu trifft ein tiefgründiger Seitenblick den Oberst. Der legt jetzt tiefatmend auf.

«Ah, Kalweit –», sagt er gepreßt, «gut, daß Sie da sind! Neuer Auftrag: Sie nehmen in der kommenden Nacht mit Ihren Panzern die Höhe und halten sie, bis nach Hellwerden die Infanterie Sie ablöst!»

Das Gesicht des Majors hat sich jäh verändert. Ein ungläubiges Staunen malt sich darin. «Wie?» murmelt er. Und dann schießt ihm das Blut ins Gesicht. «Was?» schreit er. «Nachts?» Wir sind doch keine Katzen, daß wir nachts sehen können! – Und oben stehenbleiben? Daß sie uns nach Hellwerden abknipsen wie die Fliegen? Panzer sind kein Spielzeug für Kinder!» Er schluckt ein paarmal, und die Muskeln seines Gesichtes flattern. Dann stürzt er ohne Gruß hinaus und schlägt die Tür hinter sich zu.

Der General ist auf einem Stuhl zu sitzen gekommen und läßt die Arme herabhängen. Verstört blickt er auf seinen Ia, und auch der sieht aus, als ob man ihm den letzten Zehnmarkschein aus der Tasche gestohlen hätte.

Es kommt, wie es zu erwarten war: Nachts nehmen die Panzer die Höhe, am Morgen sind die Russen wieder oben, nachdem zwei Panzer durch Panzerbüchsenvolltreffer verlorengingen. Noch zweimal wird die Abteilung Eichert angesetzt und nimmt den Steppenbuckel, zweimal muß sie ihn wieder räumen. Sie verliert dabei über dreißig Prozent ihres Bestandes durch Tod und Verwundungen. Dann endlich, nachdem der General zugesichert hat, die Höhe ständig durch Artilleriebeschuß von Russen freizuhalten, genehmigt die Armee, die Hauptkampflinie an den Fuß der Höhe zurückzuverlegen.

Der Großeinsatz der Armeereserve ist beendet.

Immer mehr wuchs Feldwebel Harras in die Front hinein. Er wußte jetzt schon, was ein Einschlag und ein Abschuß war und zuckte nicht mehr unter dem spöttischen Blick des Steiß zusammen, wenn die Batterie am Bahndamm mit ihrem Störungsfeuer begann. Er lernte aus dem Fluggeräusch von Artilleriegeschossen und Bomben die Richtung und den Aufschlagort schätzen, lernte den pfeifenden Peitschenschlag der Pakgranaten von dem hellen, unverhofften Krachen der Granatwerfer unterscheiden und das dumpfe Stottern der russischen «Maxims» von dem geschäftigen Rattern der deutschen MGs. Auch in seinem Aeußern paßte sich Harras immer mehr seiner Umgebung an. Er hatte bald herausgefunden, daß übertriebene Gepflegtheit hier nicht am Platze war. «Frischer Dreck ziert den Soldaten...» Harras handelte dementsprechend. Der Steiß hatte einmal von dem «Schäbigkeitsprinzip» ganz feudaler Studentenverbindungen erzählt, und Harras befolgte dieses Prinzip, so wie er es verstand. Er ließ sich einen Vollbart stehen und verfolgte täglich mit dem Rasierspiegel die Fortschritte. Von einem Granatwerfer-Einschlag trug er einen unbedeutenden Kratzer am Kopf davon, der ihm das schwarze Verwundetenabzeichen einbrachte. Heimlich tauschte er es gegen ein altes, abgeschabtes ein, das von weitem wie Gold schimmerte. Freilich, wenn die russischen Nachtbomber die Stellungen entlang strichen und ihre Reihenwürfe in das Flußtal legten, oder wenn Feuerüberfälle der Artillerie den harten Boden erzittern ließen und die Erde durch die Fugen der Balken rieselte, fiel ihn immer noch die Angst an wie eine große schwarze Spinne. Aber er ließ es sich nicht mehr anmerken. Und das war ja die Hauptsache! –

So stand einem erfolgreichen Abschluß der Probezeit eigentlich nichts mehr im Wege, und Harras hätte zufrieden sein können. Doch er war nicht ohne geheime Sorgen. Unold hatte ihm zwar versprochen, ihn nach seiner Beförderung zum Offizier wieder zum Stab zurückzuholen. Aber konnte man Unold trauen? Er hatte den Wenk von der Registratur mit ihm hierher geschickt und den mickerigen Seliger, die Kasinoordonnanz, und Unteroffizier Breitkopf von der Zahlmeisterei. Vom «Auskämmen der Stäbe» hatte man gesprochen. Auskämmen – wenn er dieses Wort schon hörte! Lästigen Schmutz kämmte man aus! Immerhin hatte ihn Unold, der kürzlich mit dem Divisionskommandeur den hiesigen Abschnitt besucht hatte, sehr wohlwollend begrüßt. «Nun, Sie sind ja bald wieder bei uns!» hatte er gesagt.

Aber da war noch etwas anderes, was ihn mit Unruhe erfüllte. Man munkelte in der letzten Zeit viel von einem Entsatzunternehmen aus südlicher Richtung, und es hieß, daß auch ein Ausbruch in Richtung auf die Entsatzkeile geplant sei. Sollte der geheimnisvolle Besuch Oberst von Hermanns etwa damit zusammenhängen? Der Steiß schwieg sich aus und wußte wohl selbst nichts Genaues. Aber wenn dem so war, dann bestand kein Zweifel, daß die Division hier in der Südwestecke als eine der ersten mit dabei sein würde. Und nach den vielen sorgsamen und erfolgreichen Bemühungen um sein Vorwärtskommen etwa bei einem so halsbrecherischen Ausbruchversuch den Heldentod zu sterben, dazu verspürte Harras nun wirklich nicht die geringste Lust. Deshalb horchte er manchmal besorgt in sich hinein, ob sich nicht vielleicht irgendwo ein altes Leiden rühren wollte, das ihm notfalls einen kurzfristigen Abschied gesichert hätte. Die bessere Lösung wäre es freilich, wenn es ihm durch einen besonderen Umstand gelingen würde, die Frontbewährung zu einem erfolgreichen Abschluß zu bringen, bevor der große Schlamassel hier losging. So schaute denn Feldwebel Harras eifrig nach einer Gelegenheit aus, sich irgendwie sichtbarlich und dabei ohne allzu großes Risiko auszuzeichnen.

Und diese Gelegenheit kam.

*

Der Manstein kommt!

In den Bunkern und Lazaretten, bei der Essenausgabe und auf den Latrinen, überall wo Landser zusammenwaren, hing dieses Wort in der Luft. «Schon gehört? Der Manstein kommt!» – «So? Der Manstein? Na endlich!» – «Hat der nicht damals die Krim ...» – «Klar, Mensch, und Sewastopol! Mit 65-cm-Mörsern!» – «Na, der wird's schaffen, denk' ich. Zeit auch, daß der Rummel hier zu Ende geht!» Der Manstein, der Manstein. Ein Befehl Hitlers hatte ihn mit der Führungsabteilung des AOK 11 von Witebsk abberufen und an die Spitze der neugebildeten «Heeresgruppe Don» gestellt mit dem lapidaren Auftrag, Stalingrad freizukämpfen. Keiner der Männer im Kessel hatte den Feldmarschall jemals von Angesicht gesehen, kaum einer kannte sein Bild. Die meisten wußten von ihm nichts als den Namen. Aber dieser Name – Kraft und Zuversicht lag darin, Lauterkeit und gutes altes Soldatentum. Die Herzen der Eingeschlossenen fieberten einem Namen entgegen.

Von einem Mann aber sprach kaum jemand, und dabei war er es doch, der vor allem die Last und Verantwortung der Befreiungsoperation zu tragen hatte. Das war Generaloberst Hoth, der Befehlshaber der 4. Panzerarmee. Nur die Offiziere und manche Soldaten der eingeschlossenen Panzerdivisionen erinnerten sich noch mit einem leichten Unbehagen des kleinen, springlebendigen Herrn, der unversehens an den unwahrscheinlichsten Orten aufzutauchen pflegte und dann wie das heilige Donnerwetter dazwischenfuhr. Den «Giftzwerg» hatten sie ihn genannt. Anfang Dezember hatte er im Raum um Kotelnikowo, 150 km südwestlich Stalingrad, die Vorbereitungen abgeschlossen, und dann war er eines Tages zum Befreiungsstoß angetreten, im Auftrag der neu gebildeten Heeresgruppe Manstein. Er kannte den Weg. Im Sommer 42 hatte er die 200 km des rötlichen Sandes der Kalmückensteppe in wenigen Tagen überwunden. Remontnaja, Kotelnikowo, Aksaj, Shutow I und II – wie der Teufel war das gegangen, und wie der Teufel war er von Westen her in die Stadt hineingebraust. Jetzt war bitterster Winter, hartgefroren und dicht verschneit die Steppe, seine besten Divisionen aber waren in Stalingrad verblutet, und was von ihnen die mörderischen Herbstkämpfe überdauert hatte, war eingeschlossen zusammen mit den Verbänden der 6. Armee. Mit anderen Divisionen, von denen nur eine wirklich aufgefrischt und ausgeruht war, trat er jetzt zum zweiten Male den Marsch auf Stalingrad an, und es war, als sollte er nun eine Schuld begleichen, die das Schicksal ihm damals, im Sommer, gestundet hatte. Im Winter kämpfen, angreifen? Unmöglich! So hatte man lange gedacht. Zu Beginn des Rußlandkrieges hatte die deutsche Führung von einer Art Winterschlaf auf beiden Seiten geträumt. Erst die Katastrophe vor Moskau und die schweren Abwehrkämpfe im Winter 41/42 hatten ein böses Erwachen gebracht. Man hatte umlernen müssen. Und dieses hier war die erste große Angriffsoperation der deutschen Wehrmacht mitten im russischen Winter. «Wintergewitter» hatte man sie sinnig getauft.

Und das Wunder geschah: Meter um Meter arbeiteten sich die geschwächten Divisionen voran durch Schnee und Kälte und gegen den zähen Widerstand der Russen. Die Erbitterung trieb sie vorwärts und der Wille zu helfen.

An der Südfront des Kessels aber standen sie und lauschten hinaus in die weiße Einsamkeit, und mancher vermeinte an stillen Tagen – die russische Front schien ausgestorben zu sein in dieser Zeit – in der Ferne ein leises Geräusch zu hören, das der Wind herübertrug, ein hauchfeines Brummeln, das mit dem Schlag des eigenen Herzens verschmolz. «Hört ihr's? – Sie kommen!» In frostklaren Nächten aber, wenn der schwarze Himmel gesprenkelt war mit den Lichtern der Sterne, dann stiegen zuweilen fern, fern am Horizont einzelne helle Punkte auf wie winzige Leuchtkäfer. «Sie kommen, Herrgott, sie kommen!»

Im Ic-Bunker in Dubininskij erwartete man jetzt in Hochspannung die täglichen Anrufe des Korps-Ic. «Wie steht's denn, Herr Rittmeister?» – Graf Willms hatte in diesen Tagen viel von seinem natürlichen Phlegma verloren. «Ja, äh – Breuer, es tut sich was! Am Tschir laden sie Panzer aus, äh – direkt aus Afrika, äh – ganz braun noch ... Ja, es geht vorwärts, äh – gut, sehr gut sogar eigentlich, äh ... Und hinter den Panzern, äh – da rollen nun die unübersehbaren Kolonnen mit Kunsthonig ...»

Alle, alle waren sie aus dem Häuschen. Selbst Herberts reizbare Laune war wie weggewischt. «Zu Weihnachten, Herr Oberleutnant, wenn wir dann auf Urlaub sind, da müssen Sie mich alle in Dessau besuchen. Dann gibt's ein Festessen ...» Und er entwarf bereits jetzt dafür die kühnsten Rezepte. Fröhlich war von der Karte nicht mehr wegzubekommen, und Geibel ließ sich gern von ihm belehren. «Sehen Sie hier, Mann, jetzt wird hier unten zugemacht, nicht wahr? Und wenn dann der zweite große Stoß von Westen kommt – und der kommt, Mann, da können Sie Gift drauf nehmen! –, dann sind da fünf bis sechs russische Armeen eingeschlossen. Nicht wahr, Herr Oberleutnant, doch mindestens fünf oder sechs! Das wird ein Ding, Mann!» Er schlug Geibel auf die Schulter, daß der fast in die Knie ging. «Das wird die größte Kesselschlacht der Weltgeschichte!» Verliebt blickte er auf den Spruch an der Wand und drückte sich dabei die knochigen Finger, daß die Gelenke knackten. «Ja, ja – ‚Ich breche durch ...'», kicherte er vor sich hin, «ein toller Kerl, dieser Hutten, ja, ja –»

Der Führungsstab der 6. Armee verfolgte den Verlauf des Entsatzunternehmens mit größter Aufmerksamkeit. Denn diesmal war man entschlossen, ohne allzu große Rücksicht auf etwaige Befehle des Führerhauptquartiers den Entsatzkräften aus dem Kessel heraus entgegenzustoßen. Aus allen einsatzfähigen Panzer- und motorisierten Kräften sollte ein Stoßkeil gebildet werden, und der Mann, der ihn führen sollte, war Oberst von Hermann. Für den Oberst war dieser Befehl wie eine Bluttransfusion. Er sprühte von Tatkraft. Tagtäglich war er jetzt, von Major Kalweit und Breuer, gelegentlich auch von Unold begleitet, unterwegs zu Stäben und Werkstätten und inspizierte die Abschnitte der Südwestfront. Unold und Engelhard aber saßen Tag und Nacht über Karten und Plänen und entwarfen Aufstellungen und Befehle. Aus dem Raum Karpowka, Marinowka heraus sollte der Stoß geführt werden, sobald sich die Entsatzkräfte nahe genug herangekämpft hatten.

Aber eben um dieses «nahe genug» waren die Meinungen geteilt. Bis auf 30 km wollte der Armeestab die Spitzen der 4. Panzerarmee herankommen lassen, damit die Verbindung an einem Tage zwischen Hell- und Dunkelwerden hergestellt werden könnte. Oberst von Hermanns Tatendrang empörte sich dagegen. «Je früher, desto besser!» sagte er und wagte diesmal sogar, dem Armeechef zu widersprechen. «Jede Unruhe, die wir hier machen, ist eine Entlastung für Hoth. Und wenn wir's nicht an einem Tage schaffen, du lieber Himmel, dann wird eben geigelt! Das wäre doch nicht das erste Mal!» — «30 km!» sagte die Armee. Das Risiko sei sonst zu groß. Mit einmal? dachte der Oberst. Jetzt, wo es ums Ganze geht? Und er dachte an den Panzereinsatz bei Baburkin, der sinnlos gewesen war. «Und Hoths Risiko?» sagte er bitter. «50 km wenigstens!» Er schämte sich nicht, wie ein Krämer zu feilschen. — «30 km!» sagte die Armee.

Fieberhaft arbeiteten die Stäbe im Kessel. Alle einsatzfähigen Panzer und Sturmgeschütze — rund fünfzig waren es noch — wurden herausgezogen, schnellbewegliche Kampfeinheiten zusammengestellt und in die Bereitstellungsräume eingewiesen. Fahrzeuge wurden erfaßt und zu Leerkolonnen zusammengestellt für den zu erwartenden Versorgungsstrom. 700 Lkws hatte die Armee angefordert; die Divisionen brachten es fertig, das Doppelte zu stellen, sie wußten, worum es ging. Und Einheiten der Feldgendarmerie beorderte man zur Ueberwachung der Ausfallstraßen. Mit der geheimen Anweisung: Ohne Sondergenehmigung des Armeestabes darf niemand den Kessel verlassen!

Nur diese Feldgendarmen begannen etwas zu ahnen von dem, was die Führungsabteilungen der Stäbe schon von Anfang an wußten: daß es das einzige Ziel der Aktion Hoth war, einen Versorgungsschlauch zu der eingeschlossenen Armee herzustellen, durch den man ihr neue Kraft einpumpen konnte. Die erschöpfte Armee aus Stalingrad abzuziehen und die Stadt aufzugeben, war — trotz allem, was geschehen war — nicht geplant. «Wo wir stehen, da gehen wir nicht mehr weg!» so hatte der Führer gesprochen.

Die oberen Stäbe wußten das. Aber die Landser im Kessel wußten es nicht. Dort rüstete man sich für die große Fahrt nach dem Süden. Auch die verschlafene Bunkerstadt Dubininskij dehnte und streckte sich und wimmelte wie ein Ameisenhaufen im Frühjahr. Motoren wurden aufgetaut, Getriebe geschmiert, die verschneiten Kolosse erwachten aus ihrem Schlaf, ratterten und stöhnten und schüttelten ihre Schneehauben ab. Geibel war über alledem zum Kraftfahrer geworden. Stundenlang lag er schwarz und ölverschmiert neben Lakosch unter dem Wagen, machte Handreichungen und lauschte ehrfürchtig den knappen Erklärungen, die der Kleine zu geben geruhte. Oder er strich wie ein neugieriger Kater um die Omnibusse und die Feldküchenwagen herum, und seine einzige Sorge war nur, ob die Fahrzeuge die große Reise gen Süden auch überstehen würden. Auch Lakosch war viel unterwegs und sah sich die Vorbereitungen an. Senta wich ihm dabei nicht von der Seite. «Siehst du, Senta, das hier ist ein ‚Büssing', ein Dreiachser, und das ist ein Anderthalbtonner ‚Ford', ein Beutewagen, nicht wahr, Kam'rad?» Lakosch hatte den Eindruck, daß der Hund mehr davon verstand als Geibel. Und zuweilen brummte er bei diesen Streifzügen ein Lied aus dem Bauernkrieg vor sich hin, das er sich für die gegenwärtige Lage zurechtgebastelt hatte:

«Der Manstein kommt, der Manstein kommt,
Der Manstein ist schon da —
Tiri tiri tirallala,
Jetzt ist der Manstein da!»

Sechstes Kapitel

HUNGERSORGEN UND MANCHERLEI MORAL

Kürzer und blasser wurden die Tage, länger und quälender die Nächte. Sie waren jetzt voller Geräusch, voll eines an- und abschwellenden Brummens wie aus tausend Telegraphenleitungen, das aus nah und fern zugleich zu kommen schien. Dieses Brummen war Musik und die stillen und toten Pausen dazwischen voll lähmenden Schreckens. Die Luftwaffe flog Versorgung für die eingeschlossene 6. Armee.

Das war das Ergebnis einer Besprechung, die vor Wochen stattgefunden hatte, als die Nachricht von der Einschließung der Stalingraddivisionen eingetroffen war und die Frage drängte: Was nun? 2000 km von Stalingrad entfernt war das gewesen, an einem Ort, wo die Litzen, Eichenblätter, Schulterstücke und Orden noch blitzen und der Krieg sich in Zahlen und Linien darstellt*. Die Führungsstäbe der Luftwaffe und die Versorgungsstäbe des Heeres hatten sich dort zusammengefunden: der Reichsmarschall in weißer Uniform mit seinen Generalen Milch und Jeschonnek, der Generalquartiermeister des Heeres mit Sachbearbeitern und Referenten, und dann – nichts hätte die entscheidende Bedeutung dieser Konferenz stärker unterstreichen können – *er*, der Eine, Allmächtige, in dessen Hand aller Schicksal lag. Es ging nicht so sehr um eine eingeschlossene Armee. Es ging um mehr. Es ging um ein Wort, das erst vor kurzem gesprochen worden war: «Jetzt ist es insbesondere die Inbesitznahme

* Diese Szene ist eine Verdichtung von Meinungen und Standpunkten, die in der Zeit vom 20. bis 24. November 1942 bei verschiedenen Besprechungen im Führer-Hauptquartier, im OKH und im Hauptquartier Görings zum Ausdruck kamen.

von Stalingrad, die abgeschlossen werden wird... Und Sie können überzeugt sein, daß uns kein Mensch mehr von dieser Stelle wegbringen wird!» – Nun war etwas geschehen, was dieses Wort in Frage stellte und damit die Unfehlbarkeit des Mannes, der es gesprochen hatte.

Die Ordonnanzoffiziere, die eben noch mit Aktenstücken hin und her geeilt waren und ihren Chefs beflissen in die Ohren gewispert hatten, waren verschwunden und hatten die Türen hinter sich geschlossen. Das Stühlerücken und die flüsternden Unterhaltungen waren zur Ruhe gekommen. General Jodl gab anhand der letzten Meldungen einen Ueberblick über die Lage bei Stalingrad.

General Wagner, der Generalquartiermeister des Heeres, hatte sich in seinen Stuhl zurückgelehnt, malte kleine Männchen auf den Schreibblock, der vor ihm lag, und horchte nur mit halbem Ohr auf die verschiedenen Redner. Die Nachrichten von der Stalingradfront, obwohl sie nur einen Teil seiner Sorgen betrafen, hatten ihn erschüttert; trotzdem fühlte er sich nicht frei von einer leichten Genugtuung. Er hatte es kommen sehen, und andere auch.

Da war diese Denkschrift, die der Oberquartiermeister der Heeresgruppe Süd eingereicht hatte, im September schon, als noch alles im besten Zuge war und man den Fall von Stalingrad täglich erwartete. In dieser Denkschrift war klar und unverblümt und mit nüchternen Berechnungen nachgewiesen, daß die Truppen in der langen, auf Stalingrad vorspringenden Nase in keinem Falle ausreichend versorgt werden könnten. Da sei die eine eingleisige und noch nicht einmal völlig auf deutsche Spurweite umgenagelte Bahnlinie über Morosowskaja bis zum Tschir, an der zwei ganze Armeen hingen. Und über diesen armseligen Schienenstrang, über den auch der Urlauber- und Verwundetentransport lief, müsse alles nachgeschoben werden: Verpflegung und Munition und Waffen und Ersatzteile und Pioniergerät und Kraftstoff für eine halbe Million Soldaten und sogar das Pferdefutter. Denn aus dem Lande könne die Truppe sich in der unfruchtbaren Steppe nicht versorgen. Und dazu ginge diese Bahnlinie nur bis Tschir. Dort müsse alles auf Lkw-Kolonnen umgeschlagen werden, und diese Kolonnen reichten bei weitem nicht aus, da die Einheiten zum Beispiel sogar das Wasser von weither heranschaffen müßten. Aus allen diesen Dingen hatte die Denkschrift eine klare und mutige Folgerung gezogen: Zurücknahme der Stalingradfront bis zum Donez, was ohne Gefährdung der Kaukasusarmeen geschehen könne, da der Russe in dem Steppengebiet mit den gleichen Schwierigkeiten zu kämpfen habe und im Winter hier schwerlich offensiv würde. «Andernfalls», so hatte der Oberquartiermeister geschrieben, und General Wagner war der Wortlaut dieser Stelle im Gedächtnis geblieben, «gehen die Verbände zwischen Wolga und Don einer Katastrophe entgegen, die spätestens zum Winter eintreten wird und deren Anfänge sich bereits jetzt abzeichnen.»

Der Mann hatte recht gehabt. Die Katastrophe war eingetreten, wenn auch anders und weit schlimmer als befürchtet. Andere waren frühzeitig zu den gleichen Ergebnissen gekommen. So der Kommandeur des IV. Armeekorps, General von Schwedler. Und er hatte nicht geschwiegen wie andere und auch nicht eine Denkschrift verfaßt, die auf irgendeinem Schreibtisch liegenbleiben konnte, sondern Hitler seine Meinung direkt ins Gesicht gesagt. Es war ihm schlecht bekommen, Hitler hatte ihn in die Wüste geschickt zu den vielen anderen, die auch den Mut zur Wahrheit gehabt hatten. Und man war nicht zum Donez zurückgegangen. Die Luftwaffe hatte erklärt, daß sie die Versorgung der Stalingradarmeen auf dem Luftwege sicherstellen würde.

Nun, jetzt hatte man die Bescherung! Nun würde man wohl oder übel nachholen müssen, was im September versäumt worden war. Gottlob war der Schaden noch zu reparieren, wenn auch unter erheblichen Schwierigkeiten. General Wagner entsann sich, daß man — eben aus den genannten Versorgungsgründen — im Oktober einen großen Teil des Pferdebestandes aus Stalingrad abgezogen und in das Donezbecken geschafft hatte. Sie waren dort, wo besser die ganze Armee gewesen wäre. Wenn der Umfassungsring der Russen jetzt auch noch dünn war, würde die Armee nicht ohne erhebliche Verluste an Menschen und Material herauskommen. Aber besser eine späte und teuer bezahlte Einsicht als gar keine.

General Wagner drehte seinen Bleistift in den Fingern und hörte etwas gelangweilt der Aussprache zu. Wozu redete man überhaupt noch? Es war doch klar, daß unter den neuen Umständen an eine Luftversorgung der 6. Armee überhaupt nicht mehr zu denken war. Nun ja, Rückzugsgefechte! dachte er. Niemand blamiert sich gern, und Hitler brauchte einen Sündenbock.

Gut nur, daß er ihn diesmal in den Reihen der Luftwaffe zu suchen schien!

Gerade sprach Generaloberst v. Richthofen, der Oberbefehlshaber der Luftflotte 4, die über dem gesamten Gebiet der Heeresgruppe Süd, vom Kaukasus bis zur Wolga und hinauf in den Donbogen, eingesetzt war.

«Seit August haben wir die Hauptlast der Versorgung für Stalingrad und den Kaukasus getragen», führte er ziemlich barsch und sehr temperamentvoll aus. «Da die neun Transportgruppen ‚Ju 52', die uns dafür zur Verfügung standen nicht ausreichten, haben wir aus eigenen Mitteln der Luftwaffe . . .» Sein Blick streifte General Wagner. Ihr habt es ja damals so gewollt! dachte der ungerührt. «. . . aus eigenen Mitteln der Luftwaffe», wiederholte der Generaloberst, «Lkw-Kolonnen zusammengestellt. Unter rücksichtslosester Beanspruchung von Menschen und Material haben wir es geschafft, bis dann endlich die beiden Bahnlinien benutzbar waren. Durch die letzten Ereignisse ist jedoch eine völlig neue Lage geschaffen, das muß mit aller Deutlichkeit erkannt werden. Mehr als eine Armee, 300 000 Mann, aus der Luft zu versorgen, das ist einmalig, das geht über den Rahmen der Möglichkeiten einer Luftflotte weit hinaus. Das erfordert besondere Maßnahmen. Zunächst einmal ist eine genügende Anzahl von Maschinen — ich schätze grob auf fünf- bis achthundert — für alleinigen Transporteinsatz freizustellen. Für eine intakte, reibungslos funktionierende Bodenorganisation ist zu sorgen. Im Kessel wären mindestens vier einwandfreie Flugplätze für Tag- und Nachtbetrieb herzurichten. Nur wenn *alle* diese Bedingungen erfüllt sind, wäre eine Versorgung der 6. Armee möglich, allerdings wohl kaum in dem vorgesehenen Umfange von 300 t täglich . . .» 600 t! dachte General Wagner. Das war das errechnete Minimum. Aber er sagte nichts. Wozu auch? Ein Butterbrot ohne Käse war dasselbe wie ein Butterbrot ohne Schinken. Und ob man 600 t oder 300 t *nicht* einfliegen konnte, war schließlich gleich. «Die Luftflotte 4 wird dazu aus eigenem nur wenig beitragen können», fuhr Richthofen fort. «Vor allem müßte erst einmal das VIII. Fliegerkorps von allen Kampfaufträgen entbunden werden.» Er nahm einen Zettel zur Hand, den ihm sein Quartiermeister zuschob. «Der Bestand an einsatzfähigen Maschinen beläuft sich bei uns nach Abzug der Verluste, die seit . . .»

«Ja, ja, ja, das wissen wir ja alles!» unterbrach ihn Göring. (Wie der Kerl seine Generale behandelte! Wie ein Unteroffizier seine Rekruten.) «Morzik bitte!»

Dieser Oberst Morzik – was war er doch? Transportchef der Luftwaffe oder ähnliches. Jedenfalls sah er aus wie ein Buchhalter, als er da durch seine Brille in dicken Aktenstücken schnüffelte. Und der kam nun erst recht mit Zahlen. Zahlen über Stärke und Einsatz der weit verzettelten Lufttransportverbände. Norwegen, Rommel in Afrika, die Krim, die Verluste über dem Mittelmeer ... Nein, für Stalingrad sei zusätzlicher Lufttransportraum zurzeit nicht freizumachen, ohne empfindliche Rückschläge an anderen Frontabschnitten zu riskieren, und selbst dann würde der so freigestellte Transportraum bei weitem nicht ausreichen.

Der Reichsmarschall hatte schon seit geraumer Zeit mit den fetten, ringgeschmückten Fingern auf die Tischplatte getrommelt. Er war nervös, das sah man.

«Milch!» schnaufte er jetzt.

Der Feldmarschall schoß hoch wie ein Gummiball. Er läßt sie aufstehen wie die Schuljungen! dachte General Wagner und lächelte. Dieser Milch machte ihm immer wieder Spaß. Wie er da mit seinen kleinen, weichen Händen agierte, das rosige Spanferkelgesicht schweißbedeckt, hatte er etwas herrlich Unmilitärisches an sich. Das war kein General, das war ein Generaldirektor. Mit einer Reihe militärischer und ziviler Titel, die einem mittelalterlichen Fürsten Ehre gemacht hätten. Ein einziges Mal nur hatte Milch sich als Truppenführer versucht. Während des Norwegenfeldzuges hatte er für kurze Zeit eine Luftflotte befehligt, und davon erzählte man sich heute noch in den Kasinos. Es sei da einmal eine Meldung gekommen, die Franzosen seien in Andalsnes. Persönlich habe Milch den Einsatz seiner Luftflotte geleitet. «Haut die Franzosen! Haut sie, wo ihr sie trefft!» habe er auf dem Flugplatz den startenden Maschinen nachgeschrien. Und sie hatten wirklich ganze Arbeit gemacht, in dem kleinen norwegischen Städtchen war kein Stein auf dem anderen geblieben. Nur den Franzosen war nichts geschehen, die waren gar nicht in Andalsnes gelandet, sondern in einem nahegelegenen Fjord. – Und auch sonst munkelte man da noch allerlei. Auf Milch sollte Görings Aeußerung gemünzt gewesen sein: «Wer bei mir arischer Abstammung ist, bestimme ich!» Nun, jedenfalls verstand der

Mann sein Handwerk, das in Planung und Organisation und Kalkulation bestand. Er war es, der die Luftwaffe in wenigen Jahren aufgebaut, förmlich aus dem Boden gestampft hatte. Milch brauchte keine Akten und keine Zettel, ganze Statistiken konnte er aus dem Kopf hersagen. Er pickte noch einmal das Wesentliche von den Ausführungen Morziks heraus, ergänzte es durch verschiedene Einzelheiten und kam dann zum Schluß:

«Ich fasse zusammen: Eine Versorgung der 6. Armee mit 300 t täglich — einmal unterstellt, daß diese Menge wirklich ausreicht als Existenzminimum, was bekanntlich bestritten wird — eine solche Versorgung auf dem Luftwege würde unter Berücksichtigung der notwendigen Ablösung und der Ausfälle durch Materialverschleiß und Feindeinwirkung 450 bis 500 ‚Ju 52' erfordern. Beim Einsatz von Kampfmaschinen für die Versorgung würde sich diese Zahl auf etwa 700 erhöhen. Diese Maschinen haben wir nicht! Die 6. Armee aus der Luft zu versorgen ist gegenwärtig nicht möglich.»

Na also, endlich! General Wagner legte den Bleistift aus der Hand und sah zu dem Mann am anderen Ende des Tisches hinüber, der entgegen seiner sonstigen Gewohnheit in dieser ganzen Sitzung bisher geschwiegen hatte und für den man dieses Theater hier aufführte, um ihm die goldene Brücke zu bauen für das erlösende Wort. Er sah das gelbliche, ungesunde Gesicht, in dem nur die Muskeln der Backenknochen sich bewegten, sah die merkwürdig starre, zu kurze Oberlippe, deren Mängel der struppige Schnurrbart nur unvollkommen bedeckte, und die herrische Unterlippe, die sich gewaltsam darüberschob, als wollte sie sich mit dem Gebrechen da oben, das wohl von einer Hasenscharte herrühren mochte, nicht abfinden. Ueberdeutlich sah er das alles, auch die grauen Fäden in dem dunklen Haar der Schläfen entgingen ihm nicht. Und wie er sahen auch die anderen alle hinüber, auch der Feldmarschall Milch, betroffen, wie es schien, von seiner eigenen Kühnheit. Die Flugzeugproduktion kam seit einiger Zeit mit den Anforderungen nicht mehr mit. Ihm hatte man das zur Last gelegt. Hatte er zuviel gesagt? Durfte er sich die Wahrheit noch leisten?

Es war still geworden. Und in diese Stille hinein fiel, wie aus Abgründen kommend, dumpf und kehlig das Wort:

«Es *muß* möglich sein! Es gibt kein Unmöglich für uns!»

General Wagner durchfuhr dieses Wort wie ein Schlag und

riß ihn jäh aus seiner lässigen Unbekümmertheit. Wie denn, wie denn ... man wollte gar nicht zurück? Wollte Stalingrad halten, auch jetzt noch, unter diesen Umständen? Das war nicht mehr Sinn und Verstand, das war heller Wahnsinn! Nicht, was bisher geschehen war, *dieses* hier bedeutete erst wirklich die Katastrophe. Für einen Augenblick war es General Wagner, als wenn Vergangenheit und Gegenwart und Zukunft zusammenschmelzen zu einer einzigen fürchterlichen Wahrheit. Er erkannte, daß jetzt etwas Entscheidendes geschehen mußte, hier und gleich. Aber er war wie gelähmt, und selbst die Zunge gehorchte ihm nicht, und da war auch schon alles vorbei, und grau und schwer hüllte die Gegenwart des Raumes und der verstörten Gesichter ihn ein. Ihm blieb nur ein dumpfes Gefühl davon, daß er eben an einer Wende gestanden hatte, die auch der Wendepunkt für sein eigenes Leben war.

Hitlers kornblumenblauer Medusenblick ging die Reihen der Gesichter entlang. In diesem Blick lag eine zwingende Frage, und nur wenige ertrugen ihn, viele Augen senkten sich oder wichen aus. Aber auch das war eine Antwort.

«Und Sie, Jeschonnek?»

Generaloberst Jeschonnek, Generalstabschef der Luftwaffe — ein Asketengesicht, eiskalte Augen, ein Mund wie ein Strich. Und dieser Mund bewegte sich kaum, als er jetzt antwortete:

«Unter den geschilderten Umständen muß ich die Verantwortung für die Versorgung der 6. Armee ablehnen.»

Beklommen wartete General Wagner auf das, was jetzt kommen mußte. Er kannte Hitlers hemmungslose Wutausbrüche, wenn irgend etwas nicht so ging, wie er wollte. Aber es kam nichts dergleichen, es kam eine Frage:

«Ist das alles, was meine Generäle mir zu sagen haben?»

Ja, es war alles! Versteckt und gewunden oder auch klar und bestimmt, aber in seltener Einmütigkeit hatte die Generalität ihr Nein gesprochen. Gott sei Dank! dachte General Wagner, und noch einmal wagte er zu hoffen.

Da sprang Göring auf. Groß und schwer stand er da, ein ungeheurer Fleischberg. An seinem Hals pendelte das goldumrandete Großkreuz.

«Mein Führer!» schrie er, und die Fettwülste in seinem Gesicht färbten sich dunkelrot. «Sie haben recht wie immer, mein Führer! Es gibt kein Unmöglich für uns! Wir werden ... Giganten werden wir bauen, unsere herrlichen ‚Messerschmitt'! Bei Mondschein werden wir mit Riesengeleitzügen nach Stalingrad fliegen. Milch, Sie machen das! Mein Führer, *ich* garantiere die Versorgung der 6. Armee!» —

Seit Anfang Dezember flog das VIII. Fliegerkorps von den Flugplätzen Tazinskaja und Morosowskaja Versorgung für die eingeschlossene Armee. Tage und Nächte erfüllten die Maschinen mit ihrem an- und abschwellenden Brummen. Und dieses Brummen war Musik für die Ohren der Eingeschlossenen und die Pausen dazwischen, wenn der Schneesturm über die Steppe fegte und die Wolken bis auf die Erde hingen, voll lähmenden Schreckens. Was wird, wenn Manstein es nicht schafft? Wenn die Versorgung nicht ausreicht? Werden wir durchhalten können?

*

Im Ic Bunker verbrachten sie die Vorweihnachtstage mit Warten. An den Adventssonntagen zündeten sie eine Kerze an, schlürften schwarzen Kaffee, verknusperten ihr Röstbrot und dachten an daheim. Was machen sie jetzt? Jetzt sitzen sie vielleicht und packen Weihnachtspäckchen. Und wissen, ahnen nichts ...

Graf Willms rief jetzt seltener an, und wenn man ihn verlangte, war er oft nicht zu erreichen. In seinen Auskünften war er zurückhaltender geworden. Ja, natürlich ginge es vorwärts. Aber es sei schwierig jetzt im Winter, man müsse Geduld haben. Und sie bemühten sich, Geduld zu haben. «Nächsten Advent, Leute, da sind wir bestimmt nicht mehr hier!» — «Aber zu Weihnachten, da sind wir sicher schon heraus!»

Breuer spielte auf der Mundharmonika. Nach dem letzten Urlaub hatte sein Aeltester, der Jochen, sie ihm bei dem Abschied auf dem Bahnhof verstohlen in die Hand gedrückt. «Nimm sie mit, Vati, damit die Soldaten in Rußland sich freuen! Ich kann ja doch nicht darauf spielen.» — «Nimm sie schon!» hatte seine Frau gesagt. «Sonst heult er sich tot, der Junge!» Da hatte er sie lachend in die Tasche seines Kradmantels geschoben. Und dort hatte sie vergessen gesteckt bis jetzt. Jetzt war er sehr froh, daß er sie hatte. Sie half über manches hinweg. Breuer saß in einem der Autosessel. Er spielte eine Etüde von Chopin. Gleich welche Melodie er auch in Angriff nahm, immer gelangte er schließlich zu diesem Lied.

«Tout est fini,
la terre se meurt,
la nature entière subit l'hiver,
tout est fini »

Winter 1940, Frankreich. In den Lokalen und Wohnungen und auf den Straßen, überall hatte man diese Melodie gespielt, gesungen, gesummt, und die Mädchen hatten dazu geweint. Es war das Lied von Frankreichs Klage und Verzicht geworden. Den Deutschen aber hing damals der Himmel noch voller Geigen.

«Alles vorbei,
die Erde stirbt,
all die Natur versinkt in Winterschlaf.
vorbei, vorbei —»

Leutnant Wiese baute und formte an einem Gedicht. Die Adventsstimmung hatte etwas in ihm ausgelöst, was nach Gestaltung drängte.

«Und wieder denken sie daheim im stillen
an dich, an mich, an unser Wiedersehn,
damit die heißen Wünsche sich erfüllen,
damit den Menschen endlich Frieden ...»

Hier war er steckengeblieben auf der Suche nach einem Reim. Grübelnd blickte er auf die lichtbestrahlte Madonna an der Wand. «... den Menschen Frieden mag geschehn» — nein, das ging auch nicht!

Nebenan am Tisch spielten sie «Seeschlacht». Dazu brauchte jeder nur einen Bleistift und ein Blatt Papier. Mit Hilfe eines Koordinatensystems hatte man die eingezeichneten Schiffe des Gegners abzuschießen. «B3 ... C7 ... G4», sagte Herbert an und kennzeichnete die beschossenen Felder auf seinem Zettel. «Fehler ... Fehler ... U-Boot versenkt!» meldete Fröhlich. — «Aha, das war also schon das dritte!»

Wiese strich die letzten Zeilen aus und schrieb:

«... an unsere Wiederkehr,
daß sehnsuchtsheiße Wünsche sich erfüllen
und allen guten Menschen Frieden wär'.»

Die Lösung befriedigte ihn nicht; aber er beließ es dabei und begann mit der dritten Strophe:

«Du aber sinnst in diesen Abendstunden ...»

Lakosch saß in seinem Autosessel und strich Senta das glatte, seidenweiche Fell. «Ja, mein Hundchen, ja, ja ...» Senta war in letzter Zeit wieder merklich dicker geworden, es schien doch, als ob sie Junge bekommen würde. Was sollte dann werden? Jedenfalls ließ er den Hund jetzt nicht mehr aus den Augen. Zu viele Rumänen und hungernde russische Kriegsgefangene strichen herum, und die Hunde und Katzen, die sich anfangs hier und da in der Bunkerstadt gezeigt hatten, waren auf rätselhafte Weise verschwunden.

Wiese war fertig. Leise las er sich das Gedicht noch einmal vor, um Klang und Rhythmus zu überprüfen:

«Nun zünden sie daheim im Tagesneigen
die ersten Kerzen dem Adventskranz an,
und träumen leise vor sich hin und schweigen
im lichten Weihnachtswunder, das begann.

Und wieder bitten sie daheim im stillen
um dich, um mich, um unsere Wiederkehr,
daß sehnsuchtsdunkle Wünsche sich erfüllen
und allen wunden Herzen Frieden wär'.

Du aber denkst in diesen Wintertagen
nur an das Haus, in dem die Kerze brennt.
Und wieder wirst du deinem Herzen sagen:
Geduld, Geduld! Auch wir sind im Advent —»

Dann suchte er eine Feldpostkarte heraus, um das Gedicht für seine Mutter abzuschreiben. Mit etwas Glück konnte es zum letzten Advent in Deutschland sein.

«H6 ... F6 ... F5!» — «Fehler ... zweimal Treffer auf Linienschiff!» — «Aha!» frohlockte Herbert. «Da sitzt das Biest also!» Und er rechnete sich für seine nächste Salve die fehlenden beiden Felder aus. Draußen brummte es stärker, und Fröhlich spitzte die Ohren. «Sie fliegen wieder!» stellte er so betont fest, als ob das sein ganz persönliches Verdienst sei. Auch Herbert horchte. «Nähmaschine!» sagte er kurz. — «Unsinn!» schnaubte Fröhlich beleidigt. «Das sind Ju's, das hört doch jedes Kind!» — Herberts Mädchengesicht verzerrte sich, wütend warf er den Bleistift hin. «Und doch ist's ne Nähmaschine!» schrie er fast weinend. «Daß Sie auch alles immer besser wissen müssen!» Wie zur Bestätigung bufften in der Nähe zwei leichtere Einschläge. Senta hatte sich aufgerichtet und knurrte. Sie konnte Feindseligkeiten nicht vertragen.

«Herrschaften, bitte!» sagte Breuer gequält. «Reißt euch doch etwas zusammen! Es ist doch für uns alle nicht leicht —»

Wiese hatte sich erhoben und war schweigend hinausgegangen. Breuer griff wieder zur Mundharmonika und spielte ein paar Akkorde. Aber die Stimmung war dahin. Auch er stand auf und zwängte sich durch das Einstiegloch ins Freie. Wie ein wildes Tier fiel die Kälte ihn an. Schwarz und lichtlos war der Himmel. Ueber Pitomnik stieg ein rotes Leuchtzeichen hoch und zerfiel in einzelne Sterne, die schnell erloschen. Dann huschte für kurzes ein Scheinwerfer kreisend durch die Nacht. Ein vielfältiges, unbestimmbares Brummen erfüllte die Luft, eine unheimliche Tonkulisse für die tiefschwarze Einsamkeit. Im Huschen des Scheinwerfers erkannte Breuer wenige Schritte voraus den Leutnant. Er starrte bewegungslos in die Nacht. Breuer trat zu ihm.

«Sie fliegen wieder», sagte er.

Schweigen.

Und dann: «Ich... ich kann nicht mehr!» Ganz leise hatte Wiese das gesagt, und es war doch wie ein Aufschrei.

Breuer erschrak. «Wiese — Sie?» Wiese, der immer ruhige, ausgeglichene — jetzt hatte es auch ihn gepackt. «Wiese, Mensch — Sie auch? *Sie* dürfen doch nicht schwach werden!»

«Ich halt's nicht mehr aus! Der Todesatem dieses Landes bringt mich um!»

«Wiese, he — Sie! Nun hören Sie mal zu!» Breuer hatte den Leutnant am Arm gepackt und schüttelte ihn. «Was meinen Sie wohl, warum Fackelmann jeden zweiten Tag hier heraufgestiebelt kommt? Warum der alte Endrigkeit am liebsten bei uns seine Pfeife raucht? Und Dierk und die anderen? – Weil sie sich Kraft holen wollen bei uns, darum! Weil unser kleines Loch da eine Insel des Friedens ist in dem ganzen Schlamassel! Und das ist *Ihr* Werk, Mensch! Sie helfen hier den Leuten, uns allen, merken Sie das denn nicht?»

«Insel des Friedens!» sagte Wiese bitter. «Sie sehen ja, wie alles zerfällt. Auch da drinnen bei uns! 2000 km von der Heimat entfernt, abgeschnitten von allem, was uns lieb und... Das frißt an uns. Man kann sich nicht behaupten. Man verfault irgendwie von innen her.»

«Die paar Tage, Mann!» Breuer wurde ärgerlich. «In acht Tagen sind wir hier raus! Dann scheint auch uns wieder die Sonne.»

«Meinen Sie?» sagte Wiese voll Trauer. «Und wenn wir hier wirklich einmal herauskommen – wir werden nicht mehr dieselben sein. Unser Bestes bringen wir nicht mehr heim. Das liegt begraben hier unter dem Schnee –» Und in dem Gefühl wohl, nicht verstanden zu sein, fuhr er fort: «Aber Sie haben recht: noch leben wir und noch können und müssen wir kämpfen.» –

Schritte schlurften durch den Schnee heran. Es war Geibel, der vom Verpflegungsempfang zurückkam. Die beiden folgten ihm in den Bunker, wo er mit Hallo begrüßt wurde.

«Na, Langer, dann pack mal aus die paar Sachen!»

Es war nicht viel, was Geibel auf den Tisch zu legen hatte: zwei Päckchen Knäckebrot, eine kleine Büchse Schmalzfleisch, Zucker, etwas abgewogenen Kaffee... «Zigaretten gibt's jetzt nur noch drei pro Mann!» – «Was? Scheiße, verdammte! Gerade Zigaretten, na... Ist das alles?» Nein, Geibel zog ein paar Röllchen Drops hervor und dann sechs funkelnagelneue in Cellophan verpackte Zahnbürsten. «Zahnbürsten? Nanu? – Zahnbürsten, Kinder, ich werd' verrückt!» – Aber das war noch nicht alles. Nicht ohne Anstrengung förderte Geibel aus den Taschen seines Uebermantels drei größere Rollen zutage. «Für zwei Mann immer eine!» erläuterte er. Ungläubig starrten die sechs Männer auf die Rollen. Breuer nahm eine von ihnen in die Hand und betrachtete sie, als hoffe er, geheime Schriftzeichen darauf zu entdecken. «Ich kann mir nicht helfen», sagte er dann, «es ist wirklich Lokuspapier!»

«Och, Herr Oberleutnant», meinte Geibel tröstend, «der Herr

Feldwebel hat erzählt, in Pitomnik, da sind noch ganz andere Sachen angekommen: Feldstühle zum Zusammenlegen und Halsbinden und Briefpapier und Rasierklingen und ... und ...» Geibel begann zu schlucken und wurde rot wie ein Schulmädchen. Es gab gewisse Dinge des Kommißlebens, an das er sich immer noch nicht gewöhnen konnte. Lakosch stieß Herbert den Ellbogen in die Seite und flüsterte ihm grinsend etwas zu. Herbert trat ihm empört gegen das Schienbein.

Und dann war da noch ein Paket Post mitgekommen. Es enthielt Zeitungen. Sie waren vom Oktober und berichteten vom baldigen Abschluß der Kämpfe um Stalingrad.

Briefe aus der Heimat waren nicht dabei.

*

Im Bunker des Steiß saßen sie wieder beim Skat. Es war ein ungewöhnlich ruhiger Tag gewesen. Fast hätte man glauben können, die Russen seien gar nicht mehr da. Sie schienen ganz mit den Entsatzspitzen beschäftigt zu sein, die immer näher kamen. Deutlich sah man jetzt schon in klaren Nächten die Leuchtkugeln am Horizont, und das Grollen ferner Kämpfe war stärker geworden.

«Vierzig!» sagte Harras. Er hatte einen «Grand mit Dreien», mit etwas Glück könnte er ihn «aus der Hand» spielen. — «Passe!» — «Sechsundvierzig!»

«Da ist draußen was los, Herr Hauptmann!» Es war der Posten, der zur Tür hereinsah. «Wenn Herr Hauptmann mal kommen könnten ...»

«Was ist denn schon wieder? Ja — ich komme gleich!» Der Steiß erhob sich und zog seinen Hosenriemen fester. «Daß Sie mir nicht in die Karten gucken, Doktor! Das Spiel geht nachher weiter!»

Der Posten hatte leise die Tür geschlossen und sich entfernt. Was mochte es sein? Mit Manstein etwas? Aber das Wetter war zu diesig, als daß man dort hinten auch nur das Geringste hätte erkennen können. Der Steiß hängte sich den Pelz um die Schultern und ging hinaus. Harras folgte ihm.

Die Nacht war feucht und schwer, erfüllt nur von dem gleichförmigen Geräusch der Transportmaschinen, das man schon gar nicht mehr wahrnahm. Die beiden standen auf dem Bahndamm und starrten in die reglose Finsternis. Nichts, gar nichts war zu sehen.

«Quatsch», sagte der Steiß. «Still und duster wie im Arsch des Propheten!» Er wandte sich zum Gehen. Drinnen hatte er einen todsicheren «Null ouvert Hand». Wenn er ihn mit «Revolution» spielte, würde er den Grand von Harras überreizen können. Da fühlte er sich am Aermel gepackt.

«Dort, Herr Hauptmann!» —

Da, wo man die russischen Linien ahnen konnte, stieg ein rotes Leuchtzeichen hoch, überschlug sich ein paarmal und zersprang im Scheitelpunkt in einzelne rote Sterne, die langsam herabsanken und erloschen.

«Nanu? Das ist ja . . . Das sind doch . . .»

«Das sind die Dinger, die sie immer über Pitomnik abschießen, Herr Hauptmann!»

«Wirklich? Verdammt — Das bedeutet doch was!»

Aus dem nächtlichen Summen, das wie das Singen in einem Transformatorenhaus klang, löste sich ein einzelnes Brummen heraus, wurde tiefer und stärker.

«Mensch — Die wollen unsere Flugzeuge runterlotsen! Teufel nochmal!»

Wieder ging drüben das Leuchtzeichen hoch. Das Motorengeräusch wurde stärker und stärker. Kein Zweifel, die Maschine schraubte sich langsam herunter.

«Verdammt, was macht man da bloß?» Der Steiß zog noch einmal seinen Lederriemen fest und trat vor Aufregung von einem Bein auf das andere.

«Schießen», sagte Harras.

«Schießen! Glauben Sie, daß ein Schwanz da oben das hört?»

«Warnungsleuchtzeichen!»

«Na, da beeilen Sie sich mal! — Außerdem, kennen Sie die Zeichen der Luftheinis? — Na also!»

Sehr tief brauste die Maschine jetzt über den Bahndamm hinweg. Sie hatte Positionslichter gesetzt, und dazwischen meinte man den schwarzen Rumpf des Vogels zu erkennen. Da blitzte drüben ein Scheinwerfer auf und schleuderte einen grellweißen, plastischen Lichtkegel auf die Schneefläche. Die Maschine schoß in den Lichtstrahl hinein, setzte holpernd auf und rollte schaukelnd und schwankend aus. Es war eine «Ju 52». Einige hundert Meter vom Bahndamm entfernt kam sie zum Stehen. Ein paar

Gestalten kletterten heraus und sahen sich geblendet um, aus dem Dunkel seitwärts eilte man auf sie zu. Links bellte ein MG auf.

«Nicht schießen!» schrie der Steiß. «Ihr trefft ja die eigenen Leute!»

Da erlosch der Scheinwerfer, und die Dunkelheit war schwärzer als vorher.

Wenige Augenblicke später zwang ein Feuerüberfall der russischen Artillerie die beiden in ihren Bunker zurück.

*

Göring hatte getan, was er konnte. Es war nicht das, was er versprochen hatte. Es flogen keine Lastensegler und keine «Giganten» nach Stalingrad. Dafür löste sich aber zuweilen ein riesiger Vogel aus der Wolkendecke, zog mit seinen vier tief und vertrauensvoll brummenden Motoren ein paar majestätische Runden über dem Kessel und senkte sich dann auf den Flugplatz Pitomnik herab. Die unten staunten hinauf und sagten «oh» und «ah» und «aha!» und erzählten sich Wunderdinge von den Mengen, die so ein Riesenvogel mitbringen konnte. Fünf Tonnen! Fünf? Zehn Tonnen – 200 Zentner! Es waren zwei oder drei Maschinen vom Typ «Focke-Wulf Condor», die man von Südfrankreich hierherbeordert hatte, oder auch eine «Ju 90» oder «Ju 290». Aber es waren nur einzelne. Auf dem unebenen, verschneiten Flugfeld gingen sie bald zu Bruch und vermehrten dort die Zahl trauriger Flugzeugwracks.

Im übrigen flogen von den Flugplätzen Tazinskaja und Morosowskaja, die beide über 200 km von Stalingrad entfernt lagen, die guten, alten, braven Wellblechmaschinen, die «Ju 52». Vor zwanzig Jahren schon waren sie um den Erdball geflogen, und auch jetzt waren sie wieder zur Stelle. Jede von ihnen schleppte zwei Tonnen Nutzlast mit sich. Daneben sah man die Kampfmaschinen des VIII. Fliegerkorps, die «He 111» und einige andere Typen, die in ihren Bombenschächten bis zu anderthalb Tonnen Versorgungsgut unterbringen konnten. Sie flogen bei Tag und Nacht durch Nebel und Wolken und Schneesturm, sie flogen, wenn das Eis sich zentimeterdick auf Leitwerk, Tragflächen und Propeller absetzte, ständig vom Absturz bedroht. Und, was fast noch schlimmer war, sie flogen auch an den glasklaren Sonnentagen, an denen kein Wölkchen am Himmel stand und der Blick bis in die Unendlichkeit reichte. Auch an solchen Tagen flogen die alten, wehrlosen «Ju» unter geringem Jagdschutz, eine leichte Beute für Jäger und Flak. Drei bis vier Einsätze am Tag flogen manche dieser Maschinen, und die Flugzeugführer schluckten Pervitin und hatten auf alle Fragen nur noch einen stumpfen und leeren Blick, und mechanisch bewegte ihre Hand den Steuerknüppel, während sie von Schlaf träumten. Durchschnittlich zehn Maschinen am Tag gingen verloren durch Abschuß, Absturz oder Bruchlandung.

Auf dem Flugplatz und im Armeestab registrierten sie gewissenhaft die eingeflogenen Tagesmengen: 93 t — 114 t — 52,4 t — 216,2 t — 84 t ... Treibstoff und Waffen und Ersatzteile und Munition und Verpflegung. Einmal, ein einziges Mal waren es fast 300 t. 300 Tonnen hatte man der Armee versprochen als Tagesdurchschnitt, mindestens 500 Tonnen hätte sie gebraucht. Die Quartiermeisterabteilung der Armee rechnete und rechnete, sie rechnete den Tod aus. Bis zum 28. Dezember würde es reichen, wenn man rationierte. Dann war wohl Schluß, wenn nicht ein Wunder geschah. Wenn Hoth nicht kam. Warum kam Hoth nicht? — Die Armee rationierte: 200 Gramm Brot — 150 Gramm Brot! Seit dem 15. Dezember gab es pro Mann und Tag einhundert Gramm Brot. Wohl dem, der noch stille Reserven besaß, die er vor dem befohlenen «Verpflegungsausgleich» hatte retten können! Wehe dem, der nichts mehr zu essen hatte außer dem täglichen Liter fettloser Suppe mit einer Handvoll Grieß oder Hafer, dem einen Teelöffel Schmalzfleisch und diesen einhundert Gramm Brot! Der Divisionsstab in Dubininskij hatte nichts mehr. Der Zahlmeister war verschollen und mit ihm die Verpflegung für dreieinhalb Wochen.

Einhundert Gramm Brot, das ist eine Scheibe von mittlerer Stärke. Was kann man damit schon machen? Man kann sie essen auf vielerlei Art. Man kann sie hinunterschlingen in Sekunden, und man kann einen ganzen Tag davon leben. Im Ic-Bunker hatten sie ihre Schneidewerkzeuge auf Rasiermesserschärfe gebracht. Damit zerteilten sie die Scheiben in Scheibchen. Fröhlich war darin Meister, ihm gelangen zuweilen ganze fünf solcher Scheibchen. Er nahm es als ein Zeichen, daß nichts unmöglich sei, und schöpfte Mut und Kraft daraus. «Nee, wie Sie das so machen, Herr Sonderführer», staunte Geibel. «Mir gelingt das nicht mal beim ‚Edamer'!» Er träumte jetzt oft, wie er daheim in sein eigenes Kolonialwarenlager einbrach und Schokolade, Schinken und Harzer Käse in sich hineinstopfte, während seine Frau ihm jammernd am Rockschoß hing. Die Scheibchen rösteten sie auf dem Ofen, bis sie dunkelbraun und steinhart waren. Dann puderten sie etwas zerstoßenen Süßstoff darüber und kauten stundenlang daran herum. Das Hungergefühl betäubte heißer, gesüßter Kaffee. Herbert verfügte noch über größere Sacharin-Vorräte. Einst hatte er dagegen Eier und Milch eintauschen wollen. Eier und Milch – gab es so etwas überhaupt noch auf der Welt?

Seit kurzem säumten wieder Pferdekadaver die Wege. Während des großen Vormarsches im Herbst hatte feindliches Eisen die Tiere zu Boden gerissen, und sie waren liegengeblieben in ihrem Blut, zuckend und dampfend. In der Hitze des Spätsommers bald unförmig aufgedunsen, hatten sie die Beine von sich gestreckt wie Holzpuppen, an nichts Lebendiges mehr erinnernd. Dann waren sie aufgebrochen und zusammengefallen, voller weißlichen Madengewimmels, und der Verwesungsgestank war süßlich und schwer über die Steppe gezogen. Der Frost war gekommen, hatte die Maden vertrieben und, was noch übrig war, mit dem Boden zusammenfrieren lassen. Gnädiger Schnee hatte alles zugedeckt. Jetzt waren diese Kadaver wieder hervorgescharrt , und es sah aus, als ob wildernde Hunde oder Wölfe daran herumgenagt hätten. Aber es gab weder Hunde noch Wölfe, und sie hätten wohl auch kein Aas gefressen. Vagabundierende Rumänen, von niemand verpflegt, mochten das gewesen sein oder russische Gefangene, die die Fronttruppe oft einfach ins Hinterland schickte und dort ihrem Schicksal überließ. Doch auch deutsche Landser hatte man an diesen Kadavern beobachtet. Besonders die Kniegelenke waren begehrt, sie ergaben eine kräftige Brühe. –

Lakosch saß neben Geibel auf dem Donnerbalken der Latrine. Sie lag ziemlich weit weg, und der Gang dorthin war schon eine Anstrengung. Aber um noch im Freien «abzuprotzen», dazu war es jetzt wirklich zu kalt. Auf der Bretterwand hatte jemand mit Kopierstift die besinnliche Betrachtung verewigt: «Dies ist der Ort, allwo man scheißt, was man am Tag zuvor verspeist.» Und daran schloß sich der Stoßseufzer: «Wie gut, daß wir nicht essen müssen, was wir am Tag zuvor geschissen!» – Ernst und gedankenvoll studierte Lakosch diesen Spruch. «Das kommt auch noch!» brummte er dann. Und während er von der Zweimann-Rolle ein Ende abriß und die Hälfte Geibel hinüberreichte, meinte er:

«Wunderst du dich nicht auch, Langer, von was wir immer noch soviel scheißen können?»

Geibel wunderte sich auch. Die wundersame Speisung der Fünftausend hatte ihm als einzige der biblischen Geschichten stets mißfallen. Er witterte darin eine Gefahr für die Existenz des Einzelhandels. Auch dieses hier war gefährlich wunderbar, wenn auch in anderer Hinsicht.

*

Auf dem Steppengelände westlich der Bunkerstadt weideten neuerdings Pferde. Etwa zwanzig mochten es sein. Klein und struppig bepelzt, wankten sie umher und knabberten müde an den Spitzen des Steppengrases, die hier und da aus dem Schnee hervorragten. Irgendeine bespannte Einheit hatte sie wohl auf diese traurige Weide geschickt. Nachdenklich betrachtete Lakosch den neuen Umstand von weitem. Ein Landser mit Gewehr war als Wache dabei und außerdem einige russische «Hilfswillige».

Eines Tages machte Lakosch den Küchenbullen einen freundschaftlichen Besuch, und bald darauf sah man ihn scheinbar absichtslos durch die Steppe schlendern. Wie zufällig näherte er sich dem Posten. Der saß, in einen langen Schafspelz gehüllt, auf dem Wall einer alten Flakstellung und hatte das Gewehr über den Knien liegen.

«Mor'n!» sagte Lakosch und ließ sich ächzend neben dem Mann nieder. Der brummte etwas Unverständliches, ohne den Blick von den Pferden zu wenden.

«Bißchen wärmer heute, was?» versuchte es Lakosch. Der Posten antwortete nicht. Er legte offensichtlich keinen Wert auf Besuche. Lakosch zog ein blankes Etui aus der Tasche und öffnete es gelangweilt. Es war prall gefüllt mit Zigaretten. Die Küchenbullen hatten ihre Zuteilungen zusammengelegt. Er fingerte sich ein Stäbchen heraus, suchte mit der linken Hand in seinem Mantel nach Streichhölzern und streckte mit der rechten dem anderen das Etui hin. Der Landser sah seitwärts auf die Zigaretten, dann auf Lakosch, der ihn gar nicht zu beachten schien, und schließlich zog er seine Fausthandschuhe aus und griff mit zitternden Fingern in das Etui.

«Hast dich ja dicke eingedeckt!» meinte er. Daß ihm jemand eine Zigarette anbot, erschien ihm märchenhaft.

«Wieso?» fragte Lakosch harmlos. «Das bißchen?»

«Na», sagte der Landser und hielt Lakoschs Hand fest, um sich Feuer zu nehmen, «bei den drei Glimmstengeln pro Tag . . .»

«Drei?» Lakosch tat höchst erstaunt. «Wir kriegen zehn!»

«Nun, sieh mal an! So 'ne Schweinerei, was?»

«Was heißt Schweinerei», meinte Lakosch voller Arglist. «Wir haben noch unsere ganzen Marketenderwaren vom Juli an: Schnaps und Zigaretten und Kekse und Zwieback und Konserven, Kam'rad! Wir brauchen noch nicht zu hungern.» Er blies ein paar Ringe in die Luft. «Zum Abend bekommt jeder bei uns eine Büchse Thunfisch, ja . . .» Beim Erzählen begann er selbst daran zu glauben, und das Wasser lief ihm im Mund zusammen.

«Thunfisch? Ach . . .» Der Posten wurde so aufgeregt, daß ihm der Zigarettenrest aus der Hand fiel. Lakosch reichte ihm noch einmal das Etui hinüber.

«Sag mal . . .», dem Landser trat vor Aufregung der Schweiß auf die Stirn, «sag mal, kannst du nicht mal so 'ne Büchse Thunfisch . . . Ich meine, ich will ja nischt umsonst. Wenn du 'nen Füllhalter willst oder . . . oder . . .» Er hatte sich erhoben, das Gewehr zwischen die Beine geklemmt, und kramte unter dem Pelz in seiner Hosentasche. «Hier, Mensch, echt Hirschhorn, achtteilig, mit Büchsenöffner! Das ist doch was für dich!» Er brachte ein Monstrum von Taschenmesser zum Vorschein, öffnete die Klingen und hielt es Lakosch unter die Nase. Und dabei merkte er nicht, wie drüben an der Rollbahn ein Lkw hielt. Erst als die Hilfswilligen schrien und wild die Arme schwenkten, fuhr er herum.

«Verdammt noch mal!»

Er riß das Gewehr hoch. Aber da war es schon zu spät. Da hatte das eine der Pferde schon die Drahtseilschlinge um den Hals. Der Wagen fuhr an, das Pferd überschlug sich und strampelte noch einmal mit den Beinen. Dann stob der Spuk davon. Der Posten schoß im Stehen sein ganzes Magazin hinter der Schneewolke her. Doch die Entfernung war schon zu groß.

Auch Lakosch hatte sich erhoben und sah interessiert zu. «Perrunje!» meinte er kopfschüttelnd. «Was die nur wollen mit sowas von Gerippe?»

«Was die wollen?» schrie der Posten. «Fressen natürlich, was dachtest du denn! – Scheiße auch, verdammte! Das ist schon der dritte jetzt. Der Alte wird schön fluchen!»

«Pferdefleisch? Brrr –», machte Lakosch. «Das möchte *ich* nicht fressen. Na wegen dem Thunfleisch, da sprechen wir dann noch mal! Tschüs!»

Er entfernte sich etwas schneller, als er gekommen war, und je weiter er weg war, desto mehr steigerte er das Tempo. Mit neuerwachtem Mißtrauen sah der Posten ihm nach. Ihm schien zu dämmern, daß er den Thunfisch nie essen würde. –

Zum Abend gab es beim Divisionsstab Gulasch, und seit langem wurden alle wieder satt. Für Lakosch kam noch etwas in einem verdeckten Teller, das er in der Ecke mit Senta teilte. In der Abfallgrube aber bleckte noch lange ein räudiger Pferdekopf die Zähne, in seinen weißumrandeten Augen war das Entsetzen erstarrt.

Bald danach bot sich für Lakosch eine weitere Gelegenheit, die Verpflegung zu bereichern. Sie war ein Geschenk des Zufalls. Eines Tages wurde er dem Kommando zugeteilt, das von Zeit zu Zeit das kostbare Brennholz aus den Ruinen Stalingrads heranschaffen mußte. Lakosch war gar nicht erfreut darüber. Fluchend fuhr er ab, nicht ohne Geibel genaue Anweisungen für die Betreuung Sentas hinterlassen zu haben. «Wenn dem Hund was passiert . . . sämtliche Knochen breche ich dir, du!»

In den Ruinen der Holzhäuschen am westlichen Stadtrand hatten sie den Lkw bald mit Brettern und angekohlten Balken beladen. Aber dann gab es bei der Ausfahrt über die Schutthaufen eine Panne. Getriebeschaden! Ein Ersatzteil mußte organisiert werden. Vor Mittag des nächsten Tages würde man nicht zurückkommen. Lakosch strich durch die Trümmer der zerstörten Stadt. Er fand es ruhiger als im Herbst und wunderte sich über das geschäftige Treiben zahlreicher Fahrzeuge und Landsertrupps. Die Stadt wurde abgewrackt.

Und dann lief ihm vor dem Kellereingang eines Hauses schon weit in der Innenstadt der Zufall über den Weg mit «Mensch, wie kommst du denn . . .» und «Karl, Manometer! Na, das haut mich um!» Der Unteroffizier, der dort stand, war ein Fleischergeselle aus Gleiwitz, Lakosch kannte ihn vom NSKK. Jetzt war er Zugführer bei einer Einheit, die bereits seit dem Herbst an der Wolga saß. In seinem Bunker wurde das Wiedersehen kräftig begossen. Mit «Weißt du noch?» und «Die Lotte damals, was? Die mit den Sauerkrautstampfern, hahaha!» und «Schöne Scheiße hier, perrunje...» Hier an der Wolga ginge es ja noch, meinte der Unteroffizier. Der Russe sei ruhiger jetzt, und was das Fressen betrifft, da kämen sie noch ganz gut hin dank dem Russenkahn, der da halb abgesoffen in der Wolga stecke. «Voll Mehl bis zum Rand, Kerl! Gar nicht weit von hier, so drei- bis vierhundert Meter. Liegt ja eigentlich im Nachbarabschnitt; aber wenn die Arschlöcher zu feige sind... nicht wahr? Heute nacht machen wir wieder hin!» Und nach ein paar weiteren Schnäpsen: «Du kommst mit, Karl! Klar, Mensch, laß man, ich befummel das schon!»

So kam es, daß Lakosch in der Nacht ziemlich benebelt mit seinem Freund und noch zweien über die zu Bergen geschichteten Eisschollen der Wolga kletterte. Dunkel wurde ihm bewußt, daß sie in einem zur Hälfte mit Eis bedeckten Schleppkahn von beträchtlichen Ausmaßen herumwühlten und auf dem Rückweg zu guter Letzt noch Feuer von Granatwerfern und – Schweinerei sowas! – von einem eigenen MG bekamen. Den einen, der etwas abbekommen hatte, mußten sie die letzte Wegstrecke gemeinsam zurückschleppen, und dabei wurde Lakosch allmählich wieder nüchtern.

Blaß und erschöpft traf er am Morgen bei seinen Kameraden ein. Mit sich schleppte er einen kleinen Kanister voll Sirup und einen Viertelzentnersack Mehl. Während der Rückfahrt schlief er, den Mehlsack unter dem Kopf und den Kanister im Arm.

Als Lakosch endlich wieder in seinem Bunker anlangte, war Senta fort. Geibel weinte fast. Er sei doch nur einmal mit ihr durchs Lager gegangen, und sie sei ihm nicht vom Fuß gewichen, bestimmt! Und mit einmal, da sei sie weg gewesen. Und er habe schon überall... Lakosch sah ihn nur mit einem fürchterlichen Blick an, dann stürzte er, müde wie er war, hinaus. Er kletterte in alle Bunker, durchschnüffelte alle Fahrzeuge in weitem Umkreis, untersuchte den Schnee nach Spuren. Senta blieb verschwunden.

Aus einem Teil des Mehls ließen sie unten im Ort bei einer Russenfrau, die für die Landser wusch, vier prächtige Brote bakken. Den Rest verarbeitete Herbert mit dem Sirup und mit Bullrichsalz zu Plätzchen, die er im Kochgeschirrdeckel abbuk. Eigentlich sollten sie zu Weihnachten bleiben, aber schon nach zwei Tagen war nichts mehr davon übrig. Alle bekamen einen Durchfall, daß sie ihre Eingeweide zu verlieren glaubten. Der Sirup war mit Maschinenöl versetzt und ein technisches Schmiermittel gewesen.

*

Grau und tot stand die «Ju» zwischen den Linien. Man wußte nicht, was sie barg. Vielleicht Brot, vielleicht auch Benzin oder Munition. Zwei Tonnen kostbarer Nutzlast für den Feind! Für den Feind? Noch nicht! Noch schien sich da drüben nicht viel gerührt zu haben. Am Tage konnten die Russen nicht an die Maschine heran, und nachts vierzig Zentner im Dunkeln ausladen, das war auch keine Kleinigkeit. Jedenfalls mußte da schnell etwas geschehen. Dieser Meinung war auch der Regimentskommandeur, der sich die Sache ansah. «Schießt den Kasten doch mit MGs zusammen! Wenn Benzin drin ist, brennt er bestimmt ab!» Aber das hatte man schon versucht, durch den Feldstecher hatten sie die Einschläge der Leuchtspurmunition beobachtet. Es war also kein Benzin drin. Das Regiment ersuchte die Division, die Zerstörung der «Ju» durch Artilleriebeschuß zu genehmigen. Die Division gab drei Schuß dafür frei. Die Artillerie schoß gut, der dritte Schuß saß schon ziemlich dicht dran. Sicher war die Maschine von Splittern durchsiebt. Aber sie stand immer noch da, groß und grau und allen ein Aergernis.

«Was meinen Sie, wenn wir das Ding sprengen würden?» fragte der Bataillonskommandeur den Steiß. Der nickte. Im Schutze der Nacht mußte mit etwas Glück dort heranzukommen sein. «Aber nur, wenn sich jemand freiwillig meldet! Befehlen wollen wir das keinem, das ist die Sache nicht wert.»

Feldwebel Harras war Zeuge dieses Gespräches.

«Das möchte ich machen, Herr Hauptmann!»

Blitzschnell hatte er überlegt. Das war die Gelegenheit, die einmalige, unwiderbringliche!

«Sie?» — Harras' Skatspiel war besser geworden, aber infanteristisch traute der Steiß ihm immer noch nicht viel zu. Er sah seinen Feldwebel eine ganze Weile schweigend an. «Na schön, wenn Sie durchaus wollen», sagte er schließlich achselzuckend. «Aber nicht allein!»

Es meldeten sich noch Unteroffizier Hempel, der etwas vom

Sprengen verstand, und ausgerechnet das «Würstchen», der Seliger. Offenbar in der Annahme, daß es dort, wo Harras dabei war, nicht allzu gefährlich werden könne. Da niemand sonst Ehrgeiz zeigte, gab der Steiß schließlich seine Zustimmung. Immerhin war der Hempel, einer seiner besten Leute, mit von der Partie. Trotzdem war ihm nicht ganz wohl bei der Sache.

In der folgenden Nacht schon wurde das Unternehmen gestartet. Es erwies sich als weit schwieriger, als Harras vermutet hatte. Die drei hatten weißes Tarnzeug an und die Gesichter und Stiefel mit Kalk beschmiert. Schon vom Bahndamm ab mußten sie kriechen. Harras kroch in der Mitte und gab die Richtung an, die anderen beiden bewegten sich rechts und links von ihm mit etwa 10 m Zwischenraum vorwärts.

Zwei- bis dreihundert Meter sind nicht viel für einen Fußgänger. Wenn man auf dem Bauch liegt, sieht die Sache anders aus, und wenn man sie kriechend überwinden muß, scheinen es Kilometer zu sein. An den Boden gedrückt, kroch Harras langsam vorwärts. Die MP behinderte ihn, und das messerscharfe, glasharte Steppengras zerschnitt ihm Gesicht und Hände. Zudem quälte ihn die Furcht, die Sprengpatronen in seinen Taschen könnten sich irgendwie entzünden und mit ihm selbst in die Luft fliegen. Nach wenigen Metern schon rann ihm trotz der Kälte der Schweiß von der Stirn und schwemmte ihm den Kalk in die Augen.

Von den anderen beiden war nichts zu hören. «Pst, pst!» machte Harras. – «Hier, Herr Feldwebel!» raunte es seitwärts. Aha, der Hempel war etwa auf seiner Höhe, während Seliger anscheinend etwas zurücklag.

Die Russen waren recht unruhig, fortwährend gingen drüben Leuchtkugeln hoch. In ihrem gelblichen Schein mußte Harras sich orientieren. Vorn sah er die «Ju», sie wollte und wollte nicht näherkommen. Es war schon eine schöne Scheiße, in die er sich da eingelassen hatte! Von Herzen gern hätte er jetzt auf Beförderung und Auszeichnungen verzichtet, wenn er nur erst heil wieder zurück wäre. Er kroch weiter. Von seinem Gesicht tropfte es, er wußte nicht, ob es Blut oder Schweiß war.

Wieder flammte eine Leuchtkugel auf, und Harras reckte den Oberkörper hoch. Kam das verdammte Biest denn immer noch nicht näher? Er erkannte zu seiner Freude, daß sie schon mehr als die Hälfte des Weges überwunden hatten.

Da ratterte drüben ein MG los, und noch eins, und ein drittes... Und gleich zwei, drei Leuchtkugeln schossen hoch. Verdammt, entdeckt! Was nun? Harras preßte sich so fest an den Boden, daß er kaum richtig atmen konnte. Und dann krachte es grell, vorn und hinten, rechts und links – Granatwerfer!

Harras spürte den tobenden Schlag seines Blutes in Hals und Händen, einen Augenblick lang war er wie betäubt. Dann sprang er auf und rannte schreiend nach vorn. Er stolperte in eine Mulde und stürzte. Rings um ihn krachte und blitzte es, und immer neue Leuchtkugeln kletterten am Himmel hoch und sanken gelbglitzernd zu Boden.

Auch von der eigenen Seite schossen sie jetzt.

Harras spürte, wie jemand in die Mulde sprang und sich an ihm festkrallte.

«Herr Feldwebel, Herr Feldwebel... ooch –» Es war Seliger.

«Ruhig liegenbleiben, Mann!» keuchte Harras. «Wir sind entdeckt. Wenn der Feuerzauber vorüber ist, müssen wir...»

Da schlug ihm zugleich mit einem ohrenbetäubenden Krachen etwas Hartes an den Schädel. Um ihn wurde es schwarz – – –

Als nach etwa zehn Minuten das Feuer verstummte, füllte die Nacht ein Schreien. Dieses Schreien hatte nichts Menschliches mehr. Es drang bis in die Bunker und jagte die Schläfer von ihren Pritschen hoch. Und es riß nicht ab. Am Morgen war es nur noch ein von Atempausen unterbrochenes tiefes Röhren, am Nachmittag ein Stöhnen, das gegen Abend in helles Winseln überging. In der Nacht krochen sie hinaus, dem Winseln nach. Die Russen schossen nicht.

Sie fanden Unteroffizier Hempel. Als sie ihn zurückgeschafft hatten, war er tot. Nach den anderen beiden hatten sie nur flüchtig Umschau halten können. Sie hatten sie nicht gefunden.

*

Am Nordwestrand der Bunkerstadt, unweit des Divisionsstabes, hat Leutnant Dierk mit seinen zwei Vierlingsflak Stellung bezogen. Nachts stottern die «U dwa», diese Krähen, so unverschämt niedrig über sein Loch hinweg, daß ihn manchmal die Wut packt. Seelenruhig lassen sie ihre Leuchtfallschirme segeln, unbehelligt schippen sie ihre Kleckerbomben aus, und er könnte sie oft mit einem einzigen Feuerstoß herunterholen. Aber er darf nicht. Er hat Schießerlaubnis nur für den Fall eines direkten Angriffs auf den Divisionsstab. Er sieht ein, daß das vernünftig und richtig ist. Aber trotzdem!

Am Tage freilich zeigen sich die Russen kaum in der Luft. Sie haben Respekt vor den letzten fünf in Pitomnik stationierten Jägern, von denen fast immer einige in der Luft sind zum Schutz für die Transporter. Kaum aber befinden sich alle fünf einmal gleichzeitig am Boden, dann sind zwei Minuten später todsicher auch die russischen Bomber da. In Kette zu vieren oder fünfen fliegen sie, von ein paar kurzschwänzigen Jagdmaschinen umkurvt, das Rossoschkatal oder die Nordstellung entlang und mitunter auch frech über den Flugplatz. Unten bezeichnen graue Rauchpilze ihren Weg; manchmal steigt eine schwarze Qualmwolke hoch, dann ist ein Treibstofflager getroffen. Leutnant Dierk, auch in solchen Fällen zu seinem Aerger nur Zuschauer, wundert sich über diesen wie mit der Stoppuhr berechneten Einsatz; denn wenn die «Messerschmitt» endlich hoch sind, sind die Russen längst wieder über alle Berge.

Nur einmal, da haben sie sich verfrüht, zwei Jäger sind noch in der Luft. Die Russen merken nichts, seelenruhig steuern sie geradeswegs auf den Flugplatz los. Da stürzen die silbergrauen «Me 109» wie die Habichte herunter. Rititit — ritititit, ihre Leiber sprühen gelbliche Blitze. Die Bomber werden unruhig, sie torkeln und schnüffeln nach den Seiten, ihre Ordnung lockert sich. Die russischen Jäger aber nehmen den Kampf an, es bleibt ihnen diesmal keine Wahl. Und schon ist der Himmel voll singender, blitzender Kurven.

Unten recken die Landser die Hälse, für sie ist das spannend wie ein Fußballmatch. «Ran, Mensch, los! — Aech, na ja, wenn er *so* spät rausrotzt . . . Da, da, jetzt —! Ach sieh, wie der Leine zieht, der Iwan! — Da, jetzt ab, rin in die Wolken!»

Die Russen sind verschwunden. Nur zwei Jäger kurven noch wild umeinander. Jetzt dreht der eine ab und zieht in gestreckter Bahn davon. Eine Rauchfahne weht hinter ihm her, die immer länger und dunkler wird. Die «Me» geht ihn noch einmal von unten an und spuckt Feuer. Von dem Rumpf der russischen Maschine löst sich ein schwarzer Punkt ab. Er fällt schneller und schneller, aber dann bläht sich über ihm plötzlich etwas Weißes. Das Flugzeug ist hinten irgendwo brennend zu Boden gestürzt.

Von Nordosten her weht ein erträglicher Wind, er treibt den

weißen Ball auf die Bunkerstadt zu. Da unten ist große Aufregung. Aus allen Löchern kommen sie hervorgekrochen und stieren nach oben. Auch die von Ic natürlich. Silberweiß glitzert der Fallschirm auf dem blauen Hintergrund des Himmels. Er wird größer und größer. Ruhig schwebt er geradewegs auf den Gefechtsstand von Dierk zu. Deutlich erkennt man jetzt schon die Arme und Beine des Mannes, der hilflos darunter pendelt. Irgend etwas löst sich von ihm und fällt herab. – «Der schmeißt doch nicht etwa Bomben?» – «Bomben, Quatsch! Der wirft Ballast ab. Vielleicht hofft er noch bis nach Hause zu segeln!» Und jetzt blitzt es oben auf, viermal, fünfmal – «Hallo, der schießt ja, das Schwein!» Einige Vorsichtige werfen sich in den Schnee, andere reißen ihre Gewehre hoch. «Nicht schießen!» schreit Dierk. «Der hat doch nur Angst!» Aber ein paar Gewehre gehen doch los.

Jetzt hat der Fallschirm fast die Erde erreicht. Der Mann berührt schon den Boden, sackt bis zu den Knien im Schnee ein, wird noch einmal hochgerissen und ein Stück geschleift. Dann bauscht sich der Fallschirm über ihm wie eine riesige Blase und fällt ganz plötzlich zusammen, so schnell, als hätte ihn die Erde verschluckt.

Von allen Seiten hasten die Landser durch den tiefen Schnee darauf zu. «Vorsicht, vielleicht schießt er wieder!» – Aber nichts rührt sich unter dem Stoffhaufen.

Inzwischen ist, die Pfeife zwischen den Zähnen, Hauptmann Endrigkeit herangestapft. «Nu nehmt mal die Fingerchen da weg!» bedeutet er den Landsern, die schon mit der Zerlegung des Fallschirms begonnen haben. «Jetzt wird Papa sich das mal ansehen!»

Leutnant Dierk räumt zusammen mit Wiese und Breuer, die inzwischen auch hinzugekommen sind, den Fallschirm zur Seite. Ganz unten liegt im Schnee zusammengekauert der Russe. Er hält noch die Pistole in der Hand, mit der er geschossen hat. Endrigkeit nimmt sie und untersucht das Magazin. Es ist leer. Breuer bemüht sich indessen um den Russen. Er scheint nicht verletzt zu sein, denn er hilft jetzt mit, aus der Verstrickung heraus und wieder auf die Beine zu kommen. Schließlich steht er da in seiner gefütterten Fliegerkombination, etwas weich in den Knien noch, wie es scheint.

Dierk geht um ihn herum, betrachtet ihn von oben bis unten

und reißt ihm schließlich die Kappe vom Kopf. Störriges, weißblondes Haar fällt in eine breite, helle Stirn. Der übrige Teil des Gesichtes ist braun und ölverschmiert.

Der Russe atmet schwer. Er sieht niemand an, er scheint auf etwas Unvermeidliches zu warten. Dierk reicht ihm eine Zigarette. Der Russe streift den Spender mit einem fragenden Blick und greift zu. Seine Hand zittert. Tief zieht er den Rauch ein und stößt ihn durch Mund und Nase zugleich wieder aus. Er wird ruhiger.

Ringsumher drängen die Zuschauer und tauschen ihre Meinungen aus: «Lederkombination, was? Ein ganz feines Aas! So 'n Stück Kommissar wohl!» – «Sehr wohl scheint ihm nicht zu sein!» – «Wär' dir auch nicht, du Hammel!» – «Er sitzt in der Scheiße, wir sitzen in der Scheiße. Kein großer Unterschied!»

«So, Kerlchen, nu komm man!» Endrigkeit faßt den Russen am Arm. «Na, Herr Ic, das ist endlich mal wieder was für Sie, he? Dies Gericht gab's doch schon lange nicht mehr!» Sie nehmen den Russen in die Mitte und ziehen zum Ic-Bunker zurück. Die Menge verläuft sich.

Der Russe sitzt vornübergebeugt auf dem Schemel, die Hände zwischen den Knien gefaltet. Sein breites Gesicht wirkt etwas grob, aber Mund und Augen verraten Intelligenz. Er blickt durch die Wände des Bunkers hindurch in eine unbekannte Ferne. Von den Umsitzenden, die ihn neugierig mustern, scheint er nichts wahrzunehmen.

Sonderführer Fröhlich kramt einen Schreibblock hervor, beleckt den Bleistift und setzt sich in Positur.

«Nu dawaj, gospodin, kak wasche familja?»

Der Russe antwortet nicht, er scheint nichts gehört zu haben. Fröhlich räuspert sich etwas verlegen. Er befürchtet, die anderen könnten an seinen Sprachkenntnissen zweifeln.

«Wy lotschik, da? – Kakoj polk?»

Nichts. Der Russe starrt teilnahmslos vor sich hin.

«Nu schto, patschemu nje gawaritje? – Nje panimaitje?»

Der Russe scheint taubstumm zu sein. Fröhlich ist so etwas noch nicht begegnet. «Er antwortet nicht!» meint er hilflos. Aber das haben die anderen auch schon gemerkt.

Dierk ist die ganze Zeit über auf seinem Platz herumgerutscht. Ihm geht das hier alles viel zu langsam. Jetzt kann er sich nicht mehr beherrschen.

«Haut ihm doch die Knochen kaputt, wenn er das Maul nicht aufmacht!»

«Bitte, Leutnant Dierk!» sagt Breuer ziemlich scharf. «Muß Ich Sie daran erinnern, daß Sie Offizier sind?» Dierk beißt sich auf die Lippen, er ist rot geworden. «Im übrigen hat der Mann als Kriegsgefangener das Recht, die Aussage zu verweigern. Würden Sie anders handeln?»

«Möchte nicht wissen, was die mit *uns* machen würden», knurrt Dierk und starrt böse vor sich hin.

Breuer läßt die einseitige Vernehmung abbrechen. «Soll das Korps sich mit ihm herumärgern! Ist ja auch ganz wurscht, ob wir wissen, wo ihre Flugplätze liegen und was es drüben zu essen gibt. — Uebrigens, Geibel, haben wir noch was zu essen?»

Geibel macht ein betrübtes Gesicht, die Frage greift an seine Berufsehre. «Da ist ... da ist eigentlich nur noch die Abendverpflegung für Herrn Oberleutnant!»

«Mehr nicht? Hm — Ich dachte, wir könnten alle etwas ... Na, gehen Sie doch mal zur Küche rüber! Und wenn Sie dort nichts kriegen, dann geben Sie ihm in Gottes Namen mein Zeug da!»

Auf den Russen hat derweilen niemand geachtet. So blieb unbemerkt, daß er die letzten Gespräche mit einer verstohlenen Anteilnahme verfolgt hatte. Jetzt spricht er langsam und schwer in die Stille hinein:

«Bitte — erschießen Sie mich!»

Die Köpfe fahren herum. Das plötzliche Erscheinen eines Marsmenschen hätte keine größere Verblüffung hervorrufen können.

«Wie?» fragt Breuer dumm. Er glaubt sich verhört zu haben.

Hauptmann Endrigkeit patscht sich mit den Händen auf die Oberschenkel. «Nu brat' mir aber einer 'nen Storch!»

«Erschießen Sie mich!» sagt der Russe noch einmal. «Machen Sie ein Ende!» Die Bitte, in einem schwerfälligen, aber sauberen Deutsch vorgebracht, ist ernst und dringlich. Die anderen starren ihn immer noch mit offenem Munde an.

«Also wenn das Ihre einzige Sorge ist ...», sagt Breuer schließlich, «hier wird niemand erschossen. Wir sind keine Verbrecher.» Der Kommissarerlaß von 1941 fällt ihm ein. Aber das ist schon lange her, und er wurde ja auch kaum befolgt. Einmal allerdings ... Er wischt die Erinnerung fort.

Der Russe blickt ihn nachdenklich an, als suche er eine Antwort auf neue Fragen, die ihn bewegen. Sein Blick wandert weiter zu Fröhlich, zu Wiese, an Leutnant Dierk bleibt er hängen. An Dierk, der wohl ebenso alt sein mag wie er selbst.

«Nein», sagte er langsam, «keine Verbrecher — vielleicht. Sie erschießen mich nicht. Sie geben mir Essen und Zigaretten. Keine Verbrecher. Sie sind — Deutsche.» Die anderen unterbrechen ihn nicht. Das hier ist sehr seltsam, gänzlich außerhalb des üblichen Rahmens. Der Blick des Russen wandert wieder die Gesichter entlang, wie um eine neue Welt zu ergründen, die ihm unlösbare Rätsel aufgibt. Er sieht Wiese an. «Ich habe geliebt Deutschland, habe studiert Heine und Goethe und Lessing und Hegel. — Auch Sie haben gelesen ... und Sie kommen in unser Land mitten im Frieden. Zerstören unsere Städte, töten die Sowjetmenschen, hängen sie an ... wie sagt man auf deutsch ... an Galgen. Warum?» Er sagt das alles ganz ruhig, ohne jede Spur von Erregung.

Leutnant Dierk verliert die Geduld. Er versteht nicht, warum man mit diesem renitenten Kerl so ein Theater macht. «Quatschen Sie nicht Blech, Mann!» fährt er los. «Das versteht ihr nicht, dazu seid ihr zu dumm!»

«Ich verstehe nicht, nein —» sagt der Russe. «Aber ich habe gelernt Deutschland hassen. Die Deutschen sind Verbrecher.»

«Schluß jetzt!» sagt Breuer. «Essen Sie hier erst mal was, und alles Weitere wird sich finden. Mit der Zeit werden Sie schon besser von den Deutschen denken lernen. Morgen kommen Sie in ein Lager, und nach Kriegsende können Sie in Ihre Heimat zurückkehren.

Doch der Russe schüttelt den Kopf, und fast scheint es, als ob er lächle. «*Ich* werde nicht leben, und *Sie* nicht leben. Ich werde tot sein morgen und Sie übermogen.» Und jetzt wird seine Stimme lehrhaft, als spräche er vor einem Auditorium. Sorgfältig sucht er seine Worte. «Unser Krieg ist ein gerechter Krieg. Wir verteidigen die Freiheit, unser Land und die Errungenschaften der Großen Oktoberrevolution. Die Völker der Sowjetunion werden eine furchtbare Rache nehmen an den deutschen Aggressoren. Unter der Fahne Lenins und unter der Führung des großen Stalin ...» Hier bekommt Fröhlich einen Lachanfall, und auch die anderen sind heiter gestimmt. Es ist auch zu komisch, wie der ölverschmierte Kerl da in der ihm fremden Sprache seinen eingelernten Vers herunterbetet. Der Russe aber spricht unbeirrt weiter, als erkläre er den Lehrsatz des Pythagoras: «... unter der Führung des großen Stalin werden sie siegen. Einmal wird der heilige Boden der Sowjetunion frei sein von den deutschen Okkupanten.»

Jetzt lacht Leutnant Dierk schallend heraus: «Mann, Sie sind ja ein ulkiger Vogel! So einen wie Sie habe ich immer schon mal sehen wollen. Ihr meint also wirklich, weil wir hier mal zufällig in der Patsche sitzen, deswegen habt ihr schon den Krieg gewonnen?»

Der Russe sieht ihn aufmerksam an und versucht zu verstehen. Dann macht er eine abfällige Handbewegung.

«Stalingrad», sagt er, «das ist Anfang. Hitler kaputt, Berlin kaputt, Deutschland kaputt — das ist Ende!»

Ganz ruhig sagt er das, gleichgültig, fast wie etwas, das sich ja eigentlich von selbst versteht. Mit Interesse widmet er sich der Suppe, die Geibel eben gebracht hat.

Dem alten Endrigkeit ist vor Verwunderung die Pfeife ausgegangen. «Hat man sowas schon gehört?» sagt er kopfschüttelnd. «Da huckt nu einer hier an der Wolga im Dreck bis anne Ohren, und denn sieht er sich all in Berlin!» Daß jemand so etwas aussprechen kann, nein, daß er daran glauben kann — und das tut der Russe da offenbar — das erfüllt sie alle mit Staunen.

Man berät kurz, was weiter zu tun ist. Endrigkeit soll den Gefangenen über Nacht in Gewahrsam nehmen und am nächsten Tage zum Korpsstab bringen. Breuer setzt eine kurze Meldung an Graf Willms auf, und bald darauf macht sich der Hauptmann mit dem Russen auf den Weg.

Nach des Hauptmanns Aufbruch saßen die übrigen noch geraume Zeit zusammen und besprachen den Fall. Das Erlebnis war noch nicht verarbeitet.

«Seltsam —», sagte Breuer und blickte dem Rauch seiner Zigarette nach. «Da vernimmt man seit Jahr und Tag Russen, während der Kiewschlacht waren es manchmal dreißig am Tag, hohe Offiziere von Armee- und Frontstäben, Generale ... Alle, aber auch alle ohne Ausnahme sagten sie aus, was man wissen wollte, freiwillig, ohne jeden Druck. Hatten die Schnauze voll von Stalin und dem ganzen System, nicht einer war dabei, der jemals Kommunist gewesen sein wollte ... Man denkt, man hat ausgelernt, weiß Bescheid – und dann läuft einem mit einmal so einer über den Weg!»

«Kiew ist nicht Stalingrad», meinte Leutnant Wiese nachdenklich. «Damals siegten *wir*, jetzt siegen *sie*. Und dann, Breuer, vergessen Sie eines nicht: Der, den Sie da eben mit so zweifelhaftem Erfolge vernommen haben, das war kein Gefangener, das war ein Toter! Einer von denen, wie Sie sie in den Wäldern bei Kiew herumliegen sahen mit einem Loch im Kopf, die Pistole noch in der Hand. Daß das Magazin zu schnell leergeschossen war, das war sein Pech.»

Sie wurden durch einen Soldaten unterbrochen, der eine Meldekartentasche brachte. «Die fanden wir hinten im Schnee. Möglich, daß die dem Russen gehört!» Die Tasche enthielt eine abgegriffene, eng zusammengefaltete Karte 1 : 300 000, mit Bleistiftzeichnungen. Und dann brachte Fröhlich eine Art Kennkarte zum Vorschein. Er blätterte darin herum.

«Aha, hier! Da haben wir ja alles: Wladimir Fjodorowitsch Krapotkin, Kapitan, 25 Jahre – und hier: Instruktor an der Pädagogischen Hochschule in Moskau!»

«Mit fünfundzwanzig Jahren, sieh mal an!» meinte Breuer. «Daher also das gute Deutsch und der politische Sondervortrag!»

«Hier nennt sich anscheinend jeder Agitator Hochschullehrer», warf Dierk ein. «‚Aggressoren und Okkupanten' – das ganze Parteichinesisch hat er hergebetet. Mit so einem trockenen Phrasensalm würde er bei uns keinen Hund hinter dem Ofen hervorlocken. *Wir* machen das besser!»

«Und das Schlimmste ist», sagte Wiese, «daß er mit manchem noch gar nicht mal unrecht hat. Die Sache mit dem gerechten Krieg ...»

«Natürlich!» unterbrach Dierk. «Leute Ihres Schlages sind auf sowas natürlich ansprechbar. Das war wieder Butter auf Ihr Christentum, was? – Was heißt hier gerecht? Wir führen einen Existenzkampf auf Leben und Tod. Was Deutschland dabei nützt, ist gerecht!»

«Langsam, langsam, Dierk!» erwiderte Wiese. «Das ist eine sehr gefährliche Moral, die Sie da vertreten. ‚Recht ist, was Deutschland nützt?' Das ist – ja, wie soll ich sagen – das ist nationaler Egoismus. In letzter Konsequenz würde das zu einem Kampf aller gegen alle führen. Sie sind ...»

«... ein nationaler Egoist, jawohl!» unterbrach Dierk wütend. «Genau das bin ich. Ich glaube an Deutschland.»

«Und der dort glaubt an die Sowjetunion. Wenn wir ...»

«Das ist sein gutes Recht, solange er uns damit ungeschoren läßt. Ich bin jedenfalls Deutscher, und ich glaube an Deutschland. Und das scheint mir besser, als an die himmlischen Heerscharen und an tausend Heilige zu glauben wie Sie!»

«Ich?» sagte Wiese leise. «Ich glaube an den Menschen.»

Dierk dachte eine ganze Weile nach. Dann erwiderte er ruhig: «,*Den* Menschen' gibt es überhaupt nicht. Es gibt Arier und Neger und Juden und meinetwegen Schlappschwänze und ganze Kerle, was im übrigen so ziemlich auf dasselbe herauskommt. Packen Sie Ihren Humanismus ein, Wiese! Der Humanismus ist tot.»

«Den Menschen gibt es, solange wir an ihn glauben», antwortete Wiese. «Wenn uns dieser Glaube verlorengeht, bleibt nur noch die Barbarei, Dierk! Raubritterzeit, ,Schlage deinem Nächsten nach Belieben den Schädel ein' — da sind wir seit einigen Jahrhunderten ja nun glücklich heraus, und das finden Sie wahrscheinlich auch in der Ordnung. Und unter Völkern und Staaten, da soll das für ewig oberstes Gesetz sein? Nein, Dierk, das ist bestimmt nicht Ihr Ernst. Was Sie da vertreten, das ist einfach eine Gangstermoral.»

Dierk scharrte mit dem Fuß auf dem Boden herum wie ein störrisches Pferd. «Ich verstehe gar nicht ...», sagte er gereizt, «Sie reden da immer von *meiner* Moral. Hier handelt es sich gar nicht um meine Moral. Der Grundsatz ,Recht ist, was dem Volke nützt', das ist die Moral der Bewegung, zu der wir uns alle bekennen. Sie, meine Herren, Sie sind doch schließlich auch Nationalsozialisten!»

Es wurde ganz still. Fröhlich knetete angestrengt sein Ohrläppchen. Breuer aber war es, als würde für Augenblicke ein Vorhang vor ihm aufgerissen.

«Ja», sagte er brüchig, «wir sind auch — Nationalsozialisten.»

Als Hauptmann Endrigkeit am nächsten Tage kam, war er ganz verstört. Aechzend ließ er sich in den Autosessel fallen und saugte heftig an seiner Pfeife.

«Er ist tot», sagte er.

«Wer, doch nicht der Flieger?»

Der Hauptmann zuckte die Schultern. «Machen Sie was, wenn einer nicht mehr leben will!» Und er erzählte, wie alles gekommen war. Auf der Fahrt nach Nowo Aleksejewka zum Korps hatte der Wagen eine Panne gehabt, und da war er plötzlich davongelaufen. «So ein Blödsinn, nich wahr? – Und die Jungchens sind ihm ja auch noch ein ganzes End' nachgelaufen und haben geschrien, er soll nich dusselig sein. Und denn haben sie paar Schreckschüsse abgegeben. Nichts zu machen, er blieb nich stehen. Na – und da hat denn der Otto ... Gleich der erste Schuß war ein Herzschuß. Ja ...» Der Hauptmann qualmte wie eine Lokomotive, von seinem Gesicht war kaum etwas zu sehen. Dann zog er die Pistole, die er dem Russen abgenommen hatte, aus der Tasche und drehte sie in den Händen. «Wissense, Breuer, der hat nachgeholt, was ihm das Dings hier vermasselt hat. Der hat den Tod gesucht.» –

*

Mit dem Küchenbullen stand Lakosch seit der geglückten Pferdejagd im besten Einvernehmen. Das hatte seine Vorteile. Es fiel hier und da etwas ab, und wenn es ein halber Liter Suppe war. So wunderte er sich auch nicht, als er eines Tages eine etwas geheimnisvolle Einladung zu einem «kleinen Essen» erhielt.

Als er am Abend nach der Verpflegungsausgabe in den Küchenbunker herüberkam, empfing ihn dort großes Hallo. Die ganze Belegschaft war versammelt, und Unteroffizier Klaucke, der dicke Chefkoch, thronte inmitten der Seinen wie ein Pascha. Eine unbegreifliche Fügung hatte ihn, der vor dem Kriege in Berlin ein schlanker und ranker Schneidergeselle gewesen war, an den Kochkessel geführt, und er hatte es nie bedauert. Im Laufe der Zeit hatte er sich von unzähligen Suppenresten eine beachtliche Wampe angefressen, auf die er stolz war, obwohl sie in einem unerfreulichen Mißverhältnis zu seinen wadenlosen Beinen und dem ungesund grauen Gesicht stand.

«Prost Karl!» – Lemke, die Kasinoordonnanz, hatte aus Unolds Beständen eine Flasche Kognak organisiert, von der man schon einen beträchtlichen Streifen getrunken hatte. «Schon gehört? Der Hehö ist verschütt gegangen!» – «Und der Seliger auch, Mensch!»

«So? Ach –» Lakosch hatte noch nichts gehört. Also war dies

hier so eine Art Leichenschmaus! «Na, dann prost!» — Um den Seliger, dieses Würstchen, tat es ihm leid, der hatte ihm und dem Hund immer mal was zugesteckt. Aber was den Harras betraf, so würde er zehn von der Sorte darangeben, wenn er dafür seine Senta wiederbekommen könnte. Noch einmal kreiste die Flasche, und als sie leer war, brachte Lemke noch eine zweite zum Vorschein.

«Na, Mann, wenn der Oberstleutnant das spitz kriegt! Der zählt doch jeden Abend die Flaschen!»

«Keine Bange!» lachte Lemke. «Da liegen sowieso schon welche, da ist bloß noch kalter Tee drin!»

«Au Junge, wenn das mal . . .»

«Wenn das rauskommt, dann geht es eben auf das Konto von dem seligen Seliger.»

«Paß man lieber auf, daß der Oberstleutnant dich nicht auch in die Seligkeit abmarschieren läßt!»

«Schluß jetzt mit der Sauferei!» kommandierte der Chefkoch. «Jetzt wird erst mal gefressen!»

Es gab eine Erbsmehlsuppe, die sich von der Normalverpflegung durch ihre Dicke und durch einen schillernden Fettspiegel erheblich unterschied. Danach aber wurde mit viel Getue für jeden ein verdeckter Aluminiumteller serviert. Ein köstlicher Duft verbreitete sich, der aus ferner Vergangenheit herüberzuwehen schien. Auf Kommando wurden die Deckel abgenommen. Die anderen, die alle Bescheid wußten, sahen gespannt auf Lakosch. Der aber starrte wie verzaubert auf seinen Teller. Dort lagen zwei faustgroße Klöße und daneben in brauner Zwiebelsoße zwei wunderbare Bratenscheiben.

«Jetzt biste Neese, wa?» grinste der dicke Koch.

«Donnerwetter!» — Lakosch war so gerührt, daß ihm die Augen feucht wurden. «Habt ihr schon wieder ein Pferd . . .?» Er sah sich in der Runde um, die anderen strahlten ihn an. Lakosch schnitt sich ein Stück ab und kostete. «Kam'räder, das schmeckt ja wie — wie Kalbsbraten!» Das Fleisch war wunderbar hell und zart. «Nein, das könnt ihr mir nicht erzählen, das ist nicht Pferd!»

«Frag nicht und friß!» beschied ihn der Unteroffizier. Lakosch ließ sich das nicht zweimal sagen, er kaute mit vollen Backen und kam mit dem Schlucken kaum zurecht. Die anderen aßen ebenfalls und betrachteten ihn dabei mit verstohlenem Grinsen.

«Friß man tüchtig», meinte der Koch voll satten Wohlwollens. «Kannst nachher noch mehr kriegen!»

Ein voller Bauch kann einen Menschen verwandeln. Lakosch fühlte von seinem Magen her eine wohlige Wärme in seine Glieder strömen. Er vergaß seinen Kummer, und alles erschien ihm auf einmal leicht und einfach. Die zweite Portion zwang er kaum noch. Als jetzt die Kognakflasche wieder kreiste, kam die Stimmung auf den Höhepunkt. «Wißt ihr noch damals, der Kanister mit Eigelb — wie der Hehö sich Plinsen davon backen ließ?» — «Und dann war's Oelfarbe gewesen, hahaha! Das Gesicht, Leute, das Gesicht ... Scheiße hab' ich geschrien!» — «Und dann das Ding da in Krementschug ...» Sie lachten und grölten, einer schrie immer lauter als der andere.

Auch Lakosch packte seine Witzkiste aus. «Und kennt ihr den mit ‚Pfanne'?» Sie kannten ihn schon, aber heute hörten sie ihn gern noch einmal. «Und den mit ‚Türkisch Essen'?» Nein, den kannten sie noch nicht. «Also, der Franzek lädt den Antek ein zu ‚Türkisch Essen'. Es gibt so — na, so eine Fleischbrühe mit Nudeln drin, und der Franzek ißt und ißt. Aber der Antek denkt: «Scheiße werd' ich essen Suppe! Wenn kommt ‚Türkisch Essen', ist Bauch voll! Er ißt also nur einen Teller und wartet. Aber es kommt nichts mehr. Zuletzt sagt er zum Franzek: ‚Nu, was ist? Wo bleibt Türkisch Essen?' — ‚Perrunje', sagt der Franzek, ‚Aas blöder, hast doch gehabt Türkisch Essen! War doch von Pascha, der was noch lief gestern auf Straße!'» —

Ein wieherndes Gebrüll folgte. Der dicke Koch wurde vom Lachen ganz blau im Gesicht. «'... lief noch gestern auf Straße!'» japste er und patschte sich mit den Händen auf die Knie. «Kinder, ik werd' verrückt!» Sie konnten sich gar nicht beruhigen.

Lakosch war etwas verwundert über die durchschlagende Wirkung und fühlte sich zu Neuem beflügelt. «Aber der mit ‚Veilchen', der ist noch besser! Sagt der Antek zu Fran ...»

Mitten im Wort brach er ab, und das Lachen auf seinem Sommersprossengesicht gefror zu einer Grimasse. Sein Blick war in der Ecke des Bunkers hängengeblieben.

Dort lag ein Haufen schmutziger Wäsche.

Und darunter sah etwas hervor ...

Lakosch stierte reglos darauf hin, sein Gesicht wurde spitz und grau. Und die anderen waren verstummt.

«Er hat wat jemerkt!» flüsterte der Koch. «Det jibt 'n Ding!»

Da kam Lakosch ganz langsam von seinem Stuhl hoch und bewegte sich wie ein Schlafwandler auf den Haufen zu. Eine Weile stand er davor, als müsse er sich auf irgend etwas besinnen. Dann packte er blitzschnell zu und riß etwas heraus. In der Hand hielt er ein samtweiches, rehbraunes Fell . . .

Im selben Augenblick wurde ihm grün vor den Augen, und er erbrach sich mitten auf den Kleiderhaufen. Dann drehte er sich um. Die Stille in dem Raum war unheimlich. Mit kleinen, hölzernen Schritten setzte Lakosch sich in Bewegung, in seiner Hand pendelte das Fell.

Vor dem Koch blieb erstehen. Der war käsebleich geworden, auf seiner Oberlippe standen Schweißperlen.

«Na na», murmelte er, «na na —»

Da fuhr ihm die Faust des Kleinen mitten ins Gesicht. Aechzend brach er zusammen.

Lakosch stürzte hinaus — —

Als Lakosch viel später in seinen Bunker kam, schliefen die anderen schon lange. Nur Geibel war noch wach. Als er Lakoschs Gesicht sah, erschrak er bis ins Herz. Er wagte nicht zu fragen. Den ganzen folgenden Tag strich er mit scheuem Blick um den Kleinen herum. Doch der schien ihn nicht zu bemerken. Er sprach kein Wort.

*

Es war stiller geworden um Manstein.

Zwar spähten immer noch Unentwegte des Nachts nach Süden und Westen und meinten Wichtiges wahrzunehmen. Doch die bereitgestellten Fahrzeuge kehrten nach und nach zu ihren Einheiten zurück. Das Schlagwort ‚Haltet aus, Manstein haut euch raus!» hatte viel von seiner Zugkraft eingebüßt. Und dabei war doch etwas an der Geschichte gewesen! Mein Gott, man hatte doch gehört, hatte mit eigenen Augen gesehen . . .

Was war geschehen?

Mitte Dezember, als Antwort wohl auf die Befreiungsaktion, war im Donbogen westlich der alten Einbruchstelle eine zweite russische Offensive losgebrochen. Die Italiener, die dort standen, wurden beim ersten Ansturm überrannt, der Gegner stieß in die Tiefen des Donbogens hinein und durchschnitt die lebenswichtige Bahnlinie zum Tschir an mehreren Stellen. Millerowo war von zwei Seiten umklammert, der Versorgungsstützpunkt Morosowskaja, tagelang im Nahkampf verteidigt, fiel für den Nachschub aus der Luft aus, bis nach Tazinskaja stießen die russischen Panzer vor und fegten dort die Transportflugzeuge vom Platz. Der Stoß zielte auf Rostow, auf das Asowsche Meer. Es sollte der Todesstoß sein für die Kaukasusarmeen, die dann ebenfalls abgeschnitten waren, der Stoß in das Herz der Heeresgruppe Süd.

Die Kampfgruppe Hoth hatte inzwischen den größten Teil ihres Angriffsweges hinter sich gebracht. Am 19. Dezember standen ihre Panzerspitzen an einem Flüßchen etwa 50 km südwestlich des Kessels und hatten dort einen Brückenkopf gebildet. Das waren die Tage, an denen man mit bloßem Auge die Leuchtkugeln sah und der Geschützdonner Tag und Nacht herübergrollte und die Funksprüche kamen «Haltet aus!» und «Wir kommen!» und «Auf Wiedersehen demnächst!» Das war auch der Zeitpunkt, an dem Oberst von Hermann noch einmal beim Armeestab vorstellig wurde: «Jetzt ist es Zeit, jetzt müssen wir losschlagen!» — «Dreißig Kilometer!» sagte die Armee. «Weiter reicht unser Kraftstoff nicht. Wenn Hoth hundert Kilometer geschafft hat, wird er die zwanzig auch noch schaffen. Es geht ja nur noch um Stunden!»

Da erreichte den Generaloberst Hoth ein Befehl der Heeresgruppe, der seine drei Panzerdivisionen in Eilmärschen in den großen Donbogen beorderte. Die Rohre noch heiß vom Kampf, rasten die Panzer zurück und kamen gerade zurecht, um dort das Schlimmste zu verhüten. Von Stalingrad sprach man dort in diesen Tagen nicht, das lag schon weit ab. Hoths restliche Verbände aber traf ein Stoß starker russischer Panzerkräfte — in aller Ruhe hatte man sie von der Einschließungsfront abziehen können — in die tiefen Flanken. Um zu retten, was noch zu retten war, mußte er zurück. In wenigen Tagen war er bis hinter seinen Ausgangspunkt zurückgeworfen.

Der Stab der 6. Armee erfuhr von den sich überstürzenden Ereignissen kaum etwas. Er erhielt von der Heeresgruppe nur den lapidaren Bescheid «Befreiungsaktion auf später verschoben!» und einige vage Andeutungen und tröstende Ausflüchte. Er dachte sich seinen Teil und ahnte doch nicht im entferntesten das ganze Ausmaß der Katastrophe. Daß die Heeresgruppe jetzt viele ernste Sorgen hatte und daß die 6. Armee in Stalingrad davon die geringste war, das blieb ihm verborgen.

Als Oberst von Hermann mit den letzten Informationen vom Armeestab zurückkam, schien er um Jahre gealtert.

«Ja, Unold, nun ist der Traum ausgeträumt!» sagte er müde und berichtete dann, was er erfahren hatte. «Die Armee wünscht, daß bei der Truppe nichts von alledem bekannt wird!» schloß er und trat an seinen Tisch. Er nahm das Bild mit dem Silberrahmen zur Hand. Ja, der Junge! Wo mochte der jetzt wohl herumfliegen? Seit Monaten hatte er nichts mehr von ihm gehört. Würde er ihn noch jemals wiedersehen?

«Das ist auch nur richtig», versetzte Unold. «Es ist nicht gut, wenn der Soldat zuviel weiß. Das untergräbt nur die Kampfmoral.»

«Meinen Sie?» — Der Oberst stellte das Bild auf seinen Platz und drehte sich um. «*Mein* Grundsatz war eigentlich immer: Vertrauen gegen Vertrauen! Das hat sich in den übelsten Lagen bewährt. Und was die Moral betrifft — nichts zerstört die Moral einer Truppe mehr als die Lüge. Und auch Verschweigen ist Lüge. Aber wozu reden wir, es ist Befehl. — Uebrigens, damit Sie's wissen: Ich habe meine Versetzung zu einer Infanteriedivision eingereicht.»

Ueber Unolds übernächtigtes Gesicht huschte der Anflug eines Lächelns. «Da kann ich Herrn Oberst ja verraten», sagte er, «daß ich mich seit längerem mit ähnlichen Absichten trage. Auch ich habe mein Versetzungsgesuch aufgesetzt und würde bitten, es zusammen mit dem von Herrn Oberst weiterzureichen.»

Er nahm von seinem Tisch einen Bogen und übergab ihn dem Oberst. Der warf einen Blick darauf und sah dann befremdet auf.

«Wie, Unold, Sie melden sich — zur SS? Wie soll ich das verstehen? Hier im Kessel gibt es keine SS-Verbände!»

Aus Unolds Gesicht schien der letzte Blutstropfen zu weichen. Hatte er den Oberst mißverstanden? Er biß sich auf die Lippen, und sein Blick irrte zur Wand ab. Das Schweigen wurde peinlich.

Als der Oberst endlich sprach, war seine Stimme eisig:

«Ich würde Ihnen empfehlen, Herr Oberstleutnant, dieses Gesuch nicht weiterzugeben! Es könnte zu gewissen — hm, Mißdeutungen Ihrer Beweggründe Anlaß geben.»

Hastig griff Unold nach dem Schriftstück, wortlos machte er kehrt und verließ den Bunker. Es war gut, daß er den Blick nicht sah, den Oberst von Hermann ihm nachsandte. —

Infolge des strikten Armeebefehls erfuhr selbst die Abteilung Ic nicht, warum Hoth nicht kam. Graf Willms war fernmündlich nicht mehr zu erreichen. Er sei überlastet, sagte der Ordonnanzoffizier, und er selbst wisse leider gar nichts. Dafür brachte Fröhlich jetzt häufig Informationen mit. Auf der Donhöhenstraße seien deutsche Panzer gesichtet worden, bei Kalatsch ständen drei SS-Divisionen bereit ... Die anderen zuckten die Achseln und waren eigentlich ganz froh, als ein Befehl von Oberstleutnant Unold an das Stabspersonal kam, mit dem Bau eines neuen Bunkers für die Abteilung Ia zu beginnen. Ausgemergelt und hungrig, wie man war, empfand man die schwere Arbeit mit Spitzhacke und Brecheisen zwar nicht gerade als ein Vergnügen, aber man kam dabei wenigstens auf andere Gedanken.

Und so erfuhren alle die Landser im Kessel nichts von dem, was geschehen war. Sie glaubten noch lange an Manstein. Aber allmählich glaubten sie daran nur noch wie an ein schönes Märchen, von dem man insgeheim und wider alle Vernunft hofft, es könnte vielleicht doch Wahrheit werden. Manstein war der Prinz geworden, der das schlafende Dornröschen einst aus dem Dornenwall freiküssen würde. Und sie verloren die Erinnerung daran, daß «Manstein» einmal etwas anderes gewesen war als ein Märchen.

Siebentes Kapitel

SCHWARZE WEIHNACHT

Weihnachten kam heran.

Doch kein freundlicher Stern leuchtete den Kämpfern von Stalingrad. Der Himmel ihrer Hoffnungen und Sehnsüchte war verhangen mit dickem Grau, und über die weiße Einöde ritten Frost, Hunger und Kampf als apokalyptisches Dreigespann und hielten reiche Ernte unter allem Lebendigen. Verbandplätze, Feld- und Notlazarette konnten die Massen der Verwundeten, der Halbverhungerten und Frostkranken kaum noch fassen, und auf den Friedhöfen von Jeschowka und Pestschanka, von Gorodischtsche und Gumrak, wo die Toten der blutigen Herbstkämpfe schliefen, wuchsen die Wälder der Holzkreuze. Die hölzernen Kreuze werden vergehen, wie die Menschen vergingen. Die Erde hier, die trocken und hart ist und viel Blut trinken kann, ohne zu erröten, wird alle Spuren des tausendfachen Sterbens tilgen. Bleiben aber wird, jenseits von Raum und Zeit, das unsichtbare Kreuz von Stalingrad, das Hunderttausende auf ihren Schultern trugen und an dem sie starben.

*

Auch Lakosch mußte das Kreuz tragen.

Die Begebenheit mit Senta hatte ihn tiefer getroffen, als die anderen ahnten. Die wahren Zusammenhänge kannten sie nicht, da er nie darüber sprach und auch die Küchenbullen es vorzogen zu schweigen. Aber sie sahen betroffen die Veränderung, die seitdem mit ihm vorgegangen war. Er sprach selten und gab dann unwirsche oder sarkastische Antworten, die man zu fürchten begann. Sein Gesicht aber zeigte einen fremden, angespannten

Zug, als lausche er immerfort auf irgendein Geräusch in seinem Inneren. Lakosch war ein Grübler geworden. Das Land hier mit seiner grenzenlosen Weite, das unmerklich die Raum- und Zeitbegriffe verwandelte, verlockte auch die Gedanken zu schwerer Wanderschaft ohne Ende. In dem geschäftigen Deutschland nach 33 war man mit ein paar Formeln und Schlagworten ausgekommen, und alles war klar gewesen. Hier war auf einmal nichts mehr klar. Hier in den östlichen Ebenen, die weder dem Fuß noch dem Blick Halt geboten, gebar jeder Gedanke eine nicht abreißende Kette neuer, und der menschliche Geist irrte wie in einem riesigen Labyrinth von Windung zu Windung, ohne einen rettenden Ausgang zu finden. Enden konnte das nur im Wahnsinn, dem politischen oder religiösen, oder im Stumpfsinn, in dem Rückzug ins Vegetative.

Lakosch fühlte etwas davon, wenn er selbstversunken auf dem Ofen seine Brotschnitte röstete, wenn er einsam und ohne Ziel durch die vereiste Bunkerstadt strich oder nachts auf dem feuchten Fußboden des Erdloches lag und auf das gleichförmige Schnarchen Fröhlichs und das an- und abschwellende Brummen der Flugzeuge lauschte. Er fühlte die düstere Schwere dieses unfaßbaren Landes als Alpdruck auf seiner Brust.

Ja, dieses Rußland ...

Wunderdinge hatte der Vater einst davon zu erzählen gewußt. Von dem «Paradies der Arbeiter» hatte er gesprochen, von der «Befreiung des Proletariats» und den ersten Erfolgen eines gigantischen Aufbaus. Zwar hatte Lakosch nie viel gehalten von diesen Weisheiten, die sich der Alte aus der «Roten Fahne» und aus Broschüren zusammengelesen hatte. Aber als es dann im Juni 41 bei Ssokal über den Bug gegangen war, da war er doch einigermaßen neugierig gewesen auf das sagenhafte Wunderland.

Zunächst hatte sich kaum etwas geändert: Wellblechdächer hüben wie drüben, das östliche Gesicht, das er aus Polen kannte. Aber dann überschritten sie die alte polnisch-russische Grenze. Und da war es, als ob man aus dem zwanzigsten Jahrhundert geradewegs in die Steinzeit marschierte. Verschlammte Fahrspuren über ödes Land, geduckte Katen unter verschimmeltem Stroh, Menschen, die fassungslos glotzten, wenn man nach einem Hammer oder Schraubenschlüssel fragte. Und dann die ersten Gefangenen, zerlumpt und verwildert, an Stelle des Koppels einen Hanfstrick um den Leib, die ein stinkendes Grünkraut in Zeitungspapier rauchten ... Die Hölle mußte ein Erholungsheim sein gegen dieses «Paradies»!

Soweit hatte Lakosch bisher gedacht. Jetzt aber trieb der Gedanke Sprosse und Zweige nach allen Seiten. Da waren doch auch Häuser gewesen, Paläste geradezu mitten unter den Holzbuden, da waren Schulen gewesen und die Poliklinik auch in dem kleinsten Nest. Da war das Staatsgut gewesen, auf dem sie die Ernte mit den modernsten Mähdreschern einbrachten. Und die junge Lehrerin in Kirowograd, die Deutsch sprach und Gedichte von einem Heine aufsagte, von dem Lakosch bis dahin noch nie etwas gehört hatte ... Und Tanja, die Komsomolführerin in Kursk, die wie ein BDM-Mädel aussah und die Hauptmann Endrigkeit dem SD-Kommando aus den Fingern geholt hatte. Auch sie sprach erstaunlich gut Deutsch, und sie erzählte von den Sportparaden in Moskau, von dem Fünfjahresplan und davon, daß das Brot heute in Rußland nichts mehr kosten würde, wenn nicht der Krieg gekommen wäre.

Damals hatte Lakosch gelacht, aber heute erschien ihm das alles gar nicht mehr so unglaubhaft. Offenbar waren hier wirklich Leute bemüht, dieses rückständige Land hochzubringen. Und plötzlich durchfuhr es Lakosch siedendheiß. Wie, wenn Stalin im Grunde dasselbe wollte wie Hitler? Wenn auch er seinem Lande den Sozialismus bringen wollte und die Volksgemeinschaft und das Wohlergehen aller arbeitenden Menschen? Dann wäre dieser Krieg ja nichts als ein furchtbares Mißverständnis, eine von den westlichen Plutokraten eingefädelte Teufelei? Schuld daran war sicher auch dieser Rosenberg, dieser baltische Schlawiner, der Hitler seinen eigenen Haß gegen die Russen aufgeschwätzt hatte! Wenn man Hitler und Stalin nur einmal an einen Tisch bringen könnte! Im Herbst hatte man sich erzählt, daß sich die beiden in der Türkei zu Verhandlungen treffen wollten. Das wäre die Lösung, das wäre das Ende dieses widerlichen Krieges.

Lakosch hatte den Krieg mit einmal sehr satt, und das lag nicht nur an Stalingrad und an der Einkesselung. Er kannte das Gesicht des Krieges. Die schwarzen, stinkenden Schutthaufen, die einmal Dörfer gewesen waren ... Bei Polonoje der ausgebrannte Spähwagen, die deutsche Besatzung daneben mit ausgestochenen Augen ... Die Sammelstelle in Beresteczko, wo sie nachts von den Wachtürmen sechzig gefangene russische Offiziere zusammenschossen, so zum Spaß ... Die zwölf Arbeitsdienstler, halbe Kinder, die man in Schtschigri aus dem verschütteten Splittergraben ausgebuddelt hatte ... In Karpowskaja die schreiende Frau, das von einem Bombensplitter geköpfte Kind im Arm ... Das alles hatte Lakosch nicht erschüttern können, es war vor seinen Augen abgelaufen wie ein Film. Doch die Sache mit Senta, die menschliche Niedertracht gegenüber einem schuldlosen, wehrlosen Tier — die, gerade die hatte ihn ins Herz getroffen. Die Erinnerung daran wütete in seinem Inneren wie ein Zaubertrank, der am Werk war, ihn zu verwandeln. Längst Vergessenes brachte sein aufgerührtes Denken jetzt an die Oberfläche, und dieses Vergessene offenbarte neue, quälende Formen. Vor allem war da eine Sache ...

In den ersten Kriegswochen war es gewesen, hinten in der Ukraine. Die Heeresgruppe Süd hatte ihren ersten großen Erfolg errungen. Starke russische Kräfte waren bei dem Ort Uman eingeschlossen und gingen ihrer Vernichtung entgegen. Zum ersten Male kam dabei die geheimnisumwitterte Sondermunition der Do-Werfer, die sogenannten «Lungenreißer»-Raketen, zum Einsatz, und man erzählte sich Wunderdinge von ihrer Wirkung: von einem Waldstück, das nur noch aus verkohlten Baumstümpfen bestand, von Fleischfetzen, über Hunderte von Metern verstreut, von Leichen mit blauschwarz aufgedunsenen Gesichtern und aufgeplatzten Bäuchen. Bei den Einschließungsoperationen hatte die Division in schnellem Einzelvorstoß die Ortschaft Talnoje genommen. Die Lage war verworren, und es herrschte noch jene nervöse Stimmung der ersten Zeit, die ein unbekannter und unheimlicher Gegner hervorruft. Einige fanatische Politruks hatten sich in einem Keller des Ortes verbarrikadiert und auf vorbeiziehende Kolonnen geschossen. Mit Handgranaten hatte man sie ausräuchern müssen. Nachschubdienste hatten das besorgt, da die Kampfgruppe schon weiter voraus war.

Lakosch benutzte die kurze Rast, um zu organisieren, er dachte an Eier und Honig. Dabei geriet er, von Stimmengewirr angelockt, hinter größeren Häusern auf einen abgeschlossenen Hof und in eine tobende Menge von Landsern. Es waren vorwiegend Flaksoldaten und Arbeitsdienstmänner.

«Was gibt es hier, Kam'rad?» fragte Lakosch einen der Arbeitsdienstler.

«Siehste doch!» Der Spatensoldat wies auf eine Mauer im Hintergrund. Dort war eine Handvoll fremdländischer, schwärzlicher Gestalten zusammengedrängt. Sie waren offenbar der Anlaß des Tumultes. Lakosch kannte solche Gestalten, er hatte sie überall in den polnischen und russischen Ortschaften und zuweilen auch als Arbeitskommandos auf den Vormarschstraßen angetroffen.

«Und –?»

«Was ‚und'? Umgelegt werden sie natürlich!»

Natürlich, es waren ja Juden, der Fall war klar! Trotzdem fragte Lakosch etwas töricht:

«Warum?»

«Warum?» Der Arbeitsmann, ein Milchgesicht von knapp 17 Jahren, maß Lakosch argwöhnisch. «Geschossen sollen sie haben! – Außerdem sind sie schuld an allem.»

Lakosch schämte sich seiner Frage, er war über die Juden durch Schulungsbriefe und Vorträge eingehend unterrichtet worden. Er nahm seinen Karabiner von der Schulter und drängte sich nach vorn. Ihn erfüllte eine grimmige Genugtuung, mit den wahren Schuldigen an diesem Krieg endlich persönlich abrechnen zu können.

Jetzt erkannte er die Opfer genauer. Es war etwa ein Dutzend Männer jeden Alters, kleine, wie verwachsen aussehende Gestalten mit häßlich unproportionierten Gesichtern, schwarzhaarig und dunkeläugig die meisten, mit seltsam geformten, verfilzten Bärten, einige auch ganz blond, sogar ein Rothaariger war dazwischen mit einem blauroten Mal im Gesicht. Sie standen dicht gedrängt, als suchten sie aneinander Halt. Alle wiesen Spuren schwerer Mißhandlungen auf, aber sie blieben stumm und wagten anscheinend nicht einmal, sich das Blut aus den Gesichtern zu wischen. Nur ihre Augen sprachen. Sie sprachen von schlotternder Todesfurcht und einem unverhüllten, abgründigen Haß.

Die Landser hatten sich ein Stück zurückgezogen und hantierten streitend an den Schußwaffen. Nur einem Flakunteroffizier, dem Wortführer des Haufens offenbar, schien es wohl noch zu früh zu sein für das geplante Ende. Er traktierte die Juden weiterhin mit Faustschlägen und Fußtritten.

«Sauhunde!»

Er hatte ein Gesicht, wie man es überall hinter Schaltern und auf Büroschemeln finden kann. Doch in diesem nichtssagenden Gesicht schien ein Teufel sein Spiel zu treiben.

«Aus Kellern schießen, wie?»

Ein Faustschlag fuhr mitten in ein Gesicht. Der Jude fiel nach hinten gegen die Wand, kam aber wieder zu stehen. Es war der Rothaarige mit dem Muttermal.

«Du machst noch das Maul auf, du Hund?»

Der Geschlagene hatte keinen Laut von sich gegeben, aber gerade das schien den Unteroffizier zu erbittern. Noch einmal schlug seine Faust zu. Der Rothaarige ging lautlos in die Knie, kam aber gleich wieder hoch wie eine Schießbudenfigur. Seine verdrehten Augen zeigten nur noch das Weiße. Die Zuschauer johlten und pfiffen, sie amüsierten sich königlich.

«Laß gut sein, Jonny!» rief einer. «Wollen jetzt endlich Schluß machen!»

Die Landser, die sich an der Exekution beteiligen wollten, hatten sich noch weiter zurückgezogen und luden ihre Schußwaffen durch. Der Unteroffizier mußte wohl oder übel von seinen Opfern ablassen. Auch Lakosch entsicherte sein Gewehr. Er sah zwar keinen rechten Zusammenhang zwischen diesen zerlumpten Kerlen und den «jüdischen Drahtziehern von Wallstreet und Kreml», gegen die Goebbels wetterte, aber er hatte jetzt keine Lust mehr zu langem Ueberlegen. Auch ihn hatte der Blutrausch gepackt, und er fieberte der Entladung einer Spannung entgegen, die er als unerträglich empfand.

«Und wer vergräbt das Drecksvolk nachher?» — Irgendein Landser hatte es gerufen. Richtig, die konnten ja nicht hier liegen bleiben! — «Sollen sich selber ihre Löcher schippen!» — Der Vorschlag löste erregte Debatten aus, die Aktion kam ins Stokken. Ein paar vom Arbeitsdienst eilten fort, um Schanzzeug zu holen. Der Unteroffizier aber wandte sich erneut seinen Opfern zu.

«Was ist hier los?»

Unbemerkt hatte sich ein Offizier durch die Menge gedrängt. Er war verschwitzt und staubbedeckt, niemand wußte, wie er so plötzlich hierher kam. Vielleicht gehörte er zu einer der Infanterieeinheiten, die ständig den Ort durchzogen. Sein Erscheinen zwang augenblicklich die aufgepeitschten Wogen zur Ruhe, einige der Hauptschreier drückten sich still beiseite. Nur der Unteroffizier hatte nichts gemerkt, er schlug weiter auf die Juden ein.

Der Offizier stand jetzt hinter ihm.

«Was geht hier vor?»

Der Unteroffizier drehte sich um und starrte den Sprecher aus blutunterlaufenen Augen an. Er erfaßte die Situation nicht gleich.

«Was hier vorgeht. Die Sauhunde haben . . .» Er ruderte mit wilden Gesten vor dem Gesicht des Offiziers herum.

«Nehmen Sie Haltung an, Mensch!»

Der Unteroffizier unterbrach seinen Redeschwall. Er schien aus einem Rausch zu erwachen. Aus seinem Gesicht fuhr der Teufel heraus, und es bekam einen dumm servilen Ausdruck. Seine Hände fingerten an den Seiten der Hosenbeine herum.

«Haben Sie einen Befehl zu dieser Exekution?»

Schweigen.

«Ob Sie einen Befehl haben! – Antwort!»

«N–n–nein, Herr Leutnant, aber . . .»

In dem Offizier arbeitete es. «Scheren Sie sich weg, Sie Vieh!» Ganz leise kam das und zwischen den zusammengebissenen Zähnen hindurch. Der Unteroffizier, an Brüllen gewöhnt, nahm das offenbar als Schwäche. In seinem Gesicht erschien etwas wie Trotz, er zögerte.

«Ich zähle bis drei.» Der Leutnant hatte seine Pistole gezogen. «Wenn Sie dann noch hier sind, werden Sie keine Gelegenheit mehr haben, sich zu entfernen. Eins . . .»

Er hob die Pistole, und es war ihm anzusehen, daß er es bitter ernst meinte. Der Unteroffizier erbleichte, sein Mund versuchte vergeblich irgendwelche Worte zu formen.

«Zwei . . .»

Mit einem Ruck zog der Unteroffizier den Kopf ein, drehte sich blitzschnell auf dem Absatz um und lief in geduckter Haltung davon, als fliehe er vor einem Schlagwetter durch einen Stollen.

Der Hof war jetzt fast leer. Nur einige Zuschauer strichen noch in angemessener Entfernung herum. Die Juden hatten die Vorgänge ohne einen Laut, aber in äußerster Spannung verfolgt. Jetzt trat einer von ihnen vor. Es war ein alter Mann in einem schwarzen Kaftan, mit einem grauen, gekräuselten Bart, der Kinn und Oberlippe frei ließ. Unter tiefen Bücklingen, den flachen, steifen Hut in der Hand, kam er näher. Sein linkes Ohr hing ihm halb abgerissen am Kopf, und jedesmal, wenn er sich bückte, tropfte von dem Ohrläppchen Blut in den Sand. Er wolle dem Herrn Offizier danken für die «wunderbarliche Rettung» von Leib und Leben, gurgelte er hervor. Er bemühte sich, die Hand des Offiziers zu fassen, offenbar um sie zu küssen. Der Leutnant trat zwei Schritte zurück. Der alte Jude drehte verlegen seinen Hut in der Hand und sah sich nach seinen Leuten um. Die nickten ihm zu und machten allerlei Zeichen. Er gewann dadurch wohl die Ueberzeugung, noch nicht genug getan zu haben. «Auch wir», sagte er, «begrießen serr neie deitsche Regierung. Is e gerechte Regierung, is e edle Regierung!» Wieder verbeugte er sich, und wieder fielen Blutstropfen in den Sand.

Der Offizier sah die Augen des Mannes, er schauderte. «Los, fort, weg!» sagte er hastig. «Schnell, schnell! Weg von hier! – Und auch ihr dort», rief er den Landsern zu, die immer noch im Hintergrund die Entwicklung der Dinge beobachteten, «macht, daß ihr fortkommt!» –

Murrend waren die letzten Landser verschwunden, unter ihnen auch Lakosch. Er hatte sich noch eine ganze Zeitlang geärgert über die entgangene Sensation. Dann hatte er über anderen Eindrücken das Ganze vergessen.

Jetzt auf einmal war die Erinnerung wieder da, sie bedrängte ihn immer häufiger und quälender und löste immer neue Empfindungen in ihm aus. Er sah jetzt Dinge, die ihm damals gar nicht zum Bewußtsein gekommen waren. Er sah die gräßliche Todesangst in dem Blick der jüdischen Männer, sah den aus Urtiefen kommenden Haß eines Volkes, das Jahrtausende hindurch nur getreten und geschunden worden war. Er sah bis in alle Einzelheiten das scheußlich verzerrte Gesicht des Unteroffiziers, diese Augen, die nicht mehr menschlich blickten, den Schaum, der in Flocken von seinen Mundwinkeln flatterte. Und überdeutlich sah er das Grauen und die lüsterne Gier in den weichen Gesichtern der Arbeitsdienstler, die ja fast noch Kinder waren. Und er sah sich selbst, das Gewehr in der Hand ... Und Ekel blieb und Scham und ein brennender Wunsch, das Geschehnis auslöschen zu können oder wenigstens die Erinnerung daran. Nein, dachte Lakosch, das ist kein Krieg mehr, das ist ... Er fand keine Worte für das, was ihn bewegte.

Geibel beobachtete die Veränderung, die mit Lakosch vorging, mit wachsender Beunruhigung. Und einmal faßte er sich ein Herz:

«Was ist eigentlich mit dir? – Hast du Hunger?»

Er brach seine geröstete Brotschnitte durch und schob Lakosch die eine Hälfte hin. Der beachtete das Brot nicht, er sah Geibel nur lange und nachdenklich an.

«Du hast es gut, Mann», sagte er dann, «du bist wenigstens doof!»

*

Auch sein Eisernes Kreuz sollte Lakosch nun tragen.

Er selbst hatte nie so recht daran geglaubt, und die Nachricht, daß er am Tage vor dem Heiligen Abend gegen Mittag bei Unold die Auszeichnung in Empfang nehmen solle, hatte ihn überrascht und etwas aus seiner Verkrampfung gelöst. Vom frühen Morgen an bürstete er an seiner schäbigen, mit Flicken besetzten Feldbluse herum, brachte seine Stiefel mit Ruß und Zucker, so wie er das in den Dörfern der Donkosaken gesehen hatte, auf Hochglanz und pfiff sich dabei eins, wenn es freilich auch nur das traurige Lied von der armen Luise und ihrem Schiffer war. Sogar daran fand er Spaß, den überglücklichen Geibel wieder einmal auf den Arm zu nehmen.

«Mit dem Eisernen Kreuz, sieh mal, das ist so: Sagt da so eine alte Tante zu dem Urlauber: ‚Haben Sie denn immer noch kein Eisernes Kreuz, junger Held?' – ‚Klar', sagt der, ‚habe ich! Das trägt mein Zugführer für mich!' – Also, Kam'rad, meins trage ich dann auch gleich für dich mit, und für nachts borge ich es dir mal!»

Ehrfurcht vor höheren Dienstgraden bis zur Selbstaufgabe ist eines der wichtigsten Erziehungsziele des Kommiß. Lakosch pflegte sich nach bewährter Landsermethode dagegen zu schützen, indem er sich die betreffenden Vorgesetzten auf dem Donnerbalken der Latrine vorstellte. Diese Methode hatte sich im allgemeinen glänzend bewährt, bei Unold verfing sie jedoch seltsamerweise nicht. Hinzu kam, daß Lakosch sich zum erstenmal als Mittelpunkt einer feierlichen militärischen Handlung erlebte und starkes Lampenfieber verspürte. Es war immerhin das erste EK, das an einen Mannschaftsdienstgrad des Divisionsstabes verliehen wurde. Sonst gab es immer nur die Kriegsverdienstkreuze mit Schwertern, die niemand für voll nahm.

So stieg er denn auf Zehenspitzen die vier hohen Lehmstufen zu Unolds Bunker hinab und verhielt klopfenden Herzens vor der klapprigen Brettertür. Drinnen wurde gesprochen. War gerade ein

Fremder da? Würde er stören? Nein, dieses scharfe, wie aus einem schlecht eingestellten Radio kommende Organ gehörte unverkennbar dem Oberstleutnant, und die andere, leisere Stimme, der immer der Atem etwas zu knapp wurde, das war Hauptmann Engelhard. Also hinein! Schon hob Lakosch die Hand, um anzuklopfen, da hielt er inne.

«Rettung der Welt vor dem Bolschewismus!» klang es überdeutlich durch die Tür. «Glauben Sie doch nicht solche Ammenmärchen, Engelhard! Dieser Krieg ist ein Geschäft, nichts weiter. Die Industrie und die Wirtschaft haben die Partei ja schließlich nicht umsonst finanziert, die wollen ja nun endlich auch Dividenden sehen!»

Lakosch hielt immer noch seine Hand erhoben, er war in der Bewegung erstarrt. Nur sein Herz pochte gewaltig in seiner Brust, und seine Schläge übertönten die zögernde Antwort Engelhards. Doch was Unold dann erwiderte, war wieder ganz deutlich.

«Das verstehen Sie nicht? Engelhard, Sie enttäuschen mich! – Der große Fischzug begann schon 34/35 mit der Aufrüstung. Dann kam die Unterwerfung von Mittel- und Westeuropa, und der Hauptcoup, das ist jetzt Rußland. Gehen Sie doch mal nach hinten, nach Dnjepropetrowsk und Kirowograd und Stalino, und sehen Sie sich an, was sich da tut! Da finden Sie sie alle: Reichswerke Hermann Göring, Vereinigte Stahlwerke, Klöckner-Konzern und wie sie alle heißen. Natürlich wird der kleine Mann auch auf seine Kosten kommen. Das ‚Volk' wird am Gewinn beteiligt, denn es muß ja schließlich den Kopf hinhalten. Und deshalb wird man nach dem Kriege hier auch einen Haufen Wehrbauern als kleine Latifundienbesitzer ansetzen. Für den dümmsten Deutschen wird immer noch ein Aufseherposten da sein, und die Heloten werden die anderen spielen. Aber das ganz große Geschäft, Engelhard, das machen nicht Sie und ich, das machen ganz andere!»

Lakosch wußte nicht, wie ihm geschah. Eine unbekannte Gewalt zwang ihn an seinen Platz. Es war ihm, als hätte ein Zauberstab ihm eine Tür geöffnet zu allen Geheimnissen der Welt. Mit dem einen Ohr lauschte er den Gang hinauf auf die Schritte des Postens, das andere preßte er an die Bretter. So verstand er diesmal auch einiges von der Antwort Engelhards. Von dem Existenzkampf des deutschen Volkes sprach der Hauptmann, von der tödlichen Bedrohung deutscher Wesensart durch den Materialismus aus Ost und West und davon, daß Hitler diesen Krieg nie gewollt habe, daß er sich bis zur Selbstverleugnung bemüht habe, ihn zu vermeiden.

«Natürlich, so sagt man», fiel ihm der Oberstleutnant ins Wort, «und mit Recht. Geschäftliches riecht immer schlecht, man muß es mit etwas Idealismus parfümieren. Das weiß schon der Krämer an der Ecke. Aber Leute wie wir, Engelhard, müssen die Wahrheit sehen können. Sie kennen doch diesen Schein, wie? ... Natürlich, zwanzig Reichsmark, Reichskreditkasse! Ein hübsches Scheinchen, nicht wahr? Hergestellt mit allen Raffinessen deutscher Drucktechnik. Wieviel mag es davon wohl geben? Einige Millionen doch sicher, verstreut über ganz Europa, vom Nordkap bis nach Tunis und von der Biskaya bis hier nach Stalingrad. Nur in Deutschland selbst gelten sie nicht. Und wann bekamen Sie den ersten davon in die Hand? ... Ganz recht, im Herbst 39 in Polen, einige Wochen nach Kriegsausbruch. Und was glauben Sie wohl, Engelhard, wieviel Zeit man braucht, um diese Millionen netter Scheinchen, die nur im Kriegsgebiet gelten, zu drucken? Zwei bis drei Jahre doch wenigstens, nicht wahr?»

Lakosch fühlte die Stimme Unolds wie das Messer eines Operateurs in seinen Eingeweiden herumschneiden, und er fror unter ihrer Kälte. Deutlich sah er des Oberstleutnants gelbes Gesicht vor sich, das ihn immer an einen Totenschädel gemahnte. Und jetzt wurde diese Stimme so hart, daß die Bretter der Tür unter ihrem Klang zu vibrieren schienen.

«Und nun geben Sie genau acht, Engelhard!» sagte Unold. «Der Plan ‚Barbarossa', der Operationsplan gegen die Sowjetunion, ist schon alt. Der Befehl zu seiner Fertigstellung wurde von Hitler im Juli 40 gegeben, gleich nach Beendigung des Frankreichfeldzuges, zu einem Zeitpunkt also, als mit Rußland noch alles in bester Ordnung war ... Woher ich das weiß? Es ist Ihnen doch bekannt, daß ich damals im OKH ‚Fremde Heere Ost' war. Ich habe selbst an den Plänen mitgearbeitet. Uebrigens mit Paulus zusammen. Getarnt wurde die Sache sehr geschickt hinter dem Unternehmen ‚Seelöwe', der Landungsoperation in England, die für jenen Zeitpunkt gar nicht ernstlich geplant war. Aber das bleibt unter uns, hören Sie! Wenn der Krieg aus ist, wird man darüber reden können. Dann haben wir recht. Der

Sieger ist immer im Recht. Und wenn es schiefgeht, dann... dann hängen sie uns sowieso alle auf.»

In die Stille, die diesen Worten folgte, fiel der Schritt des Postens draußen. Er verhielt vor dem Eingang und rief einem Vorübergehenden etwas zu. Lakosch hörte es wie aus weiter Ferne, er war benommen wie von einem schweren Kinnhaken.

Jetzt sprach Engelhard wieder, lauter als vorher und ziemlich erregt, man verstand fast jedes Wort. Er sprach von dem Aufbau einer neuen, besseren Ordnung in Deutschland und in Europa, von dem Reich der Volksgemeinschaft und der sozialen Gerechtigkeit, von dem neuen Glauben des deutschen Volkes und dem Aufschwung der letzten Jahre. Und davon, daß Hitler nur *eine* Richtschnur kenne, das Wohl des Volkes. Und daß er das alles nicht aufs Spiel setzen würde, wenn nicht die bitterste Notwendigkeit ihn dazu zwänge. Er sprach alles das aus, was auch Lakosch bislang gedacht und geglaubt hatte. Lakosch hörte es, und es berührte ihn nicht mehr.

Unold hatte den Hauptmann ausreden lassen. Nun sprach er noch einmal, und jeder Zynismus war jetzt aus seiner Stimme verschwunden:

«Ich glaube, Engelhard, Weihnachten macht Sie sentimental. Sozialismus! Hören Sie mir auf mit dieser Arme-Leute-Philosophie! Glauben Sie im Ernst, daß ein Hitler Sozialist sein könnte? Daß er sich auch nur einen Pfifferling darum schert, ob Volksgenosse Müller genug Kartoffeln im Keller hat und Volksgenosse Krause seine Ueberstunden bezahlt bekommt? Sie sehen den Hitler der Spießbürger und Kochtopfphilister. Es gibt tausend Hitler, Engelhard! Kindergärtnerinnen und Postbeamte und Schuljungen und Vegetarier und alte Jungfern und SA-Leute und Soldaten – ihnen allen hat Goebbels einen eigenen Hitler zurechtgeputzt. Der eine küßt kleine Kinder, der andere zieht mit seinem Hund in die Bergeinsamkeit, der dritte raucht und trinkt nicht, der vierte malt in Oel, der fünfte hängt Mutterkreuze um und blitzt mit den veilchenblauen Augen... Was ist denn das Volk? Eine amorphe Masse stumpfsinniger Kriechtiere! Es will einen Götzen haben, der ihm gleicht und den es versteht. Das ‚Ding an sich' hinter all dieser Propagandastaffage, der wahre Hitler, würde es mit knieschlotterndem Entsetzen erfüllen. – Wir aber, Engelhard, wir müssen die Wahrheit sehen! Sie wird uns stark machen für unseren eigenen Weg. Das

Phänomen Hitler ist etwas Ungeheuerliches, für sogenannte normale Sterbliche völlig Unfaßbares. Hitler dient nichts und niemandem, er trägt seinen Zweck, seine Bestimmung in sich selbst. Er ist kein Mensch im landläufigen Sinne, sondern ein einsamer Titan, jenseits von Gut und Böse, von Liebe und Haß. Hitler ist die reine Inkarnation des Willens zur Macht. Zwei, drei Male habe ich ihn so erlebt, in ganz internen Führungsbesprechungen, wo kein Publikum ihn zu irgendeiner Rolle zwang. Es war ein einmaliges, ein faszinierendes Erlebnis. — Sehen Sie mich nicht so entgeistert an, Engelhard! Geben Sie sich einmal dem berauschenden Gefühl hin, daß in unseren Tagen ein Mensch über die Erde schreitet, der imstande wäre, ohne ein Wimperzucken den ganzen Erdball auseinanderzusprengen! Lassen Sie einmal dieses Gefühl ganz in sich lebendig werden, und Sie werden zum erstenmal voll begreifen, was es heißt, Mensch zu sein. — Und lesen Sie Nietzsche, Engelhard! Es ist der einzige von all diesen Federfuchsern, den zu lesen sich lohnt.» —

Lakosch wußte später nicht zu sagen, wie er in den Bunker hineingekommen war und was der Oberstleutnant gesagt hatte, als er ihm den Orden im Knopfloch befestigte. Wie im Traum ließ er die Glückwünsche der Kameraden über sich ergehen. Vor ihm stand das Gesicht seines toten Vaters. Wie hatte der Alte gesagt? «Hitler, das ist der Krieg»? Lakosch begann zu verstehen ...

Bald danach nahm er die Auszeichnung ab und verwahrte sie in seiner Rocktasche. Als Breuer ihn darauf aufmerksam machte, daß das Kreuz laut Vorschrift einen ganzen Tag lang am Bande im Knopfloch zu tragen sei, murmelte er etwas von «zu schade» und legte auch später das Band nicht mehr an. Und das fiel nicht einmal auf.

*

Seit den frühen Morgenstunden herrschte in dem Ic-Bunker eine festlich-besinnliche Stimmung. An einen Tannenbaum freilich hatte man nicht einmal zu denken gewagt. So etwas gab es im ganzen Kessel nicht. Aber Herbert hatte irgendwo einen alten Faßreifen aufgetrieben und mit Kiefernzweigen umflochten, die er von dem Kraftfahrer des Verpflegungswagens gegen Tabak erhandelt hatte. Aus dem Aluminiumpapier der Zigarettenpackungen hatte er Lametta geschnitten und seinen Glas- und Messingschmuck geopfert, mit dem er einstmals Tauschhandel zu betreiben gedachte. Nun hing der Kranz, mit vier kleinen Lichten bestückt, prächtig glänzend von der Bohlendecke herab. Eine weitere Kerze, in drei Stücke geteilt, zierte an der Bunkerwand die Lichthalter, die Fröhlich in tagelanger Arbeit geschnitzt hatte.

Gegen Mittag kam Hauptmann Fackelmann, der nach Harras' Versetzung wieder selbst die Betreuung des Stabes übernommen hatte.

«Ja, Kinder, es tut mir leid, aber ich kann euch selbst heute nichts extra spendieren. Ein halbes Päckchen Knäckebrot und drei Zigaretten zusätzlich, das ist alles. Ich habe nichts, wirklich! Ihr müßt mir das glauben!»

Man glaubte es ihm, man wußte, daß er sich in Stücke hätte reißen lassen, wenn er dadurch jedem ein Festdiner von sechs Gängen hätte herzaubern können. Aber offensichtlich wurde er selbst nicht mehr satt. Von seiner kugeligen Frische von einst war nichts mehr übrig, krank und welk hing ihm die Haut im Gesicht.

«'ne kleine Gelbsucht», murmelte er auf die teilnehmenden Fragen. Und dann versuchte er zu scherzen: «Als wir hierher kamen, wog ich über zwei Zentner. Jetzt sind's kaum noch sechzig Kilo. Wenn mich später mal einer fragt, ob ich aus Stalingrad komme, kann ich nur antworten: teilweise!»

Ihnen blieb das Lachen im Halse stecken.

An der Tür kam ihm noch ein trostreicher Einfall: «Oberstleutnant Unold hat zum Fest die eisernen Rationen freigegeben. Wenn euch das etwas nützt . . .?»

Man sah sich verlegen an. Die eisernen Rationen – du lieber Gott, die waren längst verzehrt!

Als es draußen dunkel wurde, zündete Breuer das Lämpchen und die Kerzen an. Eine warme, in diesen vier Wänden noch nie erlebte Helligkeit füllte den Raum. Das Licht der Kerzen huschte über die Bilder an den Wänden und erweckte sie zu seltsamem Leben. Es mischte sich mit den himmlischen Strahlen, die auf die sitzende Madonna fielen und in deren Klarheit die Engel auf und nieder schwebten. In der Ecke knisterte der Ofen, und leise summte das Kaffeewasser. Post hatte es nicht gegeben, kein sichtbarer Gruß aus der Heimat hatte die Männer erreicht. Aber nun holte einer nach dem anderen die kleinen Gaben hervor, die er in aller Heimlichkeit für die Kameraden bereitet hatte. Fröhlich hatte für jeden ein kleines Bild des Bunkers gezeichnet. «Zur Erinnerung an die Kesselweihnacht 1942» stand darunter zu lesen. Herbert brachte Taschentücher zum Vorschein, die er aus einem alten Hemd geschnitten und selbst besäumt hatte. Wiese hatte Gedichte aus seiner Sammlung in Kunstschrift auf Büttenpapier abgeschrieben. Breuer überreichte dem langen Geibel zwei Zigarren, und da zeigte es sich, daß dieser an ähnliches gedacht hatte. Verlegen fingerte er vier schwarze Zigarillos hervor, die er sich schweren Herzens von seinen zehn letzten abgerungen hatte.

Lakosch hatte sich inzwischen unbemerkt hinausgestohlen. Als er wiederkam, warf er einen Leinenbeutel und eine runde Pappschachtel auf den Tisch.

«Da», sagte er barsch. «Ein Glück, daß wenigstens einer nicht so verfressen war!»

«Mensch», rief Breuer, «sind Sie des Teufels? Da hat der Kerl doch ... Also überlegen Sie sich das genau, Sie! Wir können es uns nicht leisten, solche Geschenke abzulehnen.»

Es war die eiserne Ration: ein Beutel Feldzwieback und eine Schachtel Schokakola. Man teilte die Kostbarkeit in sechs Teile. Die Zwiebäcke waren arg zerkrümelt und mit Mäusedreck vermischt, und die Schokolade hatte etwas Schimmel angesetzt. Doch das störte niemand.

Draußen wurde keuchendes Gepolter laut, und dann flog die Tür auf. Herein schob sich der Gefreite Lemke, einen Stoß Aluminiumteller unter dem Arm und einen dampfenden Kessel schleppend.

«Einen schönen Gruß von Herrn Hauptmann Fackelmann», prustete er roten Kopfes, «und es hätte ... es hätte sich doch noch ein Gaul gefunden!»

Sich mit dem Handrücken die Stirn wischend, genoß er einen Augenblick die allgemeine Verblüffung, und dann fischte er für jeden zwei unwahrscheinlich große Fleischklopse auf die Teller und dazu etwas Weißkohl, weiß der Teufel woher. Das gab nun doch noch ein Festessen. Fröhlich sprach kauend von einer «Kesselschlacht», die diesmal ganz nach seinem Geschmack sei, und Herbert sagte verklärt: «Zementklopse!» Das aber war keine ironische Kritik, sondern höchste Anerkennung für den kleinen Hauptmann, der dieses Wunder vollbracht hatte.

Nach dem Essen holte Breuer die Mundharmonika hervor. Er strich ein paarmal gedankenversunken darüber hin, spielte dann einige leise Akkorde und stimmte ein Weihnachtslied an:

«O du fröhliche, o du selige,
gnadenbringende Weihnachtszeit —»

Nacheinander fielen die Stimmen ein, Wiese als erster klar und fest, dann Geibel, tastend und suchend, dann Herberts heller Tenor und schließlich unbekümmert und reichlich falsch Fröhlichs dröhnender Baß. Zuletzt brummte auch Lakosch mit.

«Welt ging verloren, Christ ward geboren —»

Wunderlich klang das Lied aus den rauhen, des Singens lange entwöhnten Kehlen. Aber mit seinen Klängen zog die Heimat hinein in den Raum. Unsichtbar strich die Hand der liebenden Frau, der sorgenden Mutter über die Stirn der Männer, die hier ihre Weihnacht feierten, und unhörbar mischten sich in den Gesang die hellen Stimmen der Kinder.

«Stille Nacht, heilige Nacht . . .
Christ, der Retter, ist da!»

Jetzt schlug Wiese seine kleine Bibel auf. Er las die Weihnachtsgeschichte.

«Ehre sei Gott in der Höhe
und auf Erden Frieden den Menschen,
die eines guten Willens sind!»

Schweigen hing im Raum, schwer von Gedanken. Friede auf Erden! Ja, Friede auf Erden . . .

Dann erhob sich Breuer. Er schloß einen Augenblick die Augen, strich sich über die Stirn und sagte dann:

«Liebe Kameraden!» Und als ob dieses Wort heute und hier nicht das rechte sei, verbesserte er sich leise: «Liebe Freunde —» Und noch einmal sagte er, lauter jetzt und seiner Sache gewiß: «Liebe Freunde! Es ist jetzt nicht die Zeit zum Reden, ich weiß es. Unsere Gedanken sind weit fort von hier, bei den Menschen, die wir lieben. Aber es ist doch etwas Besonderes um unser Beisammensein heute und an diesem Ort, und davon muß ich ein paar Worte zu euch sprechen. Schon oft haben wir Weihnachten gefeiert, und wenn wir zurückblicken auf die lange Reihe der Feste bis hin in die Tage unserer Kindheit, dann fließt das alles zusammen zu einem einzigen Bilde der Freude und des Glücklichseins unter dem strahlenden Lichterbaum. So wie heute aber haben wir die Christnacht noch nie begangen: abgeschnitten von der Heimat und allem, was früher war, verbannt in eine trostlose Einöde und umgeben von lauerndem Unheil. Und noch nie zuvor ist uns klarer aufgegangen als hier in diesem Ring des Hasses das Evangelium der Liebe, das uns den Frieden bringen will, den inneren Frieden, den wir nur in unserem eigenen Herzen finden können, auch inmitten aller bösen Mächte, auch angesichts der Finsternis und des Todes. Vielleicht verhilft uns der heutige Tag dazu, diesen Frieden zu finden. – Ich weiß nicht, ob wir noch jemals ein Weihnachtsfest feiern werden. Eines aber weiß ich: Wer von uns diese Tage überleben sollte, für den wird es niemals mehr ein Weihnachtsfest geben ohne die Erinnerung an diese Stunden hier, und wenn er hundert Jahre alt werden sollte. Dessen Gedanken werden alljährlich zurückwandern zu diesem Fleckchen fremder Erde, das uns für eine kurze Zeit Heimat wurde, und zu den Freunden aus dem kleinen Bunker von Stalingrad.»

Breuer drückte jedem die Hand. Die von Lakosch hielt er einen Augenblick länger.

«Kopf hoch, Lakosch!» sagte er warm. «Es wird wieder Frieden werden auf Erden.»

Dem Kleinen wurden die Augen feucht. «Nicht von selbst!» schrie es in ihm. «Nicht ohne uns!» Aber er brachte kein Wort hervor. –

Die Kerzen waren heruntergebrannt. Nacheinander flackerten sie noch einmal kurz auf und erloschen. Das Wachs tropfte von Kranz und Leuchtern und erstarrte zu gelblichen Zapfen. Dunkelheit und Schweigen senkten sich auf den Raum; aber das Dunkel war ohne Schrecken. In der Ecke knisterte und glühte der Ofen.

Draußen aber flog kein Engel, da strich der Tod mit schwarzem Flügelschlag über das Land.

*

Weihnacht unter dem Stalingradkreuz –

Auch in der Wohnung des Amtmanns i. R. Helmers in Gotha beging man das Weihnachtsfest. Die Bescherung war vorüber, die Lichter des Baumes verlöscht, man hatte gut zu Abend gegessen und befand sich in jener behaglichen Nachklangstimmung, die schon ein wenig leer und von dem kommenden Alltag überschattet ist. Das Wohnzimmer im Jugendstil mit mancherlei grüngemusterten Portieren und Decken wirkte etwas verstaubt in seiner konservativen Bürgerlichkeit. Doch da war ein großer Musikschrank mit Radio und Plattenspieler. Er gehörte Eva Helmers, der Tochter, die mit ihren zweiundzwanzig Jahren schon eine erfolgreiche Gymnastiklehrerin war. Auch der tiefe Sessel, in dem Hauptmann Gedig saß, ein modernes Stück, war schon für den jungen Haushalt bestimmt, wenn Eva und Werner Gedig heiraten würden. Eigentlich hatten die Eltern und auch Eva mit einer Kriegstrauung zu Weihnachten gerechnet. Aber Hauptmann Gedig hatte nicht gewollt. Man solle noch die Beförderung zum Major abwarten, die nach dem erfolgreichen Abschluß des Adjutantenlehrganges wohl nicht allzulange auf sich warten lassen würde, so hatte er gemeint.

Da saß nun Hauptmann Gedig, streckte die Beine von sich, daß die Steghosen mit den scharfen Bügelfalten sich spannten und die kleinen Tanzsporen in den Plüschteppich versanken, und er kam sich sehr klug vor. Liebend gern hätte er geheiratet und die drei freien Tage mit Eva irgendwo in den Bergen verbracht. Aber wenn er ja gesagt hätte, dann hätten sie vielleicht Verdacht geschöpft, und sie durften doch nicht wissen ...

Gedankenverloren sah er den Ringen nach, die der Rauch seiner Zigarette bildete, und unbewußt fuhr seine Hand zur Brusttasche hoch, in der sein Soldbuch steckte. Nicht einmal ahnen durften sie, daß in diesem Soldbuch die Bescheinigung des OKH lag, die seinen Einflug in den Stalingradkessel genehmigte. Es war nicht leicht gewesen, diesen Schein zu bekommen. Generalleutnant v. Kunzendorf, der Lehrgangsleiter, hatte alle Register ziehen müssen. Die anderen hatte ihn lärmend beglückwünscht. «Nach Stalingrad, prima, prima! Schneidig! Daß Sie das geschafft haben – kolossal! Sind zu beneiden!» Und man hatte darauf getrunken. Ob sie's ehrlich meinten? Wer weiß! Jedenfalls verlangte das so die Etikette unter Offizieren. In Wirklichkeit war da wahrhaftig nichts zu beneiden, und er wäre lieber hiergeblieben bei Eva, oder sonst irgendwohin geflogen als ausgerechnet nach Stalingrad. Nein, es war nichts Beneidenswertes und nichts Erhebendes dabei, sondern einfach die verdammte Pflicht und Schuldigkeit, die gebot, die Kameraden dort in dem Schlamassel nicht allein zu lassen.

Hauptmann Gedig versuchte wieder ein paar Ringe zu blasen, aber sie mißglückten, wurden lang und schmal, und ein unsichtbarer Windhauch riß sie hinweg. Sein Blick fand in die Gegenwart zurück und suchte das Mädchen, das er liebte. Kleine Eva, arme kleine Eva! Da kauerte sie nun vor dem Plattenspielschrank, in dem schwarzen Abendkleid, das sie ihm zur Freude angelegt hatte und das sie so gern trug, weil schwarz zu ihrem Haar so gut paßte. Zu diesem Haar, das glänzte wie reifer Roggen, in dem die Sonne spielt. Und ahnte nichts, ahnte nicht den Sinn dieses Schwarz. Wie gut ist Nichtwissen, und wie bitterschwer kann Wissen sein ...

Frau Helmers sah von ihrem Stickrahmen auf. «Du ißt ja gar nichts, mein Junge! Schmeckt er dir nicht, unser Mohnstollen? Dann nimm hier von den Schokoladeprinten! Sie sind von Fritz aus Belgien. Wenn uns der Junge nicht ab und zu etwas schicken würde ... Allein von den Karten leben ist heute doch schon recht schwer. Und Vater müßte sich dann wohl auch an die Papierzigarren gewöhnen, was, Vater?»

«Hm —» Vater Helmers hatte die Frage seiner Frau bestimmt nicht verstanden. Er hatte das Pincenez auf der Nase und war ganz in die Besichtigung seines Weihnachtsgeschenkes vertieft. Es war die zwölfbändige Neuauflage von Meyers Konversationslexikon.

«Also das ist wirklich fabelhaft, Werner», sagte er, ohne aufzusehen, «das mußt du dir wirklich mal ansehen! Erstmalig mit farbigen Bildern im Text, und dann eine völlige Neubearbeitung auf nationalsozialistischer Grundlage ...»

«Ich hab' sie gefunden, hier ist sie!» Eva hatte sich erhoben und schwenkte triumphierend die Platte. Ihre weit auseinanderliegenden dunkelbraunen Augen glänzten. «Dürfen wir sie mal spielen, Muttelchen?»

«Aber Kind, Tanzmusik am Weihnachtsabend?»

«Laß sie doch, Mutter!» brummte der alte Herr Helmers. «'s ist doch der letzte Abend. Der liebe Gott versteht sowas schon!»

«Oh, sérénade près de Mexico,
Oh, chant d'amour que dans le soir
soupirent les gauchos ...»

Tino Rossi sang. Werner Gedig schloß die Augen. Er hatte die Platte 1940 aus Frankreich mitgebracht. Heute wußte er nicht mehr, warum. Das Lied, das damals Franzosen und Deutsche in einen Taumel versetzt hatte, war ihm fremd geworden. Liebesworte unter einem Jadehimmel ... Er sah Schneefelder und eine Sonne, die sich zum Scheinen zwang.

Eva hatte ihn beobachtet, jetzt nahm sie still die Nadel von der Platte. Amtmann Helmers klappte das Buch zu und erhob sich. Er war ein kaum mittelgroßer alter Herr mit einem Spitzbäuchlein. Ein Hugenberg-Schnauzbart ließ ihn martialischer erscheinen, als er war.

«Diesen Rußlandartikel, den müßtest du lesen, Werner! Was da zum Beispiel so über Liebe und Ehe in der Sowjetunion steht, einfach toll! Ich werde den Band wohl wegschließen müssen. Wenn Eva das liest, hat sie keine ruhige Nacht mehr.»

Eva war hinter Gedigs Sessel getreten, sie faßte seinen Kopf mit beiden Händen und bog ihn zu sich zurück. «Na, du Schlingel? Nun beichte mal! Wie ist's mit der freien Liebe! Wieviel Russenmädchen hast du schon geküßt, hm?» Ihre Lippen streiften sein Haar.

«Aber Evi!» Der Hauptmann wurde rot wie ein Konfirmand. «Das ist doch alles Unsinn! Ihr macht euch da ganz falsche Vorstellungen. — Und außerdem gibt es bei Stalingrad überhaupt keine Frauen.»

«Bei Stalingrad?» Des Mädchens Hände erstarrten. «Ich denke ... du sagtest mir doch, ihr seid nicht mehr bei Stalingrad!»

«Nein, natürlich nicht! Wir sind schon lange von dort fort. Aber von daher stammen doch meine letzten Erfahrungen, sozusagen.»

«Schade nur, daß sie das ganze prächtige Werk gleich nach dem Kriege wieder umarbeiten müssen!» ließ sich der alte Herr wieder vernehmen. «Dann wird sich allerlei geändert haben.»

«Ja, ganz bestimmt!» pflichtete Hauptmann Gedig bei, sehr froh über die Ablenkung.

«Hast du auch schon von den Rußlandplänen gehört? Der

Kreisleiter brachte einiges darüber von einer Führerbesprechung mit. Auf dem letzten Amtswalterappell erzählte er davon, streng vertraulich natürlich! Danach wird es vier Reichskommissariate geben: Ostland, das ist das Baltikum, dann die Ukraine, Kaukasus und Moskau. Die Hauptstadt des Kommissariats Moskau kommt nach Saratow oder Kuibyschew, das wußte er auch nicht genau. Die Stadt Moskau jedenfalls wird dem Erdboden gleichgemacht, da bleibt kein Stein auf dem anderen. Ein modernes Karthago. Ceterum censeo... Diese Pestbeule erfordert eine Radikalkur. Damit schlägt man der Hydra den Kopf ab.»

Des Hauptmanns Gesicht rötete sich. «Ja, das ist diese verdammte Idiotie!» sagte er wider Willen heftig. «Und damit will man nun den Krieg gewinnen! Anstatt den Völkern dort Freiheit und Selbstverwaltung zu geben, damit sie etwas haben, wofür es sich lohnt, auf unserer Seite zu kämpfen! Jetzt haben wir sie als Partisanen im Rücken.»

«Ja, glaubst du denn wirklich, daß diese Halbwilden sich selbst verwalten können?» Amtmann Helmers war erstaunt und empört. «Wir haben ja zur Genüge gesehen, was dabei herauskommt!»

«Ach, laßt das doch, Kinder!» jammerte Frau Helmers. «Heute am Weihnachtsabend! Darüber werdet ihr ja doch nicht einig. — Sieh doch mal, Eva, was es im Rundfunk gibt! Vielleicht ist der Goebbels mit seiner Kinderbescherung nun endlich fertig.»

Im Rundfunk erklangen die letzten Töne einer ernsten Musik. Dann meldete sich der Ansager: *«Sie hören jetzt unsere Weihnachts-Ringsendung von den Fronten! ... Bitte melden! ... ‚Hier ist St. Nazaire, wir befinden uns mit unserem Aufnahmegerät vor einem der Bunker des Atlantikwalls!'»* Ein Schifferklavier spielt, Männerstimmen singen Weihnachtslieder ... Narvik ... Kreta ... Afrika ... Kaukasus ... Wolchow ... Ueberall das gleiche: Lieder, ein paar Worte, überall Zuversicht, Freude ... Doch dann bricht die Musik ab. Schritte klappen wie über polternde Geröllhaufen und durch Kellergewölbe, und dann ertönt eine Stimme, die aus dem Grabe zu kommen scheint: *«Hier spricht Stalingrad. Wir sind in einer Stellung am Steilhang der Wolga ...»* Sehr fern ist die Grabesstimme, verschwommen und brüchig. *«Hier brennt kein Baum ... kein Weihnachtslied ... angespannter, härtester Kampf, der jede Minute ... Weihnachtslichter die Leuchtkugeln des Feindes ...»*

Frau Helmers ließ ihre Stickerei in den Schoß sinken. «Nein, stell' das ab, Eva, bitte! Mein Gott, wie furchtbar – die armen, armen Menschen!»

Gedigs Gesicht war hart geworden. Mache! dachte er angewidert. Dort in Stalingrad kriecht jetzt bestimmt kein Frontberichter herum, von dort kommt nichts mehr. Aber gute Mache eigentlich! Ist doch ein Teufelskerl, der kleine Hinkefuß mit dem großen Mund. Läßt die Menschen weinen und jubeln und schimpfen, wie und wann es ihm paßt!

Vater Helmers hatte die Sendung, soweit sie Rußland betraf, an der großen Wandkarte verfolgt, auf der mit kleinen Hakenkreuzfähnchen der Frontverlauf abgesteckt war.

«A propos Stalingrad –», meinte er jetzt, «da mußt du mir mal helfen, Werner! Ich komme da nicht mehr klar. Das eine Mal spricht der Wehrmachtbericht von unseren tapferen Truppen an der Wolga und dann wieder von schweren Abwehrkämpfen zwischen Wolga und Don. Das ist doch westlich von Stalingrad! Wie verläuft denn da nun eigentlich die Frontlinie?»

«Ich weiß das auch nicht genau», murmelte der Hauptmann. «Es ist da wohl zurzeit etwas verworren. Warte mal ein paar Wochen ab, dann wird man klar sehen.»

Eva saß neben Werner Gedig auf der Lehne des Sessels. Ihr Arm umschlang seinen Nacken, und ihre Finger spielten mit der bunten Ordensschnalle.

«Werner, Lieber! Heut' mußt du fort... Nicht wahr, du fährst nicht nach Stalingrad?»

«Aber Evi, ich sagte dir doch schon...», erwiderte Hauptmann Gedig gequält. «Wie kommst du nur immer darauf?»

Sein Blick hing an der Lampe, um die eine einsame Fliege ihre Kreise zog.

*

Auf dem verdunkelten Bahnsteig stehen Eva Helmers und Werner Gedig. Die blaue Notbeleuchtung gießt Totenblässe über die Gesichter und macht die Umwelt kalt und gespenstisch. Den Hauptmann in seiner Feldkluft mit Gasmaske und Pelzmütze umweht jetzt wieder der Atem der Front. Menschen hasten vorbei. Worte flattern durch das Dunkel und einzelne Rufe. Die beiden stehen und schweigen. Für das, was sie bewegt, gibt es keine Worte.

Mit einer jähen Bewegung greift Hauptmann Gedig nach seinem Soldbuch in der Brusttasche.

«Hier, Evi, nimm das Geld! Es sind 600 Mark. Zahl sie auf einer Bank ein oder kauf etwas Schönes!»

«Das Geld? Ja, warum denn? Du kannst es doch dort ...»

«Nein, nimm nur, Evi! Es ist besser so —»

«Einsteigen bitte, Türen schließen!» Ein Pfiff heult gequält durch die Halle. Das Geld? Das Geld? Es ist besser ... Die junge Frau fühlt, wie eine kalte Hand nach ihrem Herzen greift.

«Werner!» Ihre Hände krallen sich in die Aufschläge seines Mantels. «Werner, bitte — belüg mich nicht! Nicht jetzt, nicht in dieser Stunde! Du — du fährst nach Stalingrad!»

«Vorsicht am Zuge!»

Ein verspäteter Soldat läuft den Bahnsteig entlang. Klapp — klapp, sein Gewehr schlägt gegen die Gasmaske. Irgendwo bellt ein Hund. Eva Helmers wird von zwei Armen umschlossen, zwei Lippen pressen sich heiß auf die ihren. In diesem Kuß ist Liebe und Abschied. Und ein weher, weher Schmerz. Dann klappt eine Tür, und sie ist allein.

«Werner!» schreit das Mädchen auf und streckt die Hände aus nach der schwarzen Eisenwand, die ihr langsam entgleitet. Und noch einmal, leise und hilflos:

«Werner — —»

Ein rotes Licht flieht nach Osten, wird kleiner und kleiner.

«Nach Stalingrad ...», flüstert sie, und ihr Herz zuckt wie ein todwundes Tier. «Nach Stalingrad ... Ich seh' ihn nicht wieder ...»

*

Sturm heult über das Land hinweg, Schwaden von Schneestaub fegen vor ihm daher. Durch Wolkenfetzen eilt rastlos der Mond, blaß und sehr fern. Ein Mensch quält sich nach Süden. Kein Stern steht am Himmel. Doch dem einsamen Wanderer leuchtet ein unsichtbarer Stern. Es ist Pfarrer Peters. Knisternd bricht der verharschte Schnee unter dem Tritt seiner Filzstiefel, und Elefantenspuren bleiben hinter ihm zurück, die sich schnell wieder füllen. Er strebt der Balka bei Karpowka zu, hinter sich zieht er den kleinen Schlitten mit den Gerätschaften. Sie warten auf ihn, sicher warten sie. Es ist ja Weihnacht!

Der Pfarrer bleibt stehen und schaut sich um. Er müßte längst da sein. Hat er sich verlaufen? Er hat den Weg schon oft gemacht, doch das wechselnde Mondlicht heute hat alles verändert. Für Bruchteile einer Sekunde blitzt linker Hand ein Lichtschimmer auf. Peters geht darauf zu, und schon nach wenigen Schritten wächst unvermittelt vor ihm die Rückfront eines Sanitätswagens auf, der mit seinem vorderen Teil in eine Spalte der Balkawand geschoben ist. Ein Sanitätsdienstgrad kommt ihm entgegen, er trägt einen Eimer, gefüllt mit blutigem Verbandzeug und mit noch etwas, das man sich besser nicht genauer ansieht.

«Guten Abend, Herr Pfarrer!» sagt er. «Na, bei uns geht's heute wieder mal rund, 'ne schöne Weihnacht!»

Durch die Lichtschleuse klettert Peters in den Wagen. Schmerzhaft überfällt ihn grelle, von den cremefarbenen Wänden vielfach reflektierte Helligkeit. Am Operationstisch sind zwei Gehilfen um einen Mann bemüht, der noch in Narkose liegt. Es ist wohl der, dessen Bein da eben hinausgetragen wurde. Neben dem Waschbecken steht der Arzt und trocknet sich die Hände mit einem Tuch. Seine Gummischürze ist blutbespritzt.

«Guten Abend, Doktor!»

«Ah, der Herr Pastor! Ich kann Ihnen sagen, heute ist hier wieder was los! Fast hundert Neuzugänge, zum Teil ganz schwere Fälle. Wir wissen schon nicht mehr, wohin damit.»

«Wie kommt denn das, gerade heute?»

«Ach, seit Tagen geht das schon so! Mehr als zwanzig am Tag nehmen sie uns nicht ab auf dem Flugplatz, dazu dreißig bis vierzig letale Abgänge, macht rund sechzig. Und hundert neue kommen täglich dazu — Na, Sie werden ja sehen drüben!» Der Arzt gießt einen Topf heißen Kaffees hinunter und macht ein paar hastige Züge an einer Zigarette.

«Den Schädelbruch jetzt?» fragt der Assistent.

«Erst mal die Amputationen!»

Peters sieht, es hat nicht viel Sinn, hier von Weihnachten zu reden. Er verabschiedet sich und geht hinaus.

Mitten in der Balka steht das große Zelt. Eigentlich hätte man die Leinwand eingraben müssen. Aber der Boden war schon zu hart, als man es aufstellte. Kaum, daß man die Masten und die Pflöcke für die Verspannung in die Erde bekam. Darinnen liegen sie dicht nebeneinander auf dünnem Stroh. Die an den

Wänden des Zeltes sind weiß bepudert. Durch die Fugen am Boden fegt der Wind den Schnee herein bis weit in die Gänge. Sie sind vollgestellt mit Tragbahren. Zwei Einheitslaternen, die an den beiden Masten hängen, können das Dunkel nur schwach durchdringen. In der Mitte steht ein eiserner Ofen, er erwärmt nur die Umliegenden. An einen der Masten geheftet ist die aus Pappe geschnittene Silhouette eines Tannenbaumes. Einige Kerzen stecken daran, sie brennen.

Als der Pfarrer den Raum betritt, geht ein Raunen durch die Reihen, einige Köpfe heben sich.

«Siehste, der Pfarrer! Also doch!» — «Na klar, wird uns doch nicht im Stich lassen am Weihnachtsabend! Was, Herr Pfarrer?» «'n Abend, Herr Pfarrer, was gibt's denn Neues?» — Ja, was gibt's Neues? Auf 20 km sollen sie doch schon heran sein!»

So sind sie nun! Peters ist gekommen, um Trost zu spenden. Aber *diesen* Trost, den irdischen, kann er nicht geben.

«Wir wollen auf Gott vertrauen», sagt er schlicht. «Er weiß allein, was uns nottut.»

Ueber die Liegenden hinweg arbeitet er sich mit seinen Gerätschaften bis zu dem symbolischen Christbaum heran. Vor ihm baut er das Koffergrammophon auf und läßt eine Platte anlaufen. Der Dresdener Kreuzchor singt Weihnachtslieder ... Draußen brummen die Transportmaschinen, die trotz des Sturmes fliegen, auch das stotternde Tacken einer russischen «Nähmaschine» ist vernehmbar. In der Ferne rumpeln einige Detonationen. Die vielfachen Geräusche im Zelt sind verstummt, nur aus der einen Ecke dringt leise ein abgebrochenes Stöhnen.

«Freue, freue dich, o Christenheit!»

Mit den gläubigen, glockenklaren Kinderstimmen ist eine ferne, märchenhafte, längst versunkene Welt in die Gegenwart eingebrochen. Es ist wie ein Gruß aus einem verlorenen Paradies, ein Gruß, gegen den man sich wehren möchte und doch nicht kann.

Und nun nimmt Pfarrer Peters die Dünndruckbibel zur Hand und rückt ganz dicht an die brennenden Kerzen heran. Er liest. «... und sie wickelte ihn in Windeln und legte ihn in eine Krippe; denn sie hatten sonst keinen Raum in der Herberge ...» Stille Tränen rinnen über die Gesichter der Männer. *Sie* sind die Hirten auf dem Felde, denen hier in ihrem Elend längst Versunkenes zu neuer Offenbarung wird.

Der Pfarrer hat geendet. Jetzt macht er sich wieder an dem Plattenspieler zu schaffen. Orgelklänge erfüllen plötzlich den Raum, scheinen ihn zu heben und auszuweiten. Es ist die «Toccata und Fuge in d-Moll» von Johann Sebastian Bach. Peters hat die lauteste Nadel eingesetzt, um das blubbernde Motorengeräusch zu übertönen, das sich laufend verstärkt. Eine Maschine kreist über der Balka. Blutt — blutt — blutt, grob zerhackt das Tacken die Orgeltöne. Das Schweigen im Zelt wird angstvoll, selbst die Kerzen scheinen niedriger zu brennen.

Und da rauscht es herab — — — rrwumm! Der glasharte Boden vibriert wie ein angeschlagenes Blech.

Und noch einmal, näher schon ... Siiiissschu — krach!! Das Zelt ist ein Schiff auf hoher See schlingernd und schaukelnd.

Und jetzt — — —

Das heranbrausende Rauschen hat die Körper der Wehrlosen hochgerissen, selbst das Stöhnen in der Ecke ist verstummt. Pfarrer Peters hat den Kopf auf die gefalteten Hände gelegt. Herrgott hilf! Nicht das hier, nicht jetzt! Ein ohrenbetäubendes Krachen ergreift das Zelt mit Riesenfäusten und schüttelt es bis in alle Winkel. Wie Hagelschauer prasselt es auf die Zeltplane, ein glühender Hornissenschwarm fährt schwirrend durch die Seitenwände.

Finsternis, lähmende Stille. Die Orgel tönt, aber sie findet kein Ohr.

Ein Streichholz flammt auf, der Pfarrer entzündet die Kerzen. Gottlob, es ist niemand getroffen! Wie ein Hauch neuen Lebens zieht es durch den Raum. In der Ferne verebbt das Tacken der Maschine, und die Klänge der Orgel schwingen sich sieghaft empor.

Der Pfarrer geht durch die Reihen. Er läßt sich erzählen und hört still und hingegeben zu. Man ist ihm dafür dankbar. Nur hier und da, wo die hilfreiche Schleuse der eigenen Rede sich nicht öffnen will, spendet er selbst mit kargen Worten Trost. Er spricht von dem einen Ausweg, der immer offen bleibt, dem Weg nach oben.

Ein Unteroffizier liegt da, gestern wurden ihm beide Füße abgenommen. Er ist SA-Führer, schon seit 29. «Wenn wir noch mal nach Hause kommen, Herr Pfarrer», sagt er, «das mit der Kirche, das muß dann anders werden. Mußten wir wirklich erst nach Stalingrad kommen, um das alles zu begreifen? — Aber», fügt er nachdenklich hinzu, «hier erst haben wir ja auch gelernt, was Heimat ist!» —

Draußen am Steilhang sind die Bunker gereiht. Dort liegen die schweren Kopf- und Unterleibsschüsse, die Hoffnungslosen, die morgen schon tot sein werden. Bitter kalt ist es dort. Holz ist knapp, und das Recht der Lebenden ist stärker.

Da ist ein Neunzehnjähriger, ein Jüngelchen, von der Schulbank geradeswegs nach Stalingrad gekommen. Bauchschuß. Sein Gesicht erscheint wie durchlöchert, so tief sind die Schatten. Nur die dunklen Augen leuchten übergroß. «Jetzt ist es schön, Herr Pfarrer», sagt er mit einem Lächeln, das seine Zähne freilegt. «Jetzt brauche ich auch nicht mehr zu schießen.» Der Pfarrer legt seine Rechte auf die gefalteten Hände und betet mit ihm. Mitten im Gebet wird das junge Gesicht wächsern, die Nase ganz spitz. In den Augen aber wächst ein Staunen auf, das in weite Fernen reicht. «Denn dein ist das Reich ...» sagt er noch laut und hell. Schwer sinkt der Körper in Peters' Arme.

Aus einem der Bunker schlägt dem Pfarrer ein süßlicher Geruch entgegen. Der Raum ist ganz finster. Hier ist für ihn nichts mehr zu tun, hier liegen die Toten. Schon will er die Tür schließen, da fährt er zusammen. Können Tote reden? Aber da hat doch eben jemand «heda!» gesagt. Und da flüstert es noch einmal:

«Heda, Mensch!»

Der Pfarrer reißt ein Streichholz an. Er sieht Leichen, sauber gestapelt wie Zigarren in einer Kiste. Aber dort in der Ecke ...

«Ach, Herr Pfarrer», klingt es von dort, «bitte — eine Zigarette!»

Auch der ist fast noch ein Kind, der da in der Ecke hockt. Das eine Bein hat er angezogen, das andere, das dick verbunden ist, weit von sich gestreckt. Um seine Schultern hängt eine Decke.

«Was machen Sie denn hier?»

Das Gesicht verzieht sich zu einer weinerlichen Grimasse.

«Sie haben mich hier eingesperrt ...» Und jetzt heult er los: «Aber ich hab's nicht getan! Mutter — uhuhuuu — Muuuttter ...»

Der Pfarrer hockt sich neben ihn und steckt einen Kerzenstummel an.

«Hör mal, mein Junge», sagt er sehr ernst, «heute ist Weihnachten! Denke daran und denke an deine Mutter! Du darfst jetzt nicht lügen! — — — Du hast dir selbst in den Fuß geschossen.»

Der Verletzte krallt sich an Peters fest, wühlt den Kopf in seinen Uebermantel hinein. Er weint hemmungslos.

«Sie werden mich erschießen! Ja, ja, ich weiß, sie werden mich erschießen!»

Der Pfarrer schweigt. Was soll er sagen? Ja, man wird ihn erschießen.

«Wir wollen auf Gott vertrauen», sagt er leise. «Was er tut, ist wohlgetan.»

Auch mit diesem hier betet Peters. Stammelnd formt der Junge die Worte, seine Augen hängen angstvoll an den Lippen des Pfarrers. Weiß er, was er spricht? –

Ueber eine Schneefläche stapft Pfarrer Peters mit seinem Schlitten zu den vorderen Linien. Am Tage kann man hier nicht gehen, da bestreichen die russischen MG das Feld. Jetzt ist es hier sicher. Nach 600 Metern nimmt ein Grabenstück ihn auf und ein Bunker.

Beizender Qualm schlägt ihm entgegen, die Männer liegen am Boden, die Gesichter sind rauchgeschwärzt. Auch hier hat eine Attrappe den Christbaum ersetzen müssen. Aus einer Zeltbahn geschnitten, klebt sie an der Bunkerwand, einige Holzstäbchen sind durch sie hindurch in den Lehm gebohrt, auf ihnen stehen brennende Lichter. Jemand spielt auf der Ziehharmonika, hustend und schnaubend versuchen die Männer mitzusingen. Auch Peters muß sich hinlegen, anders ist es hier nicht auszuhalten. Er spricht ein paar Worte und liest dann aus Selma Lagerlöfs «Christuslegenden» die Geschichten von der «Heiligen Nacht». Stumm lauschen die Männer.

Und dann steht er draußen in der Sappe neben dem Posten. Der Sturm hat etwas nachgelassen. Die Front ist ruhig. Links steigt eine Leuchtkugel hoch, ein MG bellt einmal kurz auf wie ein im Schlafe gestörtes Tier. Der Pfarrer fröstelt.

«Es ist scheußlich hier draußen», sagt er. «Wann werden Sie abgelöst?»

«In zwei Stunden!» Der Posten sieht unverwandt zu der anderen Seite hinüber. «Ich habe eine Wache freiwillig übernommen.» Und nach einer Weile fügt er hinzu: «Ich kann keine Weihnachtslieder mehr hören. Für mich ist Gott bei Stalingrad gefallen.»

Auch Peters blickt jetzt nach drüben, wo man die russischen Linien ahnen kann. Er blickt angestrengt, als suche er dort drüben irgendwo dem starren Blick des Mannes neben ihm zu begegnen.

«Sie haben recht», sagt er dann. «Gott ist vor Stalingrad gefallen, tausendmal. Mit jedem einzelnen unserer Toten ist er mitgestorben — — Und vor Stalingrad wird er auferstehen!» —

Es geht schon dem Morgen zu. In seinem Bunker sitzt Pfarrer Peters und schreibt. Er schreibt Briefe an die Angehörigen der Gefallenen. Vor ihm auf dem Tisch liegt die Verfügung, die vor einigen Tagen kam und die noch einmal auf das Verbot des Verteilens kirchlicher Druckschriften in der Truppe hinweist. Eine lange Liste von Wehrmachtsgeistlichen, die deswegen gemaßregelt wurden, ist zur nachhaltigen Abschreckung beigefügt. Und auch der Befehl liegt da, der es den Pfarrern bei schwerer Strafe untersagt, die Familien von gefallenen Soldaten zu benachrichtigen, «es sei denn auf deren ausdrücklichen Wunsch.» Hin und wieder streift Peters' Blick diese Papiere, und dann steigt von neuem der Zorn in ihm hoch. Welch abgefeimte Niedertracht! Sollte er vielleicht jenem Sterbenden in dem Bunker sagen: Hör' mal, mein Junge, es ist nun bald aus mit dir! Wenn du willst, daß ich deiner Mutter deinen Tod mitteilen soll, mußt du mir das hier jetzt ausdrücklich auftragen? Nein, murmelt Peters, kein Befehl soll mich hindern, meine christliche Pflicht zu tun. Und wenn ich deswegen bestraft werde — *dieses* Kreuz will ich tragen!

Peters schreibt und schreibt, und jeder Brief ist ein Kampf. Ein Kampf mit der bleiernen Müdigkeit des Körpers und der Trägheit des Geistes. Immer wieder ringt er um das menschliche Wort, um die Sprache von Herz zu Herz, ist er auf der Hut vor Gemeinplätzen, vor der Formel, der Schablone. Und mit einmal, nach dem zwanzigsten Brief etwa, als der Topf mit dem starken Kaffee geleert und die dicke Wachskerze fast niedergebrannt ist, befällt ihn eine heiße Angst: Wird er durchhalten können? Wird er es schaffen, das heute hier und alles das, was noch kommt? Und aus seinem innersten Herzen ringt ein Gebet sich los:

«Herr du mein Gott, laß mich nicht schwach werden! Hilf mir, daß ich diese Prüfung bestehen kann als Christ und als Seelsorger — Herr, gib mir Kraft!»

*

Der Nachmittag des zweiten Feiertages sah Breuer und Wiese allein in ihrem Bunker. Fröhlich hatte sich auf den Weg zu der Abteilung Ib gemacht, die anderthalb Kilometer entfernt in einer Balka lag. Er wollte sich dort vor allem einmal diesen russischen Oberstleutnant ansehen, von dem im Stab mancherlei erzählt wurde. Herbert und Geibel waren bei den Kameraden von der Kartenstelle, und auch Lakosch war mit unbekanntem Ziel verschwunden. Die ungewohnte Stille war wohltuend und feiertäglich. Wiese las im Schein einer Wachskerze, Breuer hielt sein Kartenbrett auf den Knien und versuchte einen Brief nach Hause zu schreiben. Doch das wollte und wollte nicht gelingen. Bestürzt empfand er, wie sich auch geistig die Kluft zwischen «hier» und «drüben» vertieft hatte.

«Schön haben Sie am Weihnachtsabend gesprochen!» sagte Wiese unvermittelt und ließ sein Buch sinken. «Wie sind Sie eigentlich zu der Hitlerpartei gekommen?»

Breuer sah betroffen auf. Die Frage selbst und die Art ihrer Formulierung waren ungewöhnlich. Er sah Wieses Blick ernst und prüfend und sehr wach auf sich ruhen.

«Wie denn?» sagte er langsam. «Ich verstehe Sie nicht.»

«Ich meine, wer das Weihnachtsfest noch im rechten Sinne zu feiern versteht, der ... der kann doch eigentlich kein Nationalsozialist sein!»

Breuer legte das Kartenbrett beiseite und richtete sich in seinem Sitz auf. Er witterte eine Gefahr und fühlte sich unvorbereitet.

«Ja warum denn nicht?» antwortete er betont gleichmütig. «Ich habe beides bisher ganz gut vereinen können.»

«Sie haben es nicht, Breuer, bestimmt nicht!» sagte Wiese. «Wer an der Oberfläche schwimmt, der kann das vielleicht, aber Sie nicht. Die Lehre Christi und die Lehre Adolf Hitlers dulden schon im Raum kein Nebeneinander, wieviel weniger im Inneren des Menschen!»

Breuers Blick irrte ab, einen Augenblick blieb er an dem Spruch an der Wand hängen. Er sah sich nackt und wehrlos auf einem Operationstisch, und irgend jemand schnitt rücksichtslos und schmerzhaft an einem Geschwür herum, an dem er seit langem krankte.

«Der Nationalsozialismus ist eine politische Bewegung», sagte er. «Die Weltanschauung von Rosenberg ist nicht verbindlich.»

«Man verlangt kein Lippenbekenntnis, schön! Aber man verlangt ein Denken und Handeln in bestimmten Kategorien. Hat man nie Ihre Freizeit überprüft, nie kontrolliert, wo bei Ihnen das Führerbild hängt und welche Zeitung Sie lesen? Nie Sie veranlaßt, hier und da einzutreten und hier und da auszutreten? Nie Sie zum Reden genötigt über Dinge, an die Sie nicht glauben?»

Man hatte, o ja ...

Da war diese Schule gewesen, bei der Breuer sich um eine Anstellung beworben hatte, eine Städtische Oberschule. Der Direktor, ein kleiner weißhaariger Herr, war Mitglied der Hitlerjugend. Zu Schulfeiern erschien er in Uniform, und sein Unterbannführer, der in der Unterprima saß, zog ihm dann manchmal in der Aula kurz vor Beginn noch den Schlips und das Koppel gerade. «So, Kurt, nun kannste anfangen!» Als Breuer sich zum erstenmal bei ihm vorstellte, hatte der Direktor auf ein Bild an der Wand gewiesen. Es zeigte den Führer, der Alfred Rosenberg die Hand schüttelt. «Das ist der Geist, in dem wir hier arbeiten!» Und er hatte Breuer den Austritt aus der Kirche «nahegelegt» und keinen Zweifel daran gelassen, daß er die Anstellung davon abhängig mache. Breuer hatte aufregende Wochen durchlebt. Er war nicht aus der Kirche ausgetreten. Er hatte sich beim Oberpräsidium beschwert, und dieses hatte den voreiligen Hitlerjungen-Direktor zurückgepfiffen.

Man hatte also! Zum mindesten hatte man es versucht. Und die Sache mit der «Preußischen Zeitung» war ja auch eine glatte Erpressung gewesen ...

«Nein, man hat nicht, Wiese!» Breuer lächelte dünn und voller Abwehr. «In meiner Wohnung hängt kein Führerbild. Ich halte die ‚DAZ', bezahle meine Beiträge für NS-Lehrerbund und NS-Volkswohlfahrt und mache einmal in der Woche SA-Dienst, dazu noch bei einem Nachrichtensturm. Im übrigen bin ich mein eigener Herr, und ich würde mir verbitten ...»

«Sie haben sich losgekauft!» unterbrach Wiese. Er sah zu den Deckenbalken hoch, zwischen denen das Dunkel hing. «Seien Sie froh, daß Sie kein Jude oder Freimaurer oder Sozialdemokrat sind! Mit Uniform und Deutschem Gruß und Geld und einem immerwährenden Kotau haben Sie sich eine kümmerliche Scheinfreiheit zwischen Ihren vier Wänden hinter verschlossenen Türen erkauft. Aber täuschen Sie sich nicht, Breuer! Das Gift dringt auch durch die schmalsten Türritzen. Man kann sich nicht loskaufen. Es gibt hier nur ein Entweder-Oder, wenn man sich nicht selbst verlieren will.»

Breuer sah Wiese an, und ihre Blicke kreuzten sich. Himmel, was sprach dieser Mensch aus! Es war ihm, als springe ein drohendes Ungeheuer, dessen lauernden Atem er manchmal beklemmend in seinem Nacken gespürt hatte, plötzlich vor ihn zu einem Kampf auf Leben und Tod.

«Sie überspitzen die Dinge, Wiese», sagte er gepreßt. «Dieses Entweder-Oder besteht doch gar nicht. Ich habe natürlich auch meine Vorbehalte gegenüber vielem. Und mein Innerstes ist von alledem nicht berührt. Ich lese nach wie vor meinen Thomas Mann, und in meinem Bücherschrank steht Heinrich Heine neben dem Buch des Führers. Und sie vertragen sich ganz gut miteinander.» Er versuchte zu lächeln.

Wiese nahm dieses Lächeln nicht auf.

«Sie sind ein Mitläufer!» sagte er. «Millionen gibt es davon. Das sind die Schlimmsten. Diese Ja-Sager mit Vorbehalten geben der ‚Bewegung' erst die Legitimation für das tausendfache Unrecht, das überall um uns geschieht. Für die Konzentrationslager, die Juden- und Kirchenverfolgungen und für die seelische Aushöhlung des Menschen. Starhemberg, der österreichische Heimwehrführer, hat einmal gesagt, der Nationalsozialismus sei die deutsche Form des Bolschewismus. Das ist richtig. Die beiden Systeme gleichen sich wie zwei Aepfel von demselben Baum. Dieser Krieg ist ein Konkurrenzkampf mißratener Brüder!»

«Hören Sie auf, Wiese!» Breuer fühlte einen gestaltlosen Groll in sich hochsteigen. «Was Sie da verzapfen ist Feindpropaganda! Sie lesen wohl auch die ‚Basler Nachrichten', die sich Graf Willms sogar in den Kessel nachschicken läßt? — Das ist doch alles Schwindel, so sieht es ja gar nicht aus in Deutschland! Oder haben *Sie* schon mal etwas gesehen von diesen angeblichen Greueln? Ich nicht!»

«Was man nicht sehen will, sieht man nicht.» Wiese blätterte in seinem Buch und nahm einen Umschlag heraus. «Hier, das bekam ich von meiner Kusine. Sie ist Ordensschwester im Hildegardis-Kloster in Eibingen. Oder besser sie war. Das Kloster wurde geräumt, von SS, innerhalb zwei Stunden. Die Klosterfrauen einfach auf die Straße, mit dem, was sie gerade tragen konnten. Jetzt ist dort eine Parteischule ... Bitte, lesen Sie!»

Breuer nahm den Brief nicht, den der Leutnant ihm hinstreckte.

«Man müßte die näheren Umstände kennen», sagte er voller Widerwillen. «Und dann, was ist das für eine Perspektive! Sie sehen immer nur das Kleine, die Flecken. Sehen Sie doch endlich auch einmal das Große, das geschaffen wurde: Arbeit für alle, soziale Befriedung, Aufschwung und Wohlstand und ein einiges Reich aller Deutschen, für das zu leben sich lohnt! Natürlich gibt es hier und da noch Schatten, Uebergriffe von Radaubrüdern, die eine so breite Volksbewegung anfangs immer nach oben spült. Aber Sie müssen doch zugeben, daß sich das seit 33 schon ganz erheblich geändert hat. Wenn der Krieg nicht gekommen wäre ... Glauben Sie denn, daß unser Führer das nicht sieht? Nach dem Kriege wird er die letzte Säuberung vornehmen, und der Sieg wird auch die innere Vollendung für die Partei und für Deutschland bringen!»

Wiese hatte Breuer die ganze Zeit über sehr aufmerksam beobachtet.

«Hitler, natürlich – der Gott!» sagte er jetzt bitter. «Der Edle, der Reine, der nur das Beste will und den seine Propheten leider, leider so oft mißverstehen oder hintergehen. Nicht wahr, so sehen Sie ihn doch?»

Und jetzt blitzte in Wieses Blick zum erstenmal etwas auf, das aus ganz unbekannten Tiefen seines Wesens zu kommen schien.

«Dieser Mensch, der seine engsten Freunde abschlachten ließ ohne Richterspruch! Der alle Verträge nur schloß, um sie zu brechen! Der Völker überfiel mitten im Frieden und sie kaltblütig ausrotten wird, wenn er erst einmal freie Hand hat ... Sehen Sie sich dieses Gesicht doch einmal an, es grinst ja von allen Wänden herab! Erkennen Sie die Teufelsfratze, die dahinter hervorschaut!»

Breuer war einen Augenblick starr vor Schrecken. Das Allerheiligste war aufgerissen und geschändet. Dann aber packte ihn maßloser Zorn.

«Hören Sie auf!» schrie er. «Schimpfen Sie, worauf Sie wollen, aber lassen Sie den Führer aus dem Spiel! Er steht zu hoch für den Dreck, den Sie verspritzen!»

Wiese nickte wie ein Arzt, der seine Diagnose endlich bestätigt findet.

«Erregen Sie sich nur, Breuer», sagte er ganz ruhig. «Das hilft manchmal. Im Innersten fühlen Sie ja, daß ich recht habe. All das Große, von dem Sie sprachen — wohin hat es geführt? Hierher in den Kessel von Stalingrad! Wir sind nicht mehr drüben, Breuer, wir stehen hier — am Ende! Und das verpflichtet zur Wahrheit. Zu der Wahrheit, die wir hier gefunden haben auf den Schneefeldern von Stalingrad, oder finden werden in dem, was noch kommt.»

Stalingrad! dachte Breuer. Wir stehen bei Stalingrad...

Er wunderte sich, wie er das für Augenblicke hatte vergessen können. Seine Argumente erschienen ihm mit einmal kraftlos. Der harte Boden der Steppe hatte sie verdorren lassen, das erkannte er jetzt.

«Wir sehen immer nur den äußeren Ring der Barbarei, den die Russen um uns gezogen haben», sagte Wiese. «Und doch hat in ihm nur sichtbaren Ausdruck gefunden die teuflische Hülle der Unmenschlichkeit, die uns seit Jahren schon umfangen hält. Wir müssen erkennen.»

Breuer atmete tief.

«Sie sind fürchterlich, Mensch!» sagte er gequält. «Aber Sie haben recht: Irgend etwas ist zerbrochen in uns. Ich... ich bin damit noch nicht fertig. Manchmal sind mir selbst schon Zweifel gekommen, ob der Weg, den wir gehen, der rechte ist. Und furchtbar quält mich der Gedanke, daß wir deswegen diesen Krieg nicht gewinnen könnten.»

«Wir werden ihn nicht gewinnen», sagte Wiese. «Und... wir *dürfen* ihn nicht gewinnen!»

Breuer starrte den Freund an wie einen Irrsinnigen.

«Wir *dürfen* nicht... Wiese, Mann Gottes...»

Und Leutnant Wiese wiederholte noch einmal sehr bestimmt:

«Wir dürfen diesen Krieg nicht gewinnen, Breuer! Ich weiß: Was dann kommt — nach alledem, was geschah — wird gräßlich sein. Aber nicht so gräßlich wie das, was geschehen würde, wenn wir siegten. Ein Leichentuch würde sich ausbreiten über der eroberten Welt, und durch die Friedhofstille würde der Marschtritt machtberauschter Kolonnen klingen. Wir alle sind auf dem Marsch in die Unmenschlichkeit, und nur die schwere Prüfung einer Niederlage könnte uns vielleicht retten. Ich sehe das alles so entsetzlich klar, Breuer, ich habe hier in diesem Bunker in langen Nächten darüber gewacht. Glauben Sie mir, ich liebe mein Volk wie nichts sonst auf der Welt, das Volk eines Lessing und Goethe und Humboldt, eines Rilke und Stefan George und Thomas

Mann. Ich bete mit heißem Herzen darum, daß unser Volk aus der Not dieser Tage seine Seele rettet. Und ich sehe keinen anderen Weg . . .»

Stille fiel in den Raum, und Wieses letzte Worte schwebten darin umher wie große graue Vögel. Breuer vermeinte ihren Flügelschlag an den Schläfen zu spüren. Erst nach einer Weile fand er Worte:

«Was Sie da sagen, Wiese, ist ungeheuerlich. Es ist so ungeheuerlich, daß . . . Und deshalb bitte ich Sie jetzt, daß wir dieses Gespräch abbrechen. — Aber sagen Sie mir noch eines: Wenn Sie das alles so sehen — und ich will glauben, daß Sie es so sehen müssen — wie . . . wie bringen Sie es dann fertig, noch das Hoheitszeichen auf Ihrer Brust zu ertragen?»

Mit Wiese ging eine seltsame Veränderung vor. Sein Gesicht verzog sich schmerzhaft, als hätte er einen Schlag in den Magen erhalten. Schwer mußte er sich die Antwort abringen:

«Ja, Breuer, ja . . . Sie haben tausendmal recht: Seit ich das alles sehe, dürfte ich diesen Rock nicht mehr tragen. Aber . . .», der Anflug eines hilflosen Lächelns umspielte seinen Mund, «aber wer von uns kann bis ins letzte konsequent sein? Ich habe diesen Weg nun einmal beschritten, und ich muß ihn bis ans Ende gehen . . . Und ich kann Gott nur dafür danken, daß seine Gnade es mir vergönnt hat, in diesem Kriege bisher niemals auf einen Menschen schießen zu müssen. Und, das schwöre ich Ihnen, Breuer, ich werde auch in Zukunft niemals gegen einen Menschen meine Waffe erheben — was auch kommen mag!»

Er strich sich mit der Hand über die Augen, und dann lächelte er.

«Es war ein Unsinn, von alledem anzufangen. Das liegt ja alles weit ab und berührt uns nicht mehr. Und unsere Erkenntnisse, wem sollen sie nützen? Sie werden vergehen mit uns, und wenn der Schnee da draußen geschmolzen ist, wird nichts mehr davon übrig sein. Wir sind die ‚Morituri' auf der großen Weltenbühne, und ob unser letzter Gruß an den Cäsar ein Ave ist oder ein Fluch, wer fragt schon danach.»

Er beugte sich vor und ergriff Breuers Hände.

«Wir sind entsetzlich allein, Breuer! Allein wie in einem Raumschiff, das verloren durchs Weltall fliegt. Wir haben nur noch uns — ich möchte nicht, daß irgendein Schatten zwischen uns bleibt. Nicht wahr, Sie sind mir nicht böse?»

Breuer schüttelte den Kopf, er konnte nichts mehr sagen. Er stand auf und legte Holz auf das Feuer, das am Erlöschen war.–

Nach und nach fanden die anderen zurück. Zum Schluß erschien auch Fröhlich, aufgeräumt und voller Neuigkeiten.

«Ib ist besser als Ic!» meinte er. «Da gibt's noch Plätzchen mit Kunsthonig und französischen Kognak. Da müssen Sie mal hin, Herr Oberleutnant! Oberstleutnant Unold und Hauptmann Engelhard waren auch da. Und dieser Gontscharow, das ist ein interessanter Kerl! Zu Weihnachten hat er Hauptmann Siebel eine Glückwunschadresse gemalt, auf deutsch natürlich: ‚Deutsche Tapferkeit und deutsche Organisation verbürgen den Sieg!' – Tja, das ist nun ein Russe! Und bei uns ...» Sein Blick strich unter den halbgeschlossenen Augendeckeln über Leutnant Wiese hinweg und haftete einen Augenblick böse auf Unteroffizier Herbert, der den Fußboden zum Schlafen herrichtete. «Schämen müßte man sich!» –

Am späten Abend brachte der Gefreite Krause von Ia noch die Dienstpost herüber. «Da ist auch wieder das Witzblatt vom Korps dabei», sagte er. «Sind 'n paar tolle Dinger drin diesmal!» Es waren die «Mitteilungen zur Bekanntgabe an die Truppe», deren Weitergabe an die unterstellten Einheiten zu den wenigen dienstlichen Obliegenheiten gehörte, die von der Abt. Ic noch zu erfüllen waren. Breuer überflog den Zettel und gab auszugsweise den Inhalt bekannt:

«Eine Sanitätseinheit drei durchgebrochene russische Panzer niedergekämpft, ein Zeichen für die Ueberlegenheit der deutschen Kampfmoral ... hm! Vor der Front ein Baschkirenregiment neu aufgetreten, 90 Prozent Analphabeten, Ausrüstung mangelhaft ... Die Platte kennen wir ja nun schon auswendig. Sollten mal 'ne andere auflegen! – Ach hier, hört mal her, das ist interessant: *Im Bereich des IV. A.K. kehrten zwei versprengte Soldaten zurück, die sich vier Tage unerkannt hinter den feindlichen Linien aufgehalten hatten. Sie konnten wertvolle Angaben über Zusammensetzung, Stärke und Bewaffnung der gegenüberliegenden Verbände machen. Aus ihrem Bericht geht hervor, daß bei den Russen die Unzufriedenheit mit der schlechten Behandlung und Verpflegung wächst und niemand mehr an eine Bezwingung des Kessels glaubt. Die beiden Soldaten, ein Wachtmeister und ein Gefreiter, wurden vom Kommandierenden General persönlich ausgezeichnet.»*

«Wie die das bloß alles festgestellt haben da drüben?» meinte Herbert kopfschüttelnd.

«Sie haben auch immer was zu meckern!» fuhr ihn Fröhlich giftig an. «*Sie* würden so was natürlich nicht fertig kriegen!»

«Aber Sie!» gab Herbert zurück.

«Ruhe mal!» rief Breuer. «Hier ist noch was:

Die Zahl der russischen Ueberläufer in den Kessel steigt. Zwei Ueberläufer im Bereich der 376. I.D. sagten aus, ihre Einheit hätte seit vier Tagen kein warmes Essen mehr bekommen. Sie wollten lieber zusammen mit den Deutschen eingeschlossen sein als bei den Russen verhungern.»

«Kriegen die nun hier Sonderverpflegung?» fragte Geibel.

Alles lachte, bis auf Fröhlich, der in seiner Ecke leise vor sich hin schimpfte.

«Also Spaß beiseite», sagte Breuer. «Der Wisch geht natürlich nicht hinaus, Herbert! Wenn sich das Korps durchaus zum Hanswurst machen will, dann gefälligst ohne uns!»

«Aber das geht doch nicht, Herr Oberleutnant!» protestierte Fröhlich.

«Also dann hängen Sie ihn meinethalben in die Latrine! Das ist der geeignetste Weg für eine schnelle Bekanntgabe!»

So schlug der Alltag die Männer wieder in seinen Bann.

Achtes Kapitel

DIE KNOCHENSTRASSE

Es ist der letzte Tag des alten Jahres.

Oberst von Hermann und Unold sind auf dem Wege zum VIII. Korps. Ein kurzer Befehl der Armee ohne nähere Angaben hat sie zu einer «wichtigen Besprechung» zitiert.

Der Oberst ist äußerlich ruhig wie immer, man sieht ihm nicht an, daß Erregendes durch seinen Kopf zieht. Nach dem Verteiler sind außer ihm nur die Spitzen der fünf Korps dorthin befohlen. Er als einziger Divisionskommandeur dabei? Das muß etwas bedeuten! Da ist seit kurzem von einem neuen Durchbruchsplan die Rede, der dem Armeestab unterbreitet sein soll ... Freilich, heute ist das schwieriger als vor zwei Wochen, als Hoth noch am Mischkowa-Abschnitt stand. Unendlich viel schwieriger ist das. Die Entfernung zu den eigenen Linien hat sich vervielfacht, die körperliche Leistungsfähigkeit der Truppe ist erschreckend gesunken, die Vorräte an Brennstoff und Munition sind zusammengeschrumpft. Aber nach dem kläglichen Versagen der Luftversorgung ist eines klar: Es *muß* jetzt etwas geschehen! Man *muß* hier heraus, wenn man nicht warten will, bis der letzte Mann verhungert ist. Es heißt, daß die Armee die Herabsetzung der Brotration auf 50 Gramm täglich in Erwägung zieht ...

Draußen fegt der Schnee über die Steppe. Der Blick des Obersten fällt auf einen Pferdekadaver am Wegrand. Aus dem Fell blinken die blank geschabten Knochen hervor, der Schädel ist gespalten und ausgeleert.

«Heute fällt die Entscheidung!» sagt der Oberst zu Unold.

Auch der Oberstleutnant macht sich Gedanken, sehr geheime Gedanken.

«Hube ist ja wohl zurück», meint er.

Hube – richtig. Der Kommandierende General des Panzerkorps war kurz vor Weihnachten zum Führerhauptquartier geflogen, um, wie es Brauch war, aus Hitlers eigener Hand die Schwerter zum Ritterkreuz in Empfang zu nehmen. Ein Urlaub über die Feiertage zur Hochzeit seiner Tochter hatte sich angeschlossen. Der einarmige General, als Draufgänger bekannt, hatte den Auftrag bekommen, Hitler bei der Audienz die Lage im Kessel ungeschminkt und mit drastischer Deutlichkeit zu schildern, und er war mit einem Zorn abgeflogen, der die Durchführung dieses Auftrages sicherzustellen schien. Man versprach sich Entscheidendes von seiner Rückkehr.

In dem großen Stabsbunker des VIII. Korps sind die meisten der Teilnehmer schon versammelt. Nur zwei der Kommandierenden Generale sind erschienen, die übrigen haben ihre Stabschefs geschickt. Dem Oberst ist das eine Erleichterung; er fühlt sich im Verkehr mit Ranghöheren immer etwas befangen. Er begrüßt die einzelnen Herren, die ihm fast alle bekannt sind.

«Aha, der Panzerspitzenführer! – Na, dann kann's ja losgehen mit Ihrem Wanderkessel, Clausius!»

«Schon gehört, was Hube aus dem Führerhauptquartier mitgebracht hat? Na, Sie werden sich wundern!»

Die meisten stehen um die Wandkarte herum, vor der Oberst Clausius, der Chef des LI. Korps, Vortrag hält.

«Warum soll das nicht möglich sein? Natürlich ist das möglich! Im Osten setzen wir uns hinhaltend kämpfend ab, und nach Westen boxen wir vor mit allem, was an Panzern und mot. Kräften noch einsatzfähig ist. So kommt der ganze Kessel in Bewegung, wie ... ja, wie soll ich sagen ... Wie eine Qualle etwa!»

«Und so wandern wir dann frohen Mutes langsam der Heimat zu, hahaha!»

«Nee, Clausius, Ihre gute Absicht in Ehren, aber das ist doch Firlefanz!»

«Wie denken sich die Herren denn sonst den weiteren Ablauf?» Der Oberst ist erregt, er hat in langen Nächten die genauen Pläne für diesen Durchbruch ausgearbeitet. «Es bleibt uns doch keine andere Wahl nach der trostreichen Aussicht, die General Hube da ...»

«Was ist denn nun damit?» fragt Oberst von Hermann.

«Ach, er ist gar nicht zu Wort gekommen! Einen Alkazar sollen wir bilden, hat Hitler ihm gesagt. In den Trümmern von

Stalingrad uns einigeln! – Vor dem Frühjahr wird es nichts mit Entsatz.»

Einen Alkazar? Der Oberst streicht sich über die Stirn. Dieses Wort ist wirklich gesprochen worden? Himmel, man ist doch nicht in Spanien, man sitzt hier mit dreihunderttausend Mann in einer Schnee- und Steinwüste! Wenn das der Weisheit letzter Schluß ist . . .

«Meine Herren, der Oberbefehlshaber!»

Es wird still. Durch die niedrige Tür schiebt sich eine gebeugte Gestalt. Es ist Paulus, der Oberbefehlshaber der eingeschlossenen Divisionen. Zugleich mit der Neujahrsbotschaft Hitlers ist seine Beförderung zum Generaloberst eingetroffen. Doch das weiß hier noch niemand. Paulus ist schlank und ungewöhnlich groß, er überragt die anderen fast um Haupteslänge.

«Guten Tag, meine Herren!»

Etwas beklommen sehen die Offiziere in das feine, kluge Gesicht des Mannes, der in seinen Mußestunden malt und musiziert. Und während sich ihnen die Hand des Oberbefehlshabers müde und drucklos darbietet, wird ihr Blick eingefangen von ein paar faszinierenden Augen, die sie über Paulus' Schulter hinweg anstrahlen. Diese erstaunlichen Augen sprechen; sie sprechen so laut, daß man es mit Ohren zu hören vermeint. Sie sagen: Hier bin *ich! Ich* bin die Armee!

Man setzt sich um den Tisch. Der Generaloberst hält die Hände vor sich auf der Tischplatte gefaltet. Leise, doch sehr betont sagt er:

«Meine Herren, unsere Lage ist Ihnen bekannt. Sie ist sehr ernst. Das zwingt uns zu schwerwiegenden Entschlüssen. Deswegen haben wir Sie heute hierher gebeten. Es mußt jetzt etwas Entscheidendes geschehen.»

Endlich! Oberst von Hermann, der schräg gegenüber Paulus sitzt, atmet auf. Endlich hat man sich aufgerafft zur entscheidenden Tat. Die Zumutung mit dem Alkazar hatte wohl den Ausschlag gegeben. Befreit und dankbar blickt der Oberst auf dieses schmale, durchgeistigte Gesicht, gekrönt von einer wohlgeformten Stirn, deren Breite durch das zur Seite gekämmte dunkle Haar noch unterstrichen wird. Das Gesicht eines Gelehrten ist das. Man könnte es schön nennen, wenn da nicht dieses beständige Zwinkern und Zucken wäre, das es entstellt. Ein Gefühl des Mitleids erfüllt den Oberst mit diesem Mann, den das Schicksal so hart gezeichnet hat. Welch eine Last trägt er auf seinen Schultern!

«Nach eingehenden und ernsten Erwägungen», fährt Paulus fort, «haben wir uns ... hat der Armeestab ...» Er stockt und sieht zu seinem Chef des Stabes hinüber, der lächelnd den Bleistift in seiner Hand betrachtet. «Ich glaube, es ist besser, wenn Sie das gleich selbst vortragen!»

Der Chef verbeugt sich knapp, und während Paulus sein Gesicht zu den gefalteten Händen senkt und in Meditation zu versinken scheint, strahlen seine Augen über den Tisch hinweg wie die aufgehende Sonne und fangen die Blicke der anderen ein.

«Die Führerbotschaft zum neuen Jahr ist Ihnen bekannt!» Frisch und unbeschwert klingt die helle Stimme durch den Raum. «Das Wort des Führers klärt unsere Lage, es gibt uns allen Anlaß, voller Vertrauen und Zuversicht in die Zukunft zu blicken.»

Oberst von Hermann weiß noch nichts von einer Führerbotschaft. Vertrauen und Zuversicht? Er versteht überhaupt nichts. Auch Unold rutscht unruhig auf seinem Stuhl umher. Diese helle, unbekümmerte Stimme reizt ihn immer wieder. Lackaffe! denkt er erbittert. Wie sich das spreizt, dieser Pfau! Angesichts dieser lächelnden Unversehrtheit empfindet er doppelt stark und beschämend seine eigene Zerrüttung. Wie macht dieser Kerl das bloß, von allem so unberührt bleiben? Er kennt den Chef von einem Kriegsschullehrgang her, und schon damals hat er den Glücklicheren, der stets den glänzenden Mittelpunkt bildete, gehaßt. «Lügenwilhelm» hatten sie ihn schon damals heimlich genannt wegen seiner funkelnden Beredsamkeit, und sich doch dem charmanten Zwang seiner stärkeren Persönlichkeit gebeugt. Generalmajor! Chef des Armeestabes! Und er selbst ist immer noch Oberstleutnant. Fast körperlich fühlt Unold seinen brennenden Haß, und doch hängt er wie verzaubert an diesen leuchtenden Augen. Unold haßt, weil er verehrt. Aber das weiß er nicht.

«Diese feste Zuversicht», sagt der Chef, «entbindet uns jedoch nicht von der Verpflichtung, alles zu tun, was in unseren Kräften steht, um zu einer Verbesserung unserer Situation beizutragen. Nur ein Bruchteil unserer Leute steckt in der Front. Hinten aber lümmeln sich Tausende von Kraftfahrern und Trossen und was weiß ich noch sinn- und nutzlos herum. Das ist ein unmöglicher Zustand. Um es kurz zu sagen: Wir müssen auskämmen!»

Wie, was? Das ist es, was die Armee will? Unruhe brodelt auf.

Oberst von Hermann fühlt den Boden unter seinen Füßen schwinden. Er lehnt sich in seinen Stuhl zurück und schließt die Augen. Aus, vorbei – das ist das Ende. Müdigkeit überkommt ihn, er hört kaum noch, wie der Chef weiterspricht:

«Jawohl, gründlich auskämmen, meine Herren! Ich weiß, daß Sie das nicht gern hören.»

«Auskämmen!» Schwer fällt die Faust des alten Generals, der hier Gastgeber ist, auf die Tischplatte. «*Wir* haben ausgekämmt! Was noch ein Gewehr tragen kann, steckt bei uns in der Front!»

Ruhig und heiter strahlt der Chef in die grünschillernden Augen des weißhaarigen Tigerkopfes.

«Nun, solange man sich noch so pompöse Bunker bauen kann . . .»

«Unerhört!» fährt der Tiger auf. «Verbitte mir das!»

Es war ein Blattschuß. Tatsächlich hat wochenlang eine ganze Pionierkompanie an diesem einen Bunker hier gearbeitet.

«Aber bitte, meine Herren!» Gequält blickt der Oberbefehlshaber auf: «Die Lage ist doch wirklich zu ernst!»

Als ob nichts gewesen wäre, fährt der Chef fort:

«Wir haben hier im Kessel noch etwa 240 000 Mann. Rund 40 000 davon stehen in der Front. 200 000 sitzen untätig in Bunkern herum: Kraftfahrer, Nachrichtenleute, Artilleristen ohne Geschütze, Trosse ohne Funktion. 200 000 Mann! Das gibt mindestens zwanzig neue Bataillone! Diese Bataillone brauchen wir, wenn wir bis zum April hier durchhalten wollen.»

Milchmädchenrechnung! denkt Unold. 200 000 Mann! Aber da sind auch die Führungsstäbe mitgerechnet und die Versorgungsdienste und Werkstätten und das Sanitätspersonal und die Zehntausende von Verwundeten. Was ist das nur für ein Mensch, daß sie ihm diese Falschmünzerei abnehmen? Einmal so zaubern können! denkt Unold voller Neid.

Aber jetzt meldet sich Oberst Clausius zum Wort. Er steht hier für seinen General, und in dieser Minute bedauert er sehr, daß General v. Seydlitz nicht anwesend ist.

«Ist dem Armeestab klar», fragt er mühsam beherrscht, «daß diese Maßnahme den Totalausverkauf der Armee bedeutet? – Daß wir uns damit für immer unbeweglich machen, die letzte Möglichkeit einer Befreiung aus eigener Kraft selbst für alle Zeiten zerstören?»

Paulus sieht etwas unsicher auf. Genau das waren auch seine Bedenken. Aber der Chef wischt mit einer einzigen Handbewegung den Einwand hinweg.

«Wir werden im Frühjahr befreit, das verbürgt uns das Wort des Führers. Unsere einzige Aufgabe ist es, uns bis dahin zu halten und dabei möglichst starke russische Kräfte zu binden, die sonst die Vorbereitung für die Frühjahrsoffensive stören könnten. Wir halten hier fünf russische Armeen fest, meine Herren!»

Doch der Oberst gibt sich noch nicht geschlagen.

«Wenn der Russe eines Tages alle seine Truppen von hier abzieht und uns allein dem Hunger und der Kälte überläßt, werden wir das nicht mehr verhindern können!»

Doch er fühlt schon, daß jedes Wort hier umsonst ist. Der böse Geist der Armee ... Ja, der Mann dort ist der böse Geist der Armee!

«Es wird ein Stab gebildet zur Aufstellung der neuen Einheiten», sagt der Chef, «ausgestattet mit weitgehender Verfügungsgewalt. Dabei habe ich an ... ehem, an Sie und Ihren Stab gedacht, Hermann!»

Der Oberst zuckt zusammen. Er soll ... Deswegen also! Der Schweiß tritt ihm auf die Stirn. Wie immer, wenn dieser Mann mit ihm spricht, fühlt er sich klein und hilflos. Schon drängt sich ihm das «Jawohl» auf die Lippen, doch er zwingt es hinunter und findet Worte der Gegenrede:

«Gestatten Herr General, wenn ... wenn ich einige Bedenken geltend mache. Diese Kraftfahrer und Artilleristen, sie sind im infanteristischen Einsatz ohne jede Erfahrung ...»

«Wir werden sie ausbilden. Wir haben Zeit. Vor Ende Januar ist mit einem ernsthaften Angriff der Russen nicht zu rechnen.»

«Es fehlt an geeigneten Führern und Unterführern!»

«Ich habe den Einflug infanteristisch geschulter Unterführer veranlaßt.»

«Und dann die Ausrüstung, angefangen schon bei den Feldküchen ...»

«Schwierigkeiten sind dazu da, um überwunden zu werden, Herr Oberst!»

Und Oberst von Hermann glaubt im gleichen Augenblick selbst daran. Im Angesicht dieses Mannes zerrinnen alle Schwierigkeiten zu nichts.

«Deswegen habe ich ja Sie ausgesucht!» Die blauen Augen

strahlen über den Tisch hinweg. «Sie ersuchten doch um die Betrauung mit einer dankenswerten Aufgabe, nicht wahr?»

Der Oberst erschrickt. Sein Versetzungsgesuch! «Jawohl, Herr General», stammelt er, «allerdings . . .»

«Nun gut. Mit sofortiger Wirkung sind Sie ‚Chef des Ersatzwesens der 6. Armee'! Gegenüber allen Dienststellen im Kessel haben Sie unbeschränkte Vollmachten. Ich hoffe, daß Sie die Ihnen damit gestellte Aufgabe mit dem ganzen Einsatz Ihrer Person erfolgreich lösen werden!» —

Eine kurze Debatte gibt es noch über die Bezeichnung der neuen Einheiten. Sie soll zugkräftig sein und die Kampfmoral stützen.

«Festungsbataillone!» schlägt Unold vor, und er ärgert sich, weil er unter dem anerkennenden Blick des Chefs Herzklopfen bekommt. Die anderen murren.

«So ein Quatsch», brummt der Tiger. «Wer bloß das alberne Gerede von der ‚Festung' aufgebracht hat! Ein Trümmerhaufen und Schneelöcher rundum — schöne Festung!»

Doch die Armee akzeptiert die vorgeschlagene Bezeichnung, und Oberst von Hermann erhält den Befehl, innerhalb von zehn Tagen zunächst vier neue Einheiten aufzustellen: die Festungsbataillone I bis IV.

*

Und dann kam doch noch Post.

So überraschend kam das, so gegen alle Erwartung, wie wenn ein Totgeglaubter plötzlich ins Zimmer tritt. Und fast für jeden war etwas dabei!

Als Breuer seinen Brief öffnete, der einen Poststempel vom Oktober trug, entfiel ihm ein winziger Umschlag, frankiert mit einer Spielmarke aus der Kinderpost. Er enthielt ein Blatt, über das eine ungelenke Kinderhand den Bleistift geführt hatte. Darauf stand zu lesen:

Lieber Vati! Ich gehe gerne zur Schule. Unser Lehrer heißt Kräkel, ich habe noch nie Haue bekommen. Damit Du in Rußland eine Freude hast, schicke ich Dir ein Bild. Ich habe es selbst mit Liebe für Dich gemalt. Mutti sagt immer, daß Du bald kommst. Der Hannes ist noch zu klein, aber ich bange mich auch schon sehr. Es küßt Dich Dein Jochen

Und noch etwas war in dem Brief, ein mehrfach gefaltetes Zeichenblatt. Auf ihm sah man, mit Buntstiften gemalt, ein paar kugelige Bäume, windschiefe Häuschen mit roten Dächern und eine riesige Kirche, deren Fenster seltsamerweise vergittert waren. Hinter einem Wattebausch von Wolken streckte die Sonne ihre gelben Strahlenfinger hervor. Rechts in der Ecke aber leuchtete, wunderbar anzuschauen, eine zweite, noch größere und noch viel gelbere Sonne.

Breuer ließ das Blatt sinken. Sein Aeltester, der sich zu Beginn des Krieges noch mit einem Teddybären herumgeschleppt hatte, der größer war als er selbst, besuchte seit Ostern 41 die Schule. Dieses hier war wohl sein erster Brief. Breuer war bewegt. Hast recht, mein Junge! dachte er. *Eine* Sonne reicht wahrlich nicht aus, um diese schlimme Welt zu durchleuchten. –

Auch Lakosch bekam einen Brief. Als er die Handschrift erkannte, wurde er blaß. Er barg den Brief in seiner Rocktasche und schlich sich hinaus. Dort lief er zunächst ein Stück in die Steppe hinein, bevor er den Umschlag hervorholte und aufriß. Er enthielt ein kariertes, mit kratzfüßigen Zeilen eng beschriebenes Blatt. Lakosch las:

Lieber Karl, will Dir wieder mal schreiben. Die Kunzen sagt das ihr seid bei Stalingrad eingezingelt und alle tot geht und Du siehst jetzt vielleicht wohin uns der Hitler hat gebracht und dein Vater hat Recht gehabt. Dies schreibt Dir deine Mutter und ist egal wenn sie das lesen, ich bin eine alte Frau wo soviele Junge sterben. Der Aelteste von Konetzko ist sei 4 Wochen zu Hause, hat beide Beine ab. Gestern waren wieder Flieger, ich gehe nicht in Keller wozu? Dein grauen Anzug, der mit die Streifen weistu, haben sie geholt zu Spinstoff Sammlung. Die Erna läßt grüssen, geht jetz mit einem Feldwebel von der Flak. Vieleicht lieber Karl, kommst Du doch noch zu Hause und kann Dich noch einmal sehen. Dieses wünscht Dir deine Mutter.

Lakosch merkte nicht, wie der Ostwind durch seine Kleider strich und seine Glieder zu Eis wurden. Mit brennenden Augen starrte er auf das Blatt, das in seinen Händen zitterte. –

Für Geibel war sogar ein Päckchen gekommen. Es war mit Benzin durchtränkt und so zerknittert, als wenn jemand damit Fußball gespielt hätte. Der Inhalt bestand aus einer Mettwurst,

Lebkuchen, Bonbons und einem Sandkuchen, der seinem Namen insofern Ehre machte, als man ihn nur noch mit Löffeln essen konnte. Geibel bestand darauf, daß alles zu gleichen Teilen aufgeteilt wurde. Es schmeckte wunderbar, und das Benzinaroma störte fast gar nicht.

So feierten sie Silvester.

Gegen 22 Uhr trieb ein unheimliches Getöse die Männer aus ihren Bunkern. Draußen bot sich ein gespenstisches Schauspiel. Ueber ihnen wölbte sich undurchdringlich der nachtschwarze Himmel. Den Horizont aber erhellte im ganzen Umkreis ein gewaltiger Feuerkranz. Unzählige Geschütze aller Kaliber feuerten da, und das rötliche Aufblitzen der Abschüsse verschmolz zu einem einzigen Flammengewoge. Rote, gelbe und grüne Leuchtkugeln schossen in ganzen Fontänen daraus hervor, und dazwischen perlten wie Sektbläschen die kleinen bunten Punkte der Leuchtspurgeschosse. Der Boden aber erzitterte unter dem Gewummer ununterbrochener Detonationen.

Breuer stand neben Wiese vor dem Bunker und sah auf dieses grandiose Feuerwerk.

«Das sind nun die Grenzen unserer Grafschaft», sagte er leise. Noch nie zuvor hatte man den Ring, der dreihunderttausend deutsche Soldaten umschloß, so greifbar vor Augen gehabt, noch nie die Ausweglosigkeit der eigenen Lage so schmerzhaft gefühlt.

«Sie begrüßen das neue Jahr», sagte der Leutnant. «Sie haben Grund, sich zu freuen.» Und dann fragte er unvermittelt: «Wissen Sie noch, wie die beiden Konsuln hießen, die damals bei Cannae das römische Heer verspielten und 75 000 Tote auf dem Schlachtfeld ließen?» Und ehe Breuer noch den Sinn der Frage erfaßt hatte, gab er selbst die Antwort: «Der eine, der schuld war, hieß Varro. Ein grober Klotz, ein Nichtskönner. Er entkam dem Verhängnis. Der andere aber, der's nicht verhindern konnte, ein gebildeter Mann, ein Aesthet ... er hieß Aemilius Paulus.» –

*

In den Morgenstunden des Neujahrstages wurde der Divisionsstab, soweit er in Dubininskij lag, zu einem Appell befohlen.

Nacheinander kamen sie aus ihren Bunkern gekrochen, die Schreiber von Ia und Ic, die Kraftfahrer, die Köche und Ordonnanzen, die Männer von Registratur und Kartenstelle, die Nachrichtenleute von der Vermittlung, die Feldgendarmen. Mit eingezogenen Köpfen trampelten sie vor dem Ia-Bunker herum, versuchten sich mit den Armen die Kälte aus dem Körper zu schlagen und drehten ihre Kehrseiten dem eisigen Ostwind zu, der sich erbarmungslos durch Kleidung und Fleisch bis auf die Knochen durchfraß. Auch die Offiziere fanden sich ein: Hauptmann Endrigkeit, mit seiner rumänischen Fellmütze und dem schneebestäubten Bart an einen kanadischen Trapper erinnernd, Fackelmann, gelb und krank, Wiese, Dierk, Fröhlich, Breuer . . . Ein vielartiges und phantastisches Gemisch seltsamer Verhüllungen und Kopfbedeckungen, das Vorstellungen von einer Polarexpedition aufkommen ließ und kaum noch soldatische Züge aufwies.

Als letzter erschien Hauptmann Engelhard, sehr straff und schlank in seinem eng anliegenden Mantel. Mit seinem grauen Kopfschützer aus dicker Wolle, der auch den Nasenrücken bedeckte, sah er aus wie ein Kreuzritter. Er ließ das Häuflein in Linie antreten und richtete es aus.

Dann kam Oberst von Hermann.

«Stillgestanden! Augen — rechts!»

Die Männer fuhren zusammen. Wie ein Hauch aus ferner Vergangenheit wehte es sie an.

«Meine Herren, ich melde!»

Die Offiziere legten die Hände an die Kopfbedeckungen. Verwundert blickten sie ihren Divisionskommandeur an. Er war ohne Mantel, ohne Handschuhe und entgegen jedem militärischen Brauch auch ohne Kopfbedeckung. So wie er an seinem Arbeitstisch gesessen hatte, war er herausgekommen. Sein Gesicht war wie immer glatt wie Emaille, und das sauber gescheitelte schüttere Haar glänzte. Aber daß er da so entblößt dem Winter preisgegeben stand, das war zutiefst beunruhigend, das war eine stumme, aber erbitterte Auflehnung gegen den Zwang der Umstände.

Der Oberst gab keinen Befehl zum Rühren. Er selbst stand da in einer unnatürlichen Straffheit.

«Kameraden!»

Hart fiel der Wind ihn an und riß ihm die Worte von den Lippen. Nur Fetzen wehten zu den Männern hinüber.

«. . . an der Wolga, allein . . . auf verlorenem Posten . . .» Das Gesicht des Obersten hatte sich gerötet, jetzt wurde es bläulich, und auf den Backenknochen bildeten sich weiße Flecken. «... aber hinter uns im Westen die Heimat ... unsere Mütter und Frauen und Kinder ...»

Breuers Hand lag am Mützenschirm. Er verspürte eine zwingende Versuchung, über seine Nase zu streichen, die gefühllos geworden war; aber er sah den Oberst an, dem der Frost die Tränen aus den Augen trieb, und bezwang sich.

«... hier herausschlagen, das hoffen wir ... wenn aber nicht, dann wissen wir, daß unser Opfer nicht vergeblich ... hinter uns die Front. Daß sie steht ... unser Verdienst ... in diesem Bewußtsein mit Entschlossenheit und Zuversicht ... geliebtes deutsches Vaterland — hurra ...»

Auch dieses Hurra, von den Männern nur schwach aufgenommen, erfaßte der Wind, wischte es zur Seite in den Schnee und erstickte es dort.

«Wegtreten!»

Die Männer stoben auseinander wie von einem Marterpfahl losgeschnitten und verschwanden in ihren Bunkern. Breuer rieb sich Nase und Ohren mit Schnee.

«Wenig hoffnungsvoll, was der Oberst da sagte!» meinte er zu Wiese, der neben ihm ging. «Immerhin hat das Ganze noch einen Sinn. Wir binden hier fünf russische Armeen!»

«Glauben Sie?» erwiderte der Leutnant. «Die Russen wissen längst, daß wir uns nicht rühren dürfen. Sie können hier abziehen, was sie wollen, und in Ruhe ihre anderen Operationen beenden. Wir laufen ihnen nicht weg.»

Breuer blickte den Gefährten erschrocken an.

«Herrgott, Mensch», stöhnte er, «Sie sind fürchterlich! Wenn man selbst daran nicht mehr glauben kann, wie will man das alles hier noch ertragen?» —

In den Bunkern aber grübelten die Männer über den Worten des Obersten. Was hatte er da gesagt? Auf verlorenem Posten? Wir hoffen? Opfer nicht umsonst? Was war das für ein Unsinn! Sie schüttelten die Köpfe und horchten in diesen ersten grauen Tag des Jahres 1943 hinein. War denn etwas anders geworden ...?

Die Transporter flogen trotz des Eissturmes!

Später kam dann die Neujahrsbotschaft des Führers durch, und alle atmeten sie auf. Nichts war anders geworden. Man würde sie hier herausholen, das war doch klar! Dreihunderttausend

Soldaten «opferte» man nicht. Wer weiß, was dem Oberst da über die Leber gekrochen war . . .»

Hitler hatte gefunkt:

«Ihr könnt euch felsenfest auf mich verlassen!»

*

Oberst von Hermann war nicht der Mann, einen Auftrag deswegen zu vernachlässigen, weil er ihm von Grund aus zuwider war. Da war ein Befehl, und ihm gegenüber hatten alle Wünsche und Bedenken und Sorgen zu schweigen. Mit einer Energie, die einer besseren Sache wert gewesen wäre, machte er sich an die neue Aufgabe, und schon nach kurzer Ueberprüfung mußte er dem Chef der Armee in vielem recht geben. Da waren Artillerie-Einheiten, für die es nie mehr Munition geben würde, Nachrichtenverbände ohne Einsatzmöglichkeiten, eine Beobachtungsabteilung ohne Aufgaben. Da war das Werfer-Regiment, schon lange ohne Werfer und Munition. Auch die Flakdivision würde Teile für den Erdkampf abstellen müssen. Und dann waren da die Rumänen, von niemand bisher erfaßt und betreut und zu Hunderten im Kessel herumvagabundierend. Die zahlreichen Trosse, aber unklarer Zugehörigkeit, die irgendwo in den Schluchten ein obskures Dasein fristeten, das war ein Kapitel für sich. An Menschen fehlte es also nicht. Aber da begann das Problem erst: Wie sollte man aus diesen infanteristisch nicht geschulten, zum Teil verwahrlosten und halb verhungerten Menschen einsatzfähige Schützenformationen machen?

Doch das war eine spätere Sorge. Zunächst einmal galt es, die ersten vier Bataillone, die in zehn Tagen einsatzfähig sein sollten, irgendwie auf die Beine zu stellen. Und dazu mußte der Oberst nun wohl oder übel auf die Reste seiner eigenen Division zurückgreifen. Da waren die fast noch komplette Nachrichtenabteilung, zu sechzig Prozent entbehrlich, die Reste des Artillerie-Regiments und vor allem die ehemalige Panzerjäger-Abteilung. Bei den Kämpfen im Herbst und auf dem Rückzug hatte sie ihre Geschütze verloren und war zum erstenmal stark gelichtet worden. Durch die zahlreichen «Feuerwehr»-Einsätze im Kessel als «Kampfgruppe Eichert» weiter dezimiert, verfügte sie jetzt noch über etwa dreißig Prozent ihres früheren Mannschaftsbestandes.

Doch das waren fronterfahrene Kerle mit bewährten Unterführern, und wenn man die fehlenden 70 Prozent aus Artilleristen und Nachrichtenleuten ergänzte, dann konnte hier nach einigen Tagen des Einspielens das erste einsatzfähige Bataillon stehen.

Tag und Nacht brütete der Oberst mit Hauptmann Engelhard über den Aufstellungsplänen, führte Besprechungen mit den Einheitsführern und arbeitete Befehle aus. Unold half ihm dabei mit einem Eifer, der erstaunlich war. Er entwickelte die Spürnase einer ganzen Musterungskommission und hatte mit Oberst Lunitz und Hauptmann Mühlmann, dem Kommandeur der Nachrichten-Abteilung, manche scharfe Auseinandersetzung. Fast schien es, als könne er die eigene Division nicht schnell genug unter den Hammer bringen.

All dieses blieb natürlich nicht verborgen, und überall gab es erregte Debatten. Breuer besprach die Sache mit Wiese. «Wollen Sie Schicksal spielen?» meinte der Leutnant. «Warten Sie doch ab, was geschieht!» Aber Breuer wollte nicht warten. Den größten Teil des Krieges hatte er als Infanterist mitgemacht, und er hielt es für seine Pflicht, sich selbst zu melden, bevor ein Befehl ihn auf den Platz zitierte, auf den er jetzt zweifellos gehörte. Das bißchen Ic-Kram würde auch Sonderführer Fröhlich erledigen können. Aber als er bei Unold deswegen vorsprach, war er sehr erstaunt über die Antwort, die er bekam.

«Nein nein, Breuer», fiel ihm der Oberstleutnant ins Wort, «unser Stab muß erhalten bleiben! Wir sind jetzt bald frei für neue Aufgaben. Ein intakter und arbeitsfähiger Divisionsstab, so ein militärischer Gehirntrust, das ist ein Kapital, Breuer! So etwas verschleudert man nicht! – Ihre gute Absicht in allen Ehren, aber das schlagen Sie sich mal aus dem Kopf!»

Kopfschüttelnd ging Breuer zu seinem Bunker zurück. Frei für neue Aufgaben ... In der Anfangszeit waren einige Stäbe aufgelöster Divisionen aus dem Kessel ausgeflogen worden. Sollte Unold ... Er verwarf den Gedanken als absurd.

Vier Tage später wurde das «Festungsbataillon I» unter Führung von Hauptmann Eichert an die Westfront in Marsch gesetzt.

*

Leutnant Dr. Bonte, der Bataillons-Adjutant, ist wütend. Eine Schweinerei ist das schon, wie man das Bataillon hier behandelt! Als Unterkunft ein halb zerfallener Stall, durch dessen Löcher der Schnee fegt, kein Brennmaterial, keine Oefen, keine Decken. Und in den Bunkerreihen ringsum machen sich Zahlmöpse, Kriegsverlängerungsräte und komische Sonderführer breit und pusten sich auf.

Leutnant Dr. Bonte hat den Krieg in Polen und Frankreich, Griechenland und Rußland als Infanterist mitgemacht, und daß er — wenn auch mehrfach durchlöchert — immer noch am Leben ist, verdankt er einerseits seiner kleinen, drahtigen Figur und seiner wendigen, immer wachen Zähigkeit, die einfach nicht umzubringen ist. Zum anderen aber ist das eben auch ein Wunder, das erkennt er als Jurist und Verstandesmensch besonders dankbar an.

Eben erst ist er durch alle diese Bunker gekrochen, höchst ungnädig begrüßt natürlich, und hat den Herren Bescheid gestoßen. Ein Bataillon, das als Korpsreserve schon in wenigen Tagen vorn im Dreck stecken konnte, habe einfach Anspruch auf eine anständige Betreuung im Rahmen des Möglichen. Und ob den Herren der neue Auskämmungsbefehl der Armee noch nicht bekannt sei und sie nicht wüßten, daß auch ihre Tage hier vielleicht schon gezählt seien? Er könne ja mal eine entsprechende Meldung nach oben machen! Ganz bleich waren sie geworden, und dann waren auf einmal dreißig Decken dagewesen und auch ein Lkw zum Holzfahren, hahaha! Und die 150 Gramm Brot als Grabenverpflegung, die würde er auch noch durchsetzen, das wäre ja gelacht! Deswegen mußte Hauptmann Eichert einmal beim Korps mit der Faust auf den Tisch schlagen.

«Herr Leutnant, haben Sie ... könnten wir nicht etwas ... etwas zu essen bekommen?»

Vor dem Leutnant stehen da plötzlich zwei Soldaten, in schmutzigem Tarnzeug, unrasiert und vor Kälte und Uebermüdung zitternd.

«Zu essen? — Wo gehört ihr denn hin, he?» Das kommt schroffer heraus, als es beabsichtigt war. Aber es treibt sich jetzt so allerlei Volk herum ...

«Wir ... ja, wir sind hier mit den Bataillonskisten und dem Gepäck von unserm Hauptmann. Wir sollten hier warten, bis wir abgeholt werden.» Und nun flackert die helle Angst in den

Augen des Mannes auf. «Drei Tage warten wir schon! Wenn da bloß nichts . . .»

«Ja», bekräftigt der andere eifrig, «drei Tage schon! Ohne . . .» Er schluckte, und die Tränen schießen ihm in die Augen, «. . . ohne was zu essen.»

Der Leutnant nickt, sein Groll ist verflogen. Ja, das ist schlimm! Wer jetzt vom großen Haufen abkommt, ist verloren.

«Mal sehen, ob ich was für euch tun kann», sagte er und schreibt ein paar Worte auf einen Zettel. «Wo ist denn eure Einheit hin?»

«Wohin? Zum . . . zum . . .» Die beiden sehen sich an, und dann sagt der eine leise und zögernd, als könne er durch den Klang des Wortes etwas Furchtbares heraufbeschwören:

«Zum Kasatschi-Hügel!»

Der Leutnant geht weiter. Was haben sie nur mit diesem verdammten Hügel? Schon ein paarmal hat er diesen Namen gehört, und immer geflüstert und mit einem scheuen Blick über die Schulter, als spräche man vom Schwarzen Mann. Brummend kletterte er in seinen Bunker. Das mit der Post ist ebenfalls noch zu regeln, und auch eine Feldküche fehlt . . .

«Da sind Sie ja endlich, Mann!» begrüßt ihn Hauptmann Eichert. «Seit einer halben Stunde schon lasse ich Sie suchen! – Der Einsatzbefehl ist da!»

«Schon? Die haben's aber verdammt eilig!» Der Leutnant ist sehr betroffen. Man hatte von acht Tagen Ausbildungszeit gesprochen – «Wann soll's denn losgehen?»

«Heute noch – gleich! In einer halben Stunde kommen die Lkws.»

«Ach du grüne Neune, da muß ich ja gleich . . .» Sofort steht dem Leutnant vor Augen, was noch alles zu tun ist. Ganz beiläufig fragt er noch: «Wohin geht es denn?»

Der Hauptmann krault sich den hellen Haarschopf.

«Tja, sagen Sie den Leuten noch nichts davon . . . Es geht zum – Kasatschi-Hügel.»

*

Müde mahlt sich die Kolonne der schweren «Büssing» durch den Schnee nach Westen.

Unter den geschlossenen Zeltplanen sitzen aneinandergepreßt

die Männer, die Gewehre zwischen den Knien. Sie schlafen oder dösen vor sich hin. Wenn die Räder unversehens in ein Loch rutschen und die Wagen sich neigen, dann klirren die Waffen und Kochgeschirre, Köpfe stoßen zusammen, und ein paar verschlafene Flüche werden laut. Durch ihren Halbschlaf geistern Bruchstücke von Gedanken.

Einsatz in der Front!

Den «Alten», die die häufigen «Feuerwehr»-Einsätze überlebt haben, ist das nichts Neues. Sie wissen, was ein Schneeloch ist und was es heißt, tagelang auf ein paar Lumpen darin zu kauern, ohne den Kopf heben zu können, bis man schließlich in der Erstarrung eins wird mit dem frostharten Boden und sich selbst nicht mehr fühlt und keines Gedankens mehr mächtig ist. Sie haben es erfahren, daß ein MG zu einem Teil des eigenen Selbst werden kann, sein Rattern zum Pulsschlag und seine Leuchtspurgarben zu Blitzen, die aus dem eigenen Körper herausschießen, wenn drüben der Schnee mit «Urräh» lebendig wird und heranskriecht wie giftiges Ungeziefer. Sie wissen auch um die Nächte voller abgründiger Verlorenheit, in denen jedes Geräusch sich vertausendfacht und der dürftige Schlaf mit wachen Sinnen schreckhaft ist wie der eines gehetzten Tieres. Aber damals hat es doch immer wieder ein Ende gegeben, ein Zurück in die Geborgenheit eines Bunkers und die warme Nähe der Kameraden. Gibt es jetzt noch jemals ein Zurück?

Die «Neuen» aber, die von der Artillerie und den Nachrichten, die kennen das alles nicht. Sie haben Ari-Feuer und Stalinorgeln und Bomben erlebt, sie kennen Tieffliegerangriffe und haben sich mit Panzern und Partisanen herumgeschlagen. Aber für das, was jetzt vor ihnen steht, fehlt ihnen jede Vergleichsmöglichkeit, und ihre Vorstellungskraft reicht dafür nicht aus. Wie wird es sein? Wird da nun ununterbrochen gekämpft, oder gibt es auch einmal Pausen und Ablösung? Und sind da Bunker und Gräben? Und wie ist das mit dem Essen? Und «abprotzen», das kann man doch auch nicht einfach so in einem Schützenloch ...

Sie dösen, und ihr Atem wird rasselnd und vermischt sich mit dem Keuchen der Motoren und dem Kreischen des zermalmten Schnees, und in ihre bleiernen Gedanken weben sich Bilder von einst. Einer kichert im Traum, ein anderer murmelt: «Nimm doch den Hut ab, Anna!» Warmer Gestank füllt den Wagen, und nur die an den Seiten frieren und die ganz hinten, wo der Schnee durch die Plane hineinfegt. Gesegneter Schlaf, du Zuflucht der Bedrängten, Herr über die Zeit, der du das Jetzt nicht kennst und Einst und Morgen verwandeln kannst in pures Gold!

Die Offiziere, auf die einzelnen Fahrzeuge verteilt, sitzen vorn neben den Fahrern. In dem ersten Wagen sitzt Hauptmann Eichert. Durch den Teil der Scheibe, den eine Heizplatte eisfrei hält, blickt er in das Grau des nebligen Tages, und er ist dankbar für diesen Nebel. Er wundert sich, wie der Fahrer in dieser Wüste den Weg findet, denn er selbst kann keinerlei Fahrspuren erkennen.

Doch da sieht er etwas, das ihn veranlaßt, die Augen zusammenzukneifen und sich weiter vorzubeugen. Links und rechts des vermuteten Weges sieht er seltsame Zeichen. Da ragt ein einsames Pferdebein aus dem Schnee hervor — und dort noch eins — und dort ist eine Pyramide aus lauter Knochen errichtet — und dort grinst, auf einem Beinknochen steckend, ein ganzer Schädel herüber ... Und was da links im Schnee steckt, ja Himmel, das ist doch ein Mensch! Mit dem Kopf steckt er bis zu den Schultern im Boden wie weiland der standhafte Zinnsoldat, kerzengerade ragen die Beine in den Himmel. Auf den bloßen, schmutziggelben Fußsohlen aber liegen zarte Spitzendeckchen von Schnee — —

Der Fahrer hat Eicherts Bewegung bemerkt.

«Die Knochenstraße ...», sagt er ungefragt. «Wir müssen sie kennzeichnen, weil sie immer wieder einschneit. Aber das Holz klauen sie immer gleich. Jetzt klauen sie auch schon die Pferdebeine ...»

Hauptmann Eichert ist das, was man in der Wehrmacht einen «alten Zwölfender» nennt. Als der Krieg ausbrach, stand er im dreizehnten Dienstjahr. Er ist hart geworden in dieser Zeit.

Jetzt graust ihm.

*

Einen großen Teil des Kessels hat Pfarrer Peters durchwandert zusammen mit dem Unteroffizier, der Küsterdienste bei ihm versieht, oder allein mit seinem kleinen Handschlitten. Einen Wagen hat Unold ihm dafür nicht zur Verfügung gestellt. Wie sollte er auch! Für Seelsorge ist kein Brennstoff vorhanden, das ist in den 300 Tonnen täglich nicht vorgesehen. Die Lazarette in Karpowskaja und im Rossoschkatal hat er besucht, er kennt jeden Verbandplatz von Marinowka bis hinauf zur Nordfront. In Pitomnik war er, in Jelschanka und Gumrak. Auch hier in Dmitrijewka. Das sind zwar fremde Amtsbereiche, doch Christus hat auch nicht nach Amtsbereichen gefragt.

Jetzt ist er wieder hier, diesmal mit Menschen seiner eigenen Division, die Selbstmord verübt. Beim ersten Halt am Ortsrand von Dmitrijewka verabschiedet er sich von Eichert. Er will den Verbandplatz aufsuchen, der jetzt auch für das «Festungsbataillon I» zuständig ist, und den jungen Assistenzarzt dort, der ihm geheime Sorge macht.

Nachdenklich geht er zwischen den Holzhäuschen entlang und horcht mit halbem Ohr auf das Störungsfeuer, das auf dem Ort liegt. Da stockt sein Fuß. Vor einem Hause, nein, es ist wohl mehr eine Art Schuppen, steht ein Lkw. Er ist hoch beladen, und beim ersten Blick denkt Peters, es seien wohl Kleidungsstücke, was sie da abladen. Doch nein, worauf die beiden Männer da oben herumtrampeln, das sind Menschen – Tote!

Peters tritt näher.

Es ist nicht leicht, so eine Fuhre hartgefrorener Leichen auszuladen, und die Männer müssen schon scharf zupacken und tüchtig daran herumzerren und auch einmal fest zutreten, wenn die Toten da zusammengebacken und zusammengefroren sind in ihrem Blut. Unten stehen wieder welche und nehmen in Empfang, was ihnen von oben zugereicht wird, legen es auf den Boden und beginnen, die Kleider davon abzuziehen. Und das ist wiederum nicht leicht bei so einem Stück Eis, das einmal ein Mensch war. Und so tritt denn auch der eine mit dem benagelten Schuhzeug fest auf das, was einmal ein Gesicht war und jetzt nur noch eine rotbraune Masse ist, und der andere packt einen Stiefel und dreht und zerrt ihn von dem Stück Eis, das einmal ein Hauptmann war, und das Eis knackt und bricht ...

Peters' Hand greift unter den Pelz und umfaßt das silberne Kreuz auf der Brust.

Nebenan stapeln sie die Kleidungsstücke sorgfältig nach Tarnzeug, Feldblusen, Hosen, Schuhzeug und Unterwäsche. Alles wird gezählt und notiert und gebündelt. Nur die Sachen, die zu zerfetzt und zu blutig sind, wirft man abseits auf einen besonderen Haufen. Die Leichname aber, die nackten, bläulichgelben und rotbraun gefleckten, die stapelt man drüben an der Hauswand, und man muß sie erst gewaltsam geradebiegen aus ihren bizarren Verrenkungen, damit sie Platz haben und schön sauber neben- und aufeinander liegen wie geschälte Baumstämme.

Und ein Feldwebel, ein alter schon mit einem schwarzen Schnauzbart und einem Schal um den Hals, geht umher und sammelt die unteren Hälften der Erkennungsmarken ein, wie es Vorschrift ist, und sucht nach Soldbüchern und Wertsachen in den Taschen. Ordnung muß sein, deutsche Ordnung und Gründlichkeit. Auch der Tod muß erfaßt und registriert werden, und ein Untergang ohne Organisation ist unvollkommen.

Pfarrer Peters steht und kann nicht glauben, was er da sieht. Kein Wort bringt er hervor. Aber auch sein Schweigen, gerade sein Schweigen stört die anderen. Der Schnauzbärtige sieht von unten herauf, es kann sein, daß er den Pfarrer erkennt.

«Was glotzen Sie denn so, he?» Langsam richtet er sich auf und hält sich mit schmerzverzerrtem Gesicht die Hand ins Kreuz. «Was sollen wir denn machen, he? — Jeden Tag kommt so 'ne Fuhre von dem Scheißhügel da, von dem Kasatschi-Hügel . . .» Seine Stimme klingt rauh und tief. Wieder sieht er Peters mit einem Blick von unten her an. «Noch begraben, was? — Graben *Sie* mal hier! Und noch Kreuze drauf, was? Kreuze, hahaha! Eiserne Kreuze vielleicht! — Hier, da — —» Er greift in die Taschen und streckt Peters die Hände voller Kreuze und Bänder und Sturmabzeichen entgegen. Und jetzt kommt er ganz nah herangeschlurft und starrt dem Pfarrer mit irrem Blick ins Gesicht. «*Wir* haben's doch nicht gewollt! *Wir* doch nicht!»

*

Die Wagen haben sich schnell wieder davongemacht, denn auf dem Ort liegt Störungsfeuer. In Gruppen stehen die Männer auf der Straße, fingern nervös an ihren Waffen herum und horchen auf das Hiiii-uuuh der Granaten und das Krachen der Einschläge. Ein paar werfen sich bei jedem neuen Heulen an den Hauswänden zu Boden. Es sind natürlich welche von den Neuen, man erkennt sie schon an ihrer Kleidung. Sie haben die weiten, unbequemen Uebermäntel an und Kopfschützer unter ihren schäbigen Schiffchen. Viele sind ohne Filzstiefel, und einige schütteln sich vor Kälte in den dünnen Sommermänteln, mit denen man sie 1941 in den Krieg schickte.

Leutnant Dierk, der die zweite Kompanie führt, geht die Straße entlang und beruhigt:

«Macht doch nicht so 'nen Zirkus, Leute! – Das Feuer liegt auf dem Ortsausgang, ein paar hundert Meter weiter. Spart euch eure Freiübungen für später auf!»

Man hat schon seine liebe Not mit den Neuen! Er kommt sich vor wie ein Kindermädchen, so hilflos stellen die sich an. Hoffentlich geht es nicht gleich in den dicksten Dreck! Ein Glück nur, daß er seine alte Geschützbedienung dabei hat, Feldwebel Menke und den Hommen und Wilutzke und den tüchtigen Unteroffizier Häring von der zweiten Vierlingsflak, alles bewährte Leute, die sich auf den Erdkampf verstehen. –

Hauptmann Eichert und Leutnant Bonte stehen derweilen auf dem Regimentsgefechtsstand vor Oberst Steigmann. Eichert ist groß, in seiner Rekrutenzeit gab er einen ansehnlichen Flügelmann ab. Doch der Oberst überragt ihn noch um eine halbe Kopfeslänge.

«Gut, daß Sie da sind», sagte er. «Sie müssen gleich in die Stellungen. Die wir da vor drei Tagen hineingesteckt haben, die sind ... die haben große Ausfälle und müssen heraus.» Er zieht eine Karte heran: «Das also wär' hier Ihr Abschnitt. Es ist eine windige Ecke, besonders der rechte Teil an der Divisionsnaht. Sie wissen ja, an den Nahtstellen machen sich die Russen liebendgern etwas zu schaffen. – Was habens denn mit?»

«243 Mann und 4 Offiziere, Herr Oberst! Mit 8 MGs und 2 Vierlingsflak!»

«Fein, fein –» Der Oberst nickt, und Eichert sieht dieses Nikken mit Beklemmung.

«Die Einheit wurde erst in diesen Tagen neu aufgestellt», fügt er hinzu. «70 Prozent sind ausgekämmte Leute ohne infanteristische Ausbildung.»

Das Gesicht des Obersten verdüstert sich. «Das ist bös'», sagt er. «‚Festungsbataillon' – Als wir das hörten, meinten wir, daß da was Gepfeffertes käm' mit Panzerbüchsen und Flammenwerfern und so ... Wissens, ich hab' lieber ein halbes Dutzend alter Hasen als so a paar hundert Neulinge, die doch nur Zielscheiben abgeben.»

«Man hat uns eine Ausbildungszeit von wenigstens acht Tagen in Aussicht gestellt», sagt der Hauptmann.

«Ja, ja –», nickt der Oberst. «Nun, die Division muß ja wissen ... Wir werden ja sehen ... Also die Kart'n hier, die geb' ich Ihnen mit. Die ist nämlich sehr wichtig. Schauns, die beiden

Kreuze hier, das sind die Panzerleichen Max und Moritz, nach denen könnens sich immer orientieren im Gelände. Und hier die Blumennamen Veilchen, Rose, Lilie, das sind die Artillerie-B-Stellen. Und die grünen Punkte, die Farben Rot und Lila und Schwarz, net wahr, das ist noch einmal ein Netz von Infanteriebeobachtern. Die sind alle miteinander durch Draht verbunden, und auch ich hab' sie hier alle an der Strippe und dazu die ganze Artillerie. Und das Braune hier, das sind die Planquadrate mit den Koordinaten. Wenn da nun irgendwo nur die kleinste Sauerei passiert, dann kommt gleich von zwei oder drei Stellen die Meldung, und drei Minuten danach haben die Russen auf ein paar hundert Quadratmetern die ganze Divisions-Artillerie auf dem Kopf.»

Staunend betrachtet der Hauptmann die bunte Karte, die ihn an Schaltbilder komplizierter Apparate erinnert. Er kommt sich vor wie ein Pferdeknecht, der eine Schnellzugslokomotive bedienen soll. Lächelnd betrachtet ihn der Oberst.

«Ja, mein Lieber, ohne dem hätt'n uns die Russen schon längst hinausgeworfen mit unseren paar Mann! — Also nun schauns, daß mir das gut funktioniert! — Ich geb' Ihnen Einweiser mit, aber wartens die Dunkelheit ab! Und wie gesagt, es ist eine windige Ecke dort am Kasatschi-Hügel!»

Hauptmann Eichert verspürt einen Kloß im Hals. Mit unsicheren Händen faltet er die Karte zusammen.

«Herr Oberst», sagt er gepreßt, «wir ... wir sind eine sogenannte selbständige Einheit. Wir gehören nirgends hin, haben niemand, der für uns sorgt. Wir sind fremd überall —, sollen wir hier verheizt werden?»

Der Oberst sieht den Hauptmann wortlos an, in seinen Augen schimmert es. Dann drückt er Eichert fest die Hand.

«Ich rufe heut' noch das Korps an, das versprech' ich Ihnen! — Aber zunächst müssen Sie einmal hinein in die Stellungen. Es ist nicht anders zu machen.»

*

Als Pfarrer Peters die Tür zu der Lehmhütte öffnet, schlägt ihm ein stickiger Brodem entgegen, ein Gemisch aus Aether, Lysol und Eiter und dem Schweißgestank aufgeweichter Kleider, Filzstiefel und Fußlappen. Der niedrige Raum ist vollgepfropft mit

Menschen. Sie sitzen auf Bänken, hocken am Boden oder drängen sich stehend herum. Stumpfsinnig zupfen sie an ihren Verbänden, betasten und drücken ihre verletzten Glieder oder stieren mit glasigem Blick an die Wand. Ein Sanitätsdienstgrad macht sich mit Flasche und Wattebausch zu schaffen, und dazwischen fährt der Arzt umher. Er ist der einzige, der redet, und er schreit mehr, als er redet. Den Pfarrer sieht er gar nicht.

«Los, hier Jod drauf! Ab! — Na, was denn? — Ach, Blech! — Nun wickeln Sie schon das Dreckzeug ab, Mensch! Bißchen plötzlich bitte!»

Da sitzt ein Soldat, klein, schmächtig, mit einem Gesicht, das nur aus Augen besteht. Stumm streckt er dem Arzt eine Hand entgegen, um die ein schmieriger Lappen klebt. Der Arzt wickelt ab.

«Können Sie nicht selbst, was?»

Er wickelt nicht zart, und da löst sich unter seinen Händen mit dem durchweichten Lappen eine blauschwarze, gallertartige Masse. In der Hand hält der Arzt das sauber abgeschälte Skelett der fünf Finger. Sekundenlang starrt er darauf hin, dann brüllt er:

«Immer diese Scheiß-Erfrierungen! — Aber glaubt ja nicht, daß ihr damit durchkommt bei mir! Ich kenne euch, ich weiß genau, wie ihr das macht! — Wissen Sie, was das ist? Selbstverstümmelung ist das!»

Der Mann stiert auf seine entfleischten Finger, dann sieht er den Arzt fassunglos und mit flatternden Lippen an. Der besinnt sich, wird ruhiger.

«Nun ja, Mensch, gucken Sie nicht so blöd! Ist doch ein Schmarren! — Gehen Sie da nebenan rein, dort wird Ihnen das Zeugs abgeknipst, und in acht Tagen können Sie wieder schießen. Ab! — Der nächste!»

So geht es weiter. Füße sind da, blau und halbverfault, Hände, Nasen, Ohren, Gesichter, gräßlich aufgedunsen und verfärbt oder mit schwärzlichen Beulen bedeckt. Hungerödeme und Erfrierungen, Erfrierungen zweiten und dritten Grades. Der Arzt läßt pudern, läßt Salbe oder eine giftgrüne Flüssigkeit daraufstreichen, verbinden. «Dienstfähig — dienstfähig — der nächste!»

Endlich ist Ruhe. Der Sanitäter räumt seine Sachen zusammen, und die letzten schleichen hinaus. Pfarrer Peters bleibt als einziger zurück, und erst jetzt bemerkt ihn der Arzt. Er ist nicht erfreut, das sieht man ihm an. Er knurrt etwas vor sich hin und fingert eine Zigarette hervor. Das Feuerzeug will nicht brennen, fluchend wirft er es auf den Tisch und sucht mit fahrigen Fingern nach Streichhölzern.

«Was ist denn in Sie gefahren, Doktor?» fragt Peters beklommen. «Ich kenne Sie nicht wieder!»

Der Arzt hat endlich seine Zigarette in Brand gesetzt. Er macht ein paar gierige Züge.

«Ach —», sagt er erbittert und wehrt mit der Hand ab, «sparen Sie sich Ihren Sermon, Pfarrer! Ich weiß, was Sie sagen wollen! Alles, jedes Wort!»

Peters setzt sich auf eine der Bänke an der Wand. Wie hat dieser Mensch sich verändert! Das Gehetzte, der Blick, die von Nikotin gelben Fingerspitzen ... Er schüttelt den Kopf.

«Nein, wirklich, ich kenne Sie nicht wieder.»

Der Arzt wirft sich auf die Pritsche und starrt an die Decke.

«Glauben Sie, ich?» sagte er kaum vernehmbar. «Ich kenne mich selbst nicht mehr ...»

Minutenlang ist es still, im Nebenraum hört man jemand mit Gerätschaften klappern. Etwas Gläsernes fällt zu Boden und zerspringt klirrend. Das Geräusch jagt den Arzt hoch. Angeekelt wirft er den Zigarettenrest auf den Boden und läuft an den Wänden entlang wie ein gefangener Tiger. Und dann bricht es aus ihm heraus:

«Mann Gottes — Arzt wollte ich einmal sein — nicht Mediziner, nein Arzt, Arzt, Arzt! Helfen, heilen ... Licht, Sonne, Hygiene ... Sanatorien ganz aus Glas ... Neue Mittel gegen Tbc, gegen den Krebs ... ‚Wir besiegen den Tod!' hahaha ...»

Er schlägt sich mit der flachen Hand an die Stirn, fährt plötzlich herum und starrt Peters an.

«Wozu den Tod besiegen? — Für *das* hier?» Ganz nah kommt er an den Pfarrer heran. «Wissen Sie», raunt er, «was ich tun müßte als Arzt? Nach Hause schicken müßte ich sie, allesamt, wie sie da sind! In weiße Betten stecken vier Wochen lang, heilen, pflegen, aufpäppeln ... und dann drei Monate zur Erholung an die See, in die Berge ... Vielleicht, daß sie dann nochmal würden.» Und jetzt schreit er: «Aber darf ich noch Arzt sein? Ich *darf* ja nicht mehr Arzt sein!»

Wieder eilt er rastlos durch den Raum. Mit dem Rücken zur Tür bleibt er stehen.

«Wollen Sie wissen, was der Oberstarzt uns neulich erklärt hat? Eine Schweinerei sei das mit den vielen Ausfällen! Wir seien in erster Linie Offiziere und nochmals Offiziere und zum dritten Offiziere! Hätten die Interessen der Führung zu vertreten. Verstehen Sie, die Interessen der militärischen Führung! Die interessiert der kranke, hilfsbedürftige, leidende Mensch einen Dreck. Der schießende Mensch interessiert allein, der Waffenträger! – Ein Panzer, der zerschossen ist, muß repariert und geschmiert und geölt werden. Er hat Anspruch darauf, und ohne das macht er es nicht. Ein beschädigter Mensch braucht keine Reparatur und kein Oel und keinen Brennstoff. Man scheißt ihn an, und er funktioniert wieder. Bis er umfällt und Schrott ist. O ja, sie kennen den Unterschied genau! – Was sind wir noch? Wir sind Reparaturwerkstätten für Waffenträger, nach *dieser* Methode!»

Er fährt mit der Hand in die Hosentasche und zieht eine Schachtel hervor. Sie entfällt ihm, und die Zigaretten verstreuen sich über den Boden. Peters hilft ihm beim Aufsammeln. Und dann blitzt wieder ein Streichholz auf.

«Ach, lieber Herr Pfarrer Peters! Man müßte den ganzen Tag zum Himmel schreien, wenn man noch ein Herz hätte. Aber wer kann sich hier noch ein Herz leisten . . .»

Er läßt sich auf die Bank neben Peters fallen und bedeckt einen Augenblick mit der Hand seine Augen. Dann raucht er in langen, ruhigen Zügen.

«Ich war kein schlechter Arzt, Pfarrer, das können Sie mir glauben. Habe promoviert über Vitamine, über die verschiedenen Arten des Vitamins B. Kann Ihnen Vorträge halten darüber, welche und wieviel der Mensch davon braucht und ohne welche er nicht leben kann. – Unsinn, Quatsch . . . braucht er gar nicht! Sie glauben nicht, wie lange ein Mensch leben kann ohne all das, wie lange es dauert, bis er verhungert. Haben Sie mal so einen Verhungerten gesehen. Pfarrer? Ich habe einen seziert, gleich nach Weihnachten. 1 Meter 85 lang, und wog nur 82 Pfund. Und kein einziges Gramm Fett mehr in dem ganzen langen Körper! Das war einer von denen, die sich noch zu uns trauten und es noch schafften bis hierher. Hier kam er hereingekrochen, und hier ist er umgefallen . . . Aber die anderen? Die draußen in ihren Löchern verrecken? Denn Hunger ist ja keine Krankheit, nicht wahr? – Wir haben diese Fälle dem OKH gemeldet. Wissen Sie, was man geantwortet hat? So etwas gäbe es nicht! Es müsse sich um eine neue, geheimnisvolle Krankheit handeln. Man würde einen Spezialisten schicken. Einen Spezialisten, Pfarrer! – Einen Spezialisten für Stalingradtote, hahaha! Einen, der aus halbverfaulten Kadavern wieder Gewehrschützen macht!»

Der Arzt hat sich erneut erhoben, er scheint jetzt sehr müde. Im Raum ist nur das Tapp-tapp seiner schleppenden Schritte. Dann bleibt er vor Peters stehen, in seinem Blick ist ein irrsinniges Flackern, das den Pfarrer entsetzt.

«Sie haben's noch gut, Pfarrer! Sie brauchen ihnen nur ins Jenseits zu helfen, und der Weg dahin ist verdammt leicht geworden. Wir, wir müssen ihnen in ihr Schützenloch zurück verhelfen. – Aber passen Sie auf, Pfarrer Peters, man kommt Ihnen auch noch! Auch Ihnen wird man eines Tages befehlen, daß Sie die Toten aus der Erde scharren und wieder lebendig machen!»

Peters sagt immer noch nichts, ihm fehlt jedes Wort. Aber da ist etwas, das hat gezündet in ihm. Die Toten lebendig machen – das ist es! Er muß die Toten lebendig machen, alle die erstorbenen Herzen. Auch diesen jungen Arzt hier, der noch zu leben scheint und doch in Wahrheit schon tot ist – gestorben an Stalingrad.

*

Im Gänsemarsch schiebt sich die Kolonne den Trampelpfad entlang. Tastend stolpern die Männer in die schwere Nacht, die voll lauernder Drohungen steckt. Kochgeschirre scheppern und Waffen, keuchender Atem und Flüstern hängt über der Kette. Aus dem Dunkel schälen sich schreckhafte Umrisse, halbverschneite Panzerwracks, ein Flugzeugrumpf und noch anderes, das sich nicht genau ausmachen läßt. Die Einweiser mahnen zur Ruhe. Greifbar nahe ist die Front und voll unbekannter, unheimlicher Geräusche. Eine Leuchtkugel steigt hoch, böse glitzert ihr kalkiges Licht über den Köpfen und reißt harte Schatten in den Schnee. Ein MG bellt auf, und die Männer fahren zusammen, so nah klingt das.

In einer Mulde gabelt sich der Weg. Die zweite Kompanie biegt hier nach rechts ab, die anderen müssen weiter geradeaus. Da blitzt vorn rötliches Gelb auf, zweimal, dreimal... Die Detonation der drei Blitze verschmilzt zu einem einzigen hellen Krachen. Granatwerfer ... Sie warten die zweite Salve ab und hasten im Laufschritt über die gefährdete Stelle. Ein Handschlitten liegt dort umgestürzt und daneben ein Mann, stöhnend. Sie packen ihn in Hast auf den Schlitten, auf dem schon ein anderer festgebunden ist, und schleppen ihn mit. Gleich hinter ihnen kracht es wieder.

Und dann ist da ein Bunker, der Bataillons-Gefechtsstand. Ein Offizier steht davor. Er sieht nur den Schlitten.

«Jahnke, Sie auch?» klagt er. «So 'n altes Frontschwein wie Sie ...» Er packt den Verwundeten und schleppt ihn in den Bunker, Eichert und Bonte helfen. «Wo hat's Sie denn erwischt, Mensch?» Sie legen den Verwundeten auf die Pritsche. Es ist der Oberschenkel, auch der Knochen scheint verletzt zu sein.

«Jetzt hab ich noch einen hier ...», sagt der Oberleutnant und sieht die beiden Offiziere an wie ein Bettler. Er ist völlig verstört, erst jetzt scheint er die Ankömmlinge wirklich zu bemerken.

Der Bunker ist so niedrig, daß man nur gebückt darin stehen kann. Ein paar Kisten sind da, zwei Holzpritschen, auf einer Art Lattentisch brennt ein Hindenburglicht. Kleidungsstücke hängen an den Wänden und Waffen. Aus einem Wehrmachtempfänger klingt ferne Musik, dazwischen schreit von Zeit zu Zeit eine Raubvogelstimme blechern und abgehackt:

«Was — ist — bei — Stalingrad ...? Das OKW — belügt — das Volk ... Sta-lin-grad — Mas-sen-grab, Sta-lin-grad — Massen-grab!»

Eichert setzt sich auf eine der Kisten und spielt mit einer Handgranate, die auf dem Boden lag.

«Wie ist das nun hier?» fragt er. «Wir sind die Ablösung!»

Das Wort «Ablösung» weckt den Oberleutnant aus seinem Dämmerzustand.

«Ablösung, ja ... ja, richtig. Scherner, Mensch, los! Die Ablösung ist da!» Er ist auf einmal voll fieberhafter Tätigkeit. Von der zweiten Pritsche löst sich eine graue, hohläugige Gestalt. «Los, hier die Kisten ...» Er reißt die Schnüre von dem Rundfunkgerät. «Alles auf den Schlitten! Und den Jahnke, den binden wir oben ...» Plötzlich verstummt er wieder und scheint über etwas nachzugrübeln. «Sehen Sie sich vor hier!» sagt er abwesend und von einer Erinnerung gepackt. «Dem Mayer, den hat's gestern beim ...» Und dann stolpert er suchend in dem Bunker umher. «Wo ist denn ... da war doch ...»

Aber dann geht er doch noch mit dem Hauptmann die Stellungen ab. Schützenlöcher sind da, etwa bis zum Bauch reichend, und zwei, drei Bunker zum Aufwärmen.

«Alles so voll wieder», meint der Oberleutnant, «alles so voller Menschen ...» und «ja, vor drei Tagen, da war das hier auch ...»

Dann verabschiedet er sich voller Hast. Es scheint, er kann gar nicht schnell genug von hier fort kommen.

Eichert richtet mit Leutnant Bonte und dem Melder den Bunker her und überprüft die Fernsprechverbindungen. Es ist alles in Ordnung, die Stellungen sind ohne Zwischenfall besetzt worden. Er bespricht mit dem Adjutanten einen Zeitplan. Sie wollen diese erste Nacht abwechselnd wachen.

Auch Leutnant Dierk geht noch einmal seinen Abschnitt ab. Bei der ersten Vierlingsflak ist alles in Ordnung, sie ist gut getarnt und hat weites Schußfeld. Sogar ein Bunker ist in der Nähe. Die Männer sind guter Dinge.

«Wenn der Iwan kommt», meint Feldwebel Menke, «der wird sich schön wundern, wenn er von unserer Minna die Hucke vollgerotzt kriegt!»

Aber da drüben, was ist denn das für ein Schein? Wahrhaftig, in der Mulde dort haben sie Feuer gemacht und erzählen sich laut und unbekümmert.

«Seid ihr besoffen?» zischt Dierk dazwischen. «Der Iwan hebt euch doch hier aus, ehe ihr piep sagen könnt!»

Die drei sehen ihn ungläubig an. Natürlich sind es Neue.

«Es ist doch so kalt hier, Herr Leutnant!» —

In einem Loch kauert einer, der hat keine Filzstiefel und nur den dünnen Mantel. Er zittert wie Espenlaub, und Dierk denkt, daß er dem noch ein paar Lumpen bringen muß und vielleicht eine Decke oder wenigstens eine Zeltbahn. Der Mann will ihn gar nicht wieder fortlassen, er fragt und fragt.

«Nicht wahr, Herr Leutnant», fragt er zähneklappernd, «der Führer läßt uns doch hier nicht hängen? — Der holt uns doch wieder raus?»

Der Leutnant schweigt. Alkazar — denkt er. Und dieser General sagt nichts, er macht den Mund nicht auf und fährt zur

Hochzeit ... Die Generale Friedrichs des Großen warfen ihrem König den Degen vor die Füße! Wie kommt es nur, daß sie Schlachten gewinnen und Orden tragen und doch so kleinmütig sind? Und Dierk staunt, woher ihm diese Gedanken kommen. Der Führer, denkt er, weiß wohl nicht ... Natürlich weiß er nicht ...

«Klar, Mann», sagt er. «Was dachten denn Sie? Klar holt der Führer uns hier heraus!»

Und er kriecht weiter und schluckt und möchte heulen wie ein kleines Kind. –

Hauptmann Eichert liegt auf seiner Pritsche, er schläft. Sein Kopf ist weit nach hinten gesunken. Scharf wirft die Einheitslaterne sein Profil an die Lehmwand, die kurze, derbe Nase, die wulstige Stirn. Er schnarcht rasselnd.

Er sieht sich im Traum auf einer schnurgeraden Straße, die sich im Endlosen verliert. Sie ist flankiert mit Soldaten, und alle stecken sie bis zu den Schultern im Boden und recken die Beine stramm in den Himmel. Und er selbst kontrolliert die Richtung und prüft den vorgeschriebenen Winkel der Füße, und ob die Stege der Stiefel auch geschwärzt sind, so wie es die Vorschrift verlangt. Denn gleich soll hier der Führer vorbeikommen. Von ferne hört man schon Trommelwirbel. Und wie er noch prüft und richtet, ist da mit einmal eine Stimme: «Und Sie?» – Und er? Mein Gott, er muß ja auch ... Aber das geht doch nicht, da bekommt man ja keine Luft mehr! Schon spürt er, wie ihm der Atem zu kurz wird. «Nein, nein!» schreit er. «Doch, doch!» sagt die Stimme, und da packt es ihn an der Schulter. «Auch Sie! Gerade Sie, Herr Hauptmann!»

«Herr Hauptmann, Herr Hauptmann!» Leutnant Bonte rüttelt und schüttelt den Hauptmann und kann ihn nicht wach bekommen. Endlich fährt Eichert auf:

«Nein! Ja ... Wie, was denn?»

«Dierk ist am Apparat! – Da stinkt es!»

Im Nu ist der Hauptmann hoch und hat den Hörer am Ohr. Und jetzt hört er auch das Rattern der MGs, das durch seinen Traum gedrungen war. Sehr fern ist Dierks Stimme, sehr leise.

«Die Russen sind drin ... rechts, wo die zweite Vierlingsflak ... Nein, keine Verbindung nach dort ... Ganz überraschend, ohne Ari-Vorbereitung ...»

«Schweinerei, verdammte! — Drückt er nach?»

«Glaube nicht ... Ist ziemlich ruhig im Augenblick.»

«Riegeln Sie nach rechts ab! Ich komme gleich selbst raus!»

Und dann ruft er Oberst Steigmann an.

«Sakra, sakra — a Malefizsauerei ist das!» Aber der Oberst bleibt ruhiger als erwartet. Anscheinend kommt so etwas hier öfter vor. «Schauns, daß Sie das mit Hellwerden wieder in Ordnung kriegen! Vielleicht, daß ich Ihnen eine Gruppe schicken kann. Und a Sperrfeuer kriegens auch!»

Himmel, ein Gegenstoß — mit diesen Leuten!

Eichert zieht alles heraus dafür, was ihm vom alten Stamm noch verblieben ist. Er selbst wird den Gegenstoß führen.

Doch es kommt nicht mehr dazu. Noch in derselben Nacht drückt der Russe nach heftiger Artillerie-Vorbereitung nach und bringt die ganze Bataillonsfront und Teile des Nachbarabschnitts zum Einsturz. Es bedarf gemeinsamer Bemühungen beider Divisionen, um den tiefen Einbruch abzuriegeln. Er kann nie mehr völlig beseitigt werden.

Das «Festungsbataillon I» aber hat zu bestehen aufgehört.

Neuntes Kapitel

GIBT ES NOCH EINEN AUSWEG?

Immer häufiger wechselten die grau verhangenen Tage ab mit solchen von frostflimmernder Klarheit. Wunderbar war dann zuweilen der Morgen. Prächtig zog er herauf mit einem violetten Teppich von Lämmerwölkchen, deren Ränder sich rosa färbten. Langsam wichen vom Himmel die letzten tiefblauen Schatten der Nacht, und in den satten Purpur des Teppichs hinein schoben sich die ersten roten Strahlen. Dann hob sich über die Schneefläche majestätisch der Sonnenball, blutrot und riesengroß, und himbeerfarben erglänzte der Schnee. Oben aber in dem Resedagrün des Himmels schwammen schlanke Wolkenfetzen wie goldene Fischchen.

Höher und höher kletterte die Sonne in den metallenen Himmel hinan und brachte in der glasklaren Luft Myriaden winziger Eiskristalle zum Glitzern, und das Filigranmuster der knisternden Schneedecke funkelte im Feuer unzähliger Diamanten. Wie eine riesige Eisgrotte erschien die Welt, majestätisch und fremd allem Leben. Der russische Tiefwinter mit seiner grausamen Schönheit war da.

Klopfenden Herzens staunten die Soldaten in ihren Schneelöchern in diese farbensatte Fata Morgana, und für Augenblicke vergaßen sie die Not ihrer gequälten Körper. So wie sie im Sommer in die silbernen Wolkengebirge gestarrt hatten, die sich über dem armseligen Gelb der Steppe in immer neuen gigantischen Formen türmten, so kamen jetzt ihre Augen nicht los von dem kurzen und trügerischen Rausch der Farben, der jenseits aller Wirklichkeit war. Und es schien, als nährten sich an dem Spuk der Natur die Spukbilder der Seele. Wie Unkraut wucherten sie hoch und erstickten Vernunft und Einsicht. An ihren üppigen

Ranken und Trieben aber sproßten die wundersamsten Blüten. Da waren Wunderwaffen eingeflogen. SS-Einheiten waren über Nacht in Pitomnik gelandet, da grollten in der Ferne die Kanonen neuartiger Panzer, Japan hatte Rußland den Krieg erklärt, und die Vorausabteilungen eilten bereits dem Ural zu, die Türkei marschierte auf den Kaukasus zu, ein Separatfriede mit England stand in Aussicht. Nichts war so dumm erdacht, daß es nicht begierig aufgegriffen und weitergegeben wurde, und jeder fügte hinzu, was seine eigenen Wünsche ihm eingaben, und alles war Wahrheit. Ueber alledem aber schwebte herrlich und riesengroß der Führer, der einzige, einmalige, der alles sah und wußte und dem in seiner Unfehlbarkeit alles gelang. Eines Tages würde er den Zauberstab schwingen und die Seinen heimführen in Glanz und Herrlichkeit.

Es war nicht nur der kleine Mann im Schützenloch, der sich an diesen Glauben klammerte mit aller Kraft, deren sein geplagter Geist noch fähig war, und auf dessen erstarrtem Gesicht manchmal noch ein Schimmer dieses Glaubens lag, wenn er am Morgen, das Gewehr im Anschlag, erfroren im Schnee kauerte. Nicht nur in den Bunkern an der Front und in den Lazaretten hingen die Parolen in der Luft wie schillernde Seifenblasen. Auch in den Stäben, die doch wußten, wucherte und blühte der Wunderglaube. Man sah, daß die Zahl der einfliegenden Maschinen täglich absank. «In drei Tagen läuft die Luftversorgung ganz groß an!» Man hörte, daß die Russen sich an der ganzen Kesselfront verstärkten. Man legte die Meldungen beiseite. «Am Tschir sammelt sich eine neue Entsatzgruppe mit frischen Divisionen aus Frankreich!» Die Piloten erzählten, daß sie jetzt von Nowo-Tscherkask und Woroschilowgrad anfliegen mußten, daß Ssalsk demnächst geräumt würde und eine letzte Basis bei Schachty im Donbas vorbereitet würde. Man glaubte es nicht. 300 000 Soldaten preisgeben? Lächerlich! Der Führer bereitete einen neuen Schlag vor, so wunderbar, so einmalig, daß die Welt erzittern würde. Man sah und hörte. Aber man glaubte seinen Sinnen nicht mehr. Fraglos und bedingungslos glaubte man einem Wort, einem Wort voller stolzer Gewißheit wie eine biblische Verheißung:

«Ihr könnt euch felsenfest auf mich verlassen!»

*

Einer von den wenigen, die dieser Traumwelt nicht zum Opfer fielen, war Lakosch. Er hatte nichts mehr, wovon er träumen konnte. Furchtbar hatte die Vergangenheit sich ihm enthüllt. Ein Irrweg, das sah er jetzt, hatte ihn bis hierher geführt, und ein Zurück gab es nicht mehr. Aber auch nach vorn bot sich kein Ausweg. Dort stand das Unbekannte, schwarz und drohend, ein undurchdringlicher Dschungel. Sein Denken sah sich gefangen wie in einer Mausefalle. Hier war das Ende, ohne Sinn und Trost, wie das des Verbrechers auf dem elektrischen Stuhl.

Ein Weiteres kam hinzu: sein kleiner Wagen war endgültig hinüber. Selbst hatte Lakosch ihn im Frühjahr 41 im Volkswagenwerk in Empfang genommen, und von da an war es «sein» Wagen gewesen. Der Gedanke, ihn einmal abgeben zu müssen, war ihm nie gekommen. Liebevoll hatte er ihn auf den Autobahnen in Mitteldeutschland eingefahren, und dann waren sie zusammen über Ssokal nach Rußland hinein, durch den Staub der Rollbahnen und die Wolkenbrüche der Mittagsgewitter, durch die Weizen- und Sonnenblumenfelder der Ukraine bis hinunter ans Schwarze Meer, wieder hinauf durch den abgrundtiefen Morast des Herbstes bis nach Kursk und Orel und in den eisigen Winter südlich Moskau. Und dann im Frühjahr wieder im Zickzack durch die russischen Weiten bis nach Woronesch, durch die Kosakendörfer des großen Donbogens, durch den gelben Sand der Kalmückensteppe, vorbei an Erdhöhlen und Zelten und Kamelen, die ihre traurigen Köpfe in den Abendhimmel reckten, und weiter bis an die Wolga, bis nach Stalingrad. In den zwanig Monaten eines gefahrvollen Lebens war Lakosch mit dem Wagen verwachsen, er verstand die singende Sprache seines Motors, spürte mit der hellsichtigen Gewißheit einer Mutter alle seine kleinen und großen Nöte, er hatte ihn geschmiert und geputzt und gefüttert, hatte ihn zerlegt und eigenhändig Ersatzteile für ihn zurechtgefeilt, hatte ihn gewärmt mit Decken und kleinem Holzfeuer und ihm mit leisen Worten Mut zugesprochen. Und der Wagen kannte ihn und folgte seiner Hand wie ein treues Pferd. Wo die «BMW» und «Horch» hoffnungslos im Schlamm steckengeblieben waren, wo sie vom Sand zermahlen hilflos an den Wegrändern lagen, da hatte der kleine Wagen nie versagt. Leichtfüßig hatte er ihn über alle Schwierigkeiten hinweggetragen, immer munter und treu, immer bereit. Bis hierher, bis vor das Erdloch bei Dubininskij. Und klein und weißgekalkt hatte er draußen gestanden in Nacht und Kälte, ohne Schutz vor den Schneestürmen und dem klirrenden Frost. Geduldig und klaglos hatte er dort gewartet wie die anderen auch. Und immer schwerer war es gewesen, den erstarrten Motor zu erwärmen für die seltenen Fahrten, die noch nötig waren. Und dann faßte eines Tages die Kupplung nicht mehr, der Belag war abgeschliffen. Lakosch hatte sich zu der Fahrt gerüstet, von der er wußte, daß sie die letzte sein würde.

Den Kopf zwischen die Schultern gezogen, die Hände tief in den Taschen seines Uebermantels vergraben, stapfte Lakosch durch die Schlucht zurück. Unter seinen Füßen knirschte der Schnee, rotbraune Bombentrichter säumten den Weg. Hinter ihm verklang das Hämmern und Kreischen der Werkstatt. Drei Wochen, hatten sie gesagt. Wer weiß, was in drei Wochen schon sein konnte! Lakosch hatte Abschied genommen von seinem kranken Freund. Er wußte, er würde ihn nicht mehr wiedersehen.

Gleißend ergoß sich die Sonne auf den flimmernden Schnee und warf blaue Schlagschatten in die Schlucht. Kerzengerade stiegen die weißen Rauchsäulen über den Bunkerhöhlen in den blassen Himmel. Es war Essenszeit. In langer Reihe standen sie mit ihren Kochgeschirren, vermummt und mit geröteten Gesichtern, und über ihren Köpfen hing der Atem als weiße Wolke. Um die Feldküche aber wogte der Brodem einer Sauna, der Boden darunter war zu einer braunen Schlammlache aufgeweicht, in die von den Rändern her der Frost seine Eiszähne schob.

Lakosch blieb stehen und überlegte, wie er es anstellen könnte, um hier zu einem Schlag Suppe zu kommen. Da rief jemand:

«He, Karl!»

Viele Menschen heißen Karl. Lakosch blickte nur flüchtig auf, er hatte hier am Südabschnitt keine Bekannten zu erwarten. An der jenseitigen Steilwand der Balka zog sich wie eine Ladenstraße die lange Reihe der Bunkereingänge und Fenster hin. In einer der Türen stand jemand, zwei Kochgeschirre in der Hand, und schrie und winkte. Kein Zweifel, der meinte ihn! Lakosch schwenkte also nach rechts hinüber, und je näher er kam, desto größer wurden seine Augen. Der da, da war doch ...

«Nun fresse ich doch meine Gasmaske! Ich denke, du bist tot!»

Vor ihm stand der Gefreite Seliger, das «Würstchen», die totgesagte verflossene Kasinoordonnanz. Und der grinste über das ganze Gesicht.

«Tot — ja Scheiße! Habt ihr euch so gedacht, was?»

Das Milchgesicht, die wässerigen, brauenlosen Augen mit den hellen Wimpern, das war wirklich der leibhaftige Seliger. Neu war nur das Band des EK 2, das blitzeblank aus seinem Knopfloch leuchtete. Er hielt zwei Kochgeschirre voll Schnee in der Hand.

«Mensch, alte Tulpe, wie kommst du denn hierher? — Komm rein, Kerl, wärm' dich auf! Der Alte ist fort.»

Zusammen gingen sie in den Bunker hinein. Der war groß und wohnlich wie eine Bauernstube. Sogar eine Tischdecke gab es da und Gardinen an den Fenstern. Seliger half Lakosch aus dem schweren Uebermantel.

«Setz dich, erzähl! Was macht der Stab?»

Er holte unter der Pritsche eine Kiste mit Zigarren hervor und stellte eine grüne Literflasche nebst zwei Trinkbechern auf den Tisch. Lakosch kam aus dem Staunen nicht heraus.

«Erzähle du lieber!» brummte er. «Ich denke, du bist zusammen mit dem Hehö tot gegangen?» Sein Blick kam von dem EK-Band nicht los. Dieser Jammerlappen und EK? So leicht war das hier?

Seliger goß die Trinkbecher voll. «Ihr lest wohl gar nichts mehr, was? — Hat doch dick in den ‚Mitteilungen' gestanden!»

«Was?» fragte Lakosch dumm. Dieser Seliger hatte einen Ton am Leibe und trug den Kopf in einer Art hoch, die Lakosch an ihm nicht kannte und die ihm gar nicht gefiel.

«Mensch, die Sache mit dem Feldwebel und dem Gefreiten, wie die da hinter der russischen Front . . .»

Jetzt begann es bei Lakosch zu dämmern. Diese Meldung da kurz vor Weihnachten . . . Sie hatten noch ihre Witze darüber gemacht.

«Was, Kam'rad, das wart ihr?»

«Klar, Junge! — Und nun erst mal prost!»

Sie stießen die Becher zusammen, es klang dumpf und blechern. Das Gesöff war ein kräftiger Korn, der etwas nach Benzin schmeckte.

«Ich bin hier bei Hauptmann Kollasius als Putzer, weißt du! So zur Erholung nach dem Schreck. Der Alte ist zur Armee wegen Ersatzteilen, kommt vor Abend nicht wieder. Also . . .»

Er fischte sich eine Zigarre aus der Kiste, biß die Spitze ab und spuckte sie auf den Fußboden. Lakosch tat es ihm nach. Er verspürte heftigen Hunger; aber jetzt war keine Zeit, an Essen zu denken. Diese Meldung da ... Und sie hatten sie alle für Schwindel gehalten! Er war sehr gespannt auf das, was er hören würde.

«Nun los, erzähle! Das muß ja ein Ding gewesen sein!»

«Und ob, Junge! Das kann ich dir flüstern!»

Seliger nahm einen Schluck aus dem Becher, setzte die Kochgeschirre auf den Ofen und legte etwas Holz nach, und dann begann er zu erzählen. Von der irregeleiteten «Ju» und dem Sprengtruppunternehmen, und wie sie dann in einem Granattrichter von dem russischen Feuerüberfall überrascht wurden. Lakosch fragte mehrfach dazwischen, er wollte alles ganz genau wissen. Dieser Seliger, sieh mal an! Meldet sich freiwillig. Und dem Harras hätte er das auch nicht zugetraut. «Weiter, Mensch, weiter!» drängte er, denn Seliger hatte es etwas eilig mit dem Korn. Der Hauptmann würde Augen machen, wenn er am Abend die Flasche leer fand!

Ja, also dann hatten sie sich von einer russischen Patrouille abgeschnitten gesehen, und es war ihnen kein anderer Weg geblieben als der nach vorn, mitten durch die russischen Linien hindurch. Seliger erzählte gewandt und anschaulich, man merkte, daß er diese Geschichte nicht zum erstenmal zum besten gab. Von dem leeren Bunker weit hinter der Front erzählte er, in dem sie sich verkrochen hatten, und wie sie schließlich, vom Hunger getrieben, die beiden einsamen Essenholer kaltgemacht und ihrer Uniformen beraubt hatten. Von abenteuerlichen Erlebnissen bei russischen Trossen erzählte er, von der Stimmung dort und von mancherlei Gefahren und kühnen Streichen, bis sie dann endlich in einer nebligen Nacht den Rückweg zu den eigenen Linien gewagt hätten. Dazwischen sprach er eifrig dem Korn zu, und allmählich wurde ihm die Zunge schwer. Es fiel ihm nicht auf, daß Lakosch immer schweigsamer geworden war und sein Gesicht sich verdüstert hatte. Umständlich begann er die mannigfaltigen Ehrungen zu schildern, die sie hier nach ihrer Rückkehr erfahren hatten.

«Hör auf, du!» unterbrach ihn Lakosch brüsk. So etwas war möglich, gewiß. Aber der Seliger? Er kannte doch diesen Hosenscheißer! «Das kannst du einem erzählen, der was sich die Hose mit der Kneifzange anzieht!»

«Wie – wieso?» fragte Seliger blöde.

«Ausgerechnet du und der Hehö, was?»

«Na, erlau – laube mal!» Seliger riß die Augen auf, die schon etwas glasig blickten. Er war ernstlich böse.

Lakosch erkannte, daß er einen Fehler gemacht hatte. Irgend etwas war dran an dieser Sache. Das mit der «Ju» und dem Stoßtruppunternehmen stimmte offenbar. Auch daran, daß sie tagelang weggewesen und dann plötzlich wieder aufgetaucht waren, war nicht zu zweifeln. Aber alles andere, das war doch blanker Schwindel! Was war da geschehen? Er mußte es herausbekommen.

«Ich meine ja auch nicht dich», sagte er diplomatisch. «Aber der Hehö, Kam'rad, ausgerechnet der ... Wir kennen ihn doch beide!»

Seligers Kopf pendelte hin und her, krampfhaft bemühte er sich, ihn wieder in die Gewalt zu bekommen.

«Der Hehö», knurrte er, «dies Arschloch ...»

«Na eben, eben», bohrte Lakosch weiter, «das meine ich ja!»

Seliger hob den Zeigefinger und pendelte Lakosch damit unter der Nase herum.

«Ich will dir was sagen, Karl! Du – du warst immer mein Freund ... Ein ga – ganz großes Arschloch ist das! – Mei – meinst du, der kennt mich noch? – Vorher, da ging das ‚Se – Seliger hier, Seliger da'! Und jetzt? Herr Leu – Leutnant mit EK 1!»

«Schweinerei, ja!» bekräftigte Lakosch eifrig. Er merkte, daß er die verwundbare Stelle gefunden hatte.

«All – alles Schwindel!» Seliger fegte mit der Hand über den Tisch und warf den Trinkbecher um. «Paß auf, Karl, wa – wa – was ich dir sage! Der Hund fliegt noch aus! Und ich? Mich läßt das Aas hier verrecken! In sechs Tagen mu – muß ich zum Haufen zurück. Und dann? Wa – was nützt mir dieser Scheißfetzen dann?» Er schlug sich knallend mit der flachen Hand auf die Brust. «A – aber ohne mich, Karl! We – wenn ich hier verrecke, der Hund geht mit, Karl! Das schwör' ich dir, Karl!»

Das Wasser auf dem Ofen kochte zischend über, aber keiner von den beiden achtete darauf. Seliger griff nach Lakoschs Becher und trank ihn in einem Zuge aus. Dann beugte er sich weit über den Tisch und faßte den Freund bei den Händen.

«Du – hup – du warst im – immer mein Freund, Karl! Wei – weißt du noch, wie ...»

«Klar weiß ich! Aber was ist nun ...?»

«Du bi — bi — bist mein Freund, Karl, mein ei — einziger Freund! Du mu — hick — mußt mich rächen, Karl, we — wenn ich to — tot bin!» Seligers Schluchzen klang in einen Rülpser aus. «Ver — versprich mir das, Karl!»

«Ja doch, natürlich! Aber weswegen ...»

«... mußt mich rächen an diesem Lump, Karl! Du sollst al — alles, hick, wissen, Karl! Das ist — ist mein Vermächtnis, das Vermächtnis ei — eines Toten! Wenn mich der grü — hup — grüne Rasen deckt, Karl, versprich mir das!»

Die Vorstellung von seinem Tode übermannte ihn, er griff mit zitternden Händen nach der Flasche. Dann begann er zu singen:

«Auf meinem Gra-a-a-abe — soll'n rote Rosen ste-e-ehn ...»

Lakosch stand auf und nahm ihm die Flasche aus der Hand.

«Dein Vermächtnis, Kam'rad! Los doch!»

Seliger hörte nicht mehr. Er sang, und Tränen der Rührung flossen über sein Gesicht. «Blutrote Ro-hosen und di-i-i-ie ...»

Lakosch rüttelte und schüttelte ihn. «Dein Vermächtnis, du! Ich hau dir die Knochen kaputt, wenn du jetzt nicht deine Fresse aufmachst!»

«Mein Ver — Vermächtnis ...», lallte Seliger. Sein Kopf fiel nach vorn, und der Speichel floß ihm aus dem Mund. «Du mußt mich ... ro — rote Rosen ... Schei — Scheiße ...»

Schwer fiel sein Oberkörper auf die Tischplatte. Lakosch knuffte ihn und brüllte ihm Flüche ins Ohr, es war nichts mehr zu machen. Der Held war geistig weggetreten, sein Vermächtnis hatte er mit sich genommen.

Lakosch stand und grübelte. Hätte er dem Kerl nur die Flasche rechtzeitig weggenommen! Er wußte doch, daß dieser Pieps nichts vertrug! Die ganze Geschichte war oberfaul, etwas Teuflisches steckte dahinter. Nun, er würde es herausbekommen, wenn nicht heute, dann später. Diesen Seliger, der da jetzt schnarchte wie ein Walroß, den würde er nicht mehr aus den Fingern lassen!

Er zog seinen Uebermantel an, vermummte seinen Kopf und durchsuchte dann den Bunker nach etwas Eßbarem. Er fand einen Kanten Brot und in einer Büchse einen Rest Schmalzfleisch. Beides ließ er mitgehen und dazu noch vier von den Zigarren. Wenn der Hauptmann am Abend zurückkam und die Bescherung hier sah, würde es eine Abreibung geben, die sich gewaschen hatte. Da kam es auf vier Zigarren auch nicht mehr an.

Seit langem hatte Oberleutnant Breuer wieder einen Fall zu bearbeiten, der in sein Fach schlug. Da war bei den Herbstkämpfen ein «Kfz. 15» der Panzerjäger-Abteilung in einen feindlichen Hinterhalt gefallen. In ihm hatten sich Befehle und Vorschriften mit den Vermerken «Geheim!» und «Nur für den Dienstgebrauch!» befunden. Auf seine Verlustmeldung hin hatte Hauptmann Eichert eine geharnischte Anfrage der Armee bekommen und war damit zu Breuer gegangen. «Machen Sie doch den Quatsch für mich, Breuer! Ich verstehe mich nicht auf so 'n Federfuchserkram.» Inzwischen gab es längst keine Panzerjäger-Abteilung mehr, und die verlorenen Verfügungen hatten die Russen in Massen erbeutet. Trotzdem kam jetzt schon die dritte Rückfrage:

1. Warum die Abteilung, wie aus der Aufstellung ersichtlich, noch Vorschriften aus der Zeit des Frankreichfeldzuges mitgeführt habe, obwohl solche laut Verfügung XY Ziffer soundso spätestens bis zum 1. 8. 41 hätten vernichtet werden müssen.

2. Ob der Fahrer des Wagens zur Mitführung von NfD-Sachen berechtigt gewesen und dieserhalb besonders vereidigt gewesen sei.

3. Ob er über die Behandlung von Geheimen Kommando- und NfD-Sachen ordnungsgemäß, d. h. unter schriftlicher Fixierung belehrt worden sei. (Um die Einreichung des Protokolls darüber wurde ersucht.)

4a. Wenn nicht, auf Grund welches besonderen Notstandes ihm trotzdem die Beförderung besagter Vorschriften anvertraut worden sei.

4b. Wenn ja, warum er den Wagen in Erkenntnis der Gefahr nicht vorschriftsmäßig mit der dafür vorgesehenen Handgranate in die Luft gesprengt beziehungsweise nicht von der Möglichkeit einer Vernichtung des Wagens mit Hilfe von Benzin und Feuer Gebrauch gemacht habe.

«Heiliger Strohsack!» brummte Breuer. Den Amtsschimmel konnte selbst Stalingrad nicht umbringen! Er versuchte sich das Gesicht des Kriegsgerichtsrates vorzustellen, der dieses Schreiben in irgendeinem Bunkerloch bei Gumrak aufgesetzt hatte. Es kam so etwas wie Spitzwegs Kakteenzüchter dabei heraus. So ein «Fall», das war wohl das Pflänzchen, das er täglich begoß. Sicher würde er noch im Tode darüber nachgrübeln.

Breuer las das Schreiben Leutnant Wiese vor. Der lachte so

herzlich wie lange nicht mehr. Gemeinsam machten sie sich an eine möglichst drastische Beantwortung des Schreibens. Schließlich schrieb Breuer:

«Die eingehende Vernehmung des Kraftfahrers zu den Punkten 1 bis 4b der Anfrage führte leider insofern zu keinerlei Ergebnissen, als dieser inzwischen verstorben ist. Als Todesursache wurde ärztlicherseits ein Gehirnschlag festgestellt, der ihn beim Lesen Ihrer dritten Rückfrage ereilte . . .»

In diesem Augenblick reißt jemand die Bunkerklappe auf.

«Herr Oberleutnant, schnell! Hier ist was los!» Es ist Geibels kindlich aufgeregte Stimme.

«Was denn, Mensch!» schreit Breuer zurück, doch Geibel ist schon wieder fort.

Der Oberleutnant wirft sich den Mantel über und eilt hinaus. Er kommt gerade noch zurecht, um zu sehen, wie hinten, wo das Gelände etwas ansteigt, eine «Ju 52», von Westen kommend, tief über dem Boden dahinstreicht. Ein grauer Jäger sitzt ihr im Nacken und spuckt Leuchtspursalven in sie hinein. Die «Ju» duckt sich noch tiefer und berührt dabei den Boden. Krachend bricht das Fahrgestell unter ihr weg, und wankend und polternd rutscht der graue Rumpf noch ein Stück über die Fläche. Wolken von Schneestaub wirbeln auf. Der Jäger ist über die Maschine hinweggeschossen. Noch einmal fliegt er an, zieht pfeifend eine höhnische Schleife über seinem Opfer und verschwindet dann wie ein Pfeil im Blau des Himmels.

Von allen Seiten hasten Landser auf das Wrack zu. Lakosch keucht neben Herbert und Geibel her, im Laufen überdenkt er den Fall. «Kehrt, Langer!» schreit er Geibel zu. «Hol alle Kochgeschirre und auch 'ne Zeltbahn!» Gehorsam trabt Geibel zurück. So eine abgestürzte «Ju» ist ein Geschenk des Himmels. Sie kann Schmalzfett bergen oder Schokakola oder Brot. 40 Zentner Brot! Nachts träumen sie in ihren Bunkern manchmal davon. Sie kann auch Munition oder Kraftstoff enthalten; doch davon träumt niemand.

Breuer ist einer der ersten an der Unfallstelle. Er geht um die Maschine herum. Sie hat eine breite Schleifspur durch den Schnee gezogen. Jetzt liegt sie leicht auf die Seite geneigt. Die linke Tragfläche ist abgeknickt, der eine Motor hat sich bei dem Aufprall ein Stück in den Rumpf hineingeschoben. Blaue Flämmchen huschen daran herum wie Elmsfeuer.

Inzwischen ist eine Menge Menschen herangekommen. Sie reißen die Seitentür auf. Pappkartons quellen ihnen entgegen, zerplatzen im Fallen, und in den Schnee ergießt sich ein Schwall gelben Pulvers. Die Landser prüfen, kosten... «Erbsmehl!» schreit einer, und schon sacken sie das Mehl in Mützen und Taschen. Einige klettern hinein und werfen immer neue Pakete heraus, die sofort weggeschleppt werden.

Der brennende Motor knistert und prasselt. Gefräßig lecken die Flammen daran herum, schießen zischend hoch und werden gelb. Der Schnee darunter schmilzt und bildet schmutzige Wasserlachen. Auch vom Heck der Maschine steigt Rauch auf.

Plötzlich ein Schrei:

«Da sind ja noch Menschen drin!»

Natürlich, die Besatzung! Niemand hat daran gedacht. Aber jetzt sehen sie es: an den Fenstern der Kanzel, an der die Rauchschwaden vorbeiziehen, zeigen sich Gesichter. Und jetzt hört man durch den Lärm hindurch auch Klopfen und Schreien. Es klingt dumpf wie aus einem Keller. Offenbar hat sich der Zugang zur Kanzel, der im Inneren der Maschine ist, bei der harten Landung verklemmt. Die Männer sind eingeschlossen.

«Ein Beil!» schreit jemand. «Holt doch ein Beil!» Ein paar traben in die Bunkerstadt zurück.

Auch das Leitwerk brennt jetzt. In der Hoffnung, schneller an das Mehl heranzukommen, reißt einer die Bodenklappe am Heck auf, ein menschlicher Körper rutscht ihm entgegen. Es ist der Heckschütze. Er hat eine Kopfverletzung und ist bewußtlos, aber anscheinend noch am Leben. In einem Mantel tragen sie ihn davon.

Immer größer wird vorn die Hitze, sie hält den Kreis der Neugierigen in angemessener Entfernung. Plötzlich fährt mit einem Puffen, das das ganze Wrack erschüttert, eine Stichflamme hoch. Der Benzintank ist wohl geborsten. Der Motor glüht, und jetzt faßt auch das Leichtmetall der Tragfläche Feuer. Zischend und sprühend frißt die bläulichweiße Flamme sich weiter. Funken stäuben über die Fläche, dick und schwarz ist der Qualm. An den Scheiben kleben die verzerrten Gesichter.

«Himmelherrgott!» stöhnt Breuer. Man muß doch etwas tun! Man kann doch nicht tatenlos zusehen, wie zwei Menschen bei lebendigem Leibe verbrennen! Man müßte den Rumpf aufbrechen. Doch er hat nichts als seine Hände, nicht einmal ein Seitengewehr. Aber Lakosch, der hat sein Seitengewehr bei sich. Das verdankt er Harras und einer zusätzlichen Wache. Und jetzt springt er in den Qualm hinein auf die Tragfläche, ein zweiter folgt ihm, und sie brechen die Scheiben auf. Aber was ist damit gewonnen? Die Oeffnungen sind zu klein, als daß ein Mensch sich hindurchzwängen könnte, und die eindringende Frischluft verlängert nur die Qualen der Eingeschlossenen. Schrecklich dringt jetzt ihr Schreien durch das Knistern und Prasseln des Brandes:

«Hi-i-i-ilfe! — Hilfäääääää — uuuuuh!»

Ein paar Schritte davon aber sind sie über dem Erbsmehl. Sie lärmen und prügeln sich und reißen sich Mäntel und Jacken vom Leibe, sie scharren Mehl und Schnee und Schmutz zusammen und sacken ein und schleppen fort in Kesseln und Kisten und Zeltbahnen und Mützen, und sie keuchen, und der Schweiß rinnt ihnen über die geschwärzten Gesichter.

Da ein Knall! «Vorsicht!»

Das Gewimmel stiebt auseinander. Munition geht hoch, polternd und prasselnd. Singend schwirren die Hülsen durch die Luft. Einer der Landser hat Feuer gefangen. In wilden Sprüngen jagt er schreiend davon, wälzt sich im Schnee wie ein Hund.

Und da kommen sie endlich mit Werkzeug, mit Klauenbeilen, Brechstangen und Wagenhebern. Aber jetzt ist die Kanzel schon in Flammen gehüllt, es ist nicht mehr möglich heranzukommen. Spukhaft tauchen in dem Qualm immer wieder die grausigen Fratzen auf. Deutlich sieht man die in die Fensteröffnungen gepreßten Gesichter, sieht das Weiße der verquollenen Augen, die qualvollen Grimassen. Fürchterlich ist das Schreien, ein markerschütterndes Geheul schriller Töne, die unvermittelt in tiefes, krächzendes Gurgeln übergehen, um gleich darauf greller und schneidender noch aufzuflackern.

Breuer stöhnt und verspürt einen Brechreiz im Halse, aber er kann sich von dem grausigen Anblick nicht lösen. Neben ihm steht Wiese, und Wiese ist wie versteint. Er möchte davonlaufen und nichts mehr hören und sehen, doch er kann sich nicht rühren. Irgend etwas bannt ihn auf den Platz. Nichts um sich herum nimmt er wahr, er sieht nur diese von Flammen umloderten Gesichter, die keine Gesichter mehr sind. Und er wartet auf das Wunder, das nun geschehen muß. Gnade! denkt er. Gott kann doch gnädig sein! Die Christen in Rom, die Jungfrau Johanna sind lächelnd verbrannt, ihre Schmerzen hat er zu sich genommen. Warum darf dieses hier sein?

Aber es geschieht kein Wunder.

Und da widerfährt Leutnant Wiese etwas Merkwürdiges. Es ist ihm, als ob sein Ich sich aus seinem Körper löse. Frei und leicht fühlt er sich über alledem schweben, und von dort oben blickt er herab auf die Flammen und die Gesichter und auf einen Menschen, von dem er weiß, daß er selbst das ist. Und er sieht, wie der da unten langsam zur Ledertasche greift, wie er durchlädt und entsichert und ruhig die Pistole in Augenhöhle hebt. Er hört auch den Knall, einmal — zweimal — sechsmal — Und nun sind die Fratzen nicht mehr da, und auch das Geheul ist verstummt, und nur totes Metall brennt und knistert, ein Stück Technik, um das es nicht schade ist. Und es war wohl auch nie anders, und alles andere war wohl nur ein Spuk ...

Breuer hat das alles mit angesehen, und er hat aufgeatmet. Ja, auch er hätte geschossen, wenn er nur eine Waffe zur Hand gehabt hätte. Und die anderen gewiß auch; aber wer hat schon an eine Waffe gedacht! Dann aber durchfährt ihn ein heißer Schreck. Wiese hat geschossen! Wiese? — «Ich werde niemals gegen irgendeinen Menschen die Waffe erheben, was auch kommen mag!» Er sieht den Freund an. Der steht da mit kalkweißem Gesicht, er scheint nichts zu sehen. Die Pistole ist seiner Hand entfallen. Breuer greift nach dieser Hand.

«Wiese —!»

Und dann legt er ihm den Arm um die Schulter und führt ihn hinweg. Wiese setzt seine Füße wie ein Greis. Schweigend öffnet sich ihnen der Kreis der Landser.

Weiter hinten aber wühlen sie immer noch in dem Erbsmehl. Schwarz sind die Gesichter und die Augen gerötet vom Qualm, schwarz ist auch der Boden ringsum, und auch das Erbsmehl ist schwarz, und die Funken sprühen darüber hin. Aber sie kratzen und scheffeln, sie schleppen und keuchen. Aus Brand und Tod kratzen sie sich ihr Leben.

Die «Ju» brennt vollständig aus. In weitem Umkreis ist der Boden geschwärzt, und noch stundenlang glimmen und kohlen die Trümmer. Aber immer noch scharren Landser in dem Schutt herum und knabbern an verbrannten Erbsmehlklumpen.

Später erscheint auch Oberst von Hermann. Man hat die beiden Flieger bergen können oder das, was noch von ihnen übrig ist. Schwarz verkohlt und verkrümmt liegen sie da, winzig klein und nicht mehr an Menschen erinnernd. Ihre Köpfe sind nicht größer als Aepfel. Der Oberst zieht seinen Mantel aus und deckt ihn schweigend über die Toten.

Abends gibt es im Ic-Bunker Erbsbrei, für jeden ein volles Kochgeschirr. Er ist so dick, daß der Löffel darin steht, und der leichte Brandgeschmack stört kaum. Geibel findet ihn sogar pikant. Und Unteroffizier Herbert, der sich viel Mühe damit gegeben hat, ist empört, weil Leutnant Wiese nicht davon essen will.

*

Als Lakosch wieder die Balka im Süden aufsuchte, fand er dort einen verwandelten Seliger vor, der ihn brummend begrüßte und offenbar entschlossen war, ihn vor der Bunkertür abzufertigen. Sein Gesicht war der Spiegel offenbar recht unangenehmer Erinnerungen.

Lakosch entschloß sich, aufs Ganze zu gehen, ehe ihm dieser Seliger die Tür vor der Nase zumachte.

«Ich komme wegen deinem Vermächtnis, Kam'rad! Was ist nun damit?»

Seliger tat dumm, er schien sich auf nichts mehr zu besinnen. Als Lakosch dringlicher wurde, meinte er nur: «Du kannst mich mal!» und wollte in seinem Bunker verschwinden.

«Schön —», sagte Lakosch. «Hast mir ja auch so schon genug erzählt. Wird schon reichen für eine Meldung!»

«*Was* erzählt?» fuhr Seliger herum. «Gar nichts hab' ich dir erzählt!»

«Immerhin so viel», behauptete Lakosch aufs Geratewohl, «um dich und den Hehö baumeln zu lassen!»

Seliger starrte ihn aus entsetzten Augen an. Er packte Lakosch am Arm und zog ihn in den Bunker hinein. Es gab diesmal keinen Schnaps und keine Zigarren, dafür aber erfuhr Lakosch von dem verstörten Seliger nach und nach die ganze Geschichte.

Da waren sie also in ihrem Trichter von einem russischen Spähtrupp überrascht worden. Harras, den bei dem Feuerüberfall ein Erdklumpen an den Kopf getroffen und betäubt hatte, war unter Kolbenstößen und Fußtritten schnell wieder munter geworden, und im Laufschritt hatte man sie nach hinten getrieben. Dort waren sie dann erst einmal ihre Uhren, Brieftaschen, Taschenmesser und Ringe losgeworden und hatten eine scheußliche Nacht in einem Hühnerstall verbringen müssen in der Erwartung, am nächsten Morgen den Genickschuß zu erhalten. Und richtig wurden ihnen gleich nach Hellwerden die Augen verbunden, und die Russen knallten ein paarmal an ihren Ohren vorbei, aber schließlich landeten sie auf einem Lkw und nach halsbrecherischer Fahrt hinten irgendwo bei einem Stab. Dort aber rissen die Ueberraschungen nicht mehr ab. Freundliche Behandlung, Essen — «Weißbrot, du! Und Butter und ein Stück Speck, so groß wie meine Faust, und süßen Tee und . . .»

«Weiter, weiter!» drängte Lakosch. Ihn interessierte der russische Küchenzettel jetzt nicht.

Und dann war also eine Vernehmung gekommen. «Weißt du, Karl, die wußten mehr von uns als wir. Die wußten einfach alles! Auch wie der Kompaniechef heißt und der Spieß und wie stark wir sind und das mit den hundert Gramm Brot . . .»

Ja, und dann waren da auf einmal zwei Deutsche gewesen . . .

«Deutsche?»

«Ja, Mann, geflohene Kommunisten oder so!»

Und die hatten also gesagt, daß die Russen in wenigen Tagen mit dem Kessel Schluß machen und alle hier zugrunde gehen würden und daß an allem nur der Hitler schuld sei. Und ob sie nicht auch glaubten, daß der Hitler Deutschlands Unglück sei? Und da hatte ihm der Harras unter dem Tisch auf den Fuß getreten, und sie hatten genickt und gesagt, das glaubten sie auch. Und dann hatte der eine — «So einer mit 'ner richtigen Ganoventolle, weißt du!» — der hatte also gemeint, ob sie nicht beide zurück möchten in den Kessel und die Kameraden aufklären, daß sie sich von dem Verderber Hitler lossagen und den sinnlosen Widerstand einstellen. Die Rote Armee garantiere ihnen . . . «Na ja, was da immer auf den Flugblättern steht!» Und wieder hatte der Harras ihm auf den Fuß getreten, und sie hatten sich angeguckt und getan, als ob sie überlegten, und dann hatten sie gesagt, das wollten sie gern tun.

Und eines Abends hatte man sie dann wieder mit verbundenen Augen an die Front zurückgeschafft, und sie hatten alles wiederbekommen, Uhren und Ringe und ihr Geld und der Harras sogar sein Verwundetenabzeichen. Und mit einem Packen Flugblätter und Zeitungen und einem handgeschriebenen Brief an den Regimentskommandeur hatte man sie in der Nacht zu den eigenen Linien zurückgeschickt.

Lakosch hielt es kaum noch auf seinem Stuhl. «Und?» schrie er. «Wo hast du die Flugblätter, du?»

«Pst —», machte Seliger erschrocken. Und hastig erzählte er den Schluß der Geschichte. Wie sie in einem Granattrichter haltgemacht und den ganzen Kram dort im Schnee verbuddelt hatten, und wie der Harras ihm eingebleut hatte, was sie nach ihrer Rückkehr erzählen sollten. «Von Beförderung und EKs hat er gequasselt und daß sie uns bestimmt ausfliegen werden zur Berichterstattung im Führerhauptquartier. Ganz dusselig hat er mich gequatscht, Karl, das kannst du mir glauben! — Na, und was dann kam, das weißt du ja!»

Lakoschs Hand fuhr auf der Tischplatte hin und her, er befand sich in einer ungeheuren Erregung.

«Deutsche, sagst du, waren da? Richtige Deutsche?»

«Ja, Mensch, der mit der Tolle, und dann noch so 'n kleiner, wibbeliger. Schriftsteller aus Hamburg, sagte er, und wir müßten ihn doch von den Flugblättern kennen. Und später kam dann noch so 'n Langer mit 'nem zermatschten Ohr, der sagte, er ist Hauptmann und schon seit 41 in Gefangenschaft, und was die uns hier erzählen, daß die Russen alle Gefangenen abknallen, das ist reiner Schwindel.»

Lakosch kaute angestrengt an seiner Unterlippe, er konnte das alles noch nicht fassen.

«Höre mal, du», sagte er dann, «daß ihr davon nichts gemeldet habt, das ist aber ein starkes Stück! Stelle dir mal vor, wenn Paulus das alles wüßte . . .»

Seliger sprang auf und hob beschwörend die Hände. «Halt bloß die Schnauze, Mensch! Die stellen uns doch alle an die Wand, und dich mit! Du hast mir geschworen, daß du das Maul hältst, Karl!»

«Ja, ja —», murmelte Lakosch. Seine Gedanken waren schon ganz woanders. Einsilbig machte er sich auf den Heimweg, von dem flatternden Seliger unter Beteuerungen und Beschwörungen bis zum Ausgang der Schlucht begleitet. Wenn Paulus das wüßte . . . In ihm reifte ein Plan.

Als sie am nächsten Montag im Ic-Bunker erwachten, war Lakosch fort. Sie vermuteten ihn auf einem seiner einsamen Spaziergänge. Aber auch zu Mittag war er noch nicht zurück und auch am Nachmittag nicht. Jetzt begannen sie sich Sorgen zu machen. War ihm etwas zugestoßen? Und dann stellten sie fest, daß seine sämtlichen Sachen fehlten. Ein Verdacht tauchte auf, so furchtbar, daß ihn niemand auszusprechen wagte. Geibel lief mit geröteten Augen in der Bunkerstadt umher und suchte und fragte. Niemand hatte Lakosch gesehen. Am Abend entschloß sich Breuer, den Vorfall Unold zu melden.

Der Oberstleutnant bekam einen Tobsuchtsanfall.

«Desertiert natürlich, ist doch arschklar! Und das in unserem Stab! War mir nie geheuer, dieser rothaarige Schlawiner. Aber Sie haben natürlich wieder nichts gemerkt, Sie vertrauensduseliges Schaf! — Unterstehen Sie sich, das etwa noch nach oben zu melden! Das fehlte gerade noch, daß wir uns jetzt unser Renommee verscherzen!» —

Breuer stand fassungslos vor diesem Ereignis. Jetzt fiel ihm auf, wie schweigsam und verstört der Kleine schon seit langem gewesen war, und er machte sich bittere Vorwürfe. Ich hätte das merken, hätte mit ihm sprechen müssen, dachte er. Mein Gott, wie wenig wissen wir voneinander! —

Wie ein Alpdruck lag Lakoschs Verschwinden auf der Bunkergemeinschaft. Die Gedanken aller kreisten um diesen Fall, aber niemand wagte davon zu sprechen. Sein Name wurde nicht mehr genannt.

*

Oberst von Hermann ist allein im Ia-Bunker. Er hat einen billigen Titel und eine Menge Aerger weniger, und das freut ihn. Nachdem aus den Resten der Panzerdivision drei Festungsbataillone aufgestellt worden sind, hat die Armee auf seinen Vorschlag die weitere Erledigung der Aufgabe dem Kommandeur des Werferregiments übertragen, dessen Einheit als nächste an der Reihe ist. Unold und Engelhard sind unterwegs wegen der Uebergabe.

Da klopft es. Es ist Unteroffizier Schmalfuß, der Ia-Schreiber.

«Verzeihung, Herr Oberst, ich wollte ... Herr Oberstleutnant Unold ist wohl nicht da?»

«Nein, was haben Sie denn? Ist es etwas Wichtiges?»

«Ach, nichts Besonderes, Herr Oberst! Es ist nur wegen der

Wertsachen von den beiden Toten von der ‚Ju'. Ich wollte fragen, was wir damit machen sollen, wo doch keine Papiere mehr . . .»

Er legt auf den Tisch, was man da gefunden hatte: ein paar angelaufene, sonst aber seltsamerweise unversehrte Münzen, einen halb zerschmolzenen Drehbleistift, und dann ein gelbes Klümpchen, das wohl einmal ein Ring gewesen war.

Der Stein allerdings, der in dieses Klümpchen eingeschmolzen ist, ist unbeschädigt.

Dieser Stein ist rötlich und glatt geschliffen.

Und in den Stein eingegraben ist ein Wappen — —

«Herr Oberst!»

Unteroffizier Schmalfuß hat einen Schritt auf den Obersten zugemacht, er ist zu Tode erschrocken.

«Herr Oberst . . . ist Ihnen nicht gut? Soll ich . . .»

Doch Oberst v. Hermann, der sich eben noch mit geschlossenen Augen in die Tischplatte verkrallt hatte, steht schon wieder ganz gerade. Nur sein Gesicht ist erschreckend weiß.

«Danke —», sagt er, und der Unteroffizier erkennt seine Stimme nicht. «Lassen Sie mich — bitte — allein — —»

Als Oberstleutnant Unold später zurückkommt und den Oberst begrüßen will, erschrickt auch er über die Veränderung, die er sieht. Aber in die erloschenen Augen hinein wagt er nicht zu fragen. Er zwingt sich, so zu tun, als ob er nichts merke, und denkt sich seinen Teil. Hat es ihn also auch gepackt, diesen Selbstsicheren, Unerschütterlichen, diesen Mustersoldaten? denkt er. Er ist nicht frei von einer hämischen Genugtuung und trinkt einen Kognak darauf.

Daß das Bild mit dem Silberrahmen vom Tisch des Obersten verschwunden ist, fällt ihm nicht auf.

*

Mühsam mahlt sich das vierradgetriebene «Kfz. 15» eine Bahn durch den Schnee. Hinten im Wagen sitzen, sorgsam in Mäntel und Decken verpackt, Oberleutnant Breuer und Hauptmann Gedig.

Ja, Hauptmann Gedig ist zurück! In der vergangenen Nacht ist er auf dem Flugplatz Pitomnik angekommen. Spät, viel später als vorgesehen. Schwer hat er unter der Verzögerung gelitten. Er weiß nicht, daß ihn niemand vermißt hat.

Mit dem Kurierzug von Deutschland kommend, war er mitten in die Katastrophe zwischen Donez und Don hineingefahren. Bei Tazinskaja ging es nicht weiter. Bei Tazinskaja? Das war doch eine der Flugbasen für die Transportflotten, 250 km von Stalingrad entfernt! Man lachte grimmig, als er seinen Schein vorzeigte. «Nach Stalingrad? Was wollen Sie in Stalingrad! – Bleiben Sie hier, hier gibt es auch Mist genug!» Von Tazinskaja konnte man nicht mehr in den Kessel fliegen. Zwei Tage vorher hatte die Transportflotte verlegen müssen, im letzten Augenblick, als die «T 34» schon auf die Startbahnen schossen. Man ließ ihn nicht fort, drückte ihm eine Alarmeinheit aus Urlaubern und Versprengten in die Hand. Als die Einheit aufgerieben war und die Lage sich stabilisiert hatte, gelang es ihm schließlich freizukommen. Eine Nachschubkolonne nahm ihn bis Morosowskaja mit. Aber auch dort kam er zu spät. Am 2. Januar war das Kampfgeschwader 55, das für Stalingrad Versorgung flog, nach Nowotscherkask umgezogen. Der Flugplatz Morosowskaja kam nur noch für Naheinsätze in Frage. – Nowotscherkask am Don! Am 7. Januar konnte er sich hier in eine «He 111» hineinzwängen und eingeklemmt zwischen Kisten und Fässern die 350 km bis Pitomnik hinter sich bringen.

Jetzt ist er hier.

Aber er erzählt nichts von dem, was er in den letzten zwei Wochen erlebt hat. Wozu? Von draußen hat die Armee nichts mehr zu erwarten, das hat er mit eigenen Augen gesehen. Hier aber glauben sie noch, das ist ihm klar geworden, als er den Fuß aus dem Flugzeug setzte. Hauptmann Gedig ist überwältigt von diesem unerschütterlichen, rührenden Glauben, Stalingrad – ein Heldenkampf ohnegleichen! Er hat nicht gesehen, wie die Rumänen durch Businowka strömten, nicht die Scheiterhaufen des Rückzuges, er weiß nichts von den Schneelöchern im Westen, nichts von den Toten des Kasatschihügels, nichts von den hundert Gramm Brot. Sein Koffer ist gefüllt mit Weihnachtsgebäck und Schokolade. Auch die Erinnerung an die Häuserkämpfe im Herbst und die Kompaniestärken von 8 bis 15 Mann ist verblaßt. Er sieht 22 Divisionen in einer Festung, 22 Divisionen, wie er sie von früher her kennt, hinter einem Wall von Beton und Stahl, unbezwinglich. Es wird ihm selbst nicht bewußt, wie sehr die sieben Wochen ihn verändert haben, wie sehr er Stalingrad mit den Augen der Heimat sieht. Und während er sich in Deutschland gegen billigen Optimismus zur Wehr setzen mußte, erblickt er jetzt seine selbstverständliche Pflicht darin, Zuversicht und Vertrauen zu stärken.

Nein, er erzählt nichts von dem, was er in den letzten vierzehn Tagen erlebte. Er erzählt von Berlin.

«... Ja, es waren prächtige Tage dort. Vom Krieg eigentlich nicht viel zu merken außer der Verdunkelung und gelegentlichen Alarmen. Theater, Cafés, Bars, Kinos überfüllt. Wo sollen die Leute schließlich auch hin mit ihrem Geld! Eigentlich alles wie früher. — Die Stimmung? Nun ja, einiges ist wohl durchgesickert von der Sache hier, und die Nächstbetroffenen machen sich Sorgen. Aber sonst...» Er erzählt von der «Scala», vom «Wintergarten», von dem Farbfilm «Münchhausen» mit Hans Albers. Seltsam berührt hört Breuer ihm zu. Ihm sind das Märchen aus 1001 Nacht, und der Hauptmann selbst erscheint ihm wie ein Wesen von einem anderen Stern.

Vorn neben dem Fahrer sitzt Oberst von Hermann. Starr blickt er auf den verschneiten Weg, sein Gesicht ist wie aus Wachs. Er denkt an den neuen Auftrag, der ihn an den Südabschnitt bei Zybenko führt, und er bemüht sich, nur daran zu denken und an nichts, gar nichts sonst... Dieser Auftrag ist seltsam.

Schon wieder steckt der Wagen in einer Schneewehe fest. Sie müssen hinaus und schieben. Bitter kalt ist es an diesem Januartag, wie Rauch steigt der Atem in die schneidende Luft. Rumänen schippen hier am Weg, in Lumpen gehüllt, mit struppigen, aschgrauen Gesichtern. Sie fassen mit zu, aber es ist nicht mehr als eine Geste. Sie können ja die Schaufel kaum halten. Der Oberst verteilt ein paar Zigaretten.

Als der Wagen sein Ziel erreicht, ist es schon dunkel. Ein Dreieckstander weist in eine schmale Balka. Dort liegt eine Reihe kleiner Erdbunker, aus deren Fugen schwacher Lichtschein dringt. Hier haust der Stab der gesuchten Infanterie-Division.

Der Bunker des Generals ist erhellt von zwei elektrischen Lampen. Vor dem mit Karten bedeckten Tisch sitzt ein Generalstabsoffizier, ein Oberstleutnant. Er hat ein junges, frisches Gesicht. Mit dem Kohlestift macht er eifrig Einzeichnungen, während die Linke den Handapparat ans Ohr preßt. Der General läuft in dem Raum auf und ab. Er trägt einen zerschlissenen, oben geöffneten Waffenrock, den mageren Hals umhüllt wie ein Schal der breite Rollkragen eines Wollpullovers. Mit dem fast weißen

Kopfhaar und den langen grauen Bartstoppeln gemahnt er an den Kapitän eines Fischdampfers.

Oberst von Hermann macht Meldung. In den trüben Augen des Generals blitzt Erleichterung auf.

«Gott sei Dank, daß Sie da sind! Gott sei Dank!» Spontan schüttelte er dem Oberst beide Hände. «Und ... was bringen Sie mit?»

«Mitbringen?» Hermann blickt erstaunt auf. Weiß dieser Mann denn nicht ... kennt er nicht den Auftrag? «Mitbringen – hier, meine beiden Offiziere!»

«Wie, wie? Aber – das ist doch nicht möglich! Man hat mir doch gesagt ... Wo sind denn Ihre Panzer?»

«Unsere Panzer –» Ein Zucken läuft über das Gesicht des Obersten. «Wir haben schon lange keine Panzer mehr, Herr General!»

Die Hand des Generals hebt sich zum Halse, als ob ihm dort etwas zu eng geworden ist.

«Was soll ich bloß machen!»

Hilflos sinkt die Hand herab, die bebenden Lippen murmeln noch einmal, kaum hörbar:

«Was soll ich bloß machen?»

Von plötzlichem Tatendrang getrieben, stürzt er zum Kartentisch.

«Hier, sehen Sie! Hier an diesen beiden Stellen ist der Russe heute früh durch! Eine haben wir notdürftig abriegeln können mit allem, was noch irgendwie zusammenzukratzen war. In das zweite Loch habe ich die Nachrichten-Abteilung hineingeworfen. – Und eben jetzt meldet das linke Regiment, daß auch da der Russe durch ist und in Bataillonsstärke nach Norden marschiert. Marschiert, verstehen Sie, marschiert! Dort steht nichts, gar nichts mehr! – Und ich kann keinen einzigen Mann mehr hinschicken – –»

Fast ununterbrochen rasselt der Fernsprecher, immer neue Hiobsbotschaften treffen ein. Der lebhafte Oberstleutnant mit dem rosigen Gesicht läßt nur für Augenblicke mutlos den Hörer sinken, dann fliegt der Kohlestift wieder über das Kartenblatt. «Wie, Herr Oberst ...? Das können Sie nicht? Das *muß* gehen! Es muß möglich sein, aus dem Bataillon noch zwei Züge herauszuziehen ... Stellen Sie alle dreißig Meter einen Mann hin! Der Höhenrücken muß dann eben flankierend mit MG-Feuer bestrichen werden ... *Nein,* ich *kann* Ihnen niemand mehr schikken ...! Es *muß* so gemacht werden ...! Der Herr General? Jawohl, der Herr General befiehlt es! Ende!»

«Sie sind doch ein erfahrener Panzermann», sagte der General, «Sie kennen doch solche Lagen. Sagen Sie mir ehrlich: Gibt es in so einer Situation überhaupt noch einen Ausweg?»

Oberst von Hermann zuckt mit den Schultern, er schweigt. Mit einmal erscheint ihm der Auftrag, den ihm die Armee da erteilt hat, völlig sinnlos. Das rechte Regiment hier zusammen mit dem linken Regiment der Nachbardivision soll er übernehmen als eine Art neuer Divisionskommandeur — — Glaubt der Armeestab ernsthaft, durch Einbau einer neuen Befehlsstelle in den eingespielten Apparat diese verzweifelte Lage wiederherstellen zu können? Welch ein Wahnsinn! Soldaten fehlen hier, nicht Kommandeure! Eine ausgeruhte, kampfkräftige Truppe! Er denkt an die drei «Festungsbataillone», die inzwischen aufgestellt wurden. Aber die sind längst irgendwo im Einsatz, er hat nichts mehr von ihnen gehört.

Der General durchbricht die drückende Stille:

«Das Korps hat mir da noch zweihundert Mann versprochen. Mit denen könnte man ... Seit Mittag warten wir auf sie.»

Wieder vergehen lange Minuten des Schweigens. Schwer lastet auf allen das Gefühl der Ohnmacht.

Der General geht ruhelos auf und ab.

Breuer und Gedig sitzen auf der Bank an der Wand. Der Hauptmann hat die Hand auf Breuers Arm gelegt, seine Augen wandern zu dem General und zu dem Oberstleutnant an seinem Kartentisch und von dort zu Oberst von Hermann und wieder zu dem General. Er hat noch nicht verarbeitet, was er hier sieht und hört.

Da knarrt die Tür, der Vorhang bewegt sich, zwei Offiziere schieben sich in den Bunker. Der eine von ihnen trägt weißes Tarnzeug und eine MP über der Schulter. Er sieht aus wie ein alter Mann, geht gebückt, kann kaum einen Fuß vor den anderen setzen. Mühsam erhebt er die Hand zum Gruß, matt tropfen seine Worte in die Stille:

«Hauptmann Ulrich — mit zweihundert Mann — zur Stelle —»

Der General stürzt auf ihn zu. «Endlich! Wir erwarten Sie schon! Sie müssen gleich ... Aber wie sehen Sie denn aus? Fehlt Ihnen etwas?»

«Eben aufgestanden, Herr General — Liege seit sechs Wochen im Lazarett — Gelenkrheumatismus ...»

«Ja, Himmelherrgott, was wollen Sie denn hier, Mann! — Ich brauche Soldaten, keine Krüppel!»

«Soldaten —» Der Offizier schluckt. «Alle sind aus dem Lazarett — alle verwundet oder krank — ein Viertel vielleicht mit Winterbekleidung.»

Der General starrt den Oberst, den Oberstleutnant sekundenlang fassunglos an. Dann fährt er in einer abseitigen, gegen irgendein Etwas gerichteten Wut auf den Hauptmann los:

«Was denken Sie denn, he? — Die Lage ist bitter ernst, was? — Ich kann Ihnen nicht helfen, Mann! Wahrscheinlich werden wir hier alle verrecken wie die Hunde ... Also hier dieser Höhenrücken, das ist Ihr Abschnitt. Den müssen Sie halten, unter allen Umständen, bis zum letzten Mann, verstanden? — Sagen Sie den Männern, von ihnen, allein von ihnen hängt das Schicksal der ganzen 6. Armee ab!»

Der Hauptmann rührt sich nicht vom Fleck, er sieht den General nur mit großen Augen schweigend an. Langsam und mit sichtbarer Anstrengung sagt er:

«Herr General, wir haben — seit heute früh — nichts mehr — gegessen. Könnten wir ...»

«Aber natürlich, selbstverständlich — Hier, der Zahlmeister, geben Sie an die zweihundert Mann sofort Marschverpflegung aus! Aber schnell, es ist keine Zeit zu verlieren!»

Der Zahlmeister, der mit dem Hauptmann zusammen den Bunker betreten hat, atmet hörbar.

«Herr General, das ist unmöglich!»

«Was? Das *muß* möglich sein! Dazu sind Sie da!»

«Herr General, ich *habe* nichts! Herr General wissen doch selbst, wie das ist mit den 150 Gramm Brot ... daß wir die täglich empfangen und sofort ausgeben. Ich habe wirklich nichts mehr. — Ja, wenn es zwei oder drei wären ... Aber zweihundert?»

Der General sinkt sichtbar zusammen, seine Hände machen eine hilflose Bewegung. Leise sagt er:

«Ja — dann muß es eben *so* gehen.»

Er geht auf den schweigenden Hauptmann zu und faßt seine beiden Hände. Und nun rinnen Tränen über sein stoppeliges Gesicht.

«Es ist furchtbar», flüstert er, «ich weiß es. — Aber ich kann Ihnen nicht helfen!»

Es ist totenstill im Bunker, während der Hauptmann sich langsam zur Tür wendet.

«Mein Gott», murmelt Hauptmann Gedig, «mein Gott . . .»

Jetzt endlich hat er begriffen, *wohin* er zurückgekehrt ist.

Nach einigem Warten hebt die Armee auf den Einspruch des Korps hin den sinnlosen Befehl auf. Der General verabschiedet sich kaum von seinen Besuchern, er steht schon lange wieder mit seinem Ia über die Karte gebeugt.

Die drei Offiziere klettern in ihren Wagen. Und als der Wagen langsam anrollt, da zieht an den trüben Igelitscheiben der Spuk der Zweihundert vorüber. Eine Reihe von Gesichtern. Sind es wirklich Gesichter? Sind es Masken? —

Sehr still wird die Rückfahrt. Ein eisiger Wind weht, er schlägt durch die Wände des Wagens und frißt sich durch Decke und Uebermantel. Doch die Offiziere spüren es nicht, sie frieren von innen her.

Hauptmann Gedig erzählt nicht mehr von Berlin. Berlin ist vergessen — Gotha, das Mädchen, das er liebt, weit fort, versunken, vergessen — Was er zwischen Donez und Don erlebte, ein Kinderspiel, ein Abenteuer, vergessen — Nur eins ist da, riesengroß und greifbar nah, dieser Todeszug der Zweihundert. Wie sie sich dahinschleppten an dem Wagen entlang in ihren dünnen Mänteln, das Krätzchen auf dem Kopf, die Ohren, die Hände mit Stoffetzen umwickelt . . . Und da waren doch welche an Stökken, und welche mit eingegipsten Gliedern, mein Gott, er hat es doch gesehen . . . Hauptmann Gedig glaubt, daß er das bis zu seinem Tode nicht mehr vergessen wird, so furchtbar lebendig steht es vor ihm. Und sein erregter Geist bemächtigt sich dieses Bildes und hängt eine Kette neuer daran, und das alles läuft vor seinen Augen ab wie ein Film.

Er sieht sie dahinwanken durch die Nacht, durch den knietiefen Schnee, hungrig, zitternd vor Kälte. Achtlos schlenkert das Gewehr auf dem Rücken, in der Tasche klappern die zehn Patronen, die man ihnen mitgab. Hier und da stürzt einer mit ächzendem Laut, rafft sich noch einmal auf und bricht nach ein paar taumelnden Schritten für immer zusammen. Ein Totenzug zieht aus, die 6. Armee zu retten!

Die Hand des lahmen Hauptmanns macht eine unbestimmte

Bewegung nach vorn. Dort ist die Höhe, die befohlene Stellung. Die ausdruckslosen, unendlich müden Gesichter starren in das Dunkel, das nur von dem Mündungsfeuer russischer Geschütze erhellt wird. Kein Graben, kein Bunker. Endlos dehnt sich die Fläche, Wolken von Pulverschnee fegen darüber hin. Auf diesem Weg gibt es kein Zurück mehr. Das ist die Einbahnstraße in den Tod.

Der Zug zieht sich auseinander, verteilt sich über die Fläche. Einer nach dem anderen läßt sich zu Boden gleiten, langsam verhüllt ihn der Schnee, und die Leuchtspurgeschosse der russischen MGs pfeifen darüber hin. Kein Ruf wird laut, keine Frage, kein Ton. So furchtbar schweigen kann nur, wer mit allem, allem abgeschlossen hat. Aber dieses entsetzliche Schweigen steigt auf zum Himmel wie eine einzige qualvoll drängende Frage, auf die von nirgendwo eine Antwort wird ...

Hauptmann Gedig stöhnt und streicht sich über die Stirn. Er weiß, was dieser Krieg bedeutet, er hat Kinder und Greise sterben sehen unter Bomben, hat erschöpfte Gefangene gesehen, die irgendein vertierter Posten auf der Straße erschoß ... Trotzdem — das Gesetz gilt doch noch! Der kranke, hilflose Mensch ist unantastbar für Freund und Feind gleichermaßen, und wer sich dagegen vergeht, verfällt der Acht der ganzen Welt. Das Zeichen des Roten Kreuzes gilt doch noch, trotz allem, was geschah —

Oder gilt das alles nichts mehr? Gibt es in einem totalen Krieg kein Recht und kein Gewissen mehr? Ist der Mensch ein Nichts geworden? — Nein, diese zweihundert Krüppel werden die 6. Armee nicht retten. Niemand mehr wird sie retten. Wo solches möglich ist, da ist nichts mehr zu retten. Es ist aus ...

«Es ist ein Verbrechen!»

Die beiden Offiziere hinten im Wagen fahren zusammen. Sprach da jemand? Oder war das der Wind, der mit den Türen klapperte? Oder können Gedanken, bohrende, drängende Gedanken, von selber laut werden? Aber da klingt es noch einmal laut und klar in die Nacht hinein:

«Was hier geschieht, ist ein Verbrechen!»

Es ist Oberst von Hermann, der spricht.

Er spricht nicht zu den beiden Offizieren da hinten, auch nicht zu dem Fahrer, der ihn verwundert anstarrt und darüber fast Gashebel und Lenker vergißt. Er spricht, weil er fühlt, daß diese

Worte einmal laut werden müssen, daß sie irgendwo als Schallwellen im Raum schwingen müssen, auch wenn kein menschliches Ohr da ist, das sie aufnimmt.

Und leiser setzt er hinzu, und dieses schon mehr für sich und seine Begleiter bestimmt:

«Wir alle sind nicht ohne Schuld daran. – Und das Furchtbare ist: Es gibt keinen Ausweg . . .»

Gibt es keinen Ausweg? denkt Breuer verzweifelt. Gibt es wirklich keinen Ausweg?

*

Mit Geibel und Herbert war in letzter Zeit nicht mehr viel los. Herberts zartes Gesicht war noch durchsichtiger geworden, und Geibels Kopf bekam immer mehr Aehnlichkeit mit einem Ballon, aus dem langsam die Luft entwich. Seit dem Verschwinden ihres Kameraden Lakosch hatte die beiden eine gefährliche Apathie befallen. Bei der Rückkehr von der nächtlichen Fahrt aber fand Breuer die ganze Belegschaft noch wach und in beträchtlicher Aufregung. Ueber die Fahrt des Obersten waren im Stabe wilde Gerüchte im Umlauf.

«Stimmt es, Herr Oberleutnant, daß unser Stab an die Südfront verlegt? – Und daß ein neuer Durchbruch geplant ist?»

«Langsam, langsam, Leute!» beschwichtigte Breuer. «Wir bleiben hier, wenigstens vorläufig . . . Und das übrige, das ist alles Unsinn.»

«Aber der Herr Sonderführer hat doch erzählt», maulte Geibel, «daß da unten . . .»

Sonderführer Fröhlich war etwas verlegen. «Da waren zwei Verwundete aus Karpowskaja, die brachten mit, daß zwischen Kalatsch und Karpowka eine Fallschirmdivision gelandet ist. Im Lazarett hören sie schon deutlich den Gefechtslärm.»

«Ja, und bei Ia sagen sie, daß der Herr Oberst bestimmt wieder die Panzerspitze führen wird!»

Breuer konnte nicht einmal ärgerlich sein. Durchbruch, du lieber Himmel! Da waren zweihundert Verwundete, die auszogen als letztes Aufgebot, um die Armee vor dem Untergang zu retten . . .

Ohne besondere Anteilnahme blätterte er die Informationen durch, die Herbert tagsüber von den Korps aufgenommen hatte.

Das IV. Korps meldete einen tiefen russischen Einbruch bei Zybenko. Gegenmaßnahmen seien eingeleitet. Nun, wie es damit stand, das hatte man ja eben selbst gesehen! Da hatten sie ihren Durchbruch! – «*... vor der 376. Inf. Div. eine Massierung von 120 Salvengeschützen beobachtet ...*» Breuers Blick blieb an der Zahl hängen. Er reichte Herbert den Zettel hinüber.

«Hier, ein Schreibfehler! Verbessern Sie das! Muß natürlich 12 heißen.»

Doch Herbert erhob nachdrücklich Widerspruch:

«Nein nein, Herr Oberleutnant, das stimmt! Mir kam das auch komisch vor, und ich habe gleich noch einmal rückgefragt. Von einer anderen Stelle sind nochmal 80 gemeldet.»

Breuer war blaß geworden.

120 Stalinorgeln! Jede einzelne von ihnen, auf einem LKW montiert und von einem halben Dutzend Menschen bedient, hatte die Feuerkraft einer leichten Artillerie-Abteilung mit 12 Geschützen, über 80 Fahrzeugen, 510 Pferden und mehr als 600 Offizieren und Mannschaften. 120 dieser Dinger auf einen einzigen Punkt, auf wenige Quadratmeter konzentriert ... da blieb keine Maus mehr am Leben! Hatte bei Zybenko wirklich der letzte Akt des Trauerspiels begonnen? War es soweit? «*Ihr könnt euch felsenfest auf mich verlassen!*» – –

Gegen Mittag des folgenden Tages patscht jemand schnaufend die Bunkerstufen herunter. Es ist Unteroffizier Klaucke, der wabbelige Chefkoch.

«Nanu, Wilhelm? Du kommst wohl heute selbst als Schweinebraten?»

«Nee, nee», wehrt der Koch ab, «et is nich wejen det Essen. Die Brühe is noch nich soweit. – Et is wejen det Dings hier!»

Umständlich wischt er sich die Hände an der ehemals weißen Schürze ab und holt dann aus der Hosentasche einen zusammengefalteten Zettel hervor.

«Wir haben uns detwejen schon die Köppe dusselig jequatscht. Und da ha'k jesagt: Kinder, ha'k jesagt, jebt her, ik jeh rüber damit zu Ic. Die kennen den Iwan besser, die wer'n schon wissen, wat damit los is!»

Breuer nimmt dem Koch den Zettel aus der Hand. Es ist ein blaues, eingerissenes Stück Papier, beiderseits mit schmierigen Buchstaben bedruckt und feucht.

Er liest:

«An den Befehlshaber der deutschen 6. Armee, Generaloberst Paulus!»

«Wo haben Sie denn das her?» fragt er.

Der Koch wischt sich mit dem Handrücken die Nase.

«Det war nämlich so!» erzählt er. «Also wir sind an'n Kessel bei die Mittagsbrühe, nich wah? Und wo da nu det Jrünkernpulver nicht hin und nicht her reicht, hatt' ik jedacht, det 'n halber Liter pro Nese och jenügt, damit et 'n bißken dicker wird. Aber wat der Emil is, der wo immer so 'n Zieps hat mit Jerechtigkeit un so, der sagt: ‚Det jeht nich, Willem', sagt der, ‚det kannste nich machen! Uf een Liter hat jeder Anspruch, da kannste nischt von abmachen!' – ‚Is jut, Emil', sage ik. ‚Dein Anspruch licht direktemang vor die Haustüre. Jeh raus und hol noch 'ne Wucht Schnee rin!' – ‚Na, un der Emil, der haut denn nu auch noch 'ne Zeltbahn voll Schnee in den Kessel rin. Un ik rühre un rühre, un det Jeplemper wird immer dünner, un det eene Pferdebeen, det schwappt da nu immer uf un ab ... Na, un mit eens, da klebt denn det Dings da an'n Löffel!»

Breuer hat inzwischen den Zettel überflogen, kopfschüttelnd und mit «Nun sieh mal an!» und «Donnerwetter noch mal!»

«Paßt mal auf, Herrschaften», sagt er jetzt. «Das ist ein tolles Ding hier!»

Und er beginnt vorzulesen:

«An den Befehlshaber der deutschen 6. Armee, Generaloberst Paulus, oder seinen Stellvertreter und an den gesamten Offiziers- und Mannschaftsbestand der eingekesselten deutschen Truppen vor Stalingrad.»

Die Männer drängen sich um ihn und versuchen, über seine Schulter hinweg mitzulesen.

«Nu gucke mal», wundert sich Geibel, «das ist ja auch an uns gerichtet!» Er meint «an uns Landser».

Nur Leutnant Wiese nimmt an den Vorgängen keinen Anteil, er bleibt weiter in der Ecke bei seinem Buch.

«Die deutsche 6. Armee, die Verbände der 4. Panzerarmee und die ihnen zwecks Verstärkung zugeteilten Truppeneinheiten sind seit dem 23. November 1942 vollständig eingeschlossen.»

«Stimmt!» meint der dicke Koch. «Det kann keener bestreiten.»

«Die Truppen der Roten Armee haben diese deutsche Heeresgruppe in einen festen Ring eingeschlossen. Alle Hoffnungen auf Rettung Ihrer Truppen durch eine Offensive des deutschen Heeres

von Süden und Südwesten her haben sich nicht erfüllt: die Ihnen zu Hilfe eilenden deutschen Truppen wurden von der Roten Armee geschlagen, und die Reste dieser Truppen weichen nach Rostow zurück.»

«Ob das nicht ein bißchen übertrieben ist?» zweifelt Herbert. Er hat zwar keine klare Vorstellung, wo Rostow liegt; aber in jedem Falle ist es irgendwo weit hinten. Er entsinnt sich, daß im August dort gekämpft wurde.

«Quatsch ist das alles!» entrüstet sich Fröhlich. «Ist doch klar: Jetzt, wo ihnen die Fallschirmjäger im Genick sitzen ...»

«Was ist denn nun los, he?» – Breuer ist ärgerlich. «Entweder es wird hier gequasselt, oder ich lese! Beides geht nicht.»

Er fährt fort:

«Die deutsche Transport-Luftflotte, die Ihnen eine Hungerration an Lebensmitteln, Munition und Treibstoff zustellte, ist durch den erfolgreichen und raschen Vormarsch der Roten Armee gezwungen worden, oft die Flugplätze zu wechseln und aus großer Entfernung den Bereich der eingekesselten Truppen anzufliegen. Hinzu kommt noch, daß die deutsche Transport-Luftflotte durch die russische Luftwaffe Riesenverluste an Flugzeugen und Besatzungen erleidet. Ihre Hilfe für die eingekesselten Truppen wird irreal.»

«Was ist eigentlich, ‚irreal'?» flüstert Geibel Herbert zu. Der zuckt die Schultern, er weiß es auch nicht.

«Die Lage Ihrer eingekesselten Truppen ist schwer, sie leiden unter Hunger, Krankheiten und Kälte. Der grimmige russische Winter hat kaum erst begonnen. Starke Fröste, kalte Winde und Schneestürme stehen noch bevor, Ihre Soldaten aber sind nicht mit Winterkleidung versorgt und befinden sich in schweren sanitätswidrigen Verhältnissen.

Sie, als Befehlshaber, und alle Offiziere der eingekesselten Truppen verstehen ausgezeichnet, daß Sie über keine realen Möglichkeiten verfügen, den Einschließungsring zu durchbrechen. Ihre Lage ist hoffnungslos und weiterer Widerstand sinnlos.»

Fröhlich ist schon die ganze Zeit ungeduldig von einem Fuß auf den anderen getreten. Jetzt kann er sich nicht mehr beherrschen.

«Schmeißen Sie doch den Wisch weg, Herr Oberleutnant! Das ist doch alles Mist, alles verlogene Propaganda!»

«Nee nee, nich doch!» protestiert der Koch. «Die Hauptsache kommt erst noch! — Lesen Sie man weiter, Herr Oberleutnant!»

«In den Verhältnissen einer aussichtslosen Lage, wie sie sich für Sie herausgebildet hat, schlagen wir Ihnen zur Vermeidung unnötigen Blutvergießens vor, folgende Kapitulationsbedingungen anzunehmen:

1. Alle eingekesselten deutschen Truppen, mit Ihnen und Ihrem Stab an der Spitze, stellen den Widerstand ein;

2. Sie übergeben organisiert unserer Verfügungsgewalt sämtliche Wehrmachtsangehörige, die Waffen, die gesamte Kampfausrüstung und das ganze Heeresgut in unbeschädigtem Zustand.»

«Möchtest du gerne!» knurrt der Sonderführer.

«Wir garantieren allen Offizieren und Soldaten, die den Widerstand einstellen, Leben und Sicherheit und nach Beendigung des Krieges Rückkehr nach Deutschland oder in ein beliebiges Land, wohin die Kriegsgefangenen zu fahren wünschen.»

Das kennen sie, bis zum Ueberdruß haben sie das gelesen. Es ist die stehende Formel auf den russischen Flugblättern. Sie haben oft darüber gelacht und ihre Witze gemacht. Aber hier, in diesem Zusammenhang, klingt das auf einmal anders, irgendwie vertrauenswürdiger.

«Allen Wehrmachtsangehörigen der sich ergebenden Truppen werden Militäruniform, Rangabzeichen und Orden, persönliches Eigentum und Wertsachen, dem höheren Offizierskorps auch die Degen belassen.»

«Hahaha —», platzt Fröhlich heraus. «Da sieht man, was das für ein ausgemachter Schwindel ist! Die Degen! Wo die genau wissen, daß hier kein Mensch einen Degen hat!»

«Pst!» macht Herbert empört.

«Allen sich ergebenden Offizieren, Unteroffizieren und Soldaten wird sofort normale Verpflegung sichergestellt.

Allen Verwundeten, Kranken und Frostgeschädigten wird ärztliche Hilfe erwiesen werden.»

«Na, na», zweifelt nun auch der Koch, «normale Verpflegung — Wo die selbst nischt zu fressen haben ...»

«Augenblick noch, Herrschaften», sagt Breuer, «ich bin gleich zu Ende. Danach könnt ihr das Dings nach Herzenslust verfrühstücken.»

Er liest weiter:

«Es wird erwartet, daß Ihre Antwort am 9. Januar 1943 um

10 Uhr 00 Minuten Moskauer Zeit in schriftlicher Form übergeben wird durch einen von Ihnen persönlich ernannten Vertreter, der in einem Personenkraftwagen mit weißer Flagge auf der Straße nach der Ausweichstelle Konny, Station Kotlubanj, zu fahren hat. Ihr Vertreter wird von russischen bevollmächtigten Kommandeuren im Bezirk ‚B', 0,5 Kilometer südöstlich der Ausweichstelle 564, am 9. Januar 1943 um 10 Uhr 00 Minuten empfangen werden.

Sollten Sie unseren Vorschlag, die Waffen zu strecken, ablehnen, so machen wir Sie darauf aufmerksam, daß die Truppen der Roten Armee und der Roten Luftflotte gezwungen sein werden, zur Vernichtung der eingekesselten deutschen Truppen zu schreiten, für ihre Vernichtung aber werden Sie die Verantwortung tragen.

Der Vertreter des Hauptquartiers des Oberkommandos
der Roten Armee
Generaloberst der Artillerie
Woronow
Der Oberbefehlshaber
der Truppen der Donfront
Generalleutnant
Rokossowski»

Breuer läßt das Blatt sinken und blickt auf. Aber jetzt hat niemand mehr Lust zu reden.

«Wenn man nur wüßte, ob es eine russische Kriegsgefangenschaft überhaupt gibt», meint Geibel schließlich. Nie ist Post von Gefangenen aus der Sowjetunion gekommen, nie hat man jemals etwas von ihnen gehört. Außer auf ein paar Flugblättern, und die waren zweifellos gefälscht und die Bilder von den Russen gestellt. Kurzgeschnittene Haare! Kein deutscher Soldat trägt kurzgeschnittene Haare. Neulich war erst wieder so ein Ding abgeworfen worden. Ein glatzköpfiger Jagdflieger, angeblich ein Urenkel Bismarcks, schrieb da über seinen Urgroßvater, daß der auch schon gegen den Krieg mit Rußland gewesen sei. Ritterkreuzträger, und drei Abschüsse! Das weiß sogar Geibel, daß man für drei Abschüsse kein Ritterkreuz bekommt. Was würde Lakosch jetzt sagen? denkt er. Aber Lakosch ist fort ...

«Wenn es wenigstens noch die Engländer wären», überlegt Herbert, «aber die Russen ...»

«Die schmeißen uns allesamt in die Wolga, Mensch!» giftet Fröhlich. «Da können Sie sich mit den Fischen unterhalten, ob es eine russische Gefangenschaft gibt!»

«Ein paar hunderttausend?» wendet Herbert nun doch ein. «Und so viele Generale dabei? Das können sie gar nicht!»

«Sie werden sich wundern, was die alles können!» lacht Fröhlich.

Der dicke Koch wischt sich den Schweiß vom Gesicht.

«Wat die da von die Lage hier schreiben, det ist nich dumm», meint er. «Det stimmt ja nu, det hier allens verhungert und erfriert.»

Er selbst ist freilich noch nicht soweit, aber er denkt mit Schrecken an das, was noch kommen kann. Wenn die Russen aber alles geordnet übernehmen und «normale Verpflegung» sicherstellen, dann übernehmen sie auch seine Feldküche und ihn mit, und dann wird er schon irgendwie durch die Gefangenschaft kommen. Von allen Kesseln ist ihm der Feldküchenkessel der einzig sympathische.

«Wat meinen *Sie* denn nu zu det Dings da, Herr Oberleutnant?»

Breuer starrt wieder auf den Zettel. Was hat der Oberst gestern gesagt? Es gibt keinen Ausweg? – Das hier, das wäre ein Ausweg. Das *ist* der Ausweg!

«Ich meine . . .», sagt er langsam und wird sich nicht bewußt, daß er als Offizier und Ic eine solche Diskussion über ein feindliches Flugblatt überhaupt nicht zulassen darf. «Ich meine, daß wir am Ende sind. Es ist möglich, daß die Russen uns alle totschlagen, daß sie uns verhungern oder irgendwo in Sibirien verkommen lassen. Wir haben aber auch die Chance, daß sie es nicht tun. Hier weiterkämpfen aber, das ist der sichere Untergang für alle, auch für die zahllosen Verwundeten und Kranken . . .» Da marschiert ein Zug in die Winternacht, ein Zug von Krüppeln – «Die Verantwortung dafür kann niemand tragen.»

Der Koch nickt eifrig. «Sehense, Herr Oberleutnant, jenau det ham wa ooch jesagt. Det hier, det kann keener mehr verantworten!»

«Ist doch alles Quatsch!» braust Fröhlich auf. Als sie 1920 Riga von den Bolschewiken befreiten, haben sie einen Keller voller bestialisch verstümmelter Leichen gefunden – Deutsche! «Kapitulation –», schnaubt er, «sowas kommt doch überhaupt nicht in Frage! Der deutsche Soldat kapituliert nicht. So etwas gab's in der ganzen deutschen Geschichte nicht!»

«Da irren Sie sich, Herr Fröhlich!» sagt Breuer. «Selbst Blücher hat kapituliert. Bei Radkau hat er kapituliert, als ihm Brot und Munition ausgegangen war. Das ist durchaus ehrenvoll.»

«Ich denke ja immer», meint Geibel etwas weinerlich, «was so die obere Führung ist — ich meine ja nicht unseren Herrn Oberst, aber die beim Korps und bei der Armee und noch höher — die müssen doch immer an so große Dinge denken, an die Politik und wofür wir kämpfen und so ... Was der kleine Mann denkt und wie dem zu Mute ist, da haben die ja gar keine Zeit für, da können die sich gar nicht drum kümmern.»

«Sie sind ein Quatschkopf, Geibel!» sagt Breuer ärgerlich. «Der Herr Generaloberst Paulus weiß sehr gut, was jeder hier denkt, und der macht sich um jeden einzelnen von uns viel mehr Sorgen, als Sie glauben! — Und gerade darum glaube ich: Wenn auch nur die geringste Aussicht besteht, daß die Russen es ehrlich meinen, wird er dieses Angebot annehmen.»

Leutnant Wiese hat schon eine Weile von seinem Buch aufgesehen. Jetzt sagt er:

«Nein, Breuer, er wird es nicht annehmen.»

«Richtig, Herr Leutnant!» schreit Fröhlich dazwischen. «Auf so einen Mist antwortet er überhaupt nicht. Ist ja lachhaft ...» Er reißt Breuer den Zettel aus der Hand. «Hier, bitte, was steht da? — ‚... Ihre Antwort am 9. Januar 1943 um 10 Uhr 00 Minuten Moskauer Zeit ...' Na bitte! Wenn da was passiert wäre, hätten wir längst Nachricht!»

«Was, Mensch? Zeigen Sie her!» — Fieberhaft sucht Breuer die Stelle. Tatsächlich, neunter Januar! Heute ist der neunte Januar, und es ist kurz vor 14 Uhr. Den Zettel in der Hand, stürzt er zum Bunker hinaus. Sprachlos sehen die anderen ihm nach.

Breuer läuft zum Ia-Bunker hinüber. Ohne anzuklopfen, reißt er die Tür auf. Unold ist nicht da, auch Hauptmann Engelhard ist fort. Aber im Nebenraum erkennt er den Oberst. Im Eingang bleibt Breuer stehen. Mitten im Bunker steht eine aufgeklappte Kiste, auf der Holzpritsche liegen Kleidungsstücke, auf dem Tisch stehen Fläschchen, und neben Tuben und Dosen glänzt sauber ausgerichtet ein Stapel blütenweißer Taschentücher. Der

Oberst, sauber und gepflegt wie immer, ist beim Packen. Kurz blickt er auf, seine Augen sind leblos, wie aus Glas.

«Breuer, Sie? Da kann ich mich gleich von Ihnen verabschieden.»

«Herr Oberst», stammelt Breuer, «Herr Oberst wollen fort?»

«Ja, zu einer Division in Stalingrad. – Und bestellen Sie doch Leutnant Wiese, er möchte sich in einer halben Stunde marschfertig bei mir melden! Er kommt mit mir als Ordonnanzoffizier. Sein Kommandeur ist unterrichtet.»

Der Oberleutnant steht wie erstarrt, er kann das alles noch nicht fassen. Der Oberst fort, Wiese fort ... Die Division, der kleine Freundeskreis, alles bricht auseinander – –

«Was haben Sie denn da?» fragt der Oberst mit einem Blick auf den Zettel, den Breuer in der Hand hält. «Ach so, ja ... Vernichten Sie das bitte! Die Armee wünscht nicht, daß die Truppe Kenntnis davon erhält.»

Er nimmt von seinem Tisch ein Blatt auf.

«Das hier betrifft ja wohl auch Ic. Sie können es gleich mitnehmen.»

Breuer blickt auf den Bogen. Er liest:

Gen.-Kdo. XIV. Pz. K. Abt. Ic.

Mitteilungen
zur Bekanntgabe an die Truppe.

Gestern überbrachten bei Makejewka feindliche Parlamentäre ein an den Oberbefehlshaber der 6. Armee gerichtetes versiegeltes Schreiben mit der Aufforderung zur Uebergabe. Die russischen Offiziere wurden zurückgeschickt, ohne daß das Schreiben angenommen oder geöffnet wurde.

Nachdem der Gegner erkannt hat, daß er den Kessel mit Waffengewalt nicht bezwingen kann, versucht er nunmehr mit durchsichtigen Propagandatricks unsere Widerstandskraft zu untergraben. Das wird ihm nicht gelingen! Die 6. Armee wird Stalingrad halten, bis die Stunde der Befreiung naht.

In Zukunft sind feindliche Parlamentäre, die sich unseren Linien nähern, durch Feuer zu vertreiben.

3. Teil

AM KREUZ DER ERKENNTNIS

Zehntes Kapitel

JETZT IST ES SOWEIT!

Breuer schreckt aus dem Schlaf hoch. Kalter Schweiß steht ihm auf Stirn und Nasenrücken, und das Herz pocht bis in den Kehlkopf hinauf.

Was war da? Da war doch etwas!

Ein Traum? Ja, er hat auch geträumt. Etwas Schreckliches, Ungreifbares. Aber das ist es nicht ...

Er richtet sich auf und lauscht. Nichts scheint verändert. In dem finsteren Bunker ist das gleichmäßige Atmen der Schläfer, am Fenster hängt der erste, bleigraue Schimmer des Morgens. Aber da ist auch noch etwas anderes, etwas Fremdartiges, Unbestimmbares, das ihm das Blut durch die Adern jagt: ein leises, kaum merkliches Vibrieren und Schwingen, unter dem auch der winzige Lichtpunkt des Lämpchens erzittert.

Breuer dreht die Flamme hoch.

«Herr Fröhlich, he!»

Unter dem Tisch schiebt sich das verschlafene Gesicht des Sonderführers hervor. Träge blinzelt er in das Licht.

«Jaha — ja? Was ist?»

«Hören Sie mal — —!»

Fröhlich horcht mit offenem Munde.

Und jetzt hört er es auch. Ein anhaltendes Brummeln und Murmeln, wie ferne Meeresbrandung.

Sie raffen sich auf, hängen ihre Mäntel um und steigen behutsam über die Schläfer hinweg dem Ausgang zu.

Als sie die Klappe heben, fällt die Kälte sie an und mit ihr zugleich ein böses Grollen und Poltern wie von heraufziehendem Gewitter. Im Osten steigt schon das Licht des neuen Tages hoch. Am westlichen Horizont aber, über dem noch die letzten Schatten der Nacht hängen, erblicken sie etwas, das sie reglos an ihren Platz bannt. Dort scheint die Erde aufgerissen zu sein bis tief in ihre glühenden Eingeweide. Eine einzige gelbe Feuerwand steht da, flackernd und lodernd. Grelle Blitze schießen daraus hervor, und rote Flammenzungen lecken hoch ins Dunkel hinauf.

Die beiden stehen und starren. Ihre Ohren sind wie zugeklebt von dem nicht abreißenden Wummern und Dröhnen, unter ihren Füßen zittert der Boden.

«Sie kommen», sagt er heiser. «Der Großangriff . . . Jetzt ist es soweit . . .»

*

Ein Hilfslazarett unweit des Rossoschkatales, eines von vielen. Ein alter, halb zerfallener Pferdestall, die Wände und die morsche Balkendecke geschwärzt vom Rauch der Benzinfässer, die als Oefen dienen. Für 200 Mann vorgesehen, jetzt belegt mit etwa 600. Genau zählen konnte das niemand mehr, denn täglich kamen neue dazu. Vor dem Eingang lagen sie auf Bahren oder auf Zeltplanen im Schnee und warteten auf die Plätze der Toten, die man jeden Morgen hinausschleppte in die Mulde hinter dem Stall. Und manche erfroren schon hier draußen über dem Warten oder starben hinweg an ihren Wunden, ehe sie die schützende Wärme erreichten.

Hier lebte seit Tagen Pfarrer Peters. Der Weg des «Festungsbataillons I» hatte ihn hierher geführt, und dieser Ort der Schmerzen gab ihn nicht mehr frei. Durch das Halbdunkel des Raumes, der sein spärliches Licht von den Rissen in den Wänden und ein paar herausgebrochenen Löchern dicht unter der Decke erhielt, durch den Brodem vielfachen Gestanks und beizenden Qualms tastete er sich hinweg über verschlungene Gliedmaßen dem Stöhnen und Wimmern nach, das aus den finstern Winkeln nach ihm rief, half beim Verteilen von Verpflegung und Medikamenten, half beim Schienen und Verbinden und half mit Zuspruch und Gebet. Und wußte kaum, ob es Tag war oder Nacht, und schlief zuweilen einige Stunden in einer Bunkerecke wie ein Hund.

Im Wachen und im Schlaf sah er sie sitzen, die Sechshundert, dichtgedrängt und aneinandergelehnt oder an die Wände der Boxen, auch in dem schmalen Mittelgang jeweils zwischen den

Beinen des Hintermannes. Denn auch die Schwerverwundeten und die Schwerkranken saßen. Zum Umkippen war kein Platz. Er sah in fieberflackernde oder stumpfergebene Augen, hörte das Stammeln und Flüstern und die gellenden Schreie, und auch das Schweigen hörte er, das wie schleichendes Giftgas über manchen der dunklen Ecken lag. Und er sah entstellte Menschenkörper auf allen vieren durch den Gang kriechen, sah sie an Stöcken sich vorwärts hangeln, am Behandlungstisch die Arme recken und zurückgewiesen um den Gnadenschuß wimmern oder um die erlösende Spritze.

Er sah Assistenten und Pfleger wie Automaten durch den Raum geistern, sah sie umsinken, von Müdigkeit übermannt. Er sah stumpfsinnige Helfer Menschen hinein- und hinausschleppen wie Klötze. Und eines Tages sah er hinten an der Mulde wieder einmal zwei Träger ihre Last in den Schnee kippen. Er sah den gelbgrauen Körper zwischen die anderen fallen und sah die Augen in dem erstarrten Gesicht in kreisender Bewegung und die Finger der einen Hand sich öffnen und schließen und öffnen und schließen, als pflückten sie Blumen auf einer Wiese. Und auch die Träger sahen es mit stumpfem Blick, und sie sahen sich an. Nach einer langen Weile knurrte der eine: «Los, zurück!» Und unter diesem Wort, das nun einmal gesprochen war, wuchteten die Träger den Körper wieder hoch und stolperten damit zum Stall zurück.

Ständig hatte er auch den Chirurgen vor Augen, der in einer der Boxen beim Schein einer Einheitslaterne am Werk war. Er hatte die Mütze auf dem Kopf und eine Zigarette zwischen den Lippen, und von seiner Gummischürze troff das Blut hinunter in eine schwärzliche Lache, die nie trocknete. Tag und Nacht stand er dort und hielt sich aufrecht mit Bohnenkaffee und Pervitin. Seine Arbeit hatte er sinnvoll geregelt. «Bauchschuß? Nein, geht nicht — jetzt nicht. Vielleicht später!» Später, das hieß niemals. Aber ein Bauchschuß zählte gleich drei Amputationen, gleich einem Dutzend Erfrierungen. Die Rechnung war klar.

Das alles sah Pfarrer Peters tagaus, tagein. Er sah es wie durch eine Scheibe von Milchglas. Achtlos und wie im Traum stolperte er manchmal über kranke Glieder hinweg und vernahm nicht das Aufstöhnen und den gemurmelten Fluch. Er sah auf flehende Hände und in entstellte Gesichter und sah doch nichts. Ohne sein Wissen und Wollen hatten die Kammern seines Herzens sich geschlossen wie die Schotten eines lecken Schiffes und ließen nur soviel an Jammer und Not in sein Inneres, wie seine zerrüttete Seele verarbeiten konnte. Unmerklich war auch er genau wie der Arzt zu einem zweckmäßigen Einsatz seiner Hilfsbereitschaft gekommen. Anfänglich hatte er noch die Träger nach draußen begleitet und ein kurzes Gebet gesprochen, wenn sie ihre Last im Schnee verscharrten. Jetzt tat er es nicht mehr. Die dort draußen hatten ihren Frieden. Jedes Wort an die Toten ging den Lebenden hier verloren. Den noch Lebenden! Denn daß über allen, so wie sie hier lagen und klagten und hofften und warteten, schon der Tod stand, dessen war Pfarrer Peters sich bei all seinem Tun bewußt.

*

Seit kurzem lag nun die motorisierte Division in ihrem neuen Abschnitt. Der Gedanke, den kampfkräftigsten Verband der Armee aus seinen sicheren und wohlausgebauten Stellungen im Süden herauszuziehen und an den Westabschnitt zu verlegen, war naheliegend, und man konnte sich nur wundern, daß der Armeestab erst so spät auf diese Lösung verfallen war. Denn den gefährlichen Frontabschnitt zwischen der «Nase» bei Marinowka und den Kasatschihügeln hielt von Anbeginn des Kessels ausgerechnet eine Infanteriedivision besetzt, die bei den Rückzugskämpfen schwer angeschlagen war und eigentlich nur noch aus Trümmern bestand. Die Russen hatten sie auf ihren Flugblättern bereits mehrfach totgesagt, und es war fast wie ein Wunder, daß sie immer noch da war und kämpfte.

So begrüßte man denn auch die Vorkommandos aus dem Süden mit Freude und sah über ihr großspuriges Auftreten lächelnd hinweg. Sie krochen nachts in den Linien umher, besahen kopfschüttelnd die knietiefen Schützenlöcher, hockten dann in den wenigen armseligen Erdbunkern und rümpften die Nasen. «Toll ist das hier gerade nicht! Werden erst mal tüchtig schanzen müssen.» — «Womit?» grinsten die anderen. — «Womit? Keine Bange! Wir bringen mit, was wir brauchen.» Und wirklich trafen ganze Wagenkolonnen mit Eisenbahnschwellen ein, die hinten zu Bergen gestapelt wurden. Nun schön, wenn sie meinten ... Sie würden sich noch wundern! Die Abgelösten jedenfalls machten sich darüber keine Sorgen. Ihnen winkte im Süden der ruhige Abschnitt an der Karpowka wie das Land der Verheißung.

Wenige nur sahen über den engen Rahmen ihrer eigenen Division hinaus, und diese wenigen waren nicht frei von mancherlei Bedenken. Zu ihnen gehörte Oberst Steigmann. Zahl, Ausrüstung und große Worte konnten ihn nicht bestechen. Er wußte aus bitterer Erfahrung, daß dieses alles hier wenig galt. Der Kampf an der westlichen Kesselfront war ein besonderer Krieg, der mit den gewohnten Maßstäben nicht zu messen war. Der größte Teil der Männer, die er über den Don gebracht hatte, war ihm in den Schützenlöchern erfroren oder an Entkräftung weggestorben oder in den immerwährenden russischen Angriffen gefallen. Die wenigen aber, die das alles durchgestanden hatten, waren weit über die normale menschliche Leistungsfähigkeit hinausgewachsen, sie wogen Regimenter und Divisionen auf. Wenn die Front hier überhaupt so lange gehalten hatte, dann verdankte man das diesen wenigen, die aussahen wie Schatten aus dem Totenreich. Würden die aus dem Süden das schaffen? Sie sahen so verdächtig gesund aus, rochen nach Sauberkeit und warmen Oefen. Und was wurde aus seinem Feuerplan, diesem ständig verfeinerten Kunstwerk, ohne das es hier bestimmt nicht zu machen war? Die Offiziere von der Südfront sahen sich seine bunte Karte mit geheucheltem Interesse an und spendeten höfliche Anerkennung. Ihre Gesichter verheimlichten kaum, daß sie die Sache für Spielerei hielten. Schließlich war man eine mot. Division und dazu noch die beste im Kessel. Sich von diesen Fußlatschern belehren lassen, das fehlte gerade noch!

Doch die selbstsichere Zuversicht der Motorisierten schwand schnell dahin. Die Zahl der Erfrierungen und Durchfälle kletterte in erschreckende Höhen hinauf, und die Schützenlöcher leerten sich. An Stellungsbau aber war trotz des mitgebrachten Bauholzes nicht zu denken. Das ließen weder die Russen zu noch der Boden, der hart war wie Zement.

Als Elendester aller Elenden aber fühlte sich der frischgebakkene Leutnant Harras. Alles war schiefgegangen. Gewiß, er war Offizier geworden und Bataillonsadjutant dazu, und über dem Verwundetenabzeichen steckte jetzt das EK 1. Die Männer sahen ihn nicht mehr über die Achsel an. Aber von dem Ausfliegen, mit dem er so fest gerechnet hatte, war keine Rede gewesen. Obendrein hatte auch Unold ihn sitzenlassen. Und nun zu allem noch der Wechsel zu diesem verteufelten Frontabschnitt, wo es an allen Ecken nach Unheil roch! Gern hätte Harras jetzt das Risiko eines Ausbruches auf sich genommen; aber damit war es wohl auch für immer vorbei. Seine Stimmung hatte den Nullpunkt erreicht.

Aufregende Tage hatte es gegeben, ehe der Steiß, der jetzt das Bataillon führte, Gelegenheit fand, die Skatbrüder wieder einmal in seinem Bunker zusammenzutrommeln. Seit langem waren es die ersten ruhigen Stunden an diesem Abend des 9. Januar. Man hatte ein paar Flaschen den Hals gebrochen und mit Hingebung gespielt. Doch jetzt bemühten sich Harras und der Unterarzt kaum noch, ihr hemmungsloses Gähnen hinter der Hand zu verbergen. Der Steiß nahm keine Notiz davon. Er war schwer im Verlust, und in solchem Falle gab es für ihn kein Ende. Diesmal allerdings hatte er einen «Grand mit Vieren», der sich sozusagen von selber spielte.

«Also stellt euch vor», erzählte er und spielte die Kreuzflöte herunter, «da setzt sich doch das Luder dem General auf den Schoß, was? Einfach auf den Schoß! Und sagt: ‚O la la, Dickerchen!' – ‚Dickerchen' sagt sie, auf deutsch! Na, das Gesicht vom Alten hättet ihr sehen sollen!»

«Hähähä», meckerte Harras ohne Anteilnahme. Er kannte alle die fragwürdigen Pariser Erlebnisse des Steiß schon auswendig und wußte, ohne hinzuhören, wo sein Lachen erwartet wurde. Lustlos mischte er die Karten und schielte dabei auf seine Uhr. Donnerwetter, es ging ja schon auf den Morgen zu! Solche Gewalttouren hielt kein Schwein aus! Der Unterarzt stierte mit glasigem Blick auf sein Blatt. «Passe!» murmelte er und schloß die Augen ...

Rrrrr-wuhummmm – – wuhuhu-wummmmm ...

Die Dinge sind auf einmal ohne Umrisse. Der Bunker, eben noch eine sichere Höhle im steinharten Boden, mit einer meterdicken Decke aus Eichenholz, Erde und Eis, scheint ein blechernes Spielzeug in Riesenhand. Der Steiß sitzt wie angenagelt auf seiner Kiste. Er hält noch die Karten in der Hand, sein Gesicht ist eine auf Papier gemalte Fratze. Harras und den Arzt hat es hochgerissen und an die Wände gepreßt. Harras' Hände tasten rückwärts nach einem Halt. Seine Müdigkeit ist wie weggeblasen. Fliegerbomben! schießt es durch seinen Kopf, und fiebernd wartet er auf die Erlösung von diesem mörderischen Getöse.

Doch das endet nicht, maßlos polternd und immer neue Höhen erklimmend, dröhnt es weiter wie ein ins Gigantische gesteigerter Paukenwirbel.

Wummm-wummm-wuuuuhumm-rurururuu-wummwumm-wummwuhummm . . .

Harras' Blick erfaßt noch, wie der Tisch, an dem sie eben erst spielten, im Raume herumspringt wie ein junger Hund, dann ist es dunkel. Irgend etwas packt ihn und schleudert ihn in eine Ecke. Unter ihm hebt und senkt sich der Boden, die Stickluft drückt auf seinen Leib wie hundert Kubikmeter Wasser. Die Ohren sind ihm wie mit Blei ausgegossen, und er preßt die Hände darauf, um nicht mehr hören zu müssen. Aber dieses fürchterliche Krachen braucht keine Ohren, um sich hörbar zu machen, es dringt durch Haut und Knochen bis ins Mark und bis in die letzte Faser des Gehirns.

Harras hat sich mit aller Kraft gegen den zitternden Boden gedrückt, er möchte hineinkriechen in die Erde, möchte nicht mehr da sein. Die Augen quellen ihm aus den Höhlen, er fühlt, daß er schreit, und weiß nicht warum. Sein Inneres ergießt sich in dieses Schreien, das lautlos ertrinkt in dem Gebrüll der entfesselten Umwelt. Schutt fällt auf ihn herab und zugleich ein Körper, schwer wie ein Sandsack. Warm und feucht rieselt es über seine Hand — —

Er weiß nicht, wie lange er so gelegen hat. Sind es Minuten, Stunden? Er kommt zu sich in dem Gefühl, daß irgend etwas anders geworden ist. In Brust und Gliedern tobt noch der Aufruhr, seine Ohren scheinen mit glühenden Nadeln durchstochen und die Eingeweide zu einem schnürenden Knoten geschürzt. Aber ringsherum hat sich etwas verändert. Es ist still geworden, und diese Stille ist schmerzhaft wie der Sog einer Unterdruckkammer.

Stöhnend macht Harras sich frei von dem Schuttberg und dem Körper, der schwer auf ihm liegt. Es ist der Unterarzt. Er ist tot. Mit verstaubten Augen blinzelt Harras umher und versucht zu erkennen. Und er sieht: Die eine Ecke des Bunkers ist eingestürzt, durch das Loch schimmert der bleigraue Morgenhimmel. Davor klebt der schwarze Schattenriß einer Gestalt. Es ist der Steiß. Breitbeinig steht er da, den Stahlhelm auf dem Kopf und gebückt, als laste die volle Wucht der Bunkerdecke auf seinen Schultern. Harras betastet mit steifen Fingern seine schmerzenden Glieder. Plötzlich merkt er, daß er friert. Er versucht etwas zu sagen, aber die Stimme gehorcht ihm nicht.

Da schreit jemand gellend durch den Bunkereingang hinein: *«Raus! Sie kommen!»*

Harras rappelt sich hoch. Ohne zu denken, stülpt er eine Mütze auf, zerrt einen Pelz aus dem Schutt und greift automatisch nach der MP, die noch an ihrem Haken hängt. Er tritt auf einen Körper, der wie Gummi nachgibt, und stolpert mit weichen Knien die Stufen hinauf. Zusammengekauert blinzelt er über den Rand der Eingangsklappe hinweg, seine Zähne klappern.

Einige Schritte vor ihm steht der Steiß, die MP in der Hand, unbeweglich wie ein Denkmal aus Stein, den Blick nach vorn in Richtung zur Front. An ihm vorbei linst auch Harras auf das Vorgelände hin, das nach Westen zu leicht abfällt, und er traut seinen Augen nicht. Wo gestern noch die Sonne auf eine weiße Schneewüste schien, da dehnt sich jetzt eine einzige lehmbraune Fläche, zerrissen wie eine Mondlandschaft, ein Trichterfeld jenseits von Sommer und Winter. Und über dieses braune Feld schiebt es sich weiß heran. Vier, fünf weiße Punktketten krabbeln da vorwärts, weiße Panzer kriechen dazwischen wie Schildkröten bald hierhin, bald dorthin, verhalten und drehen ihre Köpfe, spucken rote Flämmchen aus, über denen graue Rauchtupfer aufsteigen, und kriechen weiter. Und Harras vergißt alles andere, vergißt seine Angst und alles, was eben erst war, ungläubig starrt er auf das unwirkliche Bild.

Da blitzt es grell vor ihm auf, ein peitschender Schlag klascht ihn an den Boden. Dort aber, wo der Hauptmann eben stand, da steht jetzt nur noch ein halber Mensch, ein Paar Beine bis zum Gürtel hinauf. Und diese Beine kippen langsam, ganz langsam vornüber . . .

Mit einem tierischen Schrei springt Harras hoch. Ueber Löcher und Trichter, über Trümmer und Waffen und nachgebende Leiber jagt er davon wie ein angeschossenes Wild. An seinem Kopf pfeift es vorbei, der Luftdruck wirft ihn zu Boden. Er reißt sich hoch und jagt weiter. Er sieht und hört nichts mehr, sein Schädel ist leer von Gedanken. Vor seinen Augen steht ein Bild: ein Paar Beine bis zum Gürtel hinauf, sie fallen vornüber, stehen wieder da, fallen vornüber . . .

Er kugelt einen Abhang hinunter, Arme fangen ihn auf. «Nanu?» sagt eine Stimme. «Der ist, scheint's, übergeschnappt!»

Unter dem sicheren Griff dieser Hände verliert Harras das Bewußtsein.

*

An das leise Grollen des Kampfes, das fast täglich von Nordwesten herüberklang, hatten sich die Bewohner der Bunkerstadt mit der Zeit gewöhnt wie an den grummelnden Schmerz eines inneren Leidens, und nur wenn der Westwind es deutlicher und drohender herübertrug, hatten sie beunruhigt aufgehorcht. Jetzt wummerte und dröhnte es pausenlos über die ganze Breite des westlichen Horizonts hinweg, und das Geräusch kroch näher und näher wie ein vielgliedriges Untier. Auch der Himmel war gefahrvoll lebendig geworden, war plötzlich voller Bomber und bisher nie gesehener Schlachtflieger, und die vier «Messerschmitt» balgten sich erbittert und vergeblich mit einer Unzahl grauer Jäger. Auf der Rollbahn unten aber, über die sonst nur selten ein einzelnes Motorrad knatterte, wälzte sich ein schwarzer Heerwurm nach Osten.

Die Bunkerstadt selbst war jäh aus ihrem winterlichen Dornröschenschlaf aufgeschreckt. Zwischen Fahrzeugen und Schneewällen und den weißen Bunkerkuppen wimmelte es in nervöser Unruhe. Die Zeit, die in den Wochen untätigen Wartens schwer und träge dahingetropft war, jagte jetzt plötzlich wie der Pulsschlag eines Fieberkranken einem unbekannten Ende zu. Was war geschehen? Wie war die Lage? Was würden die nächsten Tage bringen? Niemand wußte etwas Genaues, und man nährte sich von den Gerüchten, die von der Straße her die Höhe hinaufkrochen. Der Russe durch, die Front zerschlagen, Artilleriestellungen, Verbandplätze, Troßunterkünfte überrollt, die Stäbe auf der Flucht ... Die entsetzten Augen der Versprengten und Flüchtigen sahen das eigene Erleben als allgemeine Katastrophe, ihre Angst übertrieb, und weitergetragen, steigerten sich die Berichte ins Maßlose. Allein in Sonderführer Fröhlichs Mund wandelte sich das Gehörte zum Guten: Zwischen Kalatsch und Karpowka stehe bereits die Division «Großdeutschland», und dieser Angriff der Russen sei nichts als ein verzweifelter Versuch, eine Entscheidung zu erzwingen, bevor sie selbst hoffnungslos eingeschlossen seien. Noch ein paar Tage gelte es durchzuhalten, dann sei alles geschafft.

Breuer rief beim Panzerkorps an. Nach längeren Bemühungen meldete sich der Ordonnanzoffizier der Abteilung Ic.

«Leider keine Zeit, lieber Herr Breuer! Sind mitten im Aufbruch... Graf Willms? Ist nicht mehr hier. Ausgeflogen als Kurier der Armee... Ob es schlimm steht? Nun, das kann man wohl nicht sagen. Eine Zurücknahme auf das Rossoschkatal ist nötig geworden. Also... wir sehen uns ja bald!»

Graf Willms ausgeflogen — Egon Graf und Burggraf zu Willms-Sandritten... Natürlich, einen leibhaftigen preußischen Grafen konnte man nicht in die Hände der Bolschewiken fallenlassen. Wahrscheinlich würden sie ihn zum Frühstück verspeisen. Aber war es schon soweit? Verließen die Ratten schon das sinkende Schiff?

Gegen Mittag rief Breuer ein barscher Befehl zum Ia hinüber. Er vermutete eine Lagebesprechung und nahm sein Kartenbrett mit. Unold wohnte nicht mehr in dem kleinen Erdloch, das er zu seinem Leidwesen mit Oberst von Hermann hatte teilen müssen. Seit gestern residierte er in dem neuen Bunker, der mit abgeteiltem Schlafraum, Ziegelofen und dicker Bohlendecke wie für die Ewigkeit gebaut schien.

Als Breuer den Raum betrat, fand er jedoch außer dem Oberstleutnant und Engelhard nur noch Hauptmann Endrigkeit und zwei seiner Feldgendarmen vor. Und dann mußte er rückwärts Halt an dem Türpfosten suchen. Fassungslos starrte er auf die kleine Gestalt in dem zerlumpten Mantel, die zwischen den beiden Polizisten stand, auf das graue, mit rötlichen Bartstoppeln bedeckte Gesicht... Unold, der hinter seinem Arbeitstisch stand, betrachtete ihn mit verkniffenem Hohn.

«Nun, Breuer», sagte er aus den Mundwinkeln heraus, «da haben Sie also Ihr Früchtchen! Natürlich desertiert, was auch sonst! Die Ehre der deutschen Wehrmacht besudelt! Wenigstens hat er's gleich zugegeben.»

Breuers Blick kam nicht von dem Mann los, der zusammengesunken dastand, als hinge er in seinem weiten Uebermantel an einem Haken an der Wand. Wie hatte er sich verändert! Seit Tagen mußte er nicht mehr gegessen und geschlafen haben.

«Lakosch —», stammelte er. «Sie wollten fahnenflüchtig werden?»

Lakosch sah mit einem scheuen Blick von der Seite her zu ihm hoch.

«Ja», sagte er leise.

«Uns alle ... Ihre Kameraden hier einfach im Stich lassen? Nur um Ihr eigenes bißchen Leben zu retten?»

Jetzt sah Lakosch den Oberleutnant groß an. Seine Oberlippe zitterte. Aber er schwieg.

Breuers Blick irrte hilflos im Kreise umher, von Gesicht zu Gesicht. Hauptmann Endrigkeit hatte die Hände in den Taschen seines Pelzes vergraben. Er ließ dicke Rauchwolken aus seiner Pfeife aufsteigen und sah zur Bunkerdecke hoch, von der ein holzgeschnitzter Lampenkranz herabhing. Engelhard kritzelte mit dem Bleistift auf seiner Schreibunterlage. Die beiden Feldgendarmen machten Dienstgesichter und standen sehr stramm.

«Das kann doch nicht sein!» stieß Breuer in flehender Hast hervor. «Das ist doch alles Unsinn ... Ein Nervenzusammenbruch ... wir sind ja alle mit den Nerven fertig ... Mein Gott, ich kenne ihn doch!»

Unold musterte ihn verächtlich.

«So, meinen Sie!» sagte er und zerquetschte ein Lächeln zwischen den Lippen. «Solche Nervenzusammenbrüche sind lebensgefährlich, Verehrtester!» –

Am Nachmittag schon trat das Standgericht zusammen. Unold als stellvertretender Divisionskommandeur und Gerichtsherr führte den Vorsitz, Beisitzer waren Hauptmann Engelhard und als Vertreter aus dem Mannschaftsstande der Obergefreite Kuhlmann, Unolds Putzer. Der Tatbestand der Fahnenflucht war klar und durch ein Geständnis erhärtet. Das Urteil lautete auf Tod durch Erschießen. Das Ganze war eine Sache von knapp fünf Minuten.

Anschließend ließ Unold Hauptmann Endrigkeit kommen.

«Die Exekution wird durch den Feldgendarmeriezug durchgeführt. Aber bitte ohne irgendwelches Aufsehen! Möglichst morgen früh bei der ersten Dämmerung, vielleicht in einer der alten Flakstellungen. Nun, Sie werden ja schon wissen. Morgen um 10 Uhr melden Sie mir den Vollzug!»

Doch der alte Hauptmann schüttelte den Kopf.

«Das jeht nicht», sagte er sehr bestimmt. «Das kann ich nicht machen!»

Unold blieb einen Augenblick ohne Worte. «Ja, wie», sagte er endlich ziemlich fassungslos, «ich verstehe nicht ... Sie können das nicht? Was soll denn das heißen?» Daß jemand auf einen klaren Befehl eine solche Antwort erteilte, das war ihm noch nie vorgekommen.

Der Hauptmann bewegte ein paarmal die Lippen, als kaue er auf einem Knödel herum. Dann wiederholte er ruhig:

«Das kann ich nicht machen!»

Ueber Unolds Gesicht lief ein Zittern, einen Augenblick schloß er die Augen. Natürlich, ein Reservist, fossiler Ueberrest aus dem Ersten Weltkrieg! Diese Kerle machte keine Uniform je wieder zu Soldaten. Mühsam zwang er seinen Zorn hinunter.

«Endrigkeit, ich habe wirklich den Kopf mit Wichtigerem voll», sagte er. «Tun Sie mir den Gefallen und machen Sie jetzt hier keine Geschichten! Ich habe niemand anderen dafür. Sie sind doch schließlich kein Konfirmand mehr, Sie machen doch so was nicht zum erstenmal!»

Der Hauptmann strich sich mit der Zunge über die Lippen. Nein, er machte so etwas nicht zum erstenmal. Er hatte den Kommissar damals bei Lubny erschießen müssen und die drei partisanenverdächtigen Zivilisten und die beiden Troßleute, die wegen Plünderung verurteilt worden waren. Aber das hier . . .

«Das jeht nicht», sagte er noch einmal. «Das kann ich nicht machen.»

Jetzt verlor der Oberstleutnant den letzten Rest seiner mühsam bewahrten Beherrschung.

«Machen Sie mich nicht wahnsinnig, Mensch!» brüllte er, kleine Schweißperlen auf der Stirn. Dann trat er nah an den Hauptmann heran. «Ich gebe Ihnen hiermit den dienstlichen Befehl!» sagte er schneidend. «Ueber die Folgen einer Befehlsverweigerung sind Sie sich hoffentlich im klaren! – Kehrt marsch!»

Und der alte Hauptmann fuhr tatsächlich auf dem Absatz herum wie ein Rekrut und stapfte mit steifen Schritten aus dem Bunker hinaus.

*

Stumpf und lichtlos lag die Schneefläche unter einem aschgrauen Himmel. Die Luft war voller Singen und Heulen. Schlachtflieger schossen wie Raubvögel auf den Flugplatz Pitomnik zu, an ihren Tragflächen sprühten rötliche Feuerblitze auf. Im Westen strich eine niedrige Bomberkette dahin und pflanzte schwarze Rauchbäume in die Erde. In der Ferne, die gar nicht mehr so fern war, grollte und dröhnte die Front.

Hauptmann Endrigkeit nahm nichts von alledem wahr. Blicklos starrte er auf die glatte Fahrspur aus gepreßtem Schnee, die seine Füße mechanisch entlangtasteten. Zuweilen brummelte er etwas vor sich hin. Er war allein mit seinen Gedanken, und die waren trübe und unruhig wie der Tag selbst.

Endrigkeit haderte mit dem Schicksal, das ihm diesen teuflischen Auftrag zugeschoben hatte. Da waren Partisanen gewesen und Plünderer, Deutsche und Russen, und er hatte sie erschossen auf Befehl, ohne jemals nach Recht oder Unrecht zu fragen. Aber dieses da ... Himmel, es gab doch eine Grenze! Nun, und? meldete sich eine Stimme, die von außen zu kommen schien, was ist nun schon Großes dabei? Jetzt ist da ein Deserteur. Ein Deserteur ist ein Lump, ein Vaterlandsverräter, ein feiger Verbrecher! — Schön und gut, aber dieser Junge da ... verdammt noch mal, den kannte er nun genau. Mehr noch, seit der Geschichte damals mit dem verteufelten Russenkerl hatte er ihn in sein altes, verwittertes Herz geschlossen. Das war eben *kein* Lump und auch *kein* Feigling. Daran hing die ganze Geschichte. Da stimmte etwas nicht. Die Rechnung ging plötzlich nicht mehr auf.

Der Hauptmann schüttelte den Kopf und knurrte vor sich hin. Wie kam das nur? Stimmten diese anscheinend so klaren Rechnungen vielleicht nur, solange man sie aus angemessener Entfernung betrachtete? Solange man nicht bis in die Hintergründe vordrang? Etwas zutiefst Beunruhigendes ging von solchen Fragen aus, und beklemmend regte sich in Endrigkeit das vage Gefühl, daß es vielleicht auch mit den anderen damals nicht so ganz gestimmt haben mochte ...

Mühsam zwang der Hauptmann seine Gedanken davon los. Dieser Lümmel, dieser vermaledeite, was der ihm mit seinen Albernheiten da alles eingebrockt hatte! Runterhauen müßte man ihm eine, und damit basta! Und dann sah er Unolds kalkweißes, eiskaltes Gesicht vor sich. Wie der Leibhaftige selbst hatte der Kerl ausgesehen. «Die Ehre der Wehrmacht besudelt!» Endrigkeit lachte grimmig vor sich hin. Ausgerechnet Unold mußte damit kommen! Wegen der sogenannten Soldatenehre sollten sich mal verschiedene Herren an die eigene Nase fassen! «Die Treue ist das Mark der Ehre!» hatte der alte Hindenburg gesagt, der noch aus einer Zeit stammte, wo man so etwas sehr ernst nahm. Wenn das richtig war, dann hatten sie hier bei Stalingrad der Ehre aber auch das letzte Mark aus den Knochen gesogen. Ehre, Treue, Vaterland – früher einmal waren das klare, festgefügte Begriffe gewesen, die gegolten hatten. Heute waren sie schillernd und fragwürdig geworden, flitterhafter Aufputz für Leute, die dahinter ihre eigenen Schweinereien versteckten. Auch die drei Partisanen bei Polonnoje hatten für ihr Vaterland gekämpft, und er hatte sie abknallen müssen wie gemeine Verbrecher. Vaterland – um wessen Vaterland kämpfte man eigentlich hier, 2000 Kilometer von Deutschland entfernt?

«Verfluchter Mist auch!» schimpfte der Hauptmann vor sich hin und fand sich nicht mehr zurecht. Wie kam das nur, daß man die Dinge mit einmal sah wie auf einem Röntgenschirm und sich nicht mehr mit der schimmernden Oberfläche begnügen wollte? Der Boden, auf dem er mehr als fünfzig Jahre sicher gestanden hatte, war ins Schwanken geraten. Eine Welt, die unerschütterlich schien, löste sich auf und zerrann ihm unter den Händen. Lag das an diesen paar Wochen hier in dem Kessel? War Stalingrad daran schuld?

Der Hauptmann blieb stehen und schnaufte wie unter einer ungeheuren Anstrengung. Dann machte er in plötzlichem Entschluß kehrt und ging eilig zur Bunkerstadt zurück. Ein Tiefflieger strich pfeifend und wie von seiner eigenen Kühnheit geängstigt über die Fläche und versprühte blindlings seine MG-Garben. Singend schlugen sie in den Boden und ließen Schnee und Erde aufspritzen. Der Hauptmann ging seines Weges ruhig weiter. Er hätte es nicht bedauert, wenn ihn jetzt eine Kugel getroffen hätte.

Vor dem ehemaligen Ia-Bunker, in dem der Todeskandidat sein letztes Stündlein erwartete, stand im Stahlhelm, das blanke Polizeischild um den Hals, der Gendarmeriewachtmeister Heinrich Kruschkat, Gastwirtssohn aus Krautupönen bei Gumbinnen. Auch er dachte an den kommenden Morgen, und ihm war gar nicht wohl zumute. Brummend erwiderte Endrigkeit seinen Gruß und ließ sich das Vorhängeschloß öffnen.

Der Raum war kahl und kalt, schwach nur drang das Licht des einbrechenden Abends durch die schmutzigen Scheiben. In der hinteren Ecke kauerte auf einer Bank der Gefreite Lakosch als ein graues Etwas. Als der Hauptmann eintrat, hob er den

Kopf, und für einen Augenblick leuchtete das Weiße seiner Augen schreckhaft auf. Zögernd erhob er sich.

Endrigkeit zog sich einen Schemel heran, ließ sich schwerfällig darauf nieder und begann schweigend seine Pfeife zu stopfen. Als er sie endlich zwischen den Zähnen hatte und die ersten Rauchwolken ausstoßen konnte, lehnte er sich an die Wand zurück und betrachtete Lakosch stumm.

Lakosch trug immer noch den lächerlich weiten, bis auf die Erde herabreichenden Uebermantel, dessen lange Aermel die Hände verdeckten, auf seinem Kopf saß schief das zerknüllte Schiffchen, dessen Umschlag über die Ohren gezogen war. Trotz alledem war an der ganzen Gestalt nichts Komisches mehr. Auf dem eingefallenen Gesicht lag eine graue Schmutzschicht, die über den Backenknochen abgeplatzt war und dort zwei helle, scharf umgrenzte Flecke freigab. Um den straffgespannten Mund herum zogen sich ein paar weiße Kerben. Der Zug einer grenzenlosen Verlorenheit, der alle die Gesichter der Stalingradsoldaten zu zeichnen begann, war hier zu einer zeitlosen Maske erstarrt, die der Tod geformt zu haben schien.

Endrigkeit winkte Lakosch, sich zu setzen. Er fühlte, wie das Mitleid ihn ansprang, und er wappnete sich dagegen mit Groll.

«Was denken Sie sich eigentlich so, Sie Kujon?» polterte er los. «Ausreißen, was? – Die anderen hier im Dreck sitzen lassen, he?» Er stöhnte angeekelt, spuckte mit Nachdruck auf den Fußboden und fühlte sich angenehm erleichtert. Und dann entfuhr ihm ganz wider Willen das, was ihn in erster Linie bekümmerte: «Aber daß einer einen denn nachher hier womöglich totschießen muß, daran denkt einer natürlich nich!»

Mit Lakosch ging eine seltsame Veränderung vor. Sein Gesicht bekam Leben, und der starre Blick, mit dem er bisher dem Hauptmann standgehalten hatte, irrte ab. Er war bereit, angeschrien, mißhandelt und umgebracht zu werden. Auf ein menschliches Wort war er nicht gefaßt. Seine in Trotz und Erbitterung errungene Fassung schwand dahin, und mit einmal fühlte er sich klein und hilflos wie früher als Hosenmatz unter dem Blick seines Vaters, wenn er wieder einmal das neue Gewerkschaftsblatt, in Papierschnitzel verwandelt, auf die Straße hatte hinuntersegeln lassen.

«Ich . . . ich . . .», stotterte er, «daran gedacht habe ich schon. Aber . . .»

«Aber?» knurrte der Hauptmann.

«... aber ich dachte doch, wo ich ... wo ich die Armee vielleicht retten könnte ...»

«*Was?*» platzte der Hauptmann heraus und kam vor Verblüffung halb auf seinem Schemel hoch. «*Was* wollten Sie? – Na, das soll mich doch dieser und jener ...!»

Lakosch nickte eifrig wie ein Schuljunge, der erklären will, warum seine Zensur wieder so schlecht ausgefallen ist. «Ja, Herr Hauptmann, wirklich ... Wo doch da drüben auch Deutsche sind, richtige Deutsche ...»

Und nun brach es aus ihm heraus.

Alles, was er in langen Wochen mutterseelenallein mit sich herumgetragen, womit er sich in Tagen und Nächten herumgeplagt hatte, das quoll jetzt hervor wie ein lange gestauter Strom. Gleiwitz, seine armselige Jugend zwischen kahlen Häuserwänden, der Vater, den sie im KZ umgebracht hatten, und wie er immer gesagt hatte: «Hitler, das ist der Krieg!» Und wie er das damals nicht hatte glauben wollen und gedacht hatte, daß Hitler den Sozialismus bringen würde und die Befreiung der Arbeiter. Und wie dann doch der Krieg gekommen war, ja – Und das mit den Juden damals und Senta und sein kleiner Wagen und seine arme, verwirrte Mutter daheim, und wie er ihren letzten Brief in der Hand gehalten hatte. Und wie er dann vor Weihnachten vor des Oberstleutnants Tür gestanden war – – Und dann die Begegnung mit Seliger. Und drüben auf der anderen Seite seien wahrhaftig auch Deutsche, Kommunisten zwar, aber doch Deutsche, die die Menschen der 6. Armee retten wollten vor einem Sterben, das sinnlos geworden war ...

Wirr und überstürzt brach das alles hervor. Aber der Hauptmann verstand. Erst hatte er nur dagesessen und den Kopf geschüttelt. Dann hatte er eine Kerze angezündet, um sein Gegenüber besser sehen zu können, und jetzt hatte er den Kopf in die Hand gestützt und hörte nur noch zu.

«Ja, und da hatte ich gedacht, Herr Hauptmann, daß der Herr Generaloberst Paulus, wenn er das alles weiß, dann wird er vielleicht ... vielleicht ganz anders handeln. Und da dachte ich, wenn ich da hinübergehe, und sie schicken mich vielleicht auch zurück wie den Seliger, und ich erzähle das alles dem Herrn Generaloberst, daß dann vielleicht alle hier noch zu retten sind und alles wird noch gut, ja – –»

Ganz still war es in dem Bunker. Ruhig brannte die Kerze und warf Endrigkeits bärtigen Kopf als riesigen Schattenriß an die Wand. Da saß er nun, saß wie auf einem Berge, vor sich ausgebreitet als weithin offene Landschaft ein Menschenschicksal, klar und durchsichtig und ohne jedes Geheimnis. So mochte Gott herabschauen auf die Wege der Menschen. Aber er war nicht Gott, sondern nur der Revierförster Endrigkeit aus der Johannisburger Heide. Was sollte ihm diese Allwissenheit? Er war doch gewiß nicht allmächtig, sondern nur ein kleiner hilfloser Mensch!

Mit einmal packte den Hauptmann eine so irrsinnige Wut, wie er sie nie zuvor in seinem Leben gekannt hatte. Er sprang auf, und Lakosch fuhr entsetzt zusammen vor dem ins Unkenntliche verzerrten Gesicht.

«*Raus!*» brüllte er, daß die Kerze flackerte und die Fensterscheiben klirrten. «*Raus, Sie Kujon, Sie verdammter!*»

Entgeistert starrte Lakosch den Hauptmann an. Er begriff nichts.

«*Verschwinden Sie, dalli!*» brüllte Endrigkeit. «*Sie Kerl, Sie elendiger!*»

Da begann Lakosch zu verstehen. Ein kleines, ungläubiges Lächeln stahl sich in sein Gesicht. Er machte einen zögernden Schritt auf den Hauptmann zu. Doch der zitterte am ganzen Körper und sah so furchterregend aus, daß Lakosch all seinen Mut zusammenraffte, sich duckte und unter dem ausgestreckten Arm Endrigkeits hinweg zur Tür hinausstürzte, die Stufen hinauf und an dem verdutzten Heinrich Kruschkat aus Krautupönen vorbei ins Dunkle.

Endrigkeit stand noch eine Weile da und lauschte verstört dem Klang seines Gebrülls nach.

Allmählich wurde er ruhiger. Aufatmend setzte er sich wieder auf den Schemel und wischte sich den Schweiß von der Stirn. Langsam kam ihm zum Bewußtsein, was eigentlich geschehen war. Etwas Ungeheuerliches war geschehen. Er hatte einem Deserteur, einem in Schimpf und Schande Verurteilten zur Flucht verholfen. Und, sonderbar, je klarer sich Endrigkeit über sein Tun wurde, desto leichter und freier wurde ihm. Er fühlte eine Last von seiner Brust weichen, die ihn nicht erst seit heute bedrückt hatte. Er hatte den Deserteur Lakosch vor den Richterstuhl seines Gewissens gestellt, und dieses Gewissen hatte ihn freigesprochen. Mochte jetzt kommen, was wollte, er fürchtete sich nicht. Mochten sie ihn erschießen, was lag schon daran! Ueber alle hier im Kessel war ja schon das Urteil gesprochen, auch über die, die noch Richter zu sein sich vermaßen. Er aber, er hatte seinem Tod einen Sinn gegeben.

Als nach einer Weile der postenstehende Gendarmeriewachtmeister, den Schrecken über das bestialische Gebrüll noch im Gesicht, zum Bunker hereinsah, zwinkerte der Hauptmann ihm zu.

«Na, Heinrich, denn komm man und huck dich hin! Nu wollen wir zwei mal was reden!» —

Die Kerze war heruntergebrannt und erloschen. Die beiden Soldaten aber saßen immer noch nebeneinander auf der Holzbank in dem kalten Bunker. Endrigkeit hatte vom Krieg gesprochen und von dem großen Sterben hier in den Weiten eines fremden Landes und von dem kleinen Gefreiten, der ausgezogen war, um die 6. Armee zu retten, in eigener Verantwortung und auf eigene Faust. Und der Gendarmeriewachtmeister Kruschkat hatte genickt und manchmal «ja, ja» gesagt, und alles war ihm reichlich verworren erschienen.

Unversehens geriet der Hauptmann in die Vergangenheit. Von den schweigenden Wäldern bei Johannisburg erzählte er, wo der Mensch allein war, ganz auf sich selbst gestellt. Von dem Forsthaus und Waldmann, dem Dackel, und dem treuen Schäferhund Lutz. Wie es denen jetzt wohl gehen mochte? Und auch von dem vergilbten Druck sprach er, der daheim in seiner Stube hing, von dem Ritter, der furchtlos zwischen Tod und Teufel hindurchritt, dem Ziele, der festen Burg entgegen. Und wieder sagte der Wachtmeister: «Ja, ja . . .», und er dachte: Wo führt das hin? Das kann nicht gutgehen, nein —

Ganz zum Schluß aber sagte der Hauptmann noch aus seinen versponnenen Gedanken heraus:

«Nein, Heinrich, einmal wird es keine Kriege mehr geben. Es wird zu schlimm werden. Zu schlimm für die vorn und, was die Hauptsache ist, auch für die ganz hinten. Und wenn nichts mehr daran zu gewinnen ist, sondern nur noch zu verlieren, alles und für alle — dann wird's mit einmal auch ohne gehen. Dann hat das Untier in seiner Gefräßigkeit sich selbst aufgefressen.»

Und dann sagte er noch etwas, was der Heinrich Kruschkat aus dem Dorf bei Gumbinnen nun gar nicht mehr begriff und worüber er die halbe Nacht vergeblich sinnierte. Der Hauptmann sagte:

«Wir sind um hundert Jahre zu früh geboren ... oder zu spät.»

*

Scharen von Verwundeten und Versprengten überfluteten das Lazarett. Im Windschutz der Stallmauern hocken sie in Trauben, kauern um armselige Feuer und drängen sich um die Feldküche. Den Schreck noch in den Augen, berichten sie vom Zusammenbruch der westlichen Front. Man gibt ihnen zu essen, sieht, wo es sich machen läßt, ihre Notverbände nach und schiebt sie weiter nach hinten ab. Aufgenommen werden nur die Schwerverletzten, die nicht mehr gehen können.

Drinnen aber hocken sie und horchen auf das Stimmengewirr und die ungewohnten Geräusche und auf den Kampflärm, der näher und näher kommt. Das hätte alles nichts auf sich, beruhigen die Pfleger, doch ihr flackernder Blick straft sie Lügen.

Dann tauchen die ersten Schützentrupps auf, heben Löcher aus und bringen hinter Schneewällen ihre MGs in Stellung. Peters sieht es, und die Sanitäter und Aerzte sehen es: die Tage, die Stunden des Lazaretts sind gezählt.

Der Chefarzt hängt sich an den Fernsprecher.

«Wir müssen räumen, Herr Oberstarzt!»

«Ja ja, räumen Sie nur! Möglichst weit nach Osten, am besten gleich bis Gumrak, dort ist alles zur Aufnahme vorbereitet.»

«Aber Fahrzeuge, Herr Oberstarzt!»

«Fahrzeuge? Ja, lieber Freund, woher soll ich die wohl nehmen?»

«Um Himmels willen, das Korps kann uns doch nicht ... Wir haben doch hier nichts!»

«Ja, da müssen Sie nun selbst sehen! Irgendwelche Leerkolonnen ...»

«Zehn Lkw, Herr Oberstarzt!» schreit der Arzt. «Oder fünf ... oder drei!»

Keine Antwort.

«Herr Oberstarzt, Herr Oberst ...»

Nichts! Abgehängt!

Am Nachmittag erscheint ein Offizier in weißem Tarnzeug, mit Stahlhelm und Feldstecher, die MP vor der Brust. Er prüft das Gelände, mustert mißbilligend das Menschengewimmel und schnüffelt an den Wänden des Stalles herum.

«Verduften Sie hier bloß!» ruft er dem Chefarzt schon von weitem zu. «Hier kommt jetzt die HKL hin!»

Die Hauptkampflinie? Hierher? Der Arzt sieht den Offizier aus großen Augen an. Der verschwindet im Stall. Als er herauskommt, ist er bleich. Er hat begriffen.

«Wann?» fragt der Arzt tonlos.

«Morgen», sagt der Offizier. Er zögert einen Augenblick und weiß nichts mehr zu sagen. Er zuckt mit den Schultern und geht.

Der Arzt aber schwingt sich in seinen Kübelwagen und jagt in die Nacht hinaus. Bis Marinowka fährt er hinunter und hinauf bis Baburkin und Bol. Rossoschka, fährt zu Stäben und Nachschubdiensten und Artillerieeinheiten. Man hört ihn nicht einmal an oder winkt schon nach den ersten Worten bedauernd ab. Jeder hat jetzt vollauf mit sich selbst zu tun.

Eine «U 2» blubbert über der Rollbahn dahin und kleckert ihre Bomben herunter. Vorn fährt ein Wagen. Eine Stichflamme schießt hoch. Zwei Männer zieht der Arzt zusammen mit seinem Fahrer aus dem brennenden Funkwagen. Zwei Schwerverletzte, noch zwei zu den Hunderten — das ist die einzige Ausbeute dieser nächtlichen Fahrt.

Und dann sind doch noch Fahrzeuge da. Vier schwere «Büssing» stehen am Morgen vor dem Eingang, schnaufend und dampfend. Eine Leerkolonne, die Munition nach vorn gebracht hat. Die Träger, aufgescheucht aus ihrer Teilnahmslosigkeit, hasten und schleppen. Neben- und übereinander stapeln sie die blaßgrauen Menschenleiber, die den Tag nicht mehr kennen, fünfzig auf jeden Wagen. Decken und Zeltplanen werfen sie auf die Haufen, denn die Lkw haben kein Verdeck. Es sind 28 Grad Kälte . . .

Auch die beiden Geistlichen helfen beim Tragen und Ordnen und halten die Vielzahl der Gehfähigen fern, die sich verzweifelt um die Wagen drängen. Peters fühlt eine Hand auf seinem Arm.

«Herr Pfarrer!»

Er dreht sich um und blickt in ein hohlwangiges, mit Stoppeln übersätes Gesicht.

«Harras — Leutnant Harras. Vom Divisionsstab! Kennen Sie mich nicht mehr?»

Das ist der elegante Harras? Nein, den hätte Peters allerdings nicht erkannt. Eine Hand, mit einem schmutzigen Lappen umwikkelt, streckt sich ihm entgegen, ein scheuer Blick streift ihn.

«Ich bin verwundet. Könnte ... könnte ich hier nicht mit?»

«Hier mit?» Peters mustert sein Gegenüber von oben bis unten. «Nein! Sie können doch gehen! — Aber kommen Sie, vielleicht kann der Arzt etwas für Sie tun.»

«Nein nein, danke!» Furchtsam klingt das und gehetzt, und die Hand verschwindet hinter dem Rücken. Der seltsame Verwundete murmelt noch etwas und drückt sich in die Menge hinein.

Die Fahrer drängen, ihnen dauert das hier schon viel zu lange. Knallend fliegen die Klappen zu, Motoren heulen auf, und die schweren Räder mahlen sich in den Schnee. Das ist ein Alarmzeichen. Von allen Seiten stürmen sie auf die Wagen los, die Leichtverwundeten und Versprengten, hängen sich an Kühler und Kotflügel und an die Türen des Führerhauses und versuchen sich an den Seitenwänden hochzuziehen. Die Begleiter oben aber tappen auf den Verwundetenbergen herum, schlagen fluchend auf die Köpfe ein und klopfen Arme und Hände von den Wänden los. Und die lästigen Anhängsel klatschen herab wie Aepfel von einem Baum.

In dem Stall aber liegen noch Hunderte. Sie hören das Geschrei und die Geräusche der abfahrenden Wagen. Und niemand mehr kommt, sie zu holen ...

Beim trüben Flackerschein der Laterne arbeitet in seiner Box der Chirurg. Auch er fühlt die Spannung, die wie mit unsichtbaren Fäden den Raum durchzieht, und er verkriecht sich in seine blutige Arbeit.

Da klingt aus einer der düsteren Ecken ein heiseres, dumpfes Röhren auf. Öööh — öööh — öööh ... Und mit einmal ist der ganze Raum erfüllt von einem Geheul, das aus Urtiefen zu kommen scheint.

U-huuuuuuu — u-huuuuuuu ...

Der Arzt blickt auf. Er hat sich an vieles gewöhnen müssen; aber was er jetzt sieht, läßt ihm das Blut in den Adern erstarren. In den dunklen Winkeln, auf denen schon die Stille des Sterbens lastete, ist wieder Leben. Da regt und reckt es sich, müde Glieder tasten und greifen, und wie Lava quillt es hervor, dick und zäh, ein Brei von Menschenleibern. Menschen ohne Arme, ohne Beine, die Kopf- und Bauchschüsse, die schon ohne Besinnung waren, im Koma Delierende, das alles ist plötzlich lebendig, windet sich am Boden entlang, hangelt sich an den Gliedern der anderen vorwärts, kriecht übereinander hinweg und wälzt sich wie ein tausendarmiger Polyp dem Ausgang zu. Ueber allem aber hängt dieses entsetzliche Urweltgeheul, in das aller Jammer der gequälten Kreatur sich ergießt.

Offenen Mundes starrt der Arzt, und er schüttelt sich, als ließe sich so das unglaubliche Bild verscheuchen. Und auch die Assistenten vergessen den Mann mit dem Halsdurchschuß auf dem Tisch und starren auf das heulende Etwas, das sich neben ihnen den Mittelgang entlangschiebt. Wie ein Zeichen aus dem Jenseits packt es sie an. Auferstehung der Toten, Jüngstes Gericht — —

Doch da verebbt die Woge, erstarrt und erkaltet, und auch das Geheul klingt ab und versandet in einem hilflosen Winseln. Dann ist es still, stiller als zuvor, totenstill, und der Gang ist voller regloser Leiber, über die man hinwegsteigen muß, um hinauszugelangen zu Luft und Licht.

Der Arzt wischt sich mit dem Handrücken über die Stirn. Mit vermehrtem Eifer wendet er sich dem Körper zu, den er unter dem Messer hat. Warum arbeitet er noch? Warum schneidet und näht er noch, warum klemmt er Adern ab und räumt Eiterherde aus? Er weiß es nicht, und er fragt auch nicht. Die Arbeit ist Selbstzweck geworden, Flucht aus der Wirklichkeit.

Ein Teil des Lazarettpersonals ist schon abgefahren. Auch der Chefarzt rüstet sich zum Aufbruch. Als Peters vorbeikommt, winkt er ihn heran.

«Die Gehfähigen müssen zu Fuß nach Gumrak, Pfarrer! Dort sind Auffangplätze vorbereitet. *Sie* müssen den Treck führen!»

Peters sieht den Arzt fragend an. Die Gehfähigen . . .

«Und die dort?» fragt er und weist mit dem Kinn zu dem Stall hinüber. Da liegen noch einige Hundert. In Kurzem wird hier Kampf sein — «Wer bleibt bei ihnen?»

Der Arzt schweigt, und seine Augen sind dunkel wie die Nacht. Da sagt nebenan jemand leise:

«Ich!»

Es ist der katholische Geistliche, ein junger Kaplan aus dem Rheinland. Peters schießen über diesem «ich» die Tränen in die Augen. Er faßt die beiden Hände seines Bruders in Christo, der ihn still und freundlich ansieht. Es gibt keine Konfessionen mehr, schon lange nicht mehr. Sie haben alles geteilt in diesen schrecklichen Tagen, auch dieses hier müssen sie teilen. Und es bleibt ungewiß, wer den besseren Teil erwählt hat.

«Zählen Sie mal nach, wieviel da noch liegen!» meint der Zahlmeister, der auch schon verladen hat. «Ich lasse Ihnen natürlich Verpflegung hier.» Er zieht einen Bleistiftstumpf und ein abgegriffenes Notizbuch hervor und beginnt zu rechnen. «Für drei Tage kalte Verpflegung», sagt er. «Danach müssen Sie dann . . .» Er sieht auf und begegnet dem stummen Blick der anderen. Verlegen steckt er sein Buch ein, räuspert sich und geht. Es war kein Hohn, es war die Macht der Gewohnheit.

Das Sanitätspersonal ist fort. Mit dem letzten Kübel ist der Chirurg davongefahren, zu einem anderen Ort, wo Blut und Eiter und Wunden auf ihn warten. Peters formiert seinen Zug. Die Gehfähigen! Aber wer könnte in einer solchen Stunde nicht gehen? Von überall her kommen sie hervorgekrochen wie Feldmäuse, die ein Gewitterregen aus ihren Schlupfwinkeln vertrieben hat. An Stöcken humpeln sie heran, mit selbstverfertigten Krücken oder aufeinander gestützt, auch auf den Knien und auf allen vieren rutschend. Da ist jemand, der führt und Befehle gibt, und da sind Zeltbahnen voller Brot und Konserven, von Sanitätern mit entsicherter Schußwaffe bewacht. Das zieht an und betört wie die Flötenmusik des Rattenfängers. Auch von jenseits der Schlucht strömen sie herbei, Flüchtende, Versprengte, anscheinend Gesunde. Peters weist niemand zurück. Gesund — das Wort hat seinen Sinn verloren. Drüben hämmern die MGs, das Zischen einer Stalinorgel rauscht auf, und kurz darauf poltern die Einschläge in die Schlucht.

Langsam setzt der Zug sich in Bewegung, eine große, vielgliedrige Raupe, und am Wegrand liegen sie und recken die Arme und flehen und fluchen. Pfarrer Peters geht ganz vorn. Tief hängt ihm die Klappe der Fellmütze in das bärtige Gesicht, den Kragen des Uebermantels hat er hochgeschlagen, sein Bündel baumelt an einem Strick auf dem Rücken. Der Pelz ist zurückgeblieben bei denen im Stall. Er schaut sich nicht um. Leer und ausgehöhlt fühlt er sich, sein Gehirn ist wie gelähmt. Neben ihm quälen sich zwei vorwärts, der eine hat einen Kopfverband, der andere am Bein statt des Stiefels ein unförmiges, mit Bindfaden verschnürtes Lumpenpaket. Zwischen sich schleppen sie einen dritten. Und dieser dritte hängt mit seinen Armen um ihre Schultern, sein Kopf aber pendelt hin und her wie der Holzkopf einer Gliederpuppe, glasig und unnatürlich groß blicken die Augen aus schwarzen Höhlen. Seine Füße schleifen haltlos am Boden entlang. Die Spur von unseren Erdentagen — eine Schleifspur im Schnee! «Komm man, Schorsch», keuchen die beiden und können selbst kaum mehr vorwärts. «Jetzt geht's nach hinten, Mensch, ins Lazarett! Komm man, bald haben wir's geschafft!» Auch das gibt es! Und Pfarrer Peters greift mit zu. Ein Gedanke bohrt sich in seinen Kopf: Diesen einen hier, diesen Vergehenden, Sterbenden, gerade den einen muß er retten um jeden Preis! Dann wird alles gut werden. Er sieht nicht, wie hinten der Zug sich auseinanderzieht und zerbrökkelt. Er sieht nur diesen einen Verlorenen, an ihn hängt er allen Sinn seines Tuns.

Langsam, unendlich langsam schleicht der Zug dahin. Endlos und ohne Trost ist die eisige Schneewüste. Nach Stunden erst wagt der Pfarrer sich umzublicken. Hinten, wo der Kampf grollt und das Weiß der Schneefläche sich in dem dicken Grau des Himmels verliert, liegt als winziger Würfel das Lazarett, von dem sie aufbrachen. Rötlich schimmert es dort, und braune Rauchschwaden streichen seitwärts davon. Peters stöhnt und bedeckt mit der Hand seine Augen.

Da ist eine Ortschaft, eben erst von Fliegern heimgesucht. Im Windschutz knisternder Hausruinen machen sie Rast. Und mit dem Brot und einer warmen Suppe, die man kochen kann, wandern hoffnungsvolle Parolen durch die Reihen. Gumrak! Dort ist ein Lazarett, dort sind Pfleger und Betten für alle, von dort aus wird man sie heimschicken.

In der Abenddämmerung erreichen sie eine Schlucht. Schneewehen versperren den Weg. Ein paar Kraftwagen stecken dort bis über die Achsen fest. Es sind die «Büssing» von heute früh. Unheimlich still ist es, kein Fahrer, kein Sanitäter ist zu sehen. Die auf den Wagen aber rühren sich nicht mehr, sie sind tot.

Und die Lebenden klimmen an den Seitenwänden hoch und fallen über die Toten her, reißen ihnen die Decken und Mäntel vom Leibe und wühlen unter den klappernden Körpern, durchstöbern Taschen und Brotbeutel und stopfen sich voll mit sinnlosen Dingen — —

Die ganze Nacht marschieren sie und noch einen Tag.

Zwischen Wachen und Schlaf schleicht Pfarrer Peters dahin, wie ein Automat bewegt er die Beine. Seine Füße sind wunde

Fleischklumpen, aber er spürt keinen Schmerz. Klein ist das Häuflein, das ihm noch folgt. Von denen, die mit ihm aufbrachen, sind nicht mehr viele dabei, andere, Fremde haben sich dazugefunden. Auch der eine, den er retten zu müssen glaubte um jeden Preis, liegt längst irgendwo hinten im Schnee.

Niedrige Häuser tauchen auf, ein Wasserturm, Eisenbahnschienen.

Gumrak, das Ziel!

Düster hängt die Nacht darüber, zerrissen von dem gelben Flackerschein der Leuchtfallschirme und den grellen Blitzen detonierender Bomben. Eine menschenleere Straße ist da zwischen niedrigen Lehmkaten, und dann ein finsterer Ziegelbau: das Bahnhofgebäude, das Lazarett. Sie drängen die Steinstufen hinauf auf den Eingang zu.

Dort steht ein pelzvermummter Posten. Er hält das Gewehr quer vor die Brust und versperrt den Weg. «Zurück!» krächzt er. «Zurück doch, verdammt! Hier geht doch keine Maus mehr rein!» Erbittert stemmt er sich gegen die Andrängenden und schiebt die Kraftlosen zurück in die Nacht. Er muß die hier drinnen schützen gegen alles, was von draußen kommt. So lautet sein Befehl.

Und die Entkräfteten sinken auf den Stufen vor dem Haus zu Boden, und ihr Wimmern erstirbt in der Kälte der einbrechenden Nacht. Am Morgen wird man sie forträumen.

Sie sind am Ziel — —

*

«Hauptmann Döhring?»

«Hier!»

«Zahlmeister Jankuhn?»

«Hier!»

«Kriegsverwaltungsrat Krause?»

«Hier!»

«Oberleutnant Semprich?»

«Hier . . .!»

Heiser oder geknurrt und manchmal auch voll überlauten Protestes klangen die Antworten durch das Räuspern und Füßescharren und das erregte Getuschel. Schwer lagen Hauptmann Engelhard der Tabaksqualm und die vielfältigen Ausdünstungen feuchter Kleidungsstücke auf der durchschossenen Brust. Nach jedem Namen machte er eine kleine Atempause und versuchte, den Aufgerufenen ins Auge zu fassen. Das aber war unmöglich. Zu dicht war das Gedränge in dem kleinen Raum. Hier und da konnte der Hauptmann einem Offizier des Stabes zunicken. Das andere aber waren fremde, nie gesehene Gesichter voller Ablehnung und ärgerlicher Erwartung. Es waren die Führer all der großen und kleinen Einheiten, der Trosse und Werkstätten, Nachschubdienste und Magazine, die das weitläufige Bunkerdorf bevölkerten. Mit Mühe hatte man sie alle in Unolds neuen Bunker befohlen, und sie waren höchst widerwillig gekommen. Was wollte man von ihnen? Was ging sie eigentlich dieser Stab hier an, der sie in ihrer gewohnten Arbeit störte?

«Alles da, Herr Oberstleutnant!» meldete Engelhard zum Nebentisch hin. Unold, der geschäftig in irgendwelchen Papieren geschrieben hatte, schob die Kognakflasche unter den Tisch und erhob sich. Es wurde still. Auf seinen Backenknochen zeichneten sich zwei rötliche Flecke ab, die die graue Blässe seines Gesichtes noch unterstrichen. Seine entzündeten Augen blickten trübe.

«Meine Herren!» sagte Unold und machte eine bedeutsame Pause, in der sich die Stille noch vertiefte. «Durch Armeebefehl ist der Ort Dubininskij zum festen Stützpunkt erklärt. Er ist sofort zur Rundumverteidigung einzurichten. Kommandant des Stützpunktes ist Oberst Braun, der Kommandeur des Werferregiments. Sämtliche im Raum Dubininskij liegenden Einheiten sind ab heute 10.00 Uhr unter Aufhebung aller bisherigen Unterstellungsverhältnisse seiner Befehlsgewalt unterstellt. Der Herr Oberst ist noch nicht hier. Ich als sein Ia spreche in seinem Auftrage. Ich befehle: Alle Einheiten befinden sich ab sofort in Alarmzustand. Die Zuweisung der Abschnitte erfolgt in Kürze. Gefechtsstand ist hier. Jede Einheit stellt hierher einen Melder ab. – Noch Fragen?»

Einen Augenblick blieb es noch still. Dann brodelte die Unruhe heftiger auf als zuvor. Ganz vorn fuchtelte ein vierschrötiger Hauptmann, dem die Lammfellmütze tief in die Stirn gerutscht war, mit den Händen.

«Ja aber ... aber das geht ja gar nicht! Wir haben Brot zu backen. Seit Wochen machen wir Tag- und Nachtschicht. Da ...»

«Und unsere drei Sturmgeschütze?» fiel ein Werkstattführer

ein. «In zehn Tagen will das Korps die einsatzfähig haben! *Ich* kann jedenfalls keinen Mann entbehren.»

«Sehr richtig!» tönte es von hinten aus sicherer Deckung. «So 'n Blödsinn!»

«Völlig ausgeschlossen!»

Es erwies sich, daß wegen anderer, dringenderer Aufgaben für die Verteidigung von Dubininskij leider niemand abkömmlich war.

Unold tastete unter dem Tisch nach der Flasche. Seine Hand zitterte so, daß das Glas überlief. Mit einem Zug trank er aus und wischte sich mit dem Taschentuch über Mund und Stirn. Dann musterte er die erregte Gesellschaft wie ein Dompteur seine Raubtiergruppe.

«Ich glaube, wir verstehen uns noch nicht ganz», sagte er leise, aber mit schneidender Schärfe. «Wir werden keine Brote und keine Sturmgeschütze mehr brauchen. In ein paar Stunden ist der Russe hier! Der Ort wird verteidigt bis zum letzten Mann! General Hube vom Panzerkorps hat sich selbst als MP-Schütze draußen ein Loch ausgesucht, das er lebend nicht mehr verlassen wird. — Ich hoffe, Sie sehen nun klar! Es gibt für niemand mehr ein Zurück und auch kein Morgen und Uebermorgen mehr, sondern nur noch ein Heute und Hier. Mit einem Wort — es ist aus!»

Die Stille, die darauf folgte, war unheimlich. Nur der Bäckereihauptmann schien noch nicht ganz begriffen zu haben. Er murmelte etwas von Broten und IV. Korps vor sich hin, und dieses Gemurmel klang qualvoll wie das Agoniegestammel eines Sterbenden. Unold genoß eine Zeitlang stumm die Wirkung seiner Worte und richtete sich innerlich daran auf. Dann griff er zu einem Zettel.

«Was unseren Stab betrifft», fuhr er fort, «so werden die Mannschaften zu einem Schützenzug unter Hauptmann Gedig zusammengefaßt. Die Offiziere, soweit am Ort, bilden eine besondere Kampfgruppe für infanteristischen Einsatz. Führer Hauptmann Engelhard. Oberleutnant Breuer tritt als Adjutant zu Oberst Braun. An Major Kalweit ergeht wegen der Reste des Panzerregiments . . .»

Er unterbrach sich, denn hinten an der Tür war es wieder laut geworden. Polternd drängte sich jemand durch die Menge. Es war Hauptmann Endrigkeit.

«Was gibt's denn, zum Teufel? Stören Sie hier doch nicht!» fuhr Unold ihn an. Der Hauptmann legte die Hand an die Mütze und schnaufte erst ein paarmal.

«Melde gehorsamst, Herr Oberstleutnant», sagte er dümmlich, aber in sauberstem Bühnendeutsch, «der Delinquent ist fort!»

«Wie?» – Unold mußte sich erst besinnen. Er hatte den Fall Lakosch im Drange der neuen Ereignisse längst vergessen. Aber dann fiel ihm alles wieder ein. «Schön, Endrigkeit», sagte er ungeduldig, «in Ordnung! – Uebrigens habe ich da für Sie . . .»

«Nein», fiel ihm der Hauptmann ins Wort, «gar nicht in Ordnung! Ganz und gar nicht in Ordnung! – Er ist fort!»

«Was?» – Unolds Augen wurden groß und rund. «Wollen Sie etwa damit sagen, daß . . .»

Endrigkeit zuckte mit den Schultern und machte das dümmste Gesicht, dessen er fähig war. «Wie wir heute früh zum Bunker kamen, da war das Schloß auf und keiner mehr da!»

Und das stimmte denn ja auch.

Unold stützte die Hände auf den Tisch und beugte sich so weit vor, daß der Hauptmann unwillkürlich nach rückwärts drängte.

«Sie haben ihn entwischen lassen?» flüsterte er fassungslos. Und dann brüllte er los: «Sie sind wohl wahnsinnig, Mensch! – Ich sperr' Sie ein! Vors Kriegsgericht bringe ich Sie, Sie . . . An die Front schicke ich Sie! Strafkompanie, Sie unfähiger Patron!»

Da sah er das höhnische Grinsen all der fremden Gesichter um sich herum, und das Unsinnige seiner Worte ging ihm auf. Er schloß einen Augenblick die Augen. Als er sie wieder öffnete, waren sie starr und bläulich verschleiert wie die eines toten Fisches.

«Das sollen Sie mir büßen, Endrigkeit!» sagte er mit dünnen Lippen, auf denen sich kleine Blasen bildeten. «Wir sprechen uns noch!»

*

Oberst Braun, ein cholerischer Herr mit einem roten, vollen Gesicht, das in dieser Zeit wie ein Anachronismus wirkte, hatte seinen Adjutanten den ganzen Tag über nicht zur Ruhe kommen lassen. Breuer hatte Werkzeug für Schanzarbeiten zusammensuchen müssen, sich in fremden Bunkern mit widerborstigen Einheitsführern herumgestritten, Kampfgruppen in imaginäre Stellungen eingewiesen und sich unten an der Straße mit wenig Erfolg um die «Vereinnahmung» von Versprengten bemüht. Am Abend endlich entließ ihn der Oberst für eine halbe Stunde, damit er seine eigenen Angelegenheiten ordnen konnte.

Leer und fremd fand Breuer den Bunker. Die drei Männer der Abteilung Ic waren schon fort, mit Hauptmann Gedig irgendwo hinaus in die Steppe. Vielleicht würde er sie später noch einmal sehen können, bevor der große Tanz hier begann. Der Ofen hatte noch Feuer, und in dem Kochgeschirr dampfte ein Rest Kaffee. Geibel mochte ihn zurückgelassen haben in seiner verschämten Fürsorge. Die Flamme des Lämpchens verzehrte das letzte Oel.

Breuer setzte sich auf die Bank. Er nahm seine Mütze ab und strich sich das Haar aus der Stirn. Er war sehr müde. Wie ein Gespenst geisterte sein Ich durch die düsteren Hallen seiner Seele auf der vergeblichen Suche nach Ruhe und Frieden. Sein Blick strich die dunklen Wände des Bunkers ab und blieb auf dem Spruch an der Wand haften. «Ich breche durch ...» Fröhlich hatte ihn verschmäht und zurückgelassen, er war ihm eine falsche Verheißung gewesen. Und er, Breuer? Auch ihn hatte das Wort des alten Streiters angerührt, wenngleich in einem anderen Sinne. «Wenn wir noch einmal nach Hause kommen, werden wir nicht mehr dieselben sein», hatte Wiese einmal gesagt. War es das, was auch Hutten gemeint hatte? Der große Durchbruch, nach dem man mit anderen Augen in eine andere Welt sah? Manchmal hatte er in den letzten Wochen zu wissen vermeint, daß in der kleinen Gemeinschaft dieses Erdloches hier etwas Neues heranwuchs, das einmal groß werden und Frucht tragen würde. Ein Anfang von etwas Neuem, kaum Geahntem ... «Wenn er mir jetzt auch nur verworren dient, so will ich ihn einst in die Klarheit führen.» Diese Klarheit, von Gottvater dem Faust verheißen, sie hatte als stumme Hoffnung hinter jenem Spruch dort gestanden. Und nun war es doch kein Anfang gewesen, sondern ein Ende, dumpfer Abschluß eines Weges, der sich im Dunkel verlor ... Nicht der Tod an sich war es, der ihn schreckte. Hundertmal hatte er ihn vor sich gesehen mit der ruhigen Gewißheit des Soldaten, der zum Opfer bereit ist. Aber daß er zu diesem Tod jetzt nicht mehr freien Herzens ja sagen konnte, daß da auf einmal ein Rest blieb, etwas Unerfülltes –

daß es den Durchbruch, der von irgendwoher gefordert wurde, nie mehr geben würde, das war bitter.

Der Oberleutnant griff nach seiner Meldekartentasche und packte den Inhalt aus. Da war das Tagebuch, das er vom ersten Tage des Krieges an trotz strengem Verbot geführt hatte. Er durchblätterte die dicht beschriebenen Seiten im unsteten Schein des Ofenfeuers.

Polen — die ersten verstaubten Toten am Straßenrand, damals noch Anlaß zu tiefer Erschütterung. Warschau — Trümmer voller Gas- und Verwesungsgestank. Jammernde Juden, hinter stinkenden, tropfenden Särgen hereilend ...

Jugoslawien, stürmischer Vormarsch entlang an steilen Felshängen, von denen Steine und Handgranaten herabrollten. Der Führer auf dem Bahnsteig in Marburg. Der Divisionskommandeur meldet die Einnahme von Sarajewo. Händedruck. «Auch diese alte Rechnung ist damit beglichen!» Ein Krieg, der zu Ende war, ehe er recht begonnen hatte —

Paris: eine Villa in einem Vorort. Plattenspielschrank, mit Fohlenfell bezogene Sessel, Champagner, Langusten und Armagnac, Pistolenschießen auf Oelbilder ...

Nikolajew, 16. August 1941. Mit einem ungarischen Spähtrupp über den Bug und durch Minenfelder in die brennende, in apokalyptischem Totentanz taumelnde Stadt. Auch an jenem Tage, der ihm das EK 1 brachte, hatte er den Tod neben sich gehabt. Damals wäre das Sterben leicht gewesen. Aber jetzt — hier monatelang in drückender Einsamkeit seinen Gedanken überlassen zu sein, um dann plötzlich im Schnee irgendwo erschlagen zu werden wie ein Vagabund — das war gegen die Spielregeln, war teuflisch.

Breuer gab sich einen Ruck und warf das Buch in die Flammen. «... und schaue nicht zurück!» Es gab keine Zukunft mehr und also auch keine Vergangenheit. Es gab nur noch das Hier und das Jetzt, wie Unold gesagt hatte.

Doch dann lag ihm das Päckchen Briefe in der Hand. Die Briefe von seiner Frau, von Irmgard. Erst wenn sie alle dort in der Glut verkohlten, würde er wirklich bereit sein. Aber dieses Bündel Papier wog zentnerschwer.

Langsam öffnete er das Band und entfaltete die Bogen. Sein Blick eilte über die vertrauten Zeilen, die ihn zurückzogen in die kleine Stadt am See. Die Wohnung, der Garten, das weißlackierte

Häuschen der Wetterstation, die sie gemeinsam betreut hatten ... Ihn überflutete hilfloser Schmerz. Er mußte ja schreiben! Engelhard hatte dazu aufgefordert. Heute noch würde ein Melder die letzten Briefe zum Flugplatz bringen.

Aber was sollte er schreiben? Was hier wirklich geschah? Daheim wußten sie ja von nichts, und eine eifrige Zensur würde darüber wachen, daß sie die Wahrheit niemals erfuhren — —

Mit einmal stutzte er. Da waren Worte, die ihm fremd und neu erschienen:

«Früher fand ich keine Ruhe, wenn ich Dich nicht in Sicherheit wußte. Heute weiß ich, daß wir nicht richtig lieben, solange wir dem anderen nicht auch seine Gefahren gönnen. Alle Sorgen und Angst um den andern ist ja im Grunde nur Selbstsucht aus der Schwachheit des eigenen Herzens. Die wahre und starke Liebe aber zeigt sich wohl erst in der stetigen und klaglosen Bereitschaft, mitzutragen mit dem anderen in all seinen Kämpfen und Nöten ...»

Betroffen las Breuer diese Worte noch einmal. Er blickte auf das Datum des Briefes. 14. 11. 1940 — Frankreich, Paris ... Ach so, damals — Ja, damals konnte man über solches schon hinweglesen! Und mit einmal wußte er, was er zu schreiben hatte. Er schob das Bündel Briefe zusammen und wog es noch einmal in der Hand. Dann warf er es in das Ofenloch. Aus der Holzglut leckten die Flammen hoch, und unter ihrem wütenden Zugriff fächerten die Blätter auseinander, bogen und krümmten sich und ertranken in einer heftigen Woge sausenden und sprühenden Feuers. Breuer hatte seinen Meldeblock auf den Knien und schrieb:

Meine Irmgard,

diese Zeilen gehen mit der letzten Post hinaus. Warte nicht auf weitere Nachricht von mir! Was hier geschieht, kann ich Dir nicht schreiben. Aber Du mußt wissen, daß wir uns lange Zeit nicht wiedersehen werden, vielleicht niemals mehr in dieser Welt. Hab Dank für all Deine Liebe und für die Jahre des Glücks an Deiner Seite. Vergib mir, wo ich Dir Kummer bereitet habe! Du mußt nun den Weg allein gehen. Sei das Schicksal Dir gnädig dabei! Gebe es Dir die Kraft, unsere Jungen zu Menschen zu erziehen, die Gottes Gebote höher achten als die der Menschen. Es wird mir nicht leicht, dies zu schreiben, nein, nein! Ich gehe in

Schmerzen von Dir und ohne Frieden. Einmal hatte ich geglaubt, für eine gute Sache leben und sterben zu können. Bete für uns, wenn Du kannst! *Dein Franz*

Das Feuer war heruntergebrannt. Emsig krochen rote Glutstreifen an den verkohlten Blattresten umher und verwandelten sie in Asche. Bedächtig malte Breuer die Anschrift, klebte alle seine Luftpostmarken auf den Umschlag und verschloß ihn. Dann erhob er sich. Auch das war vorbei ...

Aber da hing noch das Bild an der Wand: Irmgard und die Jungen ... Er nahm es ab und zögerte einen Augenblick, dann ließ er es scheu in seine Manteltasche gleiten. Fröhlichs Hutten-Spruch ließ er hängen. Mochten die Russen, die in einigen Stunden hier sitzen würden, daran herumrätseln, wenn sie Lust dazu hatten.

Noch einmal blickte er sich um. Dann löschte er die Lampe, hängte sich die MP um den Hals und schob die beiden Reservemagazine in die Taschen. Im Ofen war immer noch Glut. Er schüttete den Rest Kaffee hinein. Es siedete und zischte. In Dampfschwaden gehüllt, kletterte er ins Freie.

Elftes Kapitel

WAS HABEN SIE AUS UNS GEMACHT!

Breuer lag auf seiner Pritsche. Sein Uebermantel bedeckte ihn bis über den Mund, und die speckige Schirmmütze hatte sich tief in seine Stirn geschoben. Er schlief nicht, doch hielt er die Augen geschlossen und atmete kaum. Der Ekel schnürte ihm fast die Kehle ab, und das kam nicht nur von den Läusen, die träge auf seinem Körper hin und her krochen. Es gab Schlimmeres. Es gab Unrat, der den Menschen von innen her zerfraß — —

Was war geschehen?

Eine unruhige Nacht hatte es gegeben voll einer erbitterten, kaum erträglichen Hochspannung, die fast die grimmige Kälte vergessen ließ. Doch der Russe war nicht gekommen. Die von Süden und Norden einschwenkenden Divisionen hatten ihn, wie man später erfuhr, zusammen mit den von Westen zurückfallenden Trümmern am Rossoschkatal noch einmal für kurze Zeit aufhalten können. Statt des Russen war noch einmal der Morgen gekommen, bleigrau und schwer, und mit ihm ein Befehl Unolds:

«Angehörige des Divisionsstabes zum Abmarsch sammeln!»

Lendenlahm und verständnislos war Breuer aus seinem Schneeloch geklettert und unter dem hämischen Lächeln von Oberst Braun zum Ia-Bunker zurückgehumpelt. Dort standen die beiden Koms, ein Lkw, der Feldküchenwagen und einige Kfz mit laufenden Motoren.

Gefechtsstandwechsel nach Stalingrazkij!

Man war abgefahren, hatte Dubininskij hinter sich gelassen, als sei das die selbstverständlichste Sache von der Welt. Man hatte sich «abgesetzt», und mit ihm der General, der sich am Tage vorher das Schützenloch ausgesucht hatte für den letzten Kampf.

Zwei Stunden war man nach Osten gefahren über holprige

Pfade, durch vereiste Balkas, vorbei an den Flugzeugwracks von Pitomnik, an den Lehmhütten und Bombentrichtern von Gumrak bis zu dieser Schlucht hier nordwestlich von Stalingrad. Zwei Stunden nur — Aber in diesen zwei Stunden war viel, unendlich viel zerbrochen. In jeder Sekunde dieser zwei Stunden hatten die schweren Wagenräder bei jeder ihrer müden Umdrehungen ein Stückchen Selbstachtung zermahlen, ein Stückchen Glauben. Die Männer, die nach diesen zwei Stunden den Wagen entstiegen, fühlten sich voreinander auf schamlose Weise entblößt und wagten sich kaum anzusehen. Breuer blickte Unold in das pergamentene Gesicht. Es erschien ihm mit seiner betonten Selbstsicherheit wie eine Papiermaske, hinter der sich Angst und Ratlosigkeit verbargen. «Bis zum letzten Mann!» Narr, der er gewesen war, zu glauben, Unold würde im Ernst seinen Ehrgeiz darin erblicken, bei Dubininskij den Heldentod zu sterben. Aber was hoffte er mit diesem «Gefechtsstandwechsel», diesem «Absetzen» zu erreichen? Weiter ging es nicht mehr! Ein paar Kilometer ostwärts war die Wolga, da war es zu Ende mit dem Absetzen. Wozu also dieser Aufschub? War darin noch ein Sinn? Oder war das schon die Auflösung? Die sinnlose Panik des «Rette sich, wer kann», kaum noch getarnt hinter militärischen Formen?

Da lag Breuer auf seiner Pritsche und war sich selbst von Grund aus zuwider. Er hatte die Kraft gehabt für das Ende bei Dubininskij. Für dieses hier, das fühlte er, reichte seine Kraft nicht mehr aus. Man kann eine Exekution nicht beliebig verschieben, ohne daß der gefaßteste Delinquent schließlich die Haltung verliert. Er hätte einfach in Dubininskij zurückbleiben sollen, dann wäre jetzt vielleicht schon alles vorüber. Unold hätte ihn diesmal bestimmt nicht gehalten. Er hatte ja auch Hauptmann Endrigkeit und die Feldgendarmen dort zurückgelassen. Aber dort in Dubininskij war ihm dieser Gedanke nicht gekommen. Da war ihm, als er den Inhalt von Unolds Befehl erst richtig erfaßt hatte, zumute gewesen wie einem Selbstmörder, den man im letzten Augenblick vom Abgrund zurückriß. Ein animalischer Lebenshunger hatte ihn überfallen, der für nichts anderes Raum ließ als für den Gedanken an die eigene physische Rettung. Das Ende war noch nicht da! Vielleicht gab es noch einen Ausweg, vielleicht kam doch noch die Befreiung von außen? Und dann war man nicht mehr dabei! —

Und nun lag er hier, und ihn würgte der Ekel.

Wumm – wumm – wumm –

Das war wieder ein Reihenwurf in die Hauptschlucht. Die russischen Flieger luden dort häufig ihre Bomben ab. Die Seitenschlucht hier verschonten sie, sie schien ihnen wohl zu dürftig zu sein. Hierher verirrten sich höchstens Granaten von jenseits der Wolga, und die hatte man nur als Volltreffer zu fürchten.

Unteroffizier Herbert hob schimpfend die Glasscherben auf, die bei der Explosion aus dem Fenster herausgeflogen waren. Eben erst hatte er die Scheibe repariert. Seit Stunden schon war er dabei, die zahlreichen Fugen und Risse in der Vorderwand des Bunkers mit Papier und Stoffetzen zu verstopfen. Sie war etwas luftig, die neue Behausung. Durch die breiten Türritzen stäubte der Pulverschnee bis in die Mitte des Raumes, und daß die Sonne breit durch das Fenster schien, war nur ein schwacher Trost.

An dem Tisch saß Geibel und schnitt Papierstreifen zu. Tagelang hatte der Hunger in seinen Eingeweiden gewühlt, jetzt spürte er ihn kaum noch. Sein Magen war offenbar zusammengeschrumpft, denn oberhalb des Bauchnabels hatte sich eine Grube gebildet, in die er seine Faust legen konnte. Nein, es war nicht der Hunger, es war diese letzte Nacht bei Dubininskij, die ihm immer noch schwer zusetzte. In dem Durcheinander dieser Nacht hatte er den Verlust seines Freundes Lakosch doppelt bitter verspürt, und Herberts gereizte Ungeduld war ihm kein Trost gewesen. Lakosch, wo mochte der jetzt wohl sein?

«Wenn es vielleicht doch eine russische Gefangenschaft gibt, du?» sagte er, zu Breuers Pritsche hinüberschielend, leise zu Herbert. Der Oberleutnant rührte sich nicht, er schien fest zu schlafen. «Vielleicht, daß sie bloß die Offiziere totschlagen?»

«Pst!» machte Herbert empört. «Verrückt, was?»

«Sieh mal», fuhr Geibel unbeirrt fort, «wir sind doch man kleine Leute! Wo die Kommunisten doch für die kleinen Leute sind . . .»

Herbert lachte böse. «Daß du dich nur nicht irrst! Du mit deinem Freßladen bist für die immer noch ein Großkapitalist.»

«Glaubst du?» – Geibel legte das Messer aus der Hand. Er hatte ganz entsetzte Augen bekommen. «Wenn *der* man bloß was sagen möchte!»

Er wies mit dem Daumen über seine Schulter hinweg zu der Rückwand des Bunkers. Dort saß ein Mann mittleren Alters in einer hellblauen französischen Militärjoppe, den runden Kopf mit dem kurzgeschnittenen Haar gesenkt, die groben Hände zwischen den Knien gefaltet, und blickte stumm und teilnahmslos auf die Lichtkringel, die die Sonne auf den feuchten Fußboden malte.

«Wenn *der* man bloß was sagen möchte! Aber der sagt ja nichts!»

«Ist die Verpflegung für den Oberstleutnant geregelt?»

Die beiden schraken zusammen. Der Oberleutnant war wach. Hatte er ihr Gespräch gehört?

«Ja — jawohl, Herr Oberleutnant», stotterte Geibel. «Die mekkerten zuerst, aber der Herr Sonderführer hat es dann in Ordnung gebracht.»

Timofej Iwanowitsch Gontscharow, Ingenieuroffizier und Oberstleutnant der Roten Armee ...

Im September 42 hatte Unold selbst ihn in einem Gefangenenlager bei Taganrog ausgesucht als Führer für den neu aufgestellten Kosakenzug. Im November endlich traf er beim Stabe ein, einen Tag vor der Schließung des Kessels. Den Kosakenzug konnte er nicht übernehmen, der war draußen in Mariupol beim Divisionsnachschubführer geblieben. Die langen bangen Wochen hatte er also untätig bei der Abteilung Ib herumgesessen, still und freundlich und für niemand eine Last, hatte ein paar Brokken Deutsch gelernt und sich von Hauptmann Siebel Neugierigen willig als kleine Attraktion vorführen lassen. «Hiwis», sogenannte Hilfswillige aus der Masse der russischen Kriegsgefangenen, die für einen Schlag Suppe Munition schleppten und Stiefel putzten, gab es überall bei der Truppe. Aber ein richtiger russischer Oberstleutnant, der auf deutscher Seite gegen den Bolschewismus kämpfen wollte, war immerhin nichts Alltägliches.

Gestern nun hatte er plötzlich vor der Tür des Ic-Bunkers gestanden, in Begleitung eines Unteroffiziers von Ib. «Empfehlung von Hauptmann Siebel, und Gefangenenangelegenheiten seien ja wohl Ic-Sache!» Weshalb der Kriegsgefangene Gontscharow der Abteilung Ic zur weiteren Veranlassung überwiesen würde. Jetzt auf einmal, wo auch bei denen drüben die Eierkuchen mit Kunsthonig knapp wurden! Nachdem man die Sache mit dem

Kosakenzug allein und ohne Ic gefingert hatte! Breuer hatte den Russen empört zurückschicken wollen. Doch Sonderführer Fröhlich, der diesmal die bösen Ereignisse ohne sichtbare Erschütterung überstanden hatte und von einer rätselhaften Geschäftigkeit befallen war, hatte schließlich das Verbleiben des Russen bei der Abteilung durchzusetzen verstanden. Er führte lange Gespräche mit ihm, die niemand verstand, und gab auf Fragen danach nur unwirsche Antworten. Wenn Fröhlich aber abwesend war — und das war er jetzt oft, ohne über sein Verbleiben Rechenschaft zu geben —, saß der Russe auf der Bank an der Rückwand des Bunkers und sah vor sich hin. So konnte er stundenlang sitzen, stumm und reglos. Er verstand kaum ein deutsches Wort. Aber er sah, was geschah. Er mußte sich über die allgemeine Lage und seine eigene im klaren sein. Was mochte in ihm vorgehen? Man konnte es nicht erraten. Sein gebräuntes, von unzähligen Fältchen zerschnittenes Gesicht, das von Jahrhunderten geprägt zu sein schien wie das eines alten Indianerhäuptlings, zeigte eine gleichbleibende, gelöste Ruhe, und die kleinen graublauen Augen blickten freundlich und wissend ins Weite. Vielleicht dachte er nichts als das eine kleine weltweise Wort, in dem stoische Lebensweisheit, orientalischer Fatalismus und die Märtyrergeduld des Christentums sich vereinten, das Wort, das seit Jahrhunderten einem gepeinigten Volk die Kraft zum Leben gab — nitschewo.

*

Bäume waren im Gebiet von Stalingrad eine kostbare und viel bestaunte Seltenheit. Die Steppe wies nichts dergleichen auf, und in den vom Schmelzwasser ausgefressenen Einschnitten, den Balkas, gedieh bestenfalls kümmerliches Gestrüpp. So hatten die Landser die weitläufige Schlucht, die sich vom Nordteil der Stadt nach Westen hinzog und mit ganzen Ansammlungen schwächlicher Erlen bestanden war, einfach die «Baumschlucht» getauft.

Oberst von Hermann schickte den Wagen zum Parkplatz voraus und ging langsam den schmalen Seitenpfad hinab. Seit zehn Tagen führte er nun die Infanteriedivision an der Wolgafront. Die Versetzung, die er erstrebt und endlich erreicht hatte, war eine Flucht gewesen aus zermürbender Untätigkeit in den erhofften Brennpunkt der Ereignisse, in pausenlose Arbeit und drückende Verantwortung, die keine Zeit für eigenes mehr ließ.

Doch seine Erwartungen hatten sich nur zum Teil erfüllt. Da war Wiese, der junge Leutnant, dessen hohlwangiges Duldergesicht ihm eine stetige Quelle der Rückerinnerung war. Warum nur hatte er ihn hierher mitgenommen? Es war eine seiner spontanen Gemütsregungen gewesen, die er kannte und als gefährlich bekämpfte. Und was den «Brennpunkt der Ereignisse» betraf, so saß diese Division, die zum alten Bestand der 6. Armee gehörte und in den Herbstkämpfen viel Blut gelassen hatte, schon seit Wochen fest in ihren gut ausgebauten Stellungen am Steilufer der Wolga. Die Front war erstarrt und ruhig, und außer gelegentlichen Stoßtruppunternehmen gab es kaum etwas zu tun. Winterbekleidung war vorhanden, die Mannschaftsverluste zum Teil durch Ersatz ergänzt, und auch die Verpflegungslage war – offenbar infolge gehorteter Bestände, die der Ausgleichsbefehl nicht hatte erfassen können – durchaus erträglich. Persönlich war der Oberst gleich nach seinem Eintreffen die vordersten Stellungen abgegangen, und überall hatte er sichere Zufriedenheit angetroffen. «Hier halten wir noch zwei Winter aus, wenn's sein muß, Herr Oberst! Hier kommt der Iwan nicht durch!» Wenn nicht gelegentlich und in den letzten Tagen in steigendem Maße Einheiten herausgezogen und irgendwohin ins Hinterland verschwunden wären, ohne daß je wieder Nachricht von ihnen kam, dann hätte man kaum gespürt, daß es im Westen, im Rücken auch noch eine Front gab und daß ... Nun, bald würden sie auch hier merken, was geschah, sehr bald sogar! Und vielleicht würde er dann, im Taumel des letzten Kampfes, endlich Vergessen finden – –

Auf dem Serpentinenpfad, der sich den Steilhang hinunterschlängelte, stand jemand, ein Offizier mit hochgeschlagenem Pelzkragen, reglos und grau wie die Bäume, die er versonnen betrachtete. Als der Oberst sich näherte, drehte er sich um.

«Ah, Herr von Hermann! Gut, daß ich Sie treffe!»

Die Miene des Obersten verfinsterte sich. Er sah nicht gern in dieses zerknitterte Gesicht mit den verschreckten Mausaugen unter der reichlich großen Schirmmütze. Generalmajor Calmus war sein Vorgänger, der bisherige Divisionskommandeur. Als im November die Nachricht von der Einschließung kam, hatte er einen Nervenzusammenbruch erlitten. Seine Führungstätigkeit hatte sich seitdem darauf beschränkt, in seinem Bunker zu berechnen, wie lange man mit diesen und jenen Munitions- und Verpflegungs- und Kraftstoffmengen noch durchhalten könne. Schließlich hatte das AOK ihn als «krank» abgelöst.

«Ich habe nämlich mal eben unseren Holzbestand überprüft», sagte der General weinerlich nörgelnd. «Wie wir damit bis zum Frühjahr . . .»

«Brauchen wir nicht, Herr General», fiel ihm der Oberst ins Wort. «Es wird uns hier bald sehr warm werden.»

Er ging weiter, ohne auf das erschrockene Gestammel des Generals zu achten. Dieser Mann, dieses Wrack . . . Um die Kampfmoral nicht zu gefährden, hatte die Armee befohlen, er habe bei der Truppe zu verbleiben. Nun geisterte er hier wie ein Gespenst umher, saß bei den Mannschaften in den Unterkünften herum und lamentierte.

Weiter unten begann die Reihe der Bunker. Es waren keine Löcher oder Behausungen, sondern Wohnungen, bequem und mit Liebe angelegt wie für eine Ewigkeit. Witzige Schilder über den Eingängen dienten der Kennzeichnung der Bewohner. Zwei Windhunde – die Kradmeldestaffel, Pfeil und Bogen – Abt. Waffen und Geräte, ein hölzernes §-Zeichen – Abt. III, Kriegsgericht . . . Seinen eigenen Bunker hatte der «Kommandant Stabsquartier» in befreiendem Hang zur Selbstverspottung mit einem gehörnten Rindviehschädel geschmückt. Und eben diesen Schädel mit dem dazugehörigen Schild wollte er jetzt gerade mit Hilfe von zwei Landsern entfernen.

«Nun, Stegen, wie schaut's?»

Der Angeredete sah von seiner Leiter herab. «Ach, Herr Oberst – Es ist zum Kotzen, wenn Herr Oberst gestatten. Da haben wir erst mal die drei Bunker für das VIII. Korps abgeben müssen, und jetzt sollen wir schon wieder welche freimachen für irgendwelche Heinis aus dem Westen. Da müßten Herr Oberst doch mal mit der Faust . . .»

«Ich fürchte», sagte der Oberst ernst, «wir müssen bald noch sehr viel enger zusammenrücken!»

Nein, sie ahnten noch nichts von dem, was er, Oberst von Hermann, seit jenen Stunden in dem Bunker vor Zybenko wußte und was ihm die Lagebesprechung, von der er kam, eben erst wieder bestätigt hatte. In wenigen Tagen würden sie auch hier alle wissen, würden sie die ganze grausige Wirklichkeit erkennen. Es gab keine Rettung mehr — —

Im Führungsbunker hielt der Ia, ein untersetzter, breitschultriger Offizier, sein flaches Boxergesicht über die Karte gebeugt und ließ den Kreidestift mit wuchtigen Strichen über das Papier fahren. Als 1941 in Kiew eine Zeitzünderbombe das Soldatenkino an der Hauptstraße in die Luft gejagt hatte, war er unter den wenigen Ueberlebenden gewesen. Von da her rührten die fingerbreite Narbe auf seiner Stirn und das Flackern in seinem Blick. Man bekam nicht gern mit ihm zu tun.

«Also so eine Schweinerei!» begrüßte er Hermann. «Erst haben sie uns ein Bataillon nach dem anderen aus der Nase gezogen, und jetzt, wo von uns nichts mehr zu holen ist, — da verbreitern sie uns die Abschnitte! Jetzt sollen wir vom rechten Nachbar noch die 400 Meter bis Höhe . . .»

«Passen Sie mal auf, Danne», unterbrach ihn der Oberst, «im Westen ist die Kesselfront zusammengebrochen. Ob und wo das Ganze nochmal zum Stehen kommt, ja — ich weiß es nicht. Vielleicht ist sogar Pitomnik nicht mehr zu halten. — Wir haben Befehl, mit eigenen Kräften unseren Rücken zu decken.»

Das Gesicht des Ia wurde blaß, und die Narbe auf seiner Stirn leuchtete rot. Dann sprang er auf und warf den Kreidestift auf den Tisch.

«Was?» schrie er, und das Blut schoß in sein Gesicht zurück. «Und . . .? Verraten und verkauft hat er uns! Dieser Hund! Dieser erbärmliche Lump! Herrgott, ich . . .»

Hermanns Gesicht wurde zu Stein.

«Reißen Sie sich zusammen, Mensch!» sagte er kalt. «Sie sind doch Soldat, nicht wahr? Ich verbitte mir jedes Wort der Kritik! — So, und nun geben Sie mal die Karte her!»

*

Die Sonne stand erst eine Handbreit über dem Horizont. Eine riesige goldene Frucht, schüttete sie ihre kalte Strahlenpracht auf die gleißende Schneefläche, die starr und makellos dalag wie der Schild des toten Achill. Erstarrt erschien auch die Luft und spröde wie Glas, reglos hingen in ihr unzählige winzige Eiskristalle, funkelnde Nadelspitzen.

Breite Streifen zog der vierradgetriebene «Horch» in den kreischenden Schnee. Das unnatürlich helle Singen seines Motors klang wehleidig, und dumpf und leer war das Scheppern der Türen und Bodenbleche, als hätte die Kälte sogar die Struktur des Metalls verändert.

Breuer fühlte, wie ihn der Frost vom Boden und durch den Sitz her ankroch und seine Glieder umsaugte wie ein Polyp. Selbst die Läuse auf seinem Körper begannen zu erstarren und stellten ihre träge Wanderung ein. Gottlob war es nicht mehr weit bis zu den Bunkern des Armeestabes. Nichts war mehr weit innerhalb des zusammenschrumpfenden Kessels, und von den Artillerieeinschlägen, die die Stalingrazkij-Schlucht schwarz färbten, konnte man nicht mehr sagen, ob sie von Norden, Süden oder Westen her kamen oder von den Fernbatterien jenseits der Wolga.

Zum Armeestab — — Was das nun wieder bedeuten mochte! Als er auf den Befehl hin in aller Eile ein paar Habseligkeiten in seinem Wäschebeutel verstaute, hatten sie ihn mit großen Augen angesehen ohne ein Wort. Auch du gehst fort! hieß das. Und wir? — Hastig hatte er jedem die Hand geschüttelt und ein paar Abschiedsphrasen gemurmelt. In einem einzigen Augenblick hatte er sie abgeschrieben, Herbert, Geibel mit den unberührten Kinderaugen in einem gezeichneten Gesicht, Fröhlich, dessen knochige Hand kalt und drucklos in der seinen lag. Und für Augenblicke hatte eine irrsinnige Hoffnung ihn angefallen. Eine ganz private Hoffnung, die ihm die Schamröte ins Gesicht trieb und doch übermächtig war. Vielleicht ... Er begann am ganzen Leibe zu zittern, und seine Zähne schlugen aufeinander.

Hauptmann Siebel an seiner Seite ruckte nervös mit der Schulter.

«Schaffen Sie sich Holzglieder an, Breuer!» brummte er aus seinem Wollschal hervor. «Die frieren nicht.»

«Ob Unold wohl ausfliegt?» fragte Breuer zurück.

«Schon möglich», gab der Hauptmann zurück. «Der schafft's bestimmt noch mal.» Seine Stimme klang fremd in der Kälte, wie aus einem Taucherhelm heraus.

«Vielleicht fliegt er aus und nimmt uns mit?» entfuhr es Breuer. Er fühlte, wie er rot wurde, und biß sich auf die Lippen.

Der Hauptmann wandte ihm den Kopf zu und griente:

«Glauben Sie noch an den Weihnachtsmann?»

Der Wagen bog in eine hohe Umfriedung von Schneewällen

ein. Ein Offizier in langem Schafspelz kam armrudernd auf sie zugelaufen. «Los, los, Beeilung!» rief er schon von weitem und ohne jeden Respekt vor dem Divisionsstander. «Weg mit dem Wagen von hier!» Besorgt strich sein Blick den frostflimmernden Himmel ab.

Unweit des Parkplatzes erhob sich eine Reihe breiter Bunkerkuppen, dünne Rauchsäulen standen darüber. Unter dieser Decke von Eis und Schnee pulsierte das Gehirn der Armee.

Mit einem Großangriff der Sowjets hatte der Führungsstab der 6. Armee zu diesem Zeitpunkt noch nicht gerechnet. Trotzdem traf ihn der russische Schlag nicht unvorbereitet. Innerhalb des Kessels waren rückwärtige Stellungen vorgesehen, die durch eine Frontverkürzung den zu erwartenden Ausfall an Menschen und Material ausgleichen sollten. Auf den Generalstabskarten nahmen sich diese Linien mit ihren Blumennamen recht eindrucksvoll aus. Im Gelände freilich sah die zurückfallende zerschlagene und zerspaltene Truppe nichts von diesen «Auffangstellungen». Sie klammerte sich an Schluchten und Hausreste, an Russenbunker, Einschlaglöcher und alte, halbverwehte Flakstellungen, ohne zu wissen, was rechts oder links geschah, und wehrte sich ihrer Haut gegen die Uebermacht, wo sie noch Kraft dazu hatte. Und daß sie noch Kraft dazu hatte und daß der von Norden, Süden und Westen mit Rudeln von Panzern und Flugzeugen und unter starker Zusammenballung von Artillerie vorgetragene Angriff nicht gleich in den ersten Tagen den Kessel zerschlug – daß es noch immer und immer wieder so etwas wie eine Front gab, das war nun wirklich ein Wunder. Ein Wunder, vollbracht auf der einen Seite von dem Mut der Verzweiflung und einem jetzt wahrhaft wahnwitzigen Glauben, gefördert auf der anderen Seite von dem Willen, selbst gegenüber einem einzelnen Maschinengewehr oder einer Handvoll halberfrorener Gewehrschützen nichts mehr zu riskieren um eines belanglosen Zeitgewinns willen angesichts der überreifen Frucht, die morgen oder übermorgen von selber fallen mußte. Und vielleicht wirkte auch immer noch der große Bluff nach, der Nimbus der Unbesiegbarkeit, den Hitler einer in knapp vier Jahren aus dem Nichts hervorgezauberten Wehrmacht angehängt und mit dem er eine ganze Welt düpiert hatte. Vielleicht erschien dem russischen Muschik der «Friitz», der bis nach Moskau und Stalingrad vorgedrungen war, auch hier in seiner ausgemergelten, lumpenbehängten Jammergestalt immer noch als ein unheimlich gefährlicher Gegner. Es war ein Wunder, das einzige Wunder, das sich in Stalingrad vollzog, ein Wunder ohne Sinn und ohne Hoffnung.

Bei der Führungsabteilung der Armee war der Arbeitsverlauf in diesen Tagen fast immer der gleiche: Verhältnismäßig ruhig, wenn auch voll banger Erwartungen schleppten sich die Morgenstunden dahin. Gegen Mittag schrillten dann die Fernsprecher, und auf den Tischen häuften sich die Funk- und Fernsprüche mit Alarmmeldungen. Hier pausenlose Angriffe, da ein Bataillon zersprengt, da tiefe Einbrüche, dort ein Panzerdurchbruch, dort ein überrumpelter Stab in erbittertem Nahkampf ... Und was noch schlimmer war, von manchen Einheiten kam überhaupt keine Meldung mehr. Nun begann eine nervöse Geschäftigkeit. Panzer, die als Wracks irgendwo im Schnee lagen, wurden Stäben zugewiesen, die bereits versprengt durchs Gelände irrten — Truppenteile, die nur noch auf dem Papier standen, an Punkte dirigiert, auf denen längst der Russe saß — Kolonnen, die kokelnd am Wegrand lagen, mit Munition, die längst verschossen war, zu Batterien geschickt, deren Geschütze inzwischen gesprengt oder in Feindeshand waren. Am Abend war dann die Lage gemeistert — auf dem Papier. Und wieder kehrte für kurze Stunden Ruhe ein, bis am nächsten Tage neue Hiobsbotschaften sich durch die Windungen des Dienstweges bis zur Armeespitze quälten und erneut Sorge und Schrecken verbreiteten.

In diesen Betrieb waren seit kurzem Oberstleutnant Unold und Hauptmann Engelhard eingespannt. Gleich nach der Ankunft in Stalingrazkij war Unold zum Armeestab gefahren und hatte dort «einen kompletten Divisionsstab» als «frei und ohne Aufgaben» gemeldet. «Ohne Aufgaben?» hatte der Chef kalt gelächelt. «Dem kann abgeholfen werden!» — Seitdem saßen die beiden in dem Bunker der Abteilung «Eins Dora» über Karten, Meldungen und Befehlen, während in ihrem verwaisten Stabe böse Gerüchte über ihr plötzliches Verschwinden kreisten. Und heute war nun an Hauptmann Siebel, den Divisions-Ib ohne Aufgaben, und Oberleutnant Breuer, den Divisions-Ic ohne Aufgaben, der Befehl von Unold gekommen, sich «marschfertig mit kleinem Gepäck» — als ob es noch großes Gepäck gäbe! — beim Armeestab Abt. Id zu melden ...

Hinter der Tür mit der Aufschrift «Id» öffnete sich ein verhältnismäßig großer Raum, dessen niedrige Decke durch Zwischenpfeiler abgestützt war. Auf Schreib- und Kartentischen häufte sich Papier. Ein Soldat, offenbar einer der Schreiber, war damit beschäftigt, die schmalen Fensterschlitze mit Cellophan zu verkleben. Eine Verglasung hatten die häufigen Bombenangriffe wohl als zu unwirtschaftlich erscheinen lassen. Sonst befand sich in dem Raum nur noch ein älterer Offizier, der wartend herumstand. Er trug einen feldgrauen Innenpelz, dessen Schulterstücke ihn als Oberstleutnant auswiesen. Unter einer kordelgeschmückten Schirmmütze sah ein schmales, zerknittertes Gesicht mit einem grauen Schnurrbärtchen hervor. Durch einen Kneifer blickten kühle Augen einen Augenblick über die neuen Besucher hinweg und suchten dann wieder einen Haltepunkt an der gegenüberliegenden Wand. Neben seinen Füßen stand ein noch ganz neuer Rindlederkoffer.

«Oberstleutnant Unold nicht hier?» fragte Siebel.

«Ist beim Chef drüben, Herr Hauptmann», antwortete der Soldat vom Fenster her. «Wird sicher gleich zurückkommen.»

«Hoffentlich», maulte der alte Oberstleutnant, ohne seinen Blick von der Wand zu lösen. «Stehe jetzt bald 'ne halbe Stunde hier herum. Eigenartige Dienstauffassung, muß ich schon sagen. Bei der alten preußischen Armee gab's so was nicht!»

«Seitdem dürfte sich überhaupt manches geändert haben», bemerkte Siebel und zwinkerte Breuer amüsiert zu. Der alte Herr biß prompt auf den Köder an. Er wandte sich Siebel interessiert zu.

«Also wissen Sie, was ich da heute auf dem Flugplatz Pitomnik erlebte ... Also, ich muß schon sagen ... geradezu katastrophale Erscheinungen! Verstehe nicht, wie so was überhaupt möglich ist!»

Es ergab sich, daß er vor zwei Stunden erst mit dem Flugzeug von einem Lehrgang zurückgekommen war und nun seine Einheit suchte. Breuer hörte aufmerksam zu. Dieses Gesicht, diese Stimme ... Den Mann kannte er doch! Aber er konnte nicht darauf kommen, woher.

Eine Seitentür flog auf, und Unold fegte herein, einige Kartenrollen unter dem Arm.

«Aha, da sind Sie ja! Also passen Sie mal auf, Siebel, ein neuer Auftrag!» Er rollte auf dem Tisch eine der Karten aus.

«Erlauben», mischte sich der fremde Oberstleutnant ein, «ich warte hier schon eine halbe Stunde. Möchte um Auskunft bitten, wo meine Kolonnen jetzt stehen. Bin eben eingeflogen, und . . .»

«So, eben eingeflogen, sehr schön!» unterbrach Unold ungeduldig. «Offiziere brauchen wir wie ein Stückchen Brot. Also, Sie werden ab sofort dem Hauptmann hier unterstellt. Stoßen Sie sich nicht an dem Dienstrang, es ist ein bewährter Generalstäbler. Sie können sich das gleich hier mit ansehen. — Also, Siebel, hier die Bahnlinie . . .»

Dem Oberstleutnant hatte es einen Augenblick die Sprache verschlagen. Er rückte nervös an seinem Kneifer. «Verzeihen», sagte er jetzt, «das ist wohl ein Mißverständnis. Ich bin Artillerist, Kolonnenführer! Meine Munitionskolonnen standen im Herbst in Karpowka, und da . . .»

«Ja doch, ja doch!» unterbrach ihn Unold wütend. «Ich bin ja schließlich kein Idiot! Ihre Kolonnen sind bestimmt längst aufgeteilt oder zerschossen oder zersprengt oder was weiß ich. Und Ihre Leute sind irgendwo im Einsatz, da brauchen Sie sich keine Sorgen mehr zu machen. Sie unterstehen hier dem Hauptmann, verstanden? Die Sache ist von allerhöchster Wichtigkeit! — Also weiter . . .»

Der alte Herr begann zu zittern und trampelte wie ein ungezogener Junge auf dem Boden herum. «Unerhört!» kreischte er los. «Wir sind Heerestruppe! Ihre Armee geht mich überhaupt nichts an! Ich werde mich beschweren! Ich verlange sofort ein Ferngespräch . . .»

Unold ließ die Karte los, die sich von selbst wieder zusammenrollte, und richtete sich auf.

«*Was* wollen Sie? Wissen Sie überhaupt, wo Sie sind? — Wir haben hier Standrecht, Herr! *Standrecht!* Und damit spaßen wir nicht!»

Der Oberstleutnant öffnete ein paarmal den Mund wie ein Fisch auf dem Trockenen, er brachte keinen Ton mehr heraus. Unold noch immer fassungslos anstarrend, begann er mit einem Taschentuch seinen Kneifer zu putzen, als ob der daran schuld sei, daß er nichts mehr verstand.

Unold beachtete ihn nicht weiter. Er rollte nochmals die Karte aus.

«Also, Siebel, die Sache ist folgende: Hier die westliche Umgehungsbahn ist zwischen Gumrak und Woroponow als innere

Verteidigungslinie vorgesehen. So für alle Fälle natürlich nur! Sie muß ausgebaut werden. Bunker, Schützenlöcher, Pakstellungen, na, und so weiter. Das werden *Sie* machen. Dazu ist notwendig, sämtliche Bahnübergänge abzusperren und alles aufzufangen, was da so von Westen herankommt. Alles, einschließlich der Kraftfahrer, verstehen Sie? Mit Ausnahme der Stäbe und der Verwundeten natürlich. Fahrzeuge lassen Sie seitlich im Gelände abstellen, die brauchen wir doch nicht mehr. Es kommt darauf an, daß die Sache möglichst schnell steht. – Alles klar?»

Hauptmann Siebels Gesicht war hart geworden.

«Mit wem soll ich absperren?» fragte er knapp.

«Die Feldgendarmerie des LI. Korps wird Ihnen unterstellt.»

«Schanzzeug?»

Unolds Augenlider begannen zu zucken, seine Finger trommelten auf die Karte. «Herrgott, Mann, kommen Sie doch jetzt nicht mit solchen Lappalien! Da müssen Sie eben selbst sehen!»

«Selbst sehen –!» Der Hauptmann riß seine Pelzmütze vom Kopf, warf sie auf den Tisch und stützte den gesunden Arm darauf. «Herr Oberstleutnant, das kenne ich! Ein Fingerstrich über die Karte, und schon steht eine neue Verteidigungslinie. Und das arme Schwein, das den Befehl bekommt, das habt ihr am Arsch, wenn's nachher nicht klappt! – Aber nicht mit mir, Herr Oberstleutnant, nicht mit mir! – Geben Sie mir drei Baubataillone mit allem, was dazu gehört, und ich baue Ihnen in drei Tagen eine prima Stellung. Aber so, mit ‚Da müssen Sie selbst sehen', so nicht! Bei mir nicht!»

Unolds gelbes Gesicht war weiß geworden. «Siebel», flüsterte er, «sind Sie wahnsinnig?» –

Ein anschwellendes Pfeifen wurde laut, und im nächsten Augenblick riß zugleich mit dem Krachen eine unsichtbare Hand das Cellophan von den Fenstern. Der Raum war eine einzige Wolke von Staub und Schnee. Der Luftdruck hatte die drei Offiziere an die Rückwand gepreßt. Als die Staubwolke sich gelegt hatte, kam Unold unter dem Tisch hervorgekrochen. Er zerrte die Karte aus dem Schutt heraus und drückte sie Hauptmann Siebel in die Hand.

«Nun aber los, Herrschaften!» schrie er und drängte die drei Offiziere aus dem Bunker hinaus.

*

Die Talowojschlucht, die unweit des Ringes der Umgehungsbahn ihren Anfang nahm und sich in sanftem Bogen zur Wolga hin langsam verjüngte, lag im Glanze der Mittagssonne da als ein Tal des Friedens. Ihre Hänge waren mit Buschwerk und vereinzelten niedrigen Bäumen bestanden, dazwischen lugten die Holzfronten von Bunkern wie Wochenendhäuschen hervor. Im Talgrund weideten dicke Pferde, irgendwo trocknete frische Wäsche an langen Leinen. Eine dampfende Feldküche sandte den verlockenden Duft von Erbsensuppe durch das Tal. Unweit davon war ein Schlächtereizug an der Arbeit. Rosig und lecker leuchteten von den Schuppenwänden die Breitseiten frischgeschlachteter Tiere.

Breuer, der den gewundenen Fußpfad auf halber Hanghöhe entlangging, blickte auf diese Idylle wie auf eine Fata Morgana. Hauptmann Siebel hatte zunächst einmal die vorgesehene Verteidigungslinie abfahren wollen und den Oberstleutnant, der sich schweigend in das anscheinend Unvermeidliche gefunden hatte, dazu mitgenommen. Breuer aber war am Eingang der Schlucht abgesetzt worden, um die Unterkünfte vorzubereiten. Jetzt befand er sich auf dem Wege zum Gefechtsstand des Korps, das seit den Herbsttagen schon einen Teil der Wolgafront hielt.

Wenig später saß er in einem schwarzledernen Sessel den beiden Ordonnanzoffizieren der Abt. Ia gegenüber. Man hatte ihn sehr höflich, wenn auch mit einigem Befremden begrüßt.

«Gewiß, wir sind unterrichtet. Der ‚Stab Siebel' soll auf Befehl der Armee da hinten eine Sicherungslinie vorbereiten.»

Da hinten — Etwa drei Kilometer waren es bis «da hinten»!

Angesichts der gepflegten Gesichter und Hände, der blitzenden Reitstiefel und der blanken Auszeichnungen auf den eleganten Waffenröcken wurde Breuer sich beklemmend seiner eigenen zerrissenen und verlausten Schäbigkeit bewußt. Dieser Bunker — sperrholzgetäfelt, gerahmte Oeldrucke an den Wänden, auf dem gedielten Fußboden eine Astrachanbrücke, gelbglänzende Schreibtische mit allem Komfort wie nur in irgendeinem Dienstzimmer der Heimat ... Sich gleichsam entschuldigend, begann er von den Erlebnissen der letzten Tage und Wochen zu erzählen.

Die beiden Herren lauschten voll höflicher Anteilnahme. «Ja, wir hörten davon. Schrecklich, nicht?»

Als wenn es sich um ein Erdbeben in Peru handelte!

«Erstaunlich eigentlich, diese Entwicklung», meinte der O 1, ein jugendlicher Rittmeister mit einem semmelweichen, sommersprossigen Gesicht. «Bei uns hier an der Wolga ist es doch schon seit Wochen vollkommen ruhig. Hier würde der Russe auch nicht durchkommen!»

Das klang sehr selbstgefällig für Breuers Ohren, obwohl es sicherlich nicht böse gemeint war. Himmel, kapierten die denn immer noch nichts?

«Sie sitzen hier in ausgebauten Stellungen», erregte er sich. «Aber was hilft denn das schon! Ich bitte Sie, meine Herren, verstehen Sie doch: In wenigen Tagen, vielleicht schon in Stunden wird ein paar hundert Meter von hier entfernt in Ihrem Rücken die Front verlaufen!»

Die beiden Offiziere nickten bekümmert. Bekümmert auch über den armen Kerl da vor ihnen, der offenbar mit seinen Nerven völlig herunter war. Sie hörten und glaubten sicherlich auch, aber sie begriffen nicht. –

Nach Westen zu lief die Talowoj-Balka in eine flache Mulde aus, die den Anblick eines Dorfplatzes bot. Niedrige Holzhäuser schienen ihn zu säumen. Es waren die von Türen und Fenstern durchbrochenen hölzernen Vorderfronten von Bunkern, die in die bis zu vier Meter hohen Steilränder der Mulde eingelassen waren. An der scheinbaren Häuserfront führte ein mit Bohlen belegter Gehsteig entlang, geschützt durch ein Geländer mit eisernen Ringen zum Anbinden der Pferde. Vor den Bunkerwänden türmte sich Brennholz in sauber gestapelten Bergen. Ueber einzelnen Bunkern kräuselten sich Rauchfahnen, sonst aber lag der Platz in verwunschener Einsamkeit da.

An einer der Türen hing ein Schild mit der Aufschrift «Jägerhütte». Der begleitende Offizier öffnete mit einem Schlüssel.

«Darf ich bitten?»

Breuer sah sich in einem mittelgroßen, ebenfalls holzgetäfelten Raum. Die eine Seite nahm ein gewaltiger weißgefugter Kamin aus Rohziegeln ein, der zugleich als Herd benutzt werden konnte. Gegenüber bildeten eingebaute Bänke zusammen mit einem Eichentisch und Stühlen im Bauernstil eine gemütliche Wohnecke. Das breite Fenster hatte eine Zugverdunkelung und rotweiß geblümte Gardinen. Vorhänge aus dem gleichen Stoff verdeckten die Rückwand des Bunkers. Dahinter kamen zwei dreistöckige Schlafkojen mit eisernen Federbetten zum Vorschein.

«Hübsch, nicht wahr?» meinte der etwas verlegen und offenbar in Sorge, ob der gebotene Komfort den Ansprüchen von Abgesandten des Armeestabes auch genügen würde. «Es sind die Feldgendarmen einer unserer Infanteriedivisionen, die sich hier für den russischen Winter eingerichtet haben. Sie sind fort zu irgendwelchen Absperrmaßnahmen. Werden wohl so bald nicht zurückkehren.»

Nein, sie würden wohl nicht mehr zurückkehren ...

Der liebenswürdige Offizier öffnete eine Seitentür und war nun selbst überrascht. Die beiden standen in — einer Bar! In einer richtigen Bar mit Hockern, Schanktisch und rot getönten Wänden, von einem Könner schwungvoll bemalt mit tanzenden Paaren, leichtbekleideten Frauengestalten und Schlagertexten. Die Regale hinter der Theke freilich waren leer. An der Wand stand ein schwerer eiserner Ofen, ein deutscher «Esch»-Ofen.

Der Ordonnanzoffizier schüttelte den Kopf. «Pompös, pompös!» lächelte er. «Nun, ich hoffe, Sie werden sich hier wohlfühlen. Es steht alles zu Ihrer Verfügung. Ihr Fernsprechanschluß ist zur Korpsvermittlung durchgeschaltet, verlangen Sie dort bitte O5. Und nun darf ich mich wohl empfehlen?»

Breuer schleppte einen Armvoll Brennholz herein und machte Feuer in dem Kamin. Dann zog er die Filzstiefel aus, hängte die Fußlappen zum Trocknen auf und streckte die Beine zum Feuer hin. Er schloß die Augen und dachte an nichts. Ein Schiffbrüchiger, der die Planken des Rettungsbootes unter den Füßen fühlt ...

Später suchte er dann den Verpflegungsbunker auf.

«Aha, der ‚Stab Siebel'!» begrüßte ihn ein freundlicher Zahlmeister. «Fünf Mann sind gemeldet. Ich denke, ich gebe Ihnen gleich mal für fünf Tage Verpflegung mit, dann brauchen Sie sich nicht täglich hierher zu bemühen.»

Er packte ein paar Brote vor Breuer auf den Tisch, stellte zwei Konservenbüchsen und eine Dose Kaffee dazu, wog einen großen Klumpen Butter ab (es war wirklich Butter!) und brachte schließlich eine Wurst zum Vorschein, baumdick und lang wie ein Unterarm.

«Aus eigener Schlachterei», sagte er. «Zwar nur Pferdefleisch, aber prima, prima! — Wenn Sie hier bitte quittieren wollen?»

Und dann stand da mit einmal eine Flasche auf dem Tisch.

«‚Martell', Kasinoware! Fünf Mark die Flasche! Eine kann ich Ihnen abgeben.»

Breuer schwindelte es. Das alles war zuviel. Mit einmal begann er zu erzählen, unvermittelt und in fliegender Hast, als könnte er das alles vor seinen Augen da als wirklich beschwören, solange er seine eigenen Worte hörte. Von Dubininskij erzählte er und von dem neuen, verzweifelten Auftrag, und von dem Hauptmann, der seinen Arm am Wolchow verloren und ein Ritterkreuz dadurch erworben hatte. Sehr verworren war das alles, und der Zahlmeister verstand bestimmt nicht viel davon, doch mit einmal waren ihm die Augen feucht, und er holte noch eine zweite Flasche Kognak hervor und zwanzig Zigarren. «Und empfehlen Sie mich bestens Ihrem Herrn Hauptmann, Herr Oberleutnant!» –

Es dämmerte schon. Ruhig und voller Frieden zog die Winternacht herauf. Breuer saß vor dem Kamin und aß Butterbrot, auf der Herdplatte brodelte das Kaffeewasser. Plötzlich schrak er zusammen. Der Holzring an der Decke mit den gläsernen Schalen erstrahlte in blendendem Licht. Breuer sprang auf und starrte in die Helle, bis ihm die Augen schmerzten. Elektrisches Licht ...! Dubininskij, 100 g Brot, ein Schneeloch, in dem er sterben wollte ... Wo war er denn? Auf Zehenspitzen ging er zu dem Schalter neben der Tür, knipste aus, knipste an ... aus ... an ... Und kicherte und gluckste vor sich hin. Und hielt inne und legte die Hand vor die Augen. –

Es war tiefe Nacht, als Hauptmann Siebel und der Oberstleutnant endlich schneebestäubt und durchgefroren eintrafen. Sie fanden Breuer am Herd stehend und Wurstscheiben bratend. Breuer sah dem Hauptmann in das zerquälte Gesicht.

«Wie war's denn da hinten?» Auch er sagte schon «da hinten»!

Siebel riß sich die Mütze vom Kopf und fuhr damit durch die Luft. «Ach – scheiß drauf!» Und jetzt erst wurde er sich der ungewohnten Umgebung bewußt. «Was ist denn *hier* kaputt?»

«Ja, Herr Hauptmann!» grinste Breuer. «Hier war der Weihnachtsmann!» Und er berichtete von den Ereignissen des Tages. Kopfschüttelnd hörte der Hauptmann ihm zu.

«Na los, Mann», unterbrach er ihn schließlich, «dann fahren Sie mal auf! Vorläufig leben wir ja noch!»

Den Oberstleutnant schien das alles weit weniger zu überraschen. Er hatte bereits seinen Koffer ausgepackt und Hausschuhe angezogen. Jetzt untersuchte er die Betten und maulte über die harte Federung. Breuer betrachtete nachdenklich das faltige Gesicht mit dem grauen Mittelscheitel und dem Schnurrbärtchen. Es kam ihm fremd vor und doch wieder irgendwie bekannt. Wo war ihm dieser Mensch nur begegnet?

Sie aßen und tranken und vergaßen und lernten an diesem Abend für eine Weile wieder das Lachen. Schwer fielen sie nachts auf die Betten und schliefen tief und traumlos.

*

Nicht weit von den Zelten, Bunkern und Schuppen des Flugplatzes entfernt liegt das Dorf Pitomnik, ein knappes Dutzend eingeschneiter Häuschen und eine Menge weiß gekalkter, vereister Kraftfahrzeuge, starr und tot. Alles Leben dieser Polarsiedlung hat sich vor der Kälte und den ständigen Bombenangriffen unter die Erde verkrochen, die durchlöchert ist wie von riesigen Maulwürfen.

In einem dieser Erdlöcher sitzt Leutnant Harras. Er hockt auf dem nassen Lehmboden, den Oberkörper an die schmierige Rückwand gelehnt, die Knie angezogen. Eingekeilt zwischen fremde Leiber, döst er mit offenen Augen vor sich hin. Hunger, Erschöpfung und die Erlebnisse der letzten Tage haben ihn gezeichnet, sein Gesicht ist stoppelig und von dem rissigen Graubraun der Lehmwand kaum noch zu unterscheiden. Auf seinem Knie liegt die verletzte Hand, in ihr klopft und tickt es wie in einer Uhr.

Der Bunker ist voll von Menschen, sie kauern ringsum im Halbdunkel der Wände. In der Mitte sitzt bei Kerzenschein an einem Tisch ein Zahlmeister. Vor ihm sind Konservenbüchsen und Brote aufgebaut, daneben steht eine Aluminiumschüssel voll Butter. Er rechnet und registriert und blickt nur gelegentlich unwillig über seinen Brillenrand hinweg in das Dunkel, wenn wieder einmal die Klappe sich öffnete und mit neuen Schutzsuchenden Schnee und Frost in den Raum einbrechen. Harras schielt böse zu dem Tisch hinüber. Als er gegen Mittag vom Flugplatz hierher kam, hat er diesen Zahlmeister um Verpflegung gebeten. «Welche Einheit? Wieviel Mann?» — «Ich bin allein, versprengt!» — «Bedaure, dann kann ich Ihnen nichts geben. Verpflegung wird nur an geschlossene Verbände ausgegeben.» – Noch mehrfach im Laufe des Nachmittags wurde diese Antwort hungrigen Einzelgängern zuteil, und nicht immer ging es so ruhig dabei ab. Aber auf der Tischplatte liegt eine Pistole, und die ist entsichert.

Hunger und Wut treiben Harras das Blut in die Augen. In die Fresse würde er dem Kerl schlagen, wenn er noch die Kraft dazu hätte. So ein stures, dummes Bürokratenschwein! Wann hat er eigentlich zum letztenmal gegessen? Er weiß es nicht mehr. Die zwei Fleischkonserven jedenfalls, um die er gestern auf dem Flugplatz den Wäschebeutel eines verwundeten Hauptmanns erleichterte, hatte ihm irgendein Lausekerl gestohlen, ehe er noch dazu gekommen war, die Aufschriften zu entziffern. Toll eigentlich! denkt Harras erbittert. Wer hätte es wohl früher gewagt, einen Offizier zu bestehlen!

Er schließt die Augen, und seine Züge verzerren sich unter einem stechenden Schmerz, der sich von der durchlöcherten Hand bis in den Ellbogen hinaufzieht. Diese verdammte Verletzung! Daß ihm das auch noch passieren mußte! Harras ist weit davon entfernt, in dem Schuß, der sich da plötzlich aus seiner Pistole löste und die linke Handfläche genau in der Mitte durchschlug, etwas anderes zu sehen als einen bedauerlichen Unglücksfall. Und er hatte im Ernst geglaubt, mit einer solchen Verletzung würden sie ihn in die Heimat fliegen! Wo auf dem Flugplatz Hunderte in Bunkern und Zelten lagen und auf den Abtransport warteten, Leute ohne Arme und Beine, mit durchlöcherten Bäuchen oder aufgerissenen Hirnschalen ... Da wäre es besser gewesen, damals gleich bei den Russen zu bleiben. Schlimmer hätte es auch dort wohl nicht werden können. Aber wer konnte ahnen, daß es einmal so kommen würde ...

Harras fühlt, wie ihn jemand beharrlich am Aermel zupft. Verschlafen blinzelt er zur Seite.

«Herr Leutnant?» piepst fragend ein Stimmchen, und aus einem Gesicht, das an eine Spitzmaus denken läßt, blickt ein Paar lebhafter Knopfaugen zu ihm hoch. «Sie haben wohl auch nichts zu essen, was?»

Harras schließt wieder die Augen. Eine so dämliche Frage verdient keine Antwort.

«Und wo der Stab liegt, wissen Sie wohl auch nicht?» fragt das Spitzmausgesicht unverdrossen weiter. Harras grunzt etwas, das wie «Idiot» klingt. Er hat keine Lust, sich zu unterhalten.

«Weil die nämlich vielleicht was zu essen rausrücken möchten, wenn man erzählt, daß man drüben war ... bei den Russen.»

Bei den Russen? Jetzt spitzt Harras die Ohren. Aber auch von den anderen sind einige aufmerksam geworden.

«*Wo* warste? Beim Iwan? – Los, Mensch, erzähl mal!»

Die Spitzmaus, geschmeichelt von so viel unerwarteter Anteilnahme, läßt sich nicht lange bitten.

«Ja, also – das war so: Bei Dubinski, oder wie das Nest heißt, da haben sie uns geschnappt, mich und noch zwei von uns. Und wie sie uns zuerst alles abgelaust haben, sogar die Stiefel, da dachten wir, sie möchten uns vielleicht umlegen. Aber dann kam so einer im Ledermantel, und da ging's rund, du! Die Russen sind gar nicht stur, ganz zackig sind die! Und da haben sie uns alles wiedergegeben, und auch zu essen. Und der im Ledermantel, der hat gefragt, ob wir nicht vielleicht wieder zurück möchten zu den Unsrigen. Der Neumann, der wollte nicht, der hatte Angst, sie schießen uns von hinten in den Rücken. Aber der andere und ich, wir sagten gleich ja, und da haben sie uns losgeschickt ...»

«Was, einfach so los?» – «So mir nichts dir nichts wieder laufen gelassen?»

«Ja! – Und der im Ledermantel, der hat noch gesagt, wir sollten alles erzählen, wie wir hier behandelt worden sind, und die Kameraden sollten Schluß machen mit dem unsäglichen Krieg, und daß der Hitler an allem schuld ist, und die Rote Armee hätte das beste mit uns vor.»

«Hahaha –, das glaub' ich, was die mit uns vorhaben!» Die Vorstellung wirkt grausig erheiternd.

Betroffen und beklommen hat Harras zugehört. «Sagen Sie mal», fragt er jetzt, «haben Sie da drüben auch Deutsche getroffen? Deutsche Zivilisten?»

«Deutsche Zivilisten?» Der Mann sieht Harras verständnislos an. «Der im Ledermantel konnte Deutsch, aber schlecht. Und dann war da noch einer in der Landserkluft, der sprach richtig Deutsch. So ein Rothaariger mit Sommersprossen.»

«In deutscher Landserkluft? Das war bestimmt 'n verkleideter Kommissar, du!»

«Oder ein Jude, Mensch! Die können alle Deutsch, die Teufel!»

«Rothaarig, sagst du? Mit Sommersprossen? – So einen kenne ich! Der handelte 32 bei uns in Finkenwerder mit Mausefallen.»

«Ja, also —», fuhr die Spitzmaus fort, etwas kleinlaut angesichts der vielseitigen Deutungen seiner Erlebnisse, «der wo so aussah wie ein Landser, der sagte, das stimmt alles, und keiner wird erschossen, und wir sollten mal den Feldwebel fragen, der auch schon mal hier war, der weiß Bescheid. Einer mit so 'nem Hundenamen. — Kennen Sie so einen vielleicht zufällig, Herr Leutnant?»

Doch der Leutnant gibt keine Antwort mehr. Er hat sich die Mütze über die Augen gezogen und schläft wohl schon wieder. Unter den anderen aber kommt eine lebhafte Unterhaltung auf.

«Raffiniert, was? — So 'n richtiger Judentrick: Gefangene beschmusen und dann freilassen, wo sie genau wissen, daß sie uns in ein paar Tagen doch alle haben!»

«Aber dann, Mensch, dann ist es aus mit dem Geschmuse! Dann sind wir auf einmal alle Hitlers, und ran an die Wand!»

«Ach, geht doch weg, Leute, vielleicht ist das alles halb so wild! Schlimmer als hier geht's doch schon gar nicht! — Wärste bloß gleich dageblieben, Mann!»

«Dageblieben? Bei den Russen?» Der Kleine ist ganz empört. «Na, höre mal!»

«So oder so Scheiße!»

«Maul halten!» schreit es böse dazwischen. Es ist der Zahlmeister, der sich in seinen Berechnungen gestört fühlt. «Wenn hier nicht augenblicklich Ruhe herrscht, wird der Laden geräumt!»

Die Stimmen verklingen in Knurren und Flüstern, irgendwo sagt jemand recht vernehmlich: «Olle Toppsau!» Bald aber füllt den Raum nur noch das rasselnde Atmen der Schläfer und das Brummeln des Zahlmeisters, der über seinen Listen sitzt.

Doch auch Harras schläft nicht. Die Erzählung seines Nachbars hat ihm einen gehörigen Schrecken eingejagt. Wer mag nur der rothaarige Schlawiner sein, der ihn so genau kennt? Er entsinnt sich nicht, einem Menschen dieses Aussehens bei den Russen begegnet zu sein. Um so schlimmer! Eines ist jedenfalls klar: Man hat ihn drüben nicht vergessen und offenbar die einzelnen Einheiten über ihn unterrichtet. Also auch dorthin ist der Weg für ihn endgültig versperrt. Verdammt! — In eine schöne Patsche hat er sich da hineinmanövriert. Morgen muß er es doch noch einmal auf dem Flugplatz versuchen. Oft fliegen Maschinen leer zurück. Wenn man mal mit einem der Flugzeugführer ein ruhiges

Wort unter vier Augen spräche... Hunger und Erschöpfung zwingen ihn schließlich in den Schlaf.

Stunden mögen vergangen sein. Da zerreißen kurz hintereinander ein paar helle Detonationen die Stille. MG-Feuer rattert los, Lärm und Geschrei dringen von draußen herein. Harras' Unterbewußtsein registriert «Luftangriff» und läßt den müden Körper weiterschlafen.

«Raus!» — Irgend jemand schreit es durch die Bunkerklappe. «Raus! — Der Iwan ist da!»

Als erster ist der Zahlmeister aufgesprungen. Wie eine Marktfrau, die vom Platzregen überrascht wird, rafft er seine Sachen zusammen. «Herrgott», stöhnt er, «Herrgott, mein Magazin!» Er stopft Fleischbüchsen in seine Taschen, greift nach der Butterschüssel und den Broten zugleich, verliert dieses und jenes und drängt schließlich mit anderen zur Einstiegklappe hinaus. Hinter ihm leert sich der Bunker.

Harras sitzt immer noch an die Wand gelehnt. Sein erschöpfter Körper wehrt sich gegen das Wachsein. «Feiner Trick!» denkt er im Halbschlaf. «Jetzt gibt es hier wenigstens Platz!» Doch die grimmige Kälte, die zugleich mit dem wachsenden Lärm durch die offengebliebene Klappe einfällt, macht ihn schließlich munter. Der Bunker ist fast leer. Auf dem Tisch flackert geduckt die Kerze. Harras rappelt sich hoch. Zu seinen Füßen kriecht jemand auf dem Boden umher, er kratzt Butter aus dem Lehm und schmiert sie sich in den Mund. Harras steigt über ihn hinweg. Und dort in dem Winkel neben der Tür kauert noch einer. Harras packt ihn an der Schulter und rüttelt ihn.

«He, los! Es ist ernst! — Der Russe ist da!»

Der Mann starrt ihn schweigend an. Er rührt sich nicht. —

Als Harras sich durch die enge Einstiegluke zwängt, erfaßt ihn augenblicklich der Mahlstrom eines tobenden Hexenkessels und reißt ihn hinein in die flackernde, lärmende Nacht. Ringsum ist die Erde aufgebrochen und speit Menschen aus. Ringsum Schießen und wildes Schreien, das Aufheulen von Motoren, das Rasseln von Gleisketten, kreischendes Mahlen schwerer Räder im Schnee. Harras fühlte sich an schaukelnde Wagenwände gedrängt, an denen Trauben von Menschen hängen, er stolpert über Körper, blickt im Feuerschein, der von Hausdächern lodert, für Augenblicke in die verzerrten Gesichter brüllender Offiziere, in die Pistolenläufe gestikulierender Feldgendarmen. Farbige

Feuerbälle steigen hoch, seitwärts schaukelt ein Leuchtfallschirm, es kracht und knallt aus unbestimmbaren Richtungen. Leuchtspurgarben ziehen flach über die Köpfe hinweg, und unter ihnen duckt sich das Gewimmel wie unter Peitschenschlägen.

Harras nimmt das alles in sich auf mit überwachen Sinnen. Die prickelnde Kälte, die sein Gesicht wie mit Nadeln zersticht, hat ihn munter gemacht. Willenlos wie ein Stück Holz schwimmt er mit in dem Strom. Wohin? Er weiß es nicht und fragt auch nicht danach. Dieser tobende Kessel kennt kein Wohin.

Doch dann mit einmal macht der Ueberdruck sich Luft. «Nach Stalingrad!» Irgendwo ist dieses Wort gefallen, gefallen wie ein Funke in trockenen Zunder. Nach Stalingrad! Das ist wie ein Befehl und wie eine Verheißung. Und nach Osten ergießt sich der Strom, hinaus in die Steppe, in die Finsternis.

Ein finsterer Abgrund ist diese Nacht, der aufgerissene Rachen eines Ungeheuers. Von einem samtschwarzen, mit grünlichen Glitzerpunkten gesprenkelten Himmel fällt Eiseskälte herab auf die Erde, die selbst nur noch ein Eisklumpen ist. Ohne Erbarmen ist diese Nacht und feind allem Lebendigen. Unter ihrem Todeshauch erkaltet allmählich der fiebrige Strom, fließt zäher und träger dahin, ein endloser Heerwurm. Mühseliger mahlen sich die Kraftwagen vorwärts, die Leiber, die an ihren Wänden und Kotflügeln hängen, tropfen nacheinander herab und fallen erstarrt in den Schnee, werden zertreten und zerwalzt fast ohne Schrei. Müder und stiller schieben sich zwischen den Fahrzeugen die Menschen dahin, tasten sich an ihren Wänden entlang, stolpern in den Fahrspuren vorwärts: Verwundete und Kranke aus den Bunkern um Pitomnik, Versprengte und Verlassene von der West- und Südfront, jeder allein und für sich, obwohl alle so dicht gedrängt sind, daß ihr gemeinsamer Atem wie eine Qualmwolke über ihnen hängt. Niemand hilft, wenn einer seitwärts im Schnee zusammenbricht, niemand reißt den Stürzenden vor den Rädern zur Seite. Es gibt keine Ordnung und Führung, keine Gemeinschaft mehr außer der, zu der die Enge der Fahrbahn zwingt. Rechts und links stecken Kraftwagen im Schnee, gestrandete Schiffe, von der Mannschaft verlassen. Stumme Spukgestalten wühlen wie Aasgeier darauf herum, brechen Koffer und Kisten auf, prüfen und verwerfen und packen ihre Taschen mit Sachen voll, die sie schon nach wenigen Schritten wieder wegwerfen.

Irgendwo in dem Strom schwimmt ein offener Pkw, ein «Kfz. 15» Marke «Wanderer». Hinten sitzt, in einen Pelz gehüllt, ein einzelner Offizier. Es ist Oberst Steigmann. Er sitzt wie erstarrt, den Kopf weit zurückgebogen. Ein Oberst ohne Regiment, ein Kopf ohne Körper. Kann ein Kopf leben ohne Körper? — Irgendwann hört der Fahrer hinter sich einen Knall. Verdammt, denkt er, Reifenpanne! Doch halten kann er jetzt nicht inmitten der anderen, und zur Seite ausscheren ist selbst für einen vierradgetriebenen Kübelwagen gefährlich. Auch gleitet der Wagen ruhig und ohne Erschütterung weiter. Also wohl nur eine Fehlzündung! —

Harras schlurft die breite Fahrspur entlang, die eine Zugmaschine vor ihm geebnet hat. Vorhin, als er stürzte, hat er die Glieder ihrer Gleiskette an seiner Schläfe gespürt. Das hat ihm noch einmal auf die Beine geholfen, trotz der verletzten Hand. Wird er sich das nächste Mal auch noch aufraffen können? Ringsum lauert der Tod, seitwärts im knietiefen Schnee und hier auf der Fahrbahn unter Rädern und Gleisketten. Aalglatt kriecht der Frost an seinen Gliedern empor und verdrängt den letzten Rest der Bunkerwärme aus seinen Kleidern. Wie ein Schlangenleib legt er sich um seine Brust, und jeder Atemzug ist ihm wie mit Nadeln gespickt. Es ist stiller geworden. Kein Schuß fällt mehr, kein irdisches Licht stört mehr die unwirkliche Nacht. Irgendwo hängt ein Stück Mond am Himmel, kalkweiß und unendlich fern. Stumm und schattenhaft trotten die Menschen dahin, stumm kämpfen sie um die Wagen, stumm brechen sie zusammen. Nur die Fahrzeuge scheinen zu leben, sie schnaufen und stöhnen und ächzen und heulen in die Nacht hinaus.

Ein mit Kisten voll beladener Lkw steht am Wege, daneben eine Pelzgestalt. Die ausgestreckte Hand hält einen Brotlaib. «Brot gegen Sprit!» krächzt eine Stimme. «Wer tauscht Brot gegen Sprit?» — Schweigend schiebt sich der Strom an ihm vorbei, niemand scheint ihn zu hören. Da, ein Schlag, ein Griff ... Mit einem tierischen Laut springt der Landser nach vorn. Handgemenge, Keuchen, jemand stürzt. Ein gurgelnder Schrei ertrinkt unter rasselnden Raupenketten. Auf dem Wagen sind sie schon über den Kisten.

Wie auf Stelzen bewegt Harras sich weiter, er spürt seine Glieder nicht mehr. Seine Augen liegen wie Kugeln in gläsernen Schalen, der Nasengang ist ihm mit Eisfäden versponnen, aus dem Kopfschützer, der seinen Mund bedeckt, sprießt ein weißer Walroßbart. Auch seine Wunde fühlt er nicht mehr. Der tickende Chronometer darin ist verstummt. Es gibt keine Zeit mehr, sondern nur noch schwarze Unendlichkeit.

Rechts seitwärts hält eine Kolonne: drei leichte Feldhaubitzen, Kaliber 10,5, die Zugmaschinen davor. Eine fast komplette Batterie in voller Ordnung, ein seltsames Bild wie aus ferner Vergangenheit. Neben dem vordersten Geschütz steht der Batterieoffizier, ein Leutnant. Er hat den Arm auf das Rohr gelegt, obwohl das nicht ungefährlich ist. In dieser Nacht friert das Fleisch auch durch Stoff und Leder am Metall fest. Er steht da und starrt ins Dunkel. An der Rossoschka schon, wo sie die Russen in direktem Beschuß abgewehrt haben und der Batteriechef fiel, hätte er die Geschütze sprengen sollen. Wegen Munitionsmangels. Er hat den Befehl nicht ausgeführt, hat es nicht übers Herz gebracht. Auf eigene Faust ist er abgerückt, mit den Geschützen. Letzte Nacht haben sie heimlich den Fahrzeugen eines Stabes den Kraftstoff abgezapft. Bis hierher sind sie damit gekommen. Jetzt ist es aus. — Lastwagen schaukeln vorbei, mit Betten und Möbeln bepackt, mit Weinkisten und Aktenbündeln . . . «Verschlüsse ausbauen! Fertigmachen zum Fußmarsch!» befiehlt der Leutnant, und die Stimme gehorcht ihm kaum noch.

Ein Lastwagen ist aus den Gleisen geraten und steckt für Augenblicke fest. Sofort versuchen einige, sich auf den Wagen hinaufzuziehen. Die oben wehren erbittert ab. Harras torkelt an der Wagenwand entlang. Er sieht und hört nichts mehr, sein Gehirn ist ein Eisklumpen, der keine Gedanken mehr formt. Er ist am Ende. Es ist aus, aus . . .

Er sinkt seitlich an die Bretterwand, und seine Knie geben nach. Noch einmal blickt er zu dem lichtgesprenkelten Nachthimmel auf. Ueber ihm ist ein Gesicht, ein zum Schlag erhobener Arm. Schlag zu, denkt er, schlag zu . . . Er schließt die Augen, Dunkelheit umfängt ihn und trägt ihn fort.

«Herr Leutnant — sind Sie das?»

Eine Faust packt in den Kragen seines Mantels.

«Kinder, helft mal! Unser Leutnant!»

Hände greifen zu, ziehen ihn hinauf, er fällt über Säcke und Kisten, sinkt in eine weiche Ecke. Decken werden ihm zugeworfen, ein Pelzmantel.

«Wo kommen Sie denn her, Herr Leutnant?»

Es ist ein Fahrzeug vom Troß. Leute vom Bataillonsstab sind dabei, der Lehmann, Unteroffizier Werner und der Josupat, der ihn erkannt hat durch die Nacht und die Vermummung hindurch. Eine Hand hält ihm eine Flasche an den Mund, er trinkt und fühlt es brennend durch seine Glieder rinnen. Sein Gesicht verzieht sich zu einem hilflosen Lächeln, er kann nicht sprechen. Menschen! denkt er nur, Menschen . . .

Weiter rattert der Wagen. Harras blickt zu den Sternen empor, die ihm jetzt wieder nah und vertraut erscheinen. Er fühlt sich warm und geborgen. Er ist nicht mehr allein. Menschen, denkt er, Menschen . . . Und er denkt an seine Mutter. «Mein Junge», hatte sie immer gesagt, «mein Junge!» So stolz war sie auf ihn gewesen. Von ihrer kleinen Rente hatte sie ihn auf die Oberschule geschickt, hatte sich die Bissen vom Munde abgespart für ihn. Und er? Mutter, denkt er und schluckt, was haben sie aus uns gemacht? Was haben sie nur aus uns gemacht! –

Unter den Fahrzeugen, die mit dem Strom der Fliehenden in die Talowojschlucht geschwemmt werden, ist auch ein offener Pkw, ein vierradgetriebener «Wanderer». Hier geht es zunächst nicht weiter, und der Fahrer beugt sich zurück, um von Oberst Steigmann neue Anweisungen zu erhalten. Doch der Oberst rührt sich nicht, seltsam starr sitzt er in seiner Ecke. Beunruhigt steigt der Fahrer aus. Als er den Oberst am Aermel zieht, fällt ihm der Körper entgegen. Er ist schon kalt. Das Blut an der Schläfe ist gefroren. Es war doch keine Fehlzündung gewesen. –

Das alles geschah in einer Nacht um die Januarmitte zwischen Pitomnik und der Talowojschlucht. Noch tagelang – bis allmählich der Ostwind sein streifiges Schneekleid darüber zog – war der Fahrweg auf dieser Strecke übersät mit Ausrüstungsstücken und Waffen, mit Kisten, Fässern, zerbrochenen Möbeln, mit Mänteln und Decken und verstreuten Akten und Vorschriften, mit Wracks von Fahrzeugen aller Art und den hartgefrorenen Leichen von Menschen, die erschöpft in ihrem Windschatten Schutz gesucht hatten.

Und das alles, Flucht und Chaos und Verzweiflung und Tod, obwohl eigentlich kaum etwas geschehen war. Lediglich ein russischer Stoßtrupp mit zwei oder drei Panzern hatte auf Pitomnik vorgefühlt und sich nach einigen Feuerstößen wieder zurückgezogen.

*

In dem freundlichen Bunker am Auslauf der Talowojschlucht hatte der alte Oberstleutnant gut zu Mittag gegessen und es sich dann bei einer Tasse Kaffee in der Wohnecke bequem gemacht. Die anderen beiden waren schon in der Frühe aufgebrochen und hatten ihn hier als Haushüter zurückgelassen. Er war sehr froh darüber. Draußen schien es recht ungemütlich zu sein. An dem Bunkerfenster klebte eine zentimeterdicke pelzige Eisschicht, und der Kamin fraß die Kloben zusehends weg, ohne daß es richtig warm werden wollte. Was aber diesen «Auftrag» anging, den begriff er nun überhaupt nicht. Gestern waren sie den einsamen Bahndamm entlanggefahren und hatten die Gendarmerieposten inspiziert, die an den Uebergängen tatenlos und frierend umherstanden, und auch der Hauptmann schien nicht zu wissen, was nun weiter geschehen sollte. Eine Führung war das hier — einfach unverständlich! Und überhaupt, eine ganze Armee eingekesselt ... Im Ersten Weltkrieg hatte es so etwas nicht gegeben. Ja, das war eben nicht mehr die alte preußische Armee. Jedenfalls hatte er die Sache hier gründlich satt. Ein, zwei Tage würde er sich das noch ansehen und sich dann auf die Suche nach seinen Kolonnen machen. Schließlich waren Munitionskolonnen kein Regenschirm, den man einfach irgendwo stehen ließ!

Er rieb sich ächzend das rechte Bein, in dem sich wieder einmal der Rheumatismus meldete. Dann zündete er sich eine Zigarre an und griff nach dem Buch, das er gestern abend am Kopfende seines Bettes gefunden hatte. Er setzte seinen Kneifer zurecht und schlug das Titelblatt auf. «BROT» stand dort in roten Lettern, und darunter: «Die Verteidigung von Zarizyn». «Za — ri — zyn», bedächtig sprach er den Namen nach, er sagte ihm nichts. Verfasser: Alexej Tolstoj. Tolstoj — Tolstoj? Von dem hatte der doch mal was ... «Kreutzersonate» hieß das Dings, irgend so etwas Erotisches mit allerlei Weltverbesserungsideen dazwischen. Er hatte sich mehr davon versprochen. Aber hieß der nicht Leo? — Nun, wahrscheinlich ein Sohn von dem Alten. Bücherschreiben, das vererbte sich ja! — Und dann fand er ganz unten noch den Vermerk: Verlag ausländischer Arbeiter in der Sowjetunion. — Aha, also ein bolschewistischer Propagandaschmarren! Und ausgerechnet bei der Feldgendarmerie lag so was herum!

Lustlos blätterte er in dem Buch. Draußen auf dem Platz waren Stimmen und der Lärm von Fahrzeugen zu hören. Unmittelbar vor dem Bunker begann ein Motor zu rattern. Der alte Herr achtete nicht darauf, das Buch fing an, ihn zu fesseln. Da war von Stalin die Rede und von der Verteidigung an der Wolga. Anscheinend handelte es sich um dieses Nest hier, um Stalingrad. Und das hieß also früher Za-ri-zyn? Interessant! – Und 1918 hatten da auch schon deutsche Truppen gestanden? Sieh mal einer an! Ja ja, die alte preußische Armee!

Mit einem Fluch warf der Oberstleutnant das Buch auf den Tisch und stand auf. Unglaublich, dieser Lärm da draußen! Er riß die Tür auf. Wie ein Wolf sprang die Kälte ihn an. Die eisige Luft verschlug ihm den Atem, und ein Hustenanfall schüttelte ihn. Der Platz hatte sich mit Fahrzeugen und Menschen gefüllt. Vor dem Eingang stand ein Kübelwagen mit offener Motorhaube und davor eine Art Eisbär.

«He – Sie!»

Wieder übermannte den Oberstleutnant der Husten. Der Eisbär drehte sich um und starrte ihn einen Augenblick ausdruckslos an, dann versank er über dem laufenden Motor erneut in Reglosigkeit.

Mit Mühe schloß der Oberstleutnant die Tür, legte die letzten Holzscheite auf, zog die Verdunkelung herunter und schaltete das Licht ein. Verärgert machte er sich wieder an das Buch, las aber bald mit steigendem Interesse. Nicht schlecht hatte man den Russen damals zugesetzt! Moskau war am Verhungern, und über die Wolga gingen alle die lebenswichtigen Getreidetransporte. Am seidenen Faden hatte es damals gehangen. «Die Wolga», las er, «ist Rußlands Lebensader. Ihr Besitz ist entscheidend für Rußlands Schicksal.» Er nickte mit dem Kopf und freute sich, seine eigenen Ansichten bestätigt zu finden. Kein Zweifel, hier bei Stalingrad wurde der Endsieg erfochten, oder ...

Da fliegt mit Gepolter die Tür auf, ein eisiger Luftzug weht in den Raum. Der Oberstleutnant läßt das Buch sinken.

«Nanu?» – Er nimmt seinen Kneifer ab.

Und dann starrt er sprachlos auf das, was sich da zusammen mit Kälte und Schnee durch die Tür hereindrängt. Fünf oder sechs Menschen sind es, Soldaten offenbar, was auch sonst? Aber wie sehen sie aus?

Langsam erhebt sich der alte Offizier.

«Was soll das?» fragt er halblaut und noch nicht Herr seiner selbst. «Wo kommen *Sie* denn her?»

Die Landser sind stehengeblieben, stumpf blinzeln sie in die märchenhafte Helle. Waffen haben sie nicht mehr, dafür aber Decken und alte Säcke um die Leiber geschlungen. Ihre Köpfe und Gliedmaßen sind mit Lumpen umwickelt, und wo Fleisch sichtbar wird, ist es verschwollen und bläulich. Was sich hier alles herumtreibt? denkt der Oberstleutnant voller Ekel, und er schreit:

«Wohl wahnsinnig, was?»

Der vorderste der Männer hangelt seine Mütze vom Kopf und dreht sie in den Händen wie ein Bittsteller. Aus seiner linken, unförmig aufgedunsenen Gesichtshälfte blickt starr ein übergroßes Auge, über die andere Hälfte, die grau und eingefallen ist, huscht ein beständiges krampfhaftes Zwinkern, das ihm etwas Clownhaft-Verschmitztes gibt.

«Verzeihung, Herr ...», sagt er mit einer Stimme, die wie rostiges Blech scheppert, «wir dachten ... wir wollten ...»

«Und da platzen Sie hier einfach so herein?» – Der Oberstleutnant ist helle Empörung. «Hier liegt ein Stab, verstehen Sie? – Ein Stab!»

«Bloß aufwärmen, Herr», krächzt der Landser. «Wir kommen von Pitomnik. Da ist der Iwan. – Den ganzen Tag laufen wir schon.»

«Ja ja ja, alles schön und gut», sagt der Oberstleutnant. Er ist mit einmal ganz friedlich geworden. Irgend etwas da hat ihn angerührt. Arme Kerle sind das, keine Soldaten mehr, militärisch nicht mehr anzusprechen. Weiß der Teufel, was da passiert sein mag ...

«Schön und gut», fährt er fort, «aber hier liegt jetzt ein Stab, nicht wahr? Wir haben wichtige Arbeit zu leisten, das müßt ihr verstehen.» – Und da schämt er sich auch schon seiner weichen Regung und ist wieder ganz Vorgesetzter, streng und unerbittlich. «Schluß jetzt! – Kehrt marsch und raus!»

Die Landser verstehen das alles gar nicht. In ihren erstarrten Gehirnen verstehen sie nur eins: Daß sie sich eine schier unausdenkliche Zeit durch eine schier unermeßliche Eiswüste gequält haben, ohne Essen, ohne Unterkunft und Schlaf, fast selbst schon zu Eis erstarrt. Und daß es mit ihnen aus und zu Ende ist, wenn sie jetzt nicht etwas Wärme und Ruhe finden. Und daß hier ein Bunker ist, hell und warm wie ein Märchenschloß, fast leer und wie von einer gütigen Fee eigens für sie bereitet. Das verstehen sie. — Aber der Oberstleutnant hat sich geirrt: Sie sind immer noch Soldaten, immer noch. In ihren mißhandelten Knochen steckt immer noch etwas, das auf ein Paar Schulterstücke und einen energischen Ton anspricht wie ein Automat auf ein Geldstück. Und so bewegen sie sich langsam rückwärts und quetschen sich wieder durch die Tür hinaus. Hinaus in die Nacht ...

Der Oberstleutnant dreht von innen den Schlüssel um, damit sich das nicht wiederholt. Er greift erneut nach dem Buch, aber es macht ihm jetzt keine Freude mehr. Der Zwischenfall hört nicht auf, ihn zu beschäftigen. Wie so etwas nur möglich ist? Selbst bei dem Zusammenbruch 18, der schon schlimm genug war, gab's das doch nicht! Und plötzlich durchfährt es ihn siedendheiß. Was hatten die Leute da gemurmelt? In Pitomnik ist der Russe? In Pitomnik, wo er gestern früh gelandet ist? So ein Blödsinn ...

Als Breuer nach Stunden allein zurückkam — Hauptmann Siebel hatte ihn am Eingang der mit Menschen und Fahrzeugen verstopften Schlucht abgesetzt und war selbst zum Armeestab weitergefahren —, fand er den Bunker eiskalt und verwüstet vor. Auf dem Herd flackerten zwei einsame Hindenburglichter. Bomben waren niedergegangen, hatten das Fenster zersprengt und das Lichtaggregat zerstört. Der Oberstleutnant, in Pelz und Mütze, den gepackten Koffer zu Füßen, empfing Breuer mit heftigen Vorwürfen:

«Endlich kommen Sie! — Sehen Sie sich das hier an! Eine schöne Schweinerei! — War gerade im Begriff, mich zu entfernen!»

«Das können Sie ruhig tun», meinte Breuer ungerührt. «Unser Auftrag hier ist beendet.»

Erschöpft ließ er sich auf die Eckbank fallen. Vor seinen Augen standen immer noch die Panikbilder der entsetzlichen Flucht, die eben über sie hinweggebraust war. Der Hauptmann, mein Gott ... sie hätten ihn beinahe erschlagen! Und jetzt? Was würde jetzt wohl beim Armeestab mit ihm geschehen, wenn er dort meldete, daß das Unternehmen gescheitert, der Auftrag nicht durchführbar war? Es war so gekommen, wie Hauptmann Siebel es vorausgesehen hatte, und schlimmer noch. Und der Hauptmann würde die Zeche bezahlen müssen ...

In den Gedankengängen des Oberstleutnants hatte sich inzwischen eine überraschende Wendung vollzogen.

«Jetzt hinaus, mitten in der Nacht, was?» schimpfte er. «Ist ja herrlich! Ueberhaupt — skandalöse Zustände! Ich habe bereits einen Krieg hinter mir. Damals gab's so was nicht! Intakt und in vollster Ordnung habe ich 1918 meine Maschinengewehrkompanie über den Rhein geführt. — Aber daran ist eben nur diese famose Führung schuld, diese Handvoll Ignoranten, die sich von einem Gefreiten gängeln läßt!»

Breuer starrte die Gestalt im Halbdunkel aus verglasten Augen an. Maschinengewehrkompanie ... *«Ich hoffe, Sie eines Tages alle ...»* Der Mittelscheitel ... *«Breuer, am Vierundzwanzigsten ...»* Wie Schuppen fiel es von seinen Augen. Eine maßlose Wut ergriff ihn. Er sprang auf den alten Herrn zu, packte ihn an den Aufschlägen seines Pelzes und schüttelte ihn, daß dem die Knie einknickten.

«Wer ist schuld?» schrie er. «Die Führung ist schuld? — Ich will Ihnen beibringen, wer schuld ist! *Sie* sind schuld, *Sie ... Sie ...!* Sie mit Ihrem ‚Stahlhelm' und Ihren Sedanfeiern und Ihren verdammten Liedern, mit denen Sie schon die Seelen der Kinder vergifteten! — *S i e sind schuld, allein S i e — Herr Doktor Strackwitz!»*

Dem Oberstleutnant quollen die Augen aus dem Kopf. Waren hier alle verrückt? War er selbst verrückt? Mit einem einzigen Ruck riß er sich los, griff nach seinem Koffer und stürzte hinaus.

Draußen lehnte er sich erst einmal an die Bunkerwand, um zu verschnaufen. Dann aber holte er mit zitternden Fingern sein Soldbuch hervor, um sich mit Hilfe seines Feuerzeugs durch Augenschein davon zu überzeugen, daß er nicht womöglich doch irgendein Doktor Strackwitz war, sondern immer noch der Oberstleutnant Perleberger aus Kassel, Hauptmann des ersten Weltkrieges, 1935 als E-Offizier reaktiviert und bis dahin auskömmlich versorgter Reisender in Staubsaugern.

*

Nein, die Talowojschlucht war kein Tal des Friedens mehr, und sie waren froh, als sie endlich hinter ihnen lag. Der Rückweg, der quer zu den Einfallstraßen nach Stalingrad verlief, war nur wenig befahren, und sie kamen schnell vorwärts. Breuer hatte sich in die Wagenecke gedrückt und versuchte trotz der Kälte zu schlafen. Es gelang ihm nicht. Seine Nerven zitterten noch unter dem Nachklang der Ereignisse. Die nächtliche Flutwelle, die da von Pitomnik heran und über sie hinweg gebrandet war — das war der Beginn der Auflösung, eine erste Ahnung des Chaos. Hilflos, ohnmächtig hatten sie vor diesem elementaren Ereignis gestanden, und der ihnen vom Armeestab erteilte Auftrag war ihnen wie eine Verhöhnung erschienen. Auf das Schlimmste gefaßt, war Siebel zu Unold zurückgefahren, um die Aufgabe als undurchführbar zu melden, und Breuer hatte ihn schon degradiert und verhaftet gesehen. Spät war er zurückgekommen — als Major! Im Beisein Unolds hatte der Oberbefehlshaber, der seit kurzem in Anbetracht der besonderen Lage Beförderungen bis zum Generalmajor und Ordensverleihungen bis zum Ritterkreuz selbst vornehmen durfte, persönlich diese außerplanmäßige Beförderung ausgesprochen als Anerkennung für «besondere Verdienste um die Verteidigung der Festung». Ohne Gelegenheit zu einer ausführlichen Berichterstattung zu bekommen, war er seines Auftrages entbunden worden. Den weiteren «Ausbau der Verteidigungslinie ‚Sonnenblume'» würde die 3. I. D. (mot.) übernehmen. Siebel war abgefahren, ehe noch jemand von der 3. I. D. (mot.) erschienen war.

«Ich verstehe das alles nicht mehr», sagte Breuer in das Summen des Motors hinein.

«Nein?» — Siebel wußte sofort, was gemeint war. «Na, dann denken Sie mal darüber nach! Der Glanz des Meisterstücks, das uns da angedichtet wurde, fällt doch nicht auf Sie und mich! — Na? Kapieren Sie immer noch nicht?»

Breuer kapierte in der Tat nicht, er war auch viel zu müde dazu.

An dem Bahnübergang vor Gumrak ging es plötzlich nicht weiter. Hier war alles verstopft. Ueber dem Ort hingen Leuchtfallschirme, rechts brannte ein Haus. Siebel kletterte hinaus. Er dirigierte den Wagen seitwärts durch den Schnee, dann durch Fahrzeuge und fluchende Landser hindurch und schließlich nach heftigem Wortwechsel mit einem aufgeregten Offizier glücklich über den Bahndamm.

Als er wieder in seine Decken gehüllt neben Breuer saß, sagte er in die neu gewonnene Stille hinein:

«Das ist nun meine Hochzeitsnacht . . .»

Breuer drehte ihm sein verständnisloses Gesicht zu.

«Hochzeitsnacht? – Wieso?»

«Ferntrauung, Mensch! Durch Funkspruch von der Armee übers OKH. – Paulus selbst hat's als dringend genehmigt. Meinte, für so was hätte er Verständnis. Nach zwei Stunden schon war die Bestätigung da von meiner Braut.»

Als sie in Stalingrazkij beim Stab eintrafen, stellten sie zu ihrer Verwunderung fest, daß auch Unold und Engelhard zurückgekommen waren.

Der Ia-Bunker dort war in keiner Weise der Prachtunterkunft ähnlich, die Unold zu guter Letzt noch in Dubininskij hatte bauen lassen. Daß man in diesem engen und schmutzigen Loch noch in tiefer Nacht zusammensaß, war nur Engelhards übertriebener Korrektheit zu danken, die es nicht zuließ, eine so überraschende Duplizität von Hochzeit und Beförderung im Offizierskorps des Stabes mit Stillschweigen zu übergehen. Unold, bald nach Siebels Abfahrt von seiner Aufgabe bei der Armee entbunden und sich über die Auswirkungen dieser unerwarteten Verfügung des Armeechefs durchaus im unklaren, hatte auf Engelhards Vorschlag einer kleinen improvisierten Feier überhaupt nichts geantwortet. Der Hauptmann hatte das als Zustimmung genommen und Siebel und Breuer «auf einen kurzen Schluck» herüberzitiert. Zu der Einheitslaterne, die den Bunker recht kläglich erhellte, hatte er vier Aluminiumbecher und eine Flasche «Benediktiner» aus seinen eigenen Beständen gestellt. Doch Siebel brachte aus seinem Pelz zwei Flaschen Kognak zum Vorschein und pflanzte sie auf den Tisch.

«Der Gastgeber bin ja eigentlich ich, nicht wahr?»

Er klemmte die eine der Flaschen zwischen die Beine, zog mit seiner gesunden Hand den Korken heraus und goß ein.

«Na, dann prost! – Auf die Hochzeitsnacht!»

Hauptmann Engelhard lächelte. Er hatte zwei geflochtene Schulterstücke besorgt, die er Siebel nachher anknöpfen wollte, und freute sich jetzt schon darauf.

«. . . und auf die Beförderung – Herr Major!» sagte er und hob den Becher zur Brust.

Siebel setzte noch einmal ab, ohne getrunken zu haben. Er sah den Hauptmann von unten her an.

«Ja, Mensch, auch darauf! Verdammt –» Er goß den Kognak

in einem Zuge hinunter. «Jetzt sitzt sie da zu Hause und flennt . . .»

Der Becher klirrte auf den Tisch zurück. Engelhard verzog schmerzhaft das Gesicht.

«Etwas leiser, meine Herren, wenn ich bitten dürfte!» — Er wies mit einer Kopfbewegung in die dunkle Ecke des Bunkers. «Der Herr Oberstleutnant hat sich ein wenig hingelegt. Es war ein schwerer Tag . . .»

Erst jetzt sahen die beiden, daß auf dem Feldbett dort unter der Decke jemand lag. Es war Unold. Er lag flach auf dem Rükken, wie aufgebahrt. Hell hob sich sein Schädel aus dem Dunkel heraus. Die Augen waren geschlossen, der herabgesunkene Unterkiefer gab eine schwarze Mundhöhle frei. Auf dem Schemel neben dem Bett stand eine gerahmte Photographie, daneben lag griffbereit eine Pistole. Siebel starrte ein paar Augenblicke schweigend in die Ecke. Dann wandte er sich wieder dem Tisch zu.

«Ein schwerer Tag, ja —», sagte er ruhig. «Daß ihr das auch gemerkt habt? Ihr habt doch gar nichts gesehen, wißt doch von nichts . . . Das hier . . . der deutsche Soldat in den Dreck gewalzt . . . Und ihr sitzt da und malt Verteidigungslinien auf Papier! — Es ist aus, Mensch, ratzekahl aus! — Prost!»

Engelhard trank nicht mit. Da waren sie also wieder . . . Er hatte sich den Verlauf dieses Abends eigentlich anders gedacht. Doch er erkannte, daß man jetzt der Wirklichkeit auch nicht mehr für Minuten entfliehen konnte, und er kapitulierte vor dieser Einsicht.

«Meinen Sie, Herr Major?» sagte er düster. «Nun . . . ich glaube nicht, daß der Armeestab sich über unsere Verteidigungskraft noch irgendwelche Illusionen macht. Es gibt wohl in der Tat nur noch eines: unser Leben so teuer wie möglich zu verkaufen und so anständig wie möglich zu sterben. Als letzter Ausweg bleibt immer noch die eigene Pistole.»

«Anständig!» — Siebel schnaubte erbittert durch die Nase. «Verhungert, erfroren . . . wie die Tiere im Schnee verreckt . . . von den eigenen Kameraden überfahren oder totgeprügelt . . . Diese Nacht, Engelhard, diese eine Nacht! — Anständig? Hier ist nichts mehr anständig, das Leben nicht und das Sterben nicht. Belogen und betrogen hat er uns! Betrogen um unser Soldatentum und um unseren anständigen Soldatentod. Was der Kerl hier kaputt macht, ist mehr als eine Armee – viel mehr! Das ist nie mehr zu kitten . . .»

«Herr Major, ich bitte doch sehr!» – Der Hauptmann war ehrlich erschrocken. «Unsere Nerven sind ja im Augenblick wohl alle . . . Aber wir sollten doch wirklich etwas mehr Haltung . . . Das Uebermenschliche der säkularen Persönlichkeit des Führers entzieht sich unserer Kritik. Er steht jenseits von Gut und Böse!»

Er warf einen kurzen Blick zu dem Feldbett hinüber. Doch von dort her kam nicht die erwartete Zustimmung. Unold schien im Augenblick fern von allem Uebermenschlichen zu sein.

Major Siebel hatte die linke Faust auf der Tischplatte liegen, während die Prothese seine rechte Schulter wie ein Bleigewicht nach unten zog. Seine leicht vorstehenden Augäpfel waren mit roten Aederchen durchzogen, eine gelbe Haarsträhne hing ihm wie ein Fleischerhaken in die Stirn. Er war auf eine gefährliche Art betrunken.

«Sie brauchen mir nicht zu erklären, was Haltung ist», sagte er mit einer klaren Ruhe, die im Widerspruch zu seinem derangierten Aeußeren stand. «Ich habe mir mein Ritterkreuz und das ‚Spiegelei' hier nicht am Schreibtisch erworben. Mein Arm vermodert dafür in irgendeinem Dreckloch am Wolchow. Und wenn's sein muß, gebe ich auch noch den anderen dran, oder ein Bein, oder meinetwegen alle beide. Aber den Kopf, Herr, den nicht! Den brauche ich noch! – Ich will hier nämlich noch mal raus, Engelhard!»

Der Hauptmann wollte etwas erwidern, doch eine Handbewegung Siebels ließ ihn schweigen.

«Ihr denkt ja alle genauso wie ich, seid bloß zu feige, es auszusprechen. Mit dem Mund redet ihr von Haltung, und mit den Augen schielt ihr zum Flugplatz!»

«Herr Major!»

«Ach, Scheiße . . . Haltung ist Mut zur Wahrheit! Ich sag's, wie's ist: ich will hier nicht verrecken. Ich poussiere nicht mit meiner Pistole, ich schieße mir keine Kugel durch den Kopf. Ich will noch mal nach Hause, Engelhard! In fünf Jahren, in zehn, in fünfzehn, irgendwann . . . Warum? Um ihretwillen natürlich auch, damit dieser Tag hier nicht sinnlos bleibt. Aber vor allem, um abzurechnen. Abzurechnen mit dieser Saubande!»

Siebel war sehr laut geworden, und der Hauptmann hatte jetzt nur noch die eine Sorge, daß Unold aufwachen könnte. Doch der schien sehr fest zu schlafen. Er rührte sich nicht.

«Prost!» sagte Major Siebel. Sein Gesicht zerfiel jetzt vollends, und die Augen begannen ihm zu tränen. Er setzte den Becher ab und strich sich mit dem Handrücken über die Stirn. Dann schob er sich mit der aufgestützten Hand am Tisch hoch und stand breitbeinig da, den Kopf gesenkt wie ein verwundeter Stier.

«Mir reicht's jetzt», sagte er. «Kommen Sie, Breuer! Besaufen ist auch nichts. Man muß wach sein, verdammt wach ... Na, jedenfalls nichts für ungut, Engelhard! Und schönen Dank für Ihre Beihilfe zu dieser ... vergnüglichen Hochzeitsfeier!»

Breuer, der auch nicht mehr ganz sicher auf den Beinen war, hängte ihm den Pelz um und überlegte, wie er Siebel und sich selbst in diesem Zustand durch die vereiste Schlucht bringen würde.

Im Hinausgehen warf er noch einen Blick in die Ecke, in der das Feldbett stand. Unold lag dort genauso wie vorher. Doch merkwürdig, seine Augen standen jetzt offen. Sie blickten groß und starr zu der Balkendecke empor.

*

Dann ging Pitomnik wirklich verloren, und die Front fiel im Westen und Süden auf den Bahnring zurück, der in weitem Bogen die Stadt Stalingrad umschloß. Nur die oft berannte und hart umkämpfte Riegelstellung im Norden hielt auch diesmal stand. Damit war der russische Plan, den Kessel in vier Teile aufzuspalten und so zu zerschlagen, vorerst gescheitert. Eine neue Galgenfrist war gewonnen, eine Frist voller Hoffen auf die versprochene Rettung.

Dieses Hoffen hatte nichts Ueberschwengliches mehr, es war stumm und erbittert, genährt von einem erschöpften Geist, der die nackte Wirklichkeit einfach nicht ertragen konnte. Aus diesem Hoffen erwuchs den ausgemergelten Leibern die Kraft zum letzten Widerstand. Munition und Kraftstoff gab es kaum noch. Der Nachschub auf dem Luftwege war fast ganz zum Erliegen gekommen. Der Ausweichflugplatz bei Gumrak lag Tag und Nacht unter Beschuß, und das Landen auf der durchlöcherten und schlecht gekennzeichneten Startbahn, im Hagel der feindlichen Bomben und Granaten noch dazu und ohne jeden Jagdschutz (die letzten «Messerschmitt» waren bei der Räumung des Flugplatzes Pitomnik zu Bruch gegangen), war jedesmal ein Wagnis auf Leben und Tod. Davon zeugten bald die zahlreichen Flugzeugwracks, traurige Mahnmale der Hoffnungslosigkeit. Auf Behelfsschlitten, aus dem Blech aufgeschlagener Benzintanks oder Kanister gefertigt, oder auf ihren wundgescheuerten Rücken schleppten todmatte Träger den kärglichen Nachschub nach vorn zu den Männern, die in Widerstandsnestern aus Schnee und Eis hinter einer Pak oder einem MG kauerten oder sich manchmal sogar noch mit Kolben und Seitengewehr ihrer Haut wehrten. Vier Männer mit einer Pak schossen am Bahndamm südlich Gumrak mit ihren letzten zwölf Granaten zwölf russische Panzer ab, ehe sie selbst neben ihrem Geschütz erschlagen wurden. Weiter nördlich wehrte sich eine eingeschlossene Kampfgruppe von zwanzig Mann unter Führung eines Majors einen ganzen Tag lang und kämpfte sich frei und fand zu ihrer Einheit zurück. Allenthalben inmitten des großen Sterbens geschahen solche Wunder an Mut und Tatkraft. Man mußte durchhalten. Der Führer hatte Hilfe versprochen. Er würde, konnte eine ganze Armee nicht preisgeben. Vielleicht war die Befreiung schon nah? Hatte man nicht kürzlich erst 20 MGs eines ganz neuen Typs eingeflogen, wahre Wunderwaffen, die 2000 Schuß in der Minute abgeben konnten? Diese 2000 Schuß freilich, die hatte man nicht mehr ... Trotzdem, das waren doch Zeichen! Man mußte durchhalten!

Nur die höheren Stäbe glaubten nicht mehr, sie wußten. Und sie grübelten nur über dem einen, dem Wie des Endes. Ein Offizier habe nicht lebend in Gefangenschaft zu gehen, sondern sich zu erschießen! so hatte es Mitte Dezember in einer Weisung des AOK geheißen. Jetzt dachte man anders. Das Schicksal der Truppe teilen! war die neue, reichlich unbestimmte Parole, hinter der sich Zweifel und Ratlosigkeit verbargen. Auch der Chef des Armeestabes glaubte nicht mehr, obwohl seine großen blauen Augen nichts von ihrem Glanz eingebüßt hatten. Er schickte seinen ersten Ordonnanzoffizier zu Hitler mit der Bitte um Hilfe innerhalb 48 Stunden. Der Ordonnanzoffizier kam nicht zurück, und auch Hilfe kam nicht. Es gab keine Hilfe mehr. –

Oberstleutnant Unold befahl die Offiziere seines Stabes zu sich in den Bunker Hauptmann Gedigs, den er seit kurzem bezogen hatte. Breuer, der mit Sonderführer Fröhlich hinüberging, wunderte sich, wie viele es noch waren. Da waren nicht nur die Offiziere der Führungsabteilung, nicht nur Oberst Lunitz und Major Kalweit mit seinem Adjutanten, da waren auch Gesichter, die er seit Wochen nicht mehr gesehen hatte: der alte Oberstarzt Dr. Müller, ein Hauptmann (Ing.) Schubert, Offizier für «Waffen und Geräte», der Intendanturrat Dr. Vondel, der Kriegsgerichtsrat Schuster ... Alle aufgescheucht aus ihren Löchern, in denen sie ihre Tage untätig verwartet hatten, drängten sie sich in dem engen Bunker und schauten einigermaßen ratlos und voll schlecht verhehlter Nervosität auf den Oberstleutnant, der sie auf dem Feldbett liegend empfing. Unold hatte sich lange nicht mehr um seinen Divisionsstab gekümmert. Es mußte schon etwas Besonderes sein, wenn er sich plötzlich wieder auf ihn besann. Die Wände des Raumes waren mit Wolldecken ausgeschlagen, die jedes Geräusch verschluckten und die Stimmen seltsam leer klingen ließen. Unold war leidend, wie Hauptmann Engelhard flüsternd erklärte. Die letzten Tage eines ungewissen Wartens hatten ihn vollends zermürbt.

Engelhard beugte sich zu ihm hinunter und meldete leise die Vollzähligkeit. Unold richtete den Oberkörper auf, stützte sich auf die linke Hand und musterte mit flackerndem Blick die Anwesenden. An Oberleutnant v. Horns hochmütigem Gesicht blieb er hängen.

«Herrgott, Horn, können Sie nicht jetzt wenigstens die Scherbe aus Ihrer Visage nehmen?»

Der Oberleutnant klappte die Hacken zusammen und verbeugte sich leicht aus der Hüfte heraus. «Gewiß», sagte er mit impertinenter Höflichkeit. Er riß das Auge auf, und das Monokel fiel lautlos in seine Hand.

«Meine Herren», sagte Unold, und seine Stimme hatte weder Farbe noch Klang, «de facto besteht unsere Division ja schon seit geraumer Zeit nicht mehr. Nunmehr habe ich Ihnen mitzuteilen, daß sie ab heute auch de jure zu existieren aufgehört hat. Die paar Männer des Artillerie-Regiments und der Nachrichten-Abteilung, die noch übrig sind, desgleichen die Reste des Panzerregiments werden ab sofort Oberst Lunitz unterstellt. Sie bilden, wenn man so sagen will, die ‚Kampfgruppe Lunitz' zur besonderen Verfügung der Armee. Wie über die Offiziere und das Personal des Divisionsstabes im einzelnen verfügt werden wird, weiß ich noch nicht ... Unsere Division, meine Herren, hat ihre

Fahne in Ehren bis nach Stalingrad getragen. Wenn wir diese Fahne heute einziehen, so geschieht das im Rückblick auf eine stolze und ruhmvolle Vergangenheit.»

Unolds Stimme zitterte. Seine Gesichtszüge zerflatterten, er konnte sich kaum noch beherrschen. Diese an ihm ganz fremde Gemütsregung wirkte auf die Anwesenden seltsam erschütternd.

Hauptmann Gedig hatte inzwischen zwei Flaschen auf den Tisch gestellt. Es war immer noch französischer Kognak aus den von Unold sorgsam gehüteten Kasinobeständen. Dieses Getränk an diesem Ort und in dieser Stunde versinnbildlichte, allen bewußt, einen fast 4000 km langen Weg quer durch Europa, einen fragwürdigen Weg, fragwürdig durch das Ende, zu dem er hingeführt hatte.

«Wir haben keine Gläser und Becher», sagte Unold. «Also lassen wir die Flasche kreisen nach altem Seemannsbrauch. Schließlich sind wir ja alle auf einem Schiff, auf einem sinkenden Schiff ...»

Sie tranken nacheinander, stumm und schwerfällig, bedrückt von der Düsternis dieser Totenfeier. Breuer bekam die Flasche von Major Siebel zugereicht. Er setzte sie an den Mund und dachte an General Heinz, den ersten Kommandeur der Division, diesen lauteren, verehrungswürdigen Soldaten, den Hitler als Sündenbock für seine eigenen Fehler mit Schande ins Gefängnis geworfen hatte. Und an jenen merkwürdigen Nachfolger, der aus der drohenden Gefahr in ein Sanatorium geflohen war. An Oberst von Hermann, den sein Soldatenherz fortgetrieben hatte zu einer Einheit, in der noch Leben war ... Auch an Lakosch dachte er und an Hauptmann Endrigkeit. Endrigkeit war tot. Gefallen bei Dubininskij. Einer von den Feldgendarmen hatte es heute früh mitgebracht ... Breuer trank, und der Kognak schmeckte ihm bitter.

«Ja», sagte der Oberstleutnant, «ich bin also nochmals beim Armeestab vorstellig geworden, habe einen kompletten überzähligen Divisionsstab als ‚Pistolenschütze eins bis acht' gemeldet ... Der Chef, nun, Sie kennen ihn ja ... Es war alles umsonst.»

Wie hilfesuchend sah Unold von einem zum anderen. In seinen Augen flackerte etwas, vor dem Breuer die Augen schloß. Er schämte sich, einen Menschen so nackt zu sehen. –

Am Rande der Schlucht gingen sie zum Ic-Bunker zurück. Hier oben strich der Wind unaufhörlich über den glitzernden Boden und die verharschten Schneewächten, als wollte er ein für allemal reinen Tisch machen, und die kraftlose Sonne lächelte kalt und höhnisch dazu. Weiter vorn an der Einfahrt zur Schlucht standen ohne jeden Tarnschutz auf einem Haufen die letzten Fahrzeuge des Divisionsstabes: die beiden Kom, der Feldküchenwagen, ein paar Lkws mit Kisten und Gerätschaften und dem wenigen persönlichen Gepäck, das die wilde Brandorgie im November überdauert hatte. Sie hatten ausgedient, würden diesen Platz nicht mehr verlassen. Weiter ging es nur noch zu Fuß. Selbst die Russen warfen keine Bombe auf diese weithin sichtbare Ansammlung. Sie schonten ein Material, das sie schon als das ihrige betrachteten. Gelegentlich machten vagabundierende Versprengte sich heimlich daran zu schaffen in der Hoffnung auf Eßbares.

«Ich habe da noch etwas», sagte Sonderführer Fröhlich zu Breuer, während sie schwer gegen den Wind anschritten. «Man müßte darüber reden. Ist ja wohl jetzt Zeit . . .»

«Hm —», brummte Breuer wenig ermutigend. Er interessierte sich heute weniger denn je für Fröhlichs Phantastereien.

«Jetzt, wo die Division doch nicht mehr besteht . . .» fuhr Fröhlich fort. «Ich . . . habe nämlich einen . . . einen Ausbruchsplan entworfen!»

Breuer blieb stehen und lachte dem Sonderführer in das stoppelige Gesicht hinein:

«Sie, Herr Fröhlich . . .? Ich denke, der Führer holt uns hier heraus . . .? Nachher sind Sie weg, wenn er kommt!»

«Der Führer kommt!» entgegnete Fröhlich mit einer Handbewegung. «Er hält sein Wort. Aber . . . er kann zu spät kommen, wie die Dinge jetzt liegen. Man muß vorsorgen . . . für alle Fälle.»

Breuer seufzte ergeben. Also auch diese Krankheit mußte durchgemacht werden! Ueberall trug man sich ja jetzt mit solchen Plänen, sparte und stahl Proviant dafür zusammen und packte heimlich Rucksäcke. Hirngespinste waren das, aus der Verzweiflung geboren als sinnloser Protest gegen das Unvermeidliche.

«Glauben Sie immer noch an die Panzerspitzen auf der Donhöhenstraße, Herr Fröhlich?» sagte er eindringlich wie zu einem Kinde. «Was denken Sie wohl, wo jetzt die Front verläuft? Bestimmt mindestens 200 km von hier! Und da wollen Sie zu Fuß ...? Das ist jetzt im Winter ein Marsch von Wochen! Nehmen wir mal an, wir bekämen wirklich die Verpflegung für eine so lange Zeit zusammen und könnten uns wirklich durch die Russen, die ja auch nicht schlafen, durchschleichen ... keine 20 km weit kämen wir in unserem jetzigen Zustand! Die erste Nacht schon draußen im Freien würde uns allen den Garaus machen.»

Fröhlich schüttelte den Kopf. «Weiß ich ja alles, Herr Oberleutnant! Ich bin ja kein Idiot, nicht? – Natürlich müssen wir fahren!»

Breuer winkte ab, während sie ihren Bunker betraten. Oberleutnant von Horn hatte so einen Plan entwickelt: Ein Panzerfahrzeug, am besten ein MTW, vollgestopft mit Lebensmitteln, zehn Leute darauf mit MGs und MPs, und dann im letzten Augenblick im Ueberraschungsstoß durch die Russen hindurch! Das war natürlich nichts anderes als ein auf heroisch frisierter Selbstmord, durch einen Schimmer utopischer Hoffnung schmackhafter gemacht. Breuer zog seinen Mantel aus und trat neben den Ofen. Herbert und Geibel waren von dem Mannschaftsappell mit Waffen, den Hauptmann Fackelmann angesetzt hatte, noch nicht zurück. Nur der Russe Gontscharow saß auf seinem gewohnten Platz und schnitt mit seinem Messer Holzspäne zum Feuermachen zurecht.

Fröhlich setzte sich an den Tisch und faltete seine knöchernen Hände.

«Wollen Sie mir nicht wirklich mal zehn Minuten zuhören, Herr Oberleutnant?» sagte er. «Mit etwas Glück können wir in 24 Stunden drüben sein! Schlimmstenfalls brauchen wir zwei Tage. – Ich habe wirklich alles genau durchdacht!»

«Also schießen Sie in Gottes Namen los, Mann!» – Breuer hatte seine zweite Hose, die vor der Tür zum Ausfrieren gehangen hatte, hereingenommen und sah nach, wie den Läusen die 28 Grad Kälte bekommen waren. «Mit unserem Kom werden Sie ja wohl nicht fahren wollen. Oder glauben Sie, daß Major Kalweit Ihnen seinen letzten Panzer zur Verfügung stellt?»

Fröhlich, der sonst so leicht aufbrauste, beachtete diesmal den Spott nicht. Bedächtig entwickelte er seinen Plan.

Breuer hörte ohne sonderliches Interesse zu. Er hatte schon ein halbes Dutzend Läuse gefunden, die in der Wärme wieder zu sich gekommen waren. Und dabei sollten Kleiderläuse eingehen, wenn sie einen Tag lang mit einem menschlichen Körper nicht in Berührung kamen! Die Wissenschaft würde auch in diesem Punkt umlernen müssen.

Mit einmal legte er die Hose aus der Hand. Was hatte der da eben erzählt? Sich in einem Bunker von den Russen überrollen lassen ... Dann einen Gefangenentransport vortäuschen — mit Gontscharow als Wachtposten ...

«Mensch», sagte Breuer und sah den Sonderführer an, «Mensch ...»

Eine tolle Idee, das mußte man schon sagen! Auf so etwas war wohl noch niemand im Kessel gekommen. Daher also war Fröhlich so sichtbar aufgelebt, seit der Russe bei der Abteilung war, und daher das stundenlange Flüstern mit ihm!

«Aber ... was sagt denn *er* dazu? Will er überhaupt?»

«Natürlich will er!» lachte Fröhlich. «Was bleibt ihm denn auch anderes übrig? Er ist doch noch viel schlechter dran als wir!»

Breuer sah den Russen zum erstenmal mit wirklichem Interesse an. Eine Woge neuer Hoffnung überflutete ihn.

«Und weiter?»

Ja, weiter! Auch das Folgende war nicht schlecht ausgedacht. Es erschien durchführbar, wenn man einen russischen Offizier bei sich hatte, der die Verhältnisse kannte. Man würde im Hinterland einen leeren Lkw anhalten und sich nach Westen mitnehmen lassen. «Wichtige Gefangene für den Stab der russischen Donfront!» Sobald die Gelegenheit günstig war, würde man — das war nicht zu vermeiden — den Fahrer und seinen Begleiter umlegen. Der Gefangenentransporter aber würde sich in eine Gruppe genesender russischer Soldaten verwandeln, die vom Lazarett auf einem Leerfahrzeug zu ihrer Einheit an der Westfront zurückfuhren.

«Russische Klamotten für uns beide liegen schon bereit», sagte Fröhlich. «Die müssen wir verpackt mitnehmen. Herbert und Geibel bekommen später die Sachen von den erledigten Russen. Na, Herr Oberleutnant, was habe ich gesagt? In einem Tag können wir bis in Frontnähe sein. Und dann brauchen wir nur noch ein bißchen Glück.»

Breuer lief in dem Bunker hin und her wie ein gefangener Löwe.

«Toll eigentlich ... Mann, ich glaube, das geht! Das kann klappen!»

Er zog seinen Geldschütter hervor, dessen Klappe als Beutestücke ein Komsomol-Abzeichen, ein roter Mützenstern und drei «Kubiki», die rhombischen Kragenabzeichen der russischen Stabsoffiziere, zierten. «Hier, so was brauchen wir doch!» Er nestelte die roten Symbole los und hielt sie auch Gontscharow unter die Nase. Der nickte grinsend und brachte ebenfalls einiges dieser Art zum Vorschein.

«Fröhlich! Wenn das wirklich klappt ...!» Plötzlich stöhnte er auf: «Sprit, Mensch! Wir haben ja nicht genug Sprit!»

Fröhlich lächelte gelangweilt.

«Jeder russische Lkw hat ein volles Reservefaß mit, das ist Vorschrift. Damit kommen wir weiter als 3000 km.»

Mit jedem Wort stieg Breuers Erregung. Endlich konnte man etwas tun, brauchte nicht tatenlos auf das Ende zu warten! Er suchte die Karte des Donbogens hervor und breitete sie aus.

«Nicht nach Westen!» sagte er. «Da kommen wir nicht über die Brücken. Nach Süden zunächst und dann Richtung Rostow! Das ist sicherer ... Für den Gontscharow mein russisches Schnellfeuergewehr! – Und Major Siebel, hören Sie, der kommt mit! Schließlich hat er uns ja den Russen geschenkt, nicht? Außerdem hat er eine Beute-MP!»

Fröhlich hatte zuerst Bedenken, war dann aber einverstanden.

«Und nun dicht halten, Herr Oberleutnant! Niemand sonst im Stab darf auch nur das geringste ahnen!»

Breuer nickte und verfiel in Nachdenken. «Die Nummer von irgendeiner russischen Division aus dem Bereich Rostow müßten wir wissen ...», murmelte er. «Haben wir nicht noch Rundsprüche vom vorigen Jahr ...?» Mit einmal sah er auf, sein Gesicht war ganz blaß. «Ist ja alles Unsinn», stammelte er. «Geht ja nicht ... Wir brauchen doch Papiere! Die kontrollieren doch ...»

Fröhlich genoß seine Ueberlegenheit.

«Wir haben später die Ausweise von den beiden Russen, nicht wahr?» erläuterte er. «Und die Marschbefehle schreibt uns Gontscharow. Der weiß, wie solche Dinger aussehen müssen. Die Stempel zeichnen wir mit Kopierstift, ziehen sie auf feuchtes Löschpapier ab und stempeln damit das Zeugs. 'Geht prima, sag' ich Ihnen! Und ein großer Stempel ist alles beim Iwan.» –

Herbert und Geibel, die bald danach zurückkamen, fanden ihre Bunkergenossen in fieberhafter Tätigkeit. Als sie von dem Plan hörten, lächelten sie vertrauensvoll. Nur Geibel wurde etwas blaß, als er von dem geplanten Attentat auf die beiden Russen vernahm. Herbert mit seinen geschickten Händen machte sich sogleich daran, von einer Mütze das russische Staatswappen abzuzeichnen, Gontscharow entwarf ihm die Unterschrift. Es wurde ein schöner, eindrucksvoller Stempel.

Später bat man Major Siebel herüber, der ganz aus dem Häuschen geriet. «Fröhlich», schrie er, «wenn der Kerl uns wirklich heil nach drüben bringt, dann ... dann kriegt er eine Lebensstellung auf meinem Gut! Dann hat er ausgesorgt bis an sein seliges Ende, übersetzen Sie ihm das!»

Der Russe sah Siebel aus seinen kleinen, unergründlichen Augen an.

«Charascho – gutt», sagte er gleichmütig.

Zwölftes Kapitel

SCHULDIG, SCHULDIG . . .

Daß Oberst Karlheinz Eugen Dumont du Ferrier sich im Stalingradkessel befand mit der ständig wachsenden Aussicht, sein irdisches Dasein hierselbst auf irgendeine höchst unfeine Weise zu beenden, war ohne Frage eine Teufelei des Schicksals.

Oberst Dumont, dem späten Sproß einer uralten Hugenottenfamilie, sah man seine 48 Lebensjahre nicht an. Sein scharf profilierter Kopf mit dem keineswegs «preußischen» Haarschnitt ließ an einen überzüchteten Windhund denken. Sein Aeußeres war außergewöhnlich gepflegt, von dem glatten, zart gepuderten Kinn, das den angenehmen Duft eines teuren Gesichtswassers ausstrahlte, bis zu den scharfen Bügelfalten der Steghosen und den spiegelnden, mit leichten Sporen besetzten Zugstiefeln. Wer der leisen, stets druckreifen Rede des Obersten lauschen durfte, wer das Glück hatte, mit dem charmanten Lächeln beschenkt zu werden, das auch jetzt noch zuweilen auf seinen jugendlichen Zügen erblühte, konnte sich diesen Mann hinter einem Schneewall, einen Schießprügel in der Faust, einfach nicht vorstellen. Auch als zerlumpte, mit Frostbeulen und Hungerödemen bedeckte Leiche war der Oberst undenkbar. Das waren Widersprüche in sich, Unmöglichkeiten. Oberst Dumont paßte nicht nach Stalingrad.

Auch er selbst hatte dieses Empfinden. Adjutant beim Oberbefehlshaber in Dänemark, Militärattaché in Ankara oder Stockholm, so etwa hatte Oberst Dumont sich seinen weiteren Lebensweg erträumt, zum mindesten seit jenem Kasinoabend in Zossen und der weinseligen Bemerkung seines Adjutanten, des jungen Oberleutnants von Schäwen. «Der Kopf von Herrn Oberst — äh, haben . . .» («haben» hatte er gesagt, der Frechdachs!) «... haben geradezu die klassische Form eines Diplomatenschädels.»

Oberst Dumont hatte seinem Lieblingsoffizier diese schnodderige Bemerkung gnädig verziehen, ja ihn sogar bald darauf mit Erfolg zum KVK 1. Klasse vorgeschlagen. Seiner Umgebung aber war damit ein Stichwort gegeben. Der «Diplomatenschädel» machte die Runde bis zum kleinsten Funker hinab, und selbst Generalleutnant von Stummeck begrüßte ihn an guten Tagen leutselig mit «Aha, unser Diplomat!» Das alles hatte den Oberst nur in der Meinung bestärken können, er habe seinen Beruf verfehlt.

Und dabei war es, das mußte sich Oberst Dumont jetzt sehr betroffen eingestehen, gerade dieses Wort, das ihn in eine so verteufelte Lage gebracht hatte.

Als Kommandeur des Führungs-Nachrichten-Regiments, das dem Oberkommando des Heeres zugeteilt war, hatte er den Krieg bisher nur aus der Perspektive allerhöchster Stäbe miterlebt, und keinerlei Anzeichen deuteten auf eine baldige Aenderung dieses Zustandes hin. Im Gegenteil, durch eine Indiskretion des Personalamtes war ihm Kunde geworden, daß seine Ernennung zum Kommandeur der Heeres-Nachrichtenschule Halle so gut wie sicher sei. Das hatte ihn bestimmt, nun endlich zu heiraten, nicht zuletzt, um dadurch dem törichten Geschwätz, das sich an seine Vorliebe für jüngere Offiziere geknüpft hatte, die Spitze abzubrechen. Seine Frau, die mit der halben Ruhrindustrie versippt war, kannte er schon seit ihrer Backfischzeit. Sie war 19 Jahre jünger als er.

Zwei Wochen des Heiratsurlaubs verbrachten sie in Garmisch, und bei Skilauf und Tanztee sah der sichtlich verjüngte Oberst Gegenwart und Zukunft rosenrot. Da fuhr wie ein Blitzschlag in die Idylle der Flitterwochen dieses Telegramm hinein, das ihn sofort und auf kürzestem Wege ins OKH zurückrief.

«Ein ehrenvoller, jedoch schwieriger Auftrag, lieber Dumont!» – General von Stummeck sah ihn ernst und eindringlich an. «Sie müssen nach Stalingrad!»

Stalingrad –

Hitler führte mit dem Wehrmachtführungsstab den Krieg von Winniza aus, und das OKH lag, ziemlich kaltgestellt, in Zossen. Trotzdem wußte man natürlich Bescheid. Und Oberst Dumont war orientiert wie kaum ein zweiter hier. Alle ein- und auslaufenden Meldungen und Befehle auf dem Draht- oder Funkwege gingen ja durch seine Hand. Während er wie alle anderen nach außen hin den vom Führerhauptquartier gewünschten Zweckoptimismus zur Schau trug, hatte er es im vertrauten Kreis nicht an höflichem Mitleid mit den Eingeschlossenen fehlen lassen, in gemessenen Formen an den offenkundigen Mängeln der Führung Kritik geübt und sich als düsterer Prophet betätigt — wie alle anderen auch. Das alles mit dem rein akademischen Interesse des persönlich Unbeteiligten. Jetzt bekam das Wort Stalingrad einen anderen Klang. Riesengroß und drohend wuchs es vor ihm auf.

Die Buchstaben auf dem Blatt, das der General ihm gereicht hatte, verschwammen vor seinen Augen.

«... als Armeenachrichtenführer zwecks Herstellung der nachrichtentechnischen Voraussetzungen für einen eventuellen Ausbruch der Armee bzw. für das Zusammenwirken der beiderseitigen Führungen bei einer Befreiung von außen ...»

Befreiung von außen? Es gab keine Befreiung von außen mehr! Sollte er hier dem Zweckoptimismus geopfert werden? Fragend sah er den General an.

Und da geschah etwas Merkwürdiges. Der weißhaarige alte Herr, der schon unter General von Seeckt Regimentskommandeur gewesen war, ging auf Zehenspitzen durch den Raum zur Tür, riß sie auf und spähte nach beiden Seiten hinaus. Dann schloß er sie sorgfältig, nahm den Oberst beim Arm und führte ihn zum Fenster.

«Geben Sie acht, Dumont!» sagte er leise. «Paulus hat nur noch eine Chance, eine einzige winzige. Das ist der sofortige Ausbruch nach Westen, mit allen nur zur Verfügung stehenden Kräften!»

Der Oberst fühlte es kalt seine Wirbelsäule herabrieseln.

«Gegen den Befehl des Führers?» flüsterte er.

Der General wandte sich ab und sah zum Fenster hinaus.

«Wir alle hoffen», sprach er gegen die Scheiben, «daß Paulus den Mut zu einem Durchbruch finden wird. Manstein ist der gleichen Meinung, aber er kommt nicht durch damit. Paulus muß wissen, daß er in einem solchen Falle auch bei uns hier Rükkendeckung hat. Man muß ihm das klarmachen. *Sie* müssen ihm das klarmachen und ihn zum Handeln bestimmen! Der Erfolg wird seine Tat rechtfertigen.»

Oberst Dumont verstand, und er erschauderte vor der Größe des Augenblicks. Die Aussicht, dereinst vielleicht in die Annalen der Geschichte einzugehen als der Retter der 6. Armee, hatte etwas Berauschendes.

«Darf ich mich dabei, natürlich nur unter vier Augen, auf Herrn General berufen?» fragte er.

Der General fuhr herum und hob beschwörend die Hände. «Um Himmels willen, nein! – Der Auftrag ist äußerst delikat, er erfordert größtes Geschick. Es darf niemand bloßgestellt werden!»

Durchdrungen von der Wichtigkeit seiner Aufgabe, ließ sich der Oberst, gehüllt in eine Aura des Geheimnisses, bewundern und bedauern zugleich. Für sich selbst hegte er keine Besorgnisse mehr. Ein Sonderbevollmächtigter des OKH kam nicht um. Und schließlich flog er ja zu einem Armeestab! Das war zwar keine Direktorloge mehr, aber, so schien es ihm, immer noch ein Sessel im Parkett, von dem aus man hinreichend bequem dem Trauerspiel zusehen konnte.

Mit drei Koffern flog Oberst Dumont in den Kessel ein. –

Es kam alles ganz anders, als er erwartet hatte.

Gerade wurden die ersten «Festungsbataillone» aufgestellt, der «Ausverkauf» der Armee hatte begonnen. Der Empfang beim Armeestab war, da er keine Wundertüte aus dem Führerhauptquartier mitbrachte, kurz und kühl und bewegte sich in nichtssagenden Floskeln. Für den gleichen Abend noch bat Oberst Dumont um eine Rücksprache mit dem Oberbefehlshaber.

Ihn empfing der Chef des Stabes, allein. Der Herr Generaloberst sei leider verhindert. Gleichwohl entledigte sich der Oberst, angesichts der deprimierenden Eindrücke von brennender Sorge erfüllt, seines Auftrages. Er malte vorsichtig ein Bild von der wahren Stimmung beim OKH, schilderte die Verhältnisse bei der Heeresgruppe Don, wo neue Einbrüche im Donbogen und die Zurücknahme der Kaukasusfront schwierigste Lagen hervorgerufen hatten. Und er ließ durchblicken, daß nur der sofortige Durchbruch nach Westen die Armee noch retten könne, ja daß man drüben höheren Ortes diesen Schritt erwarte.

Der Chef musterte ihn kühl und, wie es schien, etwas spöttisch.

«Das ist Ihre persönliche Ansicht, Herr Oberst?»

«Nicht meine persönliche, nein —»

«In wessen Auftrag sprechen Sie?»

Oberst Dumont biß sich auf die Lippen und schwieg. Der Chef nahm einen Funkspruch zur Hand, der vor ihm lag.

«Wie ich hier lese, lautet Ihr Auftrag, die nachrichtentechnischen Voraussetzungen zu schaffen für eine Befreiung von außen!»

Mit hochgezogenen Brauen blickte er den Oberst an, und wieder lag es wie Spott um seine geschürzten Lippen. Der Oberst schwieg. Zu spät erkannte er, daß er vor diesem Manne nie hätte reden dürfen. Jedes weitere Wort war sinnlos.

Und nun schlug die Stimme des Generals zu, und sie schlug ihn zusammen:

«Ich ersuche Sie hiermit, sich fortan ausschließlich dieser Ihrer Aufgabe zu widmen, Herr Oberst!» —

Das war vor drei Wochen gewesen. Der Oberst hatte keine weiteren Versuche mehr unternommen, eine Rücksprache mit dem Oberbefehlshaber herbeizuführen. Für einen Ausbruch war es ohnehin zu spät, und so hatte er resigniert. Mit der Kontrolle der eingespielten Nachrichtenmittel beschäftigt — zu organisieren und «Voraussetzungen zu schaffen» gab es da nichts —, sah er dem Zeitpunkt entgegen, an dem der Armeestab mit den letzten Flugzeugen die hoffnungslos verlorene Schlacht verlassen würde.

Bis er eines Tages zu seinem Entsetzen erkannte, daß dieser Armeestab offenbar entschlossen war, den befohlenen «Kampf bis zur letzten Patrone» auch auf sich selbst zu beziehen. Es war davon die Rede, das Schicksal der Truppe «bis zum bitteren Ende» zu teilen. Ein Armeestab mit der Waffe in der Hand, heroisch untergehend — wo gab es denn das? Das war gegen alle Spielregeln, war heller Wahnsinn!

Mit dieser Erkenntnis hatte Oberst Dumont alle seine Tatkraft wiedergewonnen.

Und nun saß er also dem OB gegenüber, allein, unter vier Augen! Niemand störte diesmal, denn der Chef war zu einem Korpsstab gefahren und konnte so bald nicht zurück sein. Aus dem Rundfunkgerät in der Ecke erklang Musik, Motive aus dem «Schwanensee-Ballett» von Tschaikowskij. Paulus liebte slawische Musik: Tschaikowskij, Smetana, Dvorák. Oft flüchtete er aus der Wirklichkeit in die Konzertübertragungen irgendeines östlichen Senders. Jetzt hatte er das Gerät leise gestellt, und die Musik störte nicht, sie untermalte.

Oberst Dumont sprach. Der Generaloberst hatte den Kopf zu seinen Händen hinabgeneigt, die sich mit den Fingerspitzen berührten und einen Dom stiller Sammlung über der Tischplatte bildeten. Voll fiel der Schein der Lampe auf die breite Stirn und ließ das Gesicht im Dunkel. Er hörte mit höflicher Aufmerksamkeit zu.

Oberst Dumont sprach. Es ging nicht mehr um die Befreiung, den rettenden Durchbruch nach Westen, es ging nur noch um das Leben der letzten von 300 000. Der Oberst war einer von ihnen, und er sprach als ihr Anwalt. Er sprach gut, ein wenig zu gut vielleicht, zu schwungvoll, zu brillant. Er sprach von den schier übermenschlichen Leistungen der Armee, von dem Glorienschein, der schon jetzt um ihre Fahnen schwebe, und von dem Heldenlied, das bereits heute mit monumentalen Lettern ins Buch der Geschichte gemeißelt sei.

«Aber es gibt ein Maß, Herr Generaloberst, eine Grenze, die zu überschreiten Vermessenheit, ja ich möchte sagen, Gotteslästerung wäre. Diese Grenze, Herr Generaloberst, sie ist erreicht!»

Und er sprach von dem großen Sterben da draußen, das mahnend an die Tür dieses Bunkers klopfe und weder militärischen Sinn noch soldatische Würde mehr habe. Von dem gräßlichen Hunger sprach er, den er selbst nie verspürt, von dem barbarischen Frost, unter dem er selbst nie gelitten hatte. Von den hilflos verkommenden Verwundeten, die ihm nie vor die Augen gekommen waren, und von dem letzten verzweifelten Kampf, an dem er nicht teilzunehmen gedachte.

Oberst Dumont sprach ...

Generaloberst Paulus war müde, sehr müde. Als ob er das alles nicht selbst wüßte, du lieber Himmel! Täglich kamen sie jetzt zu ihm, Offiziere seines Stabes, die Kommandierenden Generale, Divisions- und Regimentskommandeure. Und alle sagten sie das gleiche, einfacher oft, nüchterner und überzeugender. Als ob er nicht selbst Tag und Nacht mit diesen Dingen sich abquälte, die gräßlich und ohne Ausweg waren! Mit halbem Ohr lauschte er zu der Musik hinüber, trostvollen Klängen, schicksalsträchtig und voller Ergebenheit. Nichts in seinem Gesicht zeigte den Ueberdruß, den die klingenden Worte des Besuchers ihm bereiteten. Nur die kranke Gesichtshälfte, die im Schatten lag, zuckte und wetterleuchtete.

«Und darum», fuhr der Oberst mit erhobener Stimme fort, «darum bitte ich, beschwöre ich Herrn Generaloberst: Herr Generaloberst halten das Schicksal von Hunderttausenden, das Schicksal von braven deutschen Soldaten, die ihr Letztes gaben, Schicksal und Zukunft unzähliger bangender Mütter, Frauen und Kinder in den starken Händen ... Machen Herr Generaloberst dem sinnlosen Blutvergießen ein Ende! Kapitulieren Herr Generaloberst!»

Paulus fuhr auf.

«Das kann ich nicht!»

Einen Augenblick lang war sein Gesicht in Licht getaucht, und dieses Gesicht war ein Meer von Qual und Not.

«Die Befehle, die ich erhalten habe, sind eindeutig. Ich muß gehorchen. Wenn der Soldat nicht mehr gehorcht, dann ist alles aus.»

Oberst Dumont war betroffen von der Härte dieser Antwort. Aber er gab sich noch nicht geschlagen. Ihn packte der Mut der Verzweiflung. «Die 6. Armee ist abgeschrieben!» schrie er fast, und seine Stimme überschlug sich dabei. «Nicht erst seit heute und gestern, lange schon! Schon seit Hoth zurück mußte, seit Weihnachten schon!» Und nun erzählte er, wie vom Fieber gehetzt und fern aller gewählten Form, was er selbst drüben erlebt hatte. Von der wahren Meinung der maßgebenden Stellen, von der katastrophalen Lage bei Manstein und von dem Auftrag, den ihm der alte General damals vor dem Bunkerfenster in Zossen erteilt hatte.

Paulus hatte mit geschlossenen Augen zugehört. Er war sehr blaß geworden.

«Dann ... dann wäre ich also betrogen worden», sagte er leise.

Unvermittelt stand er auf, ein gebeugter Riese.

«Ich danke Ihnen», sagte er ruhig und ernst. «Glauben Sie mir, es wird alles geschehen, was noch in meiner Macht liegt. Aber vergessen Sie eines nicht: Ich bin auch nur ein Rädchen im großen Uhrwerk. Die Verantwortung müssen andere tragen.»

*

Beim Divisionsstab ist Ruhe eingekehrt. Die Männer sitzen in ihren Bunkern, sie dösen oder schlafen. Diese Ruhe hat nichts Erholsames, sie ist voll geheimer Spannung. Das Unheimlichste ist, daß der schier unerschöpfliche Strom der «Parolen» plötzlich versiegt ist. Irgend etwas liegt in der Luft. Etwas Entscheidendes.

Morgens kommt Geibel vom Kaffeeholen zurück. Sein schlaffes Gesicht ist gerötet, und das macht diesmal nicht die Kälte. Seine Augen blicken noch ratloser als sonst.

«Es ... es geht los!»

«Wer, was geht los?»

«Der ganze Stab ... zum Einsatz, mit Hauptmann Fackelmann ... Alle, auch die Küche. Nur eine Ordonnanz bleibt zurück und der Fahrer von Herrn Oberstleutnant und Unteroffizier Schmalfuß!»

Breuer sieht den Sonderführer an. Der nagt mit seinen langen Zähnen an der Unterlippe.

«Und die Offiziere?»

Geibel zuckt die Achseln. «Da wurde nichts von gesagt.»

«Moment mal!» — Breuer greift nach seiner Mütze und geht zum Bunker des Oberstleutnants hinüber.

Hinter der Tür hört er erregte Stimmen. Er klopft kurz und öffnet, ohne das «Herein» abzuwarten. Vier Menschen erfaßt sein Blick. Es sind Unold, Major Kalweit, der Oberstarzt Dr. Müller und Major Siebel. Sie stehen um den Tisch herum, die Köpfe über eine Karte gebeugt. Bei seinem Eintritt verstummen die vier, sie starren ihn an wie ertappte Falschmünzer. Und dann schreit Unold:

«Was ist denn schon wieder, verdammt noch mal! Stören Sie jetzt hier nicht!»

Breuer zieht sich behutsam zurück, und während er noch unschlüssig draußen wartet, fliegt plötzlich die Tür auf. Der alte Oberstarzt keucht an ihm vorbei, ohne Blick, als ginge es um sein Leben. Major Kalweit folgt, auch er in Eile und ohne Gruß. Als letzter kommt Siebel zum Vorschein. Barhäuptig und sichtlich verstört, hastet er an Breuer vorüber. Doch nach ein paar Schritten bleibt er stehen und kommt langsam zurück.

«Ja, Breuer — So ist das ...» — Er blickt auf Breuers Stiefelspitzen, und die Bewegung seiner Stirnfalten ist wie das Wellenspiel auf einem See. «Wir ... wir fliegen nämlich aus.»

Breuer starrt den Major wortlos an.

«Das ist so», fährt er fort und sieht immer noch auf den Boden, «Kalweit ist mit General Hube zusammen vom OKH angefordert, als Panzerspezialist. Hube soll die Versorgung von draußen in Ordnung bringen. Und das alte Klappergestell, der Arzt, na ja ... Und, und was mich betrifft, hm – wahrscheinlich wegen dem Gelumpe da ...»

Er ruckt mit der Schulter, an der der tote hölzerne Arm hängt. Sein Blick begegnet Breuers Augen und irrt gleich wieder ab.

Breuer sieht den Major wie durch eine gläserne Wand.

«Grüßen Sie die Heimat von uns», sagt er tonlos. «Und – auf Wiedersehen.»

Er hebt die Hand und läßt sie gleich wieder sinken. Die Glaswand vor ihm läßt keinen Händedruck zu.

Siebel scharrt mit dem Fuß im Schnee wie ein störrisches Pferd.

«Auf Wiedersehen – ha!» schnaubt er und schleudert mit einem Ruck die Haarsträhne aus der Stirn. Und jetzt packt sein Blick den Oberleutnant und hält ihn fest. Trotz und Zorn sind in diesem Blick und ein wildes Flehen. Keuchend geht sein Atem. Gleich müßte etwas geschehen. Aber da ist die Glaswand, und sie ist unzerbrechlich. Siebel wendet sich kurz um und geht schnell davon.

Breuer sieht ihm nach.

Ausfliegen – welch ein Zauberwort! Es kann Schicksale verändern und Menschen verwandeln mit einem Schlage. Dort geht Major Siebel. Sein Körper geht dort, er selbst ist schon fern, unerreichbar, in einer anderen Welt. «Abrechnen» hatte er wollen, «aufräumen». Wird er noch daran denken, jetzt noch? Wird er die Wahrheit mit hinübernehmen und für sie zeugen? Oder wird er sich feiern lassen als Held, auf Versammlungen und im Rundfunk die Reden halten, die man ihm abverlangt? Und dann in ein Erholungsheim, in Urlaub fahren mit seiner jungen Frau? Und vergessen, was war? Stalingrad vergessen?

Verstört blickt Breuer sich um. Jetzt zu Unold, nach diesem da? Nein! Schleppenden Fußes schleicht er die Schlucht hinunter. Er fühlt sich mit einmal sehr allein. Gibt es noch etwas Gemeinsames?

Er sucht Hauptmann Gedig, den Adjutanten, auf.

«Ah, Breuer, Sie?» – Der Hauptmann ist seltsam zerfahren,

hört kaum richtig zu. «Sie bleiben natürlich bei uns ... Das heißt, ich weiß nicht, vielleicht ... Der Herr Oberstleutnant hat noch nicht ... Warten Sie mal ab ...!»

Nein, es gibt nichts Gemeinsames mehr. Es gibt nur noch Einzelschicksale: Das Schiff sinkt, und die Parole heißt: Rette sich, wer kann! Die Gemeinschaft, die festgefügte, die allein alles dieses ertragen ließ, ist nicht mehr. Nichts Gemeinsames mehr, nicht im Leben und nicht im Sterben. Das große Alleinsein hat begonnen. Das ist das Ende.

Er geht zu seinem Bunker zurück.

«Packen Sie Ihren Kram zusammen», sagte er zu Fröhlich. «Und auch der Gontscharow! Wir gehen mit der Einsatzgruppe mit. Ich glaube, für uns ist es Zeit.» —

*

In dem Bunker Oberst von Hermanns versammelten sich die Einheitsführer der Division.

Als erster erschien, von seinem Adjutanten begleitet, Oberst Welle, der Kommandeur des einen Infanterieregiments, ein älterer untersetzter Herr, dessen gerötete Augen durch die trüben Gläser einer Wehrmachtsbrille blinzelten. Er kam selten hierher. Sein drei Meter tiefer, mit Bahnschienen abgedeckter Bunker unter einer Straße der westlichen Vorstadt, in dem er seit vier Monaten beim Flackerlicht einer Oelfunzel saß und in einem abgegriffenen Notizbuch die Verluste seines Regimentes zusammenrechnete, hatte ihn zum Höhlenbewohner gemacht. Die Trümmerstadt mit ihren Geröllhaufen und Ruinen, zwischen denen es nach Gas und schwelendem Brand roch, hatte Besitz von ihm ergriffen. Offenes Land, frische Luft und eine Schlucht mit richtigen Bäumen paßten nicht mehr in sein Weltbild.

Etwas später kam Oberstleutnant i. G. Zedwitz, der seit Oktober das rechte Regiment führte. Er war hager und knochig, auf einem langen, faltigen Hals saß ein auffallender kleiner, nur über dem Genick mit dünnem Flaum bewachsener Kopf, der an einen Lämmergeier denken ließ. Als Ia des Korpsstabes hatte er Streit mit seinem Chef gehabt und war deswegen hierher zur Truppe abkommandiert worden. Er erhoffte sich die baldige Rückkehr zum Generalstab, die er durch «Bewährung» zu beschleunigen trachtete. Bei seinem Regiment sagte man ihm «Halsschmerzen» nach und schätzte ihn darum wenig.

Nacheinander trafen die übrigen ein: der Kommandeur des Artillerieregiments, ein grauhaariger Oberst, der unter Rheumatismus litt, die durchweg jüngeren Führer der selbständigen Abteilungen und die Herren des Divisionsstabes. Ein Rundspruch hatte sie alle hierher befohlen. Der Grund war nicht bekannt und gab zu mancherlei Vermutungen Anlaß. In dem kleinen Raum wurde es eng.

Oberst von Hermann, der schreibend an seinem Arbeitstisch saß, begrüßte die Eintretenden ganz gegen seine sonstige Gewohnheit jeweils nur durch ein kurzes Kopfnicken. Als Oberstleutnant Danne ihm die Vollzähligkeit meldete, erhob er sich. Schweigend musterte er die Anwesenden, sein Gesicht war ernst und verschlossen.

«Meine Herren», begann er dann so leise, daß es augenblicklich still wurde. «Ich habe Sie hierher gebeten, um Sie befehlsgemäß mit einem Plan vertraut zu machen, der zurzeit bei der Armeeführung erwogen wird, und Sie um Ihre Meinung darüber zu ersuchen. Es handelt sich um den Plan eines ‚Ausbruchs nach allen Seiten'.»

Durch die Masse der dichtgedrängten Köpfe raunte Verwunderung. Der Oberst nahm ein Blatt von seinem Tisch und sah hinein, während er fortfuhr:

«Der Plan sieht vor, daß jede Division der Nord-, Ost- und Südfront mit allen ihren kampfkräftigen Teilen, aufgefüllt mit den Resten der von Westen her zurückgehenden Verbände, in selbständigen Kampfgruppen zu jeweils 200 Mann aus ihrem Abschnitt heraus ohne Artillerievorbereitung die feindlichen Stellungen stürmt mit dem Ziel des Durchbruchs und der Wiedervereinigung mit der deutschen Front.»

Der Oberst blickte auf und sah stumm in die ratlosen Gesichter seiner Offiziere. Dann begann er wieder, ruhig und scheinbar völlig unbeteiligt:

«Für unsere Division würde das nach mündlichen Erläuterungen des Korps bedeuten: Durchstoß auf Divisionsabschnittsbreite über die Wolga hinweg bis zu einem Punkt etwa 4 km ostwärts. Dort Vereinigung mit den anderen Verbänden des Korps. Dann gemeinsame Schwenkung nach Süden, um nach nochmaligem Ueberschreiten der Wolga südlich Beketowka Anschluß an die übrigen Einheiten der Armee zu gewinnen.»

Inzwischen war die Unruhe im Raum schon sehr stark geworden. Oberst Welle hatte sich bereits mehrmals geräuschvoll geräuspert.

«Ja, wie denn ...», rief er jetzt, «ich verstehe nicht recht ... Fühlt man sich noch so stark? Und die Versorgung ...? Du lieber Himmel, so etwas erfordert doch Vorbereitungen! Ueber die Wolga, den Russen aus dem Steilhang hinauswerfen, jetzt, in diesem Zustand, nachdem uns das in fünf Monaten nicht gelungen ist ... Das ist doch alles Blödsinn!»

Der Gedanke, seine wie für die Ewigkeit ausgebauten Bunkerstellungen verlassen zu müssen, überschritt sein Vorstellungsvermögen.

In Oberst von Hermanns Gesicht regte sich nichts.

«Und Ihre Meinung, Oberstleutnant Zedwitz?»

«Ja, eh ... eine tolle Sache eigentlich, wenn man's recht bedenkt.» In des Oberstleutnants weitem Jackenausschnitt hüpfte der Adamsapfel auf und ab. «Hätte man längst ... eh, reichlich spät jetzt. Aber wenn für Teile der Armee wenigstens die Chance des Herauskommens besteht, dann ... eh, meine ich ...»

Die Unruhe verstärkte sich. Der Oberst hob die Hand, und es wurde ruhiger.

«Diese Chance besteht nicht. Für diesen und jenen einzelnen vielleicht, aber nicht für die Armee als solche und auch für keinen ihrer Teile. Wir dürfen uns nicht mißverstehen. Es handelt sich nicht um einen Durchbruch, sondern um einen Ausbruch in Ausführung des Führerbefehls ‚Kampf bis zum letzten Mann und zur letzten Patrone'.»

«Ach so ... eh, verstehe!» — Oberstleutnant Zedwitz zuckte ein paarmal nervös mit dem Kopf und kniff die Augen zusammen, da ihn das Stimmengewirr ringsum störte. «Heroischer Untergang, ‚Ende mit Schrecken' sozusagen ... nun ja, nicht schlecht, eh ... würdiger Abgang wenigstens.»

«Also eine Art Massenselbstmord!» warf jemand von weiter hinten ein. «Oder verbindet sich mit diesem ... ‚Plan' noch eine militärische Zielsetzung?»

«Das militärische Ziel», antwortete der Oberst, weiterhin um Ruhe und Sachlichkeit bemüht, «das Ziel wäre, beim Gegner möglichst viel Schaden anzurichten, im Hinterland Verwirrung zu stiften ...»

Ueber das Durcheinander der Stimmen erhob sich ein helles Organ:

«Und was geschieht mit den Verwundeten?»

Es war Hauptmann Martens, der Führer der Aufklärungsabteilung. Und schon rief alles durcheinander:

«Ja, natürlich ... Die Verwundeten, eben ...! Was geschieht mit den Verwundeten?»

Wieder gebot der Oberst Ruhe. Und als er jetzt sprach, vibrierte seine Stimme wie eine zu straff gespannte Drahtsaite. Das Blatt in seiner Hand zitterte.

«Ueber die Schwerverwundeten sagt der Plan nichts. Was die noch gehfähigen Verwundeten und Kranken betrifft, so ist aus ihnen längs des Bahndammes Woroponowo–Gumrak eine Auffanglinie zu bilden, die den Divisionen den Rücken für den Ausbruch freihalten soll. Diesen Männern darf natürlich nicht gesagt werden, worum es sich in Wirklichkeit handelt. Ihnen ist ihr Einsatz als notwendig für die schon nahe Befreiung darzustellen.»

Einen Augenblick war es totenstill. Dann aber brach ein Sturm los.

«Unerhört! — Das ist doch ... Unglaublich, so was! Eine maßlose Schweinerei ...! Welcher Idiot ist denn auf diese hirnverbrannte Idee gekommen?»

Ja, wer war darauf gekommen? Welches zerrüttete Hirn hatte diesen teuflischen «Plan» geboren? Oberst von Hermann wußte es nicht, er hatte beim Korps nicht danach zu fragen gewagt. Man munkelte von dem Ia der Armee. Auch einer der Kommandierenden Generale wurde genannt.

Diesmal ließ der Oberst die Wogen der Erregung auslaufen. Sie gaben ihm die Antwort, nach der er gefragt hatte. Allmählich entspannte sich sein Gesicht, und seine Stimme klang weicher, als er nacheinander die Offiziere noch einmal namentlich zur Meinungsäußerung aufforderte. Es gab nur *eine* Meinung.

«Und Sie, Zedwitz?»

«Eh ja ...», der Oberstleutnant schluckte ein paarmal und fuhr sich mit dem Zeigefinger durch den Rockkragen. «Idee des heroischen Untergangs im Prinzip nicht schlecht, eh ... aber unter obwaltenden Umständen doch fragwürdig, eh ... sehr fragwürdig.»

Oberst von Hermann atmete auf. «Ich danke», sagte er kurz. «Ich hatte nichts anderes erwartet.» Er verriet nichts von den Sorgen, die er sich insgeheim gemacht hatte. Es gab einmal eine

Zeit, da hätte er sich für die Gedanken und Handlungen jedes einzelnen seiner Offiziere verbürgen können. Diese Zeit war vorbei. Die ehemals festen Normen galten nicht mehr. Das Denken und Tun der Menschen war unberechenbar geworden. —

Kurz darauf meldete der Oberst dem Kommandierenden General fernmündlich, die Einheitsführer seiner Division lehnten den unterbreiteten Plan eines «Ausbruchs nach allen Seiten» als indiskutabel ab.

«Ach so, dieser Plan, ja... danke schön», klang es gleichmütig von drüben zurück. «Nun, ich glaube, die Sache hat sich inzwischen erledigt. War wohl nirgends rechte Meinung dafür vorhanden... Uebrigens, lieber Hermann, ehe ich's vergesse: Ihre Beförderung zum Generalmajor ist heraus! Erfuhr es eben von der Armee und freue mich, Sie als erster beglückwünschen zu können.»

«Danke gehorsamst, Herr General», sagte Hermann.

Als die Verbindung schon getrennt war, hielt er den Hörer noch in der Hand und starrte vor sich hin.

General... die roten Streifen... Als junger Offizier hatte er darin die Erfüllung seines Daseins erblickt — —

Er empfand keine Freude.

*

Klein ist die Welt geworden, ein weißer Teller, über dem eine graue, beklemmend niedrige Glocke sich wölbt. Vorn am Eingang zur Stalingrazkij-Schlucht, dort wo die Fahrzeuge abgestellt sind, stehen die Männer des Divisionsstabes zum Abmarsch angetreten, zum Einsatz irgendwo. Rund fünfzig Mann sind es insgesamt, die Schreiber von Ia und Ic, von Adjutantur und Zahlmeisterei, das Personal von Registratur und Kriegsgericht, von der Intendantur, der Abteilung «Waffen und Geräte», die Zeichner der Kartenstelle, die Nachrichtenmänner der Vermittlung, Sanitäter, Melder, Ordonnanzen, Kraftfahrer und Köche. Denn auch die Küche geht mit, und Unteroffizier Klaucke, der Chefkoch, ist alles andere als froh darüber. Da haben die kleinen Sondergerichte, mit denen er den Oberstleutnant stets bedachte, am Ende doch nichts genützt!

Die Männer sind in Linie angetreten. Sie stehen da, das Gewehr auf dem Rücken oder zwischen die Beine geklemmt, die

Wäschebeutel zu ihren Füßen, und reiben sich Gesicht und Hände. Vor drei Wochen hat man die meisten Wintersachen eingezogen für die «Festungsbataillone». Jetzt haben sie sich ihren ganzen Vorrat an Unterwäsche und Strickwesten auf den Leib gezwängt, und darüber strammen sich die Feldblusen und die leichten Mäntel, so daß die Knöpfe abzuplatzen drohen. Und dabei haben sie noch Glück, denn es ist weniger kalt als an den Tagen vorher.

Doch was wird noch kommen?

Die Männer dösen in die aufziehende Dämmerung hinein. Vorn stehen die Wagen: die beiden Koms von Ia und der Kartenstelle, Nachrichtenfahrzeuge, Lkws. Hinten in der Hauptschlucht ist der Wagenpark von Ib zurückgeblieben. Ihre Fahrzeuge! Daß sie die jetzt verlassen müssen, vielleicht für immer ... Niemand wagt, den Gedanken zu Ende zu denken. In weitem Abstand, vom Nebelgrau fast verschluckt, umkreisen zerlumpte Kerle das verlorene Häuflein wie hungrige Schakale, sie wittern leere Bunker und Beute.

Scheiße, ja ...

Die Männer stehen und warten. Sie warten auf ihre Offiziere. Doch von denen zeigt sich niemand. Nur Hauptmann Fackelmann trippelt in seinem Pelzmantel wie eine aufgeregte Glucke vor der Front auf und ab. «Flugplatzsicherung» hat es geheißen. Das klingt harmlos. Aber warum kommen die Offiziere nicht? So kann das doch nicht enden, daß man einfach abgeschoben wird! Unruhe und Erbitterung lagern sich wie eine schwere Wolke über den Reihen.

«Unold! – Wo ist Unold? – Der Oberstleutnant soll kommen!»

Der kleine Hauptmann wird noch nervöser. Verzweifelt rudert er mit den Armen.

«Seid doch mal ruhig, Leute! Hört doch mal zu! Der Herr Oberstleutnant ist ... er ist im Augenblick dienstlich verhindert, er hat einen neuen Auftrag! Er ... er läßt euch bestens grüßen!»

Ein mehrstimmiges Hohngebrüll ist die Antwort.

«Das kennen wir! – Abgehauen ist er! – Verpißt hat er sich!»

Der Hauptmann ist erleichtert, als er Breuer erblickt, der mit Fröhlich und dem Russen herangekommen ist. Als der Oberleutnant ihm leise erklärt, daß sie den Einsatz mitmachen möchten, wenn auch ohne ausdrücklichen Befehl, bedankt er sich freudig bewegt. Er versteht ohnehin nicht, daß keiner der aktiven Offiziere dieses dunkle Unternehmen führt, sondern ausgerechnet er, Hauptmann z. W. und einer der letzten im Stabe. Die Männer haben sich inzwischen etwas beruhigt. Verwundert schielen sie zu dem Russen hinüber, der in seiner grauen Pelzmütze und dem braunen Mantel, die Decke gerollt über der Schulter, eine Pistole am Leibriemen und sein Schnellfeuergewehr in der Hand, eine vortreffliche Figur macht. Ihm scheint seine Teilnahme hier die selbstverständlichste Sache der Welt zu sein. Sie verstummen und schämen sich ein wenig.

Es ist fast dunkel, als endlich drei Lkws heranrollen, um die «Einsatzgruppe Fackelmann» aufzunehmen. Fremde Fahrzeuge und fremde Fahrer, die auf Fragen unwirsch und ausweichend antworten.

Endlos scheint die Fahrt. Träge schaukeln die Wagen mit ihrer schweigenden Last dahin.

Als sie schließlich halten, ist draußen dicke Nacht.

«Absitzen!»

Unter Gepolter und leisem Fluchen leeren sich die Lkws. Stimmengewirr, einzelne Rufe. Dünne Strahlenbänder von Taschenlampen huschen durch die Finsternis. Aus einem Bunkereingang, groß wie das Tor zu einer ägyptischen Grabkammer, fällt schwacher Lichtschein.

Jemand ruft nach Hauptmann Fackelmann.

«Hier, ja ... hier vorn! Komme schon!»

Der Rachen des Bunkers blitzt auf und verschluckt ihn.

Die Nacht ist erregend und voller Ungewißheit. «Flugplatz Gumrak, Nordrand!» und «Gontscharaschlucht!» raunt es durch die Reihen. Namen, die nicht viel sagen.

Als der Hauptmann zurückkommt, geht es weiter, im Gänsemarsch einen unebenen, nur schwach erkennbaren Trampelpfad entlang. Schwer und naßkalt ist das Dunkel. Leise klappern Waffen und Kochgeschirre, hin und wieder wird ein unterdrückter Fluch laut, wenn jemand fehlgetreten ist.

Fackelmann, der vor Breuer den Pfad entlangkeucht, zwängt sich plötzlich an Breuers Seite und faßt ihn am Aermel.

«Unold war darin!» flüstert er. «Er macht jetzt hier mit Oberst Fuchs die Flugplatzverteidigung. Sagen Sie bitte den Männern nichts davon! — Hätte ja auch herauskommen können, nicht wahr? Ein Abschiedswort ... Ich meine ...»

Er verstummt, als er keine Antwort erhält.

Der Weg biegt nach rechts ab, über glatte Schneekuppen hinweg und durch unvermutete Senken. Die Männer halten sich am Koppel des Vordermannes, um die Fühlung nicht zu verlieren; sie atmen geräuschvoll und schimpfen leise. Links hinter ihnen huscht gelber Flackerschein über den Himmel und macht für Augenblicke den Weg sichtbar. Gewittriges Grollen rumpelt hinterher. Rechter Hand verrät zuweilen ein farbiges Leuchtzeichen die Nähe des Flugplatzes.

Dann wird der Weg breiter. Es riecht nach Rauch, und einzelne Funken, die der Wind über den Boden treibt, zeigen an, daß hier das Innere der Erde bewohnt ist.

«Ha-a-a-alt!»

Das Ziel des Marsches scheint erreicht. Wieder blitzt Licht auf. Rufe und Pfiffe werden laut. «Gruppe Wedemeier nach vorn!» — «Heinz, Heinz!» — «Verdammt, paß doch auf, du Stinktier!»

Breuer hat Fröhlich und den Russen im Dunkel verloren. Auch wo Geibel und Herbert sind, weiß er nicht. Er drängt sich nach vorn, stolpert dabei über einen Draht und kann gerade noch die steile Gleitbahn vermeiden, die in einen Bunker hinabführt. Aus der Erde hervor klingt leise Grammophonmusik.

Ein Lichtstrahl springt ihm ins Gesicht. «Sind Sie's, Breuer?» Es ist Hauptmann Fackelmann. «Ich höre eben, wir können hier nicht alle unterkommen. Was machen wir da? — Uebrigens ... das hier ist Hauptmann Lange, der Abschnittskommandant!»

Die Taschenlampe peilt den Leuchtpunkt einer brennenden Zigarette an, reißt ein Gesicht aus dem Dunkel, fällt auf Schlips und Kragen, auf eine offene, ärmellose Pelzweste und verlischt wieder.

«Freut mich sehr», sagt eine rostige Stimme. «Ja, das ist so: Bei mir ist alles knüppelvoll. Mehr als zwanzig Mann kann ich nicht unterbringen. Aber vorn in der Schlucht, etwa 300 m voraus, da finden Sie bestimmt noch ein paar leere Bunker. Die sind ja gestern alle getürmt!»

«300 Meter voraus?» — Hauptmann Fackelmanns Stimme ist etwas belegt.

«Ach so», lacht der Hauptmann. «Nee nee, keine Sorge! Das ist hier nur so 'ne Sicherungslinie für alle Fälle. Da vorn liegt noch die ganze 44. I. D.»

«Aha», macht Hauptmann Fackelmann. Es klingt nicht mehr überzeugt. «Ich werde dann die Gruppen Rösner und Gotthard hier lassen, das sind gerade 18 Mann. Und Sie darf ich wohl bitten, Breuer, für diese Nacht ebenfalls hier zu bleiben? Morgen können wir dann ja . . .»

«Für einen Offizier ist in meinem Bunker noch Platz», meint der Abschnittskommandant.

Breuer ist das alles gar nicht recht, aber er kann sich der offenbaren Notwendigkeit schlecht entziehen. Die Gruppen haben sich inzwischen zusammengefunden, und die Aufstellung geht verhältnismäßig schnell vonstatten. Breuer findet noch Gelegenheit, seine Männer zu verständigen, die mit nach vorn müssen. Beunruhigt bleibt er zurück.

In dem Bunker unten ist es hell und warm. Der Hauptmann hat es sich in einem Korbsessel bequem gemacht. Er hat eine niedrige Stirn und buschige Augenbrauen, die sich über der Nase berühren. Aus einem zweiten Rohrsessel erhebt sich ein Wachtmeister in Flakuniform und deutet eine Ehrenbezeigung an. Seine schwimmenden Fischaugen sind ohne Ausdruck auf Breuer gerichtet. Er scheint erheblich angetrunken zu sein.

«Das ist Wilhelm», erläutert der Hauptmann.

Breuer legt seine Sachen ab, und «Wilhelm» hilft ihm dabei. In einer Seitennische sind zwei Doppelpritschen übereinander aufgeschlagen. Auf der einen liegt jemand. Er stöhnt. Es ist ein gleichmäßiges «öh — öh — öh», dumpf wie das Röhren eines verwundeten Hirsches. Breuer kann von unten nichts von dem Mann erkennen außer zwei Riesenfüßen in Filzstiefeln, die vorn über die Pritsche hinausragen. Die eine Sohle hat ein großes Loch, es ist von innen mit Zeitungspapier gedichtet.

«Ihr Platz ist hier oben, Herr Oberleutnant», sagt Wilhelm und hängt den Uebermantel zum Trocknen über die Füße. «Der merkt nischt mehr», meint er, «der ist hin.»

Auf dem Tisch, den eine hellgrüne Wolldecke verhüllt, steht eine zur Hälfte geleerte Flasche, daneben ein blaues Koffergrammophon. Der Hauptmann greift hinter einen Vorhang und stellt ein drittes Glas auf den Tisch. Er schenkt ein.

«Prost!» — Die Gläser klingen zusammen. Der Hauptmann leert das seine auf einen Zug und wischt sich mit dem Handrücken über die Lippen. «Dreh mal auf, Wilhelm!»

Der Wachtmeister wendet die Platte um und setzt die Nadel

auf. Sie kratzt entsetzlich. Blecherne Tanzmusik erklingt. Und dann singt eine feminine Männerstimme:

«Jetzt geht's der Dolly gut,
Sie sitzt in Hollywood
mit Lilian Gish
An einem Tisch ...»

Ein Schlager aus den zwanziger Jahren. Die Platte ist abgespielt und hat einen Sprung. Wie mag sie hierher gekommen sein!

«Und nun futtern Sie erst mal was!» sagt der Hauptmann. Hinter dem Vorhang holt er ein Kommißbrot hervor, eine Dose mit Butter und eine geräucherte Hartwurst, von der er ein handbreites Stück heruntersäbelt. «Haben doch sicher Kohldampf, was?»

Breuer langt zu. Er ist zu müde und zu hungrig, um viel zu fragen. Nachdem er sich drei Schnitten einverleibt hat, meint er schließlich kauend:

«Woher kommt denn dieser Segen?»

«Von oben natürlich, was dachten denn Sie?» lacht der Hauptmann und räkelt sich in seinem Sessel. «So was fällt hier vom Himmel! 35 Stück haben wir gestern aufgelesen von den Bengeln.» Er schwenkt die Wurst in der Hand wie einen Gummiknüppel. «Man muß nur aufpassen, daß einem so 'ne Kiste nicht mal auf den Kopf fällt!»

«Muß man abgeworfene Verpflegung nicht abliefern?» fragt Breuer. Er entsinnt sich eines diesbezüglichen strengen Befehls.

«Abliefern?» knurrt der Hauptmann und stemmt die Fäuste in die Taschen seiner Reithosen. «Abliefern ... Meinen Sie, ein Aas hat uns in dieser Zeit was zu fressen geschickt? – Na, also!»

Breuer ißt und trinkt, und wohlige Wärme ergießt sich in seine Glieder. Erst jetzt bekommt er Lust, sich sein Gegenüber genauer anzusehen. Der Hauptmann trägt ein meergrünes Oberhemd, seine hellgrauen Breecheshosen sind auf den Knien mit gestepptem Wildleder besetzt und stecken in weichen, spiegelblank geputzten Reitstiefeln.

«Prost!» sagt der Hauptmann. Er hat wieder eingegossen. «So jung kommen wir nicht mehr zusammen!»

Breuer hält sein Glas gegen das Licht. Golden schimmert der

ölige Bordeaux. Wie lange hat er nicht mehr aus einem richtigen Weinglas getrunken?

«Fällt sowas hier auch vom Himmel?» fragt er.

«Nee», lacht der Hauptmann. «Dafür haben wir andere Bezugsquellen. Brauchen Sie Zugstiefel, 'n Extrarock, Damenwäsche? Oder vielleicht ein Kaffeeservice? Können Sie alles haben!» Er schiebt Breuer eine flache Zigarrenkiste hinüber. «Sehen Sie sich mal die Bauchbinden an! Echte Sumatra-Importen. Was für Generaldirektoren!»

Er lehnt sich in seinen Sessel zurück, streckt die Beine von sich und bläst blaue Rauchkringel zur Decke hinauf.

«Sie liebt den Harold Lloyd,
Sie liebt den Conrad Veidt . . .»

leiert das Grammophon. Das einförmige Stöhnen des Verwundeten in der Ecke hackt dazwischen.

«Das war ein Ding vorgestern, was, Wilhelm?» sagt der Hauptmann und zwinkert dem Wachtmeister zu, der dumm und schläfrig dabeisitzt. «Das hätten Sie sehen müssen, Mensch, wie die türmten, die Zahlmöpse, als es hieß, die HKL kommt hierher. Nichts wie weg, sag' ich Ihnen! Alles haben sie stehen und liegen lassen, Kisten und Koffer voll angehamstertem Kulturplunder und sagenhaften Fressalien, und dann hier . . .» Er schnippt sich mit dem Zeigefinger gegen die Kehle. «Ich sage Ihnen, einen Abend lang waren wir alle blau wie die Strandhaubitzen.»

Auch das Fischgesicht des Wachtmeisters überzieht sich mit einem glasigen Grinsen. Er dreht wieder an dem Grammophon, das in Mißtönen vergurgelt ist.

«Leider steht das Zeug da vorn alles wie auf dem Präsentierteller», plaudert der Hauptmann aufgeräumt. «Am Tage pflastert der Iwan natürlich dauernd hin. Zwei von den Lkws hat er uns schon zusammengewichst. Ich hab' den Jungens gesagt: ‚Wartet, bis es dunkel ist!' Aber Sie wissen ja, Kohldampf kennt keine Hemmungen. Und dann noch was zu saufen . . . Vier sind hops gegangen dabei. Den da hinten, den Otto, hat's auch erwischt, als er 'ne Kiste Rotspon rausschleppen wollte. Splitter ins Kreuz, ja . . .»

Breuer ist auf einmal sehr müde. Das macht der ungewohnte

Wein, und der Bunker ist überheizt. Er entschuldigt sich und kriecht auf seine Pritsche.

Dort oben hängt dick und schwer die verbrauchte Luft. Bald verfällt er in einen unruhigen Schlaf, den mannigfache Geräusche durchflechten. Ein Einschlag, Poltern und Rumpeln weitab, dann das Tuckern einer «Nähmaschine», das für Sekunden mit dem stoßweisen Röcheln an seiner Seite verschmilzt und in der Ferne verblubbert. Unten aber quäkt immer noch das Grammophon:

«Jetzt geht's der Dolly gut,
Sie lebt in Hollywood
In USA,
Und ich steh' da.»

*

Die Stellung des Ordonnanzoffiziers, den General von Hermann mitgebracht hatte, war innerhalb des Divisionsstabes nicht ganz einfach. Man sah in ihm das Protektionskind, und dies um so mehr, als an seinen militärischen Fähigkeiten ebenso wie an der Notwendigkeit seines Postens berechtigte Zweifel bestanden. Was die anderen Offiziere des Stabes jedoch am meisten erbitterte, war der empörende Umstand, daß dieser bläßliche Leutnant Wiese die allgemeine Abneigung überhaupt nicht zu bemerken schien. Das war nun wirklich der Höhepunkt der Arroganz! So dachte man und machte es sich leicht damit angesichts der eigenen Sorgen.

Wiese litt unter dem Erlebnis in Dubininskij, das ihm so hart zugesetzt hatte, immer noch wie unter den Folgen einer schweren Gehirnerschütterung. Der Gegenwart entrückt, sah er seine Umgebung wie durch Gazeschleier und war unfähig eines klaren Gedankens. Für ihn gab es nichts mehr zu fürchten und nichts zu hoffen, keine Aufgabe mehr und kein Ziel. Er war am Ende.

General von Hermann, hart sonst gegen sich selbst und die Männer seiner Umgebung und das Letzte fordernd, behelligte Wiese kaum mit Aufträgen. Wenn er ihn sah, und das war selten genug der Fall, begegnete er ihm mit einer verlegenen Freundlichkeit. Warum hatte er ihn eigentlich mitgenommen? Der General vermied es, sich darüber Rechenschaft abzulegen. Wiese aber vergalt ihm diese seltsame Nachsicht, die die anderen erbitterte, mit der müden und hoffnungslosen Dankbarkeit, die wohl ein Todkranker gegenüber seinem Arzt hegen mag.

Eines Tages stand er wieder vor seinem Divisionskommandeur und bemerkte ohne Anteilnahme den langen und nachdenklichen Blick, mit dem der General ihn musterte.

«Leutnant Wiese», sagte Hermann schließlich, «ich habe da einen Korpsbefehl erhalten ... Die Division hat morgen der Armee einen Kurier zur Heeresgruppe zu stellen.»

Er machte eine Pause. In Wieses Gesicht regte sich nichts.

«Dieser Kurier werden *Sie* sein!»

«Jawohl, Herr Oberst», murmelte Wiese. Doch jählings übergoß flammende Röte sein Gesicht. «Ich?» stammelte er. «Wieso ich ...? Ich ... Herr Oberst ... Herr General, das geht ja gar nicht ... das ist nicht möglich!»

Der Blick des Generals ruhte streng auf ihm, nichts in seinem Gesicht verriet, was er dachte. Er dachte aber an einen Tag im November, damals, als noch das Bild auf seinem Schreibtisch stand — und an ein Gespräch. «Grämen Sie sich nicht», so etwa hatte er da gesagt, «wir brauchen auf dieser Welt nicht nur Soldaten!» Ein mitleidiger Trost hatte das sein sollen, damals. — Heute dachte General von Hermann anders darüber. In den letzten Wochen war ihm sein Beruf, den er, Sohn eines Universitätsprofessors, einst mit Begeisterung und gegen mancherlei Widerstände der Familie ergriffen hatte, in mancher Hinsicht fragwürdig geworden. Heute vermeinte er zu wissen, daß jedes Berufsdenken notwendigerweise wohl einseitig war, auch das Berufsdenken eines Soldaten. Nein, der da vor ihm stand mit rotübergossenem Gesicht, in dem es zuckte und flackerte, das war wahrlich kein Soldat! Aber auch die anderen hier, sie waren ja in ihrer Mehrzahl nicht dazu geboren, Soldat zu sein. Arbeiter und biedere Handwerker, kleine Angestellte, Bauern, Wissenschaftler ... Alle durch ein böses Verhängnis in eine Daseinsform gepreßt, die dem Sinn ihres Lebens nicht gerecht wurde und ihn noch im Tode verfälschte. Und General von Hermann sah: Einmal, wenn alles hier lange vorbei war, würde die Kriegsgeschichte sich der Schlacht um Stalingrad bemächtigen. Die Feldmarschälle würden ihre Memoiren schreiben, Militärs aller Länder würden die Archive durchstöbern und über Sinn und Unsinn taktischer und strategischer Maßnahmen rechten. Wer aber würde von den Menschen künden, den aber Tausenden hüben und drüben, von ihrem Leben, Leiden und Sterben? Und irgendwie erschien es General von Hermann plötzlich von Wichtigkeit, daß jemand, der auf das abgründige Geschehen hier mit Augen blickte, wie dieser Wiese sie besaß, sein Wissen nach drüben nehme und bewahre, bis einmal die Frauen und Mütter fragen würden. Die Frauen und Mütter – – General von Hermann wußte: Der Einfall, der ihm vorhin gekommen war, als er den unbequemen Funkspruch des Korps in den Händen hielt, war ein guter Einfall gewesen. Und jetzt wußte er auch, daß ihn schon damals in Dubininskij unbewußt der Wille geleitet hatte, diesen einen Menschen aufzuheben und zu retten, damit er einmal Zeugnis ablege. Zeugnis im Namen der Toten ...

«Dieser Kurier werden Sie sein!» wiederholte der General mit einer Stimme, die keinen Widerspruch duldete. «Sie gehen anschließend zu Hauptmann Sander. Er wird wegen des Wagens und Ihrer Papiere das Nötige veranlassen. Morgen früh 9 Uhr melden Sie sich beim Armeestab, Abt. Ia!»

Erst als er Wieses Widerstand erlahmt glaubte, fuhr er etwas freundlicher fort:

«Neben dienstlichen bestimmen mich dazu auch sehr persönliche Gründe.» Er griff nach seinem Tisch hinüber. «Hier dieses Päckchen, bringen Sie es meiner Frau! Die Anschrift steht oben. Sagen Sie ihr dazu, daß ich ... daß ich bemüht war, meinen geraden Weg zu gehen als Soldat und als Christ. Und erzählen Sie ihr ... das andere –. Ich ... kann ihr das nicht schreiben.»

Der General hatte sich bemüht, einen sachlichen, fast geschäftsmäßigen Ton anzuschlagen. Es war ihm nicht gelungen. Unter seinen Worten hatte sich Wieses Gesichtsausdruck sehr verändert. Alles Leben war in ihn zurückgekehrt. Das fremde Schicksal hatte den Panzer durchstoßen, der ihn umhüllte.

«Ich weiß doch nicht», stotterte er hilflos, «Herr General haben doch nie darüber ... über Ferdi ... wie er starb ...»

«Wie –», sagte Hermann gequält und zugleich betroffen. «Sie wissen nicht? Und ich dachte, Sie selbst ... Waren Sie denn nicht dabei? Damals ...»

Damals? Damals ...

Wiese wurde kalkweiß, in seinen Augen stieg die Schwärze der Nacht auf. Das also, das ... Herrgott, warum ... Er fühlte, wie seine Knie nachgaben.

Der General trat an ihn heran voller Besorgnis und Güte. Sein

Gesicht hatte alle Strenge verloren. Behutsam legte er Wiese seine Hand auf die Schulter.

«Erzählen Sie ihr das, mein Junge, soweit man das ... einer Mutter ... Gott mag Ihnen helfen.»

In Wiese tobte der Aufruhr. Zugleich mit dem grauenvollen Entsetzen überflutete ihn eine Welle der Liebe und Verehrung für den Mann, der da vor ihm stand. Er hätte ihm zu Füßen fallen mögen, seine Knie umfassen und die Not seiner jungen Jahre hinausschreien mögen. Doch er tat nichts dergleichen. Er stand stocksteif, nur seine Zähne schlugen leise aufeinander.

Und dann sagte er etwas Seltsames, Unzeitiges, etwas, das an Pickelhauben und wehende Standarten und an die gottergebenen Klänge des großen Zapfenstreiches erinnerte. Er sagte:

«Zu Befehl, Herr General!» — —

In fiebriger Geschäftigkeit bereitete Leutnant Wiese seinen Abflug vor. Er war gänzlich verwandelt. Er merkte nichts von den hämischen Blicken, von den bösen Bemerkungen hinter seinem Rücken: «Verdammt eilig auf einmal, der junge Mann, was?» — «Na ja, natürlich! War ja zu erwarten.» — «Und geniert sich nicht einmal!» — Verständnislos blickte er auf, wenn ihn einer mit falscher Freundlichkeit beglückwünschte.

Wiese sah keine Freiheit vor sich, nur eine Aufgabe. Er fühlte sich von einer unmenschlichen Last zu Boden gedrückt und glaubte, Befreiung davon könne ihm nur kommen durch eine ungeheuerliche Tat. Kurier zur Heeresgruppe? Zum Führerhauptquartier mußte er! Er würde es schaffen, irgendwie, durch irgendeine erdachte Sonderbotschaft oder ähnliches. Zur Berichterstattung vor Hitler, und dann, dann ... Tell brauchte nur einmal zu schießen. Und er, Himmel, sechsmal hat er schießen müssen, sechsmal ... Zwei Schuß noch im Magazin, noch seit damals, zwei Schuß für Geßlers Fratze ... Mochten sie ihn vierteilen, am Wippgalgen strangulieren, was machte das schon! Aber vielleicht sterben müssen ohne diese Tat, mit dieser Last auf der Seele ...

Unterwegs trieb er den Fahrer immer wieder zur Eile an. Jede Minute erschien ihm kostbar und unersetzlich.

Und dieses krankhafte Gehetztsein war wohl auch schuld daran, daß Leutnant Wiese den Flugplatz niemals erreichte. Am Ortsausgang von Gumrak fuhren sie mitten in einen Reihenwurf russischer Bomber hinein. Der Wagen wurde durchlöchert wie ein Sieb. Er brannte vollständig aus.

*

Wumm . . . wumm-wumm . . .wummmm . . .

Das Störungsfeuer läßt die Pritsche leise schaukeln. Hartnäkkig klopft es Breuer aus seinem unruhigen Schlaf. Er schiebt den schweren Schafpelz zurück und richtete sich vorsichtig auf, um nicht mit dem Kopf an die Decke zu stoßen. Durch die Fensterluke schimmert es grau. Das Röcheln ist verstummt. Der Mann neben ihm rührt sich nicht mehr. Seine Nase ist spitz und weiß, der Mund steht offen, ein Wort scheint daran zu hängen, das nicht mehr gesprochen wurde.

Unten ist Hauptmann Lange, schon fertig angekleidet, in erregtem Disput mit einem der Posten.

«Wie lange, sagten Sie, geht das schon?»

Der Mann zieht durch seine tropfende Nase geräuschvoll den Atem hoch. Um seine schneebestäubten Filzstiefel hat sich eine Schmutzlache gebildet.

«Na, schon ziemlich lange, Herr Hauptmann», sagt er und wischt sich mit dem Handrücken das Wasser aus dem Gesicht. «So seit drei Stunden schon!»

«Verdammt . . .», sagt der Hauptmann. –

Etwa 50 m hinter den Bunkern zieht sich eine Fahrbahn nach Westen hin. Menschen bewegen sich dort entlang, kleine Trupps in größeren Abständen, hier und da ein Fahrzeug, ein Geschütz, und wieder Menschen in dichten Haufen oder lang auseinandergezogenen Ketten. Einzelne ziehen Schlitten hinter sich her. Gepäck ist darauf oder ein Verwundeter oder ein MG. Sie ziehen nach Osten.

Der Hauptmann und Breuer sind herangekommen.

«Wo kommt ihr denn her, he? – Wer seid ihr?»

Keine Antwort. Niemand blickt auf. Sie trotten die Fahrspuren entlang, die Gesichter vermummt, auf den gebeugten Rücken schlenkern die Gewehre. Sie sehen auch nicht auf, wenn eine Granate heranheult und die beiden Offiziere am Wegrand sich in den Schnee werfen.

Endlich kommt eine Gruppe, über der noch ein Schimmer von Ordnung liegt. Ein Offizier ist dabei. Er bleibt einen Augenblick stehen.

«Wir sind von der 44. – Die Radfahrschwadron.»
«Und wohin?»
Der Offizier zuckt die Schultern. «Irgendwohin –»
Er blickt die Wegspur entlang. Ein Lkw voll Verwundeter quält sich heulend vorbei.
«Und da vorn?» fragt der Hauptmann und weist mit dem Kinn nach Westen. «Was liegt denn da noch?»
«Da vorn? Da vorn liegt nichts mehr. – Wir sind die letzten.»
Der Offizier macht eine Handbewegung, die einen Gruß bedeuten kann und noch manches andere. Dann stapft er hinter seinen Männern her.
Der Hauptmann sieht Breuer an. Er ist blaß geworden.
«Verdammt!» sagt er noch einmal. –

Die verlassenen Bunker in der vorderen Schlucht könnten bequem eine gefechtsstarke Kompanie beherbergen. Auch die 20 Mann, die Breuer nach vorn bringt, finden dort mit Leichtigkeit Platz. Pritschen, Tische und Schemel sind noch vorhanden, sogar ein Küchenbunker ist da mit zwei eingebauten Kesseln, dazu Gerät und eine Menge Brennholz. Die bisherigen Bewohner scheinen recht überstürzt aufgebrochen zu sein. Trotzdem haben Fackelmanns Männer nicht viel Schlaf gefunden, denn der besorgte Hauptmann hat gleich in der Nacht noch schanzen lassen. Er ist sichtlich erleichtert, als er Breuer wiedersieht.
«Sie müssen sich mal die Stellung ansehen, auch ob die beiden MGs richtig stehen! Herr Fröhlich hat mir da schon geholfen, ich habe ja keine Ahnung von so was.» – Unter der Pelzmütze hervor rinnt der Schweiß über sein wachsgelbes Gesicht.
«Wie verläuft denn hier eigentlich die Linie?» fragt Breuer.
Der Hauptmann sieht ihn entgeistert an. «Ja, wie denn ... Ich dachte, *Sie* werden das wissen! Ist denn das so wichtig?»
«Haben wir wenigstens Seitenanschluß?»
«Nach Westen geht die Schlucht nicht weiter. Da ist nichts. Aber links hinter uns liegt doch Hauptmann Lange mit seinen Leuten, nicht wahr? Die Fernsprechleitung dorthin haben wir ausgeflickt, sie ist eben fertig geworden. Und weiter rechts ... ja, ich weiß nicht ... Irgendwo sollen da noch Pioniere liegen ...»
In das hilflose Gesicht hinein wagt der Oberleutnant nicht zu sagen, was er drüben erfahren hat. Daß es vorn keine Front

mehr gibt und daß es hier bald ernst, bitter ernst wird. Er fühlt sich mit einmal gar nicht mehr wohl in seiner Haut. Diese Männer hier, die meisten ihm seit langem persönlich bekannt, sie brauchen einen Führer, der dieser verteufelten Lage gewachsen ist, der ihnen Mut und Kraft gibt für die letzten schweren Stunden. Der Hauptmann kann das nicht, er braucht selbst Hilfe. Und er, Oberleutnant Breuer, alter Infanterist, gewesener Kompanieführer mit den Erfahrungen eines Krisenwinters vor Tula, er will sich davonstehlen, nur auf sich bedacht? Was eben noch so einfach erschien, ist mit einmal gar nicht mehr einfach. Gewiß, er ist aus freien Stücken hier, ohne Befehl, ohne Auftrag, und niemand ist da, um ihn jemals zur Verantwortung zu ziehen. Gewiß, dieser Einsatz hier ist ohne jeden militärischen Nutzen, kann nichts mehr ändern, nichts mehr retten, ist die letzte Zuckung eines in Agonie liegenden Befehlsapparates. Aber all dieses kluge Ueberlegen hilft ihm nichts. Die neue Schicksalsgemeinschaft, durch die neue Lage geschaffen, meldet unerbittlich ihre Forderungen an. Verdammt, er muß hier helfen, solange die Entwicklung der Dinge ihn nicht freigibt!

So geht er zusammen mit Fröhlich die Stellungen ab. Ueber Nacht wurde gute Arbeit geleistet. In Abständen von etwa zwanzig Schritten sind am oberen Rande der Schlucht Schützenlöcher ausgehoben, die meisten mannstief. Nur wenige Wachen sind ausgestellt, die übrigen ruhen sich in den Bunkern aus.

Am rechten Flügel, schon weit in der Schlucht, finden sie hinter einem Schneewall Unteroffizier Herbert und Gontscharow bei dem MG. Geibel schläft in dem Bunker auf der anderen Seite der Schlucht, den der Sonderführer vorsorglich für die Ic-Gruppe gesichert hat. Der Russe lacht über das ganze Gesicht, um seine wasserblauen Augen liegen unzählige winzige Fältchen. Er schüttelt Breuer kräftig die Hand.

«Gutt», sagt er, «alles gutt! Ich bringen ßu Hause dich . . .», er schlägt Herbert auf die Schulter, «und dich . . .», er boxt Fröhlich mit der Faust vor die Brust, «und Herr Oberleitnant, alles ßu Hause!» Er lacht dröhnend, so daß sie aus den Schützenlöchern nebenan erstaunt herübersehen.

Auch Breuer muß lachen. Donnerwetter noch mal, so ein Kerl! Mit so einem muß man es schaffen. Zum Henker mit allen Bedenken! Dieser Durchbruch ist das einzige, was noch Sinn hat!

Da faßt ihn Fröhlich am Arm und zwinkert ihm zu.

«Sehen Sie mal, dort drüben, Herr Oberleutnant! — Sehen Sie was?»

Er weist mit dem Kopf nach der anderen Seite der Schlucht. Da ist ein kleiner Einschnitt mit ein paar Sträuchern, vom Winde fast zugeweht. Unten ist eine Kuhle, so als ob ein Hund dort gescharrt hätte.

«Unser Versteck!» flüstert Fröhlich. «Dahinter liegt ein Bunker. Wir haben den Eingang mit Schnee abgedeckt, und der Wind hat alles schön glatt gefegt. Prima, was? Auch unsere Sachen sind schon drin und was zu trinken. Wenn's dann soweit ist . . .»

Breuer atmet tief, er strahlt die drei der Reihe nach an.

«Fein!» sagt er. «Das habt ihr fein gemacht! Hier soll uns keiner mehr wegholen. Zwei Tage noch, höchstens, dann ist alles entschieden.» —

Etwa 30 bis 50 Meter breit, zieht die Gontschara-Schlucht sich in gemächlichen Windungen nach Osten. Wenn man der Karte trauen darf, ist sie mehrere Kilometer lang und reicht fast bis zu der Bahnlinie, die nach Gumrak führt. Ihre scharfkantigen Ränder sind von bizarren Schneewächten überragt, hier und da blickt an den Steilhängen der nackte Lehmboden hervor. Sperriges Buschwerk bedeckt Teile der Talsohle. Es ist eine natürliche Verteidigungslinie, die auch einen gewissen Schutz gegen Panzer bietet. Aber sie muß besetzt sein. Mit panzerbrechenden Waffen. Und mit Soldaten!

Der Fußpfad, dem Breuer folgt, löst sich allmählich in einzelne Spuren auf, die sich schließlich hinter den Büschen verlieren. Jetzt ist da nur noch tiefer, unberührter Schnee, und das Vorwärtskommen ist mühsam. In die Stille trägt der Wind zuweilen von fern her schwaches Motorengeräusch.

Hier ist keine Front mehr, hier ist nur noch Einsamkeit, Niemandsland . . .

Etwa zwanzig Minuten mag der Oberleutnant so gegangen sein, da trifft er auf neue Spuren. Hinter einer Biegung weitet sich die Schlucht. Ihre ausladende Südseite zeigt die Türen und Fenster von Bunkern. Einige weiß angestrichene Fahrzeuge sind hinter Buschwerk und Schneewällen nur dürftig getarnt. Eine polternde Stimme schallt über den Platz, irgendwo kreischt eine Säge. Ein Landser kommt Breuer pfeifend entgegen, ein paar Holzplanken unter dem Arm und ein Beil in der Hand. Als er den Oberleutnant erreicht, unterbricht er sein Pfeifen und mustert ihn argwöhnisch. Er geht vorbei ohne Gruß.

In einem der Bunker findet Breuer einen Major. Er ist klein, sieht wie verwachsen aus. Ueber eine Hakennase hinweg blicken stechende Augen auf den unerwarteten Besucher.

«So, Sie liegen also links von uns!» registriert er mit einer hohen, heiseren Stimme. «Zeit, daß Sie sich mal melden, was?» Und dann schimpft er, daß noch immer keine Seitenverbindung hergestellt sei.

Nach einigem Hin und Her einigt man sich, die Sicherungslinien jeweils bis zur Mitte der Wegstrecke zu verlängern, und nun wird der Major etwas zugänglicher.

«Vorgestern war hier ein Oberstleutnant», erzählt er, «Generalstab und so, na, Sie wissen schon! Hier sei jetzt die HKL und ich der Abschnittskommandant. Und wir müßten hier halten bis zum letzten Mann! — Ob es ihm sonst gut gehe, hab' ich ihn gefragt. Wir hätten hier unsern Krieg allein geführt, seit vier Wochen schon, ohne daß sich jemand nach unserem Befinden erkundigt hat. Und das würden wir auch weiter tun. Ich ginge hier sowieso nicht mehr raus aus meinem Loch, da könne er ganz beruhigt sein. Und was seinen Kommandantenposten betrifft und die HKL, die könne er sich an den Hut stecken! — Na, der fuhr aber schnell wieder ab!»

Breuer sieht sich in dem geräumigen Bunker um. Er ist warm und gemütlich. Vor dem Fenster hängen geblümte Gardinen. Davor stehen Töpfe mit blühenden Pelargonien. Wo die wohl her sein mögen?

Ob weiter rechts noch jemand liege, will Breuer wissen.

«Eine Brückenbaukolonne — ‚Organisation Todt', gleich hinter der nächsten Biegung. Arme Schweine, kann ich Ihnen sagen, ganz arme Schweine!» —

Der Kommandeur der Brückenbauer ist ein weißhaariger Herr, im Zivilberuf, wie sich während des Gespräches ergibt, ordentlicher Professor an einer technischen Hochschule. Ein dicker Schal ist um seinen Hals gewickelt, und von Zeit zu Zeit schüttelt ihn ein böser Husten. Durch eine randlose Brille blickt er zu Breuer hoch.

«Das ist alles gräßlich», klagt er. «Wir sind eine Spezialeinheit, müssen Sie wissen, für schwierigste Aufgaben! Und was hat man aus uns gemacht? Unser kostbares Gerät — Millionen

Mark kostet so ein Brückensatz, und wir haben drei davon gehabt – das haben wir sprengen müssen. Unser Fahrzeugpark, unsere Werkstätten, alles hin... Und dann meine Leute hier, Schweißer, Kunstschlosser, Maschinenbauer, technische Zeichner, studierte Mathematiker, ein erlesenes Material, jeder für sich ein kleines Genie... fortgeholt hat man sie irgendwohin, verhungert sind sie mir und erfroren. Und die paar, die mir noch verblieben sind... gehen Sie hinaus und sehen Sie sich's an...! Och, dieser Teufel!»

Wieder packt ihn der Husten. Breuer hebt ihm die Brille auf, die in den Schnee gefallen ist.

«Mein Adjutant, Assistent war er bei mir in Wien, ich hab' ihn mir großgezogen, wenn man so sagen kann... ein prächtiger Mensch, eine einmalige Begabung – er hat's nicht überlebt, hat sich eine Kugel durch den Kopf geschossen. Hier in diesen meinen Armen ist er gestorben. – O dieser Teufel, dieser Teufel!»

Noch öfter wiederholt sich in den bewegten Klagen des alten Professors dieser Ausruf, ohne daß es Breuer so recht klar wird, wen er eigentlich damit meint.

«Und jetzt hier... nun sollen wir hier die Russen aufhalten, die Handvoll armseliger Menschlein, die mir noch geblieben ist... sollen eine Hauptkampflinie verteidigen! – Mein Gott, ich verstehe doch nichts davon, ich bin doch kein Soldat... O dieser Teufel, nein, dieser Teufel!»

Weiter rechts? Nein, da sei niemand. Sie seien hier ganz allein, hätten schon seit Wochen niemand mehr gesehen außer den Pionieren nebenan. Niemand habe sich um sie gekümmert, bis dann vorgestern dieser Oberstleutnant...

Breuer klettert zum Rande der Schlucht hinauf. Hustend und sich zuweilen die Brille putzend, schnauft der alte Herr neben ihm her.

Vor der Schlucht dehnt sich die weiße, menschenleere Fläche, überschaubar bis an den dunkelgrauen Horizont. Vorn rechts sind durch das Glas Fahrzeuge sichtbar, Kolonnen von Lkws. Langsam schieben sie sich von Norden nach Süden. Dort müßte die Rollbahn sein, die neben der Eisenbahnlinie Kotlubanj–Gumrak entlangführt. Deutsche Fahrzeuge? Russische? Es ist nicht auszumachen. –

Früh bricht die Nacht herein. Nacheinander glimmen im Norden winzige Flämmchen auf, ein Kranz von Wachtfeuern. Der

Wind trägt Fetzen von Gesang und Gelächter herüber. Es sind die Russen. Sie feiern ihren Sieg. Sie haben nichts mehr zu fürchten. Zuweilen hüpft das Tacken eines MGs über das Feld, lässig und voll spielerischen Hochmuts. Hinten aber, wo der Flugplatz liegt, den sie schützen sollen, ist alles still und dunkel.

Später blafft sehr niedrig eine «Nähmaschine» über die Schlucht hinweg. Sie hat frech ihre Positionslichter gesetzt. Deutlich zeichnet sich ihre Silhouette gegen den schwarzroten Himmel ab. Bomben läßt sie nicht fallen. Es lohnt sich nicht mehr.

Die einsamen Wachtposten in ihren Schneelöchern erschauern unter der Drohung des Unbekannten. Drüben, wo die Feuer brennen, da ist das Leben, der Sieg — hier das Ende, der Tod oder irgend etwas anderes, das keine Phantasie sich ausmalen kann. Oder vielleicht geschieht doch noch ein Wunder, das große Wunder, das den Spuk hinwegfegt? Es ist schwer, an die Wirklichkeit zu glauben.

In dem Küchenbunker gibt der dicke Koch ununterbrochen heißen Tee aus. Sein schwabbeliges Gesicht ist grau vor Angst, und um sich Mut zu machen, redet er ununterbrochen. Als er Breuer erblickt, läßt er die Schöpfkelle sinken.

«Na, Herr Oberleutnant, wie is denn?» fragt er heiser. «Jetzt is der Ofen aus, wa?»

*

Das Armeeoberkommando war von seinem Gefechtsstand bei Gumrak in ein Bunkerdorf am südlichen Stadtrand hinübergewechselt, wo ihm ein Divisionsstab Unterkünfte hatte freimachen müssen. Für Gumrak war die Lage bedrohlich geworden.

Als Oberst Dumont vernahm, der OB habe die Kommandierenden allesamt zu einer Besprechung befohlen, buchte er das als einen Erfolg seiner «Demarche», wie er seine heimliche Unterredung mit dem Generaloberst bei sich nannte. Er witterte Entscheidungen und sah sich bereits als geheimen Retter der Armee. Daß die Besprechung schon vor dieser Unterredung anberaumt war, wußte er nicht.

Von den fünf Kommandierenden Generalen, die in den Einschließungsring geraten waren, hatten inzwischen zwei den Kessel auf dem Luftwege verlassen: General Hube, um, wie die offizielle Version lautete, von außen «die lahmliegende Luftversorgung wieder in Gang zu bringen», und der Kommandierende des IV. Korps als Verwundeter. Bei einem Luftangriff hatte ein herabfallendes Brett seinen Kopf gestreift. Er besaß enge Beziehungen zu Zeitzler, um die ihn der Chef insgeheim schon oft beneidet hatte. Zwei Divisionskommandeure waren in ihre Stellen nachgerückt. Der eine war der alte General mit dem Seemannsbart, dessen Division der Opfergang von 200 Verwundeten nicht mehr hatte retten können.

Diesmal erschienen alle fünf Generale persönlich. Die Lage war ernst genug dazu. Der Flugplatz Gumrak lag unter Beschuß und konnte nicht mehr angeflogen werden. Nördlich des Bahnrings hatte der Gegner Einbrüche erzielt und drohte, den Kessel in zwei Teile zu zerspalten. Der General von der Nordgruppe war schon in Sorge, ob er den Rückweg zu seinem Korps noch frei finden würde.

Auf die verzweifelten Hilferufe aus dem Kessel hatte Hitler den Feldmarschall Milch als «Sonderbevollmächtigten für die Versorgung der 6. Armee» zum Don geschickt. Seit drei Tagen «organisierte» er dort von einem Sonderzug aus. Geändert hatte sich nichts. 40 Tonnen, 52 Tonnen, einmal 170 ... Dafür schickte man reichlich Vertröstungen. Zerstörer und Bomber würden kommen, Lastensegler! Wann würden sie kommen?

«Es ist eine Schweinerei!» sagte der Chef. «Hube ist der Sache dort drüben auch nicht gewachsen. Es müßte jemand hinaus, der mit dem Knüppel dazwischenschlägt.» An wen er dabei dachte, sagte er nicht.

Man sprach über das kleine Flugfeld bei Stalingrazkij, das jetzt angeflogen werden mußte, über die Möglichkeit, im Stadtgebiet selbst ein Rollfeld zu schaffen, falls auch Stalingrazkij verloren ginge. Und würde man es halten können?

Der General aus dem Süden berichtete über ein neues Kapitulationsangebot der Russen:

«Sie kamen mit Körben voll Wurst und Schinken und Schnaps. Hofften wohl, sie könnten uns damit ködern ...»

Der Chef war empört, und der General mit dem Tigerkopf assistierte ihm dabei.

«Wir haben sie natürlich postwendend nach Hause geschickt», beruhigte der Seemannsbart. «Viel Sinn hat ja das Ganze nun wirklich nicht mehr. Aber solange dieser Befehl da ist ...»

«*Ich* lasse auf jeden russischen Unterhändler schießen! Und auf jeden von uns, der schlapp macht!» fauchte der Tigerkopf und tippte mit der Fingerspitze auf die Tischplatte. «Mich kriegen sie nicht lebendig!» Seine grünen Augen hatten sich zu Schlitzen verengt, aus denen es böse hervorfunkelte. Er war schwer magenkrank, hatte ohnehin nicht mehr lange zu leben. Das wußte er.

«Kapitulieren ist ausgeschlossen», sagte der Chef. «Es wird gekämpft bis zur letzten Patrone! Gegen Defaitisten ist mit den schärfsten Mitteln einzuschreiten. — Und dann bedenken Sie bitte, daß die Frontverkürzung unsere Ausfälle mehr als wettgemacht hat. In gewissem Sinne werden wir mit jedem Tage stärker. Die Stadt selbst bildet ein ideales Verteidigungsgelände. Die Russen haben sich monatelang darin gehalten. Das können wir auch! — Natürlich muß die Versorgung richtig in Schuß gebracht werden.»

«Das ist doch alles Unsinn, kompletter Wahnsinn!» — General von Seydlitz war aufgesprungen, in seinem Gesicht traten die Muskelstränge hervor. «Es geht doch nur noch um Tage, das sieht doch jedes Kind!»

«Sehr richtig!» warf der Nachfolger Hubes ein, doch unter dem Blick des Chefs senkte er schnell den Kopf.

«Aber was geschieht in diesen Tagen?» fuhr Seydlitz fort. «Zehntausende von Verwundeten und Kranken, um die sich kein Mensch mehr kümmert! Jeden Tag sterben unzählige ... nicht im Kampf, nein, sie verhungern und erfrieren! Und die paar, die noch am Leben sind, die sind nicht mehr Herr ihrer physischen und moralischen Kräfte. Wir sind fertig, einfach fertig! Sehen Sie denn das nicht? — Ohne Luftunterstützung und ohne Munition für schwere Waffen kann man nicht mehr kämpfen! Nicht gegen einen Gegner, dem alles, aber auch alles aus dem vollen zur Verfügung steht ...! Gegen ‚T 34' und Salvengeschütze mit Pistole und Gewehr und MG, das ist Steinzeit gegen 20. Jahrhundert!»

Der Chef sah den Sprecher mit maliziösem Lächeln an. Seit er jene peinliche Denkschrift durch eine einzige hämische Randbemerkung abgewürgt hatte, glaubte er, den General nicht mehr ernst nehmen zu müssen. Dessen periodische, stets mit drastischen Vergleichen gespickte Zornausbrüche amüsierten ihn jetzt nur noch. Auch vergingen sie so schnell wie Frühlingsgewitter, wenn man nur nicht widersprach.

«Ein Kampf unter solchen Bedingungen, sinn- und zwecklos noch dazu, ist nicht mehr zu verantworten!» Die Stimme des Generals überschlug sich. «Wer so was befiehlt — ich sage das hier offen heraus, und meinetwegen stellen Sie mich an die Wand dafür! — handelt unsittlich, unmoralisch, verbrecherisch! Das ... das kann niemals der Sinn letzter Soldatenehre sein!»

Das Lächeln des Chefs vertiefte sich. Letzter Sinn der Soldatenehre, verbesserte er im stillen.

«Wir haben doch einen Befehl! Was wollen Sie denn tun?» fragte Paulus ruhig. Szenen dieser Art empfand er als qualvoll; aber er zeigte es nicht.

«Schluß machen!» schrie der General. «Einen Dreck auf die Befehle vom grünen Tisch ... von Leuten, die zu feige sind, um sich selbst hier blicken zu lassen! — Kapitulation auf eigene Faust! Um wenigstens die paar Menschen zu retten, die noch am Leben sind ...! Schließlich sind wir dem deutschen Volk verantwortlich und nicht irgendeinem ... irgendeinem ...»

«Das geht zu weit!» brüllte nun auch der Tigerkopf und knallte die Faust auf den Tisch.

General von Seydlitz verstummte verdutzt.

«Jawohl, das geht auch zu weit!» faßte er sich dann. «Stalingrad, das ist heute schon eine Beresina im Quadrat. Und wenn wir so weitermachen, wird ganz Deutschland einmal ein Stalingrad im Quadrat! — Sie werden noch an mich denken!»

Er fiel auf seinen Schemel zurück, und die Röte wich aus seinem Gesicht. Er sah jetzt sehr alt aus.

Der Chef spielte mit seinem Bleistift.

«Kapitulieren *Sie* doch!» meinte er voll falscher Freundlichkeit.

«Ich? — Wieso ich?» fuhr der General auf. «Ich ... so ein Unsinn! — So etwas muß einheitlich befohlen werden und für alle!»

Wieder lächelte der Chef. Er wußte, auch General von Seydlitz würde nichts gegen den Befehl tun. Nicht, solange er hier mit am Zügel hing.

«Ich danke Ihnen, meine Herren», sagte Generaloberst Paulus matt und mit Anstrengung. «Ich kann nichts gegen den Befehl tun. Wenn der Befehl nichts mehr gilt, ist alles zu Ende. Aber ich will — Ihr aller Einverständnis habe ich ja wohl dazu — noch einmal beim Führer vorstellig werden, will die Lage noch einmal unmißverständlich und mit allem gebotenen Ernst schildern und um Handlungsfreiheit bitten. Das ist alles, was ich tun kann.»

Die Generale verabschiedeten sich. Auch General von Seydlitz sagte nichts mehr. Es war umsonst. *Hier* war alles umsonst. Seine Stunde würde noch kommen.

Als die letzten gegangen waren, legte der Chef dem OB den Entwurf eines Tagesbefehls an die Truppe vor. Dabei meinte er:

«Es scheint wirklich, als ob auch Hube mit denen da drüben nicht fertig wird. Ich glaube, ich werde selbst . . .»

Paulus sah von dem Zettel auf, sein Blick war hart geworden.

«Sie?» sagte er fest. «Sie bleiben hier!»

Der Chef zog die Brauen hoch. Mit Mühe verbarg er seine Verblüffung über den ungewohnten Widerstand.

«Herr Generaloberst», sagte er sehr bestimmt, um jeden etwa aufkommenden Zweifel an der Lauterkeit seiner Motive im Keime zu ersticken, «an einer befriedigenden Regelung der Luftversorgung hängt unser Sein oder Nichtsein! Nur jemand, der mit den Verhältnissen genau vertraut ist . . .»

«*Sie* bleiben hier!» sagte Paulus noch einmal.

Der Chef schwieg. Sein Gesicht verriet nichts. Er nahm den Befehl, den der OB unterzeichnet hatte, ohne ihn zu lesen, und ging hinaus. Dieser Befehl lag schon seit einigen Tagen bereit, er trug das Datum des 20. Januar. In ihm stand zu lesen:

«*Wir werden auch weiter auf die nahe Befreiung hoffen, die schon auf dem Wege zu uns ist.*»

*

Trüb dämmert der neue Tag über der Gontscharaschlucht auf. Unter einem gelbbraunen Himmel treibt der Nordwest dunkle Wolkenbänke dahin. Es wird Schnee geben.

Aus entzündeten Augen spähen die Wachen in das bleigraue Morgenlicht, das den Kranz der fernen Lagerfeuer verschluckt hat. Nichts regt sich, kein Schuß fällt. Nur der Wind streicht pfeifend über die Kanten der Schlucht und trägt bisweilen leises Motorengeräusch herüber. Es ist nicht das vertraute Brummen der Transportmaschinen. Das ist schon seit Tagen fast völlig verstummt. Es ist wie das Gruseln und Summen in einem versteckten Hornissennest, böse und drohend. Die Spannung ist quälend geworden. Zusammen mit den Läusen kribbelt sie den Rücken hinauf und herunter und knistert in den verklammten Fingerspitzen.

Neben dem MG hockt Herbert und sucht mit dem Feldstecher, den ihm der Oberleutnant überlassen hat, den Horizont ab. Auf einem der Munitionskästen sitzt Geibel und reibt sich die Oberarme. Er friert von außen und innen her. In der vergangenenen Nacht hat er keinen Schlaf gefunden, wie sie alle. Immer wieder haben sie in ihrem Bunker die Einzelheiten des Fluchtplanes durchgesprochen. Das Versteck ist keine zwanzig Meter entfernt. Jeder weiß, was er zu tun hat, sobald es losgeht.

Sobald es losgeht ...

Geibel hat inzwischen manches dazugelernt. Seit dem russischen Durchbruch bei der Waldwirtschaft südlich Peskowatka weiß er, daß man Panzer nicht mit einem Seitengewehr aufhalten kann. Es sind verteufelte Dinger, gegen die auch ein MG machtlos ist. Wie dieses «Losgehen» hier sich gestalten wird, darum kreisen jetzt seine Gedanken.

«Ob die wohl erst mit Artillerie ...?»

Herbert antwortet nicht. Er läßt das Glas nicht von den Augen.

«Oder vielleicht kommen sie zuerst mit Panzern, du? – Das wär' noch das beste, nicht? Dann türmt doch gleich alles!»

Auch damals bei Peskowatka, als die Russen plötzlich zwischen den Blockhäusern herumkrachten, waren sie gleich «getürmt» und hatten Major Kalweit das Feld zur Bereinigung überlassen. Und der hatte denn auch zwei Russenpanzer abgeschossen und Leutnant Dierk mit der Vierlingsflak einen dritten. Ja, wenn man die beiden jetzt hier hätte ... Aber der Major ist in die Heimat geflogen und der Leutnant mit einem der Festungsbataillone fort. Und Lakosch? Er denkt jetzt oft an Lakosch, versucht sich auszumalen, was der zu diesem und jenem wohl sagen würde. Wo er wohl sein mag? Ob er wirklich zu den Russen hinübergegangen ist? Noch nie hat er den Kleinen so sehr vermißt wie jetzt.

Etwas später kommt Breuer, um nach dem Rechten zu sehen. Ihm ist kotzübel. In der Nacht ist ihm eingefallen, daß in zwei Tagen ja wieder einmal Vierundzwanzigster ist, und das zerrt an seinen Nerven. Wenn nur alles gut geht! Aber er läßt sich nichts anmerken.

«Alles in Ordnung, Herrschaften?»

«Alles in Ordnung, Herr Oberleutnant!»

Zähneklappernd strahlt Geibel seinen Chef an. Er hat mit einmal wieder großes Vertrauen. Sie nehmen ihn mit, sie werden ihn hier nicht umkommen lassen! Er ist unendlich dankbar. Und er muß ja auch nach Hause! Elfriede allein mit dem Geschäft und dem Kind... Sie ist resolut, stellt zweimal ihren Mann, wenn's sein muß, aber auf die Dauer geht das ja nicht! Geibel ist überzeugt, daß für ihn der Krieg zu Ende ist, wenn er erst wieder drüben ist. Dann wird er dem Kleinen einen Roller kaufen und eine elektrische Eisenbahn. Der Kleine ist 18 Monate alt. Aber Geibel ist es, als ob Jahre vergangen sind seit dem letzten Brief seiner Frau.

«Sehen Sie mal dort vorn, Herr Oberleutnant!»

Herbert reicht Breuer das Glas hinüber. Der wischt die Linsen ab und dreht an der Einstellung. Dann hat er, was Herberts Aufmerksamkeit erregte. Fahrzeuge sind dort aufgefahren, lange Kolonnen von Lkws, anscheinend zu mehreren nebeneinander. Langsam schieben sie sich nach Osten vor.

«Mensch», murmelt Breuer, «Mensch...» Und einen Augenblick lang wagt er zu denken, daß dort eigene Truppen heranrollen. Hilfe, Entsatz.

«Ja, Herr Oberleutnant», lacht Herbert bitter, «da fährt der Iwan spazieren!»

Die Russen – endlose Schlangen von Kraftfahrzeugen, ohne jede Tarnung, in offener Marschordnung! Und nichts geschieht. Kein Jäger greift an, kein Panzer zeigt sich, kein Schuß fällt...

Gegen Mittag, sie sind gerade beim Essenfassen, wird an der Westseite der Schlucht Geschrei laut und ein wildes Geknalle. Die Männer lassen ihre Kochgeschirre im Stich, greifen sich die Gewehre und stürmen hinaus, Breuer mit ihnen. Auch Hauptmann Fackelmann kommt angetrabt. «Mein Gott», stöhnt er, «mein Gott!» Die oben am Rande der Schlacht schreien und winken:

«Hierher! Der Iwan!... Die Russen kommen!»

Breuer klettert den Steilhang hoch. Ueber den Rand hinweg sieht er mit bloßem Auge, was los ist. Ein russischer Spähtrupp auf Schneeschuhen ist in den Winkel zwischen der eigenen Linie und der rückwärtigen Stellung der Flaksoldaten hineingeraten. Sicher hat man drüben die vier oder fünf weißen Gestalten, obwohl sie gegen den Schnee nicht gleich auszumachen sind, schon bemerkt. Aber die eigenen Leute hier, die wie die Narren herumspringen, versperren das Schußfeld.

«Zurück doch!» schreit Breuer. «Hinlegen!»

Die Männer hören nicht auf ihn, sie lärmen wild durcheinander. Dann stürmt einer los, und noch einer. Und nun folgen sie alle, schreiend und ihre Gewehre schwenkend.

«Hurra! – Hurra ...!»

Die Russen stutzen bei dem Gebrüll, dann kehren sie um und gleiten mit weit ausholenden Schritten nach Westen ab. Die Schreiber aber und Kraftfahrer, die Ordonnanzen und Köche, von denen kaum einer schon jemals dem Feind im Kampfe gegenüberstand, sie patschen wie wild durch den Schnee, stolpern über ihre Mäntel, fallen hin und rappeln sich hoch, sie schießen im Stehen und im Knien, stürmen wieder vor und schreien sich Mut zu.

«Hurraaah ... hurraaah ...»

Die angestaute Spannung der letzten Tage und Stunden, die ganze verzweifelte Wut entlädt sich in diesem sinnlosen und lächerlichen Angriff. Endlich etwas tun können, nicht mehr warten müssen! Endlich den Feind vor Augen, dem man es heimzahlen kann, alles, alles ... Ihnen allen voran Hauptmann Fakkelmann. Auf seinen kurzen Beinen hoppelt er durch den Schnee, die Pistole über dem Kopf schwenkend und planlos damit in die Luft feuernd.

«Hurra-a-a-h ... hurra-a-a-h ...»

Irgendwo rattert ein MG los, heiser und böse. Und dann kracht es plötzlich ringsum, heimtückisch, durch kein Geräusch sich anmeldend. Granatwerfer!

Breuer ist aufgesprungen.

«Seid ihr verrückt?» brüllt er. «Halt doch! Haaalt! – Hinlegen!»

In langen Sprüngen eilt er den Davonstürmenden nach.

Da reißt ihm etwas die Beine unter dem Körper weg und schleudert ihn flach auf den Boden. Das letzte, was er spürt, ist der nadelscharfe Schmerz, der sein linkes Auge durchsticht.

*

Voll hochgespannter Erwartungen nahm Oberst Dumont aus der Hand des Chefs den Funkspruch an das Führerhauptquartier entgegen. Er zweifelte nicht daran, daß er die Entscheidung in der Hand hielt, die Absage.

Auf dem Wege zur Funkstelle überflog er den langen Text. 16 000 unversorgte Verwundete – das war gut. Auch die Schilderung der katastrophalen Versorgungslage klang überzeugend. Keine Stellungen, keine Unterkünfte ... Beginnende schwere Auflösungserscheinungen – auch nicht schlecht, auch das mußte gesagt werden! Schließlich ging es ja um die Verantwortung vor der Geschichte.

Und dann stockte sein Schritt über einem Satz, und er las ihn noch einmal.

«Erbitte Handlungsfreiheit zwecks Fortsetzung des Kampfes, solange noch durchführbar, bzw. Kapitulation, wenn Kampf nicht mehr möglich ...»

Kapitulation – Kannten sie denn Hitler nicht? Kapitulation ... So etwas tat man, wenn nötig, aber man sprach es nicht aus, nicht vor einem Hitler! Handlungsfreiheit, das hätte doch genügt, wenn schon doch einmal gebeten werden mußte. Aber dieses Wort ... es mußte alles verderben. Das schluckte Hitler nie. Oder war das Absicht, ein kluger Schachzug? Wollte man die Absage provozieren, um dann ...?

Zur Verwunderung des diensttuenden Funkers tastete der Oberst persönlich den Spruch über das 100-Watt-Gerät durch. Er wußte die Antwort im voraus.

Diese Antwort kam allerdings erst in den Vormittagsstunden des nächsten Tages. Der Text war kurz:

«Kapitulation ausgeschlossen! Die Armee hält ihre Stellung bis zum letzten Mann und zur letzten Patrone und leistet durch ihren heldenhaften Widerstand einen unvergeßlichen Beitrag zum Aufbau einer neuen Front und zur Rettung des Abendlandes. gez. Hitler.»

Der Oberst atmete auf. Das war schlimmer, als er erwartet hatte. Das war infam, teuflisch, ein Schlächterbefehl. Darauf konnte es nur eine einzige Antwort geben: flammenden Protest und die Absage, die offene Auflehnung. Der Weg war frei!

Selbst überbrachte er den Spruch dem OB. Der las und nickte ein paarmal gedankenvoll dazu. Dann blickte er auf.

«Sie sehen, lieber Dumont», sagte er, «ich habe nun alles getan, was in meiner Macht steht. Mehr kann ich nicht tun.»

Oberst Dumont ging hinaus ohne ein Wort. Er verstand nichts mehr.

Waren sie denn alle nicht mehr bei Sinnen? Da sitzt ein Verrückter weit hinten im Hauptquartier und gibt Wahnsinnsbefehle, und sie können nichts anderes als dienern und jawohl sagen, und wenn eine Welt darüber in Trümmer geht! Und dabei brauchte Paulus doch nur ... Ihm selbst erschien das alles kinderleicht, wie so manchem eine Last leicht erscheinen mag, die er nicht auf den eigenen Schultern trägt.

Aber darum gab er doch noch nicht alles verloren. Er war nicht so ein Narr wie der Ia und der Ic, die schon ihre Rucksäcke schnürten für die Flucht über die Wolga. Oder wie die alle, die tagtäglich an ihren Pistolen putzten und ölten, damit der letzte Schuß in die Schläfe nur kein Versager wurde. Mal abwarten, wie die Sache in zwei oder drei Tagen aussah! Jedenfalls beschloß er, den Funkstellen die Frequenzen der russischen Stäbe bekanntzugeben und für Dolmetscher zu sorgen. So für alle Fälle.

*

Da der Frost sich immer noch in halbwegs erträglichen Grenzen hält, hat die Einsatzgruppe Fackelmann bisher nur wenig Ausfälle durch Erfrierungen. Das törichte Abenteuer mit dem russischen Spähtrupp brachte die ersten ernsten Verluste. Unteroffizier Hinzel von der Registratur traf ein Kopfschuß, er war sofort tot. Dem Kraftfahrer Kloß von Ib hat ein Granatsplitter die Hüfte aufgerissen. Er quält sich noch bis zum Abend. Auch die fünf anderen Verwundeten sind zum Teil schwer verletzt. Der Hauptmann hat ihretwegen gleich nach hinten anrufen wollen. Doch er bekam keine Verbindung. Offenbar ist die Leitung gestört.

Breuer liegt in dem Bunker neben der Küche, wohin man die Schwerverwundeten geschafft hat. Der Sanitätsunteroffizier hat die mit Blut verschmierte und verkrustete Augenhöhle nur notdürftig verbunden. Durch den Verband sickert es immer noch rot. Mehr ist im Augenblick nicht zu tun. Ein Auge ist eine Sache, an der man am besten nicht rührt. Jedenfalls ist der Oberleutnant auch jetzt in der Nacht immer noch ohne Bewußtsein. Bei ihm wacht Geibel. Angstvoll lauscht er auf die unregelmäßigen Atemzüge und schreckt zusammen, wenn sich der Kranke plötzlich herumwirft und kaum verständliche Worte hervorstößt.

Durch Breuers Fieberträume geistert Vergangenes in wirren Bildern. Ueber blendendweißem Sand blaut ein wolkenloser Himmel. Reglos und spiegelblank ist das Meer. In der Ferne flimmern die Dünenkuppen der Nehrung. Erbarmungslos strahlt die Sonne vom Himmel. Da, sie wird größer und größer ... immer größer, immer heißer ... Sie blendet und sengt, schon glüht der Sand ... Hilfe! Hilfe, die Erde ... sie verbrennt! Die Erde ...

Und da – waldige Ufer am See. Leise schaukelt das Boot. Irmgard! – Ueber die Wipfel hinweg grüßt die Turmspitze des Kirchleins. Eine Libelle schwirrt mit papierenem Knistern über dem Schilf. Irmgard ... Hart stößt der Bug gegen das Ufer. Aus der braunen Wunde quillt es hervor, immer stärker und stärker, überschwemmt das Ufer und färbt das Wasser rot. Blut ... Blut! Hilfe, die Erde ertrinkt! Hilfe ...!

Geibel drückt den Verletzten auf sein Lager zurück und wischt ihm den Speichel vom Munde. Noch eine Stunde, dann muß er draußen ablösen. Er fühlt sich ganz elend. Was soll nun werden, jetzt, ohne den Oberleutnant? Es gab eine Zeit, da ihm dieses alles gleich gewesen wäre, da er seinen besten Freund verraten hätte um ein bißchen Lebensgewißheit für sich selbst. Das war damals gewesen, als alle Aussichten schwanden und der Hunger noch weh tat. Und dann, als sie Lakosch erschießen wollten. Damals hat er sie alle gehaßt, alle ... Aber Geibel hat seinen Tiefpunkt hinter sich. Die neue Hoffnung, die in sein Herz eingezogen ist, hat dort auch wieder für die ihm eigene Anhänglichkeit Raum geschaffen. Der Oberleutnant, ja ... eigentlich hat er nie den Vorgesetzten herausgekehrt, war immer freundlich und verständnisvoll, immer Kamerad. Und damals der Weihnachtsabend ... Im Ausbildungslager war man nichts als eine Nummer gewesen, ein Stück Material für bösartige Ausbilder, die für ihre sicheren Heimatposten fürchteten ...

Auch Hauptmann Fackelmann ist voll schwerer Sorgen. Seit der Schießerei gestern liegt der Bereich der Schlucht unter Störungsfeuer. Das haben sie mit ihrem Unfug hierher gezogen.

Er hat als Führer versagt, und er wird weiter versagen, das weiß er. Und Schlimmeres wird folgen. Mit der Front, die da vorn noch irgendwo sein sollte, ist es wohl auch nichts mehr. Er versucht, sich in seiner Not an den Sonderführer zu halten; aber mit dem ist zurzeit auch nicht viel anzufangen. Scheußlich sind die gelben Blitze der Einschläge, die das nächtliche Dunkel zerreißen, und das unvermutete Krachen läßt ihn jedesmal zusammenfahren. Und dann dieses Motorengeräusch ringsum. Es ist stärker geworden und reißt nicht mehr ab. Und nach hinten ist immer noch keine Verbindung! Ob er Störungssucher ausschicken muß? Das tut man doch wohl in solchen Fällen ...

Als Geibel gegen Morgen todmatt und verfroren von der Wache zurückkommt, tritt ihm aus dem Bunkereingang Breuer entgegen. Er sieht schrecklich aus. Das hohle, mit langen Bartstoppeln bedeckte Gesicht ist durch den durchbluteten Verband fast unkenntlich geworden. Wie ein Sack hängt ihm der rostbraun gesprenkelte Uebermantel am Körper. Mit der einen Hand hält er sich am Türrahmen fest, in der anderen pendelt der Wäschebeutel. Das eine Auge, rotgeädert und flackernd im Fieberwahn, glotzt Geibel an.

«Herr Oberleutnant!»

«Ich ... ich gehe jetzt fort.»

Auch diese Stimme ist gar nicht mehr kenntlich. Verzweifelt blickt Geibel sich nach Hilfe um. Und da kommen schon, von dem Sanitäter herbeigerufen, Herbert und Fröhlich.

«Das geht doch nicht, Herr Oberleutnant! Sie müssen sich sofort wieder hinlegen. Sie können doch nicht ...»

«Ich gehe jetzt», lallt Breuer wie ein eigensinniges Kind.

«Wohin wollen Sie denn bloß, Himmel ...»

«Irgendwohin, weg ...»

Fröhlich packt Breuer am Arm und rüttelt ihn. «Und unser Durchbruch, he? — Unser Durchbruch, Herr Oberleutnant!»

«Durchbruch ... den müßt ihr nun allein ...»

Allein, ja — sie müssen nun allein, wenn überhaupt noch. Den da können sie nicht mitnehmen, das sehen sie alle drei. Aber — kann man das so einfach?

«Unsinn!» sagt Fröhlich. «Sie kommen mit, ist doch klar! — Wir werden Sie doch nicht hier zurücklassen, ist ja lächerlich, hahaha ... Kommt doch gar nicht in Frage!»

Breuer schwankt, sein Kopf pendelt hin und her. Und mit einmal gibt er sich einen Ruck und steht ganz steif da. Sein Blick wird klarer.

«Sonderführer Fröhlich!» sagt er hart und kalt. «Sie schaffen diese Männer hier hinüber, verstanden? Das ist ein Befehl! — Kümmern Sie sich nicht um mich, dafür ist jetzt keine Zeit. Mit mir ist alles gefährdet, das wissen Sie selbst!»

Die drei antworten nichts mehr, sie sind wie gelähmt. Wie gelähmt sehen sie dem Oberleutnant nach, der durch die Schlucht davontorkelt. Sie wissen, sie werden ihn nicht wiedersehen.

*

Generaloberst Paulus ist allein. Allein mit dem Spruch, den ihm sein oberster Kriegsherr geschickt hat. Sein Gesicht ist klein und durchscheinend geworden.

Einen unvergeßlichen Beitrag . . .

Ja, diese Schlacht von Stalingrad ist ein unvergeßlicher Beitrag, sie wird in die Kriegsgeschichte eingehen als eine der gräßlichsten militärischen Katastrophen aller Zeiten.

Und er, Friedrich Paulus, trägt die Schuld daran.

Ja, er ist schuldig, er macht sich da nichts vor. Er hätte die Dinge wenden können, hätte retten können, was noch zu retten war. In den ersten Tagen der Einschließung, als der Ring der Russen noch schwach war. Und dann vor Weihnachten, als die Leuchtzeichen Hoths am Himmel standen und Manstein ihm den Rücken stärkte für den Durchbruch gegen Hitlers Befehl. Auch die letzten Ueberlebenden hier könnte er noch retten, jetzt noch, durch einen mutigen Entschluß. Es ist in seine Macht gegeben. Aber er hat nicht die Kraft dazu. Er ist kein Reichenau —

Er dreht suchend an den Knöpfen des Rundfunkgeräts, als ob ihm von dort her Hilfe kommen könne. Aus weiter Ferne erklingt Musik. Beethoven, die «Apassionata». Paulus lehnt sich zurück und lauscht. Er kennt jeden Ton. Er lauscht der fernen Musik, die lauter wird und wieder schwindet, wie Klänge aus einer anderen Welt. In seiner Hand zittert das Blatt mit dem Spruch.

Und in diesen stillen Minuten läßt er sein Leben an sich vorüberziehen.

Das Elternhaus in der kleinen hessischen Landstadt. Der Vater ein mittlerer Beamter, korrekt, pflichtbewußt, nicht auf Großes aus. Die Mutter warmherzig, aufgeschlossen allem Guten und Schönen und in ihrem Herzen manche unerfüllte Sehnsucht begrabend. Dazwischen er, der Sohn, schon früh hinter Büchern, musizierend, malend. Und viel allein ... Sein Lebensweg ist klar vorgezeichnet. Er wird studieren und dann ebenfalls in den Verwaltungsdienst gehen. Es ist der Wunsch seines Vaters. Er besteht die Reifeprüfung und studiert Rechts- und Staatswissenschaft in Marburg.

Aber dann ist auf einmal alles anders.

Heraus aus der Enge des Elternhauses, aus der kleinbürgerlichen Biederkeit eines abgezirkelten Daseins, aus der Schreibtischluft der Studierstube! Hinaus ins pralle, tatvolle Leben! Er wird Soldat werden, Offizier ... Aus irgendwelchen Tiefen kommt das, in die der Verstand nicht hinabreicht, übermächtig, ein Aufbegehren gegen das eigene Selbst. Im Februar 1910 tritt er als Fahnenjunker beim I. R. 111 in Rastatt ein, anderthalb Jahre später ist er Leutnant.

Aber da ist etwas um den gut aussehenden jungen Mann mit den tadellosen Umgangsformen und dem ernsten Gesicht. Ihm fehlt die frische Unbekümmertheit der Kameraden. Ein Offizier, der heimlich liest und malt? Die andern wittern Unrat. Er ist ihnen zu klug, irgendwie aus einem fremden Stoff. Gewiß, seine Führung ist untadelig, und die Vorgesetzten schätzen seine besonnene Art. Aber er bekommt kein Truppenkommando. Als Bataillonsadjutant zieht er 1914 in den Krieg. Zurück kommt er als Hauptmann und Generalstabsoffizier. Als ein Mann, dem man eine Zukunft als Taktiker, als Militärwissenschaftler voraussagte.

Als solchen übernimmt ihn, während die meisten seiner Kameraden den bunten Rock ausziehen müssen, die kleine Reichswehr, und sein Weg führt ihn durch die Stäbe. Stab des Gruppenkommandos 2 in Kassel. Stab des Artillerieführers V. Anfang 1929 ist er Major im Stabe der 5. I. D. in Stuttgart, am 1. 6. 1933 wird er Oberstleutnant. Die Reichswehr wird zur «Wehrmacht», und Brust und Mütze des Soldaten ziert jetzt das Hoheitszeichen der Hitlerbewegung.

Und dann bekommt er, nach längerer Lehrtätigkeit an der Kriegsakademie in Berlin, endlich sein erstes Truppenkommando. Er wird Kommandeur der Kraftfahrabteilung 3 in Berlin-Lankwitz, die er in Stahnsdorf bei Berlin zu einer Panzer-Aufklärungs-Abteilung umbildet. Aber die Truppe sieht ihn kaum. Er ist meistens in Berlin, bereitet im Reichskriegsministerium die geheime Aufstellung der ersten Panzereinheiten vor. Büroarbeit, Akten, Pläne. Seine Tüchtigkeit treibt ihn auf der Stufenleiter hoch, und wohl auch der Ehrgeiz seiner zielstrebigen Frau. 1939 ist er Generalmajor und Chef des Generalstabes des Panzer-Gruppenkommandos in Leipzig. Wieder Aufstellungen, Pläne. Schreibtischarbeit! Verwaltungsbeamter hatte er werden sollen. Er hat dagegen aufbegehrt. Aber seine Bestimmung gibt ihn nicht frei.

Der Zweite Weltkrieg sieht ihn in Polen und Frankreich als Chef des Generalstabes der 6. Armee. Wieder vor Karten und Plänen, vor Meldungen und Befehlen. Immer Gehilfe, Handlanger. Immer im Schatten eines Größeren. Generalfeldmarschall von Reichenau, der Oberbefehlshaber, vital, draufgängerisch, das Urbild eines Truppenoffiziers, wird ihm zum Spiegelbild seiner eigenen unerfüllbaren Wünsche. Der Schreibtisch läßt ihn nicht los.

Ein Jahr nach Kriegsbeginn ist er Oberquartiermeister des Heeres und stellvertretender Generalstabschef, arbeitet er mit an dem Plan «Barbarossa», dem Angriffsplan gegen die Sowjetunion, diesem Präzisionswerk deutscher Generalstabskunst, das alle Eventualitäten einschließt, keinen Raum läßt für Unvorhergesehenes.

Dann wird Reichenau in Vertretung des beurlaubten Rundstedt mit der Führung der Heeresgruppe beauftragt, und kurz darauf rafft ihn, den vollblütigen, tief in Rußland ein Schlaganfall hinweg. Für Friedrich Paulus aber hat die große Stunde geschlagen. Er ist Oberbefehlshaber, Führer der ruhmreichen 6. Armee. Endlich! – Siegreich führt er die kampferprobten Divisionen bis zum Don, bis zur Wolga. Er erreicht den weitesten Punkt im Osten Rußlands, den jemals der Fuß eines deutschen Soldaten in Waffen betreten hat. Der Krieg hat seinen Gipfelpunkt erreicht, und auf diesem Gipfel steht weithin sichtbar er, General der Panzertruppe Paulus.

Da trifft ihn Stalingrad, das nicht Eingeplante, Einmalige, Furchtbare. Die große Probe ist da, die schwerste Probe, die einem Führer gestellt werden kann: der Ruf nach Führung aus eigener Verantwortung und unter dem alleinigen Gebot des eigenen Gewissens.

Und da versagt er.

Er versucht getreu und korrekt und wider seine bessere Einsicht die unverantwortlichen Befehle, die von oben kommen, nach unten hin durchzuführen. Verwaltungsarbeit! Aber bald muß er erkennen, daß ihm die Dinge entgleiten, daß auch die gewissenhafteste Verwaltungsarbeit hier sinnlos wird. Daß jeder Befehl sinnlos wird außer dem einen, den sein Gewissen ihm vorschreibt, allen Ausflüchten des Verstandes zum Trotz. Und diesen Befehl kann er nicht geben ... Reichenau hat im vorigen Winter eigenmächtig die Front bis zum Mius zurückgenommen, und — o Wunder! — Hitler hat es schweigend ertragen. Er, Paulus, kann das nicht. Er hat nicht die Kraft für einen freien, großen Entschluß, der hier not tut. Er ist kein Reichenau ...

Generaloberst Paulus schließt die Augen. Warum hat das Schicksal so furchtbar zugeschlagen? Hat es seine Hybris bestraft, seinen vermessenen Griff nach den Sternen? Müssen dreihunderttausend sterben, damit ein einzelner seine Grenzen erkennt? Er weiß keine Antwort darauf. Er weiß nur, daß er versagt hat. Versagt vor einem Schicksal, das er selbst über sich heraufbeschwor. Der Stab ist über ihm gebrochen. Schuldig!

In der Hand hält er den letzten Befehl des Mannes dort drüben, der ihn verraten hat und dem er doch immer noch hörig ist. Nun soll er hier sterben, seiner geopferten Armee nachsterben, durch einen heroischen Tod einen «unvergeßlichen Beitrag» liefern. Er weiß, er wird auch das nicht können, nicht einmal das ... Wer für Katheder und Schreibtisch bestimmt ist, den macht kein Weihrauch zum Heros der Schlachten und kein Befehl.

Er ist schuldig, schuldig ...

Was ist Schuld?

*

Das Feuer der Granatwerfer, das mit kurzen Unterbrechungen die Nacht über auf der Gontscharaschlucht lag, verstärkt sich in den Morgenstunden. Nebenan bei den Pionieren fühlt ein russischer Spähtrupp vor, sonst aber geschieht nichts.

Hauptmann Fackelmann wartet auf die Verbindung nach rückwärts. Aber es dauert über eine Stunde, ehe die Störungssucher sich melden.

«Wir sind hier hinten auf dem Gefechtsstand der Flak, Herr Hauptmann! Die Leitung ist in Ordnung. – Aber hier ist niemand mehr!»

«Ist niemand mehr? Wieso?» Der Hauptmann traut seinen Ohren nicht. «Was soll das heißen?»

«Die Bunker sind alle leer. Kein Mensch zu sehen. Von Klamotten ist noch allerhand da, auch die Fernsprechgeräte. – Wir riefen beim Flugplatz an. Dort meldet sich auch niemand.»

Niemand ... Dort hinten ist niemand mehr. Alles fort! Man hat sie hier allein gelassen. Vergessen. Oder abgeschrieben als einen verlorenen Haufen ... Der Hauptmann wird ganz still.

Etwa eine halbe Stunde später jagen laute Rufe durch die Schlucht:

«Panzer ...! *Panzer ...!*»

«Alarm! Sie kommen ...! *Alarm!*»

Hauptmann Fackelmann geht durch die laufenden und schreienden Männer zum MG-Stand. Er ist völlig ruhig.

Und da sieht er sie, die feindlichen Panzer. Etwa zwanzig mögen es sein. Die Russen lassen sich die Gontschara-Schlucht etwas kosten, sie haben es dazu. Noch sind sie weit weg, und offenbar haben sie es nicht eilig. Vielleicht fürchten sie wirklich noch etwas? Nur drei sind den anderen voraus und schon deutlich zu erkennen. Wie schmutziggraue Käfer über ein Handtuch, so kriechen sie heran.

Der Hauptmann preßt die Hände auf seine Augen und hält den Atem an. Vor ihm steht keine Front, keine eigene Linie mehr, da steht der übermächtige Feind. Und hinter ihm steht nichts, keine Führung, kein Befehl. Er ist allein. Allein vor Gott und vor seinem Gewissen. Belastet mit der Verantwortung für ein halbes Hundert deutscher Männer, für ihre Frauen und Kinder, ihre Mütter und Schwestern. Die große Prüfung ist da für Hauptmann Fackelmann.

Und da fällt von innen her Licht in die dunkle Einsamkeit, die er sich für kurze Sekunden geschaffen hat. Und Hauptmann Fackelmann, Offizier z. W. nur und der letzte der letzten, kein Krieger und kein Held, sondern ein kleiner Geschäftsmann aus einer kleinen deutschen Stadt, er findet die Kraft für einen Entschluß, zu dem sich zwei Dutzend Generale und ein Oberbefehlshaber nicht ermannen konnten. Zu dem einzigen Entschluß, der hier noch zu verantworten ist.

Er blickt auf und sieht sich nach Fröhlich um, um mit ihm das Notwendige zu veranlassen.

Aber der Sonderführer ist nirgends zu sehen. Er ist zu Herbert in den Bunker gelaufen. Sie müssen schnell hier heraus, der Bunker kehrt dem Feind seine offene Seite zu. Fieberhaft suchen sie ihre letzten Habseligkeiten zusammen. Das verabredete Zeichen ist gegeben, gleich müssen die anderen kommen. Der Augenblick, der über alles entscheidet, ist nicht mehr fern.

Da öffnet sich die Tür. In ihrem Rahmen steht Hauptmann Fackelmann. Erschreckt sehen die beiden zu ihm hoch. Von hier unten wirkt er groß, viel größer als sonst. Er streckt den Kopf vor, um besser erkennen zu können, und will wohl etwas sagen.

Da zerfetzt ein Krachen die Stille. Ein furchtbarer Stoß schmettert die beiden gegen die Wand. Erde und Gebälk prasseln herab, und dann ist alles nur noch dicker, brandiger Staub ...

Nach einer Weile rappelt Fröhlich sich hoch. Stöhnend tastet er seine Glieder ab. Er kann nichts sehen. Seine Augen sind voller Sand, und die atembeklemmende Staubwolke hängt immer noch im Raum. Es riecht nach Schwefel und versengtem Fleisch.

Fröhlich lauscht angestrengt, aber er hört nichts. Die Ohren sind ihm wie mit Wachs verklebt.

«He, Herbert ...! Sind Sie da?»

Aus weiter Ferne antwortet eine piepsige Stimme:

«Ha ... haben Sie was zu rauchen?»

Gedankenlos fingert Fröhlich eine Zigarette aus seiner Rocktasche, bricht sie durch und streckt die eine Hälfte in Richtung auf die Stimme hin. Er fühlt eine Hand, die sich entgegentastet. Ein Streichholz flammt auf. Schweigend rauchen die Männer.

Allmählich setzt sich der Staub. Durch die leere Türfüllung gähnt der trübe Tag herein. Zu ihren Füßen liegt, mit Geröll und Erde bedeckt, ein Körper. Nein, kein Körper mehr, ein Häuflein Dreck und Lumpen, eine ausgeblasene Hülle. Ein Panzervollgeschoß hat dem Hauptmann die Brust durchschlagen und ist in die Rückwand des Bunkers gefahren.

Die beiden hocken regungslos da, ihr Gehirn arbeitet noch nicht. Sie hören nicht einmal das Lärmen draußen und den Knall der Einschläge.

Plötzlich springt Fröhlich auf.

«Raus!» schreit er. «Rüber ins Versteck! Ich hole die andern!» Und schon ist er hinaus.

Geibel findet er gleich. Der steht mit dem Rücken an die Tür des Nachbarbunkers gepreßt als ein zitterndes Etwas.

Aber wo ist Gontscharow?

Fröhlich sucht und ruft, er läuft durch die Bunker und vergißt alle Vorsicht. Nichts. Der Russe ist nicht da. Er ist spurlos verschwunden.

Da dämmert in Fröhlich eine Erkenntnis auf. Der Kerl, der ausgerechnet den Namen dieser Teufelsschlucht trägt ... Er hat sie verraten! Hat das sinkende Schiff verlassen und ist zu seinen Iwans zurückgekehrt. Was haben sie auch anders erwartet? Ihre ganze Hoffnung auf einen Russen gebaut ...!

In irrer Verzweiflung zerrt er an seiner Pistolentasche.

Doch dann sieht er das Chaos ringsum, obwohl die Panzer längst nach Osten abgeschwenkt sind, sieht die Handvoll verstörter Männer, die sich wie Schiffbrüchige um ihn drängen. Unter diesen Blicken steckt er die Pistole in die Tasche zurück.

Einen Augenblick zögert er noch. Dann streckt er den Arm hoch und schreit, so laut er kann:

«Alles hört auf mein Kommando! — Gruppe Fackelmann ... zum Abmarsch ... sammeln ...!»

Wenige Minuten später ziehen sich die Reste der Einsatzgruppe Fackelmann, in leidlicher Ordnung und ohne vom Gegner bedrängt zu werden, nach Süden zurück.

Dreizehntes Kapitel

GRAUEN UM GUMRAK

Gumrak – welch ein gräßliches Wort, wie fremd den weichen, klangvollen Namen der russischen Dörfer und Städte! Nikolskoje, Remontnaja, Milerowo – das klingt wie Oasen menschlicher Wärme in lebensfeindlicher Winterweite, weckt Ahnungen von Schutz und Geborgenheit. Aber dieses hier ...

Gum – rak!

Hört ihr nicht die dröhnende Faust des Todes über dem Land? Nicht das Wummern und Krachen der Bomben, nicht das Aechzen und Splittern von Gebälk und das Bersten hartgefrorener Erde? Vernehmt ihr nicht den dumpfen Klageton tausendfach gequälter Menschen, das Knarren und Knacken in dem Wald der hölzernen Kreuze unter der Gewalt des Oststurmes? Nicht den Schrei der schwarzen Krähen, die auf den Schuttfeldern unter Aas und Leichen ihr Mahl halten?

Gum – rak, Gum – rak ...

Etwa 15 km vom westlichen Rande der Stadt Stalingrad entfernt, dort wo die Nordstrecke, von Kotlubanj kommend, in den großen Bogen der Ringbahn mündet und Straßen aus allen Himmelsrichtungen sich treffen, duckten sich um Bahngebäude und Wasserturm die Reihen unfroher Holzkaten, lehmbeworfen und strohgedeckt, armselig wie das Land ringsum. Als wichtiger Knotenpunkt war dieser Ort vom Beginn der Kämpfe an heftig zerzaust worden. Und auch jetzt, kaum mehr noch als ein Trümmerhaufen, war er wegen der Nähe des Flugplatzes und des Armeehauptquartiers, zu dem von überall her Nachrichtenstränge und Verkehrsadern sich zogen, bei Tag und Nacht ständiges Ziel der sowjetischen Luftwaffe. Kolonnen mieden den Ort. Nur einzeln, wie gehetzte Tiere der Urwelt, hasteten die Kraftwagen über die mit braunen Trichtern gesprenkelte Fahrbahn.

Hierselbst befand sich seit langem schon das Feldlazarett der 6. Armee, letzter Sammelpunkt für die Verwundeten und Kranken von 22 Divisionen. Letztes Ziel und letzte Hoffnung von Zehntausenden kläglicher, geschundener Menschenwracks. Von diesem Ort träumten sie – von Wärme und Behaglichkeit, von Krankenschwestern in weißen Kitteln und von dem Weg in die Freiheit –, wenn sie im Fieber stöhnend und vor Kälte zitternd auf den Fahrzeugen lagen, auf denen verzweifelte Aerzte sie abschoben aus dem Bereich ihres Unvermögens, oder wenn sie einzeln oder in kleinen Trupps ihre verfaulenden Glieder durch den Schnee der endlosen Wege schleppten.

Gumrak – Gumrak!

Und war doch nichts anderes als eine Auffangstation für das riesige Totenfeld, das sich vom Ortsrand immer weiter und weiter in die Steppe hineinfraß und in dessen zerwühltem Boden selbst die Toten niemals Ruhe fanden. –

Hier lebte jetzt Pfarrer Peters. Dieser Ort der Schrecken, der ihm von Anfang an als ein irdisches Fegefeuer erschien, gab ihn nicht mehr frei. Zwar von denen, die mit ihm hierher gekommen waren, befand sich wohl kaum noch jemand am Leben. Aber da waren andere, immer neue ... Und als der Geistliche, der hier betreut hatte, eines Tages mitsamt der Lehmhütte, in der er sich gerade aufhielt, durch eine Bombe vom Erdboden weggewischt worden war, hatte Peters schweigend seine Stelle eingenommen. Wo anders hätte er auch bleiben sollen als bei diesen Verlorenen?

Hier also lebte und wirkte Pfarrer Peters. Er hauste jetzt in dem Bunker des gefallenen Amtsbruders, einem kaum mannshohen Loch, in das kein Tageslicht fiel. Wenn sich nach todschwarzen, stickigen Nächten endlich der Tag heraufquälte, trat Peters seinen Rundgang an. Er schlich durch die Hütten, die sich eine nach der anderen allmählich in verrottende Müllhaufen oder stinkende Trichter verwandelten. Er stieg in die Erdlöcher und Höhlen hinab, in die sie sich verkrochen hatten wie todwunde Tiere. Oder er hastete über die zersprengten Schienen hinweg zu den Güterwagen.

Dort lagen sie, Schwerverwundete und solche, die sich noch fortbewegen konnten, zu dreißig und vierzig in einem Waggon, in ihren Lumpen auf fauligem Stroh oder einfach auf den Bodenbrettern und wärmten sich mit ihren Körpern oder an offenen Feuern, die sie zwischen den Gleisen entfachten. Sie verpflegten sich selbst, denn niemand war da, sie zu «erfassen» und zu betreuen. Und wenn es anders gewesen wäre, hätte ihnen das nicht viel genützt; denn der Armeestab hatte kürzlich die Tagesportion von 60 Gramm Brot für Verwundete gestrichen nach dem Grundsatz «Wer nicht kämpfen kann, soll auch nicht essen». So schleppten sich die Gehfähigen zu der nahegelegenen Pumpe und lauerten den Panjefuhrwerken auf, die dorthin manchmal nach Wasser kamen. Und ehe der ahnungslose «Hiwi» noch recht begriff, was geschah, waren sie schon mit Taschenmessern, Blechstücken und den bloßen Händen über dem zitternden Klepper und schleppten dampfende Fleischfetzen davon. Die besser zu Fuß waren, humpelten wohl auch zu dem überfüllten Lazarettzelt in der abgelegenen Balka und erbettelten dort etwas Suppe. Im übrigen gab es leere Konservendosen und Schnee ...

Pfarrer Peters schleppte ihnen aus den Schutthaufen zerstörter Häuser und von den Toten Lumpen und versengte Kleidungsstücke heran, er kauerte zusammen mit ihnen auf den nackten Planken der Wagen, wenn die Bomben niedergingen und glühende Splitter durch die Wände sangen, er löschte mit ihnen die Brände. Und wie durch ein Wunder waren es dann in den einzelnen Waggons selten mehr als sechs Tote, die sie nach solchen Angriffen hinauszuschaffen hatten.

Peters drückte Augen zu oder hielt stumm eine Hand, oder er betete oder gab mit Brotkrusten und Tee das Abendmahl. Die Worte wollten nur noch schwer über seine Lippen. Für Worte war wenig Raum hier.

Oder er taufte ...

Ja, Pfarrer Peters taufte! Da lag in einer der Hütten ein Dreiundzwanzigjähriger, Arbeitersohn aus Altona, mit einer Rückgratverletzung. Der bat ihn darum. Und bat noch, der Vater in Deutschland möchte es nicht erfahren, er würde wohl böse sein. Peters entzündete eine Kerze und taufte ihn mit allem Zeremoniell, und die anderen im Raume sahen gerührt oder verlegen oder auch nur neugierig zu. Zwei Tage später sah er wieder nach ihm. Der Junge lag still und friedlich in seiner Ecke, die Hände über der Brust gefaltet. Er war tot. An seinem Kopfende stand der Rest der Kerze.

Und immer mehr verdüsterte sich des Pfarrers Gemüt. In den

langen, einsamen, von Detonationen zerrissenen Nächten suchte er Kraft im Gebet und fand sie nicht mehr. Stunden wilder Verzweiflung wechselten ab mit solchen stumpfer Lethargie. Selten erlöste ihn ein tiefer Schlaf der Erschöpfung. Manchmal fand sich für die Nacht ein Gast dazu auf der Suche nach Wärme, kauerte sich stumm in eine Ecke, verschwand am anderen Morgen wieder ohne Gruß oder war tot. Peters nährte sich von Kaffee und Tee, um Essen kümmerte er sich nicht, und bald war er nur noch ein Schatten seiner selbst. Sein Kinn bedeckte sich mit grauen Stoppeln, und tief lagen in seinem erdigen Gesicht die brennenden Augen. Immer weniger nahm er wahr von dem, was um ihn geschah, und sein Tun wurde mechanisch und leer. In einer Art Selbsterhaltungstrieb verweigerten Verstand und Sinne den Dienst. Nur gelegentlich noch drangen einzelne Bilder in sein Bewußtsein und blieben dort haften. Und das waren noch nicht einmal die schlimmsten.

So die Stufen vor einer der hochliegenden Waggontüren, die er fast täglich hinaufstieg. Sie hatten sie aus hartgefrorenen Leichen erbaut.

So auch die drei Rumänen. Eines Tages lagen sie auf der Fahrbahn unweit des steinernen Rondells in ihrem Blut, noch dampfend und frisch. Irgendein wilder Kraftwagen mochte sie niedergerissen haben. Niemand schaffte sie weg. Täglich kam Peters an diesen drei Toten vorbei, und jedesmal hatte sich ihr körperliches Gefüge sichtbar verändert. Die Blutlachen waren hart und braun geworden und die Körper grau und unansehnlich, und die Fahrzeuge jagten achtlos über sie hinweg. Schließlich waren sie plattgewalzt wie die bösen Buben bei Wilhelm Busch.

So auch der Soldat vor dem Bahngebäude. Wimmernd lag er da und flehte um Einlaß. Er lag zu Füßen des Postens und hielt dessen Knie umklammert. Der wehrte stumpf und fast gemütvoll ab: «Siehst doch, Kerl ... geht doch nicht! – Mach doch keinen Unsinn!» Peters ging vorbei ohne ein Wort. Am nächsten Tage sah er ihn an derselben Stelle wieder, auf die Seite gesunken, die Arme immer noch ausgestreckt. Sein aschblonder Haarschopf war in den Schnee getreten, und in seinem Gesicht glitzerten noch die Tränen. Perlen aus Eis ...

Das war am Anfang gewesen. Jetzt stand kein Posten mehr vor dem Eingang. Es war sinnlos geworden. Jetzt war der mehrstöckige Steinbau, das weithin sichtbare Wahrzeichen von

Gumrak, auch zum gespenstischen Mittelpunkt alles Elends und aller Verzweiflung geworden. Die Bomben, die ringsum alles verheerten, hatten gerade diesen Bau wie durch ein Wunder fast unversehrt gelassen. Eines Tages war dann eine Bombe dicht neben der Hauswand geradewegs in die Senkgrube gefallen. Auch sie hatte kaum Schaden angerichtet, aber durch den Luftdruck die letzten Glasscheiben zersprengt. Man mußte die Fensterhöhlen mit Ziegeln zubauen oder mit Brettern verschalen, und damit hatte sich ewige Nacht über das Innere gesenkt. Drinnen lagen sie in Gängen, Räumen und Winkeln neben- und aufeinander und verhungerten und verkamen im eigenen Unrat. Niemand mehr schaffte die Toten heraus. Um das Gebäude aber hing ein pestilenzialischer Gestank, der alles Lebendige verscheuchte. Zwei mutige Sanitäter und ein gehfähiger Verwundeter wagten sich gelegentlich mit brennenden Kienspänen in das Dunkel und brachten Kochgeschirre voll Schnee hinein.

In diesem Totenhaus hielt Peters zweimal Gottesdienst ab. Beim Licht einer Kerze stapfte er über weiche Körper und Gliedmaßen, nicht achtend des Stöhnens und der Schmerzensflüche, und arbeitete sich langsam bis zu dem Durchgang vor, der zwei der großen Räume miteinander verband. Hier hockte er sich nieder, die Heilige Schrift auf den Knien, in der Hand die Kerze, und las. Und er nahm als Thema den 90. Psalm.

«Herr, Gott, Du bist unsere Zuflucht für und für . . .»

Um ihn lagerte erstickender Brodem, heiß umwehte ihn der Atem der Liegenden, ihr Keuchen und Stöhnen.

«Der du die Menschen lässest sterben und sprichst: Kommt wieder, Menschenkinder . . .»

Die letzte Kraft, die Pfarrer Peters noch verblieben war, goß er in diese Gottesdienste. Dann konnten seine Augen wieder erkennen, und in seiner brüchigen Stimme klang etwas auf von der alten Stärke und Zuversicht:

«Der Mensch ist nicht verloren, nein, er ist nicht verloren! Er ist in Gottes Hand. Und alle Not und alles Leiden, auch sie sind von Gott. Er allein weiß um den Sinn dieser Prüfung, wir haben uns in Demut zu beugen.»

«Gott tut doch Wunder!» schrie ihm aus dem Dunkel eine Stimme entgegen. «Warum tut er kein Wunder an uns?»

«Gott tut Wunder, wo Glauben ist!» erwiderte Peters streng. Und er stritt mit ihnen um seinen Gott, er verteidigte ihn erbittert, während in seiner erschöpften Seele die ersten Zweifel bohrten. Und immer wieder sprach er den einzelnen an: «Bist du schuldlos? Kannst du sagen, du habest dieses alles nicht verdient? Hast du immer an Ihn gedacht in all deinem Tun?» Gott war ihm der eifernde Gott des Alten Testaments geworden, der Gott des Gerichts. Aus der Finsternis heraus sahen brennende Augen ihn an, und in seinem Herzen schrie eine Stimme: Laß sie nicht so furchtbar leiden, mein Gott! Laß mich ihre Leiden tragen! Nimm mich, wenn Du ein Opfer brauchst!

Schweißnaß und verzweifelt schlich er nach diesen Stunden zu seinem Bunker hinüber. Er kauerte sich in eine Ecke und blätterte bei Kerzenschein in dem Buch der Bücher auf der Suche nach Trost. Die Worte verschwammen vor seinen Augen. Er wußte, er würde es nicht tragen können. Das Gefäß war ausgeschöpft.

Und hier in diesem Loch wäre Pfarrer Peters wohl auch verkommen und verdorben, wenn Unteroffizier Brezel nicht gewesen wäre. Unteroffizier Brezel – das war auch so eine Geschichte.

In den ersten Tagen seiner Anwesenheit in Gumrak, als er sich noch mehr bei Kräften fühlte, war Peters an einem ruhigen Vormittag die halsbrecherische, für die Schattengestalten unten nicht passierbare Leiter zu den Bodenräumen des Bahnhofsgebäudes hinaufgeklettert. Durch eine mit Blech beschlagene Fallklappe gelangte er in einen halbdunklen Gang, in dem sich neben zerbeulten Kanistern und anderem Gerümpel auch größere Stapel von Holzkloben befanden, wie Peters zunächst vermeinte. Bei näherem Hinsehen mußte er jedoch feststellen, daß es lauter abgehackte Pferdebeine waren. Verwundert ging er weiter und kam vor eine niedrige Brettertür. Er öffnete sie und blieb mit einem Ausruf des Erstaunens stehen. Er sah in ein winziges, sehr saubergehaltenes Stübchen. Ein Feldbett war da, ein knisternder Ofen, Bilder aus illustrierten Zeitschriften an den Wänden. Ein Fensterchen führte nach Osten, davor stand ein Tisch. An ihm saß ein Soldat, von dem Peters zunächst nur eine gewaltige dunkle Mähne wahrnahm. Bei Peters' Eintritt nahm er die Hornbrille ab, stand auf und begrüßte den Pfarrer mit einer Verbeugung, wobei er seinen Namen murmelte. Das war Unteroffizier Brezel.

Seit Monaten schon wohnte Unteroffizier Brezel allein in dieser verschwiegenen Kammer, die er sich zu einem Spitzwegidyll ausgestaltet hatte. Hier in luftiger und gefährlicher Höhe, unbekümmert um das Inferno ringsum und den Höllenpfuhl zu seinen Füßen, schrieb er die Geschichte seiner Division, einer Infanteriedivision, die Polen und Frankreich ruhmvoll bestanden hatte und dann über Shitomir, Kiew und Woronesch bis hierher nach Stalingrad gelangt war. Er nahm diese Aufgabe, die ihm der Divisionskommandeur in den noch siegesschwangeren Herbsttagen persönlich übertragen hatte, offenbar sehr ernst. Auf seinem Tisch häuften sich Aktendeckel mit Befehlen und Verfügungen, Briefe, Erlebnisberichte, Photographien und andere Originaldokumente, die er Peters voller Stolz vorwies.

Und Brezel war auch wirklich der geeignete Mann für eine so schwierige und wichtige Aufgabe; denn er war von Beruf Dichter. Schon vor dem Kriege hatte er von «Aufbruch» und «deutscher Seele» und aufwärts marschierenden Arbeitsmännern so eindrucksvoll und allgemeinverständlich gedichtet, daß die NS-Provinzpresse ständiger Abnehmer seiner Verse gewesen war. Auch jetzt dichtete er gelegentlich noch, wenn er vor seinem Fenster saß und in die Morgensonne blickte, die himbeerfarben in den Stalingradhimmel hinaufkroch. Zwar nicht von Krieg und Hunger und dem großen Sterben ringsum, sondern von dem Zauber der russischen Weite und der deutschen Sehnsucht nach Osten.

Bei alledem war Unteroffizier Brezel ein durchaus praktisch veranlagter Mensch mit einem beachtlichen Organisationstalent, und die Divisionsgeschichte war auch nicht etwa seine einzige militärische Aufgabe. Gewissermaßen hauptamtlich hatte er einen Trupp russischer Kriegsgefangener zu bewachen und zu betreuen, der für Aufräumungsarbeiten und Straßenausbesserungen im Ort zur Verfügung stand. Bis in den Dezember hinein war ein Kommando dieses Trupps zu einem Schlächtereizug abgestellt gewesen, und für alle waren mancherlei Fleischreste abgefallen, für den Herrn Unteroffizier auch oft ein saftiges Stück Filet oder Leber, was seinen Gesundheitszustand auf einer erfreulichen Höhe gehalten hatte. Aus dieser fruchtbaren Zeit stammten die Pferdebeine, die Brezel schon damals in weiser Voraussicht gehortet hatte und von denen man jetzt lebte. Solange sie hier oben lagen, konnte Brezel sich seines Trupps, der inzwischen auf ganze sechs Mann zusammengeschrumpft war, sicher sein. Zumal seine Division ihn mit seinen Russen über wichtigeren Dingen offenbar längst vergessen hatte.

Peters, für kurzes abgelenkt durch den Kauz und seine Dornröschenwelt, suchte ihn noch zweimal auf, schlürfte heißen Tee, knabberte an der Hälfte eines Brotkantens, den Brezel bereitwillig teilte, betrachtete höflich die Prachtphotos geschniegelter Ritterkreuzträger und Kommandeure und vergnügliche Aufnahmen vom Badeleben an der Biskaya. Dann entschwand auch das seinem gestörten Bewußtsein.

Bis Brezel eines Tages freundlich lächelnd in seinem Bunker stand. Eine Granate war gegen Morgen durch sein Fenster geflogen gekommen, hatte die gegenüberliegende Mauer durchschlagen und war unten auf der Straße detoniert. Dieser Vorfall war auf Brezel nun doch nicht ohne Wirkung geblieben. Er hatte die Geschichte seiner Division, deren Dasein sich ohnehin offensichtlich seinem Ende zuneigte, etwas abrupt beendet, die restlichen Pferdebeine an seine Russen verteilt und ihnen den Laufpaß gegeben. Dann war er ausgezogen. «Gnädig winkte ein Gott, und der Knecht gehorchte der Warnung», schloß Brezel seinen farbigen Bericht.

Seit diesem Tage versah er bei Peters Küster- und Putzerdienste. Er säuberte den Bunker, hielt ungebetene Gäste fern, sorgte für Brennholz und Beleuchtung und wußte aus unerfindlichen Quellen immer wieder etwas zum Essen heranzuschaffen: ein Stück vertrocknetes Brot, eine Handvoll Mehl oder einen halben Schlag dünner Suppe hinten aus der Lazarettbalka. Zuweilen erschien er triumphierend, in der einen Hand das blutige Seitengewehr, in der anderen ein Stück rohes Fleisch, an dem noch das Fell hing. Das kochte er dann stundenlang auf dem Ofen. Und dabei hatte er schon Verse gemacht auf den Seelenblick brauner Pferdeaugen.

Es war gut, daß Brezel da war. Er blieb immer freundlich und guter Dinge, und die ertötende Umwelt konnte ihm nichts anhaben. Er betrachtete sie als eine niedere Sphäre menschlicher Unzulänglichkeit, an die sich der von Idealen beseelte Geist nicht verlieren durfte. Bomben und Granaten und das gräßliche Sterben ringsumher konnten seinen gesunden Schlaf nicht stören. Dabei ging er durch diese Welt mit wachen Sinnen, mit der hellen Witterung eines Tieres für Gefahren und einem feinen Instinkt, der ihn an die verborgensten Lebensquellen führte. So blieb er am Leben und erhielt auch den Pfarrer am Leben. Zu ihm hatte er eine verlegene Zuneigung gefaßt. Das Andersartige in Peters nötigte ihm Achtung ab und weckte die Neigung zum Dienen.

Allerdings fand er bald Grund, sich um den Pfarrer ernstlich Sorgen zu machen. Denn dessen Verhalten wurde immer seltsamer. Oft saß er stundenlang unbeweglich auf einem Fleck, starrte ins Leere und schien nicht zu hören, wenn man ihn etwas fragte. Oder er suchte im Bunker, Unverständliches vor sich hinmurmelnd, nach irgendwelchen rätselhaften Dingen, die nie gefunden wurden. Oder er entfernte sich plötzlich ohne ein Wort und ließ Brezel lange Zeit voller Sorgen warten.

Einmal kam er von einem solchen Gang mit zwei unförmigen, aus Stroh geflochtenen Ueberschuhen wieder, die er mit einem schiefen Blick auf den Gefährten unter seiner Lagerstatt versteckte. Später hörte Brezel, wie der Pfarrer sich stöhnend auf seinem Lager wälzte, und glaubte aus seinem verworrenen Gemurmel ein paarmal herauszuhören: «Du sollst nicht stehlen ... Du sollst nicht stehlen ...» Mitten in der Nacht kroch Peters ohne Mantel und Kopfbedeckung hinaus in die Kälte, diesmal offenbar nicht um des leidigen Wasserlassens willen, denn er blieb lange fort. Am Morgen waren die Strohschuhe nicht mehr da. Später sah Brezel sie wieder. Der Fahrer eines Panjefuhrwerks verfütterte sie betulich an sein Pferd.

Eines anderen Tages schleppte Peters keuchend eine schwere Last in den Bunker hinein. Es waren Patronengurte und ein Maschinengewehr. Er hatte es auf dem Flugplatz aus einem Wrack ausgebaut.

Brezel mußte lachen: «Was wollen Sie denn damit, Herr Pfarrer?»

Peters sah ihn böse an.

«*Sie* können ja gehen! Verschwinden Sie doch! *Ich* bleibe!»

«Ich will ja gar nicht gehen», erwiderte Brezel gekränkt. «Aber was wir mit dem Ding da sollen ...»

«Bis zur letzten Patrone, he?» — Peters kam ganz dicht an den Unteroffizier heran und hielt ihm die Faust unter die Nase. «Ich werde kämpfen ... bis zum letzten Mann, verstehen Sie?»

Das MG verschwand unter Peters' Pritsche. Dort wurde es vergessen. —

Schlimmer als die Tage, die Ablenkung brachten, waren die einsamen Abende und Nächte. Sie wurden jetzt, da Peters sich immer wunderlicher gebärdete und man ernstlich an seinem Verstand zweifeln mußte, auch für Brezel zu einer Qual. Manchmal fanden sich welche von den wenigen Sanitätern dazu oder ein Verwundeter. Dann rückten sie um Brezels selbstgebastelte Lampe zusammen und flüchteten vor dem Grauen, das in den schwarzen Ecken lauerte, in lärmendes Kartenspiel oder in Witze und Zoten, während Peters abseits auf seiner Pritsche lag. Oefter waren die beiden allein. Dann stopfte Brezel die Löcher seiner zerschlissenen Strickweste, entlauste sein Hemd oder putzte den Abendmahlskelch, während der Pfarrer murmelnd in seiner Bibel blätterte.

Manchmal schreckte er dann hoch:

«He, Sie!»

Brezel sah fragend auf. Es kam nur noch selten vor, daß der Pfarrer ihn ansprach.

«Pst – hören Sie nicht?»

Brezel hörte nichts als das Brummen der Flugzeuge und ein paar entfernte Detonationen.

«Wie es nagt, das Untier ... Wie sie wimmern und stöhnen ...»

Er beugte sich vor und stierte Brezel mit flackerndem Blick ins Gesicht.

«Wissen Sie, wer ich bin, he? – Ich bin der Totenkönig von Gumrak!» –

Und dann ereignete sich die Sache mit den Broten.

Seine Ruhelosigkeit hatte Peters, wie schon oft, zu dem Flugplatz hinausgetrieben, wo die an- und abfliegenden Maschinen ein Leben vortäuschten, das aus der Totenstadt längst gewichen war. Auf dem Rückweg sah er vor sich zwei Kerle, die schwer an einer Zeltbahn schleppten. Beim Näherkommen erkannte er, daß diese Zeltbahn prall mit Broten gefüllt war. Erregt beschleunigte er seine Schritte und überholte die Träger, die ihn unruhig von der Seite musterten. Dann drehte er sich unvermittelt um und pflanzte sich, die Fäuste in die Seiten gestemmt, vor den beiden auf.

«Wohin damit, he?»

Die Landser setzten ihre Last ab und sahen sich an. Das Gehabe ließ auf einen höheren Offizier schließen. Sie begannen zu stottern:

«Das ist für ... für ...» Sie schienen kein ganz sauberes Gewissen zu haben. Die Maschinen landeten jetzt oft nicht mehr, sondern warfen die Verpflegung mit Fallschirmen ab, die nicht immer auf den bezeichneten Plätzen herunterkamen.

«Ja, ja, das wissen wir!» herrschte Peters sie an. «Alles allein fressen, wie? Und die andern? – Zeigen Sie mal her!» Er schlug die Zeltbahn zurück und schien geheime Berechnungen anzustellen. «240 ... 416 mal 7 ... 824 ...» Und dann fuhr er auf die beiden los: «Fünf Brote geben Sie ab, verstehen Sie? Fünf Brote! – Das ist gerecht, das ist menschlich ...»

«Jawohl, Herr Major!» beeilte sich der eine zu versichern. Sie schienen recht froh zu sein, so billig davonzukommen.

Mit fahrigen Händen raffte der Pfarrer die Brote an sich. Eins stopfte er in die Manteltasche, die dabei einriß, die anderen klemmte er unter die Arme und eilte hastig davon. Dumm sahen die beiden Landser ihm nach, ihnen war das alles gar nicht geheuer.

Als er mit seiner Beute in den Bunker zurückkam, fielen Brezel fast die Augen aus dem Kopf. Der Pfarrer machte den Eindruck eines Betrunkenen.

«Na, was sagen Sie nun?» schrie er und rieb sich die Hände. «Ja, wenn Papa mal auf Reisen geht!» Trällernd schnitt er eins der Brote durch und reichte Brezel die Hälfte hin. «So, heut' ist bei uns Fettlebe, was? Der Rest reicht für die nächsten acht Tage!» Er schob die übrigen Brote unter sein Lager zu dem Maschinengewehr. «Acht Tage, Mensch! Acht Tage können wir leben wie der Herrgott in Frankreich!»

Er brach große Stücke von dem Brot los, schob sie sich in den Mund und kaute, lachte und alberte zugleich. Brezel wurde von dieser unnatürlichen Fröhlichkeit allmählich angesteckt. Peters ahnte ja nicht, wieviel Schwierigkeiten es jetzt schon machte, überhaupt noch etwas zum Essen aufzutreiben! Diese Brote, und gleich fünf Stück ... Jedenfalls war es ein Geschenk des Himmels. Fünf ganze Kommißbrote, daß es so was überhaupt noch gab! Er kratzte aus seiner Büchse den letzten Kaffee zusammen, und dann begannen sie zu tafeln, während Peters mit großen Worten sein Abenteuer schilderte. Der Pfarrer, sieh mal an! Etwas neidvoll begann Brezel an Peters ganz neue, unbekannte Seiten zu entdecken, und in diese Entdeckung mischte sich eine leise, ihm kaum bewußte Enttäuschung.

Sie waren noch beim Essen, als Besuch kam. Es war der Sanitätsunteroffizier aus der Balka, ein Franziskanerpater aus einem Kloster in Schlesien. Ein schmächtiges Kerlchen mit Augen so klar wie ein Bergsee. Sonst war er hier ein gerngesehener Gast. Heute jedoch kam er ungelegen, und verlegenes Schweigen empfing ihn. Arglos setzte er sich. Brezel goß ihm einen Becher Kaffee ein, und Peters schnitt eine Scheibe von seinem Brot für ihn ab.

«Danke schön, Herr Pfarrer», sagte der Unteroffizier höflich, rührte aber nichts an. Er erzählte von den Schwierigkeiten drüben im Zelt, und daß sie jetzt auch dort nichts mehr für die tägliche Suppe hätten.

Den beiden schmeckte es plötzlich nicht mehr. Peters' Blick wanderte unruhig im Raume umher. Mit einmal griff er unter die Pritsche und streckte dem Gast ein Brot hin.

«Da!» sagte er barsch in seiner Verlegenheit. «Das ist für Sie!»

«Oh —», machte der Franziskaner voll ungläubigen Staunens. «Oh, Herr Peters!» Behutsam nahm er das Brot in die Hand, roch daran und strich mit den Fingerspitzen darüber hin. «Das ... das kann ich mitnehmen?» Seine Augen bekamen einen träumerischen Glanz. «Oh — das wird aber eine Freude geben!»

Eine Freude geben ...

Pfarrer Peters starrte den Unteroffizier an wie einen Geist. Er wurde aschgrau im Gesicht und begann am ganzen Körper zu zittern.

Dann griff er unter das Lager.

«Da! — Da ...! Er riß die restlichen Brote hervor, eines nach dem anderen. «Da, nehmen Sie! Alles ... alles ...»

Brezel wollte aufspringen, doch er fühlte sich wie angenagelt an seinen Sitz. Er öffnete den Mund, brachte jedoch keinen Ton heraus. Nur seine Hand fuhr mit einer hilflosen Geste durch die Luft.

Der Sanitäter aber wußte nicht, wie ihm geschah. Er sah auf Peters und auf die Brote in seinem Arm und wieder auf Peters. «Herr, mein Gott», stammelte er. Vier Brote, sechs Kilogramm Brot! Das gab 120 Scheiben ... 120 arme Menschen am Rande des Hungertodes würden heute jeder noch 50 Gramm Brot essen ...

Als er gegangen war, erhob sich auch Unteroffizier Brezel. Er schlich hinaus ins Freie wie ein geprügelter Hund. Peters aber saß auf seiner Pritsche und hatte sein Gesicht in die Hände vergraben.

Er weinte.

*

Graufeucht ist die Kälte, sie klebt schleimig am Körper und macht das Atmen schwer. Der Schnee kreischt nicht mehr unter den Tritten wie an den klaren, trockenen Frosttagen, sein Wehlaut klingt jetzt wie das träge Quarren übellauniger Frösche.

Breuer wankt durch die Schlucht zurück. Unter dem braunverkrusteten Notverband, der sich breit über Stirn, Auge und Ohr hinzieht, fühlte er einen Bleiklumpen, von dem aus sich ein zuckender Schmerz bis in seinen Hinterkopf bohrt. Durch das eine Auge erscheint ihm die Welt nur halb, und Breuer ist ihr nicht gram darum. Aber das hilflose Tasten über eine gestaltlose Fläche ist lästig, das Stolpern über unsichtbare Erhebungen und Bodensenken. Schwach nur noch klingt das Rattern eines MGs hinter ihm her, ein paar helle Schläge, einzelne Zurufe, Geschrei. Dort hinten sind die Kameraden zurückgeblieben, Fröhlich, Geibel, Herbert. Sie rüsten sich jetzt vielleicht für den Durchbruch – ohne ihn. Er wird sie wohl nie mehr wiedersehen. Es ist gut so. Mit ihm in seinem jetzigen Zustand hätten sie es nicht geschafft, vielleicht auch nicht einmal gewagt. Er denkt das ohne Bedauern und stellt fest, daß er für sich selbst eigentlich nie so recht an das Gelingen geglaubt hat. Zu anderen Zeiten vielleicht, aber nicht jetzt, nicht in diesen letzten Januartagen. «Breuer – am Vierundzwanzigsten!» Morgen, ja – morgen ist der 24. Januar ...

Wohin jetzt? Er weiß es nicht. Vielleicht nach Stalingrazkij zum Stab, wenn seine Beine ihn so weit tragen und wenn es noch einen Stab gibt. Oder zu einem Verbandplatz, wenn es das noch gibt. Oder zu einem Bunker, einem Erdloch, in das er sich verkriechen kann, allein ... Morgen ist der Vierundzwanzigste ...

Die Schlucht wird flacher und läuft breit in die Ebene aus. Rechts liegt die Reihe der Bunker, in denen sie vor zwei Tagen nächtigten. Vor zwei Tagen? – Sie sind verlassen, leer. Leer ist auch die Rollbahn dahinter. Kein Mensch weit und breit, keine Bewegung, kein Leben. Einförmig grau wölbt sich der Himmel über einer verstorbenen Welt.

Zögernd geht Breuer weiter. Da sind Fahrzeuge, Schneewälle, Bunkerkuppen, eine ganze Stadt. Geschütze recken ihre Hälse in die Luft, ein Funkwagen steht da, ein Antennenmast, mit Drähten verspannt, weiß bereift. Alles verlassen und starr, wie mit einem Zauberstab angerührt. Kein Laut, kein Ruf, kein Motorengeräusch, kein Rauchwölkchen über den Bunkerkuppen. Starr und tot alles ... Zuweilen zerreißt ein dumpfer Schlag die lähmende Stille, bricht sich an den Wagenwänden und verrollt grollend im Nichts. Mit «pschiuuuu-u-u--» zieht eine einsame Gewehrkugel von irgendwoher nach irgendwohin.

Breuer bleibt stehen, er wagt kaum zu atmen. Diese Einsamkeit hat etwas Lähmendes.

Und da sieht er: Drüben, vor dem Bunkereingang, da steht jemand, eine weiße Gestalt, unbeweglich wie er selbst. Dieser Jemand blickt irgendwohin, starr und reglos wie eine Marmorfigur.

«He — — — !»

Breuer erschrickt vor dem Klang seiner Stimme, der jäh und schmerzhaft das Schweigen zerreißt. Der andere drüben verhofft wie ein Stück Wild und ist dann plötzlich verschwunden, wie vom Erdboden verschluckt. Breuer fühlt seine Knie schwach werden. Er verspürt den heftigen Wunsch, sich auch in diese Erde zu verkriechen, aufzugehen in diesem Nichts.

Doch dann packt ihn das Grauen. Menschen, ein Wort, ein menschlicher Laut! Wie gejagt hastet er weiter.

Hoch über ihm gurgeln Granaten dahin, ein paar schwere Koffer, zwei — drei ... fünf. Weit links steigen dunkle Rauchpilze auf, und nach einer Weile grollt das Wummern der Einschläge herüber. Und jetzt erkennt Breuer auch in der grauen Wand die schwache Silhouette eines Wasserturms. Das muß Gumrak sein. Gumrak ...

Eine breit ausgefahrene Spur führt geradeswegs darauf zu, und ihr beginnt Breuer zu folgen. Rechts des Weges dehnt sich das ungeheure Flugfeld, im Grau sich verlierend. Flugzeugtrümmer liegen dort, halb im Schnee vergrabene Rümpfe. Eine «Ju 52» steht groß und grau am Wege, anscheinend unversehrt. Auch hier alles verlassen, erstorben — Niemandsland.

Wieder röhrt und gurgelt es über ihn hinweg, wieder dröhnen die Einschläge vorn, jetzt schon merklich näher. Das Störungsfeuer liegt auf dem westlichen Ortsausgang. Soll er die gefährdete Stelle umgehen, einen Bogen schlagen durch das Schneefeld? Er fühlt, daß er nicht mehr die Kraft dazu hat, daß seine Beine ihn gerade noch hier auf der verharschten Fahrbahn vorwärtstragen. So geht er weiter.

Immer deutlicher wächst der Ort aus dem Grau hervor. Und immer mehr verfärbt sich der Schnee ringsum. Er wird grau und dann bräunlich und von schwarzen Trichtern zerrissen. Schutthaufen aus Steinen und verkohltem Holz säumen den Weg, aus einigen steigt fetter, gelblicher Qualm hoch. Ein scharfer Brandgeruch liegt auf dem Land, und darein mischt sich etwas anderes ... Oh, Breuer kennt diesen Geruch genau, er hing süßlich und schwer über den herbstlichen Feldern Polens, er zog mit durch Frankreich und Rußland, bis endlich Frost und Schnee ihn erstickten. Und jetzt ist er hier, bei 20, 25 Grad Kälte — Verwesungsgeruch.

Und auch hier kein Mensch, kein Leben ...

Doch nein, dort seitwärts regt es sich. Ein merkwürdig verhutzeltes Etwas wühlt dort in einem Schutthaufen herum, eine schmutzige Decke um den Leib geschlungen und verkrümmt wie ein uraltes Weib. Während Breuer noch dieses seltsame Wesen anstarrt, wird die Luft schwer und voll Unheil. Sein Instinkt läßt ihn ein paar Sprünge auf die Stelle zu machen, wo die Gestalt eben in der Erde verschwunden ist, und als der Luftdruck der Detonation ihn erfassen will, rutscht er schon zwischen Schnee und Geröll in die Tiefe, geschüttelt von der Gewalt der Einschläge ringsum.

Halb betäubt, rappelt er sich hoch und zwängt sich durch ein paar verklemmte Bretter. Dunkelheit umgibt ihn, von flackernden Streifen rötlichen Feuerscheins durchzogen.

Es ist ein Loch, eine Höhle, der Boden mit Brandschutt bedeckt, die Decke ein durchgebogenes, verrostetes Blech, das in einer Ecke tief herabgesunken ist und einer Handvoll Tageslicht Einlaß gewährt. Breuer steht geduckt, er preßt den Rücken gegen die Bretter der Eingangsöffnung und stemmt den Kopf gegen das Blech über ihm, das jeden Augenblick durchzubrechen droht. Am Boden erkennt er Gestalten, Menschen. Und da überfällt ihn mit aller Macht jener entsetzliche Gestank, den er schon draußen witterte, übermächtig jetzt und unerträglich ekelhaft. Breuer weiß, die Gestalten am Boden sind Tote, Leichen, verwesend hier in dieser sinnlosen Wärme, die der kleine prasselnde Ofen ausstrahlt. Denn vor dem Feuerloch kauert der Kerl von draußen und heizt. Der rote Schein flackert über ein verdorrtes Gesicht, das ein irres Grinsen verzerrt. Eine Hand schiebt die moderigen Holzbrocken ins Feuer, eine verkrüppelte Pratze, bestehend nur noch aus dem Handteller und dem untersten Glied des Daumens.

Breuer ringt nach Luft. In seinem Kopf dröhnt und singt es, der Feuerschein des Ofens verschmilzt mit dem Funkenspiel, das ihm der ziehende Kopfschmerz vor das Sehfeld zaubert, zu einem höllischen Spukbild. Er will fort, hinaus ins Freie. Kälte und Schnee und Bomben, ein Tod unter freiem Himmel, das ist menschlich. Aber dieses hier, dieser Gestank von Brand und Verwesung, die schwammigen Toten zu seinen Füßen, das alles ist unerträglich, unmenschlich, das ist der Eingang zur Hölle. In gräßlicher Hast zerrt er an den Planken, die nicht nachgeben wollen.

Und da fährt er herum. Was war das? Da hat doch eben ...

Da hat doch jemand seinen Namen ...

Ist es schon soweit? Ist das der Beginn des Wahnsinns? Zitternd lauscht er. Und hört nur das Knistern und Zischen des Ofens und das Klappern seiner eigenen Zähne.

Doch da ist es wieder, fern und leise:

«Breuer ...»

Das war nicht der Mann vor dem Ofenloch. Das kam aus der Ecke drüben, wo der Streifen grauen Lichtes durch die Decke fällt.

Und da ist es noch einmal, drängender jetzt und nicht mehr zu bezweifeln:

«Breuer, hier — —»

Ueber reglose Körper, weich wie der lehmige Boden, tastet sich Breuer zu der Ecke hin, während ihm das Grauen den Rücken hinaufkriecht. Auch dort in der Ecke sind Körper zusammengedrängt. Der Lichtschein fällt auf grünlich glasige Gesichter mit verdrehten Augäpfeln und offenen Mundhöhlen, über denen kein Hauch lebendigen Atems mehr schwebt. Weggeworfene Requisiten eines gräßlichen Schauspiels.

Können Tote reden?

Doch dann bleibt Breuers Blick an einem Augenpaar hängen, das ihn aus dunklen Höhlen groß ansieht. Diese Augen, mein Gott ... Und diese Nase, übergroß jetzt und spitz ... und die pergamentenen Lippen, zu kurz geworden für die Reihen der Zähne ... Das ist ... das war einmal ... Breuer fällt taumelnd auf die Knie.

Auf dem Häufchen verschmutzter Kleider bewegt eine durchscheinende Hand ihre Finger. «Ja, Breuer, ich ...», sagt unendlich mühsam eine sehr ferne Stimme. «Ich, ja ... Gott läßt seiner nicht spotten.»

Breuer kann das Ungeheuerliche noch nicht fassen. Fieberhaft sucht er in dem entstellten Gesicht nach den einst so vertrauten Zügen.

«Sie?» stammelt er. «Sie hier? – *Wiese*, mein Gott ...»

Und dann fällt alle Lähmung von ihm ab und das eigene Elend. Auf, hinaus! Einen Arzt! Hilfe! Das hier, das darf nicht sein, das ist untragbar auf einer von Gott erschaffenen Erde! Aber die Augen dort, seine Absicht erratend, halten ihn fest, bannen ihn auf seinen Platz. Und diese Augen, groß, streng und wissend, zeigen ihm die eigene Ohnmacht.

«Bleiben Sie», sagt die Stimme. «Es ist ... gut so.»

Einen Augenblick verhüllt sich der Blick erschöpft und ist dann wieder da, drängend und von einer ungeheuren Anstrengung beseelt.

«Ich, ich ...», quält sich die Stimme, «dieses ewige Ich ... Wollte allein, abseits der großen Straße ... der einzige Gerechte sein unter all den Verlorenen. – Nun ... bin ich gestraft. Gott ... läßt seiner ... nicht spotten ...»

Wieder dröhnt und schüttert das Erdbeben wütender Einschläge. Für Augenblicke ist der Bunker ein Spielzeug in Riesenhand. Breuer hat sich schützend über den Freund gebeugt. Das Blech über seinem Rücken schaukelt wie eine Hängematte.

«Die andern –», flüstert die Stimme. «Sie haben ja nicht gewußt. Aber ich ... ich habe es gewußt, von Anfang an ... Und habe nichts dagegen getan ...»

Das graue Gesicht scheint noch kleiner zu werden, beiderseits der Nase stehen winzige Schweißperlen.

«Nun ist es zu spät. Zurück ... führt kein ... Weg mehr ...»

Es ist ganz still. Im Ofen nur prasselt das schneefeuchte Holz. Davor hockt der Krüppel. Behutsam legt seine verstümmelte Hand die Holzstücke nach. Es ist die Hand eines spielenden Kindes. Er kichert und gluckst vor sich hin, ab und zu wirft er einen verschmitzten Blick zur Seite.

«Er dort . . .», sagt die Stimme, «er sorgt für mich. Hat auch . . . die andern zu Tode gepflegt. Ich brauche nichts . . .»

Breuer kniet neben dem Freund. Zitternd streichen seine Finger über die krustigen Falten des verfärbten Mantels, über die kalten Hände, die sich wie Talg anfühlen. Das Unwirkliche des Geschehens macht ihn stumm. Die Schatten der Toten, deren Leiber hier zerfallen, schweben durch den Raum, angstvoll und fragend, und auch der Freund ist ihm nur noch ein Schatten, den ein Zauberspuk aus der Unterwelt ins Leben zurückrief.

«In meiner Tasche – rechts . . .», murmelte die Stimme, «rechts . . . im Rock . . .»

Breuer zögert, und erst als auch die Augen ihn drängen, führt er seine Hand vorsichtig unter den Mantel. Sie fährt in etwas Klebriges, Weiches. Breuer schließt die Augen, und alles Blut strömt zu seinem Herzen. Er überwindet sich und zieht die mit Eiter verklebten Reste eines Büchleins hervor. Er kennt es gut, es ist Wieses Gedichtsammlung. Oft hat er daraus vorgelesen.

«Mitnehmen», fordert die Stimme. «Für meine . . . Mutter . . .»

Breuer fühlt ein Würgen im Halse. Heiß und erstickend überflutet ihn das Gefühl seiner Armut und Hilflosigkeit, und fast beneidet er jetzt den Freund, der schon jenseits der Schwelle steht.

«Wiese», stammelt er, «mitnehmen, ach . . . Ich weiß doch selbst nicht . . .»

Der starre Blick der dunklen Augen läßt ihn nicht los.

«Sie kommen heim, Breuer . . . später . . . irgendwann . . . Ich weiß es. – Gehen Sie jetzt.»

Breuer läßt das Heft in die Tasche gleiten. Ratlos blickt er sich um. Der Feuerschein aus dem Ofenloch huscht über die toten Leiber hinweg und verleiht ihnen ein unheimliches Scheinleben. In den Winkeln schweben und weben die Schatten.

Wieder packt ihn das Grauen.

«Sie gehören nicht . . . hierher, Breuer. Sie gehören zu den Lebenden. Gehen Sie!»

Und Breuer geht.

Wie betrunken wankt er hinaus ins Freie. Er torkelt über Geröllberge hinweg und die zerfetzte Straße entlang. In seinem Schädel wühlt der Irrsinn. Menschen, Menschen! Aber auch hier ist der Ort wie leergefegt. Ein Lkw jagt die Straße entlang wie ein Gespenst.

Und dann prallt er unversehens gegen einen Menschen, der

sich aus einer rauchenden Hausruine herausqält. Er starrt ihm ins Gesicht, und dann klammert er sich an ihm fest.

«Herr Pfarrer!»

Ueber Peters' verwüstetes Gesicht huscht ein flüchtiges Erkennen.

«Ach — Breuer?»

«Herr Pfarrer, Wiese ... Leutnant Wiese, dort hinten liegt er, in einem Erdloch! Er stirbt ...»

Peters sucht sich zu erinnern. «Wiese», sagt er müde, «der kleine Leutnant ... Ja, es sterben viele hier ... Drüben ist ein Arzt. Kommen Sie mit!»

Gumrak wird aufgegeben, und der Arzt ist von den Zelten herübergekommen, um nach denen hier im Ort zu sehen, die sich noch selbst helfen können. Daß diesem Wiese nicht mehr zu helfen ist, erkennt er nach Breuers ersten Worten. Was dieser aufgeregte Oberleutnant sich eigentlich so denkt! Als ob nur *einer* hier verdürbe und verkäme!

«Werden sehen», brummt er und schiebt die Hand fort, die an seinem Aermel zerrt. Und dann tut es ihm wohl leid, denn er blickt auf Breuers Notverband. «Was haben Sie denn da? Eine Augenverwundung?» Er betastet den verkrusteten Lappen. «Daran rühren wir am besten jetzt nicht. Uebrigens ...» Er schreibt ein paar Worte auf ein bedrucktes Stückchen Karton und reicht es Breuer hin. «Mit einer Augenverletzung können Sie ausfliegen, auch ohne besondere Genehmigung der Armee. Von Stalingrazkij wird jetzt geflogen, wer weiß wie lange. Sie werden sich beeilen müssen!»

Breuer steht da und starrt tränenden Auges auf den Zettel. Es ist ein rotgeränderter Karton, nicht größer als ein Paketanhänger, mit einer Schnur daran zum Festbinden.

Ausfliegen?

Er hat doch eben richtig gehört, er kann ausfliegen? So ist das also, so einfach ...

Er blickt Peters, blickt den Arzt an, der so merkwürdig lächelt. Wieder starrt er auf den Zettel in seiner Hand.

Ausfliegen, ausfliegen ...

Und dann bricht es über ihn herein, eine Welle, in der mit Sekundenschnelle alles versinkt. Stalingrad, die letzten Monate der Qualen, die Schmerzen des Augenblicks, der sterbende Freund, alles, alles ... Und statt dessen steigt leuchtend und zwingend vor ihm auf, was in eine undeutliche Ferne entschwunden war: die Heimat, Irmgard, die Kinder, das Haus am See...

Was er hier in der Hand hält, das ist der Fahrschein in die Freiheit, ins Leben!

Er wird frei sein, frei...

Irgendwo sitzt da noch ein Wort... «Zurück führt kein Weg mehr!» Und die Warnung des Vierundzwanzigsten. Aber das wird nicht groß, ertrinkt in dem Taumel, der ihn erfaßt.

Das Leben, das Leben! Er wird leben...

Breuer eilt dem Flugplatz Stalingrazkij zu.

Vierzehntes Kapitel

ZURÜCK FÜHRT KEIN WEG MEHR

Flugplatz Stalingrazkij –

Das letzte kleine Flugfeld in dem verengten Kessel. Die letzte Pforte, die nach draußen führt. Die letzte Hoffnung, die noch auf Wirkliches sich gründet. 90 Flugminuten entfernt wartet die Freiheit, die andere Welt, vergoldet von der Erinnerung.

Auch diese letzte Pforte kann sich schon in Stunden für immer schließen.

Ein Straßenband läuft irgendwohin nach Süden. Links davon zieht sich eine tief eingeschnittene Balka hin. «Flugplatzleitung» steht am Straßenrand. Das Schild weist den Steilhang hinunter zu einem Bretterverschlag zwischen struppigen Büschen. Den Wundschein zwischen den Lippen, rutscht Breuer den vereisten Schlängelpfad hinab. Er zwängt sich durch die halb geöffnete Tür. Der verräucherte Raum ist voller Menschen. Ein böser Brei stumm grollenden Wartens, aus dem hier und da gereizte Ausrufe wie giftige Blasen aufsteigen. Am Fenster hinten hackt jemand auf einer Schreibmaschine.

«Es ist zwecklos, ich sag's euch doch! Versteht doch endlich: Wir müssen uns an die Bestimmungen halten!»

«Ach ja, ihr – Wißt ihr, was ihr seid? Ganz traurige Arschlöcher seid ihr!»

Breuer knufft sich nach vorn bis zu der Barriere hindurch. Dort sitzt ein schwarzhaariger Offizier hinter einem Tisch. Er blättert nervös in Papieren, während sein Blick wütend und furchtsam zugleich die Gesichter entlangstreicht, die sich ihm über die Brüstung entgegendrängen. Breuer hält dem Offizier seinen Wundzettel unter die Nase. Der wirft nur einen flüchtigen Blick darauf.

«Da fehlt die Unterschrift des Armeearztes!»

Breuers Herz krampft sich zusammen.

«Ich verstehe nicht ... Man sagte mir doch ...»

«Da hat man Ihnen eben etwas Falsches gesagt!» schnauzt der Offizier. «Ohne Gegenzeichnung des Generalarztes kommt hier niemand raus.»

Breuer umklammert die Brüstung. Er bringt kein Wort mehr hervor. Um ihn grinst unverhohlener Hohn. Das wiederum scheint den Luftwaffenmann zu ärgern. Er greift noch einmal nach dem Zettel.

«Augenverwundung», knurrt er und buchstabiert an dem ärztlichen Befund herum. «Lassen Sie das Dings hier!» entscheidet er schließlich. «Muß noch zu Dr. Rinoldi rüber, vielleicht unterschreibt er. — Paßt Ihnen wohl nicht, was? Sie sind nicht der einzige, Mann! Warten Sie draußen auf dem Platz!»

Mit glasigem Blick sieht Breuer zu, wie der Offizier den Zettel achtlos zu anderen Papieren wirft. Eben noch hätte er diesen Papierfetzen um keinen Preis der Welt aus der Hand gelassen. Ein Wort hat ihn wertlos gemacht. Und ein hingekritzelter Namenszug kann ihn wieder erhöhen. Welch teuflischer Irrsinn!

Breuer schleicht hinaus. Grau und düster ist mit einmal wieder der Tag. Hunger und Müdigkeit fallen über ihn her, und in seinem Schädel rumort heftiger als zuvor der Wundschmerz. Die Freiheit, so greifbar nah schon, sie ist auf einen fernen Stern entwichen.

Auf allen vieren kriecht er die Böschung hinauf und überquert die von hohen Büschen gesäumte Straße. Dann liegt vor ihm das Flugfeld. Ein Stück verschneiter Steppe. Ein fleckiges, durchlöchertes Laken im Nebeldampf einer Waschküche. Hier und da sind blasige Buckel aufgequollen. Grabhügel vielleicht, die der Schnee aufhäufte.

Ein Flugfeld? Kann man hier überhaupt landen und starten? Wracks liegen umher, einige schon eingeschneit, andere noch dunkel und fremd in der Schneewüste. Hinten ragt ein Flugzeugrumpf aus der Erde heraus wie ein warnend erhobener Zeigefinger. Bunte Fähnchen stecken hier und da im Schnee. Neben einem Lkw lungern Männer mit Handschlitten wartend herum. Was geschieht hier? Geschieht hier überhaupt etwas? Graue Schwaden ziehen über das leblose Feld.

Doch drüben im Norden des Platzes, da ist irgend etwas in

Bewegung. Eine dunkle Masse wogt dort auf und ab, bald nach den Seiten hin aufquellend, bald sich zusammenziehend. Ein dumpf brodelndes Geräusch klingt herüber.

Breuer geht darauf zu, und immer langsamer wird sein Schritt. Was geht dort vor sich?

Ein Menschenknäuel wächst vor ihm auf, eine zusammengebackene Masse von Leibern. Gesichter werden deutlich, von Haß und Wut verzerrte Fratzen, fuchtelnde Arme darüber, geballte Fäuste, hoch geschwungene Stöcke. Himmel, was geht hier vor sich? Das ist keine Gemeinschaft, die ein militärischer Befehl zusammengeführt hat oder die Kameradschaft oder auch nur der freie Wille, der einem gemeinsamen Ziel gilt. Eine geifernde Hydra ist das, allein von der nackten Angst zu einer selbstmörderischen Symbiose gezwungen; ein Untier mit Hunderten sich zerfleischender Köpfe, brüllend und heulend, voll keuchenden Atems, der als heiße Wolke darüber schwebt. An seinen fließenden Rändern speit das Ungeheuer Stücke seiner selbst aus. Krücken splittern krachend, Körper stürzen in dumpfem Fall zu Boden. Und die Gestürzten rappeln sich hoch, wenn sie noch können, und zwängen sich, wie von einem Magneten angezogen, erneut in das Gewühl. Auf den Knien rutschen sie stöhnend näher, hangeln sich heran an Holzpflöcken, die sie wütend in den festgetretenen Schneeboden schlagen, ziehen sich schreiend an den Beinen und Kleidern der anderen hoch, werden abgeschüttelt, geschlagen, gestoßen, zertreten. Und rings umher liegen die Gescheiterten, die zuckenden oder reglosen Opfer ...

Mit seinem einen tränenden Auge stiert Breuer auf diesen grausigen Spuk. Er begreift nichts von dem, was er sieht. Der weite, menschenleere Platz, wie erstarrt unter der Schneedecke, die toten Flugzeugwracks, und dann hier dieser erbitterte Kampf einer entfesselten Meute, gespenstisch in seiner scheinbaren Sinnlosigkeit ... Diese Wirklichkeit stimmt in nichts überein mit dem, was er sich eben erst noch ausgemalt hat in seiner Phantasie: Verwundetenzelte, eifrige Aerzte und Sanitäter, rühriges Flugpersonal und dann die Kette der rettenden Maschinen, alles das überstrahlt von Freude und Zuversicht, von dem Glanz der Freiheit, die drüben wartet ...

Jetzt erst erblickt er den Mann etwa zwanzig Schritte abseits. Breitbeinig steht er da, das verkniffene Gesicht tief in den hochgeschlagenen Pelzkragen hineingezogen, geduckt wie zum

Sprung, mit dem hellwachen Blick des Dompteurs. In der Hand hält er schußbereit die Pistole.

«In Linie!» krächzt er. «In Linie zu drei Gliedern, sag' ich!»

Es klingt, als wenn man einen rostigen Eimer auskratzt. Aber die Meute kuscht wie unter einem Peitschenschlag. Dann schwillt das Brodeln stärker an, spitze Schreie klingen daraus auf.

Jetzt erst beginnt Breuer zu verstehen, was hier vor sich geht. Es ist ein Kampf um die Ordnung. Um den ersten Platz in der Ordnung! Ein sinnloser, aussichtsloser, wahnwitziger Kampf. Menschen — denkt Breuer verzweifelt. Sind das noch Menschen? Er sieht Uniformstücke, sieht unter dem zerlumpten Winterzeug Rangabzeichen und Auszeichnungen, sieht Offiziersmützen mit silbernen Kordeln und die schmutziggelben rumänischen «Zuckerhüte». Deutsche waren das einmal, Oesterreicher und Luxemburger, Kroaten und Rumänen. Vorgesetzte und Untergebene, Kameraden einmal. Arbeiter, Bauern und Bürger, Protestanten und Katholiken und Gottgläubige, Arme und Reiche, Väter und Söhne ... Menschen, geformt und gebildet vielleicht durch die hegenden Kräfte eines liebevollen Elternhauses, durch die humanistische Pädagogik vielleicht einer höheren Schule, das Liebesgebot der Kirche, durch das Gemeinnutz-Ideal der NS-Organisationen oder den eisernen Schliff einer traditionsbeladenen Wehrmacht. Menschen, denen einmal Liebe und Treue, Kameradschaft und Pflicht etwas galten oder an denen doch wenigstens der Firnis der sogenannten bürgerlichen «Anständigkeit» haftete. Und jetzt? Nichts davon ist geblieben. Die vielfältigen Kategorien, in die ein paar Jahrtausende menschlicher Kultur und Zivilisation die Menschheit geprägt haben, sind ausgelöscht, die geheiligten Normen gelten nichts mehr. Alles ist abgeplatzt wie eine brüchige, vertrocknete Schale. Nicht einmal der Hordeninstinkt des Urmenschen, des Tieres, nicht einmal der! Nichts, nichts ...

Und hier hindurch führt der Weg in die Freiheit? Muß man zum Untier werden, um wieder Mensch sein zu können? *Kann* man nach diesem hier jemals wieder Mensch sein?

Flugplatz Stalingrazkij — Arena für Raubtierkämpfe!

Ein Auge! denkt Breuer sinnlos in seinem Schmerz. Wie gut, daß nur *ein* Auge das sieht!

Der Startoffizier ist sichtlich nervös geworden, ein paarmal schon hat er kurz zum Himmel hinaufgeschielt. Auch in dem Pulk der Wartenden recken immer mehr ihre Hälse nach oben und streichen mit fahrigen Blicken den Himmel ab. Jetzt hört auch Breuer ein an- und abschwellendes Brummen, das stärker und stärker wird. Doch das Nebelgrau über dem Platz ist undurchdringlich.

«Saupack, verfluchtes!» bellt der Startoffizier und fuchtelt mit seiner Pistole. «Stellt euch in Linie auf! Wenn ihr nicht pariert, gebe ich Landeverbot, dann kommt keiner mehr raus!» Er weiß, er ist hier König, unumschränkter Herrscher über Leben und Tod. Und doch nur ein König im Totenreich, zum Bleiben verdammt.

Mit einmal ist da über den Köpfen ein mächtiger Schatten. Wie ein riesiger Totenvogel kreist er über dem Feld. Am Rande des Platzes steigt ein Leuchtzeichen hoch. Wird der Pilot die Landung wagen? Die Hydra ist für Augenblicke erstarrt, wie gebannt recken sich ihre Köpfe nach oben.

In diesen wenigen Augenblicken hat sich blitzschnell ein kleines Häuflein abgesondert «Hier ich ... ich zuerst! Ich bin Oberst!» — «Halt 's Maul, du Schlot! Finger weg!» Schläge, Schreie ... Und dann steht da abseits des großen Haufens, der immer noch nach oben starrt, wirklich so etwas wie eine übersehbare Linie.

Die Maschine hat sich inzwischen tief heruntergeschraubt. Man erkennt sie jetzt deutlich, es ist eine «He 111». Donnernd braust sie über die sich duckenden Köpfe hinweg, der Wirbel ihrer Luftschrauben stäubt Schnee über die Wartenden. Am Ende des Platzes zieht sie eine Schleife und setzt dann zur Landung an. Sie berührt den Boden, löst sich, setzt wieder auf, schwankt ein paarmal bedenklich und rollt dann langsam aus. Etwa hundert Meter von den Wartenden entfernt kommt sie mit matt laufenden Propellern zum Stehen. Eine Tür fliegt auf, eine Leiter schiebt sich hervor. Ein Mann klettert heraus, reckt genußvoll Arme und Beine und bleibt dann, die Hände in den Taschen, neben dem Eingang stehen. Von drüben rumpelt der Lkw heran, Fässer und Kisten werden in rasender Eile ausgeladen und auf dem Wagen verstaut. Einer der Männer hält sich abseits, den Karabiner im Anschlag.

Der Startoffizier hat sich die allgemeine Aufregung zunutze gemacht. Er ist auf die abgesonderte Gruppe, ehe noch die quallige Masse der übrigen sie wieder verschlucken kann, zugesprungen und hat blitzschnell zwölf Mann davon abgezählt. Jetzt steht er wieder in sicherem Abstand auf dem Sprung.

«Keinen Schritt! Wer sich vorwagt, kriegt eine Kugel zwischen die Rippen! Das wißt ihr!»

Sie wissen es anscheinend, haben es wohl schon zu ihrem Schaden erprobt, denn die unsichtbare Linie, die seine Pistole zieht, wagt niemand zu überschreiten.

Die zwölf aber jagen über das Feld wie Hasen bei einer Treibjagd. Dem Rumänen fällt die Mütze vom Kopf, er dreht sich nicht danach um. Einer hinkt keuchend hinterher, fällt breit mit dem Gesicht in den Schnee, rappelt sich wieder hoch und humpelt, wild mit den Armen rudernd, weiter. Der Mann an der Maschine, eine Zigarette zwischen den Lippen, kontrolliert flüchtig die Papiere. Nacheinander verschwinden sie in dem schwarzen Loch des Rumpfes.

Breuer starrt geistesabwesend auf die Maschine. Er nimmt einen zerschlissenen Ledermantel wahr, eine gelbe Aktentasche ... Die sah er doch schon einmal, irgendwann? Es liegt weit zurück, er mag nicht darüber nachdenken. Er steht immer noch abseits. Aber er ist nicht mehr allein, andere haben sich dazugefunden. Zuschauer wie er, wohl auch ohne den allein selig machenden Schein.

Die Motoren der «Heinkel» sind wieder auf Touren gekommen. Langsam rollt sie an. Hinter den kleinen Scheiben schimmern einzelne weiße Gesichter. Sie fährt einen Bogen und wankt schwerfällig dem anderen Ende des Platzes zu.

«Nette Aussichten, was?»

Breuer fühlt sich angesprochen. Er blickt zur Seite und in ein frisches, glattrasiertes Gesicht, das ihn anlächelt. Dieses wohlgenährte Gesicht scheint keinen Frost zu kennen. Nur die Ohren sind durch schwarzsamtene Klappen geschützt, wie man sie in der Heimatgarnison bei 5 Grad Kälte zu tragen pflegt. Darüber sitzt verwegen, als ob es den ganzen russischen Winter verspotten wollte, ein Offiziersschiffchen. Breuer entsinnt sich, diesen Mann schon drüben in der Bretterbude bemerkt zu haben, wo er mit der Flugplatzleitung sehr energisch verhandelte. «Jawohl, Herr Major ... Wir werden sehen, Herr Major ...» Die Luftwaffenleute hatten ihn mit einer erstaunlichen Höflichkeit behandelt.

In voller Fahrt schießt jetzt die Maschine heran. Sie klebt immer noch am Boden. Ihre Tragfläche streift fast die wartende Menge, und der Startoffizier muß schleunigst beiseite springen. Da löst sich einer aus dem Gewimmel, wirft sich mit einem verzweifelten Hechtsprung auf die Tragfläche, greift um sich, gewinnt irgendwo Halt und zieht sich, mit den Beinen strampelnd, hinauf. Mit einem Wutschrei ist der Startoffizier vorgesprungen, er reißt die Pistole hoch und schießt. Der Knall ertrinkt im Motorengebrüll. Der Mann auf der Tragfläche bäumt sich auf, seine Hände fahren in die Luft, ein Körper klatscht in den Schnee. Die Maschine löst sich vom Boden und zieht brausend davon.

«Idiot!» sagt der Major neben Breuer. Um seine Schultern hängt eine knappe Pelzjacke wie ein Husarendolman. Daraus steckt der sauber verbundene linke Unterarm hervor, den eine schwarze Schlinge hält. «Kommen Sie nach drüben in den Windschatten!» meint er. «Wozu sollen wir uns hier unter dem Volk herumstoßen! Sie warten doch auch noch auf Ihren Schein?»

Breuer nickt stumm. Der Major nimmt sein Lederköfferchen auf und schreitet beschwingt voran. Breuer hält sich mit Mühe an seiner Seite.

«Granatsplitter?» fragt er ziemlich dumm und nur, um überhaupt etwas zu sagen.

«Wie, eh ...?» macht der Major. «Ach so, das hier ... Ja ... ja, natürlich! Scheußliche Sache! Gehacktes mit Knochensplittern sozusagen.»

Im Schutze einer zertrümmerten «Ju» lassen sie sich nieder. Breuer fühlt sich wie ausgehöhlt. In langen schwarzen Wellen überflutet ihn die Müdigkeit. Er möchte sich fallen lassen, hinwegschwemmen lassen in irgendwelche stillen Weiten. So ist das also! Was hat er sich eigentlich gedacht? Er würde hier einfach herausspazieren können wie aus einem schlechten Theaterstück? Kämpfen muß er hier um sein Leben, und er weiß, daß er keine Kraft dazu hat. Morgen ist der Vierundzwanzigste! Auch dieses Phantom ist wieder da, riesengroß und lähmend.

«Hoffentlich kommt der Kerl mit den Karten überhaupt!» meint der Major. Er hat Zigaretten hervorgeholt und bietet auch Breuer eine an. «Solchen Burschen ist nicht zu trauen. Ist ja auch kein sehr angenehmes Geschäft, andere wegzuschicken, wenn man selbst hierbleiben muß.»

«Ja, ja ...», murmelt Breuer. Sein Blick hängt an dem dunklen

Schatten, der schon seit einer ganzen Weile den Platz umschwebt. Dem Piloten fällt es wohl schwer, sich zur Landung zu entschließen. Es ist ein Risiko auf Tod und Leben.

«Krüppel und Kranke fliegen sie aus», plaudert der Major munter fort. «Eigentlich doch 'n toller Blödsinn! Nutzloses Volk, das drüben nur die Lazarette füllt. Stabile Infanteristen müßten raus, Panzermänner, Spezialisten, Generalstäbler . . . Da schwätzt man immer von Härte, und wenn's mal wirklich darauf ankommt, dann . . .»

Breuer antwortet nicht. Eben hat auch die zweite Maschine zur Landung angesetzt. Der brave Mann am Steuerknüppel hat es gewagt. Da gewinnt einer der Schneehügel vorn plötzlich Leben. Ein Etwas rappelt sich hoch, dreht sich einmal um sich selbst und torkelt dann, die ausgebreiteten Arme schlenkernd, geradeswegs in die Rollbahn hinein.

Der Platz ist ein einziger Schrei.

Da trifft den Mann dort das Ende der Tragfläche, der Schlag reißt ihm die Beine vom Boden, der Körper schlägt hin wie ein Stein. Die Maschine aber ist aus ihrer Fahrtrichtung gekommen. Sie stößt irgendwo auf, krachend bricht das Fahrgestell unter ihr weg. Der Rumpf schorrt noch mit einem kratzenden Geräusch ein Stück über den Schnee, eine dunkle Spur aufreißend, und bleibt dann, auf die Seite geneigt, liegen.

Bruchlandung. Aus!

*

Gumrak ist ein schwelender, knisternder Trümmerhaufen.

Die Hausruinen entlang zieht brandiger Modergeruch, den der frische Duft des Neuschnees nicht ersticken, der Oststurm nicht völlig vertreiben kann. Die Durchgangsstraße von Norden ist von großen und kleinen Trichtern aufgerissen, in denen sich der Schnee häuft. Für Fahrzeuge ist sie kaum noch passierbar. Aber es kommen auch keine Fahrzeuge mehr. Die letzten waren wohl einige Lkws und Panjefuhrwerke, als das Lazarettzelt draußen in der Balka geräumt wurde. Dann ziehen nur noch Verwundete in kleinen Trupps durch den Ort, Kopf und Gesicht mit Stoffetzen umwickelt und die ausgemergelten Leiber in Decken gehüllt, an den Füßen unförmige Strohbündel oder Lumpenpakete. Bizarre Formen wandelnden Lebens. Im Schneckentempo kriechen sie dahin, kauern nieder zur Rast im Schutz der Mauerreste, wortlos, blicklos.

Und der Weg säumt sich mit Toten.

Aus den Erdlöchern aber, den Trümmerhaufen der Häuser, den ausgebrannten Bahnwagen kriechen andere hervor, blinzeln verstört in die ungewohnte Helle, zerren aus dem Schutt halbverkohlte Bretter als Stützen und Krücken hervor und schließen sich an.

Nach Stalingrad! Das Wort wird nicht ausgesprochen, aber es hängt wie ein Leitstern über den verlorenen Haufen. Dort soll ein Lazarett sein, ein sagenhafter Palast mit Aerzten und Pflegern. Kommandantur Stalingrad-Mitte!

Dann senkt sich Stille auf den verlassenen Ort. Die russischen Bomber finden wohl keine lohnenden Ziele mehr, und auch das periodische Artilleriefeuer verstummt. Nur zuweilen dröhnt noch ein einzelner Schlag in das Schweigen und bricht sich an Mauerresten und schepperndem Blech.

Dann kommen Bewaffnete. Kleine, schweigsame Gruppen, die ohne Aufenthalt weiterziehen. Von Norden und Westen her klingt Gewehrfeuer herüber und das heisere Rattern einzelner MGs.

Unteroffizier Brezel bemerkt die Veränderungen um sich her mit wachsender Unruhe. Seit das Lazarett die Balka geräumt hat, findet er kaum noch etwas Eßbares. Auch er ist am Ende seiner Kräfte. Planlos streicht er durch den verlassenen Ort, wühlt im Geröll herum und führt mit sich einen stillen Kampf. Soll er fort? Allein? – Und dann packt ihn die Angst vor sich selbst und treibt ihn in den Bunker zurück. Dort liegt Pfarrer Peters auf seiner Pritsche im Fieber. Er hat nicht einmal mehr soviel Kraft, um zur Verrichtung seiner Bedürfnisse nach draußen zu kriechen. Der Gestank in dem Erdloch ist unerträglich geworden.

«Los, wir müssen fort! Wir sind die letzten!» – Verzweifelt rüttelt Brezel den Kranken und leuchtet sein Gesicht ab. «So hören Sie doch! Gleich ist der Iwan hier!»

Aber Peters ist nicht anzusprechen. Mit großen Augen starrt er ins Leere und murmelt Unverständliches. Brezel läßt ihn fahren, rafft seine wenigen Habseligkeiten zusammen und packt sie auf den Schlitten. Dann macht er sich auf den Weg. In sein schmutziges Gesicht ziehen die Tränen weiße Streifen. Nach etwa fünfzig Metern packt ihn die Wut. Er kehrt um und fährt wie eine Furie in den Bunker hinein.

«Vorwärts, du Aas!»

Er reißt den Pfarrer von seiner Pritsche hoch, schlägt ihm ins Gesicht, stößt ihm das Knie ins Gesäß.

«Du verdammter Dreckskerl! Ich schlag dich tot, du Krüppel!»

Er zerrt ihm den Uebermantel auf den Körper, zwängt ihm die Pelzmütze auf den Kopf und treibt ihn mit Fauststößen zum Bunker hinaus. Peters läßt alles widerstandslos mit sich geschehen. Er schwankt ein wenig und blinzelt hilflos in den Tag hinein, aber er bleibt auf den Beinen.

«Na, es geht ja, sehen Sie!» Brezel lacht und weint durcheinander. «Ich sag's ja, daß es geht! Nun trinken Sie mal hier!»

Er hält ihm eine der beiden Flaschen, die er mit heißem Tee gefüllt hat, an den Mund und hängt sie ihm dann um. Das heiße Getränk und die prickelnde Winterluft bringen den Pfarrer etwas zu sich. Er macht ein paar tiefe Atemzüge, blinzelt den Unteroffizier mit einem schiefen Blick an und trottet dann stumm neben ihm her. Die beiden sind allein auf ihrem Weg, kein Lebewesen weit und breit ist zu sehen. Sie kommen an dem Haus vorbei, in dem sie den Jungen aus Hamburg tauften. Die vier Lehmwände stehen noch, aber das Dach ist eingestürzt. Peters nimmt nichts davon wahr. Er sieht, hört und denkt nichts. Er sieht auch nicht die Toten auf dem Weg, dunkle Häuflein, über die er hinwegstolpert. So kommen sie aus dem Ort hinaus und überqueren die Gleise der Ringbahn.

Da liegt einer am Wegrand.

Er ist nicht hingesunken vor Schwäche und Hunger wie die anderen, irgendwelche hilfreichen Hände, die ihn wohl bis hierher geschleppt hatten, haben ihn in den Schnee gebettet. Er liegt auf dem Rücken, mit einem Woilach zugedeckt, auf dem seine Hände gefaltet sind. Schmutzigbraune Hände sind das mit einem bläulichen Totenschimmer. Auch das Gesicht, ausgedörrt wie ein verschrumpelter Apfel, ist das eines Toten. Es ist eingerahmt von einem Kissen, auf dem der Kopf des Mannes ruht. Ein kleines weinrotes Kissen ist es mit einem lächerlichen Blumenmuster. In dem erstarrten Gesicht aber sitzen zwei tiefliegende, weitgeöffnete Augen. Und diese Augen leben. Sie sind groß auf die beiden Wanderer gerichtet und folgen ihnen nach.

Brezel und der Pfarrer gehen vorüber.

Aber irgend etwas – ist es der wandernde Blick dieser dunklen, abgründigen Augen, ist es das rote Kissen auf dem weißen Schnee – bohrt sich wie ein schmerzhafter Haken in des Pfarrers verdüstertes Bewußtsein. Lukas 10, Vers 32: «... *sah ihn und ging vorüber.*» Eine Kirche fern im Westfälischen, eine Predigt an einem Sommersonntag. Seine Antrittspredigt... In Peters' Blick ist Leben gekommen. Jetzt murmelt er schon: «Sah ihn und ging vorüber... sah ihn und ging vorüber...»

Und dann bleibt er stehen. Brezel merkt es erst nach einigen Schritten.

«He, was ist los?» – Du lieber Himmel, denkt er, jetzt macht er schlapp! Ich schaff's nicht, ich krieg ihn nicht mit! – Er kehrt um und geht auf den Pfarrer zu. Notfalls wird er ihn eben auf dem Schlitten mitschleppen.

«Was ist denn los, Herr Pfarrer? Nun kommen Sie doch!»

Aber Peters streckt abwehrend beide Hände gegen ihn aus. «Nein!» schreit er. «Nein, nein! Es ist ja nicht wahr, wir sind nicht die letzten! – Nein!»

Und als Brezel ihn anfassen will, schlägt er um sich.

«Weg!» schreit er, und sein Gesicht ist kaum noch kenntlich. «Rühr mich nicht an! Apage, Satanas!»

Den Unteroffizier packt das Grauen. Er ist verrückt geworden, denkt er, Himmel, er ist verrückt! Es schüttelt ihn. Er läuft zu dem Schlitten zurück und macht sich eilends davon, kalte Furcht im Nacken. Er wagt nicht sich umzusehen.

Peters aber geht zurück zu dem Mann, der dort am Wege liegt. Er kniet bei ihm nieder, nestelt seine Feldflasche los und netzt ihm die Lippen. Und immer sehen die Augen ihn an, diese Augen... Dann bettet er den Kopf des Sterbenden in seinen Schoß und betet.

«... Dein Wille geschehe!»

Dein Wille, o Herr, nur Dein Wille, den Du uns so herrlich offenbarst! Gefäße sind wir Deines Willens!

In diesen stillen Minuten findet Pfarrer Peters zu sich selbst zurück. Er drückt dem Toten die Augen zu, läßt ihn zurückgleiten und zieht behutsam die Decke über sein Gesicht. Dann steht er auf und sieht mit neuem Blick um sich.

Er ist allein, von Brezel ist nichts mehr zu sehen. Von Osten, aus Richtung Gorodischtsche her, klingt das Kollern schwerer Einschläge herüber. In der Nähe tackt ein paarmal hell ein MG.

Sonst ist es still. Peters atmet tief durch. Das Fieber ist von ihm gewichen und mit ihm die schwere Lähmung der letzten Tage. Sein Kopf ist wieder frei. Nein, er ist noch nicht am Ende, er hat noch eine Aufgabe. Der Tote am Wegrand hat sie ihm gewiesen.

Pfarrer Peters geht nach Gumrak zurück.

Unheimlich still ist es. Nichts hat sich verändert, seit sie den Ort verließen. Und doch ist mit einmal alles ganz anders. Gumrak ist nicht tot und verlassen, nein! Die geborstenen Lehmhütten atmen, die Schutthaufen atmen, die Erde atmet, und durch die Wände dringen die Blicke unzähliger Augen und sehen ihn an. Mit seinen wachen Sinnen spürt es Peters: Dort überall liegen sie, die sich nicht mehr selbst helfen können und denen niemand Hilfe bringt. «... sah ihn und ging vorüber.» Die Preisgegebenen, Verratenen, Verlorenen ... Peters zögert. Was will er hier? Er, allein, ein einzelner? Was kann er tun? In Kürze werden die Russen hier sein, und was dann? Was geschieht dann? «Mein Gott», stammelt er, «was soll ich tun? Hilf mir, mein Gott! Zeige Du mir den Weg!»

Und mit einmal ist Licht um ihn.

Den Russen entgegen! Den Ort übergeben als Lazarett, mit allen Verwundeten und Kranken!

Zwar gibt es da einen Armeebefehl, der die Uebergabe von Verwundeten an den Feind verbietet; aber was gelten jetzt noch die Gebote der Menschen! – Und wieder werden Zweifel wach. Er, der Pfarrer, soll das tun? Er sieht die Ruinen der niedergebrannten und geplünderten Kirchen in Südrußland vor sich, hört die Berichte verstörter Popen, die sich jahrelang versteckt gehalten hatten, von Verfolgung und Greueln. Aber das währt nur Augenblicke. Es sind doch Menschen! sagt er sich. Auch dort sind doch Menschen, auch auf sie läßt Gott seine Sonne scheinen! Vielleicht geschieht doch ein Wunder. Herr, gib, daß einmal ein Wunder geschieht! Einmal nur, ein einziges Mal!

Der Pfarrer schleppt sich zum Ort hinaus. Tief hängt der Nebel auf die Steppe herab. Jetzt ist er ganz allein. Hinter ihm versinkt eine Welt. Allein zwischen gestern und morgen. Gibt es ein Morgen? Das ist der große Uebergang. Ein Schauer durchfährt ihn. Seine Hand schiebt sich unter den Uebermantel und umklammert das silberne Kreuz auf seiner Brust. Schritt für Schritt geht er weiter, seine Füße sind wie aus Blei.

Und da sieht er sie.

Ein paar kleine, kaum sichtbare helle Punkte gleiten seitab über den Schnee. Vier, fünf . . . sieben! Weit auseinandergezogen kommen sie näher. Peters schließt einen Augenblick die Augen. Und dann überkommt ihn etwas von dem Todesmut der alten Bekenner. Er reißt das Kreuz hervor und hält es hoch über seinen Kopf.

«Christoß woßkrest!» schreit er. «Christ ist erstanden!»

So geht er dem Unbekannten entgegen.

«Christoß woßkrest! Ja sweschtschennik! – Ich bin Pfarrer!»

Langsam wachsen die Russen aus dem Schnee heraus. Vorsichtig nähern sie sich, die Maschinenpistolen im Anschlag. Und dann umstehen sie in ihren weißen Pelzen den bärtigen Mann mit dem Kreuz, der wie ein Klausner einsamer Berge aussieht. Aus ihren kindlich unfertigen Ukrainergesichtern staunen sie ihn an.

«Christoß woßkrest!» wiederholt Peters noch einmal. Und jetzt ist es gar nicht mehr laut, sondern wie eine Bitte, ein verzweifeltes Gebet.

Der Führer des Spähtrupps, breitschultrig und gut einen Kopf größer als die übrigen, bricht als erster den Bann. Er läßt die Waffe sinken und geht auf Peters zu.

«Djeduschka – Väterchen!»

Eine Pranke legt sich auf Peters' Schultern, schüttelt ihn derb und gutmütig.

«Djeduschka!»

Der Russe lacht breit, in seinem guten Gesicht blitzen die weißen Zähne. Im Hintergrund aber, von den anderen nicht beachtet, machen zwei verstohlen das Zeichen des Kreuzes.

Da bricht Pfarrers Peters in die Knie und birgt das Gesicht in den Händen.

*

«Da ist er!»

Der Major neben Breuer ist aufgesprungen.

«Wer? Wo?» – Breuer schreckt aus seinem Dahindämmern hoch.

«Dort! Der Kerl mit den Karten!»

Schon eilt der Major in langen Sätzen davon, und Breuer

folgt ihm, so schnell seine Füße ihn tragen. Wirklich, der Mann, der dort von einem Dutzend erregter Menschen umringt wird, ist der Offizier aus der Baracke, Breuer erkennt das Gesicht auch unter der Pelzmütze. Himmel, sollte es möglich sein ... Die Erregung macht ihn fast blind. Um ihn tost und saust es. Ist es ein Flugzeug, ist es das rasende Pochen seines Herzens? Er weiß es nicht. Der Offizier scheint stählerne Nerven zu haben, er läßt sich Zeit. Umständlich entziffert er die Namen auf den Kartons, kontrolliert die Soldbücher. Endlos scheint es zu dauern.

Oben zieht das Flugzeug seine Kreise.

Und dann hält Breuer das Stückchen Kartonpapier in der Hand. Mit Kopierstift ist flüchtig daraufgekritzelt: «Genehmigt, Rinoldi.» Das Visum des Armeearztes! Die amtliche Bestätigung von höchster Stelle, daß der Oberleutnant Breuer, Ic im Stabe einer nicht mehr existenten Panzerdivision, für körperlich und seelisch hinreichend defekt befunden wurde, um den Kessel Stalingrad verlassen zu dürfen. Sofern er noch kann, natürlich! Dieses ist seine Sache.

Sofern er noch kann, ja ...

Die Hydra nebenan, jetzt ist sie nicht mehr schauriges Spectaculum für einen abseitigen Zuschauer. Jetzt ist sie unentrinnbare, fürchterliche Wirklichkeit, zum Kampf gestellt einem Herkules. Oder einem Odysseus ... Breuer denkt in diesem Augenblick nicht an die Tausende von Verwundeten in ihren Höhlen, um die kein Armeearzt sich kümmert und kein Sanitäter, ja nicht einmal ein Kamerad, der ihnen Schnee zum Trinken wärmt. Er denkt nur an sich. Ein unvorstellbares Spiel des Glücks hat ihn hierher geführt, ein Wunder, ja! Warum? Nur um ihn teuflisch zu narren kurz vor dem Ziel? Das kann, das darf nicht sein! Man kann das Glück zwingen, ja! — Breuer weiß, daß er in der wahnwitzigen Meute nebenan keine Chance hat. Er hat in der Zwischenzeit beobachten können, daß der Startoffizier seine Leute nie aus dem großen Haufen nimmt, sondern sie abseits sucht, wo es für ihn ohne Risiko ist. So hält er sich an den Major, der ähnliches zu denken scheint. Odysseus! Die Ajax und Achill mußten untergehen, aber der Listenreiche kam heim ...

Der graue Schatten des Flugzeugs kreist immer noch über dem Platz. An der Westseite des Feldes zeigt gelber Rauch die Windrichtung an. Zwei Leuchtzeichen schießen kurz hintereinander hoch. Die Maschine geht tiefer, ab und zu geben die Nebelschwaden ihre Konturen frei. Es ist eine «Ju 52». Vielleicht nimmt sie 30 Mann mit? Groß und dunkel zieht sie ihre Kreise, ein alter, schläfriger Vogel, der nichts mehr wagen will.

Bleierne Stille liegt über dem Platz, auch der Startoffizier starrt angespannt nach oben. Das Brummen der Motoren, bald dumpf röhrend, bald von hellen, quälenden Obertönen durchzogen, ist aufreizend wie das Geräusch einer Kreissäge.

Da löst sich von dem dicken Rumpf etwas Dunkles, entfaltet sich zu einer weißen Blüte und schaukelt langsam zu Boden. Ein halbes Dutzend schwärzlicher Körper fliegt hinterher und schlägt polternd auf. Die Bergungsmannschaften eilen mit ihren Handschlitten darauf zu. Die «Ju» zieht noch eine Schleife über dem Feld und verschwindet im Grau.

Der Platz ist ein Hexenkessel.

Der Startoffizier ist zurückgesprungen und feuert aus seiner Pistole wie wild in die Luft.

«Seid doch vernünftig! Es kommen doch noch Maschinen! — Noch 50 ‚Jus' sind gemeldet, da kommt ihr alle mit!»

Und das Schicksal meint es gut mit ihm. In das Geräusch der entschwindenden Maschine mischt sich ein neuer Ton. Wieder legt sich die Spannung wie ein Netz über die wogende Masse.

«Seht ihr», krächzt der Startoffizier, «was sag ich? Alle kommt ihr mit, alle!»

Schnell und zielsicher schraubt die Maschine sich herunter und fährt ihr Fahrgestell aus. Diesmal ist es wieder eine «Heinkel». Die Landung ist saubere Maßarbeit, der Pilot scheint sich hier auszukennen. Unmerklich hat sich der Aufsichtsoffizier nach seitwärts abgesetzt. Jetzt wendet er sich und läuft auf die kleine Gruppe zu, in der Breuer steht. Die Männer stürzen ihm entgegen. Er greift sich die ersten und stößt sie auf das ausrollende Flugzeug zu.

«Eins — zwei — drei . . .»

«Hier, ich!» schreit Breuer. Er reißt einen pelzbehängten Rumänen zur Seite und hält dem Offizier seinen Schein vors Gesicht. «Ich! Augenverletzung!»

«Ach, scheiß drauf!» brüllt ihn der Offizier an, aber er gibt ihm einen Stoß, so daß er auf das Flugzeug zustolpert.

« . . . sieben — acht — neun . . .»

Der Major mit dem so elegant verbundenen Arm flüstert dem

Startoffizier etwas zu. Er scheint über Zauberformeln zu verfügen, denn der Offizier sieht ihn nur kurz an und schiebt ihn dann stumm auf die Maschine zu.

«— elf — zwölf!»

Das alles ging in Sekundenschnelle. Und es ist höchste Zeit. Der Offizier kann gerade noch zurückspringen und die vor Wut und Enttäuschung heulende Menge mit der Pistole niederzwingen.

Zwölf Menschen aber jagen über das Feld, als säße ihnen der Leibhaftige im Nacken. Die Maschine wird noch ausgeladen. Kisten und Fässer rumpeln heraus. Eine Holzkiste splittert krachend, Brote purzeln in den Schnee. Der Pilot, ebenfalls eine Pistole in der Hand, treibt zur Eile. Der frostharte Boden scheint ihm unter den Füßen zu brennen.

Endlich ist die Treppe frei, und die ersten schwingen sich hinauf. Breuer, die Nase gegen einen muffigen Mantel gedrückt, wird hochgeschoben. Hinter ihm drängt wütend der Major.

«Nun los doch! Machen Sie schon!»

Was aber dann geschieht, darüber ist Breuer sich auch später nie so recht klargeworden.

War es ein Fehltritt auf der glitschigen Leiter?

Oder der Stoß des ungeduldigen Majors, der ihn hart in den Rücken traf?

Oder war es das andere, das sich im hellen Licht späterer Tage wohl nur als ein Versagen der überreizten Nerven darstellte...

Er weiß nur, daß mit einmal alle Kraft ihn verließ. Daß er mit dem Kopf gegen die Blechwand des Rumpfes prallte und daß es schwarz um ihn wurde — —

Der Sturmwind der Propeller reißt ihn ins Bewußtsein zurück. Um ihn braust und dröhnt es. An seinem Kopf, der im Schnee liegt, gleitet riesengroß ein gummibereiftes Rad vorbei. Er rappelt sich hoch und blickt der Maschine nach, die ihm entgleitet. Verwirrt tastet er seine Glieder ab, während der Ostwind in seinen schneeverklebten Haaren zaust. Er bückt sich nach seiner Mütze, greift nach dem Wäschebeutel und schleicht zur Seite. Seine Hand hält immer noch den Wundzettel. Er starrt ihn an wie etwas Fremdes, nie Gesehenes. Dann zerreißt er ihn bedächtig und blickt den Fetzen nach, die der Wind wirbelnd davonträgt.

In diesem Augenblick weiß er: Es wird kein Flugzeug mehr landen in Stalingrad. Die Entscheidung, die gefallen ist, ist unwiderruflich. Seit aus der dunklen Höhle des Flugzeugs das Gesicht des toten Freundes riesengroß ihm entgegenwuchs, dieses Gesicht, das er vergessen hatte, da weiß er es: Zurück führt kein Weg mehr! Eine Chance ist für immer verspielt.

Und war es überhaupt eine Chance? — Breuer fühlt, daß dieses «Stalingrad» längst mehr als ein geographischer Begriff ist, daß es hinausgewachsen ist über Raum und Zeit, daß niemand ihm entrinnen kann, und entflöhe er auch bis in den fernsten Winkel der Erde. Jeder, den der Atem dieser ungeheuerlichen Opferstätte angerührt hat, ist für sein Leben gezeichnet.

Kein Schaffen, Werken und Planen mehr ohne Stalingrad.

Kein Wachen, kein Schlaf ohne Stalingrad.

Augenblicke in den Armen einer geliebten Frau — Stalingrad! Ein Blick in leuchtende Kinderaugen — Stalingrad!

Nie, niemals die Gnade des Vergessens ...

Und wenn dieses sein Leben einst gewogen wird vor dem Richterstuhl der Ewigkeit, dann wird alles Denken und Wollen und Tun verworfen werden, das nicht erfüllt war von dem stummen Gebot, das Gottes Hand auf die Schneefelder von Stalingrad schrieb.

Eine Ahnung von alledem nur ist es, die in diesen Minuten durch Breuers Kopf zieht. Aber er wird ruhig darüber. Angst und Verzweiflung und das blindwütige Aufbegehren schwinden dahin, und selbst der drohende Spuk des Vierundzwanzigsten wird zu einem kraftlosen Schemen.

Zurück führt kein Weg mehr, nach vorn führt der Weg.

Wohin dieser Weg führt, wer weiß es? In abgründige Verzweiflung vielleicht, in die Selbstaufgabe, ins Nichts ... Kein Licht leuchtet, kein Ziel ist erkennbar. Doch Breuer ist bereit, ihn in Demut zu gehen.

Schon streicht die Dämmerung mit grauen Schwingen über das Schneefeld. Im Norden blitzt Feuerschein auf, eine funkelnde, sprühende Kette, die sich langsam näher schiebt. In das Lärmen der Wartenden fällt zuweilen ein dumpfer Krach, und von einem schwärzlichen Trichter steigt graugelber Qualm auf. Der wartende Menschenpulk hat sich müde getobt. Ein alter rumänischer Oberst, heisere Sätze sprudelnd und wild mit den Armen agierend, ist mit einigem Erfolg bemüht, eine Linie zu drei Gliedern aufzubauen. Niemand hat bemerkt, daß der Startoffizier sich entfernt hat.

Den Blick zur Erde gerichtet, geht Breuer die neu aufgestellte Reihe entlang. Er weiß nicht, wohin er will.

Da fällt sein Blick auf ein Paar Filzstiefel. Sie gleichen seinen eigenen wie ein Ei dem anderen: vorn eine schwarze Lederkappe, auch die Ränder und Nähte sind mit Leder eingefaßt, hinten sitzt eine Schnalle. Nur größer sind sie ... In Businowka damals, es ist so unendlich lange her, hat er die seinen getauscht, weil sie ihm zu groß waren ... Sein Blick wandert höher. Er sieht einen haltlosen Körper, den ein anderer stützt, einen mit einem Knüppel behelfsmäßig geschienten Arm, einen umwickelten Hals, ein kreidiges, mit tiefen Schatten unterlegtes Gesicht, ein Paar verschleierte Augen.

«Dierk ... Mann Gottes, Dierk! – Wie kommen Sie denn hierher ...»

Die Augen kommen langsam aus der Ferne zurückgewandert und heften sich auf Breuer, der Mund versucht irgendwelche Worte zu formen. Breuer sieht den Mann an, der den Leutnant stützt. Es ist ein Wachtmeister von der Flak.

«Kommen Sie!» sagt Breuer. «Ich fasse mit an.»

Er hat seine eigene Not vergessen.

«Ja, aber ...», zögert der andere, «es sollen doch noch Maschinen ... Er kann doch nicht weiter!»

«Es kommt niemand mehr», sagt Breuer. «Sehen Sie doch!»

Er weist mit dem Kopf nach Norden, wo der Feuerschein immer höher in den Himmel hineinklettert. Pausenlos grollt das Rumpeln der Abschüsse herüber.

Sie fassen den Leutnant unter den Achseln. Dierks Augen wandern zwischen den beiden hin und her, seinem Mund entringt sich ein schwaches Stöhnen. Schlurfend bewegt er die Füße.

«Halsschuß», sagt der Wachtmeister, «dazu ein paar Splitter im Arm, der Knochen ist wohl kaputt. Auch das linke Bein hat was abgekriegt.»

Als sie in der Nähe des Bergungsfahrzeugs sind, kommt eben jemand gelaufen und flüstert den Posten etwas zu. Die zögern einen Augenblick, greifen dann nach ihren Gewehren und verschwinden eilends. Breuer wechselt mit seinem Gefährten einen kurzen Blick, sie verstehen sich ohne Worte. Sie lehnen den Verwundeten gegen den Wagen, und schon hat sich der Wachtmeister über die Bordwand geschwungen. Er wirft Konservenbüchsen und in Oelpapier verpackte Brote herunter. Breuer hat seinen Wäschebeutel geleert. Zwei Garnituren Unterwäsche sind nicht wichtig, das hier ist wichtig. Das Leben hängt davon ab. Sie stopfen sich und den verwundeten Leutnant mit Lebensmitteln voll, bis sie sich kaum noch bewegen können. Dann geht es weiter, der Straße zu.

Die Dunkelheit ist hereingebrochen. Vom Rande des Feldes blickt Breuer noch einmal zurück. Flugplatz Stalingrazkij, das Tor zur Freiheit ... Im Norden lodert Feuersglut. Als schwarzer Schattenriß steht davor die Gruppe der Verzweifelten, die immer noch warten. Sie warten auf das Wunder. Auf ihr ganz persönliches Wunder. Auf die 50 «Jus», die da kommen sollen.

*

Auf der Rollbahn, die von der Stadtmitte in flachem Bogen auf die Ausfallstraße nach Kotlubanj zuführte, trieb ein breiter Strom von Menschen und Fahrzeugen nach Süden. Sterbensmüde Verwundete, noch einmal aus Erdlöchern aufgescheucht, Versprengte zerstäubter Einheiten, die gestern noch eine Frontlinie gehalten hatten, kleine improvisierte Kampfgruppen, um irgendeinen subalternen Dienstgrad geschart und durch irgendeinen vagen Befehl an irgendeinen vagen Punkt am Stadtrand beordert, flüchtende Stäbe aus Stalingrazkij und Gorodischtsche, in verborgenen Schluchten aufgeschreckte Trosse, die noch über ein paar Kanister Brennstoff verfügen ... Und wieder Verwundete, Versprengte, jammervolle Spukgestalten eines unirdischen Zwischenreiches.

Die schwere graue Luft, drüben, wo der Hügel von Gorodischtsche liegen mußte, ins Schwarzbraune sich verfärbend, war voll bösen Gurgelns, Pfeifens und Krachens. Rechts und links des Weges spritzten Schneefontänen hoch, Brocken von Eis oder Erde klatschten herab, rotglühende Splitter zischten wie gereizte Hornissen durch die Reihen und griffen sich wahllos ihre Opfer. Manchmal zerbarst eine Granate mitten auf der Fahrbahn und riß ein blutiges Loch, das sich gleich wieder schloß. An Hinwerfen, Schutzsuchen dachte niemand mehr, nicht einmal die Köpfe zogen sie tiefer zwischen die Schultern. Es war zuviel. Das Leben war nur noch eine müde, fast lästige Gewohnheit, selbst eine konventionelle Anstrengung nicht mehr wert. Alles war sinnlos geworden.

Nach stundenlangem Irrmarsch durch die Schneewüste hatte die ehemalige Einsatzgruppe Fackelmann zusammen mit ein paar Pionieren und OT-Männern aus der Schlucht diese Straße in leidlicher Ordnung erreicht. Dort hatte der große Strom sie erfaßt und in einzelne Grüppchen zerrissen, die sich bald gänzlich auflösten. Ein Häuflein hielt sich noch längere Zeit um den dikken Koch; denn der schleppte ein geheimnisvolles Bündel mit sich, das er nicht aus der Hand ließ. Dann wurde der ermattete und vor Angst fast irrsinnige Koch von einem wildwütigen Anderthalbtonner-Ford überfahren. Das Bündel konnten sie retten und verteilten am Straßenrand hastig Mehl, Graupen, Tee und Knäckebrot. Und damit fiel auch diese Gruppe auseinander.

Sonderführer Fröhlich war schon lange allein, und er bemerkte es nicht einmal. Sein aufflackernder Führerwille war schnell wieder verraucht, und er hatte sich tief in sich selbst verkrochen. An ihm fand niemand mehr Halt, und so hatten sie ihn verlassen. Fröhlich hatte die Unterlippe vorgeschoben, und sein Gebiß war in malmender Bewegung. Jetzt erst traf ihn die Enttäuschung über das klägliche Scheitern seiner kühnen Pläne mit voller Wucht. Seine halb geschlossenen, rot unterlaufenen Augen hingen mit verkniffenem Blick an dem ölverschmierten Mantel seines Vordermanns. Ein Russenmantel! Fröhlich kam nicht davon los. Seine Hand schloß sich fester um Breuers Maschinenpistole, die vor seiner Brust hing. Dieser Gontscharow, dieser Lump! Auf einen Russen hatte er alle seine Hoffnungen gesetzt, er, der diese falsche Brut von klein auf kannte! Und dabei mußte man dem Kerl fast noch dankbar sein. Er hätte sie unterwegs einfach umlegen oder an den ersten besten NKWD-Posten verkaufen können, sich damit eine billige Rückfahrkarte verschaffen können ins rote Paradies. Nackte Wut war es, was ihn weitertrieb. Ihn sollten sie nicht kriegen, ihn nicht! In seiner Manteltasche klapperten zwei Reservemagazine mit je 30 Schuß, und dieses Geräusch hatte etwas Beruhigendes.

Weiter vorn in dem Strom schwammen irgendwo Geibel und Herbert mit. Sie waren allein, zum erstenmal in ihrem Leben ganz allein. Kein Fahrzeug schützte mehr, kein Bunker. Niemand mehr gab Befehle. Niemand mehr rief zum Essen, zum Wachen, zum Kämpfen, zum Sterben. Die Gemeinschaft hatte sie entlassen, ausgesetzt auf eine Eisscholle, die einsam durch Nacht und Verderben trieb.

Während der schmächtige, zarte Herbert seltsamerweise leidlich damit zurechtkam, war Geibel am Ende seiner Kräfte. Der aufgeweichte und wieder hartgefrorene Filz seiner Walinki hatte sich zu borkigen Beulen und Falten verformt, und die schmierigen Fußlappen waren nach dem stundenlangen Marsch feuchte Klumpen geworden, an denen das Fleisch sich wund scheuerte. Mühsam schlurfte er durch den gelbbraunen, zermahlenen Schnee. Seit dem frühen Morgen hatte er nichts mehr gegessen, aber Hunger und Durst quälten ihn nicht. Sein Ich war in seine Füße gekrochen, diese schlimmen, schmerzenden Füße, die ihn ohne sein Zutun weiter und weiter trugen.

«Herbert — —» Seine Hand suchte den Gefährten an seiner Seite. «Ich . . . ich kann nicht mehr.»

«Unsinn, du kannst! — Man glaubt gar nicht, was man alles kann.»

Herbert, ja — es war gut, Herbert neben sich zu wissen. Allein wäre Geibel verloren gewesen. Sein Leben lang war er es gewöhnt, eine Hand über sich zu fühlen. Da war der Vater gewesen, der ein strenges Regiment führte. Dann seine Frau, die sich um Einkauf und Steuererklärungen kümmerte und ihm sein Taschengeld zuteilte. Dann Lakosch, der Freund. Doch Lakosch war seinen eigenen Weg ins Unbekannte gegangen. Oberleutnant Breuer — Breuer war fort, verwundet, vielleicht schon tot. Und Sonderführer Fröhlich! Seiner Zuversicht, seinen phantastischen Voraussagen und Plänen hatte er blindlings vertraut. Doch auch der Sonderführer hatte ihn im Stich gelassen, war wie ein Fremder von ihnen gegangen. Alle, alle hatten sie ihn verlassen. Nur Herbert war geblieben, Herbert . . .

«Ist es noch sehr . . . sehr weit?»

«Nicht mehr weit. Komm schon!»

Vorher, noch hinten in der Schlucht, war eine Parole durch die Reihen gegeistert, niemand wußte, woher sie kam: Treffpunkt Gorki-Theater! Oberst Lunitz! Dort sollten die Reste der Division sich sammeln. Damit tröstete Herbert jetzt den Kameraden, und durch Geibels schmerzzerrissenes Hirn flackerten Erinnerungsfetzen an einen Theaterabend in Chemnitz. «Freischütz.» Rumbum! Blitz und Donner. Und der Leibhaftige war erschienen. «Samiel hilf!»

Geibel blieb stehen und sah Herbert an, auf seinem Gesicht lag ein tiefes, kindliches Staunen. Ganz langsam zog er seinen

Fausthandschuh aus und fuhr mit den bloßen Fingern die Wattehose entlang.

«Weiter, Junge! — Was hast du denn?»

Geibel streckte Herbert zögernd die Hand hin.

«Blut!» flüsterte er mit flatternden Lippen.

«Blut, Blut!» äffte Herbert ihm nach. «Was wird's schon sein! Ein Kratzer, du Flasche! — Los, mach schon!»

Er faßte Geibel am Arm und schob ihn vorwärts. Kalte Angst bohrte sich in sein Herz. Geibel zog seine Decke fester um die Schultern und schlurfte weiter. Ein Frostschauer ließ ihn erzittern. —

Schiiiiiu — — buff! Ssiiiiii-schschsch . . . buff buff!

Flach zischte es über die Köpfe hinweg, und abseits im Feld kräuselten sich gelbe Rauchwölkchen. Und schon gellte es hinten:

«Panzer — — *Panzer!*»

Der Strom stockte. Fahrzeuge röhrten auf, rumpelten gegeneinander und versuchten sich aus der Bahn zu schieben. Es ging nicht weiter. Auf der Straße drängten sie sich zusammen wie Schafe und starrten nach links hinüber, wo sich fünf weit auseinandergezogene Panzer im spitzen Winkel langsam an die Rollbahn heranschoben. Mündungsfeuer blitzte auf, aber die Einschläge lagen weitab. Sie wollten wohl gar nicht treffen.

«Panzer — — Panzer!»

Vier Kraftwagen einer Nachrichteneinheit hielten am Wegrand, Baufahrzeuge mit kompletter Ausrüstung. Und die Nachrichtenleute verloren zuerst die Nerven. Sie sprangen von den Fahrzeugen herunter, warfen ihre Gewehre weg und rannten schreiend auf die Schneefläche hinaus. Andere folgten. Und bald stakten ganze Gruppen seitab durch den fast knietiefen Schnee nach Westen. Eine stumpfsinnige, sinnlose, kindische Flucht.

Fröhlich sah, wie die Straße sich um ihn leerte. Neben ihm hielt kreischend ein Lkw, der Fahrer sprang heraus, machte ein paar Sätze und warf sich zu Boden. Die Panzer waren jetzt schon sehr nah. Fröhlich zögerte einen Moment, dann kroch er unter den Wagen. Füße tappten vorbei, ein Fahrzeug fuhr von hinten krachend auf und schob den Wagen ein Stück vorwärts. Und dann rasselte der erste Panzer vorbei. Die breiten Raupenbänder schleuderten gelbe Schneebrocken hoch. Fröhlich schob sich ein wenig nach vorn, um die Straße besser übersehen zu können.

Seine Hand umklammerte die MP. Der Panzer kurvte um einen auf die Seite gesunkenen Lkw herum. Seine Turmluke war geöffnet, ein Mann stand darin und winkte mit seiner Mütze.

«Kommt!» rief er lachend auf deutsch. «Kommt alle – kommt!»

Fröhlich riß die MP hoch. Du Hund! dachte er voller Grimm, und er dachte an Gontscharow. Sein Finger riß den Abzug durch. Der Bügel hämmerte wild gegen seine Schulter, etwa 15 Schuß spritzten heraus. Wie schwerer Hagelschlag prasselten die Kugeln gegen den Gußstahl. Der Russe oben warf den Kopf zurück, sein Rufen vergurgelte, langsam rutschte er in den Turm hinein. Zuletzt steckte nur noch die Hand heraus, die Mütze entglitt ihr und fiel in den Schnee.

Nach einer Weile kroch Fröhlich hervor. Die Straße war weithin menschenleer. Die Panzer hatten abgedreht und trieben eine riesige Menschenherde vor sich her über die Steppe nach Norden. Fröhlich ging auf die Mütze des Russen zu, spuckte wütend darauf und fegte sie mit einem Fußtritt vom Wege.

Inzwischen hatte sich eine Handvoll Menschen angesammelt.

Auch der Fahrer des Lkw war wieder da. Hastig, die Angst noch in den Knochen, ließ er den Motor an. Fröhlich und ein paar andere kletterten hinauf. In halsbrecherischer Fahrt ging es die Fahrbahn entlang. –

Vorn hatten sie das Lärmen gehört. Sie hatten sich nicht einmal umgesehen. Geibel atmete schwer. Er humpelte immer stärker. Jetzt blieb er stehen. Er war weiß wie ein Handtuch, auf seiner Stirn stand Schweiß. Herbert erschrak zu Tode, als er das Blut sah, das durch den Filzstiefel sickerte.

«Setz' dich mal hin, du Schlappschwanz!»

An dem Stiefel war nicht zu rühren. Mit Mühe konnte er Geibel die Hose herunterziehen. Auch sie war innen voll Blut. Das Bein war angeschwollen. Ueber dem Knie saß eine tiefe, handbreite Wunde. Es war ein Wunder, wie Geibel so lange damit hatte gehen können. Herbert riß Mantel und Jacke auf, riß sein Hemd auf dem Körper in Streifen und machte einen Verband, so gut er es verstand.

«Es ist nichts», stammelte er, «wirklich nichts, eine kleine Fleischwunde, ein Dreck! Wirklich ein Dreck!»

Geibel erwiderte nichts, er stöhnte nur leise.

Es war gut, daß Fröhlich vorbeikam und sie erkannte.

So kamen sie auf das Fahrzeug.

In der Begegnung mit dem Panzer hatte Fröhlich sein Selbstvertrauen wiedergefunden, und er ließ die anderen freigebig daran teilhaben.

«Eine Woche noch müssen wir durchhalten, und das ist eine Kleinigkeit, dann ist der 30., der zehnte Jahrestag! Und dann passiert's, Herrschaften! Paßt mal auf, ihr werdet euch noch wundern!»

Niemand hörte zu. Einer lag in der Ecke und schnarchte. Geibels Kopf war in Herberts Schoß gebettet. Er hatte die Augen geschlossen und wimmerte leise unter den Stößen des Fahrzeugs. Die anderen saßen um einen kleinen Sack Hafer und kauten träge auf den Körnern herum. Die Schlauben spuckten sie auf den Boden.

*

General von Hermann sah das Ende.

Er sah es nicht wie der abgesetzte Divisionskommandeur, der in Weltuntergangsstimmung, um Erlösung winselnd, durch die Bunker strich. Auch nicht wie die Offiziere seines Stabes, die nicht daran glauben wollten und phantastische Hoffnungen und Pläne hegten. Er sah es mit ruhiger, nüchterner Klarheit. Es war wirklich das Ende, der Schlußstrich. Dahinter gab es nichts mehr.

Seine Division, das Skelett einer Division, kämpfte jetzt nach zwei Seiten. Unbeirrt durch die Fluchthaufen, die von Westen herantrieben und Schluchten und Bunker überschwemmten, kämpfte sie mit einer verzweifelten Erbitterung. Sie schmolz darüber hin. General von Hermann leitete diesen letzten Kampf mit stählerner Härte. Er ließ Deserteure und Plünderer erschießen, verhängte drakonische Strafen für Munitions- und Verpflegungsmißbrauch, ließ die maroden Versprengten mit Waffengewalt aus seinem Bereich vertreiben. Seit er von Leutnant Wieses Ende gehört hatte, war etwas in ihm zerbrochen. Er war ein Roboter geworden, ein fehlerfrei funktionierender Automat. Es gab keine Diskussionen und Erwägungen, gab nichts Persönliches mehr, kein Mitleid, keine Menschlichkeit. Die Offiziere, an Schreckliches gewöhnt in diesen Tagen des Grauens, erschauerten unter seinem gläsernen Blick, und selbst der hitzblütige Oberstleutnant Danne vermied es nach Möglichkeit, seinen Weg zu kreuzen.

Alles war klar.

Da war ein Befehl: Kampf bis zum letzten Mann und zur letzten Patrone. Dieser Befehl galt. Und da war ein Eid, eine Verpflichtung vor Gott. Dieser Eid galt. Daß er einem Verbrecher geschworen war, war schlimm. Aber es änderte nichts. Der Soldat durfte nicht fragen, er hatte zu gehorchen. Auch die Räder eines Triebwerks durften nicht fragen, wohin der Steuermann fuhr.

So dachte General von Hermann an den aschgrauen, kurzen Tagen, wenn er als Vollstrecker den Befehl und seine Auswirkungen in harter Unausweichlichkeit vor sich sah. Anders war es in den von wirrem Lärmen durchtobten Nächten, wenn er vor Uebermüdung schlaflos auf seinem Feldbett lag. Dann standen seine Gedanken um ihn herum und bedrängten ihn, schwarze Schemen, über die er keine Gewalt hatte. Dann war alles ganz anders.

Nichts mehr war klar.

Galt ein Befehl bedingungslos, auch wenn er gegen das eigene Gewissen ging? Galt dieser Eid? — «... da ich weiß, daß mein Führer nichts Unrechtes von mir verlangt», so hatte es in der Schwurformel geheißen. Wußte er das? Er wußte, daß der Mann, dem er diesen Eid geschworen hatte, sich außerhalb des Rechtes, des Gesetzes gestellt hatte. Daß er sich zum Cäsar, zum Gott gemacht hatte, der ein Volk zu sklavischer Anbetung zwang. Daß dieser Götze sich Menschenopfer darbringen ließ. Das wußte er! Das aber war Heidentum, Barbarei. Denn geschrieben stand: «Du sollst nicht andere Götter haben neben mir!» Nie, niemals durfte ein Mensch sich zu solcher Vermessenheit erheben. Was hier geschah, war das furchtbarste aller Verbrechen. «Nefas» nannten es die Römer einst voller Grauen — teuflisches Aufbegehren gegen die göttliche Allmacht, die heiligen, ewigen Gesetze. Friedrich der Große — der erste Diener... Gneisenau, Moltke. Der alte Wilhelm — «von Gottes Gnaden». Ja, das war es: sie alle fühlten sich auf ihrem Platze als «von Gottes Gnaden». Auch der greise Feldmarschall, der letzte. Ueber ihm standen Gott und die Pflicht. Mit ihm war die Welt von Gottes Gnaden dahingestorben, und unter dem zerbrochenen Kreuz, dem Hakenkreuz, hatte die Herrschaft des Teufels begonnen...

Aber gab es überhaupt ein Soldatentum ohne Gott? Die sittlichen Normen der Ehre, der Treue, das Opfer des eigenen Lebens, das Gebot der Tapferkeit, der heilige Eid — das alles war ja von Gott! Ohne Gott wurde der Soldat zum Landsknecht, zum Schlächter und Marodeur, wurde seine Ehre zu einer Ganovenehre, seine Tapferkeit zu der eines Bankräubers. Als nach dem Tode Hindenburgs die neue Wehrmacht aufgebaut wurde, geschah das in bewußtem Kampf gegen das alte, gottgebundene Soldatentum. Die Männer der alten Ordnung, die Fritsch, Blaskowitz, Rundstedt, Beck wurden davongejagt, und die Kreaturen kamen hoch. Damals schon fing das an. Das alte Soldatentum ging zugrunde, löste sich auf in abenteuerliche Landsknechterei, wie das Rittertum einst verkommen war in elendem Raubritterwesen. «Gott mit uns!» stand immer noch auf den Koppelschlössern. Es war eine Lüge. Mit der Lüge verkettet war die Schuld. Eine tausendfache Schuld. Und keine Ausflucht half. Wer hier mithielt, war mitschuldig, schuldig vor Gott. Dieses hier war der Anfang seines Strafgerichts.

Der General warf sich unruhig wieder und wieder auf seinem Lager umher.

Wo war der Ausweg? Gab es überhaupt einen Ausweg? Aufstehen mit der Waffe gegen diesen besessenen Gefreiten, den Handlanger des Teufels? Er wußte, daß solche Pläne heimlich in Führungskreisen der Wehrmacht erwogen wurden. Er hatte solches stets schroff von sich gewiesen, auch in Gedanken. Das bedeutete Meuterei, Revolution. Das Wort allein hatte ihn zurückgeschreckt. Das war etwas für Leute mit Ballonmützen. Die Gosse machte Revolution. Und dann jetzt, hier, im Angesicht des Feindes ... Zu spät, zu spät ...

Der General fuhr sich mit der Hand über die Augen. Die schwarzen Schemen wichen nicht. Wie eine Zentnerlast bedrückte ihn die Erkenntnis seines mißbrauchten, verfehlten Lebens. Ach, man müßte alles hinter sich lassen, noch einmal ganz von vorn anfangen können! Auf einem Traktor sah er sich über weite Felder fahren. Fernes, fremdes Land. Eine Luft, in der man atmen konnte ... Alberne Träume! Als wenn er jemals die feste Form hätte zerbrechen können, in die das Erbteil von Generationen ihn hineingepreßt hatte! Und für wen träumte er? Für sich selbst? Sein Sohn, für den sich jedes Wagnis gelohnt hätte, sein Ferdi war tot. Verbrannt. Bei lebendigem Leibe verbrannt fast vor seinen Augen ... «Ach, mein Sohn Absalom! Absalom, mein Sohn, mein Sohn!»

Der General stöhnte. Es war ein leises, winselndes Stöhnen, gegen heftigen Widerstand sich heraufquälend. Raketen einer Stalinorgel gingen nieder. Dumpfe, schütternde Explosionen in rascher Folge. Schreie klangen auf. Hastige Schritte tappten am Bunker vorüber. Irgendwo wurde Hauptmann Stegens Stimme laut. Dem General zogen Fetzen eines Gedichtes durch den Kopf. «Der alte Gott der Schlachten ist nicht mehr ... Nur viele Untergänge ohne Würde.»

Ohne Würde!

Da war halboffiziell eine Weisung des AOK gekommen: «Es ist nicht unehrenhaft, einen Ausbruch zu versuchen. Es ist nicht unehrenhaft, die Waffe gegen sich selbst zu richten. Es ist nicht unehrenhaft, in Gefangenschaft zu gehen.» Nicht unehrenhaft — — Da war ein Befehl. Dieser Befehl galt, niemand hatte ihn aufgehoben. Aber er bekam unscharfe Konturen, verwässerte sich, zerrann, je mehr sich die Front dem Armeegefechtsstand näherte ... Nicht unehrenhaft! Was war hier noch Ehre? Tausendmal war sie in den Schmutz getreten. Mit jedem geschundenen armen Kerl draußen, den man verhungern und verkommen ließ. Mit jeder hohlen Phrase, mit der man andere in den Tod trieb, während man schon nach Zukunftsmöglichkeiten für sich selbst schielte. Ohne Würde, ja — hier in Stalingrad verlor die Wehrmacht Hitlers die Maske, die ihr Gesicht verhüllt hatte. Was dahinter sichtbar wurde, war grauenhaft.

General von Hermann richtete sich auf. Draußen dämmerte der Morgen. Immer wieder ein neuer Morgen, der ihn rief. Nein, er konnte, wollte nicht ausbrechen, auch nicht in Gedanken. Er war General dieser Wehrmacht. Er mußte diesen Weg bis zum Ende gehen. Mochten andere nach einem billigen Ausweg suchen für sich selbst. Vielleicht ertrugen sie es zu leben, nachdem dieses alles geschehen war. Für ihn gab es nur *einen* Weg. Ohne Hoffnung und Glauben, ohne Treue, ohne Ehre, ja — aber nicht ohne Würde.

Nein, nicht ohne Würde!

*

Die Nacht, von einem unsichtbaren Mond und mannigfachen Feuern durchleuchtet, ist wie aus kupferbrauner Watte. Ueber den schattenlosen Schnee kriecht scheppernd und keuchend eine riesige Raupe dahin. Sie hat keinen Anfang und kein Ende. Ihr vieltausendfüßiger Leib quält sich aus dem flackernden Feuerkranz im Norden heraus und verliert sich im Nichts der nächtlichen Nebelschwaden.

Die drei Männer sind ein winziges Glied dieser Raupe. Breuer und der Wachtmeister haben Dierk unter den Achseln gepackt und schleppen ihn mit sich. Er ist schwer wie ein Holzklotz. Er hält die Augen geschlossen, durch seine gebleckten Zähne streicht geräuschvoll der kurze Atem. An gestauten Fahrzeugen, an dunklen Wracks vorbei rutschen sie auf welligem Eis entlang oder schlurfen durch knöcheltiefen, krümeligen Schnee, in Menschenpulks gezwängt, streckenweise auch fast allein. Wie lange schon? Sie wissen es nicht.

Alle hundert Schritte halten sie an. Dann reißt Dierk die Augen auf, als erwarte er, irgendein Wunder zu sehen. Doch immer wieder sind da nur die im Nebel vorbeiziehenden Gestalten und Fahrzeuge, die trotz der Kälte schweißglänzenden Gesichter der Kameraden. Man weiß nicht, ob er überhaupt etwas erkennt. Sie schmieren ihm Schnee in den Mund, das scheint ihm gut zu tun.

Hundert Schritte – Pause.

Hundert Schritte – Pause ...

Wieder ist die Straße mit Fahrzeugen verkeilt. Hupen, Schreie. Taschenlampen blitzten auf, ihre matten Lichtkegel tasten kraftlos im Nebel umher. Ein Kübelwagen taucht heulend auf, er schert weit nach rechts aus. Gerade können sie Dierk noch zur Seite reißen. Der Wagen hält. Ein Offizier steht auf dem Trittbrett. Er schreit Befehle nach hinten. Ein Panzer schiebt sich massig heran, rasselt vorbei. Zwei, drei Pkws folgen schaukelnd auf der neu geschaffenen Fahrbahn.

«Mehr rechts, Willi ...! So, jetzt hast du's! Los, ab!»

In dem Gesicht des Offiziers glitzert etwas. Das Licht der Taschenlampe fängt sich als winziges Fünkchen in dem Stück Glas, das vor seinem Auge klebt.

«Herr von Horn!»

Der Offizier beugt sich herab, der Lichtkegel schwenkt suchend herum. «Ach, Breuer, Sie? Treffpunkt Stadttheater, Sie wissen? Dort letzter Akt der Vorstellung!» Das ruft er schon im Weiterfahren. Seine kleine Kolonne ist bereits verschwunden.

«Mitnehmen!» schreit Breuer. Aber das hört nur noch der Nebel. Er scheint sich immer mehr zu verdichten. Nebel bei 20 Grad Kälte! Das hat man in keiner Schule gelernt.

Hundert Schritte — Pause. Hundert Schritte — Pause...

Fünfzig Schritte — Pause. Zwanzig Schritte...

Dierks Füße schleifen am Boden. Er öffnete jetzt auch die Augen nicht mehr, wie leblos hängt er zwischen ihnen. Wenn sie ihn losließen, würde er zu Boden fallen wie ein Sack Kohlen. Der Wachtmeister wischt sich mit dem Handschuhrücken über das Gesicht und sieht Breuer an.

«Aus! Schluß...»

Es geht wirklich nicht mehr. Nichts geht mehr. Rien ne va plus. Aus...

Breuer starrt in den Nebel. Die Raupe aus Menschen und Fahrzeugen kriecht vorbei, sie gehören nicht mehr dazu. Irgendwann, nach irgendwelchen hundert Schritten wird aus dem Nichts die Stadt auftauchen. Irgendwann... Allein würden sie es vielleicht schaffen, aber nicht mit diesem Halbtoten. Wenn sie ihn hier liegen ließen bei den andern, die den Weg säumen, würde er erfrieren, ohne es zu merken.

Wenn sie ihn liegen ließen...

«Sehen Sie mal! Dort...»

Der Wachtmeister reckt schon eine ganze Weile den Hals nach rechts. Breuer folgt seinem Blick. Er sieht nichts. Und dann scheint sich dort für Augenblicke ein blasser Fleck abzuheben, ein verschwommener Umriß, ein Schemen, gleich wieder weggewischt. Aber die Fahrspur zu ihren Füßen, die nach rechts abführt, die ist wirklich.

Ohne ein weiteres Wort packen sie Dierk und schleppen ihn weiter, nach rechts ab. Zwanzig Schritte — Pause. Zwanzig Schritte — Pause. Hinter ihnen versinkt die Straße mit ihren Geräuschen. Vorn wächst ein blasses, unbestimmbares Etwas auf. Und urplötzlich, wie von Zauberhand in die Nacht gestellt, ist da ein Haus. Ein klobiger Holzkasten, Fenster und Türen mit Bohlen verrammelt.

Sie schnüffeln daran herum. Man kann wittern, ob ein Haus lebt oder tot ist. Dieses hier ist ohne Leben. Vielleicht könnte man es aufbrechen? Doch weiter hinten ist noch ein Schatten, ein zweites Haus. Sie verstehen sich jetzt schon darauf. Und hier spürt man die Wärme und den Rauch, den der Nebel herunterdrückt.

Sie hämmern gegen die Tür.

«Aufmachen!»

Ein schlurfendes Geräusch ist vernehmbar, eine Diele knarrt. Dann nichts mehr.

«Aufmachen, verdammt noch mal!»

Nichts regt sich. Aber sie wissen, daß hinter diesen Brettern jemand ist, sie fühlen es bis in ihre Fingerspitzen.

«Macht sofort auf, oder wir schießen euch Löcher in den Wanst!»

Stille ...

Dann knarrt ein hölzerner Riegel, kreischend öffnet sich die Tür. Ein Mann in Uniform steht darin, über seine Schulter blickt ein verängstigtes Mädchengesicht.

«Hier ist Stab!» knurrt der Mann. «Eintritt verboten!»

«Schnauze! Hier ist ein Schwerverwundeter, das sehen Sie doch!»

Die Pistolen in der Hand, schieben sie Dierk vor sich her in den dunklen Flur. Der Mann und das Mädchen geben den Weg frei und flüstern hinter ihren Rücken. Sie stolpern über unsichtbares Gerät, stoßen sich an Brettern und Pfosten, und auf einmal sind sie in einer hell erleuchteten Küche. Landser hocken am Boden herum, mit ihren Verbänden beschäftigt oder aus Kochgeschirrdeckeln Tee schlürfend. Andere umdrängen den Herd. Es duftet nach Röstbrot. Eine alte Frau mit grauem Kopftuch ist dazwischen geschäftig. Als sie die neuen Gäste erblickt, kommt sie herbeigetrippelt.

«Offizeri, da? – Nu dawaitje pashalista!» Sie stößt eine Tür auf und schiebt die drei hinein. «Siditjes, siditjes!» Ihr kleines, faltiges Gesicht strahlt herzliche Freundlichkeit aus.

Eine Stube ist da, warm und heimelig. Zwei Betten in der Mitte, hochgetürmte Kissen darauf. Ein mit schwarzem Glanztuch bezogener Tisch, dahinter ein uraltes Plüschsofa. Darauf sitzt ein Unteroffizier, wohlgepflegt, mit ölig glänzendem Scheitel, den Arm um die Schultern eines Mädchens gelegt. Das Mädchen steht auf, zieht den knallroten Pullover herunter und streicht sich den kurzen Rock glatt. Mit einem schrägen Blick aus schwarzen Augen schiebt sie sich an den Fremden vorbei zur Tür. Der Unteroffizier starrt mit klein gewordenen Augen auf die Pistole, die Breuer immer noch in der Hand hält. Er erhebt sich ebenfalls, murmelt etwas in einer fremden Sprache, macht sich betont lässig hier und da im Zimmer zu schaffen und geht schließlich gleichfalls hinaus.

Sie ziehen Dierk Mantel und Filzstiefel herunter und legen ihn auf eines der Betten. Er rührt sich nicht. Dann sitzen sie so, wie sie sind, die Mützen auf dem Kopf, die schneebestäubten Mantelkragen hochgeschlagen, auf dem Sofa. Sie schweigen. Sie blinzeln in die elektrische Birne, die unter einem Emailleschirm über dem Tisch hängt, starren auf die vergilbte Fotografie über den Betten. Sie zeigt einen bärtigen Mann in der Uniform der Zarenarmee, der streng über sie hinweg gegen die Wand blickt. Langsam kriecht trockene Wärme durch die Kleider in ihre Körper hinein. Vor dem Heiligenbild in der Ecke brennt ruhig ein bläuliches Flämmchen. Vor ihnen auf dem Tisch liegt die Pistole. Zweihundert Meter seitab führt die Straße des Todes vorbei . . .

Die Babuschka kommt und stellt den dampfenden Samowar auf den Tisch. Sie nickt ihnen zu und brabbelt Segenswünsche. Und nun springen sie auf und reißen sich die feuchten Ueberkleider vom Leib und lachen und schlagen sich auf die Schulter mit «Teufel auch!» und «Verdammt noch mal!» und «Wer hätte das . . .» Und da sind die Pakete mit dem schon in Scheiben geschnittenen Vollkornbrot, und da ist Knäckebrot und das im Kochgeschirrdeckel gewärmte Büchsenfleisch. Und Schmalz. Und ein Päckchen Zigarillos. Und sie kauen und reden, beide zugleich. Und der Wachtmeister ist weizenblond und von irgendwo aus dem Oldenburgischen und heißt Hinnerk Addicks. Und Dierk bekommt heißen Tee und atmet ein paarmal tief, und sein Blick ist dankbar und ruhig. Und das Wunder ist mit einmal kein Wunder mehr, sondern nackte Wirklichkeit. Und die Erlebnisse des Tages sind schon Vergangenheit und schon Stoff zum Erzählen.

Der Mann, der vorher die Tür öffnete, ein Oberwachtmeister, hat sich dazu gefunden. Er spricht nicht viel. Aber sie erfahren, daß sie auf dem Geschäftszimmer eines kroatischen Artillerieregiments sind, das zum Verbande der 100. (leichten) Inf. Div. gehört. Front zur Wolga, nach Osten. Für die anderen Himmelsrichtungen sind sie nicht zuständig.

Sie erzählen. Breuer erzählt von der Gontscharaschlucht. «Gontscharaschlucht? Das war ja nicht weit von uns! Wir hatten die Flugplatzsicherung am Westrand. Da hat er, ich meine der Leutnant, das abgekriegt ...» Sie erzählen. Der Tag wird noch einmal lebendig. Welch ein Tag! Der Kroate hört mit großen Augen zu. Sie merken es kaum, als er hastig den Raum verläßt. Vielleicht muß er zur Latrine, ein Wunder wäre es nicht.

Nach einer Weile kommt er zurück. «Unser Herr Adjutant möchte sprechen den Herr Oberleitnant. Bitteschön, ist gefällig?»

Breuer blickt auf. Wie? Jemand will ihn sprechen? Nun, warum nicht? Vielleicht kann er mit Auskünften nützlich sein.

Sie rutschen einen vereisten Trampelpfad entlang durch Gärten, klettern über vertrocknete Stauden und zerstörte Zäune. Unter einem Haus geht es in die Erde hinab.

In einem schwach beleuchteten Stollen steht ein Leutnant. Er ist rotblond und sehr jung. Auf seiner makellosen Brust leuchtet ein fabrikneues EK-Band, daneben pendelt ein schwarzes, gezacktes Balkenkreuz an buntem Bändchen.

«Das ist eine Schweinerei, verstehen? Eine Schweinerei!» – Der Mann schreit, daß ihm die Halsadern über den Kragen quellen. «Ich werde nicht erlauben, daß unsere Soldaten werden erschreckt durch Gerede und Lügen, verstehen?»

Breuer versteht nichts. «Erlauben Sie mal», stammelt er.

«Ich erlaube nichts, gar nichts! Wenn die Deutschen sind zu feige, werden die Kroaten kämpfen, verstehen?»

Breuer kratzt sich am Ohr. Mein Gott, 200 Meter seitab von hier führt die Straße des Todes entlang. Das war doch kein Traum, oder?

«Ihren Kommandeur, könnte ich den wohl mal sprechen?»

Der Leutnant verstummt.

«Ich wünsche Ihren Kommandeur zu sprechen, sofort!»

Der Leutnant ist gar nicht mehr selbstsicher und gar nicht mehr laut. Schweigend geht er voraus durch den Gang und zieht einen Vorhang zur Seite. Aus einem Sessel erhebt sich ein Offizier, schlank, elegant, das EK 1 auf der Brust.

«Sie wünschen, bitte?»

Mit knappen Worten schildert Breuer den Sachverhalt. Und dann:

«Ich erwarte, Herr Oberstleutnant, daß sich Ihr Adjutant hier sofort bei mir entschuldigt. Andernfalls würde ich genötigt sein, den Vorfall über meinen Divisionskommandeur beim Armeestab zur Meldung zu bringen.»

Er erwartet, daß die beiden nun in ein Gelächter ausbrechen werden wie über einen guten Witz. Doch nichts dergleichen geschieht. Der Oberstleutnant redet statt dessen leise und eindringlich in seiner Sprache auf den Leutnant ein, und schließlich quält dieser sich eine gewundene Entschuldigung mit Hackenschlagen und Verbeugung ab. Der Oberstleutnant, sichtlich erleichtert, nötigt zum Sitzen. Er zieht ein Tablett mit Gläsern heran und schenkt Wein ein.

«Der Flugplatz dort oben, sagten Sie?»

«Seit dem Dunkelwerden liegt er unter Ari- und Panzerbeschuß. Jetzt dürfte er bereits in der Hand des Gegners sein.»

«Das kann nicht sein. Sie müssen sich irren, Herr Oberleutnant. Wir hätten schon eine Nachricht. – Nein nein, Sie irren sich. Gewiß irren Sie sich.»

Er sieht Breuer mit dem vorsichtigen Mitleid an, mit dem man Geistesgestörte zu betrachten pflegt. Nun ja, offenbar ein Kopfschuß! Und Breuer denkt: Sie wissen nichts, sie ahnen nichts. Selbst von der Straße dort vorn wissen sie nichts. Sie dürfen nichts wissen.

Wechselseitig versichert man sich der größten Hochachtung und verabschiedet sich mit ausgesuchter Höflichkeit. –

In das Bett neben Dierk ist der eine Kroate mit seinem Mädchen gekrochen. Wachtmeister Addicks hat sich auf dem Fußboden ein Lager zurechtgemacht, er schläft tief und fest. Breuer auf seinem Sofa aber findet lange keine Ruhe. Die Wunde an seinem Auge bohrt und sticht und zaubert grelle Lichtkaskaden vor sein Sehfeld. Ein Zimmer, ein Dach über dem Kopf, Wärme ... Der Arzt sticht ihm die Nadel ins Auge: «Damit können Sie ausfliegen!» Wiese: «Zurück führt kein Weg!» Dierk stöhnt und murmelt vor sich hin. Plötzlich ganz deutlich: «Auf marsch marsch!» und nach einer Weile: «Kommt denn keiner?» Das Pärchen kichert und flüstert. Der Wachtmeister röchelt ein paarmal, schnarcht eine Weile und dreht sich dann geräuschvoll auf die Seite. In der Wand ziepen Mäuse. Schließlich versinkt alles ...

Gepolter und erregte Stimmen reißen Breuer aus dem Schlaf. Es sind die Kroaten. Der Schein von Taschenlampen fällt auf geöffnete Kisten und Stöße von Papieren.

«He, was ist los?»

«Alarm! – Alle Gesunden nach vorn, die andern und das Gepäck nach Stalingrad!» Der Kroate schreit es Breuer wütend zu, als ob der allein schuld sei an all dem Unglück.

Die Mädchen stehen dabei und weinen. Sie wissen wohl, was sie erwartet ...

Fünfzehntes Kapitel

STIRB – UND WERDE!

Wie eine Tarnkappe aus feuchter Sackleinwand hängt der Morgen über dem Land. Die Rollbahn, ein schmutziggelbes, von zahllosen Rädern und Füßen zerpflügtes Band krümeligen Schnees, ist jetzt fast menschenleer. Stellenweise hat der Wind blanke Streifen stahlgrauen Eises freigelegt.

Sie fühlen sich ausgeruht und gestärkt. Inmitten der kopflosen Kroaten und der jammernden Mädchen haben sie ausgiebig gefrühstückt. Nach der dumpfen Hitze des Hauses ist die prikkelnde Kälte erfrischend. Selbst Dierk ist etwas zu Kräften gekommen, er braucht weniger Hilfe. Sein Blick ist bewußter und sucht zuweilen in den Gesichtern der Kameraden. Er hat auch getrunken und etwas gegessen. Aber er spricht nicht. Vielleicht kann er nicht sprechen? – Aus dem Hause haben sie einen flachen, aus Kistenbrettern zusammengeschlagenen Handschlitten mitgehen lassen, darauf sind ihre wenigen Habseligkeiten und ein Teil der Verpflegung festgebunden.

Linker Hand gleitet ein Haus vorbei, dann noch eins, dann mehrere. Nackte Bäume, deren zerrupfte Kronen im Grau verschwimmen, verfilztes Strauchwerk, Reste von Zäunen, Schutthaufen, aus denen die geschwärzten Kamine herausragen wie urzeitliche Götzenbilder. Schnee liegt darauf, als sei das alles längst abgetan und vergessen.

Ein breiter Panzergraben kreuzt den Weg, eine Behelfsbrücke führt darüber hinweg. Rechts wächst überraschend ein riesiger Steinkasten aus dem Nichts, Fahrzeuge stehen davor, Soldaten. Die Rollbahn steigt an, sie hat jetzt Bürgersteige und ist eine Straße. Und dann ist da ein Schild:

!! ACHTUNG !!
Straße wird vom Feind eingesehen!
Benutzung auf eigene Gefahr!
Der Ortskommandant

Sie grinsen sich an. Auf eigene Gefahr... Ein lustiger Vogel, scheint's, dieser Ortskommandant! Ob er wohl für alles andere das Risiko übernimmt?

Auch rechts jetzt verwüstete Gärten, Häuser darin in allen Stadien der Zerstörung, vom kaum kenntlichen Schuttberg bis zum scheinbar unversehrten, wohl auch noch bewohnten Holzhäuschen. Zwischen zersplitterten Bäumen ein Gipssockel, ein paar Beine darauf in zerknitterten Hosen. «LENIN» steht auf dem Sockel. Links führt eine Straße bergan.

Die Stadt, das Ziel. Welch ein Ziel! Es ist auffallend still. Kein Lärm, kein Schuß, keine Flieger. Der Nebel hat alles verschluckt. Auch Menschen sind kaum zu sehen. Wo solche auftauchen, haben sie etwas Schattenhaftes. Sie haben sich verkrochen, hausen irgendwo unter der Erde. Wie Ratten.

Das Ziel —— Ein Rattendasein ist das Ziel.

Die in der Nacht gespeicherten Kräfte sind verbraucht, die Hoffnungen, die sich an den Namen «Stalingrad» knüpften, vernunftlose Hoffnungen auf ein irgendwie geartetes Anderssein, sind angesichts der Wirklichkeit verflogen. Sie wollen plötzlich nicht mehr weiter. Sie stehen da und sehen sich um.

Da ist Schnee über niedergetretenen und festgebackenen Schutthaufen. Ein Kellerabstieg, von einer Brettertür verschlossen, steht als sinnloser Rest dazwischen. Frische Fußspuren führen darauf zu. Ein rostiges Blechrohr steckt aus der Erde heraus, brauner Rauch steigt daraus auf. Sie setzen Dierk auf dem Schlitten ab, stoßen die Tür auf und klettern die schmierigen Stufen hinab bis vor eine zweite Tür. Man hört Stimmen dahinter und das Klappern von Geschirr. Sie rütteln an der Tür. Sie ist verriegelt und anscheinend von innen noch durch Balken gesichert.

«Aufmachen!»

Stille.

«Macht auf, zum Teufel! Offiziere!»

Hinter der Tür räuspert sich jemand und spuckt auf den Boden. Und dann ertönt barsch und klar das bekannte klassische

Zitat. Wachtmeister Addicks stöhnt auf. Er will sich gegen die Tür werfen. Breuer hält ihn zurück. «Lassen Sie! – So geht das hier nicht.»

Müde schleichen sie die Stufen hoch. Zum erstenmal spüren sie es: das Leben in dieser Totenstadt steht unter neuen, fremden Gesetzen. Ein Rattendasein. – Sie werden damit noch nicht fertig.

Eine Pak steht am Straßenrand, ein Kübelwagen davor.

«Die Ortskommandantur, wo ist die?» fragen sie den Fahrer. Sie entsinnen sich des albernen Schildes am Straßenrand.

Der Mann, bis über den Kopf in einen zottigen Pelz gehüllt, dreht ihnen mühsam das Gesicht zu und sieht sie schweigend an.

«Noch weit», sagt er dann. «Steigt auf!»

Sie heben Dierk auf das Geschütz, klettern selbst hinauf und binden den Schlitten am Rohr fest. Auf einmal ist auch der Beifahrer da, mustert finster die seltsame Fracht, sagt aber nichts. In halsbrecherischer Fahrt geht es die Straße hinab zur Innenstadt.

An einer Kreuzung hält das Gefährt. «Links ab», sagt der Fahrer. «500 Meter!» Sie klettern eilig herunter, und schon ist das Fahrzeug fort und vergessen.

Hier im Zentrum zeigt die Stadt ein anderes Gesicht. Vielstöckige Häuserreihen ragen auf. Doch es sind nur nackte Fassaden, Kulissen. Die Fensteröffnungen in den oberen Stockwerken führen geradewegs in den Himmel hinein. Unten quillt aus den Maueröffnungen der Schutt heraus. Die Straßen sind vielfach aufgerissen und geben ihre Eingeweide preis. Ueber Trichtern schweben Schienen und verschlungene Rohre, Trampelpfade schlängeln sich über vereiste Geröllberge. Drähte hängen herab und umschlingen geknickte Maste und das schwarze Gerippe eines Straßenbahnwagens. Hier ist die Stadt voller Menschen. Einzeln irren sie umher, ziellos und stumm, wie die verdammten Schatten des Totenreiches. Der Nebel hüllt die Stadt in Schweigen und Düsternis.

Ein Mann, auf einen Knüppel gestützt, schlurft heran. Seine riesigen Strohschuhe schieben den Schnee vor sich her. Er hebt eine mit Fetzen umwickelte Hand.

«Wo . . . wo ist denn hier – hihihi – die . . . die Ortskommandantur, hihihi?» Seine Stimme ist hoch und brüchig wie die einer uralten Frau. Den Kopf umhüllt eine Decke, die dick mit Papier ausgestopft ist. Das schorfige Gesicht, das daraus hervorsieht, ist kaum handgroß. «Die – hihi ... die Orstkommandantur. Da soll doch ... soll doch ein Laza ... hihihi ... Lazarett ...»

Er streckt den Vorbeiirrenden die Hand entgegen wie ein Bettler. Von einigen heimst er ein paar Zurufe ein. «Die warten dort sicher schon auf dich!» – «Loof man schnelle, da ist bald Dienstschluß!»

Da kommen welche die Straße heruntergelaufen. Das ist ungewöhnlich, hier läuft sonst niemand mehr. Sie gestikulieren und schreien den anderen etwas zu. Der träge Strom stockt, es bilden sich kleine ratlose Gruppen. Breuer schnappt einige Gesprächsfetzen auf. «Jetzt eben ... zwei Divisionen ... die Kommandantur selbst ...» Er bekommt den einen zu fassen.

«He, was ist los? Was sagt ihr da?»

Der Mann ist kaum bei Atem, seine Augen glitzern.

«Zwei SS-Divisionen, Herr Oberleutnant ... Sie sind durchgebrochen, am Stadtrand wird schon gekämpft ... Die Kommandantur schickt uns, wir sollen's überall rumerzählen!»

Breuer packt Dierks Arm fester und sieht den Wachtmeister an. Könnte es nicht sein? Das Wunder? Was weiß man denn schon! Und gleich darauf schüttelt er müde den Kopf. Es geschehen keine Wunder mehr. Nicht solche Wunder ...

Ein Quaderbau, die Ruinen ringsum weit überragend, wächst vor ihnen in unbestimmbare Höhen hinauf. Am Straßenrand steht ein Schild. Darauf ist schwarz auf weiß zu lesen, was alles man tun muß und nicht tun darf, wenn man den Bereich der «Ortskommandantur Stalingrad-Mitte» betritt. Es ist ein sehr preußisches Schild. Es steht da wie eine Theaterrequisite, die niemand mehr braucht. Eine stumme, stumpfe Masse umdrängt das Hauptportal. Sie haben ein Ziel erreicht, das kein Ziel ist, und nehmen es hin. Der Wachtmeister wartet mit Dierk an der Straße, während Breuer sich langsam durch die Menge drängt. Er erreicht eine Barriere. Dahinter halten bewaffnete Feldgendarmen mit Stahlhelmen und blitzenden Brustschildern Wache, seltsame Wesen aus einer anderen Welt.

Breuer fragt nach dem Gerücht.

«*Wir*, Herr Oberleutnant?» – Der metallfunkelnde Soldat ist ganz entrüstet. «*Wir* wissen von nichts! Von uns ist nichts veranlaßt!»

Und was eine Unterkunft betreffe, so sei da jetzt leider nichts zu machen. Sie seien gerade bei ... ja, bei der Umorganisation! In zwei, drei Stunden vielleicht.

Schweigend bahnt Breuer sich den Weg zurück. So lügen sie nun! Für den einen heißt es «Befreiung» und für den anderen «Umorganisation». Oder ist es gar kein Lügen? Ist es nur, daß sie die Wahrheit nicht erkennen wollen und können? Er empfindet fast etwas wie Bewunderung für diese blankgeputzten Statisten, die dort unbeirrt ihre Rolle zu Ende spielen, die Rolle der «preußischen Ordnung». Wieviele «Rollen» werden hier nicht zu Ende gespielt?

Sie irren weiter durch die zerschossene Stadt, der Zug der ziellos Wandernden nimmt sie auf. Ruinen, Trümmer, Menschen. Und Nebel. Ein Segen ist dieser Nebel. Die Artillerie schießt nicht, es fallen keine Bomben. Was würde geschehen, wenn es klar wäre an diesem 24. Januar, an dem die Trümmer einer zerschlagenen Armee in die Trümmer einer zerschlagenen Stadt strömen?

Eine tiefe Schlucht mit kantigen, rötlichbraunen Lehmhängen durchschneidet die Stadt. In ihrem Grunde schlängelt sich ein trübes Rinnsal durch Schnee, Eis und Müll. Die Zariza-Schlucht. Eine Holzbrücke führt darüber hinweg. Und dann sind da wieder Bäume und Gärten und kleine Häuser. Die Erschöpfung treibt sie in eines dieser Häuser, das unbeschädigt scheint. Ein schwarzhaariger Kerl, eine Zigarette zwischen den Lippen, schlägt neben der Haustür sein Wasser ab. Er mustert sie mit einem finstern Seitenblick und schimpft dann in hohen Tönen hinter ihnen her. Es ist ein Rumäne.

Sie tasten sich durch einen dunklen Flur und stoßen die erste beste Tür auf. Stickige Wärme schlägt ihnen entgegen. Um einen Tisch herum sitzen Männer, die Oberkörper auf der Tischplatte, die Köpfe auf den Armen ruhend. Sie schlafen. Andere kauern oder liegen an den Wänden. Es sind alles Rumänen. Vor einem Ofen kniet einer und stochert in der Glut. Als er die drei sieht, steht er auf.

«Nix hier! Ist voll, alles besetzt!»

Aber es ist nicht voll. Nicht das, was man in den Unterkünften vor Stalingrad voll zu nennen gelernt hat. Sie schieben den Mann wortlos beiseite und betten den Leutnant an der Wand auf die Dielen. Breuer schiebt ihm seine Decke unter den Kopf, er schläft sofort ein. Sie hocken sich daneben, packen ihre Vorräte aus und beginnen zu essen. Mit einmal ist um sie ein lauerndes Schweigen. Dunkle Augen starren sie an und schließen sich träge, wenn ihr eigener Blick ihnen begegnet. Es ist 13 Uhr mitteleuropäischer Zeit. Irgendwo auf der Erde liegt ein Flecken Land, der sich Mitteleuropa nennt. Dierk stöhnt und murmelt im Schlaf. Er scheint sich mit jemand zu streiten. Plötzlich sehr deutlich: «Vorwärts, mir nach!» Also kann er doch sprechen?

Sie beeilen sich mit dem Essen und verpacken sorgfältig den Rest ihres Proviantes. Die Menschen ringsum sind krank vor Hunger, das sieht man. Man soll sie nicht reizen.

Sie rauchen Zigarillos an und haben Muße, sich genauer in dem Raum umzusehen. Der Ofen in der Ecke reicht bis zur Decke hinauf. Es ist ein weißer Kachelofen, mit Stuckornamenten verziert. Ein sehr städtischer, sehr bürgerlicher Ofen. An der Wand gegenüber steht ein dunkles Eichenbüfett im Stil der Jahrhundertwende, daneben führt eine Flügeltür in einen Nebenraum.

«Wie ist das eigentlich gekommen?» fragt Breuer. «Mit ihm da, meine ich.» Und er weist mit dem Kopf zu Dierk hin.

«Wie das gekommen ist? Tscha . . .» Wachtmeister Addicks kratzt sich das stoppelige Kinn und fährt mit dem Zeigefinger durch den Halskragen. In der Wärme sind die Läuse wieder munter geworden. «Wie sowas eben so kommt, ja . . .»

Er schließt die Augen, raucht und sinnt schweigend. Dann:

«Am 20. war's, als er zu uns kam. Ich weiß es genau, weil wir gerade an dem Tag so einen verrückten Tagesbefehl bekamen von wegen Durchhalten, und die Rettung sei schon zu uns auf dem Wege. Die Jungens waren alle ganz kringelig vor Freude. Wir lagen damals schon am Westrand vom Flugplatz. Gumrak natürlich. Pitomnik war ja schon hops gegangen. Da kam er also. Seine Einheit sei kaputt, und ob er hier bei uns helfen könnte. Wir sagten nicht nein. 'ne Vierlingsflak, die noch was ausspuckt, ist schließlich nicht zu verachten, und die paar Kerle, die er mitbrachte, schienen soweit auch nicht übel. Er selbst ging uns ja etwas auf die Nerven, wissen Sie! Er hatte es mächtig mit dem Führer und Großdeutschland und der ‚Stunde der Bewährung' und daß man unerschütterlich glauben sollte. Und solche Sprüche gingen keinem mehr glatt runter. Wir waren eben fertig, 'ne ganze Weile schon. Seit Pitomnik schon, wo sie uns die halbe Batterie zur Minna gemacht hatten, ja . . .»

Der Wachtmeister spuckt aus und untersucht seinen Zigarillo, der nicht richtig ziehen will. Die Rumänen schlafen oder tun wenigstens so. Ihre heimlichen Blicke sind stechend und voller Haß. Was wird die Nacht bringen?

«Wir hatten ja immer unsere Nasen in der Luft, und da war auch allerhand los, Tag und Nacht. Aber mit einem Ohr peilten wir dabei doch auf das Gerumpel im Westen. Von dort sollte ja die Befreiung kommen! Aber sie kam nicht. Statt dessen kamen ein paar trübsinnige Fußlatscher vorbeigezogen, schippten vor uns Schneelöcher und verkrochen sich in den alten Russenbunkern. Infanterie zur Sicherung des Flugplatzes! Was man so Infanterie nennt... Und dann kam ein Befehl, wir sollten uns auf Erdverteidigung einrichten. Na, nun wußten wir ja Bescheid. In Pitomnik hatte es genauso angefangen. Nur daß wir jetzt keinen Sprit mehr hatten für 'nen neuen Stellungswechsel. Zwei 8,8 hatten wir noch. Von der einen war das Zielgerät im Eimer. ‚Dann wird eben übers Rohr gepeilt!' wetterte der Alte. Na schön, auch egal. Zwei 8,8 — Sie kennen ja die Dinger, groß wie 'n Mammut — frei aufgefahren hinter 'nem Schneewall, gegen ein Rudel T 34 womöglich — ein klarer Fall war das. Keiner von uns machte mehr die Schnauze auf. Nur der Leutnant war nicht kleinzukriegen. ‚Kopf hoch, Leute!' und ‚Alles halb so schlimm!' und ‚Werden ihnen die Mahlzeit schon versalzen!' Wir hätten ihm am liebsten die Fresse poliert.»

Ein Fußtritt läßt die Tür auffliegen, und der Rumäne, der vorher in dem Ofen gestochert hatte, zwängt sich mit dem dampfenden Kessel herein. Er wuchtet ihn auf den Tisch und reibt sich die versengten Hände. Ueber den Rand des Kessels ragt das klobige Ende eines Knochens heraus. Im Nu erfüllt das Zimmer der Lärm eines orientalischen Basars. Unter Geschrei und Gezeter teilt der Koch die wässerige Brühe aus. Er selbst sichert sich den riesigen Knochen, an dem keine Faser Fleisch mehr haftet, und suckelt daran herum.

«Am nächsten Morgen kamen sie dann», fährt der Wachtmeister fort, als es ruhiger geworden ist. «Vier Panzer und ein Haufen Iwans zu Fuß. Die sogenannte Infanterie vorn war gleich weg, und unsere wären am liebsten auch mit. Aber wer läßt gern seine Kanone im Stich, solange noch ein Schuß rausgeht? Und zuerst ging's ja auch ganz gut. Den ersten Panzer erwischten wir mit dem dritten Schuß. Er schmorte ab wie 'ne Pechfackel. Und die Vierlingsflak, das ist, wie wenn man mit dem

Ochsenziemer dazwischenfuhrwerkt. Die Iwans spritzten nur so auseinander. Auch der zweite Panzer blieb liegen. Aber dann hatten sie uns, natürlich. Die rechte 8,8 bockte hoch wie ein störrischer Esel, und die Fetzen flogen nur so herum. Dem Richtkanonier waren die Arme ab bis zum Ellbogen. Er rannte immer um den Schrotthaufen herum und reckte die Stümpfe hoch und schrie. Hinter ihm war der ganze Schnee voll Blut. Na ja... Nur die Vierlingsflak schoß noch. Aber die Iwans waren alle verschwunden, sie saßen vielleicht in den Bunkern. Auch die beiden T 34 drehten ab. Dabei hätten sie jetzt nur zu kommen brauchen, es hätte ihnen keiner mehr was getan.»

Die Rumänen sind inzwischen wieder in ihre winterschlafähnliche Apathie zurückgefallen. Ihre reglosen, eingefallenen Gesichter sind wie Totenmasken. Nur die Augen funkeln aus dunklen Höhlen heraus in einem Lichte, das nichts Menschliches mehr ausstrahlt. Sie wenden auch nicht die Köpfe, als die Tür zum Nachbarzimmer sich kreischend öffnet. Herein zwängt sich ein Mädchen, vielleicht 14 Jahre alt, ein frühreifes Geschöpf mit einer schwarzglänzenden Ponyfrisur und einem engen Rock, der die Knie frei läßt. Ihr folgt ein hagerer, grauhaariger Mann in Zivil von dem Typ, den die Russen mit der Bezeichnung «Buchhalter» umreißen. Das Mädchen entnimmt dem Büfett einen Teller mit Sonnenblumenkernen, und gegen das Möbelstück gelehnt, beginnen die beiden zu essen, ohne ihre überlaute und ungenierte Unterhaltung zu unterbrechen. Wovon mögen sie sprechen? Von morgen und übermorgen vielleicht, von dem, was war und wieder sein wird. Sicherlich nicht von heute und jetzt. Da ist nichts mehr von Furcht oder Haß oder kriecherischer Unterwürfigkeit. Die beiden scheinen die Fremden, die ihr Haus besetzt halten, überhaupt nicht zu sehen. In einer ungezwungenen, erschreckend natürlichen Nichtachtung spucken sie die Schlauben der Kerne auf die Schlafenden. Morgen wird man den Unrat hinauskehren.

«Los, weiter! Erzählen Sie schon!» — Breuer schreit es über die reglosen Rumänenfratzen hinweg zu den Russen hinüber. Eine heiße Wutwelle überflutet ihn und verdunkelt für Augenblicke sein Sehfeld. Er versteht plötzlich, wie jemand zum Amokläufer werden kann.

«Wie? Ach so, ja —» Der Wachtmeister reißt seinen Blick von den blanken Knien des Mädchens los. «Ja, also, wo waren wir . . . Richtig . . . Ich weiß nicht, wer da zuerst von ‚Gegenstoß' gefaselt hat. Mag sein, daß es 'ne Schnapsidee von unserem Alten war, vielleicht aber hat's auch der Leutnant selbst aufgebracht. Jedenfalls war er gleich davon besessen. Wir müßten die Bunker vorn wieder nehmen, und jetzt sei der richtige Moment für 'ne Ueberrumpelung, und wer freiwillig mitmache. Keiner meldete sich, auch von seinen eigenen keiner. Er sah aus, daß ich dachte, er zerplatzt wie 'ne Sprenggranate mit Zeitzünder. Und mit einmal brüllt er: ‚Vorwärts! Mir nach!' und hat die Pistole raus und ist schon den Schneewall hoch und prescht über den Schnee. Und keiner folgt ihm, kein einziger. Seine drüben sahen sich an und sahen uns an und zuckten mit den Schultern. Er lief und lief und sah sich nicht ein einziges Mal um. Dachte wohl, daß wir alle nachkommen. Natürlich ging gleich ein ziemlicher Feuerzauber los, und mit einmal war er weg, wie vom Boden gefegt, ja . . .

Gegen Abend kam dann der Befehl zum Abmarsch. Der Alte war schon fort, auch die Flugplatzleitung. Die von Leutnant Dierk waren als erste weg. Es war, als wenn ihnen der Teufel im Genick saß, und der Teufel, das war wohl ihr schlechtes Gewissen. Nun ja, sie waren freiwillig gekommen, wir konnten sie nicht halten. Aber mir ging der Leutnant nicht aus dem Kopf, wie er da so ganz allein . . . Als es dunkel war, kroch ich los, mit meiner ‚08' und 'ner Taschenlampe. Vorn rechts kokelte immer noch der Panzer. In einem Bunker fand ich ihn endlich. Sie hatten ihn gehörig zur Sau gemacht, aber er war ganz klar im Kopf und sah mich an. Sah mich nur an und sagte kein Wort. In einer Ecke lag ein toter Iwan.

Auf dem Rückweg kriegte ich dann das Ding hier verpaßt. Unsere waren schon fort. Mit den Fetzen, die ich von dem toten Richtkanonier abwickelte, hab' ich ihn und mich erst mal verbunden. Er ließ alles mit sich machen. Aber geredet hat er nicht. Bis heute nicht. Kein einziges Wort. Irgendwas ist da wohl in ihm kaputt gegangen, wer weiß . . . Und nun schleppe ich mich hier mit ihm ab, ja . . . Es ist Quatsch, ich weiß es . . . Aber sagen Sie selbst, wozu . . . wozu habe ich ihn schließlich da herausgeholt . . .?»

Es ist dunkel geworden. Ein paar Zigarettenfünkchen bewegen sich träge durch die Finsternis, leuchten kurz auf und erhellen für Augenblicke Teile eines Gesichtes. Breuer starrt auf diese Fünkchen hin. Wozu ... ja, wozu? Auch Wiese lag in einem Erdloch, ihn hat niemand herausgeholt ... Darf man fragen, wozu?

Er fühlt eine Hand über seine Glieder tasten. Er schlägt hart zu, die Hand verschwindet geräuschlos. Er wagt mit einmal nicht mehr laut zu sprechen.

«Wir müssen wachen», raunt er dem Wachtmeister zu. «Abwechselnd, jeder zwei Stunden. Und morgen weg von hier, egal wohin! Hier können wir nicht bleiben. Sie machen uns kalt. Um ein Stück Knäckebrot machen sie uns kalt.»

*

Das Gebäude der Ortskommandantur war ein steinerner Koloß, wie sie die roten Russen selbst in kleineren Städten mit großem Aufwand zu errichten pflegten als Symbole der Allmacht ihres Staates. Obwohl mit seinen zwei massigen Seitenflügeln ein weithin sichtbares Ziel, war dieser graue Klotz inmitten des Ruinenwaldes doch kaum beschädigt. Es schien, als ob die Ehrfurcht vor dem Stadtsowjet, der einst hier residierte, auch jetzt noch eine Art Tabu um das Bauwerk legte.

In den bombensicheren Kellern saß seit den Herbsttagen die «Ortskommandantur Stalingrad-Mitte»: ein alter General, der für anderes nicht mehr zu gebrauchen war, mit Akten und Listen und einem Dutzend Schreibkräften, dazu ein Zug Feldgendarmerie. Als sie hier einzog, lagen große Aufgaben vor ihr. Die Pläne für die Erschließung und Ausnutzung der riesigen Wolgastadt waren fertig. Doch die Erfassungskommandos und Voraustrupps zahlreicher Wirtschaftsstäbe, die ungeduldig der kämpfenden Truppe gefolgt waren, reisten sehr schnell wieder ab, und die Kommandantur kam nie so recht zum Zuge. Jetzt klammerte sie sich in verlogener Geschäftigkeit an ihre sinnlosen Papierstöße, angstvoll bemüht, die sicheren Quartiere nicht zu verlieren. Tun konnte sie nichts mehr. Nicht einmal in den Stockwerken über ihren Köpfen konnte sie Ordnung schaffen.

Dort oben hatte sich eingenistet, was bei Tage und bei Nacht von Süden, Westen und Norden in die zerstörte Stadt hineinströmte. Scharen von Verwundeten und Kranken aus den Höhlen vor der Stadt, von erschöpften Versprengten, dazu lichtscheues Gesindel, das im Schutze der Masse unterzutauchen hoffte und nachts auf Raub auszog. Kroaten und Rumänen darunter, russische «Hiwis», Eisenbahner von einem Vorkommando, das den Bahnhof Stalingrad auf seine Verwendbarkeit untersuchen sollte. Auch eine deutsche Frau darunter. Eine Frau? Nun ja, eine Frau. Wer kümmerte sich hier schon um Frauen!

Und immer neue strömten hinzu. Das Wort «Ortskommandantur» wirkte wie ein Magnet. Es roch nach Ordnung und Sicherheit, weckte dumpfe Erinnerungen an Urlaub und Lebensmittelkarten. Sie krochen in den schon überfüllten Räumen zusammen. Mit den Parkettplatten machten sie offene Feuer, deren Qualm durch die Luftlöcher in den Fensterverschalungen entwich und in dicken Schwaden durch die langen Korridore strich. In den Aborten — gekachelten Aborten — häufte sich der Kot einen halben Meter hoch, und die vom Durchfall ausgezehrten Dauerbenutzer mußten über bizarre, steinhart gefrorene Gebirge klettern. Manchmal riß eine Granate ein Loch in die Wand. Die Toten blieben liegen und gefroren zu Eis, bis neue Besucher sie auf die Gänge hinausschleppten und den Raum notdürftig wieder herrichteten.

Die Kommandantur hatte vor diesen Zuständen kapituliert. Seit ein vorwitziger Feldgendarm, der sich allein nach oben gewagt hatte, eines Morgens nackt und mit zerschmettertem Schädel auf dem Hof gefunden worden war, hatte sie sich damit begnügt, durch Posten Ein- und Ausgang zu kontrollieren. Auch dieses mit fragwürdigem Erfolg.

Herbert und Geibel hatten Glück, daß es schon dunkel war, als der Lkw sie in der Nähe der Ortskommandantur absetzte. «Das ist ein ganz großes Lazarett», hatten sie gesagt, «da seid ihr gut aufgehoben.» — Als Herbert das Durcheinander vor dem Eingang und die stahlhelmbewehrten Gendarmen sah, wußte er, was zu tun war. Er schlich um das Gebäude herum und fand schließlich eine mit Brettern vernagelte Seitentür. Mit Mühe lockerte er zwei der verwitterten Planken, schob den halb bewußtlosen Geibel hindurch und kroch selber hinein.

Die Nacht verbrachten sie in dem dunklen, eiskalten Treppenhaus, eng in eine Ecke gepreßt. Herbert versuchte sich an Geibels Fieberhitze zu wärmen, trotzdem fand er keinen Schlaf. Geibel schob sich stöhnend umher, zuweilen murmelte er hastige, unverständliche Sätze.

Sobald es hell wurde, zog Herbert auf Erkundung los. Er

hoffte auf einen Arzt, einen Sanitäter. Er fand nichts dergleichen. Er fand nur Zimmer, große und kleine, stinkende, qualmende, vollgerammelt mit Menschen. Flüche schallten ihm entgegen, ein Ziegelbrocken flog an seinem Kopf vorbei. Der Bau schwankte und zitterte unter Bombeneinschlägen, und in den Gängen brach sich grollend der Widerhall der Explosionen.

Mit einmal konnte Herbert nicht mehr weiter. Seine Beine gehorchten nicht mehr. Er zwängte sich durch eine halb offene Tür und lehnte sich gegen die Wand. Ein mattes Halbdunkel umfing ihn. In der Mitte des Raumes schwelten die Reste eines Feuers. Ein betäubender Gestank drohte ihm den Atem abzuschnüren, aber hier war es warm und still. Einen Augenblick lang wurde es Herbert schwarz vor den Augen.

«He — was fehlt dir denn?» fragte neben ihm eine Stimme.

«Nichts», murmelte Herbert, «nur müde.» Instinktiv hob er die Hand vors Gesicht in Erwartung eines Wurfgeschosses.

«Nichts?» fragte die Stimme voll strenger Verwunderung. «Dir fehlt gar nichts?» — Offenbar klang es höchst unglaubwürdig, daß noch jemand hier in Stalingrad umherirrte, dem nichts fehlte. Herbert versuchte den Sprecher zu erkennen. Er sah ein Wesen, das sehr aufrecht an der anderen Seite der Tür auf dem Boden thronte. Auf einem winzigen Gesicht saß eine spitze, hinten zusammengenähte Fellmütze. Auf einem Mantel, der die Beine bedeckte, lagen die Hände, sehr kleine Hände. Eine seltsame Mischung von Buddha und Gartenzwerg.

«Nein, gar nichts fehlt mir», antwortete Herbert verlegen, als schäme er sich dieser unbefriedigenden Antwort. «Aber unten habe ich einen, den hat's ziemlich erwischt.»

Der Zwerg schien beruhigt. «Dann könnt ihr bleiben», verkündete er gnädig. «Du hilfst mir beim Feuermachen. Und dann schaffen wir den da drüben hinaus. Er stinkt nämlich schon. Ich hab's schon versucht, aber ich schaffe es nicht allein.»

Herberts Augen gewöhnten sich allmählich an das schwache Licht, das durch zwei kleine Oeffnungen in den Fensterverschalungen fiel. Er begann Einzelheiten wahrzunehmen. Bis auf den kleinen Platz in der Mitte, wo die Feuerreste kokelten, war das Zimmer dicht mit Menschen belegt. Die meisten rührten sich nicht. Irgendwo klang ein röchelndes Schnarchen auf, das seltsam laut in der unheimlichen Stille des Raumes stand. Unter einem der Fenster saß jemand und schnitt mit einer Schere schmale Streifen von seinem Mantel ab. Von Zeit zu Zeit hob er die Streifen mit beiden Händen ins Licht und musterte sie. «Paßt nicht», murmelte er und schnitt weiter.

«Sechs Tage ist er hier», sagte der Zwerg. «Du kannst ihn ruhig ansprechen, er hört nichts. Er trinkt auch nichts. In den sechs Tagen hat er noch nichts getrunken.» Seine flinken Augen folgten Herberts wanderndem Blick mit dem Stolz eines Schaubudenbesitzers, der seine besten Stücke vorführt.

«Sieh mal da!» Er lenkte Herberts Blick nach links hinüber. Dem Mann, der da saß, fehlte der linke Arm. Mit der rechten Hand hielt er den durchbluteten Stumpf. Sein Oberkörper schwankte von hinten nach vorn und wieder zurück mit der Regelmäßigkeit eines Uhrpendels.

«Das ist ein Leutnant, du! Vorgestern kam er noch ganz allein. Jetzt hört er auch nichts mehr. Nur wenn du ihm Schneewasser bringst, wacht er auf. — Uebrigens Schnee ... Du mußt jetzt für uns Schnee holen, zweimal am Tag mit allen Kochgeschirren. Wir hatten hier einen, dem fehlte auch nichts. Nur ein Oberarmdurchschuß. Er holte immer Schnee. Aber gestern früh ist er fort. Er sagte, er hält's nicht mehr aus, der Dummkopf. — Ich selbst kann nämlich nicht mehr hinunter, weißt du.»

Er zog den Mantel von seinen Füßen. Zwei schwarze Knobelbecher kamen zum Vorschein. Ihre Spitzen waren abgeschnitten. Aus den Löchern steckten die blanken Knochen der zehn Zehen heraus. Herbert starrte mit tränenden Augen darauf hin. Etwas würgte ihn im Halse.

«Anfangs schmerzten sie ja», sagte der Zwerg und musterte seine Füße liebevoll. Es war das beste Stück in seiner Sammlung. «Jetzt schmerzen sie gar nicht mehr. Ich spüre sie überhaupt nicht. Praktisch, was?»

Er schob sich vorsichtig an der Wand hoch und stakte mit steifen Beinen wie auf Stelzen über die Liegenden hinweg. Mit Mühe schafften sie den Toten hinaus. Es war Zeit, er roch wirklich schon. Draußen auf dem Gang würde der Frost ihn konservieren. Dann holte Herbert Geibel herauf. Sie betten ihn auf den Platz des Toten. Sein Gesicht war rot und aufgedunsen, er war nicht bei Bewußtsein.

Neben Geibel lag einer, an dem Herberts Blick hängen blieb. Dieser Mann lächelte. Er hatte ein seltsam schönes Gesicht von einer bläulich-weißen, durchsichtigen Zartheit. Seine Augen blickten in strahlende Fernen, den wie in köstlicher Erwartung geöffneten Mund umspielte ein kindlich heiteres Lächeln. Seine Hände griffen behutsam tastend über die Decke, als pflückten sie Blumen von einer himmlischen Wiese. Die Decke aber, die auf ihm lag, sah merkwürdig aus. Sie schien mit einer dicken, körnig glänzenden Gummischicht imprägniert zu sein.

Der Zwerg sah Herbert aufmerksam an und genoß seine tiefe Verwunderung.

«Läuse», sagte er dann bedeutsam, «nichts als Läuse! Interessant, nicht?»

Herbert beugte sich hinunter. In der Tat, diese Decke war irgendwie lebendig, war voll eines fluoreszierenden Lebens. Es waren Läuse. Myriaden von Läusen. –

In der Nacht geschah noch etwas Schreckliches. Ein Schuß krachte. Herbert klatschte etwas Schmieriges aufs Gesicht. Er wischte es ab und kroch wimmernd unter seine Decke.

Er machte kein Auge mehr zu.

Am Morgen sahen sie, was geschehen war. Der Leutnant, der mit dem Armstumpf, hatte sich durch den Kopf geschossen.

*

«Na, dann wollen wir uns mal Ihr Wehwehchen ansehen, Herr Oberleutnant!» – Der junge Unterarzt hat ein freundliches Gesicht und ruhige Hände, trotz des Kommens und Gehens in dem Kellervorraum, der ihm als Ambulanz dient, und trotz der Hunderte von Verwundeten in den umliegenden Katakomben, in dem «Lazarett», wie sie es nennen.

Breuer sitzt in einem der verschlissenen Gobelinsessel, die sich von wer-weiß-woher hierhin verirrt haben. Er blickt in das matte Licht, das durch ein verschmutztes Kellerfenster fällt, während der Arzt vorsichtig den Verband löst. Um ihn herum sind die Gesichter der Kameraden, von früher bekannte und nun wieder sehr vertraute Gesichter. Hauptmann Eichert, Leutnant Bonte, der kleine schwarzhaarige Adjutant, die beiden Kompanieoffiziere von der alten Panzerjägerabteilung, der Zahlmeister Schwiderski aus Danzig, den sie «Zahli» nennen. Wenig interessiert sehen sie den Manipulationen des Arztes zu. Was zählen hier schon Wunden, was bedeutet ein verletztes oder vielleicht verlorenes Auge! Sie sind alle verwundet. Der Leutnant Findeisen sogar fünfmal, und immer ist es gerade noch an lebenswichtigen Teilen vorbeigegangen. Das letzte war ein glatter Durchschuß durch beide Backen, als er sich im Einzelgang durch den russischen Sperriegel durcharbeitete. Jetzt ist sein Gesicht geschwollen wie eine Wassermelone, und seine Sprache hat Aehnlichkeit mit der einer adeligen Klavierlehrerin.

«Geblutet müssen Sie haben wie ein abgestochenes Schwein», meint der Arzt zu Breuer. «Vielleicht war das Ihre Rettung, das und der Frost. Daß keine Sepsis dazugetreten ist, ist jedenfalls ein Wunder.»

Ein Wunder, ja – eines von den kleinen Wundern, die allenthalben geschehen und die man sehen lernen muß. Auch was ihnen in den letzten 24 Stunden widerfahren ist, ist eine Kette solcher Wunder. Daß der Bessarabiendeutsche drüben in dem Blockhaus von der 1. rum. Kav.-Div. war und auch Hauptmann Wilhelmi, den deutschen Verbindungsoffizier, kannte, dem Breuer einmal bei Businowka begegnet war. Daß er von diesem Keller hier wußte, in dem sein Divisionsstab lag, und daß er Breuer für drei Zigarillos den weiten Weg über die Zarizaschlucht, über Bahnanlagen und Höfe hierher geführt hatte. Und daß er dann, als der Hauptmann gerade lebhaft bedauerte – «Alles voll, leider, leider ... der General selbst mit acht Mann in einem Raum ...» – daß er dann, schon resignierend, plötzlich vor Eichert stand, dem vielgeprüften, längst Totgeglaubten. «Breuer, Sie? – Klar kommen Sie zu uns! Haben mich oft genug gerettet vor den Klauen der Federfuchser, was ...? Und den Dierk habt ihr bei euch, den Hermann? Also nun mal los, beeilt euch! Für drei Fresser mehr wird's schon noch langen!» Ja, es geschehen noch Wunder. Nur erzwingen wollen darf man sie nicht. Seitdem weiß Breuer, daß hier in Stalingrad für ihn nicht das Ende ist. Daß es noch weitergeht. Aber wohin und wozu? Die Wände um ihn sind voller Zeichen. Doch er kann sie nicht deuten.

«Jetzt halten Sie sich mal fest, es wird etwas weh tun!»

Mit einem Ruck reißt der Arzt den Rest des verkrusteten Lappens herunter. Ein greller Schmerz schießt Breuer ins Gehirn und jagt Bilder wie Blitze über eine Leinwand. Pfarrer Peters: «Dem Menschen Hilfe bringen in seiner einsamen Not ... Hüter des Menschenbildes ...» – Lakosch, der reine Tor, der auszog, eine Armee zu retten – Wiese: «... nichts dagegen getan –»

Wozu, mein Gott, wozu? Wo ist die Antwort? Vielleicht ist sie ganz nah und ganz einfach? So einfach, daß man sie eben darum nicht sieht?

«Das Auge selbst scheint nicht beschädigt zu sein», hört er wie aus weiter Ferne die Stimme des Arztes. «Halten Sie mal das rechte Auge mit der Hand zu und versuchen Sie das linke zu öffnen! — Sehen Sie etwas?»

Breuer bemüht sich, das verschorfte Lid zu heben. Es ist wie mit Steinen beschwert.

«Ja», murmelt er, «ich sehe etwas. Einen ganz schwachen Schimmer. — Ich glaube, es wird hell.»

*

In einer Fachwerkhütte des westlichen Stadtteils hausten die Reste einer Flakbatterie. Eine 5-cm-Kanone hatten sie nach Gutdünken in Stellung gebracht und feuerten damit gelegentlich zu ihrer Beruhigung die Straße entlang. Manchmal erschien irgendein unbekannter Offizier und sprach mit großen Gesten von neuen Linien und Stellungen. Sie sagten jawohl und grinsten hinter seinem Rücken. Unter dem Kommando ihres vierschrötigen Hauptmanns führten sie ihren eigenen Krieg. Es ging ihnen dabei nicht schlecht. Sie hatten zwei Verpflegungsbomben «geborgen» und mehr als genug zu futtern. Und das war ja schließlich die Hauptsache!

Seit zwei Tagen hatte Sonderführer Fröhlich hier Zuflucht gefunden. Eine MP mit Munition war immerhin etwas wert, und außerdem sprach er Russisch. Solche Leute konnte man brauchen. Wer konnte wissen, was noch geschah! So duldete man ihn, nahm mit gutmütigem Spott seine phantastischen Lagebeurteilungen zur Kenntnis und schob ihm manchmal ein Stück Brot oder den Rest einer Konserve hin. Fröhlich kam dabei wieder etwas zu Kräften.

Trotzdem wollte er hier nicht bleiben. Es war ihm unheimlich. Flog da abends, als sie in müdem Gespräch um ein paar brennende Kerzenstummel herumsaßen, die Tür auf, und zwei Männer kamen herein. Zwei Männer in Walinkis und kurzen Pelzen, braune Wintermützen auf dem Kopf.

Der Hauptmann fuhr hoch. «Was ist los? — Was wollt ihr?»

Die Männer sahen sich gelassen im Zimmer um.

Der Hauptmann hangelte nach seinem Koppel mit der Pistole, das an der Wand hing.

«Russen, was?»

Der eine winkte begütigend ab. «Nix, nix! Nix Soldat! – Gutt Freund!»

Und ehe die anderen noch recht begriffen hatten, waren sie wieder verschwunden.

Der Hauptmann war bleich geworden. «Haben Sie das gesehen?» sagte er zu Fröhlich.

Fröhlich antwortete nicht. Natürlich hatte er es gesehen! Er sah genau, was los war: Die Russen sickerten durch die verschwommene Verteidigungslinie langsam in die Stadt ein. Nein, das war hier nicht das Richtige. Er hatte nicht Lust, sich über Nacht ausheben zu lassen, ehe der Führer kam. Morgen würde er sich davonmachen. Er hatte etwas Verpflegung aus den Beständen der Flakleute «sichergestellt». Das Brot steckte zerschnitten und wohlverpackt in den Schäften seiner Filzstiefel, die er nicht von den Füßen ließ. Zwei Büchsen Oelsardinen und eine Hartwurst waren im Futter seines Mantels verborgen.

Am nächsten Morgen – Fröhlich wollte sich gerade zum Aufbruch rüsten – schob der Oberwachtmeister einen Vagabunden zur Tür herein.

«Herr Hauptmann, jetzt haben wir das Schwein, das uns immer beklaut!»

Der Vagabund steckte in einem zerrissenen Mantel von unbeschreiblicher Farbe. Auf seinem Gesicht klebte eine Dreckkruste, aus der zollange Bartstoppeln wie die Borsten einer Scheuerbürste hervorstachen. Ein verfilzter Haarschopf hing ihm in die Stirn. Um seine linke Hand klebte ein schmieriger Lappen, von dem ein bestialischer Gestank aufstieg. Der Kerl schien sich tagelang in einer Jauchekuhle gesielt zu haben.

Der Hauptmann stand auf.

«Du klaust hier, du Mistvieh?» Er schlug dem Mann die Handkante ins Gesicht. «Beklaust deine Kameraden, was?»

Der Oberwachtmeister tastete den Mann ab und riß ihm dann den Mantel auf. «Sehen Sie mal hier, Herr Hauptmann, ein braunes Koppel und 'ne ‚Mauser'! Der scheint Offizier zu sein. Die Schulterstücke hat er abgeschnitten. Hier sieht man ja noch deutlich die Enden!»

«Was, ein Offizier? Das ist doch ... Gehen Sie mal da weg, Gerke!» Der Hauptmann trat wieder näher. «Sie sind Offizier?»

Der Mann antwortete nicht. Sein fiebriger Blick huschte umher wie der einer gefangenen Ratte.

«Zeigen Sie mal Ihr Soldbuch!»

Der Mann fingerte an seiner Brusttasche herum und brachte ein speckiges Heft zum Vorschein. Der Hauptmann blätterte darin und warf es dann auf den Tisch.

«Und Sie schämen sich nicht, Verpflegung zu klauen?»

«Ich weiß nicht», murmelte der Mann. «Der Hunger ... Ich war so verwirrt ...» Er leckte das dunkle Blut ab, das von der Nase zu seinem Mund hinabrieselte.

Der Hauptmann kniff die Lippen zusammen und fixierte den Mann schweigend. Dann zog er seine Uhr hervor. «Sie haben da Ihre Pistole. Sie verschwinden jetzt drüben im Scheißhaus! Ich gebe Ihnen fünf Minuten Zeit. – Sie verstehen mich doch!»

Der Mann hob seine Hand und beschrieb eine fahrige Geste, als wollte er damit etwas sagen, was nicht über seine Lippen kam. Dann drehte er sich um und wankte hinaus. Der Oberwachtmeister folgte ihm beflissen.

Fröhlich saß am Tisch, seine Zähne klapperten. Das Brot in den Stiefeln umschnürte seine Beine wie mit Eisenklammern. Der Hauptmann sah stumm und verbissen auf die Uhr.

Nach einer Weile, die endlos zu sein schien, kam der Oberwachtmeister zurück. «Da passiert immer noch nichts!» sagte er.

«Na – dann helfen Sie mal etwas nach!» sagte der Hauptmann. Er zündete sich eine Zigarette an und trat an das Fenster.

Fröhlich zog mit zitternden Fingern das Soldbuch heran. Er schlug die erste Seite auf.

«Unteroffizier», stand da. Und darunter, durch ein schwarzes Kästchen eingerahmt:

«1. 10. 1940 Feldwebel». Und wieder eine Zeile tiefer:

«23. 12. 1942 Leutnant». Und dann stand da in schwungvoller Kanzleischrift: «Günther Harras» – – –

Fröhlich wurde es übel. Er stieß das Heft weg, als hätte er Feuer berührt.

Der Oberwachtmeister kam zurück.

«Erledigt!» meldete er stramm.

«Gut», sagte der Hauptmann.

*

Mit sturer Regelmäßigkeit beschießt ein Granatwerfer das Haus. Ein Schuß vorn auf die Straße, einer auf den Hof, ohne jedes warnende Geräusch. Ueber ihnen ist eine Betondecke und darüber vier Stockwerke fast unversehrtes Mauerwerk. Die bringt keine lumpige Werfergranate zum Einsturz. Aber das Holzsammeln für den Kanonenofen, das sie abwechselnd betreiben, ist zu einer gefährlichen Betätigung geworden. Und das Erledigen der natürlichen Bedürfnisse! Zum Teil läßt sich dieses Geschäft von der Kellertür aus erledigen, und der Platz vor dem Eingang ist bereits mit einer dicken, welligen Eisschicht bedeckt. Aber doch eben nur zum Teil. Wachtmeister Addicks hat für Dierk einen alten Blecheimer besorgt. «Swinaja Tuschonka» steht in russischen Buchstaben darauf, «Schweineschinken», und als Hersteller zeichnet ein Herr Oskar Meyer aus Chikago. Amerikas Beitrag zum Rußlandkrieg! Addicks hilft dem verwundeten Leutnant bei dessen Benutzung und hält den Eimer peinlich sauber. Die anderen aber müssen, von ihren mannigfachen Verwundungen behindert, hinaus auf die Schuttberge im Hof.

Von einem solchen unfreiwilligen Ausflug bringt Leutnant Findeisen seine sechste Verwundung mit.

«Man kann nicht einen Augenblück den Orsch vor die Tür höngen, ohne daß oiner darin rumpolkt!» schimpft er, mit der einen Hand die Hose festhaltend, die andere auf die blessierte Kehrseite gepreßt. Er kann nun nicht mehr sitzen und muß nachts auf dem Bauch liegen. Sein Humor bekommt etwas Galliges. Seine Verwundungen sind alle irgendwie nicht fein, und das ärgert ihn. Eichert dagegen mit seinem Kopfverband würde das Titelbild jeder Soldatenzeitung zieren.

Während der kurzen Tagesstunden sammeln sie Läuse, mehr zum Sport als in der Hoffnung, dieser Plage noch Herr zu werden. Die Läuse von den speckigen Uniformkragen sind schmutziggrau, auf Pullovern und Strickwesten finden sich schwarze, braune und blaugraue. Was sie aus den Nähten der Unterwäsche herausklauben, ist manchmal hell und durchsichtig wie Glas. Sie vergleichen ihre Fundstücke, und seltene Farbnuancen werden begutachtet und bewundert. Leutnant Bonte hat seinen Ehrgeiz darein gesetzt, die Kombination schwarz-weiß-rot zusammenzustellen; aber die von Eicherts feuerrotem Halstuch bringen es nur zu einem schäbigen Gelbbraun.

Und noch einen anderen Trick haben sie: sie rasieren sich. Das Zubereiten des Wassers, das Schärfen der Klingen, das Einseifen ist fast eine sakrale Handlung. Es gibt Haltung und bildet die letzte Brücke zur Zivilisation. Auch Breuer und der Wachtmeister kratzen stillschweigend ihre Bärte ab. Selbst Dierk, der sich mit Wundfieber quält, wird rasiert, und er läßt es geschehen wie alles andere.

Breuer verschläft vom Tage so viel, wie er nur kann. In Mantel und Decke gehüllt, den Wäschebeutel im Genick und den Kopfschützer übers Gesicht gezogen, schläft er auf dem blanken Zementfußboden, ungestört durch die Einschläge ringsum und das Schreien vorn in der Ambulanz. Er ist dankbar für diesen gnädigen Schlaf. Das Erwachen ist wie ein Auftauchen aus einer Welt unermeßlicher Klarheit. Die Antworten, die er dort fand, sind ihm zerronnen und wohl auch nicht in Worte zu kleiden. Aber Kraft und Ruhe bleiben zurück.

Sobald er wach ist, kommen sie mit ihren Fragen.

«Sie waren doch beim Stab, Sie müssen doch was wissen! — Was glauben denn Sie?»

«Ich? Ich weiß nichts. Aber ich glaube, daß es aus ist.»

«Wie, aus? — Sie glauben, daß er uns nicht rausholt? — Sie sind ja verrückt, Mann!»

Leutnant Schulz, der mit den zusammengewachsenen Brauen über unruhigen Augen, fuchtelt mit einem Zettel vor seinem Gesicht herum:

«Hier, Mensch, ein Tagesbefehl! Von Paulus! Datum 20. 1.: *‚Wir wollen weiter auf die nahe Befreiung hoffen, die schon auf dem Wege zu uns ist.'* Das schreibt man doch nicht, wenn ... Oder glauben Sie, daß Paulus uns betrügt? — Daß der Führer uns betrügt?»

Breuer zuckt die Achseln. «Bei Höhe 102 sind die Russen über den ‚Tennisschläger' zur Wolga durch, das hörte ich gestern. Es gibt jetzt zwei Stalingradkessel, die Hitler befreien muß.»

Er sagt nicht mehr, er hat Mitleid mit diesen Männern. Als Panzerjäger-Abteilung haben sie im Rossoschkatal gekämpft und geblutet, als «Festungsbataillon I» an den Kasatschihügeln, als «Einsatzgruppe Eichert» bei Pitomnik und zuletzt vorn am Bahndamm, wo sie, ein kümmerliches Häuflein noch, sechs Panzer abschossen. Jetzt sind sie am Ende. Ueber den weiten Weg bis zur Wolga verstreut liegen ihre Toten. Sie haben mehr getan, als man Menschen abverlangen darf. Zum Nachdenken haben sie keine Zeit gehabt. Sie haben viel nachzuholen.

«Ja, es ist alles Schwindel, ich glaub's langsam auch», sagt Dr. Bonte, der Adjutant. «Kein Schwein holt uns hier mehr raus. Aber ich will hier nicht verrecken wie ein Hund, ich will nicht!» Er schreit es heraus und schwenkt seinen zerschossenen Unterarm wie eine Schneekeule. Dierk sieht ihn aus großen Augen an. Dierk — sein Arm ist jetzt sauber verbunden, die Halsverletzung war glücklicherweise nur ein Streifschuß. Er hat gute Chancen durchzukommen, meint der Arzt.

Abends studieren sie drüben bei den Rumänen die Lagekarte. «Sehen Sie hier», sagt der rumänische Rittmeister und fährt mit dem Finger die schwarzen Pfeile entlang, «ein Stoß hier über Kotelnikowo, Sie sehen? Und hier ein zweiter über Kalatsch, nicht wahr? Eine große Operation!»

«Du lieber Himmel», sagt Eichert, «so weit ist die Front zurückgefallen? Das sind ja fast 300 km! Und ich dachte, sie stehen noch auf den Donhöhen . . .»

«Nicht, nicht!» begütigt der Rumäne. «Nicht 300 Kilometer! Das ist alt, überholt!»

«Ja, wißt ihr denn etwas, Mann? — Erzählen Sie doch!»

«Nun», lächelt der Rumäne und spreizt die Finger seiner beiden Hände, «man hört . . . man weiß . . .» Vielleicht glaubt er wirklich, daß er etwas weiß. —

Als sie wieder in ihrem Keller sind, sagt Hauptmann Eichert: «Wir machen eine Festung aus diesem Steinkasten! Hier holt uns der Führer raus oder keiner, versteht ihr?»

«Mit wem wollen Sie verteidigen?» fragt Breuer ruhig. «Mit denen, die hier im Block liegen?»

Eichert streicht sich über den Kopfverband. Die Verwundeten . . .

Jenseits des Ganges beginnt das «Lazarett». In den vorderen Kellerräumen, die zu dem neuzeitlichen Häuserblock gehören, liegen die maroden Kameraden, die man von dem letzten Einsatz am Bahndamm bis hierher mitgeschleppt hat. Hier ist noch Ordnung und Uebersicht. Dahinter aber geht es weiter. Durch aufgebrochene Wände, glitschige Stufen hinauf und hinab, finstere Gänge entlang in ein Labyrinth feuchter Kellerlöcher, durch unerforschbare Eingänge irgendwie mit der Außenwelt verbunden. Eine der vielen stinkenden Sammelgruben für den menschlichen

«Abfall». Dort verfaulen und verkommen sie. Dort geht der Typhus um und die Diphtherie, der Wundstarrkrampf und die Lungenentzündung.

Eichert und der Unterarzt sind in diese Hölle von Kot und Schmutz und Gestank und Stöhnen eingedrungen, und sie haben sich daran gewöhnt, einen Teil des Erforschten als ihren Bereich zu betrachten. Täglich machen sie ihren Rundgang. Der Arzt verteilt Pillen und Pulver. Die Pillen sind getrocknete Brotkügelchen, die Pulver etwas Mehl und Salz. Eichert spricht von der nahen Befreiung. Er sagt, was er glaubt, und auch manches, woran er nicht mehr glaubt. Auch eine Suppe gibt es täglich, einen Kochgeschirrdeckel voll heißen Wassers mit etwas Mehl oder Graupen. Manchmal auch ein Stück Brot. Nicht für alle, aber doch für diesen und jenen. Dafür sorgt der Zahli.

So versuchen sie zu helfen. Wenn sie von diesen Rundgängen zurückkommen, sind sie schweißnaß. Einmal haben sie eine Ueberschlagsrechnung gemacht. Auf mehr als 500 sind sie gekommen. Aber da sind auch die Toten dabei . . .

Mit Toten kann man nicht kämpfen. Und mit Typhus- und Ruhrkranken auch nicht. Damit ist es doch wohl vorbei! —

«Was sollen wir denn tun?» fragt Hauptmann Eichert. «Seht *ihr* einen Ausweg?»

Sie schweigen. Dierks fragender Blick sucht die Gesichter ab. Es ist schwer, sich von allen Hoffnungen zu trennen. Sie haben Blitzkriege und Blitzsiege und Vormärsche und Kesselschlachten kennengelernt, auch Verteidigung und Absetzen. Unterzugehen, das haben sie noch nicht gelernt. Sie wissen noch nicht, wie das ist.

*

Das Ende kam.

Es kam von Westen mit hundert glühenden Mäulern, zerfetzte die dünne Auffangstellung, trieb laufende, schreiende, stürzende Menschen vor sich her, hämmerte die letzten drei noch feuernden Geschütze hinweg und fiel heulend und berstend über die Bunkerreihe her. Als hell lodernde Fackel stand es in den aufgerissenen Augen der Flüchtenden.

Und ein verrückter Befehl kam auf einem Motorrad: «Division riegelt nach Süden ab und hält befohlene Stellung bis zur letzten Patrone!» Statt der zwei Fronten jetzt drei, auf denen die Division kämpfen sollte. Aber es gab keine Division mehr. Auch kein Regiment, kein Bataillon mehr. Selbst zu einer Kompanie hätte es kaum noch gereicht.

So sah das Ende aus.

«Aus — vorbei», sagte General von Hermann und stand auf. Auch Oberstleutnant Danne erhob sich, sein Aermel wischte Karten und Befehle vom Tisch. Er trat dicht an den General heran und sah von unten her zu ihm hoch.

«Ein MTW steht bereit, Herr General! Zwei MGs sind darauf, dazu Handgranaten und MPs. Verpflegung und Sprit für 400 km. Stegen will mit, Hauptmann Martens, Oberst Zedwitz und ein Pionierfeldwebel.»

Der General sah über ihn hinweg an die Wand.

«Es ist nichts Unehrenhaftes dabei, Herr General!» fuhr der Oberstleutnant hastig fort. «Der Armeestab hat selbst, ich weiß es ... Der Ia und der Ic wollen im ‚Horch' über die Wolga.»

Der General blickte noch immer angestrengt auf die Wand.

«Tun Sie, was Sie für richtig halten, Danne», sagte er mit einem fremden Zug um den Mund. «Ich halte Sie nicht. Ich halte keinen mehr. Jeder muß nun *seinen* Weg gehen.»

Unter dem irrlichternden Blick des Oberstleutnants begann er eine seltsame Tätigkeit. Er holte seinen «guten» Rock mit den roten Spiegeln hervor und zog ihn an. Zwei Druckfalten liefen über den Rücken, aber das war nun nicht mehr zu ändern. Dann legte er alle seine Auszeichnungen an: die bunte Ordensschnalle, die er sonst nie trug, das EK 1 mit der Spange, das Panzersturmabzeichen, das silberne Verwundetenabzeichen, das Ritterkreuz. Er strich noch einmal das sorgsam gescheitelte Haar glatt, überprüfte im Handspiegel die Rasur und setzte die Feldmütze auf.

«Leben Sie wohl, Danne!»

Der Oberstleutnant rührte sich nicht, er starrte den General nur an. —

Draußen schien eine kalkweiße Sonne. Der Feuerüberfall war beendet. Vom linken Nachbarabschnitt strichen schwarze Rauchwolken heran. Schwemmgut von jenseits des Walles trieb vorüber, Artilleristen aus der zerschlagenen Feuerstellung, führerlose Haufen der aufgeriebenen Nachbardivision. Der General sah das alles nicht. Der alte Uebermantel ohne Rangabzeichen hing um seine Schultern, unten ragte der Kolben eines Karabiners hervor. Er hatte es nicht mehr weit.

Ein einsamer Mann stand auf dem Wege, ein Oberst im weißen Tarnzeug, mit weißer Pelzmütze. Vergebens bemühte er sich, die Flüchtenden aufzuhalten. Niemand beachtete ihn. Es war der Kommandeur der vernichteten Schwesterdivision.

«Das ist doch sinnlos», sagte Hermann im Vorbeigehen. «Kommen Sie mit!»

Der Angeredete sah den General einen Augenblick verdutzt durch seine Brillengläser an. Dann glaubte er zu verstehen. Natürlich! Ein General in der vordersten Linie, das konnte Wunder wirken. Beispiele aus der Geschichte fielen ihm ein, man brauchte gar nicht bis zu Cäsar oder Achill zurückzugehen. Er war Akademiker, Dr. phil., hatte vor dem Kriege die militärwissenschaftliche Abteilung des Reichsarchivs geleitet.

Vor ihnen lag der Wall, vor Jahrhunderten erbaut zum Schutz gegen Einfälle asiatischer Nomaden. Auch jetzt mußte er herhalten, das 20. Jahrhundert brauchte ihn noch. Der Oberst kletterte hinauf. In weiten Zwischenräumen lagen dort noch einzelne Männer und schossen. Sogar ein MG gab ein paar altersschwache Stöße von sich. Vorn aber, vielleicht 600 Meter voraus, war der Schnee weithin mit braunen Tupfen gesprenkelt. Russen. In drei Wellen kamen sie heran, eine gräßliche Uebermacht. Sie kamen aufrecht, wie bei einem Spaziergang. Jetzt bellte auch links ein MG los. Voll grimmiger Freude sah der Oberst, wie in die Linien der Russen Unordnung kam. Dann spritzte ihm eine Fontäne von Schnee und Dreck ins Gesicht. Erschrocken zog er den Kopf ein, um ihn herum zirpte und zwitscherte es. Teufel auch, was für eine blödsinnige Idee, sich hier oben zur Schau zu stellen! Nichts hatte es genützt, niemand war ihnen gefolgt! Vorsichtig, das Gesicht im Schnee, schob er sich ein Stückchen zurück und schaute sich dann nach seinem Nachbar um.

Und er erschrak zu Tode. Sechs Schritte von ihm entfernt, stand General von Hermann aufrecht auf dem Damm. Er hatte das Gewehr im Anschlag und schoß. Der Mantel war von seinen Schultern geglitten.

«Hinlegen!» schrie der Oberst, und sein erster Gedanke war: Welch eine Idiotie, auf 600 m stehend freihändig treffen zu wollen! «Hinlegen!» schrie er noch einmal, Rang und Uniform vergessend. «Sind Sie wahnsinnig?»

Und dann erst begriff er, daß es General von Hermann gar nicht ums Treffen zu tun war. Mit einmal wußte er alles, und dieses Wissen war wie ein körperlicher Schmerz.

Rastlos hämmerten die beiden MGs. Die Russen waren auf etwa 500 m heran. Sie arbeiteten sich jetzt kriechend vor und feuerten wild, erbittert über den unvermuteten Widerstand.

General von Hermann stand und schoß. Er zielte bedächtig, setzte langsam ab, lud durch und legte wieder an.

Der Oberst wandte sich ab und schloß die Augen. Er ertrug es nicht mehr. Er sah den General die Arme hoch werfen, sah ihn schreiend am Boden gekrümmt, sah ihn blind geschossen umhertappen. Er wartete auf etwas Entsetzliches, Grauenhaftes. Nichts geschah. Pschiu-pschiu hüit-hüit-hüit ziuuu . . . sangen die Kugeln um ihn herum. Rechts und links tackten die beiden MGs, als hasteten sie einem unbekannten Ziele zu.

Nach einer langen Weile blickte der Oberst auf. Der Platz, auf dem General von Hermann gestanden hatte, war leer.

Und dann sah er den General. Er lag ausgestreckt am Fuße des Walles. Der Oberst atmete tief, eine ungeheure Erleichterung durchströmte ihn. Vorsichtig rutschte er die Böschung hinunter. Der General regte sich nicht. Er lag auf dem Rücken, seine Augen blickten groß und leer in den Himmel hinein. Mitten auf der Stirn war ein kleines Loch. Ein Blutstropfen hing daran.

Der Oberst kniete nieder und drückte dem General die Augenlider zu. In seinen Fingern spürte er die Kälte, die schon von dem leblosen Körper Besitz ergriff. Sein Blick blieb an dem Ritterkreuz des Toten hängen. Es zeigte die Rückseite mit der Jahreszahl 1813. Dieser belanglose Umstand, ein Zufall sicherlich, rührte den Oberst zu Tränen. Er sah in diesem Augenblick nicht die tausend gräßlichen Gestalten, in denen der Tod über das Schlachtfeld von Stalingrad schritt. Er sah nur diesen einen so fremden, so abseitigen, so gnadenvollen Tod. Er dachte an Löns und Liliencron. «Kein schönerer Tod ist auf der Welt . . .» Er empfand es als tröstlich, daß dieser eine nicht mit abgefaulten Gliedern dahinsiechte, daß nicht der Hunger ihm die Lebenskraft aus dem Fleische fraß, daß kein qualvoller Unterleibsschuß die ebenmäßigen Züge dieses gepflegten Gesichtes verzerrte, daß ihn kein Volltreffer in Fetzen über das Land verspritzte. Er verspürte das «Gott mit uns», das doch und trotz allem über diesem Sterben lag. Und dieses alles trieb ihm ein Wort auf die

Lippen, das er sonst nur selten und dann nur für längst Vergangenes gebrauchte. «Ein Held», murmelte er bewegt.

«Ein Held!» sagten später auch die Divisions- und Korpskommandeure und die Generäle im Armeestab, als die Kunde von General von Hermanns letztem Gang zu ihnen gelangte. «Der Held von Stalingrad!» Sie sagten es gern und eifrig und ohne Neid, von Herzen froh, daß wenigstens einer der Ihren die Last der letzten Konseqenz auf seine Schultern genommen hatte.

Auch bis nach draußen drang die Kunde. Und die Propaganda griff mit gierigen Fingern danach und machte einen Mythos daraus. «Generale und Grenadiere Schulter an Schulter im letzten Kampf unter der wehenden Hakenkreuzfahne!»

Die Wahrheit kehrte nicht heim. Sie war tot.

*

Es war wieder kalt und klar geworden. Und mit der Sonne, die wie eine Weißblechscheibe tief über den Hausruinen hängt, sind die Flieger gekommen. Blaß und durchsichtig wie die Läuse kriechen sie am Himmel entlang, fern und unbeteiligt. Das Krachen und Bersten der Bomben, das sich in dem leeren Mauerwerk der zertrümmerten Wohnviertel und Fabrikhallen verhundertfacht zu einem höllischen Konzert, scheint in keinerlei Beziehung zu ihnen zu stehen. Jedesmal, wenn sie sich zum Austreten für kurze Minuten auf den Hof wagen, ist etwas anders geworden. Eben war da drüben noch eine Mauerzacke, ein Ofen hing daran. Jetzt ist dort blanker Himmel. Ein Stück Fassade war da, ein Balkon davor. Jetzt gähnt da ein Loch, auf einem Deckenrest schaukelt ein Bett, an der Wand pendelt ein Bild. Eine Weile später ist auch das alles verschwunden. Aus dem Boden wachsen die Schuttberge heraus, Schwaden mehligen Staubes ziehen darüber hin. Eine Stadt stirbt. Das Auge nimmt es wahr wie in einem Zeitraffer.

Einmal kommt Wachtmeister Addicks nicht von draußen zurück. Sie finden ihn erst eine Viertelstunde später auf dem Hof. Ein Splitter hat ihm die Hüfte aufgerissen. Er ist schon halb erstarrt. Die Werfergranate ist fast zwei Minuten zu früh gekommen. «Nicht mal auf den Iwan ist mehr Verlaß», knurrt Leutnant Findeisen, als sie ihn hereinschleppen. Sie betten ihn auf den Boden in ihrem Raume. «Wenn er den Morgen noch erlebt, hat er Glück», meint der Arzt. – «Glück? Warum Glück?» fragt Hauptmann Eichert, und diese Frage bleibt an den Wänden hängen. Leutnant Dierk schlägt stumm seinen Platz neben ihm auf. Er bestreicht ihm die Lippen mit Kaffee und wischt ihm die Schweißperlen von der Stirn.

Es ist vieles anders geworden seit gestern. Von Verteidigung spricht niemand mehr, auch nicht von Befreiung. Von den Rumänen kommt ein neuer Armeebefehl herüber. Darin steht, daß ab sofort an nicht kampffähige Verwundete keine Verpflegung mehr auszugeben ist.

An Verwundete keine Verpflegung mehr . . .

Der Zettel geht von Hand zu Hand, und sie lesen ihn alle. Keiner sagt ein Wort. Nach einer Weile steht Hauptmann Eichert auf und geht hinaus. Als er zurückkommt, liegen seine Augen wie hinter Gazeschleiern.

«Ich habe uns General Bratescu unterstellt», sagt er. «Er ist der rangälteste erreichbare Offizier. Er hat den Block zum Lazarett erklärt und die Kennzeichnung durch Rotkreuzflaggen befohlen. Verpflegung, soweit vorhanden, wird an alle gleichmäßig ausgegeben. Verwundete sammeln können wir nicht. Wer aber zu uns findet, wird aufgenommen und betreut.»

Sie nehmen das hin ohne Zustimmung und ohne Widerspruch. Sie fühlen das Neue, das auf sie zukommt. Ein Neues, das aus anderen Quellen fließt als die Gesetze, denen sie bisher gehorchten. Sie beugen sich diesem Neuen, ohne es in seiner ganzen Tragweite zu erfassen. Ihr Gefühl und ihr Wille sind schneller als ihr Verstand.

Der erste, der spricht, ist der Zahli.

«Seht ihr, ihr Affen? Ohne mich gucktet ihr jetzt ganz schön dumm aus der Wäsche!»

Er grinst etwas krampfhaft. Er hat Verpflegung gehortet, weit über die zulässigen Bestände hinaus. Drüben in der Waschküche, die er wie eine Festung bewehrt hat, wacht er darüber wie ein Zerberus. Er hat das auf seine Kappe genommen, und so recht wohl war ihm nie dabei gewesen. Jetzt ist er froh. Für ein paar Tage kann er die Oase der fünfhundert vor dem Verhungern schützen. Und in ein paar Tagen ist das Ende da, so oder so.

Mancherlei Gerüchte sickern herein. Neue Verwundete bringen sie mit oder Leutnant Findeisen, der nicht sitzen und nur unbequem liegen kann und deshalb lieber irgendwo draußen herumhumpelt.

«Brauchst wohl noch 'n paar Luftlöcher in deinen dreckigen Wanst!» kommentiert Leutnant Schwarz brummig.

«Schode, daß oin Verband drauf ist», gibt Findeisen zurück, «sonst könnt'st du mich mol . . .»

Was er mitbringt, ist übel, weit entfernt von den rosaroten Parolen der Vergangenheit. Auch südlich der Fliegerschule sollen die Russen in Richtung auf die Erdölraffinerie zur Wolga durch sein. General von Seydlitz ist, so heißt es, verhaftet, weil er seinen Einheitsführern Handlungsfreiheit gegeben hat. Das Kommando im Mittelkessel hat jetzt der Tigerkopf. Seine Befehle sind eindeutig:

Erschossen wird, wer Verbindung mit dem Feind aufnimmt.

Erschossen wird, wer sich an abgeworfenem Verpflegungsgut vergreift.

Erschossen wird, wer ohne Befehl den Widerstand einstellt.

Erschossen wird, wer eigenmächtig Ausbruchsversuche vorbereitet.

Erschossen wird . . . Erschossen wird . . .

So viel Munition gibt es gar nicht mehr.

Das Rasieren haben sie aufgegeben. Auch Läuse zu suchen, macht keine Freude mehr. Sie sitzen da und dösen. Sie warten auf irgend etwas. Auf die Befreiung oder auf einen entscheidenden Armeebefehl oder irgend etwas anderes, Unbekanntes, das diesem Spuk ein Ende macht. Manchmal sagt einer etwas aus seinen Gedanken heraus. «Vielleicht drückt der Iwan so wild, weil sie ihm wirklich schon im Nacken sitzen?» Oder: «'ne ganze Armee preisgeben, das können sie gar nicht! Daraus braut auch der Josef keinen Sieg zusammen.» Oder: «Paulus würde längst Schluß machen, wenn nicht noch Hoffnung wäre.» Es sind einsame, verlorene, törichte Gedanken, und niemand erwartet eine Antwort darauf.

Draußen fallen die Bomben. Ihr Krachen hallt wie durch die Gewölbe einer Tropfsteinhöhle. Zuweilen durchrüttelt ein Beben das rissige Gemäuer, dann lösen sich Kalkbrocken von der Decke und zerspritzen auf dem Zementboden. Ein Volltreffer wäre Antwort auf alle Fragen.

Breuer fingert an seinem Verband und versucht mit dem kranken Auge darunter hervorzublinzeln. Er freut sich über den schmalen Lichtstreifen, doch was er, seltsam hell und leuchtend, sieht, steht schief und will gar nicht zu dem Sehbild des gesunden Auges passen. «Der Obliquus superior ist durch- oder angeschnitten», hatte der Arzt gesagt. «Später wird man das operieren müssen.» Später, hatte er gesagt! Auch er kommt aus den gewohnten Gedankengängen nicht heraus. Vielleicht ist es gut, nicht alles aus dem gewohnten Winkel zu sehen? –

Abends drängen sie aus der Ambulanz herein. «Herr Hauptmann, 'ne Verpflegungsbombe! Ganz tief ist sie über den Hof gesegelt, muß hinten in den Ruinen hängen!»

Bonte und Schwarz gehen mit. Nach einer halben Stunde sind sie zurück. Mit dem Ding. Die Bombe enthält Vollkornbrote, Schmalzfleisch in Büchsen, Schokakola und ein Dutzend Hartwürste. So ein Fund kann Menschen verwandeln ...

Die Beute ist aufgeteilt. Brot und Wurst – 500 Portionen! Es bleibt noch genug übrig für ein Freudenfest.

Sie sind mitten im Schmausen, als im Gang Schritte laut werden. Es sind drohende, sehr dienstliche Schritte. Und dann steht da ein dick bepelzter Kerl in der Tür, zwei Landser im Stahlhelm, die Karabiner in der Hand, linsen über seine Schultern.

«Bergungskommando 13, Stabszahlmeister Wegener!» sagt er forsch und deutet einen Gruß an.

Hauptmann Eichert hebt das Kinn, seine Augen sind zwei schmale Schlitze. «So so!» sagt er ruhig. «Und ...?»

Der Zahlmeister blickt sich im Raume um, die Situation ist eindeutig. Er sieht grau und elend aus, dieser Zahlmeister. Auch die Zahlmeister hungern schon, und nichts könnte den Ernst der Situation sinnfälliger unterstreichen.

«Sie haben sich eine Verpflegungsbombe angeeignet!» sagt er, und in seiner Stimme zittert beamtenhafte Empörung. «Sie wissen, was darauf steht. Sie werden mir jetzt den gesamten Inhalt der Bombe aushändigen! Das Weitere wird sich finden.»

«Oinen Dreck werden wir!» knurrt Leutnant Findeisen, während er ein Stück Hartwurst in kleine Würfel zerschneidet. Nur mit den Vorderzähnen ist Hartwurst nicht leicht zu essen.

«Sie wissen, daß ich Sie hier einfach umlegen kann. Sie kennen die Sonderbefehle!» sagt der Zahlmeister, etwas beunruhigt von der geringen Wirkung seines Auftretens. «Liefern Sie die Bombe ab, und ich will von einer Meldung absehen!»

«Damit ihr sie freßt, was?» schreit Leutnant Bonte. Die Stahlhelmfiguren im Hintergrund hantieren geräuschvoll mit ihren Karabinern.

Hauptmann Eichert ist langsam aus seinem Sessel hochgekommen. Mit der Linken langt er nach der MP, die an der Wand hängt.

«Nun passen Sie mal auf, Sie trauriger Kloß», sagt er beängstigend leise. «Wir haben uns zwar vorgenommen, keine Knarre mehr anzurühren. Aber für das bißchen Fressen da schießen wir uns noch. Ich zähle jetzt bis drei. Wenn ich dann Ihre dämliche Visage hier noch sehe, knallt's!» Er entsichert die Waffe. «Eins . . .»

«Herr Hauptmann!» schreit der Zahlmeister auf. Seine Stimme liegt mehrere Tonlagen höher als vorher.

«Zwei . . .»

Bei zwei sind die Hintergrundstatisten verschwunden. Der Zahlmeister steht noch da. Sein Gesicht ist wie ein Schatten.

«Drei!»

Kein Zahlmeister ist mehr zu sehen. Draußen in der Ambulanz lachen sie und können sich nicht beruhigen. «Dusseliges Schwoin!» grunzt Findeisen kauend, er hat sich im Essen nicht stören lassen. Eichert hat die MP fallen lassen und ist in seinen Sessel zurückgesunken. Kraftlos hängen seine Arme herab. Verstört sieht er die Kameraden der Reihe nach an. An Breuers Blick bleibt er hängen.

«Mensch, Mensch», stöhnt er, «ich bin doch Soldat! Zwanzig Jahre bin ich Soldat . . . Oder bin ich ein Räuberhauptmann? – Himmel, wie haben sie uns zur Sau gemacht! Das ist nie mehr zu kitten, nie mehr, nie mehr . . .»

*

Die graue, bombendurchpflügte Trümmerstadt war voller Menschen. Durch die schuttübersäten, aufgerissenen Straßen, unter schwankenden Häuserfassaden irrten sie einzeln umher. Einst waren sie Glieder eines Ganzen gewesen: Glieder der Volksgemeinschaft, einer Parteiorganisation, Glieder einer Familie, einer Kirche, eines präzise arbeitenden Militärapparates. Alle diese Gemeinschaften, die sie einst trugen, hatten sie im Stich gelassen. Nichts davon war geblieben. Nicht einmal die Gemeinsamkeit des Sterbens, von einer gemeinsamen Idee getragen. Die große Verlassenheit war über sie gekommen.

Zwar gab es noch Gemeinschaften, alte und neue. Da waren Reste von Stäben, mehr durch Erinnerung und Gewohnheit verbunden als durch eine Aufgabe. Ueberbleibsel von Truppenteilen, zusammengehalten durch ein paar Brote und einen Kessel Suppe. Da waren Verwundete in irgendwelchen Höhlen, um die sich ein Arzt und ein paar Sanitäter kümmerten. Haufen von Marodeuren, von Raubtierinstinkten getrieben und im Kampf aller gegen alle. Oder auch neue Kampfgruppen, die ein wütendes «Dennoch», ein Befehl und ein tatkräftiger Führer zusammenhielt. Aber das alles war unwirklich, schemenhaft und in der Minderzahl.

Die meisten waren allein. Zu Hunderten trieben sie aneinander vorbei, jeder für sich auf einer einsamen Scholle. Sie starrten sich an, ihr Blick blieb leer, sie erkannten sich nicht. Vereinsamt irrten sie umher und suchten. Vielleicht einen Unterschlupf gegen die Kälte oder Pflege für ihre geschundenen Körper oder ein Stück Brot gegen den Hunger. Oder auch nur einen stillen Platz zum Sterben wie manche Tiere. Vielleicht suchten sie auch gar nichts mehr. Vielleicht hatten sie auf dieser Erde nichts mehr zu suchen.

Auch Sonderführer Fröhlich war einer dieser Einsamen. Doch ihn focht das nicht an. Eigentlich war er ja immer ein einzelner gewesen, ein Außenseiter, versponnen in eine phantastische Eigenwelt. Die Hand auf dem Lauf der MP, die unter seinem Arm hing, eilte er tagsüber rastlos durch die Stadt. Unter seiner Mütze mit dem fuchsroten Pelzbesatz schillerten seine Augen in fiebrigem Glanze. Manchmal blieb er stehen und starrte zu dem frostflimmernden Himmel hinauf. Kamen sie noch nicht? Sie mußten doch kommen! — Nein, er gab noch nicht auf. Er würde Stalingrad verteidigen, es für den Führer bewahren bis zu der großen Stunde seines Kommens. Nachts kroch er in einen Keller und quetschte sich zwischen knurrende oder schimpfende oder stumme Gestalten. Mit dem Hellwerden hastete er dann wieder weiter.

Eines Vormittags trieb ihn der Fluß der stummen Wanderer auf einen Hof. Ein Kommen und Gehen war dort wie auf einem Jahrmarkt. Hinter einer Kiste voll zugeschnittener Brotstücke stand ein Offizier. Neben ihm lag ein Berg Gewehre. Zwei Bewaffnete hielten daneben Wache.

«Immer ran, Leute!» schrie der Offizier. In den ausgestreckten Händen hielt er Brotstücke feil. «Immer ran! 200 Gramm Brot, Leute, das gibt's nicht alle Tage! Dafür lohnt sich's schon, den alten Schießprügel noch mal in die Flosse zu nehmen!»

Die Landser in ihren Fetzen, die Glieder mit Lumpen umwickelt, die Gesichter von Frostbeulen und Hungerödemen entstellt, umstanden den Marktschreier wie die Schatten der Unterwelt das Blutopfer.

«Na, wie wär's? Will keiner? – Mit 200 Gramm Brot im Bauch sieht die Welt anders aus, Leute!»

Dieser und jener trat näher, nahm zögernd eines der Gewehre auf, wog es bedächtig in der kraftlosen Hand und schielte dabei nach dem Brot. Dann ließ er die Waffe fallen und schlich sich davon. Manchmal hängte sich auch einer in kurzem Entschluß den Karabiner über die Schulter, griff hastig nach dem Brotstück und schlurfte kauend zu der Ecke hinüber, wo ein Unteroffizier die Namen notierte. Ein kleines Häuflein hatte sich dort angesammelt. Sie hatten ihr Brot schon hinuntergeschlungen und blickten verstört um sich. Wie Bleigewichte hingen ihnen die Gewehre am Körper.

Fröhlich hatte Hunger. Er hatte immer Hunger, aber angesichts der vollen Brotkiste verspürte er ihn doppelt stark. Für ihn gab es da nichts zu überlegen.

«Offizier?» fragte der Mann mit den Broten.

«Sonderführer!»

«Aha! – Munition für Ihre MP haben Sie noch ...? Ausgezeichnet! Hier sind noch 200 Gramm Brot zusätzlich. Sie werden mit Leutnant Winter die umliegenden Keller durchkämmen. Für jeden Mann, den Sie heranschaffen, gibt's 100 Gramm extra. Also ...»

Der Leutnant, einen dünnen blonden Bart auf Kinn und Oberlippe, war jung und voll Tatendrang. Er trug ein paar Stielhandgranaten im Koppel und einen Krimstecher vor der Brust, in der Hand schwenkte er einen Karabiner.

Sie krochen durch die Ruinen und wühlten sich in halbverschüttete Keller hinab. Verwundete, Kranke, verstörte russische Zivilisten und wieder Verwundete. Einmal war es ein halbes Dutzend laut schnatternder Italiener von einem verirrten

Nachschubkommando, ein andermal Offiziere eines Stabes, die sehr ungemütlich wurden. Vor fest verrammelten Türen standen sie, hinter denen es flüsterte. Der Leutnant wollte mit Handgranaten sprengen; doch dann sah er ein, daß die Ueberbleibsel solchen Verfahrens kaum noch in der vom Auftraggeber gewünschten Verfassung sein würden. Nach drei Stunden Suchens hatten sie immer noch keine geeigneten Kämpfer aufgetrieben.

Mitten auf einem kleinen Hof fanden sie eine eiserne Fallklappe, auf der der Schnee weggetaut war. Als sie öffneten, schlug ihnen dicker Wasserdampf entgegen. Sie kletterten die Ziegelstufen hinunter. Hinten brannte Feuer in einem Herdloch. In dem rot durchleuchteten Dampf wurden Gesichter deutlich. Alte, bärtige, unendlich müde Gesichter.

«Was ist denn das hier für ein Haufen, he?» — Der Leutnant versuchte seine Beklemmung hinter einem betont forschen Ton zu verbergen. Die Männer regten sich nicht. Seit Urzeiten schienen sie hier zu sitzen.

«Los, macht mal die Klappe auf, ihr Tränensäcke!»

«OT», murmelte jemand kaum hörbar.

«Aha, ‚Organisation Todt', so so! — Und ihr macht hier Feierabend, was? — Los, raus! Wird euch nichts schaden, wenn ihr auch mal die Knarre in die Hand nehmt, ihr Weihnachtsmänner!»

Totenstille. In den Gesichtern rührte sich nichts. Der Leutnant lud rasselnd seinen Karabiner durch.

«Na, wird's bald?»

Hinten erhob sich einer, seine Gestalt warf einen riesigen Schatten in den Raum. Langsam kam er näher. Dann stand er vor dem Leutnant.

«Halt s' Maul, du Lausejunge», murmelte er zwischen den Zähnen, «davon verstehst du nichts.»

Und mit einmal hatte er das Gewehr in der Hand und stieß dem Leutnant mit kurzem Ruck den Kolben unter das Kinn. Es krachte wie splitterndes Eichenholz. Der Leutnant kippte ohne einen Laut hintenüber. Fröhlich aber hastete die Stufen hoch. Er hatte mit einmal Sehnsucht nach der eisigen Luft und dem blanken Himmel, aus dem die Bomben fielen.

In einem Hausflur verschlang er sein Brot. Auf der Straße und dem Hof lag GW-Feuer. Er achtete nicht darauf. Erst als hinter ihm die Decke herunterpolterte und ein böses Knacken durch die Wände lief, trieb es ihn hinaus, über die Straße und zerfetzte Gärten hinweg in ein Holzhaus hinein. Ein Greis wankte ihm entgegen, barfuß und in einem Leinenkittel, der ihm fast bis zu den Knien reichte. Das lange, schlohweiße Haar war auf der einen Kopfseite hellrot gefärbt. Er taperte wimmernd an Fröhlich vorbei, ohne ihn zu bemerken. Fröhlich riß die Tür auf. Er erblickte ein Zimmer. Die Rückwand war eingedrückt, von oben hing die zersplitterte Decke herab. Ein Tisch stand da, an ihm saß eine Frau. Ihr Oberkörper war über die Tischplatte gestreckt, das Haar verhüllte ihr Gesicht. Ihrer Hand war ein Küchenmesser entfallen, daneben lag ein Brotkanten. Alles war dick mit dem Kalk und Lehm der Decke bestreut. Mitten im Zimmer aber aber stand ein Kind, ein etwa dreijähriges Mädchen. Es stand ganz still und sah Fröhlich aus großen Kirschaugen an. In der Hand hielt es eine Stoffpuppe. Fröhlich sah nur das Brot. Er griff danach, schlug die Tür hinter sich zu und stürzte hinaus.

MG-Feuer fegte die Straße entlang. An die Mauer des Hauses gepreßt duckten sich zwei Landser. Das MG schwieg. «Los!» schrie der eine, und sie sprangen in langen Sätzen über den Fahrdamm. Da bellte das MG wieder los. Der eine Landser warf die Arme hoch, drehte sich um sich selbst, als würde er von Riesenhänden ausgewunden, und klatschte auf den Boden. Der andere schlug die Hände vor den Unterleib, krümmte sich zusammen und schnellte hoch, fiel wieder zusammen und schnellte hoch. Seine Schreie gellten durch die Straße.

Fröhlich begann zu laufen. Er lief durch Gärten, sprang über Zäune, über verbogene Eisenträger, hetzte über Steinhaufen hinweg und robbte schließlich in ein Kellerfenster hinein. Er starrte in schwarze Gesichter, in denen das Weiße der Augäpfel glitzerte. Sie hatten Feuer mit Autoreifen gemacht.

Hier verbrachte er die Nacht. Das Brot hatte er unterwegs verloren.

*

Der Arzt hat recht behalten: Wachtmeister Addicks erlebt den Morgen nicht mehr. In der Nacht hat er noch ein paarmal gestöhnt und auch einiges gesprochen. Unverständliches in seinem heimatlichen Platt in eine fremde Ferne hinein. Jetzt liegt er da mit geglättetem Gesicht, einen Zug von Hochmut um den eingefallenen Mund. «Na, Freund?» sagt Hauptmann Eichert, als sie um ihn herumstehen. Der Weg nach drüben ist nicht mehr weit, kaum weiter als der vom Land ins Wasser. Ein kleiner Anstoß schon mag genügen, ein Druck auf den Pistolenabzug, eine Unachtsamkeit draußen oder auch einfach ein Sichfallenlassen, ein langsames Hinabgleiten, Auftauchen, Versinken. Viele sterben so . . . «Na, Freund?» sagt Hauptmann Eichert, und es klingt wie Anerkennung für einen sauberen Sprung und auch ein wenig wie Neid. Zwischen zwei Einschlägen tragen sie ihn hinaus auf den Hof. Die sterbende Stadt wird ihn mit Schutt und Schnee begraben.

Gegen Mittag kommt Hauptmann Wilhelmi von den Rumänen herüber. Er redet erst eine Weile herum. Im Süden sei der Widerstand zusammengebrochen, einige Divisionen hätten geschlossen kapituliert. An der Zariza würde zurzeit eine neue Linie unter irgendeinem Oberst gebildet. «Einer, der noch Halsschmerzen hat», sagt der Hauptmann. «Und dabei ist's doch schon so einfach geworden. Seit zwei Tagen ist bei der Armee große Preisverteilung. Ritterkreuz, Deutsches Kreuz, kistenweise steht ja das Zeug da herum. Brauchen nur was zu erzählen. Die Interessenten schieben sich gegenseitig die Heldentaten zu. Orden sind heute wohlfeiler als ein Stück Brot.»

Sie hören das alles an ohne Wort. Tausend Hoffnungen und Illusionen haben ihre Worte gefunden. Die Wahrheit aber, die ungeheuerliche, nie geglaubte und stets gefürchtete, macht stumm.

Im Hinausgehen fragt der Hauptmann wie beiläufig, ob sie nicht irgend etwas zu essen hätten, irgendeine Kleinigkeit. Der General drüben habe seit vorgestern nur noch ein wenig trockenes Brot. Von sich selbst sagt er nichts. Der Zahli verschwindet und kommt mit zwei Büchsen Leberwurst wieder. Dem Hauptmann schießen die Tränen in die Augen. Er stammelt etwas und flieht aus dem Raum. Sie beißen sich auf die Lippen.

Gegen 15 Uhr stürzt bei einem Bombenreihenwurf ein Teil des Hauses ein. Während sie an den Wänden kauern und die Donner des Jüngsten Gerichts über sie hinwegrollen, glauben sie einen Augenblick, das Ende sei da. Aber die Betondecke hält, nur der Kaffeetopf auf dem Ofen ist wieder einmal mit Schutt zugeschüttet. In den Seitentrakten, wo die Verwundeten liegen, ist es schlimmer abgegangen. Dort sind einige Kellerräume eingestürzt. Zu retten ist da nichts mehr.

Den Ausgang zum Hof legen sie zusammen mit den Rumänen noch am gleichen Abend frei. Sie hätten es nicht tun sollen. Denn so findet der General zu ihnen. Schon an dem Gepolter im Vorraum und der knappen Meldung des Unterarztes hören sie, daß etwas Besonderes los ist. Dann steht der General in der Tür. Der Flackerschein der Einheitslaterne spiegelt sich in der goldenen Kragenstickerei, die aus dem geöffneten Uebermantel hervorsieht, und in den gelblichen Augensternen unter buschigen Brauen. Zwei Offiziere halten hinter ihm die MP schußbereit.

«Was ist das hier für ein Verein, hä?»

Es ist der Tiger. Erschossen wird ... Erschossen wird ... Doch das wissen sie nicht. Immerhin ist ein General kein Zahlmeister. Hauptmann Eichert macht Meldung.

«Na und ...? und?» schreit der General. «Ich denke, Ihr Platz ist draußen, meine Herren!»

Auch die übrigen sind aufgestanden. Nur Leutnant Dierk sitzt an seinem Platz an der Wand, seine Hand streicht über die Stelle, wo heute früh noch Wachtmeister Addicks lag. Jetzt bedeckt ihn ein Berg von Geröll, ein gigantisches Grab, in das kein Befehl mehr dringt.

«Hier liegen nur Verwundete, Herr General», sagte Hauptmann Eichert. «Dieser Kellertrakt ist Lazarettbereich. 500 Verwundete, um die sich außer uns niemand mehr kümmert.»

«Verwundete, Verwundete!» äfft der General ihm nach. «Ich bin auch verwundet, Herr! — Haben Sie denn überhaupt eine Ahnung, wo jetzt die Front verläuft?»

Die Front — eine Handvoll mit Brot geköderter Krüppel und ein Oberst, der als General in die Gefangenschaft gehen möchte ...

«Die Front verläuft zwischen Recht und Unrecht, Herr General! Wir stehen nicht auf der gleichen Seite.»

Es ist Breuer, der das sagt.

Aber vielleicht ist es gar nicht Breuer, vielleicht ist es Leutnant Wiese, der hartgefroren bei Gumrak 60 cm unter Blech, Steinen und Erde liegt? Oder der Gefreite Lakosch? Oder Hauptmann Endrigkeit, den ein Kopfschuß bei Dubininskij traf? Die Grenzen haben sich verwischt. Die Lebenden leben nicht mehr wirklich, und die Toten sind noch nicht tot. Gezwungen in die Nähe ihrer

Leiber, die der Frost bewahrt, geistern ihre Schatten durch Keller und Bunker und durch die toten Straßenzüge ihrer Stadt. Im Dämmerzustand zwischen Wachen und Schlaf kann man sie sehen und ihre Stimmen hören. Leutnant Dierk, der stumme, dessen blaßgraue Augen durch die Wände blicken und dessen Hände auf der Suche nach Unsichtbarem sind, nimmt sie sicherlich wahr. Auch Breuer sieht sie im Dunkel der Ecken, in die der spärliche Lichtschein nicht reicht. Auch Hauptmann Eichert scheint sie zuweilen zu sehen, wenn die Schmerzen durch seinen blessierten Schädel jagen. Man spricht nicht darüber. Die Sprache des Soldaten, den Begriffen des Gestern verhaftet, reicht für die unheimlichen Erscheinungen dieses Zwischendaseins nicht aus. Aber zuweilen werden Worte laut, denen der Sprecher selbst nachlauscht zwischen Verwunderung und Grauen.

«... zwischen Recht und Unrecht, Herr General!»

Sekunden vergehen, in denen man nur das Knistern der Hindenburglichter hört und das Rieseln von Mörtelstaub in den geborstenen Wänden. Der General hat den Kopf vorgeschoben und starrt Breuer an wie ein Biologe die überraschende Mutation einer Schmeißfliege. Erschossen wird ... Erschossen wird ... Er hat ein Geschütz vor seinem Bunker auffahren lassen, um persönlich damit auf jeden zu schießen, der nicht mehr mitmachen will. Doch dann glättet sich sein Gesicht, als sei ihm eben eine Erleuchtung gekommen. Verrückt, mag er denken, völlig übergeschnappt! Es wäre nicht der erste Wahnsinnige, dem er in Stalingrad begegnet. Seine Augen verengen sich, und noch einmal streicht er die Gesichter der Offiziere ab, die seinem Blick standhalten. Natürlich verrückt, wie könnte es anders sein! Verrückte und Verhungernde und Verstümmelte und Halberfrorene ... Kampf bis zur letzten Patrone ... Erschossen wird ... erschossen wird ... Es ist Magenkrebs, er weiß es. Drei Monate hat er noch zu leben oder vielleicht auch vier. Hier will ihn der Tod nicht. Keine Werfergranate trifft ihn, keine Fliegerbombe, keine Gewehrkugel. In seinem Bunker, vor dem das Geschütz aufgefahren ist, stehen sechs gepackte Koffer, zwei Thermosflaschen sind darin und ein unzerbrechliches Kunststoffservice und ein Katzenfell gegen den Ischias. Drei Monate noch oder vier ...

«Soso», murmelt der General, und fast scheint es, als spiele der Anflug eines Lächelns um seine Mundwinkel. Aber das kann auch von dem Flackerlicht kommen. «Das ist also hier ein Lazarett, na . . . Kommen Sie!»

Er schlägt seinen Mantel zusammen und geht mit kurzen Schritten hinaus. Die Begleiter klappern hinter ihm her. Die Zurückgebliebenen aber sehen noch eine Weile auf die geschlossene Tür, ehe sie sich setzen.

Sie wissen: nicht nur ein General trat ab. –

*

Der Mann lächelte immer noch. Aber seine Hände waren zur Ruhe gekommen. Weiß und kalt lagen sie auf der Decke, die stumpf und schmutzigbraun war wie jede andere Decke auch. Die Läuse waren weg. Es blieb unklar, wohin sie sich verzogen hatten. Mittags trugen sie ihn hinaus auf den Flur. Dort lag er noch einige Tage. Er lächelte wie Schneewittchen im gläsernen Sarg.

Auch andere schafften sie hinaus, und neue kamen hinzu. Solche mit blauschwarzen Frostgeschwüren im Gesicht und an den Händen, und andere mit Durchfall, der ihnen keine Zeit mehr für den Weg zu den Aborten ließ. Keine interessanten Fälle. Der Mann am Fenster hatte seinen Mantel zerschnitten. Neben ihm lag ein Berg von Stoffresten. Jetzt zerschnitt er die Decke. «Paßt nicht», murmelte er.

Geibel ging es etwas besser. Das Fieber war gefallen. Mit Herberts Hilfe konnte er sogar zum Abort hinaushumpeln. Doch die Schmerzen in dem Bein waren immer noch sehr stark. Von der Feldküche auf dem Hof holte Herbert jeden Mittag einen Doppelschlag Suppe ab. Den teilte er mit Geibel und dem Zwerg. Dem Koch hatte er dafür ein Goldstück gegeben. Es war ein Zwanzig-Mark-Stück mit dem Kopf Wilhelms des Zweiten, ein Patengeschenk, das er von klein auf an einem Kettchen auf der Brust getragen hatte.

Dann wurde der Feldgendarmeriezug abkommandiert. Zum Schutze des Armeestabes, der jetzt in der Ruine eines Kaufhauses am Roten Platz lag. Am selben Tage noch zog eine Sanitätseinheit in die Kellerräume der Kommandantur ein. In den Quartieren der Feldgendarmerie fand sie weggeworfene Polizeischilder, Abzeichen und Soldbücher, außerdem fünf Sack Mehl. Davon kochten sie in der Feldküche draußen Suppe. Sanitäter mit Maschinenpistolen überwachten die Ausgabe. Der alte General, der Stadtkommandant von Stalingrad-Mitte, äußerte den Wunsch, sein Quartier beizubehalten und unter den Schutz des Roten Kreuzes zu treten. Der Stabsarzt warf ihn kurzerhand hinaus.

Dann inspizierten die Aerzte das Gebäude.

«Erst mal die Toten raus!» sagte der Stabsarzt.

Sie brachten die Toten hinaus auf den Hof. Unter dem Schuppendach schichtete man sie auf. Sie waren hart und krachten wie Holz, wenn man sie auf die mannshohen Stapel hinaufwarf. Bald war dort kein Platz mehr. In den Kellern saßen die Zahlmeister und registrierten. Sie sortierten die dicken Bündel von Reichsbanknoten und Kreditkassenscheinen, die sie verbrennen sollten, und notierten jede einzelne Nummer sorgfältig in langen Listen. Diese Toten hier registrierte niemand.

«Und die hoffnungslosen Fälle legen wir am besten hinaus auf die Flure!» sagte der Stabsarzt. Der Assistenzarzt sah ihn an, und sein Blick war dunkel. «. . . hinaus auf die Flure», wiederholte der Stabsarzt. Und leise fügte er hinzu: «Erfrieren ist ein schöner Tod.»

Sie schafften die Hoffnungslosen hinaus, und über sie ist nichts mehr zu sagen. Für die «Aussichtsreichen» hingegen ergaben sich gewisse Chancen. In einem Raum des ersten Stockwerks arbeitete der Chirurg. Er arbeitete Tag und Nacht. Die blutige Gummischürze kam kaum noch von seinem Körper. Er operierte meistens ohne Betäubung. Die Narkotika waren knapp und mußten für schwere Amputationen bleiben. Außerdem dauerte das Arbeiten mit Narkose zu lange. Das Gebrüll war zuweilen bis unter das Dach zu hören.

Es wurde immer schwieriger, sauberen Schnee zu finden. Ums Haus herum lag überhaupt keiner mehr. Im weiteren Umkreis war er mit Urin und Exkrementen verunreinigt, was viele nicht abhielt. Als Herbert einmal nach langem Suchen zurückkam, war Geibel nicht mehr da.

«Sie haben ihn abgeholt», sagte weinerlich der Zwerg, der jetzt nicht mehr aufstehen konnte. «Ich weiß nicht, wohin. Sie sagten nichts.»

Herbert irrte durch alle Flure, durch die Reihen der erfrorenen

Hoffnungslosen. Er schnüffelte in allen Räumen herum. Er fand Geibel nicht.

Der Gefechtslärm verstärkte sich. Granatwerferfeuer lag auf dem Hof und der Straße, auch Artillerieeinschläge, obwohl sich die Russen offensichtlich immer noch bemühten, das Gebäude selbst zu schonen. Auch das Gewehr- und MG-Feuer wurde lauter und stärker.

Geibel lag derweilen auf dem Operationstisch. Der Chirurg hatte sich entschlossen, das Bein abzunehmen. Weshalb er in diesem Falle auch Narkose genehmigt hatte. Aber er kam nicht zum ersten Schnitt. Eine Granate durchschlug die Mauer und verwandelte Tisch und Fenster und Wände in einen Schutthaufen. Als sie Geibel unter dem Schutt hervorzogen, gehörte er nicht mehr zu den Aussichtsreichen. Zu dem Splitter im Bein hatte er ein zollgroßes Eisenstück in den Rücken bekommen. Steinbrocken hatten ihm das Gesicht und zwei Rippen zerschlagen. Er lebte aber noch.

Es war überhaupt schlecht bestellt um die Aussichtsreichen; denn dem Chirurgen hatte es beide Hände abgerissen. Auch er selbst gehörte nicht zu den Aussichtsreichen.

Auf dem Hof, dicht neben dem Haus, gingen zwei Infanteriegeschütze in Stellung. Sie feuerten über die Straße hinweg in das Trümmerfeld, durch das die Russen herankamen. Der Stabsarzt flehte und bettelte, das Rote Kreuz zu achten und die Stellung zu verlegen. Er flehte und bat umsonst. Doch bald brachte sauber gezieltes Granatwerferfeuer die beiden Geschütze zum Schweigen.

Herbert irrte durch die Flure und Zimmer. Zweimal kam er an Geibel vorbei. Er erkannte ihn nicht.

Ueber die Straße hinweg kam in breiter Linie russische Infanterie heran. Niemand schoß mehr. Der Stabsarzt und die übrigen Aerzte, alle in Mütze und Koppel, standen im Haupteingang, um das Gebäude als Lazarett zu übergeben. Obwohl es noch immer und unter allen Umständen verboten war, Verbindung mit dem Feind aufzunehmen.

«Wer noch kann gehen, auf Straße antretten!» sagte der russische Major.

«Auch die Aerzte?»

«Auch Doktor, auch Sanitäter! Alles, was kann gehen zu Fuß, ponimaitje?»

Aus den Eingängen strömten sie heraus, auch aus den Trümmerhaufen ringsum, aus den Kellern der Ruinen krochen sie hervor. Unglaublich, was diese Erde noch an Menschen barg. Andere aber, die gehen konnten, legten sich Scheinverbände an und schmuggelten sich unter die Schwerverwundeten. Sie vertrauten auf die Flagge mit dem roten Kreuz, die schlaff und müde am Eingang hing. Der Zug auf der Straße wurde länger und länger. Russische Posten zählten ab. Sie verzählten sich oft, sie schrien und fluchten. Sie waren sehr nervös.

Herbert lief die Reihen entlang und suchte nach Geibel. «Walter!» rief er. «Walter!» — Er hatte Geibel früher nie beim Vornamen genannt. Ein Russe stieß ihm den Gewehrkolben ins Gesäß und schob ihn in eine der Reihen hinein.

Sie waren schon einige hundert Meter weit entfernt, als Herbert sich umwandte. Er hob seine Faust vor den Mund und biß auf den Handschuh, um nicht laut aufzuschreien. Das große graue Gebäude hinten stand in Flammen.

«Walter», wimmerte Herbert und stolperte blinden Auges weiter. «Walter . . . Walter . . .»

«Flenn' doch nicht!» sagte neben ihm einer. «Flenn' doch nicht, Mensch! Es ist ja vorbei!»

Herbert hörte nicht auf ihn. Nichts war vorbei, nichts — Niemals war es vorbei . . .

Wie der Brand entstand? Wer will das sagen.

In allen Räumen brannten offene Feuer . . .

Unter den Unzähligen und Ungezählten, die in den Flammen umkamen, war auch der Gefreite Walter Geibel, 26 Jahre alt und Einzelhändler aus Chemnitz. Er hatte dieses alles nicht gewollt. Er hatte nie etwas gegen Juden und Freimaurer und «Plutokraten» gehabt. Auch an den «wogenden Weizenfeldern» der Ukraine war er nicht interessiert gewesen, nicht einmal an dem «säkularen Kreuzzug gegen den Bolschewismus». Eigentlich hatte er immer nur von einem friedlichen Leben geträumt mit der Frau, die er liebte, und dem kleinen Sohn, den er nie gesehen hatte. Aber niemand hatte nach seinen Wünschen gefragt. Man hatte über ihn verfügt. Und still und gehorsam war er einen gräßlichen Tod gestorben, ohne zu wissen, wofür.

*

Am nächsten Morgen wird es nicht hell. Das Kellerfenster ist mit Schutt zugedeckt. An ein Wegräumen ist nicht zu denken, der Granatwerfer läßt ihnen keine Zeit dazu. So bleiben ihnen nur die Flämmchen der Hindenburglichter und der letzten Laterne, der Flackerschein des Ofens und gelegentlich ein Schritt auf den Hof hinaus in den glasklaren, knisternden Wintertag, den ihre Augen kaum mehr ertragen. Schwer ist ihr Schweigen. Sie haben sich vergraben in ihre einsamen Gedanken, die dunkle Wege wandern.

Gegen Mittag kommt Besuch in ihre finstere Höhle. Als sie die dicken Schafspelze und die um die Schultern geschlungenen Decken sehen, glauben sie zunächst, es seien Russen. Aber als dann eine der Mützen auf den Tisch fliegt und schwarzglänzendes Haar sichtbar wird, erkennen sie Hauptmann Gedig, den Divisionsadjutanten. Er hat einen Leutnant Stenzel bei sich, einen schmalgesichtigen jungen Burschen, der Leutnant Bonte von der Kriegsschule und von Jugoslawien her kennt und ihn lebhaft begrüßt.

«Los, Mann, packen Sie Ihre Piselotten zusammen und kommen Sie mit! Wir hauen ab!»

«Wie, was denn? – Nun setzen Sie sich doch erst mal!»

Der Zahli spendiert vier Kerzen, und mit einmal ist es hell und warm im Raum.

Der dritte der Gäste, ein schlotternder Don Quichote, hält sich im Hintergrund, und niemand beachtet ihn. Aber jetzt geht Breuer auf ihn zu.

«Fröhlich, Mensch!»

Er packt den Sonderführer bei den Schultern, schüttelt ihn und zerrt ihn zum Licht.

«Fröhlich, sind Sie's wirklich? Ja, das ist doch . . .»

Der Sonderführer starrt ihn an und erkennt ihn nicht. Er reckt den Kopf vor und lauscht.

«Da –», sagt er und hebt den Zeigefinger. «Da oben . . . Flugzeuge . . . deutsche! Sie kommen . . . morgen . . .» In dem weiten Halsausschnitt hüpft sein Adamsapfel auf und ab.

«Fröhlich . . .», sagt Breuer noch einmal. Er blickt ratlos zu den beiden anderen hinüber. Die zucken die Schultern. Nach einer Weile sagt Gedig: «Das mit den Flugzeugen stimmt. Sechs Kampfmaschinen, sehr hoch, die schwarzen Kreuze waren deutlich zu erkennen. Zum erstenmal wieder am Tage . . .»

«Ihr Herr Vater, was macht denn der jetzt?» fragt Bonte seinen Freund. General Stenzel führte eine Division im Südteil der Stadt.

Auf das Gesicht des jungen Stenzel fällt ein Schatten. «Ich weiß nicht», sagt er. «Vorgestern hat er sich von mir verabschiedet. Jetzt ist er wohl schon tot. Erschossen oder vergiftet, ich weiß es nicht. Sie haben sich dort alle umgebracht: der Ia, der Oberstarzt, die beiden Regimentskommandeure . . .»

Wieder Schweigen.

«Und Sie wollen fort?» fragt Eichert heiser vor Erregung.

«Ja, Herr Hauptmann, über die Wolga, und dann durch die Kalmückensteppe. Es ist eine Chance. Die einzige . . .»

Wieder ist es still. Leutnant Dr. Bonte klopft mit seinem geschienten Arm im Takt gegen die Tischkante. Fröhlich hat sich neben Dierk auf den Boden gekauert. Sein Gesicht liegt im Dunkeln, nur die weißen Augenringe glänzen in unheimlicher Unrast. «Morgen . . .», flüstert er, «Fallschirmspringer, zwei Divisionen . . . Lastensegler, Giganten . . . morgen . . .»

«Sie wollen da wirklich mit, Gedig?» fragt Breuer. «Und . . . die anderen? Unold, Engelhard . . .»

«Unold . . . Ach, Sie wissen noch nicht?» Hauptmann Gedig wird lebhaft. «Unold, ja . . . Er ist raus, mit der letzten Maschine. Hat ein paar Papiere vom Armeestab unter den Arm geklemmt und sich selbst 'nen Kurierausweis geschrieben. Der Chef ist fast wahnsinnig geworden, als sie's entdeckten. Am Tag vorher erst hatten sie ihn zum Oberst gemacht. Er hat gleich die Heeresgruppe verständigt. Drüben haben sie ihn erschossen.»

Breuer hat den Kopf in die Hand gestützt. Er sieht den Flugplatz vor sich, eine tobende Meute. Einen Ledermantel, eine Aktentasche, ein graues Gesicht . . .

«Und Engelhard?» fragt er.

«Major Engelhard, ja . . . er bekam einen Weinkrampf, als die Nachricht kam. Wir haben ihm die Pistole weggenommen. Ich weiß nicht, was er jetzt macht . . . ob er noch lebt.»

«Er war ein eiskalter Hund», sagt Hauptmann Eichert, «ein übler Streber, der über Leichen ging. Ich habe ihn nie gemocht, diesen käseblassen Unold. Aber das . . . nein!»

«Sechs Tage zu früh», sagt Hauptmann Gedig. «Heute wär's vielleicht schon 'ne Heldentat. Heut' möchten auch andere liebend gern, aber nun geht's nicht mehr. Das mit der Startbahn im

Stadtgebiet ist ihnen danebengelungen. Jetzt gibt's noch Trostpreise für die Heldenbrust.»

«Und ihr wollt nun fort?» fragt Eichert, und wieder ist das Flackern in seiner Stimme.

«Heute nacht», sagt der junge Stenzel. «Wir sind vier Mann. Vier können noch mit. Wie wär's, Herr Hauptmann?»

«Schoiße», knurrt Leutnant Findeisen. «Ohne den Splütter im Orsch käm ich mit. Als Talisman, ich geh nicht kaputt.»

«Quatsch», sagt der Zahli. «Rechnet euch doch mal aus, Leute: 300 km oder mehr durch Schnee und Steppe, vom Iwan mal ganz abgesehen . . . das ist glatter Selbstmord!»

«Nicht ganz», meint Gedig. «Da kam gestern ein Befehl vom Führerhauptquartier, streng geheim vorläufig und nur für ernste Interessenten: Ausbrechende Gruppen sollen Zeichen in den Schnee treten oder sich in Hakenkreuzform auf den Boden legen. Man will diese Gruppen durch Abwurf aus der Luft versorgen.»

«Dieser Befehl kam?»

«Ja, gestern.»

Wieder ist es still. Die Wahrheit steht mitten im Raum, groß und riesenschwer, ein nackter Zyklop, der alle die kleinen Hoffnungspflänzchen zertrampelt.

Und da springt Eichert auf.

«Jawohl», schreit er, «richtig! Das *ist* 'ne Chance! Ich komme mit, ganz egal, was daraus wird. Los, Zahli, raus mit deinen Konserven!» Und er greift schon nach seinem Wäschebeutel.

«Nein!»

Der Zahlmeister hat die Stirn gesenkt wie ein Stier. Schwer liegen seine Fäuste auf der Tischplatte.

Hauptmann Eichert ist herumgefahren.

«Was?»

«Nein, sag ich! Kein Stück! Unser Fressen ist nicht für Deserteure!»

«*Was* sagst du da?» — Dem Hauptmann schießt das Blut ins Gesicht. Er stützt sich mit beiden Händen auf den Tisch und stiert den Zahlmeister an.

«Er hat recht», sagt Breuer. «Wenn *Sie* jetzt fortgehen, sind Sie ein Deserteur. *Sie* haben noch eine Aufgabe.»

«Ach, scheiß was!» schreit Eichert. «Was kann ich denn machen? Ich bin doch nicht der liebe Gott! Ich kann doch keinem helfen!»

«Sie helfen ja!» sagt Breuer. «Dadurch, daß Sie da sind, helfen Sie. Durch Ihr Beispiel, einen Blick, ein gutes Wort.»

«Und wer hilft mir?»

«Ich», sagt Breuer. «Ich helfe Ihnen doch!»

«Sie?» — Hauptmann Eichert ist wieder in seinen Sessel zurückgefallen. Er sieht aus wie ein erschreckter kleiner Junge. «Wieso denn Sie? Ich . . . ich verstehe nichts mehr.» —

Bald danach bricht die kleine Gruppe auf. Leutnant Bonte ist mit von der Partie. Der Abschied ist kurz. Der Hauptmann legt seinem Adjutanten die Hände auf die Schultern. «Bonte», sagt er, «Bonte . . .» Er schließt die Augen, sein Kopf fällt nach vorn. Er bringt kein «Auf Wiedersehen» und kein «Lebewohl» auf die Lippen.

Als Breuer Hauptmann Gedigs Hand hält, sagt er leise: «Bleiben Sie bei uns, Herr Hauptmann. Ich bitte Sie!»

Gedig schüttelt den Kopf. «Ich kann nicht, Breuer. Wissen Sie . . . ich habe da drüben ein Mädel . . . Sie wartet auf mich. Ich muß.»

Am Abend macht Eichert wie jeden Tag seinen Rundgang durch die Kellertrakte. Diesmal nimmt er außer dem Arzt und den beiden Furieren auch Breuer mit. Heute gibt er die Verpflegung selbst aus. Und zum erstenmal spricht er nicht mehr von der nahen Befreiung. Er sagt:

«Wenn's schiefgeht, dann werde ich dafür sorgen, daß hier alles ordentlich übergeben wird. Und paßt mal auf, Leute, dann wird schon alles gut gehen! Die Russen sind ja schließlich auch Menschen, nicht wahr?»

Als sie zurück sind, ist er sehr bleich.

«Verdammt noch mal», sagt er, «da hat man gelebt und Befehle ausgeführt und sich in der halben Welt herumgeschlagen . . . Zum Nachdenken bin ich eigentlich nie gekommen, dazu war nie Zeit. Mir ist, als wenn ich noch einmal in die Schule ginge. Jeden Morgen hab' ich Angst, daß ich meine Aufgaben nicht kann.» —

Am gleichen Tage geht über den Armeesender an das Hauptquartier Hitlers ein Funkspruch ab, von dem der Oberbefehlshaber später sagen wird, es sei einer der üblichen Routinesprüche gewesen:

An den Führer!

Zum Jahrestag Ihrer Machtübernahme grüßt die 6. Armee ihren Führer. Noch weht die Hakenkreuzfahne über Stalingrad. Unser Kampf möge den lebenden und den kommenden Generationen ein Beispiel dafür sein, auch in hoffnungslosester Lage nie zu kapitulieren. Dann wird Deutschland siegen.

Heil, mein Führer! *Paulus, Generaloberst*

Sechzehntes Kapitel

DIE GÖTTER STÜRZEN

30. Januar 1943 — zehnter Jahrestag der «Machtergreifung»! Viele Gedanken kreisen um dieses Datum.

Zehn Jahre . . .

Wie war das doch?

Brandenburger Tor, Fackelzug — «SA marschiert . . .» DEUTSCHLAND ERWACHE! Reichstagsbrand, «. . . *satanisches Untermenschentum* . . .» Nationale Revolution. «*Gebt mir vier Jahre Zeit!*» JA! 92 Prozent.

Arbeitsschlacht, Blut und Boden. «Arisches Blut . . .» Autobahnen, Volkswagen, «Kraft durch Freude», Reichsparteitage, Hitlerwetter — — EIN VOLK, EIN REICH, EIN FÜHRER! — JA, JA! 96 Prozent.

«Deutsch ist die Saar . . .» Aufrüstung, Wehrpflicht. «Volk, ans Gewehr!» Rheinlandbesetzung. «*Wir zerreißen den Schandvertrag* . . .» Spanien «. . . *einen Truppenübungsplatz, dort wird scharf geschossen!*» Olympiade Berlin «*Ich rufe die Jugend der Welt!*» «. . . *zum friedlichen Wettstreit* . . .» Mutterkreuz «*Niemals soll eine deutsche Mutter eine Träne vergießen!* JA, JA, JA! 99 Prozent.

HEIM INS REICH! Großdeutschland «*Ich melde vor der Geschichte* . . .» Oesterreich «. . . *mein heißester Wunsch erfüllt* . . .» Sudetenland «. . . *keine territorialen Forderungen mehr!*» «*Wo meine Unterschrift steht* . . .» JUDEN RAUS! Reichskristallwoche «Wenn das Judenblut vom Messer spritzt . . .»

LEBENSRAUM! «Nach Ostland woll'n wir reiten . . .» Neuordnung Europas! Tschechei «. . . *altes deutsches Reichsland* . . .» «. . . *folgen dem ewigen Germanenzug* . . .» Ribbentrop in Moskau! «. . . *wo meine Unterschrift steht* . . .» Polen! «*Hoffentlich kommt nicht noch so ein Schwein mit einem Vermittlungsvorschlag ...»*

Krieg? — *«Ab heute früh wird zurückgeschossen!»* Feldzug der 18 Tage! Polizeiaktion — Warschau, Modlin *«... nur noch Aufräumungsarbeiten ...»* 10 572 Tote.

Krieg! Dänemark — Norwegen — Holland — Belgien «... marschieren wir nach Fra-hank-reich hi-nein!» Fanfaren — Paris, Compiègne *«... größter Sieg der deutschen Geschichte ...» «... fast ohne Opfer!»* 27 074 Tote. Fanfaren, Fanfaren!

«... nur noch ein Feind!» Coventry *«... ihre Städte ausradieren ...»* «Bomben auf England!» 864 000 Tonnen, 1 247 000 Tonnen, 2 125 000 Tonnen ... *«Wenn Herr Churchill denkt ... Beruhigt euch, er kommt!»*

Sarajewo, Belgrad, Athen, Kreta ... Fanfaren!

KRIEG!! 22. Juni 1941 Barbarossa *«... der schwerste Entschluß meines Lebens ...»* «In den Ostwind hebt die Fahnen ...» *«... Weltpest ausrotten ...» «... wo meine Unterschrift ...»* «Minsk, Smolensk, Kiew *«... für Erz, Oel und wogende Weizenfelder. Das regt unsere Soldaten an, und dafür fallen sie!»* Fallen sie ... Wjasma-Brjansk *«... dieser Gegner bereits zerschmettert ...»* «Der Herbstwind weht übers Stoppelfeld ...» *«Noch ein letzter entscheidender Schlag vor Einbruch des Winters ...»* Spinnstoffsammlung — *«... habe ich Amerika den Krieg ...» «Roosevelt, Churchill ... alles nur Nullen!»* Afrikarommel — Bomben auf Berlin ... *«Will Meier heißen, wenn ...»* Moskau! 40 Grad unter Null *«... fallen sie ...» «... niemals eine deutsche Mutter Tränen ...»*

«Wir werden weitermarschieren ...» Don, Kaukasus, Stalingrad — *«... Wegnahme, die abgeschlossen wird.» «... von dieser Stelle kein Mensch mehr wegbringen ...»*

Stalingrad! *«... kein zweites Verdun ... nur mit Spähtrupps ...»* Kreuze, Kreuze! Mutterkreuz — *«... mal sehen, ob das ein Fehler war!»*

STALINGRAD! *«Ihr könnt euch felsenfest auf mich verlassen!»* Alkazar! *«... kein Mensch mehr wegbringen ...»* Lebensraum — Todesraum «... bis alles in Scherben fällt!» — — —

30. Januar 1943 — zehn Jahre «Drittes Reich»!

«Wir danken unserem Führer!»

*

Verwirrt wachen sie auf am Morgen dieses 30. Januar. Irgend etwas hat sich geändert. Es dauert eine ganze Weile, bis sie dahinter kommen, was es ist. Der Granatwerfer schießt nicht mehr! Es ist still geworden um das Haus. Und in diese fremdartige Stille hinein ist ein fernes Hämmern und Klopfen zu hören, das tief aus der Erde heraufzukommen scheint. Sie lauschen diesem unheimlichen Geräusch nach, das sie nicht deuten können.

Fröhlich sitzt in seiner Ecke und kaut an einem Stück harten Brotes. Dabei erzählt er vor sich hin. «Heute —», brummelt er, «heute kommt der große Schlag ... SS-Divisionen von zwei Seiten und Luftlandetruppen, ein ganzes Korps ... heute!» Vielleicht erzählt er das Leutnant Dierk, der stumm neben ihm hockt, vielleicht auch nur sich selbst. Es dauert eine ganze Weile, bis den anderen dieses monotone Selbstgespräch lästig wird.

«Was hat er nur mit seinem ‚Heute'? — Richtig, heute ist ja der 30. Januar! Zehn Jahre ...»

Leutnant Schwarz ist damals, eine Pechfackel in der Hand, mit durch das Brandenburger Tor marschiert, vorbei an dem Balkon, auf dem der Führer und der greise Feldmarschall Seite an Seite standen. Aufbruch der Nation! Der Marsch in eine neue Zeit ... Kann, darf er hier zu Ende sein? Noch jeder große Tag der Bewegung hat etwas Neues, Unerwartetes, Großes gebracht ...

Auch Breuer denkt zurück an diesen Tag vor zehn Jahren. Der grandiose Aufschwung eines ganzen Volkes aus lethargischem Hindämmern. Die Begeisterung darüber, *daß* endlich etwas geschah, hatte alle Besorgnisse überdeckt und die Frage erstickt nach dem, *was* eigentlich geschah. Zehn Jahre ... Alles war ihm geglückt, dem Wundermann aus Braunau, vom «Hitlerwetter» an den Reichsparteitagen bis zu den Blitzsiegen über Polen und Frankreich. War alles das nur der Weg zu diesem einen tödlichen Schlag? Wie werden sie ihn verwinden? —

«Man müßte mithören können, was sie sagen. Sicher spricht der Führer!» — «Irgend etwas geschieht heute. Vielleicht ... vielleicht erlaubt er die Kapitulation?»

«Kein Wort werden sie sagen», knurrt Leutnant Findeisen. «Sie werden uns totschweigen. — Was sollen sie auch sagen?»

Ihre Glieder werden bleischwer. Solange sie noch die Meldungen von drüben abhörten, hat der Wehrmachtsbericht Stalingrad mit keinem Wort erwähnt ...

Und wirklich, was sollen sie auch sagen?

«In heroischem Einsatz hat die 6. Armee in Stalingrad ihre Aufgabe erfüllt. Im Kampf mit Hunger und Kälte und einem übermächtigen Gegner hat sie Uebermenschliches geleistet. Sie hat starke Kräfte des Feindes gebunden und dadurch den Aufbau einer neuen Front ermöglicht. Jetzt ist dieser Kampf nur noch ein sinn- und zweckloses Sterben geworden. Um weiteres Blutvergießen zu vermeiden, hat der Führer deshalb mit dem heutigen Tage, dem zehnten Jahrestage der Machtergreifung, den Ueberlebenden der ruhmvollen Armee, die in ihrer Mehrzahl verwundet oder krank sind, die Einstellung des Kampfes befohlen. Er hat diesen ernsten Schritt getan angesichts der ehrenvollen Bedingungen, die der Feind einem tapferen Gegner gestellt hat, und in dem Bewußtsein, daß wertvolles deutsches Blut niemals nutzlos vergossen werden darf. Der Führer weiß sich bei diesem Entschluß einig mit den Gefühlen des ganzen deutschen Volkes.»

Das vielleicht könnten sie sagen ...

Aber können sie das wirklich? —

«Wo ist denn unser Apparat?» fragt Hauptmann Eichert. «Wir haben ihn doch damals mitgeschleppt, denke ich!»

Der Wehrmachtsempfänger findet sich verschmutzt und verbeult in einer Ecke der Ambulanz. Die Batterien sind längst verbraucht. Leutnant Findeisen fingert mißmutig daran herum.

«Was ist denn, macht er's noch? Gibt er noch einen Pieps von sich?»

«Erst mal sehen», brummt Findeisen. «Abwarten! Vielleicht ...»

Inzwischen gehen sie auf den Hof hinaus, den sie sonst nur für Augenblicke und mit größter Vorsicht zu betreten wagten. Blasser Sonnenschein liegt auf den Ruinen, es ist sehr kalt. Einige Rumänen klettern suchend auf den Schuttbergen umher. Aus einer eisernen Bodenluke, die sie bisher nie wahrgenommen hatten, blinzeln zwei verwilderte Gesichter verstört in das Tageslicht.

Sie steigen über Eis, Schutt und Schnee zu der Einfahrt hinüber und auf die Straße hinaus. Mit Anstrengung räumen sie einen Teil des verschütteten Kellerfensters frei. Von Süden her klingen Kampfgeräusche herauf, müde, spielerisch fast, ganz ungleich der Unruhe der letzten Tage. Ueber schwankende Holzstiegen klettern sie auf das Dach eines Schuppens und hinunter in den Nachbarhof. Vor der Hofeinfahrt weitet sich ein riesiger Platz. Von dem grauen, vom Dunst verschleierten Kolossalbau des Gorki-Theaters her rattert in phlegmatischen Stößen ein MG zu der fernen Häuserfront hinüber, die den Platz im Süden begrenzt. Dort scheinen schon die Russen zu sein.

«Ab sofort stehen hier und vorn an unserem Tor ständig Wachen mit Rotkreuzflaggen», sagt Hauptmann Eichert. «Erich, du teilst das ein, sofort!» sagt er zu Leutnant Schwarz und sieht ihn nicht an. «Und Sie, Breuer, Sie halten sich mit Ihrem Sonderführer bereit!»

Schweigend kehren sie in ihren Keller zurück. Die Stille ringsum ist beunruhigender als aller Kampflärm der letzten Tage. Findeisen hat inzwischen einige ausgebaute Kfz-Batterien herangeschleppt und ein Stück Kabel nach draußen gezogen. Jetzt dreht er mit verkniffenem Gesicht an den Knöpfen des Geräts.

Aus dem Apparat quietscht und pfeift es. Das widerliche Tuten eines Löschfunkensenders schwillt an und verschwindet, Fetzen aufreizender Schlachtenmusik klingen auf, dazwischen spricht eine brutale Frauenstimme. «Nasche wojska», verstehen sie und «Stalingrazkij oblastj» und noch einige wie Peitschenhiebe hingeschmetterte Worte. Der ganze Aether scheint voll russischer Sender zu sein.

Aus der Ambulanz haben sich einige Neugierige dazugefunden, sie hocken an den Wänden und tauschen leise Bemerkungen aus.

Und dann sind da mit einmal mitten in dem wilden Wellensalat ein paar leise, sehr ferne Töne — deutsche Militärmusik.

Leutnant Findeisen blickte auf. «Ich hob' ihn!» sagte er.

Er stocherte mit seinem Taschenmesser in den Eingeweiden des Apparates und überprüft ein paar Kontakte. Der Empfang wird deutlicher. Sie drängen sich dichter um das Gerät. Vor kurzem haben sie noch mit größter Selbstverständlichkeit die Sendungen aus Deutschland gehört, jetzt erscheint es ihnen fast wie ein Wunder.

Nach einer Weile meldete sich der Ansager:

«Hier ist der Deutschlandsender! Unsere Uebertragung von der Kundgebung zum 10. Jahrestag der nationalsozialistischen Machtergreifung aus dem Sportpalast in Berlin mit dem Appell des Reichsmarschalls an die deutsche Wehrmacht muß aus tech-

nischen Gründen leider verschoben werden. Inzwischen senden wir Marschmusik.»

Die Uebertragung blendet in den Radetzkymarsch ein. Die Zuhörer sparen nicht mit Bemerkungen. «Siehste, Göring spricht, nicht der Führer!» — «Technische Störungen? Vielleicht ist der Festanzug noch nicht gebügelt!» — «Oder die Tommys haben ihm ein paar Jubiläumsbomben serviert!» Mit einmal sind Hunger und Not vergessen, die Entfernung ist ausgelöscht. Sie sind wieder dabei, sie gehören noch dazu.

Der Hohenfriedberger erklingt, «Alte Kameraden» . . . Und dann meldet sich wieder der Ansager. Doch er wiederholt nur die Formel von den technischen Störungen.

Wieder Märsche, wieder die gleiche Ansage. Fast zwei Stunden zieht sich das hin. Einige der Zuhörer sind schon schimpfend hinausgegangen, andere gähnen, ein paar sind auf ihren unbequemen Plätzen eingeduselt. Es ist kurz vor 14 Uhr deutscher Zeit.

Plötzlich bricht die Musik ab. Die Stimme des Sprechers ist wieder da, jetzt vor der Geräuschkulisse eines überfüllten Raumes.

«Wir stehen auf der Empore des Sportpalastes. Die Ränge rings um uns sind besetzt mit den Spitzen von Partei, Staat und Wehrmacht. Unter uns stehen in vier Blocks angetreten die Offiziersanwärter der drei Wehrmachtsteile und der Waffen-SS, junge, frische Gesichter, über denen doch der Ernst der Stunde liegt . . .»

Immer mehr Menschen drängen jetzt in den Kellerraum hinein, den nun wieder das Tageslicht erhellt. Sie stehen an die Wände gelehnt, hocken oder liegen am Boden: Männer aus der Ambulanz, Verwundete aus den umliegenden Kellern, Rumänen vom Stabe des Generals Bratescu. Jetzt sind sie alle wach und gespannt. Die Atmosphäre jenes fernen Saales in Berlin teilt sich ihnen mit und zieht sie in ihren Bann. Sie warten. Warten auf etwas, das sie nicht näher bestimmen können. Auf etwas Außerordentliches. Da war ein Wort — «Ihr könnt euch felsenfest auf mich verlassen!» In diesem Augenblick haben sie vergessen, daß sie jemals zweifelten.

Verworrene Kommandos klingen auf und das harte Klappen von einigen hundert Absätzen. Die Stimme des Sprechers sinkt zu ersterbendem Flüstern herab:

«Der Reichsmarschall betritt den Saal. Er schreitet mit seinem Gefolge den Mittelgang entlang. Hinter ihm . . .»

Dazwischen wieder unverständliche Stimmen, Kommandos.

«Die Kommandeure melden, er hebt den Marschallstab . . .»

Göring, der Reichsmarschall! Er versprach, Stalingrad zu versorgen. Mit Lastenseglern beim Mondenschein. Sie haben es vergessen in diesem Augenblick. Sie sind bereit, alles zu vergessen, wenn nur das eine kommt, worauf sie warten.

«Meine Kameraden . . .!»

Klar und plötzlich sehr nah ist diese helle, so überraschend jugendliche Stimme mit ihrer Mischung von Härte und Jovialität, die ihnen stets ein Schmunzeln entlockte. Göring spricht, der Reichsmarschall, Hermann . . . Unzählige Witze haben sie über ihn gemacht, über seine menschlichen Schwächen, und sie wußten, daß er sie sammelt. Irgendwie stand er ihnen stets näher als die anderen, die kalten Fanatiker, an die sich kein Witz heranwagte. Es ist ihnen recht, daß Hermann spricht.

«Meine Kameraden!

Ihr steht heute hier als Abordnung der gesamten deutschen Wehrmacht. Es soll dies ein Appell sein, der sich am heutigen Tage an alle Kameraden der Wehrmacht richtet, wo immer auch sie in diesem Augenblick stehen und ihre Pflicht erfüllen. Ein Appell, um jenes Tages zu gedenken, da das Schicksal des Deutschen Reiches sich von Grund auf änderte . . .»

Breuer streicht sich über die Stirn. Er denkt an jenen Tag vor drei Jahren, als er selbst dort an jenem Platze stand nach erfolgreicher Absolvierung der Waffenschule. Man hatte ihnen beigebracht, wie man Krebse ißt und wann ein Handkuß angebracht ist und unter welchen Umständen der zweite Knopf des Uniformrocks offen bleiben darf. Er sieht sie vor sich, diese milchbärtigen, gläubigen Gesichter. Abordnung der deutschen Wehrmacht? Diese Jungen, die von nichts wissen? — «*Hier* müßte er sprechen», flüstert neben ihm jemand, der wohl ähnliches gedacht hat, «hier bei uns, auf diesen Ruinen hier!» Aber eine weißglänzende, goldbestickte Uniform paßt wohl nicht nach Stalingrad, und auch keine so wohlgenährte Statur. Und auch ein Sonderzug fährt ja nicht mehr bis hierher.

Sie hören zu und warten. Zeitweise ist nur ihr heißer Atem im Raum und diese helle, erstaunlich nahe Stimme. Doch ihre Geduld wird auf eine harte Probe gestellt. Was zunächst kommt, ist eine der sattsam bekannten Standardreden, eine alte Platte, beginnend mit dem «Verrat der Systemzeit» und über die «granitene Unterlage» der «harten und kristallklaren nationalsozialistischen Weltanschauung», die «Gemeinschaft der starken Herzen» hinführend zu «dem Juden» als dem hassenswerten Urgrund aller Uebel. Das alles ist hundertmal bei großen und kleinen Parteifeiern fast mit denselben Worten gesagt und hundertmal bis zum Ueberdruß gehört worden. Die Spannung läßt nach, leise Unterhaltung kommt auf. Hier und da beginnt einer zu schnarchen und wird von den Nachbarn wachgerüttelt.

Und dann ist da mit einmal die Angst: Vielleicht sagt er gar nichts von uns, von Stalingrad? — Wochenlang hat der Wehrmachtsbericht sie totgeschwiegen. Vielleicht sind sie schon tot und vergessen?

«Unsinn!» fährt Hauptmann Eichert dazwischen. «Das kann er gar nicht! Wartet doch ab!» Aber jetzt ist er selbst voller Zweifel.

Kaum merklich klingen in der Rede andere Töne auf. Der Redner ist beim Finnlandkrieg, bei den russischen Rüstungen, bei der «europäischen Mission» Deutschlands. Schritt für Schritt pirscht er sich an den Ueberfall auf die Sowjetunion heran.

«Und nun, meine Kameraden, ob Feldmarschall oder Rekrut, nun bitte ich euch alle, einmal zu überlegen, in welcher Lage unser Führer war, als er mit seinem politischen Genius diese tödliche Gefahr erkannte . . .»

Sie sind dankbar für diese freundliche Ansprache und möchten ihm gern den Gefallen tun. Aber sie sind zu ausgehungert und erschöpft, um noch so gründlich überlegen zu können. Soll er es doch kurz machen! Sie warten doch!

«Unser Führer stand nun vor dem schwersten Entschluß seines Lebens. Mit seiner Klarheit, mit seinem Weitblick, mit seinem politischen und strategischen Ingenium wußte der Führer, daß dies der schwerste aller Kämpfe sein würde . . .»

Und nun überlegen sie doch. Rußland, das ist schließlich ihr Fach, davon verstehen sie etwas. Ein Blitzkrieg von sechs Wochen sollte es werden, kurz und schnell und mit geringen Opfern geführt wie die anderen auch. Sie alle haben den Führerbefehl vom 2. Oktober 1941 noch in guter Erinnerung. Damals sollte «der letzte entscheidende Schlag» geführt werden gegen einen Gegner, «der bereits am Boden liegt». Sie entsinnen sich noch gut, ihr Gedächtnis funktioniert noch. Aber die jungen Offizierssoldaten dort in Berlin, die wissen wohl nichts davon.

Lärm in der Ambulanz lenkt die Aufmerksamkeit ab. Einer der beiden Sanitäter, die vorn an der Straße auf Posten stehen, poltert herein:

«Herr Hauptmann, da ist einer! Wir sollen den Schmachfetzen einziehen, sagt er!»

Hinter dem Mann erscheint das zorngerötete Gesicht eines Majors, dem das Ritterkreuz zum Halse heraushängt.

«Sauerei, verdammte!» schreit er.

«Schnauze!» sagt Eichert. «Setzen Sie sich hin und halten Sie den Mund! Göring spricht!»

Der Major sieht sich verwirrt um, als erwarte er, in einer Ecke dieses Kellers den Reichsmarschall höchstpersönlich zu erblikken. Er nimmt auch wirklich seine Pelzmütze ab und hockt sich in der Nähe des Apparates nieder.

Wieder gilt alle Aufmerksamkeit dem Festredner in Berlin.

«Da wurde unserer seit Jahren ununterbrochen von Sieg zu Sieg eilenden Wehrmacht die Schicksalsprobe gestellt. Nicht der Feind, sondern die Elemente erhoben sich und boten den siegreichen Truppen zum erstenmal ein Halt . . .»

«Ein Halt ist gut!» lacht der Zahli grimmig. Er war dabei, als es bei 35 Grad Frost vor Moskau zurückging. Von drei funkelnagelneuen sibirischen Divisionen waren sie fast bis nach Smolensk zurückgejagt worden. Drei Viertel ihres Menschenbestandes und fast das ganze Material blieben am Rande der Rollbahn liegen . . .

«Es folgte der zweite Winter im Osten . . . immer noch eisig genug, um alles . . . um alle Flüsse, Seen und Sümpfe wieder in eisigen Bann zu schlagen. Dort, wo man vorher mit einigen Kompanien halten konnte . . . war auf einmal Eis und das ganze Gelände für den Gegner wieder gangbar . . .»

«Ist hier bekanntlich ümmer so», knurrt Leutnant Findeisen vor sich hin. Dieser zweite Winter, der nicht eingeplant war und eigentlich niemals hätte folgen dürfen! Was soll das alles? Wozu rührt er den alten Mist auf? Will er sich entschuldigen? Sie wollen keine Entschuldigung. Der fremde Major räuspert sich mißbilligend. Er spürt die plötzlich gereizte und ablehnende Stimmung und zupft nervös an seiner Fellmütze. Offenbar bedauert er es schon, sich hier niedergelassen zu haben.

«So sehen wir, wie er zum letztenmal eine allerdings gigantische Anstrengung macht ... Müde Greise, sechzehnjährige Jungen werden in die vordersten Kampfbataillone eingereiht ... Das Menschenmaterial ist unterernährt und friert ... Die Panzer sind viel schlechter geworden ...»

Jetzt lachen doch einige. Sie haben lange nicht mehr gelacht, und es klingt auch nicht froh. «Zu wem spricht er eigentlich?» fragt Hauptmann Eichert und blickt sich im Kreise um. Er hat mit einmal das peinliche Gefühl, einem Gespräch zuzuhören, das nicht für seine Ohren bestimmt ist.

«Ich bin aber der Ueberzeugung, das ist auch das letzte Aufgebot, die letzte Reserve, die nur herausgequetscht werden konnte, weil eben diese Härte schon keine Härte mehr ist, sondern reine Barbarei, weil eben der Bolschewist das Menschenleben überhaupt nicht mehr achtet. Das sind für ihn nur Lebewesen, die er zur Durchsetzung seiner Ziele braucht. Diese Führung ist brutal bis zum äußersten. Und trotzdem: Wir haben ihn bisher geschlagen, wir werden ihn auch weiter schlagen ...»

«Schlagen!» brüllt hinten jemand los. «Schlagen, heute ...! Alarm! In die Stellungen!»

Es ist Fröhlich. Er ist auf seinem Platz hochgekommen und schwenkt torkelnd die MP über seinem Kopf. Kaum können sie ihn überwältigen und in seine Ecke zurückdrücken.

Bei dem Durcheinander ist der Antennendraht abgerissen, die Uebertragung ist unterbrochen. Als Leutnant Findeisen unter Schimpfen und Knurren den Schaden repariert hat und wieder Ruhe eingekehrt ist, da fällt gerade das Wort, auf das sie die ganze Zeit gewartet haben — Stalingrad.

«Es wird dies der größte Heroenkampf unserer Geschichte bleiben. Was dort jetzt unsere Grenadiere, Pioniere, Artilleristen, Flakartilleristen und wer sonst in dieser Stadt ist, vom General bis zum letzten Mann, leisten, ist einmalig. Mit ungebrochenem Mut und doch zum Teil ermattet und erschöpft, kämpfen sie gegen eine gewaltige Uebermacht um jeden Block, um jeden Stein ...»

Die Stille in Eicherts Keller ist so beklemmend geworden, daß niemand zu atmen wagt. Unserer Geschichte? Wieso Geschichte? — Sie erwarten ein entscheidendes Wort, einen Tagesbefehl. Aber es scheint, als ob der Mann dort in der Ferne nicht *zu* ihnen, als wenn er *von* ihnen spricht. Wie von jemand, der gar nicht mehr da, der weit fort, ins Unerreichbare entschwunden ist. Und was er von ihnen sagt, das ist nicht wahr! Ihre Gesichter werden hart und lauernd. Was wird noch kommen?

Die Stimme in dem Apparat bekommt jetzt einen feierlich makabren Klang:

«Wir kennen ein gewaltiges Heldenlied von einem Kampf ohnegleichen, es heißt ‚Der Kampf der Nibelungen'. Auch sie standen in einer Halle voll Feuer und Brand, löschten den Durst mit dem eigenen Blut, aber sie kämpften bis zum letzten. Ein solcher Kampf tobt heute dort, und noch in tausend Jahren wird jeder Deutsche mit heiligem Schauer . . .»

Himmel, was ist das? Von wem spricht er eigentlich? Von ihnen, die hier im Elend liegen und auf Rettung warten, auf das erlösende Wort? Sie sehen sich an und verstehen nichts. Stalingrad schon Sage, schon reif für Geschichtsbücher? Langsam steigt das Grauen in ihren zerquälten Gesichtern auf. Erbarmungslos, in einem schier unerträglichen Pathos tönt die Stimme fort:

«. . . meine jungen Soldaten, um so stolzer und freudiger muß das Herz in eurer Brust jetzt schlagen . . . Es ist schon ein wunderbares Gefühl . . . Das ist der höchste Sinn dieses Opfers . . . Es hat immer kühne Männer gegeben, die sich geopfert haben . . .»

Geopfert — — Sie werden geopfert? Allesamt? Eine ganze Armee bis auf den letzten Mann? Kaltblütig abgeschlachtet unter Weihrauch und hohlen Phrasen . . . Das wagt dieser Mann zu sagen? Das sagt er ihnen, ihren Vätern und Müttern, ihren Frauen und Kindern ins Gesicht? Das sagt er dem deutschen Volk? — Sprach er nicht eben noch von bolschewistischer Barbarei?

«Mein Gott!» stöhnt Leutnant Schwarz und schlägt die Hände vor das Gesicht . . .

«Meine Soldaten, die meisten von euch werden von einem ähnlichen Beispiel der großen, gewaltigen Geschichte Europas gehört haben . . . Vor zweieinhalb Jahrtausenden stand in einem kleinen Engpaß in Griechenland . . . stand Leonidas mit dreihundert Spartanern . . . Auch damals war es ein Ansturm von Horden, der sich hier am nordischen Menschen brach . . . Sie kämpften und kämpften . . . Schließlich fiel der letzte Mann, und in diesem Engpaß steht nun ein Satz . . .»

«Sie sargen uns ein!» schreit Hauptmann Eichert. Er schreit es in das ausdruckslose Gesicht des fremden Majors, in dessen Halskragen das schwarze Ritterkreuz pendelt. «Sie begraben uns bei lebendigem Leibe!»

«. . . wird noch einmal in der Geschichte unserer Tage heißen: Kommst du nach Deutschland, so berichte, du habest uns in Stalingrad . . .»

«Liegen sehen!» kreischt Fröhlich in seiner Ecke. «Liegen sehen!»

«. . . wie das Gesetz, das Gesetz für die Sicherheit unseres Volkes . . . das Gesetz, für Deutschland zu sterben . . . Die Kämpfer von Stalingrad mußten stehen, das Gesetz befahl es so, das Gesetz der Ehre und der Kriegsführung. Dieses Gesetz . . .»

«Das Gesetz der Unfähigkeit und Sturheit!» knirscht Leutnant Findeisen, die schwammigen Augen voller Tränen ohnmächtiger Wut. «Könnte man diesem Schwein doch die Schnauze polieren!»

«Es ist letzten Endes, das mag hart klingen, für den Soldaten ja gleichgültig, ob er bei Stalingrad, bei Rshew oder in der Wüste Afrikas kämpft und fällt. Wenn er sein Opfer bringt . . .»

«Nein!»

Hauptmann Eichert ist aufgesprungen. Er zerrt den Apparat vom Tisch, so daß er krachend zu Boden fällt. Er greift nach dem Beil, mit dem sie das Holz zerkleinern, und schlägt zu. Glas splittert, die Stimme vergurgelt in dem Geschrei der Zuhörer, die sich zur Seite drängen und übereinanderfallen.

Dann wird es wieder still. Lähmende Starre hält die Männer umfangen. Der Spuk ist vorbei. Aber die Stimme des Redners schwingt unhörbar weiter im Raume und bohrt sich in die erschöpften Hirne hinein. Sie beginnen zu begreifen. Abgeschrieben sind sie, totgesagt, lebendig begraben. Und mit ihnen begraben ist die Wahrheit von Stalingrad. Ueber ihrem Verlies aber mauert man bereits das Monument für den Mythos, mit dem man neue Hekatomben zur Opferbank treiben wird. Und sie können sich nicht wehren . . . Sie haben gesehen und gehört und doch nicht geglaubt. Und sie möchten auch diese Rede hier nicht glauben, möchten lieber an ihrem Gehör zweifeln und an ihrem Verstand. «Ihr könnt euch felsenfest auf mich verlassen!» — — Sie wissen nicht, daß ein paar Kilometer entfernt im Nordkessel ein Kommandierender General sitzt, der sich noch wehren kann, und daß der in diesem Augenblick nach draußen funkt: «Vorzeitige Leichenreden unerwünscht!»

Sie hocken noch immer auf ihren Plätzen und warten, so, als könnte es damit nicht zu Ende sein, als müßte noch irgend etwas kommen. Und wissen doch, daß kein Wort, kein Befehl mehr zu ihnen kommen wird, weder von ihrem «Führer» noch von dem Oberbefehlshaber dieser unseligen Armee noch von sonst jemand, der nach Rang und Stellung zum Befehlen berufen wäre. Sie sehen auf Hauptmann Eichert, der immer noch über dem zerstörten Apparat steht und das Beil in seiner Hand betrachtet.

Und in diese Stille hinein klingt, näher und deutlicher jetzt, wieder dieses rätselhafte Hämmern und Pochen, das aus unergründlichen Tiefen zu kommen scheint.

Der fremde Major erhebt sich seufzend aus seiner Hockstellung und reckt seine Glieder. «Das sind die Russen», sagt er. «Ueber das offene Gelände trauen sie sich noch nicht. Sie arbeiten sich durch die Keller durch. Na – Mahlzeit!» Als erster geht er hinaus.

Da wirft sich Breuer nach vorn. Er fällt über Füße und Knie und kann im Fallen gerade noch zupacken. Ein Schuß löst sich und fährt gegen die Decke. «Sie nicht, Junge!» keucht er und hält Leutnant Dierks Arm umklammert. «Sie nicht!» – Dierks Gesicht ist schweißbedeckt, er stöhnt unter Breuers Griff. Er hat es schwerer als die anderen. Er hat mehr verloren...

Später, als die Besucher sich verlaufen haben und sie wieder allein sind, sagt Eichert müde:

«Warum ließen Sie ihn nicht gewähren – Es ist doch der einzige Weg, der uns bleibt.»

«Wir sind tot, alle... so oder so», sagt Leutnant Schwarz. «Eben haben sie uns ja beigesetzt. Wer hier noch einmal herauskommen sollte, wird immer nur auf Urlaub sein.»

Und der Zahli empört sich: «Ich mich totschießen? Für die Lumpen da drüben? – Das wollen sie ja gerade!»

«Wie? Ihr wollt weiterleben?» fragt Eichert erstaunt, aber ohne Vorwurf. «Mit all dem Dreck, der an uns klebt?»

«Ja», meint Breuer nachdenklich, «Es gehört schon Mut dazu... Es wäre eine Tat. Die erste Tat gegen *ihn*. – Wer hier überlebt, ist auserwählt.»

«Auserwählt!» höhnt Hauptmann Eichert. «Wozu auserwählt? Um in einem sibirischen Bergwerk zu verkommen! Glaubt doch bloß nicht, daß jemand von uns hier noch einmal die Heimat wiedersieht! Wenn sie ihren Endsieg feiern, nicht ... und wenn es andersrum kommt, erst recht nicht. Wir sind die ärmsten Schweine des Jahrhunderts.»

«Wir sind auserwählt», beharrt Breuer. «Und wenn von Tausenden ein einziger heimkommt ... für den einen müssen wir am Leben bleiben.»

*

An einer Straßenkreuzung westlich des Roten Platzes stand die Ruine eines Geschäftshauses. Es war eine handfeste Ruine mit starken Mauern. Nur das Dach und die oberen Stockwerke waren eingestürzt. Weiter unten hatten die Decken das herabstürzende Geröll aufgefangen und hingen noch fest zwischen den Steinwänden. Diese Ruine war Front und Gefechtsstand zugleich. In den weitläufigen Kellerräumen kampierte unter Hunderten von Verwundeten Oberst Lunitz mit seinen Männern. Im Erdgeschoß und im ersten Stockwerk waren die Fensterhöhlen mit Sandsäcken und Ziegelsteinen verbarrikadiert. Dort verlief die Stellung. Denn in dem gegenüberliegenden Gorki-Theater saßen bereits die Russen.

Ein enges Kellerloch war es, drei Holzpritschen an den Wänden, dazwischen ein schmaler Brettertisch. Auf dem Tisch stand eine Kartusche, ihre Oeffnung war zu einem dünnen Schlitz zusammengehämmert. Darüber flackerte eine breite, stark rußende Flamme. Um den Tisch herum saßen drei Männer: Oberst Lunitz, der Intendanturrat Dr. Vondel und Oberschirrmeister Negendank. Der Oberst lehnte mit dem Rücken an der feuchten Mauer, die Arme über der Brust gekreuzt. Sein narbiges Gesicht zeigte in dem rötlich flackernden Licht den Bronzeton alten Leders, das schlohweiß gewordene Haar lag darüber wie Neuschnee auf einer verwitterten Bergkuppe. Er sah in die Flamme, die den letzten Kraftstoff verzehrte. Nun, sie brauchten keinen mehr. Der eine Panzer, den sie in die Stadt mitgebracht hatten, der letzte der 6. Armee, war abgeschossen. Oberleutnant von Horn hatte damit noch ein paar Tage hier und da «wilde Sau» gemacht. Jetzt lag er hundert Meter weiter an der nächsten Straßenecke, und der Oberleutnant darin. Ein Schuß hatte ihn ins Auge getroffen, mitten durch das Monokel. Sie hatten ihn nicht bergen können. Wozu also noch Kraftstoff, wenn nicht für etwas Licht und Wärme.

«Beschissen», sagte der Oberst. Der Umgangston war nicht mehr fein; aber dieses eine Wort umriß drastisch die Lage. Am Bahndamm hatten sie gekämpft, am Straßenrand bei der Fliegerkaserne, an der Zarizaschlucht. Da waren sie noch 15 Mann gewesen. Aber hier war allerlei von der alten Division zugelaufen. Nun saßen sie also hier, die Reste der stolzen Panzerdivision, Kampfgruppe Lunitz, Armeereserve. Vier Offiziere und drei Dutzend Soldaten. Soldaten, na ja – Sie hielten das Haus hier und den Südrand des Roten Platzes besetzt zum Schutze des Oberbefehlshabers und seines Stabes. HKL, letzte Verteidigungslinie! Natürlich zu halten bis zum letzten Mann. Und seit zwei Stunden standen drei russische Panzer unten auf der Straße, die Rohre drohend auf das Gebäude gerichtet.

«Beschissen», sagte der Oberst noch einmal. Die andern beiden erwiderten nichts. Ihr Schweigen war uneingeschränkte Zustimmung.

Draußen polterte jemand über die Beine der Verwundeten hinweg durch den Gang. Dann ging die Tür auf. Ein schneebestäubter Soldat, das Gewehr in der Hand, kam herein und deutete eine Ehrenbezeigung an.

«Herr Oberst, da draußen ist einer!»

«Wer ‚einer'?» – Da draußen war mehr als «einer», da waren drei russische Panzer aufgefahren.

Der Mann wischte sich mit dem Handrücken die Tropfen von der Nase.

«Drüben am Theater! Der schreit immer zu uns rüber. Kommen Sie doch mal selbst, Herr Oberst!»

Der Oberst stand knurrend auf und zog sich die Kapuze der Tarnjacke über den Kopf. Auch die beiden anderen gingen mit. Sie kletterten zum ersten Stock hinauf und postierten sich hinter einer Fensteröffnung. Drüben lag das Theater, ein Kolossalbau mit pompöser Säulenfront und einer breiten Freitreppe. Auf den Sockel hatte ein Witzbold mit meterhohen Kreidebuchstaben gemalt: EIN FÜHRER, EIN VOLK, EIN THEATER! Nichts regte sich drüben. Unten standen unbeweglich die drei Panzer.

«Der kommt noch mal, Herr Oberst!» meinte der Landser. «Er war schon zweimal da.»

Es vergingen einige kalte Minuten. Dann öffnete sich drüben

das Portal. Ein Mann trat heraus. Er setzte einen Schalltrichter an den Mund und rief:

«Oberst Lunitz, Oberst Lunitz — Achtung ...! Befehl des sowjetischen Kommandos: Das Gebäude ist bis 16 Uhr ... ich wiederhole: bis 16 Uhr zu räumen. Bei Nichtbefolgung dieses Befehls wird es zusammengeschossen. Ich wiederhole ...»

Oberst Lunitz kniff die Augen zusammen. Man kannte drüben seinen Namen? Und der Mann dort trug eine deutsche Offiziersuniform, kein Zweifel! Er sprach ein akzentfreies Deutsch. Verrückte Sache! Aber der Oberst hatte es verlernt, sich zu wundern.

«So 'n Quatsch!» knurrte er, und sie stiegen wieder in ihren Keller hinunter. Dort gab es eine erregte Debatte.

Bis 16 Uhr räumen? Die sind ja verrückt! — Ganz unmöglich mit all den Verwundeten. Blech!

Außerdem mußte die Südfront des Roten Platzes bis morgen früh unter allen Umständen gehalten werden. So lautete der Befehl. Und das Haus hier war der Eckpfeiler der ganzen Stellung.

«Was sie bloß wollen? Haben's doch sonst nicht so eilig!» meinte der Intendanturrat. «Morgen ist doch sowieso zappenduster.»

Sie verfielen in Grübeln. Schließlich meinte der Schirrmeister:

«Wie wär's, wenn einer mal rüberginge, Herr Oberst?»

«Rübergehen? Zu den Russen? — Total verrückt!»

«Na ja, ich meine, die sind ja auch nicht dusselig. Vielleicht kann man mit ihnen reden, was vereinbaren ...»

Der Oberst überlegte.

«Warum eigentlich nicht?» sagte er nach einer Weile. «Was ist schon dabei zu verlieren! — Gut, ich gehe selbst. Und wenn sie mich nicht zurücklassen, dann ...» Er zuckte mit den Schultern. Dann mußte der vertrottelte Vondel eben sehen, wie er klar kam. Es war alles ziemlich sinnlos geworden.

Sie knoteten ein noch einigermaßen weißes Unterhemd mit den Aermeln an eine Latte. Damit winkend ging der Oberst an den Panzern vorbei über die Straße. Aus den Fensterlöchern oben sahen sie ihm nach. Er stieg langsam die Stufen zum Theater hinauf und pochte an die Tür. Sie öffnete sich einen Spalt weit, der Oberst verschwand. —

Innen nahmen ihn zwei Russen in Empfang. Einer davon war

eine Frau. Sie verbanden ihm nicht die Augen, sogar seine Pistole durfte er behalten. Aber der Mündungslauf der MP, den er im Rücken fühlte, war ausgesprochen unangenehm. Sie führten ihn durch Kellerräume, über Höfe und verschiedene Straßen. Ueberall brannten Holzfeuer. Russische Soldaten hockten davor, wärmten sich die Hände oder hielten Kochgeschirre in die Flammen. Sie schwatzten und lachten, irgend jemand spielte Ziehharmonika. Die Frau ging neben dem Oberst. Sie trug die Felduniform der Roten Armee mit den Rangabzeichen eines Unterleutnants. Sie war jung. Zwischen ihren knallroten Lippen klebte eine Zigarette. Die Blicke, die sie dem Oberst zuwarf, waren nicht freundlich.

Endlich erreichten sie ein alleinstehendes Blockhaus. Hier begrüßte den Oberst ein russischer Major. Er hatte ein fettig glänzendes Gesicht, roch nach Schnaps und war offensichtlich guter Stimmung.

«Ah, Oberst Lunitz, serr gutt, serr gutt! Ich serr gutt Deutsch, haben gelernt auf Schule in Iwanowo. — Du auch glauben, ich serr gutt Deutsch?»

Oberst Lunitz bestätigte das höflich. Und er wunderte sich. Das waren sie nun, die Sieger! Ab morgen die Herren über Leben und Tod ... Wie Menschenfresser sahen sie eigentlich nicht aus. Eher schon wie verarmte Kleinbürger, denen ein unverhoffter Gewinn in den Schoß gefallen ist. Unverhofft, ja! Vor kurzem hatten sie sicherlich auch noch an den «größten Feldherrn aller Zeiten» geglaubt, hatten sie ihn gefürchtet.

Etwas befangen unterbreitete der Oberst sein Anliegen. Die Zeit sei zu kurz für eine Räumung, und ob man in Anbetracht der vielen Verwundeten nicht darauf verzichten könne.

«Dann übergeben sofort Haus mit alle Mann, und alles charascho!» schlug der Major vor.

Oberst Lunitz bedauerte, ablehnen zu müssen. Er habe einen Befehl der Armee, der ihn bis morgen früh binde. Ob man nicht bis zum nächsten Tag warten könne? Er würde in diesem Falle auch seinerseits auf Gegenangriffe verzichten. Bluffen, dachte er dabei, immer nur bluffen! Das ist die einzige Chance!

Der Major schob seine Mütze in die Stirn und kratzte sich den Hinterkopf. «Ich nicht weiß», sagte er. «Sprechen mit General!»

Er hantierte an den Knöpfen eines Funksprechgerätes, das auf einem Stuhl an der Wand stand. Schließlich hatte er die Verbindung. Er palaverte eine ganze Weile, dann winkte er den Oberst heran und reichte ihm bedeutungsvoll den Handapparat. Oberst Lunitz meldete sich militärisch.

Eine Stimme antwortete auf deutsch: «Was wollen Sie? Sprechen Sie langsam!»

Noch einmal setzte der Oberst sein Anliegen auseinander. Es war eine langwierige Geschichte, verzögert durch Hörfehler und Mißverständnisse. Außerdem wurde anscheinend jeder Satz drüben erst ins Russische übersetzt.

Mit einmal gab es einen Knack, die Verbindung war unterbrochen. Fluchend machte der Major sich an das Gerät, drehte hier und da und schüttelte schließlich wütend den Kasten. Vergeblich. Ratlos sah er den Oberst an. Dem kam eine Idee.

«Wissen Sie, was?» sagte er. «Für heute nacht stellen wir alle Kampfhandlungen ein, und morgen früh 4 Uhr gehe ich mit allen meinen Leuten in Gefangenschaft!»

Zweimal mußte er das wiederholen, ehe der Major begriff. Der überlegte eine Weile mit einem schiefen Blick auf das Funkgerät, dann zog ein Grinsen über sein Gesicht.

«Gutt», sagte er. «Heute nacht Ruhe, schlafen, kein Schuß, nix . . . Und Sie morgen mit alle Mann Schluß, aus, Gefangenschaft. Gutt! – Aber wenn nicht, dann ich schießen alle kaputt, verstehn? Dann nix pardon, alle kaputt, kaputt!» Er drohte schalkhaft mit dem Zeigefinger.

Der Oberst blieb ernst. Die Situation war nicht zum Lachen. «Keine Sorge», sagte er steif, «ich halte mein Wort.»

Und sie gaben sich die Hand darauf.

Sehr zuvorkommend jetzt, geleitete man den Oberst den weiten Weg zu seinem Gefechtsstand zurück. Oberst Lunitz war einsilbig und zurückhaltend. Es war zu Ende. Der Krieg, seine militärische Laufbahn, alles war für ihn zu Ende. Ein Ende, wie er es sich nie hätte träumen lassen. Ein beschämendes, unsoldatisches Ende. Dafür hatte er sich bei Businowka durchgeschlagen! So weit hatten sie ihn gebracht! Er kam sich vor wie ein Hanswurst.

Aber dann verspürte er doch Erleichterung und so etwas wie Genugtuung darüber, daß er alles so pfiffig gedeichselt hatte. Der Armeestab war für diese Nacht sicher wie in Abrahams Schoß. Der Befehl war ausgeführt. Das sollte ihm mal einer nachmachen! Was morgen geschah, stand auf einem anderen

Blatt. Nachher würde er noch die Stellungen abgehen und den Männern wenigstens andeutungsweise Bescheid geben. Soweit es nach ihm ging, sollte keiner von ihnen mehr für diese dreckige Sache sein Leben lassen.

*

In dieser Nacht finden sie keinen Schlaf. Es ist die letzte Nacht vor einem letzten Tage, das wissen sie. Was danach kommt, wissen sie nicht. Und trotzdem — nachdem nun alles entschieden ist, fühlen sie sich erleichtert. Es ist das Gefühl der Befreiung, das den Schmerz jedes Verlustes mildert.

Sie sitzen da und hängen ihren Gedanken nach. Am Ofen trocknen die Fußlappen. Auch Dierk hat zu ihnen an den Tisch gefunden, zum erstenmal, seit er hier ist. Nur Fröhlich schnarcht in seiner Ecke, wieder einmal hat ihn der Schlaf vor der Wirklichkeit gerettet. Der Unterarzt — in dieser Nacht hat er sich Ruhe gegönnt — blättert in alten Briefen.

Findeisen, der an der Tür steht, weil ihm das Sitzen immer noch Mühe macht, läßt plötzlich seine Hosen herunter und beginnt mit einer Nagelschere daran herumzuschneiden.

«Was fehlt denn dir?» wundert sich Leutnant Schwarz. «Hast wohl die Hosen schon so voll, daß du Abflußlöcher brauchst?»

«Uediot!» gibt Findeisen zurück. «Moinst du, ich lasse mir meinen Trauring klauen? Der würd eingenäht! Unter einen Knopf im Hosenlatz. Da fündet ihn koiner.»

Niemand sagt etwas.

Nach einer Weile holt Schwarz seinen Koffer hervor und wühlt unschlüssig darin herum. «Was macht man nun mit dem Mist?» brummt er.

«Anzühen, was man kann!» empfiehlt Findeisen. «Den Rest wegschmoißen! Rezept von moinem Alten. Der war schon im vorigen Krieg in Sübürien.»

Mit einmal sind sie alle mit ihrer Bekleidung beschäftigt. Sie ziehen an, ziehen aus, wählen, prüfen, verwerfen. Für Breuer fällt aus Schwarz' unergründlichem Koffer eine hellgraue, stark verlauste Strickweste ab, für Dierk eine Unterjacke aus Lammfell mit langen Aermeln. Breuer hilft ihm behutsam beim Anziehen und sieht dabei ein flüchtiges Lächeln über Dierks Gesicht huschen. Er atmet auf. Er hat Dierk nie lächeln gesehen, auch früher nicht. Und er nimmt es als einen Sieg. Der Unterarzt vertauscht seine aufreizend eleganten Reitstiefel seufzend gegen ein Paar «Knobelbecher», die von einem der Toten zurückgeblieben sind. Immer geschäftiger sind sie tätig, und schließlich sprechen sie von der bevorstehenden Gefangenschaft wie von der selbstverständlichsten Sache der Welt. Nur Hauptmann Eichert spricht kein einziges Wort.

Auch der Zahli ist bei diesen Vorbereitungen immer schweigsamer geworden. Mit einmal ist er verschwunden. Als er zurückkommt, hat er die Arme voller Konservenbüchsen. «Da!» sagt er barsch und läßt die Konserven auf den Tisch purzeln. Es sind Kilobüchsen mit Leberwurst.

Die andern starren ihn an.

«Du selten blödes Stück», empört sich Findeisen, «jetzt rückst du damit an?» und mit einem Blick voll komischer Verzweiflung in die Runde: «Wochenlang läßt er uns Kohldampf schieben, und jetzt sollen wür Wettfressen mit Löberwurst machen!»

«Kann ich denn ahnen, daß ihr so schnell Feierabend macht?» faucht der Zahli zurück. «Man muß ja schließlich disponieren!»

«Also dann disponier' mal gefälligst dein anderes Hamstergut auf den Tisch, du Knauser!» meint Leutnant Schwarz und haut sein Messer in eine der Büchsen, so daß die Leberwurst an den Seiten herausquillt. «Sonst disponiert der Iwan morgen darüber!»

Was der Zahli, offensichtlich schweren Herzens, noch zutage fördert, sind drei Kisten Zigarren. Er hat sie für den Tag der Befreiung aufgehoben ... Dazu legt er ein Bündel Geldscheine. Es sind Reichskreditkassenscheine zu 50 Mark.

«Zur gefälligen Bedienung!» sagt er. «Aber bitte nicht für hinterlistige Zwecke, sondern als Fidibusse! Ich muß schließlich die totale Vernichtung nachweisen.»

«Wem?» grinst Findeisen.

«Das ist egal. Ordnung muß sein!»

Sie trinken den Bohnenkaffee, der heute extra stark ist, rauchen und löffeln dazwischen die Leberwurst aus ihren Büchsen

«Und was machen wir mit den Soldbüchern?» fällt es Leutnant Schwarz plötzlich ein. «Am besten wegwerfen oder verbrennen, was? Und sollte man sich nicht Landserkluft besorgen? Schütze Pampelmus kommt vielleicht eher über die Runden!»

«Quatsch!» knurrt Findeisen. «Uech bün, was üch bün. Wenn's ihnen nicht paßt, sollen sü mich aufhängen.»

Und Breuer meint: «*So* kann man sein Erbteil nicht loswerden.» — Er wiegt seinen Fotoapparat, eine kleine «Ikonta», in der Hand. Sie hat ihn durch den ganzen bisherigen Krieg begleitet. Ein Film steckt noch drin, darauf müssen auch zwei oder drei Aufnahmen vom letzten Urlaub sein. Er schlägt ein paarmal mit dem Beil darauf, aber das Objektiv hält stand. Schließlich wirft er den Apparat durch ein Loch in den Kamin. Sollen sie ihn dort finden, wenn Stalingrad wieder aufgebaut wird! Dann hält er das Bild in der Hand. Irmgard, die Jungen ... Er schiebt es in die Manteltasche zurück.

Auch Hauptmann Eichert hat gegessen und getrunken und sich die Zigarren mit den 50-Mark-Scheinen angezündet. Er hat es schweigend und ohne Anteilnahme getan, allein mit seinen Gedanken. Und die anderen wagten nicht, dieses Schweigen zu stören. Jetzt sagt er nach einem langen Atemzug:

«Nein, ich werde mich nicht erschießen. Man darf dem Schicksal nicht ins Handwerk pfuschen ... Aber was das alles noch soll, weiß ich nicht. Ich war Soldat, immer nur Soldat ...»

Ich war Soldat ... Breuer begreift mit einem Schlag die ganze Not, die aus diesen drei Worten spricht. Er setzt sich neben den Hauptmann.

«Wir alle schleppen viel mit uns herum», sagt er behutsam. «Ballast von Jahrhunderten ... Wir haben viel abzuwerfen.»

Der Hauptmann hebt seine schweren Augenlider und sieht ihn an.

«Kann man das?» fragt er mutlos. «Herkunft, Erziehung, Beruf ... Kann man da jemals heraus? Und dann — wir sind Deutsche! Und sie werden uns fühlen lassen, daß wir Deutsche sind.»

«Wir sind Deutsche», wiederholt Breuer. «Unser Segen und unser Fluch. Wir sind immer und nochmal und nur Deutsche gewesen. Man hat es uns vorgedichtet und vorgesungen und vorgebetet und vorkommandiert, als ob es nichts anderes, Höheres auf der Welt gäbe. Und so ist dieses Zerrbild daraus geworden, diese Spottgeburt, der wir alle schuldhaft verbunden sind ... Vielleicht müssen wir die Kraft finden, auch das abzuwerfen.»

«Auch das —», murmelt Eichert. «Und was bleibt dann?»

«Sie bleiben ... und ich ... und Dierk und General Bratescu ... und Iwan Krapotkin und Ljuba Karlowa und eine Frau, die Irmgard Breuer heißt ... viele, unzählige ... jeder für sich eine kleine Welt nach Gottes Willen, die *endlich einmal ernst genommen werden will!* — Es bleibt der Mensch.»

Eichert winkt müde ab. «Der Mensch ... Das Untier, der reißende Wolf, der seinesgleichen frißt ...»

«Der Mensch als Aufgabe!»

Hauptmann Eichert antwortet nicht. Er blickt auf seine Fußspitzen hinunter und schüttelt kaum merklich den Kopf. Alle schweigen sie. Leise knistern die Kerzen, in der Ecke schnarcht Fröhlich in seinem fernen Schlaf. Und durch den halbdunklen Raum ziehen wieder die Schatten der Toten. Endrigkeit ... Wiese ... Fackelmann ... Wachtmeister Addicks ... ICH ... BRECHE DURCH UND SCHAUE NICHT ZURÜCK!

«Kennen Sie die Legende von Christophorus?» spricht Breuer in die Stille. «Er trug den Christus auf seinen Schultern. Eine Last, die immer schwerer und schwerer wurde. Aber er wurde stark unter dieser Last — und kam ans andere Ufer.»

Eichert sieht ihn groß an, sein Gesicht hat jede Farbe verloren. «Wie kommen Sie darauf?» fragt er fast tonlos. «Ich heiße Christoph ... Georg Christoph. Mein Vater hieß Christoph, und mein Großvater auch ... Und wir haben es nie gewußt ...»

*

Es ist nach Mitternacht, als die Posten einen Russen hereinstoßen.

«Hier, Herr Hauptmann, den griffen wir drüben am Theaterplatz! Er hat was abgekriegt.»

Der Russe hält die linke Hand hoch, von der das Blut herabtropft. In seiner Rechten schlenkert er achtlos das Gewehr, das ihm niemand abgenommen hat.

Eichert gibt dem Unterarzt einen Wink. «Verbindet ihn und laßt ihn laufen!»

Der Arzt untersucht die Hand, die ihm der Russe so gleichgültig hinstreckt, als ob sie ihm nicht gehörte. Neugierig blickt er sich im Raume um. Er ist groß und breit und hat ein wohlgenährtes, glattrasiertes Gesicht. Unter seiner Pelzmütze lugt ein Büschel heller Haare hervor. Ein Sibirier vielleicht? Sie fragen ihn nicht danach.

Der Arzt hat die Wunde sauber verbunden. Er klopft dem Russen auf die Schulter. «Nu dawaj, idi! – Hau ab!»

Der Russe staunt. Langsam verzieht sich sein Gesicht zu einem breiten Grinsen.

«Nu schto?» fragt er. «Gitlär kaputt, hä?»

Sie sehen ihm schweigend nach, wie er auf seinen Walinki behäbig und zufrieden hinausstapft.

Hitler kaputt ...

Mit einmal wissen sie, daß hier nicht nur eine Schlacht, daß ein Krieg verloren ging. Sie sehen diesen Russen mit seinen schiefgetretenen Filzstiefeln über ein Trümmerfeld stapfen. Aber es sind nicht die Trümmer von Stalingrad ... Müde Gesichter sehen sie und halbwüchsige Jungen, das letzte Aufgebot. Es sind keine Russen ... Und einen Wahnsinnigen sehen sie, der ein ganzes Volk zu schaurigem Totentanz führt.

Einen Wahnsinnigen, der nicht Stalin heißt ...

*

Im Keller von Oberst Lunitz aßen sie ihre letzten Vorräte auf. Knäckebrot, zwei Büchsen Leberwurst, Tubenkäse. Auch Zigaretten waren da und eine Flasche «Hennessy». Sie war für ein besonderes Ereignis aufgehoben, für die Befreiung oder das Ende. Das Ende war da. Aber das Leben ging weiter, ein unbekanntes, unvorstellbares Leben. Es hatte keinen Sinn, an diesem letzten Abend in Freiheit daran zu denken. Da wanderten die Gedanken lieber zurück. Erinnerungen wurden wach an längst Vergangenes, an die Heimat. Sie würden sie wiedersehen. Vielleicht. Irgendwann einmal. Man durfte wieder hoffen.

Mit einmal stand da ein Mann im Raum, niemand hatte ihn kommen hören. Ein Offizier im Stahlhelm, Handgranaten im Koppel, die MP vor der Brust und das blanke Schild der Feldgendarmerie. Er stand neben der Tür, die Hand am Helmrand.

«Herr Oberst Lunitz bitte zum Chef des Stabes!»

Die drei verstummten. Der Oberst zog die Stirn kraus, ein Schatten legte sich über sein Gesicht. Er sah den Offizier an, der immer noch in dienstlicher Haltung dastand.

«Ja, es ist gut, danke ... Ich komme gleich.»

Der Offizier rührte sich nicht.

«Sonst noch etwas?»

«Verzeihen, Herr Oberst ... Ich habe Befehl, Herrn Oberst hinüber zu begleiten.»

Das gebräunte Gesicht des Obersten verfärbte sich ins Olivgrüne. Langsam erhob er sich und schnallte sein Koppel um.

«Na, dann tschüs, Herrschaften», sagte er matt. «Macht's gut! Falls ... falls etwas Unvorhergesehenes eintreten sollte — ihr wißt ja Bescheid!»

Draußen glitzerten die fernen Sterne. Hinter dem schwarzen Zackenkranz der Ruinen schimmerte schwacher Feuerschein. Es war sehr kalt. Rote und grüne Leuchtkugeln tanzten in den Himmel hinein. Die Russen trieben ihren Spaß mit den Flugzeugen, die immer noch Versorgungsgüter abwarfen. Der Oberst schritt schnell aus, der Schwerbewaffnete keuchte hinter ihm her. Lunitz kannte die Schleichwege zum Armeestab besser, er war sie oft genug gegangen. Es fiel ihm nicht schwer, seinen Begleiter abzuschütteln.

Er schlug einen Haken nach rechts, wo hinter Mauerresten seine Männer kauerten. Alle zehn bis zwanzig Meter einer, dazwischen einige MGs mit jeweils noch einem Gurt Munition. Das letzte Bollwerk! Ein schäbiges Bollwerk, wertlos wie die Ruinen ringsum, zerbrechend beim ersten heftigen Stoß.

Der Oberst flüsterte das Losungswort und ließ seine Taschenlampe kurz aufblitzen.

«Ich bin's, Lunitz ... Heute nacht habt ihr Ruhe. Und morgen ist der Spuk aus, mein Wort darauf! Mehr kann ich nicht sagen.»

Er verteilte Zigaretten, drückte Hände, klopfte begütigend auf gebeugte Schultern. Das waren sie nun, seine Männer, die letzten. Ohne zu fragen, ohne zu murren, hatten sie durchgehalten, hatten gehungert und gefroren, hatten in ihrem Leiden jedes menschliche Maß hinter sich gelassen. Sie hatten ihm vertraut. Nun mußte er sie in eine ungewisse, sicherlich barbarisch harte Gefangenschaft führen. Würden sie das verstehen? Würden sie begreifen, daß es hier nichts mehr gab, wofür man reinen Herzens sterben konnte? Nein, niemand von ihnen sollte mehr fallen. Es war genug. —

Der Oberst sah sich allein. Im Schutz einer Mauer zündete er sich eine Zigarette an. Was nun? Was er da eben erlebt hatte, kam fast einer Verhaftung gleich. Sicherlich hatten sie Wind bekommen von seiner Verhandlung mit den Russen. Was das bedeutete, war klar. «Erschossen wird ... Erschossen wird, wer eigenmächtig Verbindung mit dem Feind aufnimmt!» Der Oberst tastete nach seiner Pistolentasche. Vielleicht erwarteten sie, daß er sich jetzt eine Kugel durch den Kopf schoß, ihnen die Dreckarbeit abnahm? Nein, das nicht! So nicht! Das Geschäft sollten sie selbst verrichten, wenn sie dazu noch den Mut hatten! Aber nicht, ehe er ihnen die Meinung gesagt hatte, unverblümt, schonungslos. Er hatte viel auf dem Herzen. Festen Schrittes ging er quer über den Platz, der Kaufhausruine zu. Er war bereit. –

«Lunitz, aha!» – Der Chef erhob sich und reichte ihm die Hand. Er war allein. «Sie kommen spät, Oberst Lunitz!»

«Ich inspizierte die Sicherungslinie an der Südseite, Herr General!»

«Soso, aha ... Nehmen Sie doch Platz!»

Der Oberst setzte sich steif auf die vordere Stuhlkante. Er war gespannt und wachsam.

Der Chef goß zwei Likörgläser voll. «Alles in Ordnung?» fragte er. Sein Gesicht verriet nichts.

«Jawohl, Herr General! Ich kann dem Armeestab für heute nacht volle Sicherheit garantieren.»

«Hm, ja ... Zum Wohle, Lunitz!» – Der General sah den Oberst groß an, um seine Lippen spielte ein kaum merkbares Lächeln. Lunitz griff nach dem Glas. Seine Hand zitterte.

«Sie sind unsere letzte Stütze, Lunitz, das wissen Sie doch?»

Der Chef rauchte eine Zigarette an und schob auch dem Oberst die Schachtel hinüber. Der bediente sich nicht, er wagte kaum, sich zu bewegen. Er kannte den Chef und war auf der Hut.

Und da kam es auch schon, harmlos, nebensächlich:

«Sagen Sie, eh ... ich höre da, Sie haben heute mit den Russen ...»

Ein Glas klirrte zu Boden, der Oberst hatte es umgestoßen. «Jawohl!» rief er unbeherrscht. «Jawohl, Herr General, das habe ich!»

Doch dann hatte er sich wieder gefangen. Knapp und klar berichtete er, was geschehen war. Er verschwieg nichts. Auch nicht, daß er morgen früh den Widerstand einstellen würde. Nur die Schweißtropfen auf seiner Stirn verrieten, was in ihm vorging.

Der Chef unterbrach ihn nicht. Schweigend sah er dem Rauch seiner Zigarette nach. Mit einmal war es still. Eine drückende, lähmende Stille. Dann sprang der Chef auf und lief auf und ab.

«Toll!» stieß er hervor. «Einfach toll!»

Unvermittelt blieb er stehen und schnaubte den Oberst an:

«Da verhandeln sie hier und dort, mit allem und jedem ... Und zu uns, zum Armeestab kommt niemand!»

Oberst Lunitz glaubte, sich verhört zu haben.

«*Wie*, Herr General ... *wie* ...?» stammelte er.

«Nun ja, so ist es doch!» fauchte der Chef. «*Wir* sind es doch schließlich, mit denen hier zu verhandeln ist!»

Der Oberst begriff immer noch nicht ganz. Auf alles war er gefaßt gewesen, auf dieses nicht.

«Also ... wenn es nur das ist», brachte er schließlich hervor, «wenn Herr General nur eine Verbindung zu den Russen suchen ... Das ist doch ... Wenn es wirklich nur das ist, dann ...» Er gab sich einen energischen Ruck. «Herr General, ich glaube, versprechen zu können, daß morgen früh zu jeder gewünschten Stunde ein russischer Unterhändler hier vor dem Keller steht!»

Der General sah ihn aufmerksam mit seinen blauen Augen an. Sie hatten nichts von ihrem strahlenden Glanze eingebüßt.

«Gut, Lunitz, machen Sie das!» — Dann trat er ganz an den Oberst heran, faßte nach den Bändern seiner Tarnjacke und betrachtete sie nachdenklich. «Verstehen Sie mich recht, Lunitz: Wir haben den Befehl des Führers wörtlich und buchstäblich ausgeführt, nicht wahr? Aber wir müssen der Welt das beschämende Schauspiel ersparen, wie ein deutscher Armeestab vom Feind über das Gefechtsfeld gejagt wird.»

Der Oberst hatte stramme Haltung angenommen, sein Gesicht war jetzt wie aus Holz.

«Ich wiederhole, Herr General!» sagte er knapp. «Nur um Mißverständnisse zu vermeiden. Ich selbst stelle mit meinen Leuten um 4 Uhr früh den Kampf ein und gehe in Gefangenschaft. Um 7 Uhr 30 steht hier vor dem Haus ein russischer Unterhändler mit Vollmachten.»

«Ja ja, natürlich», sagte der Chef, schon etwas ungeduldig. «Genau das! — Und nun gute Nacht!» —

Durch die feuerdurchflackerte, nach Brand, Gas und Verwesung riechende Stalingrader Nacht ging der Oberst zu seinem Gefechtsstand zurück. In seinem Kopf wirbelte es.

So war das also, so einfach! Jetzt auf einmal!

Der Armeestab kapitulierte. Nicht für die 6. Armee, beileibe nicht! Das war ja verboten. Nur für sich selbst kapitulierte er.

«Um der Welt das beschämende Schauspiel zu ersparen ...» Das beschämende Schauspiel! Die Statisten waren tot, und die Hauptakteure machten sich davon. Man könnte sie ja vielleicht noch brauchen für das nächste Stück. «Ein Führer, ein Volk, ein Theater!» Ja, zu jeder richtigen Tragödie gehörte die Farce, der Schwank. Ein grausiger Schwank!

Und mit einmal schüttelte den Oberst ein Lachen, er konnte nicht dagegen an.

«Hahaha ...»

Es war ein entsetzliches Lachen, schaurig schallte es über den öden Platz und brach sich an den kahlen Ruinenwänden.

«Hahaha – hahahahaha ...»

*

In der Nacht haben sie alle Vorbereitungen für den Weg ins Unbekannte getroffen. Nun warten sie. Es ist der Morgen des 31. Januar 1943.

Seit dem Hellwerden steht Breuer mit Fröhlich in der Ausfahrt am Theaterplatz. Er hat den Sonderführer aus seinem bleiernen Schlaf hochgezerrt und fast mit Gewalt hier hinausschleppen müssen. Jetzt steht Fröhlich neben ihm mit klappernden Zähnen. Er spricht nichts, seine fiebrigen Augen suchen voller Unrast den fernen Westrand des Platzes ab. In Breuers Magen rumort es, und er muß aufstoßen wie nach faulen Eiern. Das ist die Leberwurst. Er hat in der Nacht die ganze Büchse leer gegessen. Ueber ihnen flattert an einer Mauerzacke die Rotkreuzflagge. Es ist bitter kalt. Zuweilen zwitschert eine Kugel über sie hinweg, irgendwo verhallt ein einsamer Knall. Der weite weiße Platz ist leer und tot, hier und da recken ein paar verstümmelte Bäume ihre armen Zweige in den Himmel.

Und dann auf einmal sehen sie es, und dieses eine Bild prägt sich Breuer unauslöschlich ins Gedächtnis.

Vom Südrand des Platzes her bewegen sich zwei winzige Punkte auf sie zu, werden größer und größer und gewinnen Form.

Es sind zwei kleine braune Gestalten. Mit ihren kurzen, durch dickes Schuhwerk unförmigen Beinen, in denen sich die langen Mäntel verfangen, laufen sie schwankend und stolpernd über den Schnee, an ihren Köpfen schlappen die Ohrenklappen der Pelzmützen auf und ab.

Sie winken schon von weitem.

«Kommt!» rufen sie. «Kommt!»

Breuer hat den Sonderführer am Arm gefaßt. Er fühlt, wie Fröhlich am ganzen Leibe zittert.

Die beiden Russen sind herangekommen. Wild gestikulierend, bald auf das Gebäude, bald nach Süden hin zeigend, reden sie beide zugleich auf die Deutschen ein. «Kommt! Kommt alle!» und dazwischen ein Schwall russischer Worte. Sie scheinen sich gar nicht recht wohl zu fühlen, gar nicht als Sieger.

Das Gewehrfeuer ist lebhafter geworden, in der Nordwestecke beginnt ein MG zu rattern.

Auch Breuer fühlt sein Herz bis zum Halse schlagen.

«Einen Offizier!» schreit er die Russen an. «Einen Offizier mit Vollmachten, versteht ihr?» Und er reißt Fröhlich am Arm herum. «Machen Sie doch das Maul auf, Mensch! Sagen Sie, daß wir einen Offizier brauchen!»

Der Sonderführer blickt wild um sich, erst jetzt scheint er richtig aufzuwachen. Mit einem Satz reißt er sich los.

«Nein!» brüllt er auf. «Nein . . .!»

Und in langen Sprüngen rast er über den Platz nach Westen davon.

«Nein . . . nein . . . nein . . .!»

«Fröhlich!» ruft Breuer ihm nach. «Fröhlich!» –

Und er weiß doch, daß diesen Menschen kein Ruf mehr erreicht außer dem einen, den er selbst an die Erdwand eines Russenbunkers heftete und den er doch nie verstand – daß er seinem Schicksal entgegenläuft.

Fröhlich läuft und läuft. Er stürzt und springt wieder auf, hinter ihm her wehen die Schöße seines Mantels.

«Nein . . .! nein . . .! nein!»

Da bellt drüben ein zweites MG auf. Der Sonderführer macht einen Luftsprung, schlägt im Springen die Arme vor den Leib und überschlägt sich zweimal im Fallen. Das Echo seines Gebrülls hallt noch über den Platz, als er schon regungslos daliegt, ein kleiner dunkler Fleck in der weißen Weite.

Breuer hat sich zu Boden geworfen.

Der eine Russe ist verschwunden, der andere wälzt sich stöhnend am Boden. Breuer will ihn hinter die Mauer ziehen, aber der Russe sieht ihn mit einem flackernden Blick voller Hasses an und tastet nach seiner Pistole. Offenbar glaubt er an Verrat.

Das MG schießt immer noch. Es kann nur ein deutsches sein. Es hat die Einfahrt aufs Korn genommen, Kalkbrocken und Ziegelsplitter spritzen aus dem Mauerwerk. Mit Mühe kann Breuer sich hinter die Einfahrt retten.

Mit schwankenden Knien tastet er sich zu den Seinen zurück.

*

Der Morgen des 31. Januar.

In dem dunklen Kellerraum der Kaufhausruine am Roten Platz lag Generaloberst Paulus auf seiner Pritsche. Er schlief. In der vergangenen Nacht war er lange auf gewesen. Ruhelos war er durch die zum letzten Kampf hergerichteten Kellerräume gewandert, während schwerer Beschuß von Artillerie und Granatwerfern auf dem Gebäude lag. Dann hatte er sich in die Geborgenheit dieses mit einer Decke abgeteilten Winkels geflüchtet in sein Reich, zu seinem Rundfunkgerät. Mozart, «Don Giovanni», eine wundervolle Uebertragung. «Reich mir die Hand, mein Leben ...» Er hatte für Stunden Vergessen gefunden. Noch geisterten die Melodien durch seinen Schlaf, der sein Gesicht von dem häßlichen Zucken erlöst und seltsam verschönt hatte.

Der Vorhang bewegte sich. Es war der Chef, der leise eintrat. Er näherte sich der Pritsche und betrachtete eine Weile den Schläfer. Um seinen Mund lag ein undeutbarer Zug.

Dann berührte er den schlafenden Oberbefehlshaber leicht an der Schulter.

Paulus schrak zusammen, und bevor er erwachte, war da auf seinem Gesicht wieder das peinliche Zucken, mit dem er gezeichnet war. Er schlug die Augen auf.

«Ja — ja? Was ist?»

«Ich erlaube mir gehorsamst, Herrn Generalfeldmarschall als erster zu der hohen Ehrung zu gratulieren», sagt der Chef lächelnd.

«Wie — ja, wieso denn?»

«Eben kam der Funkspruch vom Führerhauptquartier, der die Beförderung mit Wirkung vom heutigen Tage ausspricht.»

Feldmarschall ...

«Ach —», sagte Paulus nur und lauschte. Es war merkwürdig still, die Beschießung war beendet. «Und ... und sonst?» fragte er zögernd.

«Sonst? Ja — die Russen stehen vor der Tür.»

Die Russen ...

«Ach», sagte der Feldmarschall noch einmal und strich sich über die Augen. Der Chef betrachtete ihn, jetzt ernst und gespannt.

«Wollen Herr Feldmarschall die Verhandlungen selbst ...?» fragte er hintergründig.

Paulus wehrte fast erschrocken ab. «Nein, nein! Das machen Sie besser allein.»

Der Chef verbeugte sich stumm. Gewiß, er machte das besser allein. Er hatte ja auch alles übrige allein gemacht. Alles, was hier im Kessel geschehen war und noch geschah, hatte er «gemacht». Auch dieses letzte hier! Für den Fall, daß die mit Oberst Lunitz abgesprochene Sache nicht klappen sollte, hatte er sogar noch ein übriges getan: er hatte den Dolmetscher des LI. Korps, einen Sonderführer (K) und ehemaligen zaristischen Fähnrich, der es mit den Russen sicher besonders gut konnte, als Vermittler losgeschickt. Jetzt warteten sie vorn in seinem Raum: der Panzerleutnant, den der Dolmetscher herbeizitiert hatte, ein von Lunitz herangeholter Oberst und sogar der von höchster Stelle abgesandte Generalmajor Laskin, der Stabschef der 64. Armee. Das alles war *sein* Werk, der frischgebackene Feldmarschall dort hatte keinen Anteil daran.

Und noch ein weiteres: Eben erst hatte er einen letzten Funkspruch hinausgesandt, bevor die Geräte zerschlagen wurden, mit dem lapidaren Wortlaut: *«Russe vor der Tür. Wir vernichten!»* Ein sehr diplomatischer Funkspruch war das. Er ließ unklar, was eigentlich vernichtet wurde: die Geheimpapiere und Funkstationen — oder die hilflosen Krüppel in ihren Erdlöchern — oder «General und Grenadier Schulter an Schulter im letzten Kampf» — oder gar der Armeestab selbst mit einem Feldmarschall an der Spitze ... Hitler konnte nach Belieben davon Gebrauch machen.

«Haben Herr Feldmarschall sonst noch einen Wunsch?» fragte er höflich.

«Nein — Oder ja, sehen Sie doch zu, daß wir unsere Fahrzeuge behalten können! Und vielleicht auch einen Lkw ...»

Die Verhandlungen mit den russischen Offizieren waren nur kurz. General Laskin forderte die Waffenstreckung aller im Kessel befindlichen deutschen Truppen unter den Bedingungen der früheren Kapitulationsangebote. Der Chef lehnte ab. Er habe keine Möglichkeit der Befehlsübermittlung mehr. Er werde nur für den Armeestab und die Sicherungseinheiten um den Roten Platz herum kapitulieren. Er war nicht der besiegte Truppenführer, der die Trümmer seiner geschlagenen Armee der Gnade des Siegers anheimstellt, er war ein König, der Gaben seines Wohlwollens verteilt. An vielen Stellen ging das große Sterben weiter, vor allem in dem abgeschnittenen Nordteil der Stadt.

Auf dem Platz vor der Kaufhausruine bot sich ein seltsames Bild. Deutsche Soldaten der Stabswache im Stahlhelm, ihre Gewehre in der Hand, standen dort mit russischen Soldaten zusammen vor der stinkenden und schwelenden Kulisse der Totenstadt. Sie radebrechten und lachten, zeigten sich Fotografien und tauschten Zigaretten aus. Wie Komparsen eines Kriegsfilms in einer Drehpause. Hinten lud man Koffer und Kisten auf einen Lkw, den die Russen dem Stab für diese Zwecke großzügig überlassen hatten. Ringsum überall lagen die Toten der letzten Kämpfe. Sie waren mit Schutt und Schnee bedeckt. Man erkannte sie kaum noch.

Die Treppe aus dem Keller herauf kamen zwei Offiziere: ein grauer, übermüdeter Hauptmann, einen Rucksack auf dem Rükken, und Oberst Dumont, gepflegt, elegant, einen Koffer in der Hand. Da hinein hatte er aus seinen zahlreichen Gepäckstücken das wichtigste umgepackt: Toilettenartikel, Eßbesteck, einen Manikürkasten, Patiencekarten und was man sonst noch für eine längere Gefangenschaft benötigen würde.

«Hm —», machte der Hauptmann mit einem düsteren Blick auf das Treiben draußen. «Kampf bis zum letzten? Ich weiß nicht recht, Herr Oberst . . .»

Oberst Dumont war mit sich und der Welt zufrieden. Er hatte recht behalten. Es war alles genauso gekommen, wie er erwartet hatte. Leute wie er behielten immer recht. Diese glückliche Stimmung ermutigte ihn, die Situation mit einem Bonmot zu würzen.

«Was wollen Sie?» fragte er mit feinem Lächeln. «Haben wir denn nicht? Haben wir doch, denke ich! – Heute ist doch meines Wissens der Letzte!»

*

Auch bei Eichert ist es soweit.

Sie haben gewacht und gewartet, und nun ist das Ende doch im Schlaf über sie gekommen, in dem Schlaf der Erschöpfung, den der Morgen ihnen aufzwang. Als sie, aufgestört von dem Lärm draußen, übermüdet und verwirrt in den Gang hinauskommen, sind dort schon die Russen. General Bratescu verhandelt gerade mit einem Offizier. Als er Eichert erblickt, winkt er ihn heran.

«Lassen Sie alles antreten zu vieren!» sagt der Russe zu Eichert. Er ist ein großer, ruhiger, kühl blickender Mann. Am Kragen trägt er die roten Rechtecke aus Emaille, die Abzeichen eines Oberstleutnants.

«Wir haben viele Verwundete, die nicht transportfähig sind», erwidert Eichert.

«Alles, was kann gehen, antreten! Was nicht kann gehen, hierbleiben!»

«Auch der Arzt? – Und die Sanitäter?»

«Sie haben bei sich einen Arzt? – Gut, Doktor kann bleiben!»

Aus allen den vielen Löchern und Schlupfwinkeln des zerstörten Hauses kommen sie hervor, bärtige, verschmutzte Höhlenbewohner, deren Augen an das Tageslicht nicht mehr gewöhnt sind. Sie tasten sich an den Wänden entlang, an Krücken kommen sie, auf Stöcke gestützt. Wer würde in einem solchen Augenblick zugeben, daß er nicht gehen kann!

Sie kommen und sehen. Sehen die Russen, sehen, wie der rumänische General mit seinen Offizieren abgeführt wird. Sie sehen das Ende, das unwiderrufliche, durch kein Wort, keine «Parole», keine Führerbotschaft mehr wegzuleugnende Ende. Lange Wochen hindurch haben sie gesehen und gehört und gewußt, und haben doch immer noch geglaubt und gehofft. Bis zu diesem einen letzten, schrecklichen Augenblick ...

Da geht mit diesen gezeichneten Gesichtern eine unheimliche Veränderung vor. Alles Leben, das sie sich in dem großen Sterben ringsum noch bewahrt hatten, scheint daraus zu schwinden, sie versteinern, werden zu Masken.

Mit einmal klingt ein Ruf auf, ein wohlbekannter, tausendmal gedankenlos ausgestoßener Ruf. Andere nehmen ihn auf, und dann brüllt es hundertfach durch das düstere Kellergewölbe:

«Heil Hitler ...!»

Grausig ist dieser Ruf, ein Urschrei der gequälten Kreatur, die sich anders nicht wehren kann. Er wird aufgenommen und weitergegeben, klingt ab und schwillt wieder an, immer trächtiger von ohnmächtigem, abgründigem Haß, und vergrollt schließlich in den hinteren Trakten des Kellers bei den Sterbenden.

Dieser Ruf ist ein Gericht. Er ist wie das Fallen eines Beils.

Breuer steht an die Wand des Kellers gedrückt, sein Arm liegt auf Dierks Schultern, in der Manteltasche preßt seine Linke das Bild an den Körper. Mein Gott, mußte das so kommen? denkt er. Und er weiß: Ja, es mußte so kommen! So und nicht anders! — Er sieht Dierk an, auf dessen Gesicht ein seltsamer Friede liegt. Der Mensch als Aufgabe... Hier ist seine Aufgabe! Dieser Mensch, den ihm das Schicksal in den Weg geführt hat, dieser arme, geschundene, um den heißen Glauben seiner Jugendjahre schmachvoll geprellte Mensch, sein Nächster... Ueberall gibt es diesen Nächsten, immer und überall. War es so schwer, das zu sehen? Lakosch hat es gewußt, und Pfarrer Peters und Endrigkeit und Wiese... Manchmal liegt die Wahrheit so nah...

Eichert geht die Reihen entlang. Er ist jetzt wieder voller Tatkraft. Im Vorbeigehen sieht er Breuer an.

«Sprechen Sie, Christoph Eichert!»

«Meinen Sie wirklich, ich soll...»

«Sprechen Sie!»

Der Hauptmann klettert auf ein leeres Benzinfaß, und der russische Major, der für diesen letzten Wunsch des Deutschen Verständnis hat, hilft ihm dabei. Eichert wischt sich mit dem Handrücken über Stirn und Augen.

«Kameraden!» sagt er. «Wir sind am Ende. Und dieses Ende ist hart. Wir haben dieses alles nicht gewollt. Aber wir haben geschwiegen und gehorcht im Glauben, einer guten Sache zu dienen. Daß das Kleid, das wir tragen, heute kein Ehrenkleid mehr ist, das ist nicht unsere Schuld... Nun wollen wir, soweit das noch in unsere Macht gegeben ist, auch diesen schweren Weg gemeinsam gehen. Wir wissen nicht, wohin er führt. Aber was auch kommen mag, wir wollen es nehmen als Sühne. Als Sühne für unser Nichtwissenwollen und unser sträfliches Schweigen. — Wer noch eine Waffe bei sich hat, der werfe sie auf den Haufen dort vor der Tür...! Wir waren Soldaten des Führers... Wir wollen es lernen, wieder Menschen zu sein!»

BILANZ

Um die Teilnahme des Traktorenwerkes [illegible] der Nordkessel noch ganze zwei Tage im [illegible] der [illegible] Artillerie und im pausenlosen Bombe[illegible] Flugzeuge [illegible] Panzer [illegible] des XI. Armeekorps, Generaloberst Strecker [illegible] sen auf seine gefalteten Hände. Generalmajor [illegible] und Regimentern Befehl [illegible], den Widerstand [illegible] ein Schwadronsstand fiel vor uns auf die [illegible] Ostpreuße mit dem Hindenburgschädel [illegible] – so kann ich vor dem deutschen [illegible] hen.

Ohne direkte Verbindung zum Armeeoberkommando [illegible] deutschen Funkdienst [illegible] über das Ende [illegible] gehört. Er hatte darauf [illegible] sich [illegible] ohne [illegible] Flucht [illegible] Februar gegen [illegible] nicht [illegible] entsetzt [illegible] neuen Stunden [illegible] nicht [illegible] letzte Truppen nahe [illegible]

Am [illegible] Tag nach Beginn der [illegible] kapitulierte auch die Nordgruppe [illegible] den. Die Vorhutgruppe hatte sich gesammelt [illegible] militärischen Katastrophe der deutschen Geschichte [illegible]

22 [illegible] Divisionen, [illegible] nen des deutschen Heeres, eine Halbdivision [illegible] zwei rumänische Divisionen [illegible] 22 Divisionen, der Generalfeldmarschall [illegible]

Um die Trümmer des Traktorenwerkes herum hielt sich der Nordkessel noch ganze zwei Tage im massierten Feuer der russischen Artillerie und im pausenlosen Bombenhagel unzähliger Flugzeuge. In seinem Bunker saß der Kommandierende General des XI. Armeekorps, Generaloberst Strecker, und starrte verbissen auf seine gefalteten Hände. Kommandeure von Divisionen und Regimentern flehten ihn an, den Widerstand einzustellen, ein Schwadronschef fiel vor ihm auf die Knie. Der grauhaarige Ostpreuße mit dem Hindenburgschädel schüttelte den Kopf.

«Nein! – So kann ich vor dem deutschen Volk nicht dastehen.»

Ohne direkte Verbindung zum Armeestab, hatte er über den deutschen Rundfunk Berichte über das Ende des Mittelkessels gehört. Er hatte daraus den Eindruck gewonnen, Paulus habe sich mit seinem Stab heroisch in die Luft gesprengt. Ohnmächtig sahen die Einheitsführer mit an, wie ihnen ihre letzten Männer in Scharen davonliefen. Der Kessel löste sich auf in Chaos und Flucht. Als am 2. Februar gegen 10 Uhr deutscher Zeit der Generaloberst endlich in seinem Bunker die Uebergabe unterzeichnete, hatte er keine Truppen mehr. –

Am 76. Tag nach Beginn der sowjetischen Einschließungsoffensive hatte die Monsterschlacht bei Stalingrad ihr Ende gefunden. Der Vorhang hatte sich gesenkt vor der bis dahin größten militärischen Katastrophe der deutschen Geschichte.

13 Infanterie-Divisionen, 3 motorisierte und 3 Panzerdivisionen des deutschen Heeres, eine Flakdivision der Luftwaffe und zwei rumänische Divisionen waren aufgerieben – im ganzen 22 Divisionen, der Gesamtbestand zweier Armeen.

Heeresgerät im Werte von mehreren Milliarden Mark war zerstört oder in die Hand des Gegners gefallen.

Von den 270 000 eingeschlossenen Soldaten, die der Verpflegungsstärke-Nachweis der 6. Armee am 23. November 1942 aufwies, hatten etwa 35 000 als Verwundete oder Schwerkranke auf dem Luftwege den Kessel verlassen können. Fast zwei Drittel der Mannschaften und Unteroffiziere und etwa die Hälfte der Offiziere waren dem Kampf mit Hunger und Kälte und einem vielfach überlegenen Gegner erlegen, der größte Teil davon in den letzten zwei Wochen der Schlacht. Nach amtlicher sowjetischer Mitteilung wurden nach Abschluß der Kämpfe auf dem Schlachtfeld 142 000 tote deutsche und rumänische Soldaten gezählt.

Von den 34 eingeschlossenen Generalen hatten sieben den Kessel im Flugzeug verlassen, fünf davon gesund und unversehrt, einer schwer und einer leicht verwundet. Ein General fiel im Kampf, einer endete durch Selbstmord und einer ist verschollen.

91 000 körperlich und seelisch zerbrochene Menschen zogen in eine ungewisse Gefangenschaft, unter ihnen rund 2500 Offiziere und 24 Generale, an ihrer Spitze zwei Generalobersten und ein Feldmarschall.

Mehr als die Hälfte von ihnen erlag in den Sammellagern von Beketowka, Kraßnoarmejsk und Frolow den Fleckfieberepidemien des Frühjahrs 43, und niemand weiß ihre Namen. Zehntausende gingen auf den wochenlangen Wintertransporten nach Mittelasien zugrunde oder verkamen in Waldlagern und Steinbrüchen. Von den 24 gefangenen Generalen starb einer an Magenkrebs ...

Die Zahl der gefangenen Soldaten und Offiziere, die das Frühjahr 1945 noch erlebten, wird mit 5000 bis 6000 wahrscheinlich zu hoch geschätzt. –

Im Frühjahr 1943 machten der Oberbefehlshaber der aufgelösten Heeresgruppe B, Generaloberst Freiherr von Weichs, und sein Chef des Stabes im Führerhauptquartier ihre Abschiedsvisite. Gerade waren über die Türkei die ersten Säcke mit Post von Stalingradgefangenen in Deutschland eingetroffen. Während der Mittagstafel im kleinen Kreise gaben die beiden hohen

Offiziere der Hoffnung Ausdruck, daß diese Post recht bald zur Ausgabe kommen möge, damit die Angehörigen endlich von der monatelangen Ungewißheit erlöst würden.

Hitler legte Messer und Gabel aus der Hand und sah auf. Sein Blick ließ die Tafelrunde verstummen.

Und dann sprach er:

«Die Männer von Stalingrad haben tot zu sein!»

Die Ostfront (Südabschnitt)

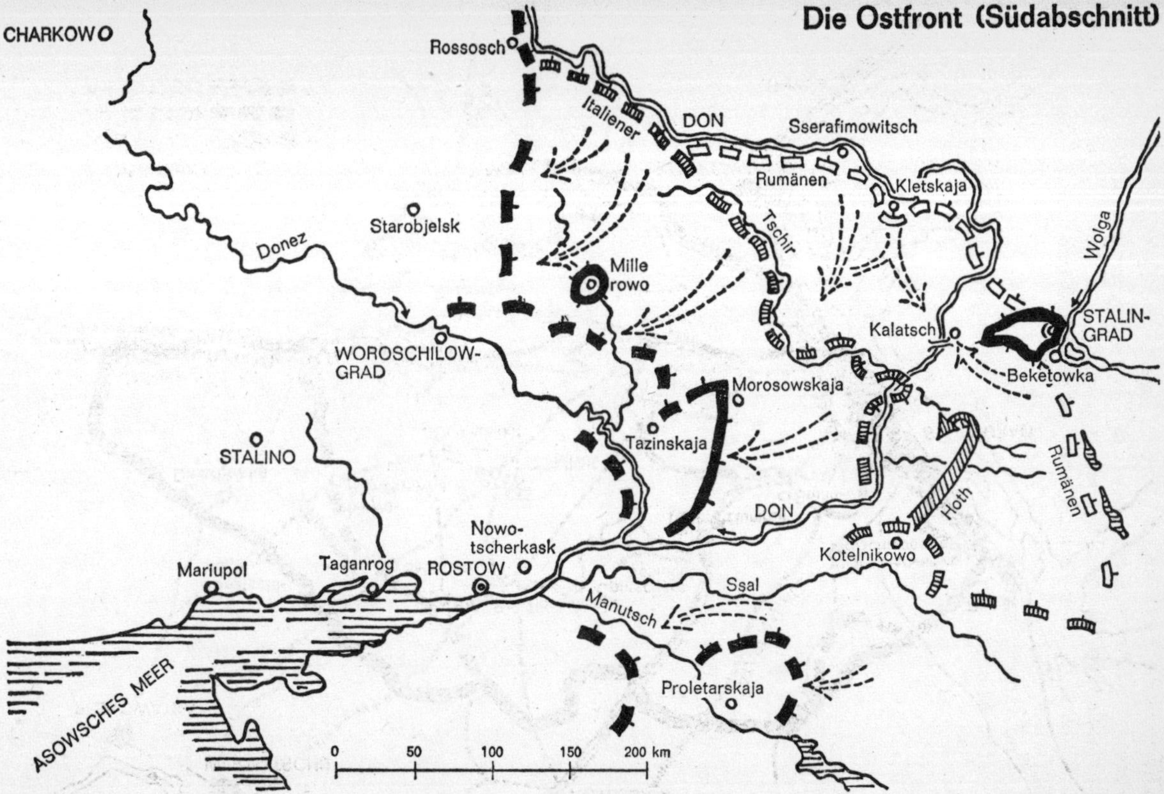

Die deutsche Front: Anf. Nov. 1942, Anf. Dez. 1942, 10. 1. 1943. Russische Angriffe:

Der Stalingradkessel

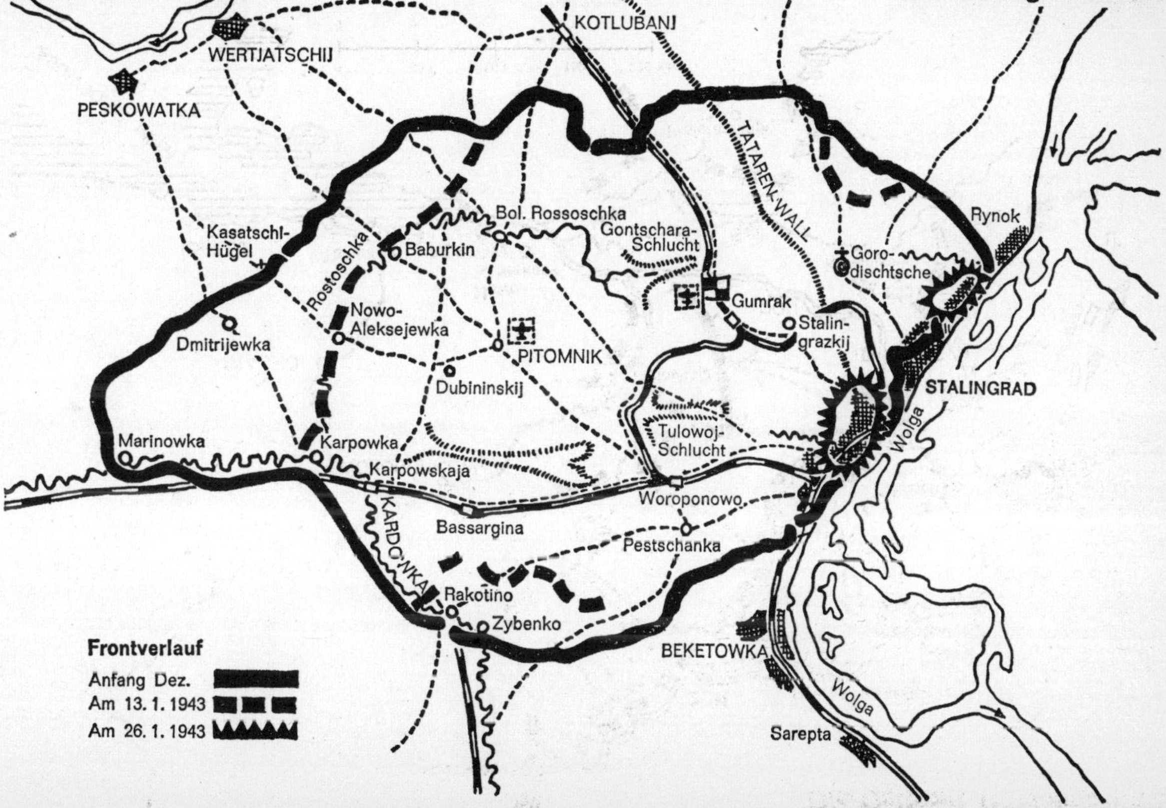

INHALT

Das Adventsgedicht auf Seite 141 ff. danke ich meinem Freunde und Leidensgefährten Heinz Uhlmann, Hamburg, der die Erlaubnis zum Abdruck gab.